부수명칭(部首名稱)

1획	
一	한 일
丨	뚫을 곤
丶	점 주(점)
丿	삐칠 별(삐침)
乙(乚)	새 을
亅	갈고리 궐

2획	
二	두 이
亠	머리 두(돼지해머리)
人(亻)	사람 인(인변)
儿	어진사람 인
入	들 입
八	여덟 팔
冂	멀 경(멀경몸)
冖	덮을 멱(민갓머리)
冫	얼음 빙(이수변)
几	안석 궤(책상궤)
凵	입벌릴 감(위터진입구)
刀(刂)	칼 도
力	힘 력
勹	쌀 포
匕	비수 비
匚	상자 방(터진입구)
匸	감출 혜(터진에운담)
十	열 십
卜	점 복
卩(㔾)	병부 절
厂	굴바위 엄(민엄호)
厶	사사로울 사(마늘모)
又	또 우

3획	
口	입 구
囗	에울 위(큰입구)
土	흙 토
士	선비 사
夂	뒤져올 치
夊	천천히걸을 쇠
夕	저녁 석

大	큰 대
女	계집 녀
子	아들 자
宀	집 면(갓머리)
寸	마디 촌
小	작을 소
尢(尣)	절름발이 왕
尸	주검 시
屮(屮)	싹날 철
山	메 산
巛(川)	개미허리(내 천)
工	장인 공
己	몸 기
巾	수건 건
干	방패 간
幺	작을 요
广	집 엄(엄호)
廴	길게걸을 인(민책받침)
廾	손맞잡을 공(밑스물입)
弋	주살 익
弓	활 궁
彐(彑)	돼지머리 계(터진가로왈)
彡	터럭 삼(삐친석삼)
彳	조금걸을 척(중인변)

4획	
心(忄小)	마음 심(심방변)
戈	창 과
戶	지게 호
手(扌)	손 수(재방변)
支	지탱할 지
攴(攵)	칠 복 (등글월문)
文	글월 문
斗	말 두
斤	도끼 근(날근)
方	모 방
无(旡)	없을 무(이미기방)
日	날 일
曰	가로 왈
月	달 월

木	나무 목
欠	하품 흠
止	그칠 지
歹(歺)	뼈앙상할 알(죽을사변)
殳	칠 수 (갖은등글월문)
毋	말 무
比	견줄 비
毛	터럭 모
氏	각시 씨
气	기운 기
水(氵)	물 수(삼수변)
火(灬)	불 화
爪(爫)	손톱 조
父	아비 부
爻	점괘 효
爿	조각널 장(장수장변)
片	조각 편
牙	어금니 아
牛(牜)	소 우
犬(犭)	개 견

5획	
玄	검을 현
玉(王)	구슬 옥
瓜	오이 과
瓦	기와 와
甘	달 감
生	날 생
用	쓸 용
田	밭 전
疋	필 필
疒	병들 녁(병질엄)
癶	걸을 발(필발머리)
白	흰 백
皮	가죽 피
皿	그릇 명
目(罒)	눈 목
矛	창 모
矢	화살 시
石	돌 석

示(礻)	보일 시	谷	골 곡	\multicolumn{2}{c}{10 획}	
内	짐승발자국 유	豆	콩 두	馬	말 마	
禾	벼 화	豕	돼지 시	骨	뼈 골	
穴	구멍 혈	豸	발없는벌레 치(갖은돼지시변)	高	높을 고	
立	설 립	貝	조개 패	髟	머리털늘어질 표(터럭발)	
\multicolumn{2}{c}{6 획}	赤	붉을 적	鬥	싸울 투	
竹	대 죽	走	달아날 주	鬯	술 창	
米	쌀 미	足(⻊)	발 족	鬲	솥 력	
糸	실 사	身	몸 신	鬼	귀신 귀	
缶	장군 부	車	수레 거	\multicolumn{2}{c}{11 획}	
网(⺉·罒)	그물 망	辛	매울 신	魚	물고기 어	
羊	양 양	辰	별 진	鳥	새 조	
羽	깃 우	辵(辶)	쉬엄쉬엄갈 착(책받침)	鹵	소금밭 로	
老(耂)	늙을 로	邑(⻏)	고을 읍(우부방)	鹿	사슴 록	
而	말이을 이	酉	닭 유	麥	보리 맥	
耒	쟁기 뢰	釆	분별할 변	麻	삼 마	
耳	귀 이	里	마을 리	\multicolumn{2}{c}{12 획}	
聿	붓 율	\multicolumn{2}{c}{8 획}	黃	누를 황	
肉(月)	고기 육(육달월변)	金	쇠 금	黍	기장 서	
臣	신하 신	長(镸)	길 장	黑	검을 흑	
自	스스로 자	門	문 문	黹	바느질할 치	
至	이를 지	阜(⻖)	언덕 부(좌부방)	\multicolumn{2}{c}{13 획}	
臼	절구 구(확구)	隶	미칠 이	黽	맹꽁이 맹	
舌	혀 설	隹	새 추	鼎	솥 정	
舛(牟)	어그러질 천	雨	비 우	鼓	북 고	
舟	배 주	靑	푸를 청	鼠	쥐 서	
艮	그칠 간	非	아닐 비	\multicolumn{2}{c}{14 획}	
色	빛 색	\multicolumn{2}{c}{9 획}	鼻	코 비	
艸(⺿)	풀 초(초두)	面	낯 면	齊	가지런할 제	
虍	범의문채 호(범호)	革	가죽 혁	\multicolumn{2}{c}{15 획}	
虫	벌레 충(훼)	韋	다룸가죽 위	齒	이 치	
血	피 혈	韭	부추 구	\multicolumn{2}{c}{16 획}	
行	다닐 행	音	소리 음	龍	용 룡	
衣(衤)	옷 의	頁	머리 혈	龜	거북 귀(구)	
襾	덮을 아	風	바람 풍	\multicolumn{2}{c}{17 획}	
\multicolumn{2}{c}{7 획}	飛	날 비	龠	피리 약변	
見	볼 견	食(飠)	밥 식(변)	*는	忄 심방변) 扌 재방(변)
角	뿔 각	首	머리 수	부수의	氵 삼수(변) 犭 개사슴(록변)
言	말씀 언	香	향기 향	변명글자	阝(邑)우부(방) 阝(阜)좌부(변)

초간편
실용한자
7000

국립중앙도서관 출판시도서목록(CIP)

> 초간편 실용한자 7000 / 지은이: [창] 편집부 ;
> 감수자: 최청화, 유향미. — 서울 : 창, 2014 p. ; cm
>
> 본문은 한국어, 영어, 중국어, 일본어가 혼합수록됨
> ISBN 978-89-7453-207-9 13710 : ₩12000
>
> 한자 학습[漢字學習]
> 기초 한자[基礎漢字]
>
> 711.47-KDC5
> 495.78-DDC21   CIP2014018893

초간편 실용한자 7000

2014년 7월 20일 1쇄 발행
2023년 5월 25일 4쇄 발행

감수자 | 최청화/유향미
펴낸이 | 이규인
펴낸곳 | 도서출판 **창**
등록번호 | 제15-454호
등록일자 | 2004년 3월 25일

주소 | 서울특별시 마포구 용강동 117-4 월명빌딩 1층
전화 | (02) 322-2686, 2687 / **팩시밀리** | (02) 326-3218
홈페이지 | http://www.changbook.co.kr
e-mail | changbook1@hanmail.net

ISBN 978-89-7453-207-9 13710

정가 **12,000원**
*잘못 만들어진 책은 〈도서출판 **창**〉에서 바꾸어 드립니다.

*이 책의 저작권은 〈도서출판 **창**〉에 있습니다.
 저작권법에 의해 보호를 받는 저작물이므로 무단 전재와 복제를 금합니다.

초간편

최청화 · 유향미 감수

실용한자
7000
漢字

창
Chang Books

편하고 효율적인 학습을 위해

여러분은 지금 국제화 시대에 살고 있습니다. 한자는 중국 등 한자문화권 국가와의 비즈니스 관계에 따라 영어와 마찬가지로 여러분과 떼려야 뗄 수 없는 불가분의 관계입니다. 지구상에 글자를 소리글자과 뜻글자로 크게 분류한다면 소리글자가 영어라면 뜻글자는 한자입니다. 이러한 시대 상황을 고려하여 편집·제작된 '초간편 실용한자 7000'은 교육부에서 발표한 21세기 한자·한문 교육의 내실을 기하며, 새로운 교육적 전망을 확립하기 위하여 만들어졌습니다. 따라서 한자 능력시험의 8급~1급까지의 기초한자 및 필수한자와 핵심한자 등을 포함해서 초급부터 누구나 부담없이 공부할 수 있도록 하였습니다. 또한 10년 이상 각종 시험자료에서 입증된 핵심한자를 5000자 고르고 그외 특수한 분야의 한자 2000자로 구성하였습니다. 우리글은 상당 부분을 한자에서 유래한 말이 많이 차지하고 있어 비록 복잡하지만 공부해보면 정말 신비하고 재미있는 철학이 담겨있다는 것을 알게 될 것입니다.

이 책의 구성을 살펴보면, 8급에서 1급한자 및 특급수준의 한자를 급수별로 분류한 후, 찾기 쉽게 '가나다'(ㄱ, ㄴ, ㄷ)순으로 한 후 주요 한자순으로 배열·수록하였으며, 학생들이 언어생활과 전공 학습에 필요한 한자를 학습하고, 국가공인 한자자격증 시험을 준비하는 데 도움을 주고자 상용 한자 어휘의 자료를 충실히 반영하고, 그외 다양한 실생활과 학업에 필요한 한자를 총망라하여 열거하였습니다. 모든 한자는 표제자(標題字)의 부수(部首), 획수(畫數), 총획수(總畫數)를 표시하였습니다. 그리고 세계화에 대비해서 완벽한 언어로 발전하기 위해 4개국어로 표기되어 누구든지 쉽게 활용할 수 있습니다. 또한 한자 어휘를 중심으로 해당 한자의 음과 뜻, 한자 어휘의 활용,

F·o·r·e·w·o·r·d

해당 어휘가 활용된 예를 제시하였으며, 중·고등학교 교육용 기초한자는 中, 高로 구분하였으며, 한자능력검정시험용 급수도 함께 수록하였습니다.

급수 표기는 ㈔대한민국한자교육연구회(대한검정회)와 ㈔한국어문회가 배정한 공동으로 사용되는 급수를 앞에 수록하였으며, 중국어 간체자뿐만 아니라 일본어 약자 등도 함께 수록하여 한자 익히기에 도움을 주었으며, 참고로 부수명칭과 총획수가 다른 경우가 간혹 있으나 이는 부수일람표에 준한 것이므로 이해를 바랍니다. 부록은 한자 학습에 꼭 필요한 알찬 내용만을 엄선하여 실었습니다. 그리고 포켓용으로 만들어져 휴대하며 공부할 수 있기에 한자학습을 한층 향상시켜 줄 것입니다.

참고로 이 책을 학습하는 데 필요한 사용기호를 살펴보면,
기본 뜻 외에 영어, 중국어, 일본어 등을 영 → 영어 중 → 중국어 일 → 일본어로 표시하였으며 ■ (체크박스)에 중요도를 표시하였습니다.
*예문은 두음법칙에 따라 표기했음. 中-중학교, 高-고등학교 표기.

〈본문설명〉

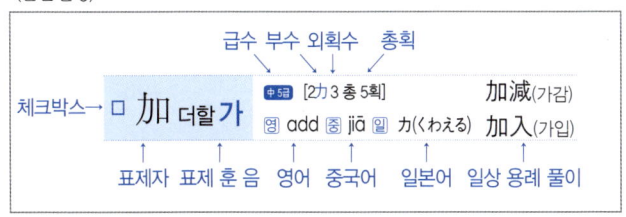

5

Contents

차례

- 머리말 4

ㄱ 8	ㅂ 154	ㅋ 405
ㄴ 76	ㅅ 191	ㅌ 405
ㄷ 83	ㅇ 241	ㅍ 415
ㄹ 102	ㅈ 312	ㅎ 429
ㅁ 132	ㅊ 369	

〈부록〉

- 한자(漢子)에 대하여　　　　472
- 부수(部首) 일람표　　　　　476
- 두음법칙(頭音法則) 한자　　488
- 동자이음(同字異音) 한자　　490
- 약자(略字)・속자(俗字)　　　494
- 고사성어(故事成語)　　　　　496
- 찾아보기　총획색인　　　　　510

초간편 실용한자 7000

■ 加 더할 가	中5급 [2力3 총 5획]	영 add 중 jiā 일 カ(くわえる)	加減(가감) 加入(가입)
■ 可 옳을 가	中5급 [3口2 총 5획]	영 right 중 kě 일 カ(よい)	可決(가결) 可恐(가공)
■ 伽 절 가	2급 [2人5 총 7획]	영 temple 중 qié, jiā, gā 일 カ(てら)	伽藍(가람) 伽倻琴(가야금)
■ 佳 아름다울 가	中3급 [2人6 총 8획]	영 good 중 jiā 일 カイ(よい)	佳景(가경) 佳約(가약)
□ 呵 꾸짖을 가	[3口5 총 8획]	영 scold 중 he 일 カ(しかる)	呵呵(가가) 呵喝(가갈)
■ 架 시렁 가	高3급 [4木5 총 9획]	영 shelf, clothesrack 중 jià 일 カ(いこう)	架空(가공) 架橋(가교)
■ 柯 가지 가	2급 [4木5 총 9획]	영 branch 중 kē 일 カ(えだ)	柯葉(가엽) 交柯(교가)
■ 苛 가혹할 가	1급 [6艸5 총 9획]	영 severe 중 kē 일 カ(きびしい)	苛禁(가금) 苛斂(가렴)
■ 迦 부처이름 가	2급 [7辵5 총 9획]	영 Buddha's name 중 迦 jiā 일 カ	迦藍(가람) 迦陵頻伽(가릉빈가)
■ 哥 성 가	1급 [3口7 총10획]	영 family name 중 gē 일 カ(うたう)	哥哥(가가) 哥禁(가금)
■ 家 집 가	中7급 [3宀7 총10획]	영 house, home 중 jiā 일 カ(いえ)	家系(가계) 家計(가계)
■ 假 거짓 가	中4급 [2人9 총11획]	영 false 중 jiǎ 일 カ(かり)	假建物(가건물) 假決議(가결의)
■ 袈 가사 가	1급 [6衣5 총11획]	영 kasaya 중 jiā 일 カ(かさ)	袈裟(가사) 袈裟山(가사산)

■ 街 거리 가	中4급 [6行6 총12획] 영 street 중 jiē 일 ガイ(まつ)	街談(가담) 街談巷語(가담항어)
■ 軻 수레 가	2급 [7車5 총12획] 영 wagon 중 軻 ke	軻峨(가아) 坎軻(감가)
□ 訶 꾸지람 가	[7言5 총12획] 영 scold 중 訶 hē 일 カ(しかる)	訶跌(가부) 訶跌坐(가부좌)
■ 嫁 시집갈 가	1급 [3女10 총13획] 영 marry 중 jià 일 カ(よめ)	嫁期(가기) 嫁殤(가상)
■ 暇 겨를 가	高4급 [4日9 총13획] 영 leisure 중 xiá 일 カ(いとま)	暇隙(가극) 暇餘(가여)
■ 嘉 아름다울 가	1급 [3口11 총14획] 영 beautiful, good 중 jiā 일 カ(よい)	嘉慶(가경) 嘉味(가미)
■ 歌 노래 가	中7급 [4欠10 총14획] 영 song 중 gē 일 カ(うた)	歌客(가객) 歌舞(가무)
■ 價 값 가	中5급 [2人13 총15획] 영 value 중 价 jià, jiè, jiê 일 カ(あたい)	價格(가격) 價金(가금)
■ 稼 심을 가	1급 [5禾10 총15획] 영 plant, sow 중 jià 일 カ(うえつけ)	稼動(가동) 稼得(가득)
■ 駕 멍에 가	1급 [10馬5 총15획] 영 carriage 중 駕 jià 일 カ(のりもの)	駕轎(가교) 駕馬(가마)
■ 各 각각 각	中6급 [3口3 총6획] 영 each 중 gè, gě 일 カク(おのおの)	各各(각각) 各界(각계)
■ 却 물리칠 각	高3급 [2卩5 총7획] 영 reject 중 què 일 キャク(しりぞく)	却說(각설) 却下(각하)
■ 角 뿔 각	中6급 [7角0 총7획] 영 horn 중 jiǎo 일 カク(つの)	角力(각력) 角質(각질)
■ 刻 새길 각	高4급 [2刂6 총8획] 영 carve 중 kè, kē 일 コク(きざむ)	刻苦(각고) 刻骨難忘(각골난망)

한자	훈음	정보	예시
卻	물리칠 각	[2卩7 총9획] 영 repulse 중 què 일 キャク(しりぞく)	卻棄(각기) 卻立(각립)
咯	토할 각	[3口6 총9획] 영 vomit 중 kǎ, gē 일 カク(あらそい)	咯痰(각담) 咯血(각혈)
恪	삼갈 각	1급 [4心6 총9획] 영 careful 중 kè 일 カク(つつしむ)	恪別(각별) 恪別操心(각별조심)
珏	쌍옥 각	2급 [5玉5 총9획] 영 double gem 중 jué 일 カク(ついたま)	宋珏(송각) 刘珏(유각)
鬥	싸울 각	[10鬥0 총10획] 영 fight 중 鬥 dòu 일 トウ(たたかう)	
桷	서까래 각	[4木7 총11획] 영 rafters 중 jué 일 カク(たるき)	桷榱(각쇠)
脚	다리 각	中3급 [6肉7 총11획] 영 leg 중 jiǎo 일 キャク(あし)	脚骨(각골) 脚光(각광)
殼	껍질 각	1급 [4殳8 총12획] 영 zest 중 殼 qiào, ké 일 カク(から)	殼果(각과) 殼斗(각두)
閣	문설주 각	高3급 [8門6 총14획] 영 doorpost 중 阁 gé 일 カク(たかどの)	閣僚(각료) 閣議(각의)
榷	외나무다리 각	[4木10 총14획] 영 single log bridge 중 què 일 カク(まるきばし)	榷場(각장)
擱	놓을 각	[4手14 총17획] 영 abandon 중 gē, gé 일 カク(おく)	擱坐(각좌) 擱巖(각암)
礐	돌 소리 각	[5石13 총18획] 영 sound of stone 중 gè 일 カク(いしおと)	礐石(각석) 礐確(각확)
覺	깨달을 각	高4급 [7見13 총20획] 영 conscious 중 觉 jué 일 カク(さとる)	覺苦(각고) 覺得(각득)
干	방패 간	中4급 [3干0 총3획] 영 shield 중 gān, gàn 일 カン(おかす)	干戈(간과) 干潟地(간석지)

한자	훈/음	급수·부수·획수 / 영·중·일	예시
■ 刊	깎을 **간**	[高3급] [2刀3 총5획] 영 shave, carve 중 kān 일 カン(けずる)	刊刻(간각) 刊印(간인)
■ 奸	간사할 **간**	[1급] [3女3 총6획] 영 sly 중 jiān 일 カン(よこしま)	奸計(간계) 奸巧(간교)
■ 艮	그칠 **간**	[2급] [6艮0 총6획] 영 limit 중 gèn 일 コン(かぎる)	艮時(간시) 艮坐(간좌)
■ 杆	뭉둥이 **간**	[2급] [4木3 총7획] 영 pole 중 gān, gǎn 일 カン(てこ)	杆棒(간봉) 杆城(간성)
□ 旰	부릅뜰 **간**	[4日3 총7획] 영 make glare 중 gàn 일 カン(くれる)	旰食(간식) 日旰(일간)
□ 玕	옥돌 **간**	[5玉3 총7획] 영 precious stone 중 gān 일 カン(たまいし)	靑琅玕(청낭간) 琅玕(낭간)
■ 肝	간 **간**	[高3급] [6肉3 총7획] 영 liver 중 肝 gān 일 カン(きも)	肝腦(간뇌) 肝膽(간담)
□ 侃	강직할 **간**	[2人6 총8획] 영 integrity 중 kǎn 일 カン(つよくただしい)	侃侃(간간) 侃謂(간악)
■ 姦	간음할 **간**	[高3급] [3女6 총9획] 영 adultery 중 奸 jiān 일 カン(よこしま)	姦通(간통) 姦婦(간부)
□ 柬	가릴 **간**	[4木5 총9획] 영 select 중 jiǎn 일 カン(えらぶ)	柬房(간방) 發柬(발간)
■ 看	볼 **간**	[中4급] [5目4 총9획] 영 see 중 kàn, kān 일 カン(みる)	看檢(간검) 看過(간과)
□ 衎	즐길 **간**	[6行3 총9획] 영 amuse 중 kàn 일 カン(たのしむ)	衎衎(간간) 衎賓(간빈)
■ 竿	장대 **간**	[1급] [6竹3 총9획] 영 pole 중 gān 일 カン(さお)	竿頭(간두) 竿石(간석)
□ 桿	난간 **간**	[4木7 총11획] 영 handrail 중 gǎn, gān 일 カン(てこ)	測桿(측간) 撞桿(당간)

초간편 실용한자 7000 | **11**

■ 揀 가릴 간	1급 [4扌 9 총12획] 영 distinguish 중 拣 jiǎn 일 カン(えらぶ)		揀選(간선) 揀擇(간택)
□ 秆 짚 간	[5禾 7 총12획] 영 straw 중 秆 gǎn 일 カン(わら)		麥秆(맥간) 小麥秆(소맥간)
■ 間 사이 간	7급 [8門 4 총12획] 영 gap 중 间 jiān 일 カン・ケン(あいだま)		間色(간색) 間食(간식)
■ 幹 줄기 간	高3급 [3干 10 총13획] 영 trunk 중 干 gàn 일 カン(みき)		幹略(간략) 幹部(간부)
□ 鳱 까치 간	[11鳥 3 총14획] 영 magpie 중 gàn 일 カン(かささぎ)		鳱鵲(간곡)
■ 墾 개간할 간	1급 [3土 12 총15획] 영 cultivation 중 垦 kěn 일 コン(ひらく)		墾耕(간경) 墾闢(간벽)
□ 澗 산골물 간	[4水 12 총15획] 영 mountain torrent 중 澗 jiàn 일 カン(たにがわ)		澗谿(간계) 澗谷(간곡)
■ 諫 간할 간	1급 [7言 9 총16획] 영 advise 중 谏 jiàn 일 カン(いさめる)		諫臣(간신) 諫言(간언)
■ 懇 정성 간	高3급 [4心 13 총17획] 영 sincerity 중 恳 kěn 일 コン(ていねい)		懇曲(간곡) 懇談(간담)
□ 磵 산골짜기 간	[5石 12 총17획] 영 ravine 중 磵 일 カン(たにみず)		
■ 癎 간질 간	1급 [5疒 12 총17획] 영 epilepsy 중 癎 xián 일 カン(かんびょう)		癎疾(간질)
■ 艱 어려울 간	1급 [6艮 11 총17획] 영 hard 중 艱 jiān 일 カン(かたい)		艱苦(간고) 艱困(간곤)
■ 簡 대쪽 간	高4급 [6竹 12 총18획] 영 bamboo split 중 简 jiǎn 일 カン(はぶく)		簡潔(간결) 簡單明瞭(간단명료)
□ 齦 물을 간	[15齒 6 총21획] 영 bite 중 齦 yín 일 コン(かむ)		齦齦(간간) 齦齶(간악)

曷	어찌 갈	[4 曰5 총9획] 영 why 중 hé 일 カツ(なんぞ)	曷其(갈기) 曷懶甸(갈라전)
秸	볏짚 갈	[5 禾6 총11획] 영 straw 중 jiē 일 カツ(わら)	秸服(갈복) 秸席(갈석)
喝	꾸짖을 갈	1급 [3 口9 총12획] 영 chide 중 hē 일 カツ(しかる)	喝道(갈도) 喝破(갈파)
渴	목마를 갈	中3급 [4 水9 총12획] 영 thirsty 중 kě 일 カツ(かわく)	渴汨(갈골) 渴症(갈증)
楬	푯말 갈	[4 木9 총13획] 영 sign-post 중 jié, qià 일 カツ(たてふだ)	楬豆(갈두) 楬戾(갈려)
葛	칡 갈	2급 [6 艸9 총13획] 영 arrowroot 중 gé 일 カツ(くず)	葛巾(갈건) 葛根(갈근)
竭	다할 갈	1급 [5 立9 총14획] 영 exhaust 중 jié 일 カツ(つきる)	竭力(갈력) 竭誠(갈성)
褐	털옷 갈	1급 [6 衣9 총14획] 영 furs 중 hè 일 カツ(けおり)	褐色(갈색) 褐炭(갈탄)
碣	비석 갈	[5 石9 총14획] 영 tombstone 중 jié 일 ケツ(いしぶみ)	碣石(갈석) 碣磍(갈할)
羯	불깐 양 갈	[6 羊9 총15획] 영 castrated ram 중 jié 일 カツ	羯鼓(갈고) 羯磨(갈마)
蝎	전갈 갈	[6 虫9 총15획] 영 scorpion 중 xiē 일 カツ(きくいむし)	蝎譖(할참) 蝎虎(갈호)
鞨	말갈 갈	[9 革9 총18획] 영 horse's mane 중 hé 일 カツ	靺鞨(말갈) 靺鞨式(말갈식)
甘	달 감	中4급 [5 甘0 총5획] 영 sweet 중 gān 일 カン(あまい)	甘露(감로) 甘眠(감면)
坎	구덩이 감	[3 土4 총7획] 영 hollow 중 kǎn 일 カン(あな)	坎方(감방) 坎中連(감중련)

柑 귤 감	1급 [4木5 총9획]	영 orange 중 gān 일 カン(みかん)	柑果(감과), 柑子(감자)
疳 감질 감	1급 [5疒5 총10획]	영 ulcer 중 gān 일 カン(ひかん)	疳勞(감로), 疳瘻(감루)
勘 헤아릴 감	1급 [2力9 총11획]	영 consider 중 kān 일 カン(しめきり)	勘考(감고), 勘校(감교)
紺 감색 감	1급 [6糸5 총11획]	영 dark blue 중 gàn 일 カン(こん)	紺色(감색), 紺靑(감청)
蚶 피조개 감	[6虫5 총11획]	영 ark shell 중 hān 일 カン(あかがい)	蚶田(감전)
嵌 깊은 골 감	[3山9 총12획]	영 deep valley 중 qiàn, kàn 일 カン(ふかいたに)	嵌谷(감곡), 嵌空(감공)
堪 견딜 감	1급 [3土9 총12획]	영 endure 중 kān 일 カン(たえる)	堪耐(감내), 勘當(감당)
減 덜 감	中4급 [4水9 총12획]	영 decrease 중 jiǎn 일 ゲン(へる)	減價償却(감가상각), 減壽(감수)
敢 감히 감	中4급 [4攵8 총12획]	영 dare 중 gǎn 일 カン(あえて)	敢不生心(감불생심), 敢然(감연)
酣 즐길 감	[7酉5 총12획]	영 merry with wine 중 hān 일 カン	酣酣(감감), 酣飫(감어)
戡 이길 감	[4戈9 총13획]	영 win 중 kān 일 カン(さす)	戡亂(감란), 戡夷(감이)
感 느낄 감	中6급 [4心9 총13획]	영 emotion, feel 중 gǎn 일 カン(かんずる)	感覺(감각), 感慨無量(감개무량)
監 볼 감	高4급 [5皿9 총14획]	영 oversee 중 jiān 일 カン(みはる)	監禁(감금), 監督(감독)
憾 섭섭할 감	2급 [4心13 총16획]	영 sorry 중 hàn 일 カン(うらむ)	憾怨(감원), 憾情(감정)

□ 橄 감람나무 **감**	[4木12 총16획] 영 olive 중 gǎn 일 カン(かんらん)	橄欖(감람) 橄欖山(감람산)	
□ 欿 바랄 **감**	[4欠13 총17획] 영 desire 중 liǎn 일 カン(むさぼる)	欿丐(감개)	
■ 瞰 굽어 볼 **감**	1급 [5目12 총17획] 영 look down 중 kàn 일 カン(みる)	瞰射(감사) 瞰視(감시)	
■ 鑑 거울 **감**	특3급 [8金14 총22획] 영 mirror 중 鉴 jiàn 일 カン(かがみ)	鑑別(감별) 鑑賞(감상)	
□ 龕 감실 **감**	[16龍6 총22획] 영 tabernacle 중 龕 kān 일 ガン(うける)	龕居(감거) 龕亂(감란)	
□ 鹼 소금물 **감**	[11鹵13 총24획] 영 salt water 중 鹼 jiān 일 カン(しおみず)	鹼化(감화) 石鹼(석감)	
■ 甲 갑옷 **갑**	중4급 [5田0 총5획] 영 armour, begin 중 jiǎ 일 コウ(きのえ)	甲殼(갑각) 甲殼素(갑각소)	
■ 匣 갑 **갑**	1급 [2匚5 총7획] 영 case 중 xiá 일 コウ(はこ)	匣匳(갑렴) 匣作(갑작)	
■ 岬 곶 **갑**	2급 [3山5 총8획] 영 cape 중 jiǎ 일 コウ(みさき)	岬角(갑각) 沙岬(사갑)	
□ 胛 어깨뼈 **갑**	[6肉5 총9획] 영 shoulder bone 중 jiǎ 일 コウ	胛骨(갑골) 肩胛(견갑)	
□ 鉀 갑옷 **갑**	[8金5 총13획] 영 suit of an armour 중 鉀 jiǎ 일 コウ(よろい)	南宮鉀(남궁갑) 破甲榴彈(파갑유탄)	
■ 閘 수문 **갑**	1급 [8門5 총13획] 영 sluice 중 闸 zhá 일 コウ(ひのくち)	閘頭(갑두) 閘門(갑문)	
□ 瞌 졸음 올 **갑**	[5目10 총15획] 영 sleepy 중 kē 일 コウ(ねむる)	瞌眠(갑면) 瞌睡(갑수)	
□ 韐 띠 **갑**	[9韋6 총15획] 영 belt 중 gé 일 コウ	韐帶(갑대) 韎韐(매갑)	

■ 江 강 강	中7급 [4水3 총6획]	영 river 중 jiāng 일 コウ	江郊(강교) 江邊(강변)
□ 扛 마주들 강	[4手3 총6획]	영 hold up 중 káng 일 コウ(もちあげる)	扛擧(강거) 扛鼎(강정)
□ 羌 오랑캐 강	[6羊2 총8획]	영 barbarian 중 qiāng 일 キョウ(えびす)	羌管(강관) 羌桃(강도)
□ 忼 강개할 강	[4心4 총7획]	영 indignant 중 kāng 일 コウ(なげく)	忼慨(강개) 忼愾(강개)
□ 杠 깃대 강	[4木3 총7획]	영 flag-staff 중 gàng 일 コウ(はたざお)	杠梁(강량) 杠輈(강주)
■ 岡 언덕 강	2급 [3山5 총8획]	영 slope 중 岡 gāng 일 コウ(おか)	岡陵(강릉) 岡巒(강만)
姜 성 강	2급 [3女6 총9획]	영 family name 중 jiāng 일 キョウ(うじのな)	姜太公(강태공) 同福姜(동복강)
□ 舡 배 강	[6舟3 총9획]	영 ship 중 chuán 일 コウ(ふね)	舡人(강인) 舡軒(강헌)
■ 剛 굳을 강	高3급 [2刀8 총10획]	영 firm 중 剛 gāng 일 ゴウ(かたい)	剛健(강건) 剛梗(강경)
□ 堈 언덕 강	[3土8 총11획]	영 slope 중 gāng 일 コウ(おか)	堈碻(강대 진흙으로 만든 절구)
■ 強 굳셀 강	6급 [3弓8 총11획]	영 strong 중 强 qiáng 일 キョウ(しいる)	強國(강국) 強要(강요)
■ 康 편안할 강	高4급 [3广8 총11획]	영 peaceful 중 kāng 일 コウ(やすらか)	康寧(강녕) 康保(강보)
■ 崗 언덕 강	2급 [3山8 총11획]	영 slope 중 岗 gǎng 일 がん(きし)	花崗巖(화강암) 花崗石(화강석)
□ 摃 들 강	[4手8 총11획]	영 raise 중 gāng 일 コウ(あげる)	摃鼓(강고 임금의 나들이에 치는 북)

■ 腔 빈속 강	1급 [6肉8 총12획] 영 empty stomach 중 qiāng 일 コウ(からわきばら)		腔子(강자) 腔腸(강장)
□ 絳 진홍 강	[6糸6 총12획] 영 red 중 絳 jiàng 일 コウ(あかい)		絳氣(강기) 絳羅(강라)
■ 慷 슬플 강	1급 [4心11 총14획] 영 deplore 중 kāng 일 コウ(なげく)		慷慨(강개) 慷慨之士(강개지사)
■ 綱 벼리 강	高3급 [6糸8 총14획] 영 head rope 중 纲 gāng 일 コウ(おおづな)		綱紀(강기) 綱紀肅正(강기숙정)
□ 蜣 쇠똥구리 강	[6虫8 총14획] 영 dung beetle 중 qiāng 일 キョウ(くそむし)		蜣蜋(강랑) 蛣蜣(길강)
□ 僵 넘어질 강	[2人13 총15획] 영 fall down 중 jiāng 일 キョウ(たおれる)		僵屍(강시) 僵仆(강부)
■ 彊 굳셀 강	2급 [3弓13 총16획] 영 firm 중 彊 jiàng 일 キョウ(つよい)		彊要(강요) 彊求(강구)
□ 穅 겨 강	[5禾11 총16획] 영 chaff 중 kāng 일 コウ(ぬか)		穅秕(강비)
□ 襁 포대기 강	[6衣11 총16획] 영 baby blanket 중 qiǎng 일 キョウ(せおいおび)		襁褓(강보) 襁褓幼兒(강보유아)
■ 鋼 강철 강	高3급 [8金8 총16획] 영 steel 중 钢 gāng 일 コウ(はがね)		鋼鐵(강철) 鋼版(강판)
□ 檀 감탕나무 강	[4木13 총17획] 영 ilex 중 jiāng 일 キョウ(もちのき)		左右橿橿(좌우강강)
■ 薑 생강 강	1급 [6艸13 총17획] 영 ginger 중 薑 jiāng 일 キョウ(しょうが)		薑粉(강분) 薑汁(강즙)
■ 糠 겨 강	1급 [6米11 총17획] 영 chaff 중 kāng 일 コウ(ぬか)		糠糜(강미) 糠秕(강비)
■ 講 강론할 강	中4급 [7言10 총17획] 영 expound 중 讲 jiǎng 일 コウ(とく)		講壇(강단) 講堂(강당)

초간편 실용한자 7000 | **17**

■ 疆 지경 강	[5田14 총19획]	2급 영 boundary 중 jiāng 일 キョウ(さかい)	疆界(강계) 疆域(강역)
□ 韁 고삐 강	[9革13 총22획]	영 reins 중 韁 jiāng 일 キョウ(きずな)	韁鎖(강쇄)
□ 丐 빌 개	[1一3 총4획]	영 beg 중 gài 일 カツ(にじき)	丐乞(개걸) 乞丐(걸개)
■ 介 끼일 개	[2人2 총4획]	高3급 영 between 중 jiè 일 カイ(はさまる)	介意(개의) 介入(개입)
□ 匄 빌 개	[2勹3 총5획]	영 beg 중 gài 일 カイ(もとめる)	匄施(개시 남에게 물건을 거저 줌)
■ 价 착할 개	[2人4 총6획]	2급 영 good 중 jià 일 カイ(よい)	价婦(개부) 价人(개인)
■ 改 고칠 개	[4攵3 총7획]	中5급 영 improve 중 gǎi 일 カイ(あらためる)	改嫁(개가) 改刊(개간)
■ 芥 겨자 개	[6艸4 총8획]	1급 영 mustard 중 jie 일 カイ(からしな)	芥子(개자) 芥塵(개진)
□ 疥 옴 개	[5疒4 총9획]	영 itch 중 jiè 일 カイ(ひぜん)	疥癘(개려) 疥瘡(개창)
■ 皆 다 개	[5白4 총9획]	中3급 영 all, every 중 jiē 일 カイ(みな)	皆勤(개근) 皆旣蝕(개기식)
■ 個 낱 개	[2人8 총10획]	中4급 영 piece 중 个 gè, gě 일 カ(ひとつ)	個別(개별) 個性(개성)
□ 恝 걱정 없을 개	[4心6 총10획]	영 carefree 중 jiá 일 カイ(うれいがない)	恝置(개치)
■ 凱 개선할 개	[2几10 총12획]	1급 영 victory 중 凯 kǎi 일 ガイ(かち)	凱旋(개선) 凱旋歌(개선가)
□ 喈 새 소리 개	[3口9 총12획]	영 birdcall 중 jiē 일 カイ(はやい)	喈喈(개개)

□	湝 물 출렁출렁 흐를 개	[4水9 총12획] 영 slop 중 湝 jiē 일 カイ(さむい)	淮水湝湝 (회수개개)
□	揩 문지를 개	[4手9 총12획] 영 rub 중 揩 kāi, kài 일 カイ(する)	揩磨(개마) 揩目(개목)
□	祴 벽돌길 개	[5示7 총12획] 영 pavement 중 祴 gāi 일 カイ(かわらみち)	
■	開 열 개	中6급 [8門4 총12획] 영 open 중 开 kāi 일 カイ(ひらく)	開墾(개간) 開講(개강)
■	塏 높은 땅 개	2급 [3土10 총13획] 영 rand 중 塏 kǎi 일 カク(たかだい)	塏塏(개개) 勝塏(승개)
■	愾 성낼 개	2급 [4心9 총13획] 영 get angry 중 忾 kài 일 カイ	愾憤(개분) 敵愾(적개)
□	愷 편안할 개	[4心10 총13획] 영 pleasant 중 愷 kǎi 일 ガイ(たのしむ)	愷歌(개가) 八愷(팔개)
■	慨 분개할 개	高3급 [4心11 총14획] 영 indignant 중 慨 kǎi 일 ガイ(なげく)	慨嘆(개탄) 慨恨(개한)
■	漑 물댈 개	1급 [4水11 총14획] 영 irrigate 중 溉 gài 일 ガイ(そそぐ)	漑灌(개관) 灌漑(관개)
■	箇 낱 개	1급 [6竹8 총14획] 영 piece 중 箇 gè 일 カ(かず)	箇箇(개개) 箇數(개수)
■	蓋 덮을 개	高3급 [6艸10 총14획] 영 cover 중 盖 gài 일 ガイ(ふた)	蓋笠(개립) 蓋幕(개막)
□	摡 씻을 개	[4手11 총14획] 영 wash 중 摡 gài 일 カイ(あらう)	帥女官而濯摡 (수녀관이탁개)
■	概 대개 개	高3급 [4木11 총15획] 영 generally 중 概 gài 일 ガイ(あらまし)	概觀(개관) 概括(개괄)
□	磕 돌 부딪는 소리 개	[5石10 총15획] 영 sound of stone 중 磕 kē 일 カイ(いしおと)	磕睡(개수) 磕破(개파)

□ 鎧 갑옷 개	[8金10 총18획]	영 armour 중 鎧 kǎi 일 ガイ(よろい)	鎧甲(개갑) / 鎧馬(개마)
■ 客 손 객	中5급 [3宀6 총9획]	영 guest 중 kè 일 キャク(まらうど)	客車(객거/객차) / 客苦(객고)
□ 喀 토할 객	[3口9 총12획]	영 spew 중 kā, kē 일 カク(はく)	喀喀(객객) / 喀痰(객담)
■ 更 다시 갱	中4급 [4曰3 총7획]	영 again 중 gēng 일 ケイ(あらためる)	更起(갱기) / 更新(갱신)
■ 坑 구덩이 갱	2급 [3土4 총7획]	영 pit 중 kēng 일 コウ(あな)	坑口(갱구) / 坑内(갱내)
□ 阬 구덩이 갱	[8阜4 총7획]	영 hole 중 阬 kēng 일 コウ(あな)	阬穽(갱정) / 阬衡(갱형)
□ 粳 메벼 갱	[6米7 총13획]	영 nonglutinous rice 중 jīng 일 コウ(うるち)	粳稻(갱도)
■ 羹 국 갱	1급 [6羊13 총19획]	영 soup, broth 중 gēng 일 コウ(あつもの)	羹器(갱기) / 羹饘(갱전)
■ 去 갈 거	中5급 [2厶3 총5획]	영 go 중 qù 일 キョ(さる)	去冷(거냉) / 去毒(거독)
■ 巨 클 거	中4급 [3工2 총5획]	영 big, huge 중 jù 일 キョ(おおきい)	巨軀(거구) / 巨金(거금)
■ 車 수레 거	中7급 [7車0 총7획]	영 cart 중 車 chē 일 キョ(くるま)	車軌(거궤) / 車馬(거마)
■ 居 있을 거	中4급 [3尸5 총8획]	영 live 중 jū 일 キョ(いる)	居間(거간) / 居留(거류)
■ 拒 막을 거	高4급 [4手5 총8획]	영 defend 중 jù 일 キョ(こばむ)	拒否(거부) / 拒逆(거역)
□ 炬 횃불 거	[4火5 총9획]	영 torch light 중 jù 일 キョ(かがりび)	炬火(거화) / 炬眼(거안)

☐ 苣 상추 거	[6艸5 총9획] 명 lettuce 중 jù 일 キョ(ごま)	苣藤(거승) 苣萵(거와)
☐ 倨 거만할 거	[2人8 총10획] 명 arrogance 중 jù 일 キョ(おごる)	倨氣(거기) 倨慢(거만)
☐ 祛 떨어 없앨 거	[5示5 총10획] 명 sweep off 중 祛 qū 일 キョ(はらう)	祛痰劑(거담제) 祛痰作用(거담작용)
☐ 秬 검은 기장 거	[5禾5 총10획] 명 black millet 중 jù 일 キョ(くろきび)	秬黍(거서) 秬酒(거주)
☐ 袪 소매 거	[6衣5 총10획] 명 sleeve 중 qū 일 ギョ(たもと)	袪痰(거담) 袪袪(거거)
☐ 据 근거 거	[4手8 총11획] 명 basis 중 jù 일 キョ(よる)	据置(거치) 据銃(거총)
☐ 莒 감자 거	[6艸7 총11획] 명 potato 중 jǔ 일 キョ(からむし)	莒刀(거도)
■ 渠 개천 거	1급 [4水9 총12획] 명 drain, gutter 중 qú 일 キョ(みぞ)	渠水(거수) 渠首(거수)
☐ 腒 건치 거	[6肉8 총12획] 명 jerked pheasant 중 腒 jū 일 キョ(ほじし)	腒鯗(거상) 腒腊(거석)
■ 距 떨어질 거	흠3급 [7足5 총12획] 명 distance 중 jù 일 キョ(へだたり)	距離(거리) 距今(거금)
☐ 筥 광주리 거	[6竹7 총13획] 명 basket 중 jǔ 일 キョ(めしかご)	筐筥(광거)
☐ 裾 옷자락 거	[6衣8 총13획] 명 train 중 jū 일 キョ(すそ)	裾裾(거거) 裾礁(거초)
☐ 鉅 클 거	[8金5 총13획] 명 big 중 鉅 jù 일 キョ(つりばり)	鉅公(거공) 鉅魚(거어)
☐ 踞 걸어앉을 거	[7足8 총15획] 명 take a seat 중 jù 일 キョ(うずくまる)	踞侍(거시) 踞坐(거좌)

■ 據 의지할 거	高4급 [4手13 총16획] 영 depend 중 据 jù, jū 일 キョ(よる)		據點(거점) 據執(거집)
□ 鋸 톱 거	[8金8 총16획] 영 saw 중 鋸 ju 일 キョ(のこぎり)		鋸刀(거도) 鋸屑(거설)
□ 遽 급할 거	[7辵13 총17획] 영 suddenly 중 遽 jù 일 キョ(あわてる)		遽色(거색) 遽然(거연)
■ 擧 들 거	中5급 [4手14 총18획] 영 raise 중 举 jǔ 일 キョ(あげる)		擧皆(거개) 擧國(거국)
□ 蜉 하루살이 거	[6虫12 총18획] 영 dayfly 중 qú 일 キョ(かげろう)		
□ 鶋 갈까마귀 거	[11鳥8 총19획] 영 raven 중 jū 일 キョ(からす)		鴨鶋(비거)
■ 醵 술잔치 거	1급 [7酉13 총20획] 영 drinking party 중 jù 일 キョク(さかもり)		醵金(거금) 醵飮(거음)
□ 蕖 패랭이꽃 거	[6艸17 총21획] 영 China pink 중 qú 일 キョ(なでしこ)		蕖廬(거려) 蕖然(거연)
□ 籧 대자리 거	[6竹17 총23획] 영 bamboo mat 중 jù 일 キョ(たかむしろ)		籧筐(거광) 籧篨(거저)
■ 車 수레 거/차	7급 [7車0 총7획] 영 cart 중 车 jū chē 일 シャ(くるま)		車駕(거가) 車輛(차량)
■ 巾 수건 건	1급 [3巾0 총3획] 영 towel 중 jīn 일 キン(ふきん)		巾櫛(건즐) 巾布(건포)
■ 件 건 건	高5급 [2人4 총6획] 영 case 중 jiàn 일 ゲン(わける)		件件事事(건건사사) 件名(건명)
■ 建 세울 건	高5급 [3廴6 총9획] 영 build 중 jiàn 일 ケン(たてる)		建功(건공) 建國(건국)
■ 虔 공경할 건	[6虍4 총10획] 영 sincerity 중 qián 일 ケン(つつしむ)		虔誠(건성) 虔肅(건숙)

한자	뜻/음	정보	예시
■ 乾	하늘 건	中3급 [乙 10 총11획] 영 heaven 중 qián 일 ケン(かわく)	乾綱(건강) 乾枯(건고)
■ 健	튼튼할 건	高5급 [2人 9 총11획] 영 strong 중 jiàn 일 ケン(すこやか)	健脚(건각) 健强(건강)
□ 愆	허물 건	[4心 9 총13획] 영 fault 중 qiān 일 ケン(あやまる)	愆期(건기) 愆戾(건려)
■ 腱	힘줄 건	1급 [6肉 9 총13획] 영 tendon 중 jiàn 일 ケン(すじ)	腱鞘(건초) 腱膜(건막)
□ 謇	허물 건	[7言 8 총15획] 영 fault 중 愆 qiān 일 ケン(あやまち)	謇殃(건앙)
□ 褰	걷어올릴 건	[6衣 10 총16획] 영 roll up 중 qiān 일 ケン(はかま)	褰裳(건상) 褰帷(건유)
□ 蹇	절 건	[7足 10 총17획] 영 limp slightly 중 jiǎn 일 ケン(ちんば)	蹇脚(건각) 蹇跛(건파)
□ 謇	떠듬거릴 건	[7言 10 총17획] 영 stammer 중 jiǎn 일 ケン(どもる)	謇謇(건건) 謇諤(건악)
■ 鍵	열쇠 건	2급 [8金 9 총17획] 영 key 중 鍵 jiàn 일 ケン(かぎ)	鍵盤(건반) 鍵盤樂器(건반악기)
□ 騫	이지러질 건	[10馬 10 총20획] 영 wane 중 骞 qiān 일 ケン(かける)	騫騫(건건) 騫汚(건오)
■ 乞	구걸할 걸	高2급 [1乙 2 총3획] 영 beg 중 qǐ 일 キツ(こう)	乞假(걸가) 乞客(걸객)
■ 杰	뛰어날 걸	2급 [4木 4 총8획] 영 excellent 중 杰 jié 일 ケツ(すぐれる)	杰作(걸작) 豪杰(호걸)
■ 桀	홰 걸	2급 [4木 6 총10획] 영 roost 중 jié 일 ケツ(とまりき)	桀步(걸보) 桀紂(걸주)
■ 傑	뛰어날 걸	高4급 [2人 10 총12획] 영 eminent 중 杰 jié 일 ケツ(すぐれる)	傑句(걸구) 傑氣(걸기)

□ 茨 마름 검	[6艸4 총8획] 영 caltrop 중 茨 qiàn 일 ケン(おにばす)	茨實(검실) 茨仁(검인)
□ 鈐 비녀장 검	[8金4 총12획] 영 linchpin 중 鈐 qián 일 ケン(くさび)	鈐鍵(검건) 鈐印(검인)
■ 劍 칼 검	高3I급 [2刀13 총15획] 영 sword 중 劍 jiàn 일 ケン(つるぎ)	劍客(검객) 劍道(검도)
■ 儉 검소할 검	高4급 [2人13 총15획] 영 thrifty 중 俭 jiǎn 일 ケン(つづまやか)	儉年(검년) 儉德(검덕)
□ 撿 검사할 검	[4手13 총16획] 영 examine 중 捡 jiǎn 일 ケン(しらべる)	撿校(검교) 撿束(검속)
□ 黔 검을 검	[12黑4 총16획] 영 black 중 黔 qián 일 ケン(くろい)	黔黎(검려) 黔首(검수)
■ 檢 조사할 검	高4I급 [4木13 총17획] 영 inspect 중 检 jiǎn 일 ケン(しらべる)	檢擧(검거) 檢討(검토)
□ 臉 뺨 검	[6肉13 총17획] 영 cheek 중 脸 jiǎn 일 ケン(かお)	
□ 瞼 눈시울 검	[5目13 총18획] 영 eyelid 중 睑 jiǎn 일 ケン(まぶた)	瞼板(검판) 眼瞼(안검)
■ 劫 위협할 겁	1급 [2力5 총7획] 영 threat 중 劫 jié 일 キョウ(コウ)	劫姦(겁간) 劫掠(겁략)
■ 怯 겁낼 겁	1급 [4心5 총8획] 영 dread 중 怯 qiè 일 キョウ(おそれる)	怯劣(겁렬) 怯夫(겁부)
■ 偈 쉴 게	[2人9 총11획] 영 rest 중 偈 jié 일 ケイ(いこう)	偈句(게구)
■ 揭 들 게	2급 [4手9 총12획] 영 hoise 중 揭 jiē 일 ケイ(あげる)	揭榜(게방) 揭示(게시)
■ 憩 쉴 게	3급 [4心12 총16획] 영 rest 중 憩 qì 일 ケイ(いこう)	憩泊(게박) 憩息(게식)

■ 格 바로잡을 격	[高5급] [4 木6 총10획] 영 straighten 중 gé 일 カク(のり)	格調(격조) 格上(격상)
□ 鬲 막을 격	[10 鬲0 총10획] 영 block 중 鬲 lì 일 カク(かなえ)	苴経大鬲 (저질대격)
□ 絡 칡베 격	[6 糸7 총13획] 영 hemp cloth 중 xì 일 ゲキ(くずぬの)	絡衰(격쇠) 絺綌(치격)
■ 隔 사이뜰 격	[高2급] [8 阜10 총13획] 영 separate 중 gé 일 カク(へだてる)	隔年(격년) 隔離(격리)
■ 膈 명치 격	[1급] [6 肉10 총14획] 영 pit of the stomach 중 膈 gé 일 カク	膈膜(격막) 胸膈(흉격)
■ 覡 박수 격	[1급] [7 見7 총14획] 영 male diviner 중 覡 xí 일 ゲキ(かんなぎ)	巫覡(무격) 巫覡信仰(무격신앙)
■ 激 부딪쳐 흐를 격	[高4급] [4 水13 총16획] 영 flow 중 jī 일 ゲキ(はげしい)	激減(격감) 激烈(격렬)
□ 骼 마른 뼈 격	[10 骨6 총16획] 영 dried bone 중 骼 gé 일 カク(されぼね)	髆骼(박격)
■ 擊 칠 격	[中4급] [4 手13 총17획] 영 hit 중 击 jī 일 ゲキ(うつ)	擊鼓(격고) 擊滅(격멸)
■ 檄 격문 격	[1급] [4 木13 총17획] 영 manifesto 중 xí 일 ゲキ(めしぶみ)	檄文(격문) 檄召(격소)
□ 闃 고요할 격	[8 門9 총17획] 영 quiet 중 闃 jí 일 ゲキ(しずか)	闃寂(격적)
■ 犬 개 견	[中4급] [4 犬0 총4획] 영 dog 중 quǎn 일 ケン(いぬ)	犬馬(견마) 犬馬之勞(견마지로)
■ 見 볼 견	[中5급] [7 見0 총7획] 영 see 중 见 jiàn 일 ケン(みる)	見本(견본) 見識(견식)
■ 肩 어깨 견	[高3급] [6 肉4 총8획] 영 shoulder 중 肩 jiān 일 ケン(かた)	肩胛(견갑) 肩章(견장)

□ 畎 밭도랑 견	[5田 4 총9획] 영 ditch 중 quǎn 일 ケン(みぞ)	畎畝(견묘) 畎夷(견이)
□ 狷 성급할 견	[4犬 7 총10획] 영 impatient 중 juàn 일 ケン(きみじか)	狷介(견개) 狷狂(견광)
■ 堅 굳을 견	중4급 [3土 8 총11획] 영 firm 중 坚 jiān 일 ケン(かたい)	堅剛(견강) 堅固(견고)
■ 牽 끌 견	高2급 [4牛 7 총11획] 영 pull, drag 중 牵 qiān 일 ケン(ひく)	牽強(견강) 牽制(견제)
■ 絹 명주 견	高3급 [6糸 6 총12획] 영 silk 중 绢 juàn 일 ケン(きぬ)	絹本(견본) 絹絲(견사)
■ 甄 질그릇 견	2급 [5瓦 9 총14획] 영 earthenware 중 zhēn 일 シン(すえもの)	甄拔(견발) 甄別(견별)
■ 遣 보낼 견	高3급 [7辶 10 총14획] 영 send 중 遣 qiǎn 일 ケン(つかわす)	遣歸(견귀) 遣外(견외)
□ 縳 명주 견	[6糸 11 총17획] 영 silk 중 缚 zuān 일 テン(いと)	
■ 鵑 두견새 견	1급 [11鳥 7 총18획] 영 cuckoo 중 鹃 juān 일 ケン(ほととぎす)	杜鵑(두견) 杜鵑聲(두견성)
■ 繭 고치 견	1급 [6糸 13 총19획] 영 cocoon 중 茧 jiǎn 일 ケン(まゆ)	繭絲(견사) 繭蠶(견잠)
■ 譴 꾸짖을 견	1급 [7言 14 총21획] 영 censure 중 谴 qiǎn 일 ケン(とがめる)	譴告(견고) 譴怒(견노)
□ 鰹 가물치 견	[11魚 11 총22획] 영 snakehead 중 鰹 jiān 일 ケン	
□ 蠲 밝을 견	[6虫 17 총23획] 영 bright 중 蠲 juān 일 ケン(あきらか)	蠲減(견감) 蠲潔(견결)
□ 抉 도려낼 결	[4手 4 총7획] 영 cut out 중 jué 일 ケツ(えぐる)	抉剔(결척) 摘抉(적결)

■ 決 정할 결	中5급 [4水4 총7획] 영 decide 중 决 jué 일 ケツ(きまる)	決隙(결극) 決斷(결단)
□ 玦 패옥 결	[5玉4 총8획] 영 jade pendants 중 jué 일 ケツ(おびたま)	玦悍(결한) 玉玦(옥결)
■ 缺 이지러질 결	高4급 [6缶3 총9획] 영 wane 중 quē 일 ケツ(かく)	缺勤(결근) 缺禮(결례)
■ 結 맺을 결	中5급 [6糸5 총11획] 영 bind, tie 중 结 jié, jiē 일 ケツ(むすぶ)	結果(결과) 結局(결국)
■ 訣 이별할 결	高3급 [7言4 총11획] 영 part 중 诀 jué 일 ケツ(わかれる)	訣別(결별) 訣宴(결연)
■ 潔 깨끗할 결	中4급 [4水12 총15획] 영 clean 중 洁 jié 일 ケツ(いさぎよい)	潔廉(결렴) 潔癖(결벽)
□ 関 쉴 결	[8門9 총17획] 영 rest 중 関 què 일 ケツ(おわる)	関服(결복) 関制(결제)
■ 兼 겸할 겸	3급 [2八8 총10획] 영 combine 중 兼 jiān 일 ケン(かねる)	兼床(겸상) 兼備(겸비)
□ 嗛 겸손할 겸	[3口10 총13획] 영 modesty 중 qiǎn 일 カン(ふくむ)	嗛嗛(겸겸) 嗛閃(겸섬)
□ 慊 찐덥지 않을 겸	[4心10 총13획] 영 disbelief 중 qiàn 일 ケン(きらう)	慊然(겸연) 미안 하여 볼 낯이 없다
□ 鉗 칼 겸	[8金5 총13획] 영 pillory 중 鉗 qián 일 ケン(くびかせ)	鉗梏(겸곡) 鉗口(겸구)
□ 歉 흉년들 겸	[4欠10 총14획] 영 have a bad crop 중 qiàn 일 ケン(たりない)	歉歲(겸세) 大歉(대겸)
□ 蒹 갈대 겸	[6艸10 총14획] 영 reed 중 蒹 jiān 일 ケン(おぎ)	蒹葭(겸가) 볏과 의 여러해살이풀
□ 箝 재갈먹일 겸	[6竹8 총14획] 영 muzzle 중 qián 일 ケン(はさむ)	箝口(겸구) 箝口枯腸(겸구고장)

초간편 실용한자 7000 | 27

☐ **縑** 합사 비단 겸	[6糸10 총16획] 영 braid silk 중 縑 jiān 일 ケン(かとりぎぬ)	縑緗(겸상) 縑衣(겸의)
■ **謙** 겸손할 겸	高3급 [7言10 총17획] 영 humble 중 谦 qiān 일 ケン(へりくだる)	謙謹(겸근) 謙德(겸덕)
☐ **鎌** 낫 겸	[8金10 총18획] 영 sickle 중 鎌 lián 일 ケン(かま)	大腦鎌(대뇌겸) 小腦鎌(소뇌겸)
☐ **鶼** 비익조 겸	[11鳥10 총21획] 영 bird 중 鶼 jiān 일 ケン(とりのな)	鶼鰈(겸접)
☐ **鼸** 두더지 겸	[13鼠10 총23획] 영 mole 중 qiǎn 일 ケン(もぐらもち)	鼸鼠(혐서)
☐ **冏** 빛날 경	[2冂5 총7획] 영 bright 중 jiǒng 일 ケイ(ひかる)	冏命(경명) 冏焉(경언)
■ **京** 서울 경	中6급 [2亠6 총8획] 영 capital 중 jīng 일 ケイ(みやこ)	京觀(경관) 京畿(경기)
■ **庚** 일곱째 천간 경	中3급 [3广5 총8획] 영 7th celestial stem 중 gēng 일 ケイ(かのえ)	庚戌(경술) 庚時(경시)
■ **炅** 빛날 경	2급 [4火4 총8획] 영 shine 중 jiǒng, guì 일 ケイ(ひかる)	寒炅(한경)
■ **勁** 굳셀 경	1급 [2力7 총9획] 영 firm 중 劲 jìn 일 ケイ(つよい)	勁健(경건) 勁勇(경용)
☐ **俓** 지름길 경	[2人7 총9획] 영 shortcut 중 俓 jìng, yíng 일 ケイ(なおい)	俓侹(경정)
☐ **扃** 빗장 경	[4戶5 총9획] 영 cross bar 중 扃 jiōng 일 ケイ(かんぬき)	扃關(경관) 扃扉(경비)
☐ **勍** 셀 경	[2力8 총10획] 영 strong 중 qíng 일 ケイ(つよい)	勍敵(경적)
■ **徑** 지름길 경	高3급 [3彳7 총10획] 영 shortcut 중 径 jìng 일 ケイ(ちかみち)	徑路(경로) 徑行(경행)

□ 涇 통할 경	[4水7 총10획] 영 flow through 중 涇 jīng 일 ケイ(とおる)		涇流(경류)
□ 耿 빛날 경	[6耳4 총10획] 영 glitter 중 耿 gěng 일 キョウ(あきら)		耿介(경개) 耿潔(경결)
■ 耕 갈 경	中3급 [6耒4 총10획] 영 plough 중 耕 gēng 일 コウ(たがやす)		耕墾(경간) 耕農(경농)
■ 梗 대개 경	1급 [4木7 총11획] 영 most 중 梗 gěng 일 コウ(とげ)		梗槪(경개) 梗塞(경색)
□ 竟 마칠 경	高3급 [5立6 총11획] 영 end, finish 중 竟 jìng 일 ケイ(おわり)		竟境(경경) 竟夜(경야)
■ 脛 정강이 경	1급 [6肉7 총11획] 영 shin 중 脛 jìng 일 ケイ(はぎ)		脛部(경부) 脛節(경절)
□ 絅 홑옷 경	[6糸5 총11획] 영 unlined clothes 중 絅 jiǒng 일 ケイ		衣錦尙絅 (의금상경)
■ 莖 줄기 경	1급 [6艹7 총11획] 영 stem 중 茎 일 ケイ(くき)		莖葉(경엽) 莖菜類(경채류)
□ 逕 좁은길 경	[7辵7 총11획] 영 boreen 중 逕 jìng 일 ケイ(こみち)		逕庭(경정) 正逕(정경)
■ 頃 잠깐 경	中3급 [9頁2 총11획] 영 for a moment 중 顷 qǐng 일 ケイ(しばらく)		頃刻(경각) 頃步(경보)
■ 卿 벼슬 경	高3급 [2卩10 총12획] 영 lord, sir 중 卿 qīng 일 ケイ(きみ)		卿老(경로) 卿雲(경운)
□ 景 볕 경	[4日8 총12획] 영 sunshine 중 景 jǐng 일 ケイ(けしき)		景槪絶勝(경개절승) 景觀(경관)
□ 惸 근심할 경	[4心9 총12획] 영 worry 중 惸 qióng 일 ケイ(うれえる)		惸惸(경경) 惸獨(경독)
■ 痙 경련 경	1급 [5疒7 총12획] 영 convulsion 중 痙 jìng 일 ケイ(ひきつる)		痙攣(경련) 痙縮(경축)

■ 硬 굳을 경	高3급 [5石7 총12획] 영 hard, stiff 중 硬 yìng 일 コウ(かたい)	硬結(경결) 硬骨(경골)
■ 傾 기울어질 경	高4급 [2人11 총13획] 영 incline 중 倾 qīng 일 ケイ(かたむく)	傾國(경국) 傾國之色(경국지색)
□ 敬 공경할 경	[4攴9 총13획] 영 respect 중 jìng 일 ケイ(うやまう)	敬虔(경건) 敬啓(경계)
□ 煢 외로울 경	[4火9 총13획] 영 desolate 중 煢 qióng 일 ケイ(ひとり)	煢煢(경경) 煢獨(경독)
■ 敬 공경 경	5급 [4攴9 총13획] 영 respect 중 敬 jìng 일 ケイ(うやまう)	敬虔(경건) 敬禮(경례)
■ 經 날 경	中2급 [6糸7 총13획] 영 raw thread 중 经 jīng 일 ケイ(たて)	經界(경계) 經過(경과)
□ 綆 두레박줄 경	[6糸7 총13획] 영 well-rope 중 綆 gěng 일 コウ(つるべなわ)	綆短汲深(경단급심) 綆繘(경율)
■ 境 지경 경	高2급 [3土11 총14획] 영 boundary 중 jìng 일 ケイ(さかい)	境界(경계) 境內(경내)
■ 輕 가벼울 경	中5급 [7車7 총14획] 영 light 중 轻 qīng 일 ケイ(かるい)	輕減(경감) 輕擧妄動(경거망동)
■ 儆 경계할 경	2급 [2人13 총15획] 영 warn 중 jǐng 일 ケイ(いましめる)	儆戒(경계) 儆備(경비)
□ 熲 빛날 경	[4火11 총15획] 영 twinkle 중 jiǒng 일 ケイ(ひかり)	熲杖琴瑟 (경장금슬)
■ 憬 깨달을 경	1급 [4心12 총15획] 영 be awake to 중 jǐng 일 ケイ(さとる)	憧憬(동경) 憧憬心(동경심)
□ 慶 경사 경	[4心11 총15획] 영 celebrate 중 庆 qìng 일 ケイ(めでたい)	慶事(경사) 慶宴(경연)
■ 璟 옥빛 경	2급 [5玉12 총16획] 영 gem 중 jǐng 일 ケイ(ひかり)	宋璟(송경)

■ **磬** 경쇠 **경**	[1급] [5 石11 총16획] 영 drive, scuttle 중 qìng 일 ケイ(うちいし)	磬鐘(경종) 風磬(풍경)
□ **罄** 빌 **경**	[6 缶10 총17획] 영 vacant 중 qìng 일 ケイ(むなしい)	罄竭(경갈) 罄匱(경궤)
■ **頸** 목 **경**	[1급] [9 頁7 총16획] 영 neck 중 頸 jǐng 일 ケイ(くび)	頸骨(경골) 頸部(경부)
□ **檠** 도지개 **경**	[4 木13 총17획] 영 frame for reshaping bows 중 qíng 일 ケイ(ともしび)	檠燈(경등) 檠劍(경검)
■ **擎** 들 **경**	[4 手13 총17획] 영 lift up 중 qíng 일 ケイ(ささげる)	擎天(경천)
□ **鯁** 생선뼈 **경**	[11 魚7 총18획] 영 bones of fish 중 鯁 gěng 일 ケイ(ほね)	鯁骨(경골) 鯁論(경론)
■ **瓊** 구슬 **경**	[2급] [5 玉15 총19획] 영 red gem 중 瓊 qióng 일 ケイ(あかたま)	瓊琚(경거) 瓊杯(경배)
■ **鏡** 거울 **경**	[高4급] [8 金11 총19획] 영 mirror 중 镜 jìng 일 ケイ(かがみ)	鏡鑑(경감) 鏡匣(경갑)
■ **鯨** 고래 **경**	[1급] [11 魚8 총19획] 영 whale 중 鲸 jīng 일 ケイ(くじら)	鯨濤(경도) 鯨獵(경렵)
■ **競** 다툴 **경**	[中5급] [5 立15 총20획] 영 quarrel 중 竞 jìng 일 ケイ(きそう)	競技(경기) 競落(경락)
■ **警** 경계할 **경**	[高4급] [7 言13 총20획] 영 warn 중 jǐng 일 ケイ(いましめる)	警戒(경계) 警告(경고)
□ **黥** 자자할 **경**	[12 黑8 총20획] 영 be widely known 중 jīng 일 ゲイ(いれずみ)	黥徒(경도) 黥面(경면)
■ **驚** 놀랄 **경**	[中4급] [10 馬13 총23획] 영 suprise 중 惊 jīng 일 ケイ(おどろく)	驚氣(경기) 驚倒(경도)
■ **系** 이을 **계**	[高4급] [6 糸0 총6획] 영 connect 중 xì 일 ケイ(つながる)	系圖(계도) 系譜(계보)

■ 戒 경계할 계	高4급 [4戈3 총7획] 영 warn 중 jiè 일 カイ(いましめる)	戒告(계고) 戒令(계령)
□ 届 이를 계	[3尸5 총8획] 영 extend to 중 jiè 일 カイ(とどける)	届出(계출)
■ 季 끝 계	中4급 [3子5 총8획] 영 the last, season 중 jì 일 キ(すえ)	季冬(계동) 季父(계부)
■ 係 맬 계	高4I급 [2人7 총9획] 영 fasten 중 係 xì 일 ゲイ(かかる)	係累(계루) 係員(계원)
■ 契 맺을 계	高3I급 [3大6 총9획] 영 bond 중 qì 일 ケイ(ちぎり)	契約(계약) 契印(계인)
□ 洎 미칠 계	[4水6 총9획] 영 reach 중 jì 일 キ(うるおう)	洎夫藍(계부람)
■ 界 지경 계	中6급 [5田4 총9획] 영 boundary 중 jiè 일 カイ(さかい)	界標(계표) 界限(계한)
■ 癸 북방 계	中3급 [5癶4 총9획] 영 north 중 guǐ 일 キ(みずのと)	癸方(계방) 癸坐(계좌)
■ 計 셀 계	中6급 [7言2 총9획] 영 count 중 计 jì 일 ケイ(はかる)	計窮(계궁) 計量(계량)
■ 桂 계수나무 계	高3급 [4木6 총10획] 영 cassia 중 guì 일 ケイ(かつら)	桂樹(계수) 桂林(계림)
□ 紒 상투 틀 계	[6糸4 총10획] 영 tie a topknot 중 jì 일 カイ(ゆう)	雙紒(쌍계) 露紒(노계)
■ 啓 열 계	高3I급 [3口8 총11획] 영 open 중 启 qǐ 일 ケイ(ひらく)	啓導(계도) 啓明星(계명성)
■ 械 기계 계	高3I급 [4木7 총11획] 영 machine 중 xiè 일 カイ(どうぐ)	械器(계기) 兵械(병계)
■ 悸 두근거릴 계	[1心8 총11획] 영 throb 중 jì 일 キ(おののく)	悸悸(계계) 悸病(계병)

□ 棨 창틀 **계**	[4木8 총12획] 영 sash 중 qǐ 일 ケイ(ほこ)	棨鑰(계곽) 中棨(중계)	
■ 溪 시내 **계**	中3급 [4水10 총13획] 영 stream 중 xī 일 ケイ(たに)	溪流(계류) 溪友(계우)	
■ 階 섬돌 **계**	高4급 [8阜9 총12획] 영 stairs 중 阶 jiē 일 カイ(だん)	階級(계급) 階段(계단)	
□ 誡 경계할 **계**	[7言7 총14획] 영 alert 중 诚 jiè 일 カイ(いましめる)	誡命(계명) 誡勉(계면)	
□ 磎 시내 **계**	[5石10 총15획] 영 brook 중 磎 xī 일 ケイ(たに)	雙磎寺(쌍계사)	
□ 稽 상고할 **계**	[5禾11 총16획] 영 think 중 qī 일 ケイ(かんがえる)	稽考(계고) 稽古(계고)	
□ 罽 그물 **계**	[6网11 총16획] 영 fishing net 중 jì 일 ケイ(うおあみ)	罽毯(계담) 罽幕(계막)	
□ 谿 시내 **계**	[7谷10 총17획] 영 stream 중 xī 일 ケイ(たに)	谿澗(계간) 谿谷(계곡)	
□ 鍥 새길 **계**	[8金9 총17획] 영 carve 중 鍥 jié 일 ケイ(きざむ)		
□ 雞 닭 **계**	[8隹10 총18획] 영 hen 중 雞 jī 일 ケイ(にわとり)	雞頭(계두) 雞彝(계이)	
■ 繫 맬 **계**	高2급 [6糸13 총19획] 영 bind, fasten 중 繫 xì, jì 일 ケイ(つなぐ)	繫累(계루) 繫留(계류)	
■ 繼 이을 **계**	高4급 [6糸14 총20획] 영 connect 중 继 jì 일 ケイ(つづく)	繼代(계대) 繼母(계모)	
■ 鷄 닭 **계**	中4급 [11鳥10 총21획] 영 cock 중 鸡 jī 일 ケイ(にわとり)	鷄犬相聞(계견상문) 鷄冠(계관)	
■ 古 예 **고**	中6급 [3口2 총5획] 영 antiquity 중 gǔ 일 コ(ふるい)	古家(고가) 古宮(고궁)	

한자	훈음	급수/부수	영/중/일	예시
■ 叩	두드릴 고	1급 [3口2 총5획]	영 knock 중 kòu 일 コウ(たたく)	叩叩(고고) / 叩頭(고두)
□ 尻	꽁무니 고	[3尸2 총5획]	영 tail 중 kāo 일 コウ(しり)	尻驛典(고역전)
□ 攷	생각할 고	[4攴2 총6획]	영 think 중 kǎo 일 コウ(かんがえる)	論攷(논고) / 雜攷(잡고)
■ 考	상고할 고	中5급 [6老0 총6획]	영 think 중 kǎo 일 コウ(かんがえる)	考據(고거) / 考檢(고검)
□ 估	값 고	[2人5 총7획]	영 price 중 gū, gù 일 コ(あたい)	估客(고객) / 估計(고계)
■ 告	알릴 고	中5급 [3口4 총7획]	영 tell, declare 중 gào 일 コク(つげる)	告發(고발) / 告白(고백)
□ 刳	가를 고	[2刀6 총8획]	영 split 중 kū 일 コ(えぐる)	刳剝(고박) / 刳腹(고복)
■ 姑	시어머니 고	高3급 [3女5 총8획]	영 mother in law 중 gū 일 コ(しゅうとめ)	姑息(고식) / 姑息的(고식적)
■ 孤	외로울 고	高4급 [3子5 총8획]	영 solitude 중 gū 일 コ(ひとり)	孤高(고고) / 孤軍奮鬪(고군분투)
□ 呱	울 고	1급 [3口5 총8획]	영 weep 중 guā, gū, guǎ 일 コ(なく)	呱呱(고고) / 呱呱之聲(고고지성)
■ 固	굳을 고	中5급 [3口5 총8획]	영 solid 중 gù 일 コ(かたい)	固結(고결) / 固窮(고궁)
□ 沽	팔 고	[4水5 총8획]	영 sell, buy 중 gū 일 コ(かう)	沽券(고권) / 沽貝(고패)
■ 股	넓적다리 고	1급 [6肉4 총8획]	영 thigh 중 股 gǔ 일 コ(もも)	股間(고간) / 股肱(고굉)
■ 枯	마를 고	高3급 [4木5 총9획]	영 dead tree, dry 중 kū 일 コ(かれき)	枯骨(고골) / 枯渴(고갈)

■ 故 예 고	中4급 [4攴5 총9획] 영 ancient 중 gù 일 コ(ふるい)		故國(고국), 故俗(고속)
■ 拷 칠 고	1급 [4手6 총9획] 영 beat 중 kǎo 일 コウ(たたく)		拷問(고문), 拷打(고타)
□ 罟 그물 고	[6网5 총10획] 영 net 중 gǔ 일 コ(うおあみ)		罟罶(고류)
□ 苽 줄 고	[6艸5 총9획] 영 water-oats 중 gū 일 コ(まこものみ)		沈苽(침고)
■ 苦 괴로워할 고	中6급 [6艸5 총9획] 영 bitter 중 kǔ 일 コ(にがい)		苦心(고심), 苦顔(고안)
■ 庫 곳집 고	真4급 [3广7 총10획] 영 warehouse 중 库 kù 일 コ(くら)		庫間(고간), 倉庫(창고)
□ 栲 북나무 고	[4木6 총10획] 영 sumac 중 kǎo 일 コウ(ぬるで)		栲栳(고로)
□ 羔 새끼양 고	[6羊4 총10획] 영 lambkin 중 gāo 일 コウ(こひつじ)		羔裘(고구), 羔豚(고돈)
□ 胯 다리 고	[6肉6 총10획] 영 thigh 중 胯 kuà 일 コ(また)		胯下(고하)
□ 羖 검은암양 고	[6羊4 총10획] 영 black ewe 중 gǔ 일 コ(めひつじ)		羖公(고공), 羖䍽(고력)
□ 罛 그물 고	[6网5 총10획] 영 net 중 gǔ 일 コ(あみ)		罛網(고망), 罛罜(고부)
■ 高 높을 고	中6급 [10高0 총10획] 영 high 중 gāo 일 コウ(たかい)		高價(고가), 高見(고견)
■ 皐 언덕 고	2급 [5白6 총11획] 영 hill 중 皋 gāo 일 コウ(きし)		皐蘭草(고란초), 皐比(고비)
□ 雇 품살 고	[8隹4 총12획] 영 employ 중 雇 gù 일 コ(やとう)		雇用(고용), 雇傭(고용)

袴 바지고	[1급] [6衣6 총11획] 영 trousers 중 袴 kù 일 コ(はかま)	袴衣(고의) 短袴(단고)
祜 빌고	[5示7 총12획] 영 pray 중 祜 kào 일 コウ(いのる)	
菰 줄고	[6艸8 총12획] 영 water-oats 중 gū 일 コ(まこも)	菰根(고근) 菰蘆(고로)
詁 주낼고	[7言5 총12획] 영 append meaning 중 诂 gǔ 일 コ(わけ)	詁訓(고훈)
觚 술잔고	[7角5 총12획] 영 wine-glass 중 gū 일 コ(さかずき)	觚牘(고독) 觚不觚(고불고)
辜 허물고	[1급] [7辛5 총12획] 영 fault 중 gū 일 コ(つみ)	辜榷(고각) 辜較(고교)
雇 품팔고	[2급] [8隹4 총12획] 영 work for wages 중 雇 gù 일 コ(やとう)	雇傭(고용) 解雇(해고)
痼 고질병고	[1급] [5疒8 총13획] 영 chronic disease 중 gù 일 コ(じびょう)	痼瘼(고막) 痼癖(고벽)
賈 장사고	[7貝6 총13획] 영 commerce 중 賈 gǔ 일 コ(あきなう)	賈船(고선) 賈人(고인)
鈷 다리미고	[8金5 총13획] 영 iron 중 鈷 gǔ 일 コ(ひのし)	鈷戈(고과) 鈷刀(고도)
鼓 북고	[준3급] [13鼓0 총13획] 영 drum 중 gǔ 일 コ(つづみ)	鼓角喊聲(고각함성) 鼓動(고동)
暠 흴고	[4日10 총14획] 영 white 중 gǎo 일 コウ(しろい)	暠暠(고고)
敲 두드릴고	[1급] [4攴10 총14획] 영 beat 중 qiāo 일 コウ(たたく)	敲金戛石(고금알석) 敲門(고문)
槁 마를고	[4木10 총14획] 영 dry 중 槀 gǎo 일 コウ(かれき)	槁木(고목)

□ 睾	불알 고	[5目 9 총14획] 영 testicles 중 gāo 일 コウ(きんたま)	睾丸(고환)
■ 膏	기름 고	1급 [6肉 10 총14획] 영 fat 중 gāo 일 コウ(あぶら)	膏粱(고량) 膏粱珍味(고량진미)
□ 誥	고할 고	[7言 7 총14획] 영 admonition 중 诰 gào 일 コウ(つげる)	庭誥(정고) 前誥(전고)
■ 稿	볏짚 고	高3급 [5禾 10 총15획] 영 straw 중 gǎo 일 コウ(わら)	稿料(고료) 稿草(고초)
□ 皜	흰 고	[5白 10 총15획] 영 white 중 hào 일 コウ(しろ)	皜潔(고결) 皜皜(고고)
□ 糕	떡 고	[6米 10 총16획] 영 rice cake 중 gāo 일 コウ(もち)	柿糕(시고) 艾糕(애고)
□ 靠	기댈 고	[8非 7 총15획] 영 rely on 중 kào 일 コウ(もたれる)	靠天(고천) 靠枕(고침)
□ 骷	해골 고	[10骨 5 총15획] 영 skeleton 중 骷 kū 일 コ(されぼね)	骷髏(고루)
□ 篙	상앗대 고	[6竹 10 총16획] 영 row pole 중 gāo 일 コウ(さお)	篙艣(고로)
■ 錮	땜질할 고	1급 [8金 8 총16획] 영 tinker 중 锢 gù 일 コ(ふさぐ)	錮疾(고질) 黨錮(당고)
□ 瞽	소경 고	[5目 13 총18획] 영 blind 중 gǔ 일 コ(めしい)	瞽矇(고몽) 瞽說(고설)
□ 藁	짚 고	[6艹 14 총18획] 영 straw 중 gǎo 일 コウ(わら)	藁草(고초) 藁本(고본)
□ 櫜	활집 고	[4木 15 총19획] 영 bow case 중 gāo 일 コウ(ゆみふくろ)	櫜鞬(고건)
□ 餻	떡 고	[9食 10 총19획] 영 rice cake 중 gāo 일 コウ(こなもち)	雪餻(설고) 橘餅餻(귤병고)

■ 顧 돌아볼 고	高3급 [9頁12 총21획] 영 look after 중 顾 gù 일 コ(かえりみる)		顧客(고객) 顧見(고견)
□ 蠱 회충 고	[6虫17 총23획] 영 roundworm 중 蠱 gǔ 일 コ(はらのむし)		蠱石(고석) 蠱惑(고혹)
□ 鴣 작은 비둘기 고	[11鳥12 총23획] 영 ground dove 중 鸪 gē 일 コ(はと)		鴣嗁(고량) 鴣鴟(고저)
■ 曲 굽을 곡	中5급 [4曰2 총6획] 영 bent, tune 중 qū, qǔ 일 キョク(うた)		曲流(곡류) 曲目(곡목)
■ 谷 골 곡	中3급 [7谷0 총7획] 영 valley 중 gǔ 일 コク(たに)		谷泉(곡천) 谷澗(곡간)
■ 哭 울 곡	高3급 [3口7 총10획] 영 weep 중 kū 일 コク(なく)		哭臨(곡림) 哭聲(곡성)
□ 斛 휘 곡	[4斗7 총11획] 영 measure 중 hú 일 コク(ます)		斛口(곡구)
■ 梏 수갑 곡	1급 [4木7 총11획] 영 handcuffs 중 gù 일 コク(てかせ)		梏亡(곡망) 桎梏(질곡)
□ 牿 우리 곡	[4牛7 총11획] 영 stable 중 gù 일 コク(おり)		牿牢(곡뢰)
□ 槲 떡갈나무 곡	[4木11 총15획] 영 oak 중 hú 일 コク(かしわ)		槲木(곡목)
■ 穀 곡식 곡	中4급 [5禾10 총15획] 영 grain 중 谷 gǔ 일 コク(たなつもの)		穀價(곡가) 穀氣(곡기)
□ 觳 뿔잔 곡	[7角10 총17획] 영 horn chalice 중 hú 일 コク(うすい)		觳觫(곡속)
□ 轂 바퀴통 곡	[7車10 총17획] 영 hub 중 毂 gǔ 일 コク(こしき)		轂擊肩摩(곡견견마) 轂下(곡하)
■ 困 곤할 곤	中4급 [3囗4 총7획] 영 distress 중 kùn 일 コン(にまる)		困境(곤경) 困窮(곤궁)

■ 坤 땅 곤	中3급 [3土5 총8획] 영 earth 중 kūn 일 コン(つち)	坤方(곤방) 坤宮(곤궁)
■ 昆 형 곤	1급 [4日4 총8획] 영 eldest brother 중 kūn 일 コン(あに)	昆季(곤계) 昆弟(곤제)
□ 悃 정성 곤	[4忄7 총10획] 영 sincerity 중 kǔn 일 コン(まこと)	悃愊(곤간) 悃悃(곤곤)
□ 袞 곤룡포 곤	[6衣4 총10획] 영 royal robe 중 gǔn 일 コン(こんい)	袞服(곤복)
■ 崑 산이름 곤	1급 [3山8 총11획] 영 name of a mountain 중 kūn 일 コン	崑岡(곤강)
□ 晜 형 곤	[4日7 총11획] 영 older brother 중 kūn 일 コン(おじ)	晜孫(곤손)
□ 梱 문지방 곤	[4木7 총11획] 영 threshold 중 kǔn 일 コン(しきみ)	梱帥(곤수) 梱包(곤포)
■ 衮 곤룡포 곤	1급 [6衣5 총11획] 영 royal robe 중 袞 gǔn 일 コン(こんい)	衮馬(곤마) 衮職(곤직)
□ 琨 옥돌 곤	[5玉8 총12획] 영 jade 중 kūn 일 コン(うつくしいいし)	琨瑜(곤유)
□ 髡 머리 깎을 곤	[10髟3 총13획] 영 hair cutting 중 kūn 일 コン(そる)	髡鉗(곤겸) 髡屯(곤돈)
□ 滾 흐를 곤	[4水11 총14획] 영 flow 중 滚 gǔn 일 コン(たぎる)	滾滾(곤곤)
□ 褌 잠방이 곤	[6衣9 총14획] 영 knee-breeches 중 kūn 일 コン(ふんどし)	褌衣(곤의) 褌中(곤중)
□ 錕 붉은 쇠 곤	[8金8 총16획] 영 red iron 중 錕 kūn 일 コン(かりも)	錕鋙(곤어)
□ 鯤 곤어 곤	[11魚7 총18획] 영 big fish 중 鲲 gǔn 일 コン(おおきいうお)	

□ 鯤 곤이 곤	[11魚8 총19획] 영 fish eggs 중 鯤 kūn 일 コン(はらご)	鯤鵬(곤붕)
□ 鵾 봉황 곤	[11鳥9 총20획] 영 phoenix 중 kūn 일 コン(ほうおう)	鵾雞(곤계)
□ 齫 이 솟을 곤	[15齒7 총22획] 영 teethe 중 kǔn 일 グン(はがく)	齫然(곤연)
■ 汨 빠질 골	1급 [4水3 총7획] 영 confused 중 汨 gǔ 일 ハキ(みたれる)	汨沒(골몰) 汨汨(골골)
■ 骨 뼈 골	中4급 [10骨0 총10획] 영 bone 중 骨 gǔ 일 コツ(ほね)	骨幹(골간) 骨格(골격)
■ 滑 어지러울 골	2급 [4水10 총13획] 영 dizzy 중 huá 일 カツ(なめらか)	滑降(활강) 滑空(활공)
□ 鶻 송골매 골	[11鳥10 총21획] 영 duck hawk 중 鶻 gú 일 コツ(はやぶさ)	鶻突(골돌) 鶻圇(골륜)
■ 工 장인 공	中7급 [3工0 총3획] 영 artisan 중 gōng 일 コウ(たくみ()	工課(공과) 工科(공과)
■ 公 공변될 공	中6급 [2八2 총4획] 영 public 중 gōng 일 コウ(おおやけ)	公暇(공가) 公開(공개)
■ 孔 구멍 공	高4급 [3子1 총4획] 영 hole 중 kǒng 일 コウ(あな)	孔老(공로) 孔孟(공맹)
■ 功 공 공	中6급 [2力3 총5획] 영 merits 중 gōng 일 コウ(てがら)	功過(공과) 功過相反(공과상반)
■ 共 함께 공	中6급 [2八4 총6획] 영 together 중 gòng 일 キョウ(ともに)	共感(공감) 共鳴(공명)
□ 邛 언덕 공	[7邑3 총6획] 영 hill 중 qióng 일 キョウ(つかれる)	邛成(공성)
■ 攻 칠 공	高4급 [4攴3 총7획] 영 attack 중 gōng 일 コウ()	攻擊(공격) 攻掠(공략)

■ 供 이바지할 공	高3급 [2人 6 총8획]	영 offer 중 gōng 일 キョウ(そなう)	供給(공급) 供覽(공람)
■ 空 빌 공	中7급 [5穴3 총8획]	영 empty 중 kōng 일 クウ(むなしい)	空家(공가) 空殼(공각)
■ 拱 팔짱낄 공	1급 [4手6 총9획]	영 fold one's arms 중 gǒng 일 キョウ(こまぬく)	拱手(공수)
□ 栱 말뚝 공	[4木6 총10획]	영 stake 중 gǒng 일 キョウ(くい)	栱牙(공아) 牔栱(박공)
■ 恭 공손할 공	高3급 [4心6 총10획]	영 polite 중 gōng 일 キョウ(うやうやしい)	恭儉(공검) 恭謙(공겸)
■ 恐 두려울 공	高3급 [4心6 총10획]	영 fear 중 kǒng 일 キョウ(おそれる)	恐喝(공갈) 恐懼(공구)
□ 蚣 지네 공	[6虫4 총10획]	영 centipede 중 gōng 일 コウ(むかで)	蜈蚣(오공) 石蜈蚣(석오공)
■ 貢 바칠 공	高3급 [7貝3 총10획]	영 tribute 중 贡 gòng 일 コウ(みつぎ)	貢納(공납) 貢物(공물)
□ 控 당길 공	[4手8 총11획]	영 pull 중 kòng 일 コウ(ひかえる)	控訴(공소) 控訴審(공소심)
□ 悾 정성 공	[4心8 총11획]	영 sincere 중 kòng 일 コウ(まこと)	悾款(공관) 悾悾(공공)
□ 蛩 귀뚜라미 공	[6虫6 총12획]	영 cricket 중 qióng 일 キョウ(こおろぎ)	蛩聲(공성) 蛩音(공음)
□ 輁 관굄차 공	[7車6 총13획]	영 propping a coffin 중 qióng 일 キョウ	輁軸(공축)
□ 槓 지렛대 공	[4木10 총14획]	영 handspike 중 槓 gàng 일 コウ(てこ)	槓杆(공간)
□ 箜 공후 공	[6竹8 총14획]	영 ancient lute 중 kōng 일 コウ(くだらごと)	箜篌(공후)

■ 鞏 굳을 공	1급 [9革6 총15획]	영 firm 중 鞏 gǒng 일 キョウ(かたい)	鞏固(공고)
□ 龔 공손할 공	[16龍6 총22획]	영 polite 중 龔 gōng 일 キョウ(つつしむ)	象龔滔天 (상공도천)
■ 戈 창 과	2급 [4戈0 총4획]	영 spear 중 gē 일 カ(ほこ)	戈甲(과갑) 戈劍(과검)
■ 瓜 오이 과	3급 [5瓜0 총5획]	영 cucumber 중 guā 일 カ(うり)	瓜年(과년) 瓜滿(과만)
□ 夸 자랑할 과	[3大3 총6획]	영 boast 중 kuā 일 カ(ほこる)	夸大(과대) 夸淫(과음)
■ 果 실과 과	中6급 [4木4 총8획]	영 fruit 중 guǒ 일 カ(くだもの)	果敢(과감) 果報(과보)
■ 科 과정 과	中6급 [5禾4 총9획]	영 class, science 중 kē 일 カ(わかちどの)	科客(과객) 科擧(과거)
■ 菓 과자 과	2급 [6艸8 총12획]	영 cookie 중 guǒ 일 カ(くだもの)	菓子(과자)
□ 窠 보금자리 과	[5穴8 총13획]	영 nest 중 kē 일 カ(あな)	窠闕(과궐) 窠窄(과착)
■ 過 지날 과	中5급 [7辵9 총13획]	영 pass 중 過 guò 일 カ(すぎる)	過感(과감) 過客(과객)
□ 跨 넘을 과	[7足6 총13획]	영 climb 중 kuà 일 カ(またがる)	跨據(과거) 跨年(과년)
■ 誇 자랑할 과	高3급 [7言6 총13획]	영 pride 중 夸 kuā 일 カ(ほこる)	誇大(과대) 誇示(과시)
■ 寡 적을 과	高3급 [3宀11 총14획]	영 few 중 guǎ 일 カ(すくない)	寡德(과덕) 寡黙(과묵)
□ 裹 쌀 과	[6衣8 총14획]	영 wrap 중 guǒ 일 カ(つつむ)	裹糧(과량) 裹紙(과지)

□ **蝌** 올챙이 과	[6虫9 총15획] 영 tadpole 중 kē 일 カ(おたまじゃくし)	蝌蚪(과두) 蝌蚪文字(과두문자)
■ **課** 매길 과	중5급 [7言8 총15획] 영 impose 중 课 kè 일 カ(わりあて)	課稅(과세) 課業(과업)
□ **踝** 복사뼈 과	[7足8 총15획] 영 ankle bone 중 huái 일 カ(くるぶし)	踝骨(과골) 踝跣(과선)
□ **鍋** 노구 과	[8金9 총17획] 영 brass kettle 중 锅 guō 일 カ(なべ)	鍋蓋魚(과개어) 鍋戶(과호)
■ **顆** 낱알 과	1급 [9頁8 총17획] 영 granule 중 颗 kē 일 カ(つぶ)	顆粒(과립) 飯顆(반과)
■ **郭** 성곽 곽	高3급 [7邑8 총11획] 영 castle-wall 중 guō 일 カク(くるわ)	郭內(곽내) 郭外(곽외)
□ **漷** 강 이름 곽	[4水11 총14획] 영 river names 중 huǒ 일 カク(かわのな)	漷河(곽하)
■ **槨** 덧널 곽	1급 [4木11 총15획] 영 outer coffin 중 guǒ 일 カク(そとひつぎ)	外槨(외곽) 石槨(석곽)
□ **霍** 빠를 곽	[8雨8 총16획] 영 fast 중 huò 일 カク(にわか)	霍霍(곽곽) 霍亂(곽란)
■ **藿** 콩잎 곽	1급 [6艸16 총20획] 영 bean leaves 중 huò 일 カク(まめのは)	藿田(곽전) 藿湯(곽탕)
□ **癨** 곽란 곽	[5疒16 총21획] 영 cholera nostras 중 huò 일 カク(かくらん)	癨亂(곽란)
□ **蠼** 큰 원숭이 곽	[6虫20 총26획] 영 big monkey 중 qú 일 カク(おおざる)	
□ **串** 익숙할 관	[1丨6 총7획] 영 familliar 중 chuàn 일 カン(なれる)	串童(관동) 串柿(관시)
■ **官** 벼슬 관	중4급 [3宀5 총8획] 영 government post 중 guān 일 カン(つかさ)	官界(관계) 官公署(관공서)

■ 冠 갓 관	高3급 [2冖7 총9획] 영 crown 중 guàn 일 カン(かんむり)	冠笄(관계) 冠帶(관대)
■ 莞 왕골 관	2급 [6艸7 총11획] 영 rush 중 guān 일 カン(まるがま)	莞草(관초) 莞然(완연)
■ 貫 꿸 관	高3급 [7貝4 총11획] 영 pierce 중 贯 guàn 일 カン(つらぬく)	貫通(관통) 貫行(관행)
■ 款 정성 관	2급 [4欠8 총12획] 영 sincere 중 kuǎn 일 カン(かじよう)	款談(관담) 款待(관대)
■ 棺 널 관	1급 [4木8 총12획] 영 coffin 중 guān 일 カン(ひつぎ)	棺槨(관곽) 棺材(관재)
■ 琯 옥피리 관	2급 [5玉8 총12획] 영 jade clarinet 중 guǎn 일 カン(たまぶえ)	尹承琯(윤승관)
□ 菅 골풀 관	[6艸8 총12획] 영 rush 중 jiān 일 カン(すが)	菅屬(관각) 菅履(관구)
□ 祼 강신제 관	[5示8 총13획] 영 rite 중 祼 guàn 일 カン(いのり)	祼享(관향) 祼獻(관헌)
■ 慣 버릇 관	高3급 [4心11 총14획] 영 habit 중 惯 guàn 일 カン(なれる)	慣例(관례) 慣聞(관문)
□ 綰 얽을 관	[6糸8 총14획] 영 bind, join 중 绾 wǎn 일 ワン(つなぐ)	綰穀(관곡) 綰攝(관섭)
■ 管 대롱 관	高4급 [6竹8 총14획] 영 tube, flute 중 guǎn 일 カン(ふえ)	管內(관내) 管理(관리)
■ 寬 너그러울 관	高3급 [3宀12 총15획] 영 generous 중 宽 kuān 일 カン(ひろい)	寬待(관대) 寬恕(관서)
□ 盥 대야 관	[5皿11 총16획] 영 basin 중 guàn 일 カン(あらう)	盥洗(관세)
□ 錧 비녀장 관	[8金8 총16획] 영 linchpin 중 guǎn 일 カン(くさび)	錧鎋(관할)

□ 館 객사 관	[9食8 총17획] 영 hotel 중 馆 guǎn 일 カン(やかた)	館舍(관사) 館長(관장)
□ 鸛 황새 관	[8隹10 총18획] 영 stork 중 guān 일 カン(あまさぎ)	莆薙是營(보관시영)
■ 關 빗장 관	중5급 [8門10 총18획] 영 bolt 중 关 guān 일 カン(あずかる)	關係(관계) 關念(관념)
■ 灌 물댈 관	1급 [4水18 총21획] 영 irrigate 중 guàn 일 カン(そそぐ)	灌漑(관개) 灌木(관목)
□ 爟 봉화 관	[4火18 총22획] 영 signal fire 중 guān 일 カン(のろし)	爟星(관성)
□ 瓘 옥 관	[5玉18 총22획] 영 jade 중 guàn 일 カン(たま)	瓘斝(관가)
■ 觀 볼 관	중5급 [7見18 총25획] 영 look 중 观 guàn 일 カン(みる)	觀感(관감) 觀客(관객)
■ 鸛 황새 관	1급 [11鳥18 총29획] 영 stork 중 鹳 huān 일 カン(こうのとり)	鸛鳥(관조)
■ 刮 깎을 괄	1급 [2刀6 총8획] 영 scratch 중 guā 일 カツ(けずる)	刮垢劇光 (괄구마광)
■ 括 묶을 괄	중7급 [4手6 총9획] 영 wrap 중 guā, kuò 일 カツ(くくる)	括約筋(괄약근) 括弧(괄호))
□ 适 빠를 괄	[7辵6 총10획] 영 rapid 중 适 kuo 일 カツ(はやい)	李适(이괄) 體适(체괄)
□ 聒 떠들썩할 괄	[6耳6 총12획] 영 noisy 중 guō 일 カツ(かまびすしい)	聒聒(괄괄) 聒聒兒(괄괄아)
□ 劀 궂은 살 도려낼 괄	[2刀12 총14획] 영 cut out a piece of flesh 중 guā 일 カツ(はものをえぐる)	劀殺(괄살)
□ 颳 모진 바람 괄	[9風6 총15획] 영 heavy wind 중 颳 guā 일 カツ(あらいかぜ)	

□ 鴰 재두루미 괄	[11鳥6 총17획] 영 white-naped crane 중 鴰 guā 일 カツ(まなづる)	鴰鴰(괄괄) 백로과에 속한 새
■ 光 빛 광	中6급 [2儿4 총6획] 영 light 중 guāng 일 コウ(ひかり)	光景(광경) 光臨(광림)
■ 匡 바를 광	1급 [2匚4 총6획] 영 straight 중 kuāng 일 キョウ(ただす)	匡諫(광간) 匡濟(광제)
■ 狂 미칠 광	準3급 [4犬4 총7획] 영 mad 중 kuáng 일 キョウ(くるう)	狂犬(광견) 狂氣(광기)
□ 洸 성낼 광	[4水6 총9획] 영 get angry 중 guāng 일 コウ(いかる)	洸洸(광광)
■ 胱 오줌통 광	1급 [6肉6 총10획] 영 bladder 중 胱 guāng 일 コウ(ぼうこう)	膀胱膜(방광막) 膀胱狀(방광상)
□ 眶 눈자위 광	[5目6 총11획] 영 eyeball area 중 kuàng 일 キョウ(まぶち)	眼眶(안광) 目眶(목광)
□ 筐 광주리 광	[6竹6 총12획] 영 bamboo basket 중 kuāng 일 キョウ(かたみ)	筐擧(광거)
□ 誆 속일 광	[7言7 총14획] 영 deceive 중 诳 kuáng 일 キョウ(あざむく)	誆誘(광유) 誆惑(광혹)
■ 廣 넓을 광	中5급 [3广12 총15획] 영 wide 중 广 guǎng 일 コウ(ひろい)	廣告(광고) 廣野(광야)
■ 壙 구덩이 광	1급 [3土15 총18획] 영 hollow 중 圹 kuàng 일 コウ(あな)	壙穴(광혈) 壙埌(광랑)
□ 獷 사나울 광	[4犬15 총18획] 영 fierce 중 獷 guǎng 일 コウ(あらい)	獷猤(광계) 獷獷(광광)
■ 曠 빌 광	1급 [4日15 총19획] 영 vacant 중 旷 kuàng 일 コウ(むなしい)	曠劫(광겁) 曠世之才(광세지재)
□ 纊 솜 광	[6糸15 총21획] 영 cotton 중 纊 guǎng 일 コウ(わた)	屬纊(속광) 絓纊(주광)

■ 鑛 쇳돌 광	高4급 [8金15 총23획] 영 ore 중 鑛 kuàng 일 コウ(あらがね)		鑛坑(광갱) 鑛區(광구)
■ 卦 점괘 괘	1급 [2卜6 총8획] 영 divination sign 중 guà 일 カイ(うらなう)		卦辭(괘사) 挂筮(괘서)
□ 枴 지팡이 괘	[4木5 총9획] 영 stick 중 guǎi 일 カイ(つえ)		鐵枴(철괘) 쇠로 만든 지팡이
□ 挂 걸 괘	[4手6 총9획] 영 hang 중 guà 일 ケイ(かかる)		挂冠(괘관) 挂帆(괘범)
■ 掛 점괘 괘	高3급 [4手8 총11획] 영 divinatory sign 중 掛 guà 일 カ(かける)		掛鏡(괘경) 掛冠(괘관)
■ 罫 줄 괘	1급 [6网8 총13획] 영 line 중 guà, huà 일 カイ(すじ)		罫線(괘선) 罫紙(괘지)
■ 乖 어그러질 괴	中3급 [丿7 총8획] 영 deviate 중 guāi 일 カイ(そむく)		乖覺(괴각) 乖隔(괴격)
■ 怪 기이할 괴	高3급 [4心5 총8획] 영 strange 중 guài 일 カイ(あやしい)		怪傑(괴걸) 怪奇(괴기)
■ 拐 속일 괴	1급 [4手5 총8획] 영 allure 중 guǎi 일 カイ(さそう)		拐帶(괴대) 誘拐(유괴)
■ 傀 허수아비 괴	2급 [2人10 총12획] 영 scarecrow 중 kuǐ 일 クワイ(あやにんぎょう)		傀奇(괴기) 傀儡(괴뢰)
■ 塊 흙덩이 괴	高3급 [3土10 총13획] 영 clod 중 块 kuài 일 カイ(つちくれ)		塊根(괴근) 塊金(괴금)
□ 媿 창피줄 괴	[3女10 총13획] 영 bring to shame 중 kuì 일 キ(はじ)		媿屈(괴굴) 媿辱(괴욕)
■ 愧 부끄러울 괴	高3급 [4心10 총13획] 영 shameful 중 kuì 일 キ(はじる)		愧色(괴색) 愧赧(괴란)
■ 槐 홰나무 괴	2급 [4木10 총14획] 영 pagoda-tree 중 huái 일 カイ(えんじゅ)		槐木(괴목) 槐實(괴실)

ㅁ 瑰 구슬이름 괴	[5玉10 총14획] 영 precious stone 중 guī 일 カイ(たま)		瑰怪(괴괴) 瑰詭(괴궤)
ㅁ 蒯 황모 괴	[6艸10 총14획] 영 grass 중 kuǎi 일 カイ(あぶらがや)		蒯緱(괴구)
■ 魁 괴수 괴	1급 [10鬼4 총14획] 영 monster 중 kuí 일 カイ(かしら)		魁首(괴수) 魁奇(괴기)
■ 壞 무너뜨릴 괴	중3급 [3土16 총19획] 영 destroy 중 坏 huài 일 カイ(やぶる)		壞滅(괴멸) 壞損(괴손)
ㅁ 幗 머리장식 괵	[3巾11 총14획] 영 bonnet 중 幗 guó 일 カク(かみづつみ)		巾幗(건괵)
ㅁ 虢 괵나라 괵	[6虍9 총15획] 영 state 중 虢 guó 일 カク(くに)		虢國夫人(괵국 부인) 假道滅虢(가도멸괵)
ㅁ 馘 목 벨 괵	[9首8 총17획] 영 decapitate 중 guō 일 カク(みみきる)		馘首(괵수) 馘耳(괵이)
ㅁ 蟈 청개구리 괵	[6虫11 총17획] 영 tree frog 중 蟈 guō 일 カク(あおがえる)		螻蟈鳴(누괵명)
■ 宏 클 굉	1급 [3宀4 총7획] 영 vast 중 hóng 일 コウ(ひろい)		宏大(굉대) 宏辯(굉변)
■ 肱 팔뚝 굉	1급 [6肉4 총8획] 영 forearm 중 肱 gōng 일 コウ(ひじ)		股肱(고굉) 曲肱(곡굉)
ㅁ 訇 큰소리 굉	[7言2 총9획] 영 lound sound 중 hōng 일 コウ(おおごえ)		訇隱(굉은) 訇哮(굉효)
ㅁ 紘 클 굉	[6糸4 총10획] 영 vast 중 hóng 일 コウ(ひろい)		紘覆(굉부)
ㅁ 閎 이문 굉	[8門4 총12획] 영 village gate 중 閎 hóng 일 コウ(もん)		閎閎(굉굉) 閎廓(굉곽)
ㅁ 觥 뿔잔 굉	[7角6 총13획] 영 a cup made of horn 중 gōng 일 コウ		觥觥(굉굉) 觥飯(굉반)

▫ 鍠 쇠북소리 굉	[8金9 총17획] 영 peal 중 huáng 일 コウ(かねのね)	鐘鼓鍠鍠(종고굉굉)
■ 轟 울릴 굉	1급 [7車14 총21획] 영 resound 중 轰 hōng 일 コウ(とどろく)	轟轟(굉굉) 轟飮(굉음)
■ 巧 공교할 교	高3급 [3工5 총5획] 영 skill, tactful 중 qiǎo 일 コウ(たくみ)	巧妙(교묘) 巧舌(교설)
■ 交 사귈 교	中6급 [2亠4 총6획] 영 associate 중 jiāo 일 コウ(まじわる)	交感(교감) 交感神經(교감신경)
▫ 佼 예쁠 교	[2人6 총8획] 영 pretty 중 jiāo 일 キョウ(みめよい)	佼麗(교려) 佼黠(교힐)
■ 咬 물 교	1급 [3口6 총9획] 영 bite 중 yǎo 일 コウ(かむ)	咬牙切齒(교아절치) 咬裂(교열)
▫ 姣 아름다울 교	[3女6 총9획] 영 pretty 중 jiāo 일 コウ(うつくしい)	姣姣(교교) 姣童(교동)
■ 狡 교활할 교	1급 [4犬6 총9획] 영 sly 중 jiǎo 일 キョウ(わるがしこい)	狡猾(교활) 狡寇(교구)
■ 郊 들 교	高3급 [7邑6 총9획] 영 field 중 jiāo 일 コウ(はずれ)	郊迎(교영) 郊外(교외)
■ 校 학교 교	中8급 [4木6 총10획] 영 school 중 xiào 일 コウ(まなびや)	校歌(교가) 校旗(교기)
▫ 窌 움 교	[5穴5 총10획] 영 cellar 중 jiào 일 コウ(あなぐら)	垣窌倉廩(원교창름)
▫ 荍 당아욱 교	[6艸6 총10획] 영 mallow 중 qiáo 일 キョウ(ぜにあおい)	視爾如荍(시이여교)
▫ 茭 마른 꼴 교	[6艸6 총10획] 영 dried fodder 중 jiāo 일 キョウ(かれくさ)	茭牧(교목) 茭粽(교종)
■ 敎 가르칠 교	中8급 [4攴7 총11획] 영 teach 중 jiào, jiāo 일 キョウ(おしえる)	敎科書(교과서) 敎官(교관)

한자	급수/부수/획수	뜻/음/일본어	용례
■ 皎 달 밝을 교	1급 [5白6 총11획]	bright 皎 jiǎo コウ(あきらか)	皎潔(교결) 皎鏡(교경)
■ 喬 높을 교	1급 [3口9 총12획]	high 喬 qiáo キョウ(たかい)	喬才(교재) 喬遷(교천)
□ 窖 움 교	[5穴7 총12획]	cellar 窖 jiào, zào コウ(あなぐら)	
■ 絞 목맬 교	2급 [6糸7 총13획]	hang 絞 jiǎo コウ(くびる)	絞殺(교살) 絞首(교수)
■ 蛟 교룡 교	1급 [6虫6 총12획]	dragon 蛟 jiāo コウ(みずち)	蛟螭(교리) 蛟蛇(교사)
■ 較 견줄 교	3급 [7車6 총13획]	compare 较 jiào コウ(くらべる)	較量(교량) 較差(교차)
■ 僑 우거할 교	2급 [2人12 총14획]	live abroad 侨 qiáo (かりずまい)	僑居(교거) 僑寓(교우)
□ 叫 부르짖을 교	[3口11 총14획]	cry 叫 jiào キョウ(さける)	
□ 鉸 가위 교	[8金6 총14획]	scissors 鉸 jiǎo コウ(はさみ)	鉸刀(교도) 鉸鉸(교교)
□ 嶠 산길 교	[3山12 총15획]	mountain path 峤 jiào (やまみち)	嶠嶼(교서)
■ 嬌 아리따울 교	1급 [3女12 총15획]	coquet 娇 jiāo キョウ(なまめかしい)	嬌女(교녀) 嬌聲(교성)
□ 撟 들 교	[4手12 총15획]	raise 挢 jiǎo キョウ(あげる)	撟誣(교무) 撟舌(교설)
□ 憍 교만할 교	[4心12 총15획]	proud 憍 jiāo キョウ(ほこる)	憍奢(교사) 憍泄(교설)
■ 膠 아교 교	2급 [6肉11 총15획]	glue 胶 jiāo コウ(にかわ)	膠匣(교갑) 膠固(교고)

□ 餃 경단 교	[9食6 총15획] 영 dumpling 중 餃 jiǎo 일 コウ(あめ)	餃餌(교이) 餃子(교자)
□ 噭 부르짖을 교	[3口13 총16획] 영 cry loudly 중 jiào 일 キョウ(ほえる)	噭噭(교교) 噭應(교응)
■ 橋 다리 교	中5급 [4木12 총16획] 영 bridge 중 桥 qiáo 일 キョウ(はし)	橋架(교가) 橋梁(교량)
□ 蕎 메밀 교	[6艸12 총16획] 영 buckwheat 중 荞 qiáo 일 キョウ(そば)	蕎麥麪水(교맥면수) 蕎麥粉(교맥분)
□ 骹 발회목뼈 교	[10骨6 총16획] 영 ankle 중 qiāo 일 コウ(あしくび)	骹朴(교박)
□ 磽 메마른 땅 교	[5石12 총17획] 영 hungry land 중 磽 qiāo 일 コウ(かたい)	磽确(교각) 돌이 많이 섞인 거친 땅
■ 矯 바로 잡을 교	高3급 [5矢12 총17획] 영 reform 중 矫 jiǎo 일 キョウ(ためる)	矯聲(교성) 矯正(교정)
□ 翹 들 교	[6羽12 총18획] 영 raise 중 翘 qiáo 일 ギョウ(あがる)	翹企(교기) 翹思(교사)
□ 鮫 상어 교	[11魚6 총17획] 영 shark 중 鲛 jiāo 일 コウ(さめ)	鮫膚(교부) 鮫魚(교어)
□ 鵁 해오라기 교	[11鳥6 총17획] 영 night heron 중 jiāo 일 コウ(ごいさぎ)	鵁鸛(교관) 鵁鸕(교로)
□ 蟜 개미 교	[6虫12 총18획] 영 ant 중 qiáo 일 キョウ(あり)	蟹蟜(농교) 蜜蟜(향교)
□ 蹺 발돋움할 교	[7足12 총19획] 영 stand on end 중 跷 qiāo 일 キョウ(あしをあげる)	
■ 轎 가마 교	1급 [7車12 총19획] 영 palanquin 중 轿 jiào 일 キョウ(かご)	轎軍(교군) 轎馬(교마)
□ 蹻 발돋움할 교	[7足12 총19획] 영 stand on end 중 jiǎo 일 キャク(わらぐつ)	蹻健(교건) 蹻蹻(교교)

□ 齩 깨물 교	[15齒6 총21획] 영 biting 중 yǎo 일 ゴウ(かむ)	齩齧(교설)
■ 驕 교만할 교	1급 [10馬12 총22획] 영 proud 중 驕 jiāo 일 キョウ(おごる)	驕慢(교만) 驕色(교색)
■ 攪 어지럽힐 교	1급 [4手20 총23획] 영 stir 중 搅 jiǎo 일 カク(かきみだす)	攪亂(교란) 攪亂力(교란력)
□ 鷮 꿩 교	[11鳥12 총23획] 영 pheasnat 중 jiāo 일 キョウ(おおやまどり)	鷮息(교식)
■ 九 아홉 구	中8급 [1乙1 총2획] 영 nine 중 jiǔ 일 キュウ	九曲(구곡) 九曜(구요)
■ 久 오랠 구	中3급 [1丿2 총3획] 영 long 중 jiǔ 일 キュウ(ひさしい)	久交(구교) 久屈(구굴)
■ 口 입 구	中7급 [3口0 총3획] 영 mouth 중 kǒu 일 コウ(くち)	口腔(구강) 口術(구술)
■ 仇 원수 구	1급 [2人2 총4획] 영 enemy 중 chóu 일 キュウ(かたき)	仇家(구가) 仇校(구교)
■ 句 구절 구	中4급 [3口2 총5획] 영 paragraph 중 jù 일 ク	句讀(구독) 句引(구인)
■ 丘 언덕 구	高3급 [1一4 총5획] 영 hill 중 qiū 일 キュウ(おか)	丘壟(구롱) 丘木(구목)
□ 扣 두드릴 구	[4手3 총6획] 영 beat 중 kòu 일 コウ(うつ)	扣問(구문) 扣舷(구현)
■ 臼 절구 구	1급 [6臼0 총6획] 영 mortar 중 jiù 일 キュウ(うす)	臼狀(구상) 臼齒(구치)
□ 劬 수고할 구	[2力5 총7획] 영 trouble 중 qú 일 ク(くるしむ)	劬儉(구검) 劬勤(구근)
■ 灸 뜸 구	1급 [4火3 총7획] 영 moxibustion 중 jiǔ 일 キュウ(やいと)	灸師(구사) 灸治(구치)

■ 求 구할 구	中4급 [4水2 총7획] 영 get, ask 중 qiú 일 キュウ(もとめる)	求乞(구걸) 求賢(구현)
■ 玖 검은 옥돌 구	1급 [5玉3 총7획] 영 black gem 중 jiǔ 일 キュウ(くろたま)	玖璇(구선) 玖璿(구선)
■ 究 연구할 구	中4급 [5穴2 총7획] 영 inquiry 중 jiū 일 キュウ(きわめる)	究竟(구경) 究極(구극)
■ 具 갖출 구	高5급 [2八6 총8획] 영 possess 중 jù 일 ク(そなわる)	具格(구격) 具象(구상)
□ 呴 숨 내쉴 구	[3口5 총8획] 영 breath 중 xū 일 ク(いきふく)	呴兪(구유) 呴濡(구유)
□ 咎 허물 구	[3口5 총8획] 영 reprove 중 jiù 일 キュウ(とがめる)	咎鼓(구고)
■ 拘 잡을 구	高3급 [4手5 총8획] 영 catch 중 jū 일 コウ(かかわる)	拘束(구속) 拘礙(구애)
■ 狗 개 구	高3급 [4犬5 총8획] 영 dog 중 gǒu 일 コウ(いぬ)	狗馬之心(구마지심) 狗飯橡實(구반상실)
□ 疚 오랜 병 구	[5疒3 총8획] 영 chronic disease 중 jiù 일 キュウ(やまい)	疚心(구심) 疚懷(구회)
□ 邱 언덕 구	[7邑5 총8획] 영 hill 중 qiū 일 キュウ(おか)	首邱初心(수구초심) 靑邱(청구)
□ 俅 공손할 구	[2人7 총9획] 영 submission 중 qiú 일 キュウ(うやうやしい)	俅俅(구구)
■ 垢 때 구	1급 [3土6 총9획] 영 dirt 중 gòu 일 コウ(あか)	垢故(구고) 垢衣(구의)
■ 枸 호깨나무 구	1급 [4木5 총9획] 영 raisin tree 중 gǒu 일 ク(まがる)	枸杞子(구기자) 枸櫞(구연)
■ 柩 널 구	1급 [4木5 총9획] 영 coffin 중 jiù 일 キュウ(ひつぎ)	柩車(구거) 柩衣(구의)

苟 진실로 구	高3급 [6艹5 총9획] 영 truly 중 gǒu 일 コウ(いやしくも)	苟艱(구간) 苟簡(구간)
朐 포 구	[6肉5 총9획] 영 jerked beef 중 朐 qú 일 ク(ほじし)	朐朐(구구) 朐衍(구연)
韭 부추 구	[9韭0 총9획] 영 leek 중 jiǔ 일 キュウ(にら)	韭菜(구채)
俱 함께 구	高3급 [2人8 총10획] 영 together 중 jù 일 ク(ともに)	俱樂部(구락부) 俱備(구비)
矩 모날 구	1급 [5矢5 총10획] 영 angulate 중 jǔ 일 ク(さし)	矩度(구도) 矩步(구보)
區 구분할 구	高6급 [2匚9 총11획] 영 distinguish 중 区 qū 일 ク(わける)	區間(구간) 區區(구구)
寇 도둑 구	1급 [3宀8 총11획] 영 thief 중 kòu 일 コウ(かすめとる)	寇亂(구란) 寇掠(구략)
毬 공 구	[4毛7 총11획] 영 ball, globe 중 毬 qiú 일 キュウ(たま)	毬果(구과)
救 도움 구	中5급 [4攴7 총11획] 영 relieve 중 jiù 일 キュウ(すくう)	救國(구국) 救急(구급)
球 공 구	高6급 [5玉7 총11획] 영 round gem, ball 중 qiú 일 キュウ(たま)	球莖(구경) 球技(구기)
絇 신코 장식 구	[6糸5 총11획] 영 ornament of a toecap 중 qú 일 ク	絇繶(구억)
蚯 지렁이 구	[6虫5 총11획] 영 earthworm 중 qiū 일 キュウ(みみず)	蚯蟮(구상) 蚯蚓泥(구인니)
耈 늙을 구	[6老5 총11획] 영 grow old 중 gǒu 일 コウ(としより)	耈老(구로) 耈長(구장)
逑 짝 구	[7辵7 총11획] 영 pair 중 逑 qiú 일 キュウ(あつめる)	好逑傳(호구전)

한자	훈음	정보	예시
釦	금테 두를 구	[8金3 총11획] 영 gilt-edged 중 扣 kòu 일 コウ(わめく)	金釦(금구)
傴	구부릴 구	[2人11 총13획] 영 bend 중 伛 yǔ 일 コウ(かがむ)	傴僂(구루) 傴背(구배)
彀	당길 구	[3弓10 총13획] 영 pull 중 彀 gòu 일 コウ(はる)	彀擊(구격) 彀騎(구기)
媾	화친 구	[3女10 총13획] 영 make peace 중 媾 gòu 일 コウ(よしみ)	媾合(구합) 媾和(구화)
溝	도랑 구	1급 [4水10 총13획] 영 ditch 중 沟 gōu 일 コウ(みぞ)	溝渠(구거) 溝橋(구교)
構	얽어맬 구	[4手10 총13획] 영 bind 중 构 gòu 일 コウ(ひく)	構兵(구병) 構思(구사)
裘	갖옷 구	[6衣7 총13획] 영 fur clothes 중 qiú 일 キュウ(かわごろも)	裘褐(구갈) 裘馬(구마)
舅	시아비 구	1급 [6臼7 총13획] 영 husband's father 중 jiù 일 キュウ	舅家(구가) 舅姑(구고)
詬	꾸짖을 구	[7言6 총13획] 영 scold 중 诟 gòu 일 コウ(ののしる)	
雊	장끼 울음 구	[8隹5 총13획] 영 crowing of a pheasant 중 gòu 일 ク	雊雉(구치)
鉤	갈고리 구	1급 [8金5 총13획] 영 hook 중 鉤 gōu 일 コウ(かぎ)	鉤距(구거) 鉤鎌(구겸)
鳩	비둘기 구	1급 [11鳥2 총13획] 영 dove 중 鳩 jiū 일 ク(はと)	鳩尾(구미) 鳩巢(구소)
嶇	험할 구	1급 [3山11 총14획] 영 steep 중 岖 qū 일 ク(けわしい)	嶇嶔(구금) 嶇路(구로)
嫗	할미 구	[3女11 총14획] 영 old woman 중 妪 yù 일 ウ(ばば)	嫗煦(구후)

■ **嘔** 토할 **구**	1급 [3口11 총14획] 영 vomit 중 呕 ōu 일 オウ(はく)	嘔氣(구기) 嘔心(구심)
□ **廏** 마구간 **구**	[3广11 총14획] 영 stable 중 jiù 일 キュウ(うまや)	廏舍(구사) 廏置(구치)
■ **構** 얽을 **구**	高4급 [4木10 총14획] 영 frame 중 构 gòu 일 コウ(かまえる)	構內(구내)
□ **漚** 담글 **구**	[4水11 총14획] 영 brew, soak 중 沤 ōu 일 オウ(ひたす)	漚鬱(구울)
□ **摳** 추킬 **구**	[4手11 총14획] 영 hitch up 중 抠 kōu 일 コウ(かかげる)	摳揄(구유) 摳衣(구의)
□ **蒟** 구장 **구**	[6艸10 총14획] 중 jǔ 일 ク(きんま)	蒟蒻(구약) 蒟蒻球(구약구)
□ **遘** 만날 **구**	[7辵10 총14획] 영 meet with 중 遘 gòu 일 コウ(あう)	遘逆(구역) 遘合(구합)
■ **毆** 때릴 **구**	1급 [4殳11 총15획] 영 beat 중 殴 ōu 일 オウ(たたく)	毆打(구타) 毆縛(구박)
■ **歐** 토할 **구**	2급 [4欠11 총15획] 영 vomit 중 欧 ōu 일 オウ(はく)	歐文(구문) 歐美(구미)
□ **璆** 아름다운옥 **구**	[5玉11 총15획] 영 precious jade 중 qiú 일 キュウ(たま)	璆然(구연)
□ **緱** 칼자루감을 **구**	[6糸9 총15획] 영 handle of a sword 중 (緱) gōu 일 コウ	
■ **駒** 망아지 **구**	1급 [10馬5 총15획] 영 foal 중 驹 jū 일 ク(にま)	駒隙(구극) 駒馬(구마)
□ **窶** 가난할 **구**	[5穴11 총16획] 영 poor 중 窶 jù 일 ク(まずしい)	窶藪(구수) 貧窶(빈구)
□ **甌** 사발 **구**	[5瓦11 총16획] 영 bowl 중 瓯 ōu 일 オウ(はち)	甌窶(구루)

糗	볶은쌀 구	[6米10 총16획] 영 parched rice 중 qiǔ 일 キュウ(いりごめ)	糗糒(구비) 糗餌(구이)
篝	배롱 구	[6竹10 총16획] 영 drying coop 중 gōu 일 コウ(ふせご)	篝卒(구졸) 篝火(구화)
鼽	코 막힐 구	[14鼻2 총16획] 영 snuffle 중 qiú 일 キュウ(はなつまり)	鼻鼽(비구)
■ 購	살 구	2급 [7貝10 총17획] 영 purchase 중 购 gòu 일 コウ(あがなう)	購讀(구독) 購買(구매)
颶	구풍 구	[9風8 총17획] 영 whirlwind 중 飓 jù 일 ク(つむじ)	颶母(구모) 颶風(구풍)
瞿	놀랄 구	[5目13 총18획] 영 astonish 중 jù 일 ク(おどろく)	瞿瞿(구구) 瞿然(구연)
■ 舊	예 구	中5급 [6臼12 총18획] 영 antiquity 중 旧 jiù 일 キュウ(ふるい)	舊家(구가) 舊殼(구각)
■ 軀	몸 구	1급 [7身11 총18획] 영 body 중 躯 qū 일 ク(からだ)	軀殼(구각) 軀幹(구간)
■ 謳	노래 구	1급 [7言11 총18획] 영 song 중 讴 ōu 일 オウ(うたう)	謳歌(구가) 謳吟(구음)
鼩	생쥐 구	[13鼠5 총18획] 영 mouse 중 qú 일 ク(はつかねずみ)	鼩鼱(구청)
■ 懼	두려울 구	高3급 [4心18 총21획] 영 fearful 중 惧 jù 일 ク(おそれる)	懼然(구연) 兢懼(긍구)
■ 驅	몰 구	高3급 [10馬11 총21획] 영 drive away 중 驱 qū 일 ク(かける)	驅迫(구박) 驅步(구보)
鷇	새새끼 구	[11鳥10 총21획] 영 chicken 중 gù 일 コウ(ひな)	鷇卵(구란) 鷇食(구식)
臞	여윌 구	[6肉18 총22획] 영 haggard 중 jù 일 ク(やせる)	臞耗(구모)

☐ 鷗 갈매기 구	[11鳥11 총22획] 영 sea gull 중 鸥 ōu 일 オウ(かもめ)	鷗盟(구맹) 江鷗(강구)	
■ 衢 네거리 구	1급 [6行18 총24획] 영 crossroad 중 qú 일 ク(ちまた)	衢街(구가) 衢涂(구도)	
☐ 鸜 구욕새 구	[11鳥18 총29획] 영 bird 중 qú 일 ク(ははつちよう)	鸜鵒眼(구욕안) 鸜鵒入處(구욕입처)	
■ 局 판 국	高5급 [3尸4 총7획] 영 plate 중 jú 일 キョク(つぼね)	局內(국내) 局度(국도)	
■ 國 나라 국	中8급 [3口8 총11획] 영 nation 중 国 guó 일 コク(くに)	國歌(국가) 國家(국가)	
☐ 掬 움킬 국	[4手8 총11획] 영 grasp 중 jú 일 キク(すくう)	掬水(국수) 掬月(국월)	
■ 菊 국화 국	高3급 [6艸8 총12획] 영 chrysanthemums 중 jú 일 キク(きく)	菊月(국월) 菊水(국수)	
☐ 輂 수레 국	[7車6 총13획] 영 weagon 중 jú 일 キョク(くるま)	陳畚輂(진분국)	
■ 鞠 공 국	2급 [9革8 총17획] 영 ball 중 jū 일 キク(やしなう)	鞠躬(국궁) 鞠問(국문)	
☐ 鞫 국문할 국	[9革9 총18획] 영 trial for felon 중 jū 일 キク(きわめる)	鞫問(국문) 鞫訊(국신)	
☐ 麴 누룩 국	[11麥8 총19획] 영 malt 중 麯 qū 일 キク(こうじ)	麴君(국군) 麴菌(국균)	
■ 君 임금 군	中4급 [3口4 총7획] 영 king, you 중 jūn 일 クン(きみ)	君臨(군림) 君師父(군사부)	
■ 軍 군사 군	中8급 [7車2 총9획] 영 army 중 军 jūn 일 グン(いくさ)	軍歌(군가) 軍犬(군견)	
☐ 涒 흐를 군	[4水7 총10획] 영 meander 중 jūn, tūn 일 クン(うずまく)	涒灘(군탄)	

■ 郡 고을 군	중6급 [7邑7 총10획] 영 district 중 jùn 일 グン(こおり)	郡界(군계) 郡民(군민)
□ 莙 버들말즘 군	[6艸7 총11획] 영 water plant 중 jūn 일 キン(やなぎも)	莙薘(군달)
■ 窘 군색할 군	1급 [5穴7 총12획] 영 destitute 중 jiǒng 일 キン(くるしむ)	窘窮(군궁) 窘急(군급)
□ 裙 치마 군	[6衣7 총12획] 영 skirt 중 qún 일 クン(もすそ)	裙帶(군대) 裙襵(군차)
■ 群 무리 군	高4급 [6羊7 총13획] 영 crowd, flock 중 qún 일 グン(むれ)	群居(군거) 群島(군도)
■ 屈 굽을 굴	高4급 [3尸5 총8획] 영 bend, bow 중 qū 일 クツ(かがむ)	屈强(굴강) 屈巾(굴건)
□ 倔 고집셀 굴	[2人8 총10획] 영 firm 중 jué, juè 일 クツ(つよい)	倔强(굴강) 倔起(굴기)
□ 堀 굴 굴	[3土8 총11획] 영 cave 중 kū, jué 일 コツ(あなほり)	堀室(굴실) 堀穴(굴혈)
□ 崛 우뚝할 굴	[3山8 총11획] 영 aloft 중 jué 일 クツ(そばだつ)	崛起(굴기) 崛出(굴출)
□ 淈 흐릴 굴	[4水8 총11획] 영 turbid 중 gǔ 일 コツ(にごる)	淈泥(굴니)
□ 掘 팔 굴	[4手8 총11획] 영 dig 중 jué 일 クツ(ほる)	掘開(굴개) 掘檢(굴검)
■ 窟 굴 굴	2급 [5穴8 총13획] 영 cave, hole 중 kū 일 クツ(あな)	窟居(굴거) 窟穴(굴혈)
□ 鵑 멧비둘기 굴	[11鳥8 총19획] 영 turtledove 중 qū 일 クツ(むればと)	鵑鳩(굴구)
■ 弓 활 궁	중3급 [3弓0 총3획] 영 bow 중 gōng 일 キュウ(ゆみ)	弓弩(궁노) 弓師(궁사)

☐ **芎** 궁궁이 **궁**	[6艹3 총7획] 영 angelica 중 xiōng 일 (おんなかずら)	芎藭(궁궁) 芎蘇散(궁수산)
■ **穹** 하늘 **궁**	1급 [5穴3 총8획] 영 sky 중 qióng 일 キュウ(たかい)	穹谷(궁곡) 穹冥(궁명)
■ **宮** 집 **궁**	高4급 [3宀6 총9획] 영 palace 중 gōng 일 キュウ(みや)	宮闕(궁궐) 宮女(궁녀)
■ **躬** 몸 **궁**	1급 [7身3 총10획] 영 body 중 gōng 일 キュウ(みずから)	躬行(궁행) 躬耕(궁경)
■ **窮** 다할 **궁**	高4급 [5穴10 총15획] 영 finish 중 穷 qióng 일 キュウ(きわまる)	窮客(궁객) 窮竟(궁경)
■ **卷** 책권 **권**	中4급 [2卩6 총8획] 영 volume 중 juàn 일 ケン(まきもの)	卷頭言(권두언) 卷數(권수)
☐ **券** 문서 **권**	[2刀6 총8획] 영 bond 중 quàn 일 ケン(てがた)	券契(권계) 券臺(권대)
■ **倦** 게으를 **권**	1급 [2人8 총10획] 영 lazy 중 juàn 일 ケン(うむ)	倦憩(권게) 倦勤(권근)
■ **拳** 주먹 **권**	高3급 [4手6 총10획] 영 fist 중 拳 quán 일 ケン(こぶし)	拳法(권법) 拳匪(권비)
■ **圈** 우리 **권**	2급 [3囗8 총11획] 영 cage 중 quān 일 ケン(おり)	圈內(권내) 圈牢(권뢰)
■ **捲** 주먹질 **권**	1급 [4手8 총11획] 영 clench 중 捲 juǎn 일 ケン(こぶし)	捲土重來(권토중래) 捲線(권선)
■ **眷** 돌볼 **권**	1급 [5目6 총11획] 영 look after 중 眷 juàn 일 ケン(かえりみる)	眷顧(권고) 眷口(권구)
☐ **蜷** 구부릴 **권**	[6虫8 총14획] 영 bend 중 蜷 quán 일 ケン(まげる)	蜷局(권국)
☐ **韏** 분파할 **권**	[9韋6 총15획] 영 split leather 중 韏 juàn 일 ケン(かわがきれる)	

■ **勸** 권할 **권**	中4급 [2力18 총20획] 영 advise 중 劝 quàn 일 カン(すすめる)	勸戒(권계) 勸告(권고)
□ **齤** 욱니 **권**	[15齒6 총21획] 영 inturned tooth 중 quán 일 ケン(まがりば)	齤然(권연)
■ **權** 권세 **권**	中4급 [4木18 총22획] 영 authority 중 权 quán 일 ケン(いきおい)	權道(권도) 權能(권능)
■ **顴** 광대뼈 **관**	1급 [9頁18 총27획] 영 malar 중 颧 quán 일 ケン(ほおぼね)	顴骨(관골) 顴角(관각)
■ **厥** 그 **궐**	高3급 [2厂10 총12획] 영 the 중 jué 일 ケツ(それ)	厥角稽首(궐각계수) 厥明(궐명)
□ **獗** 날뛸 **궐**	[4犬12 총15획] 영 leap 중 jué 일 ケツ(たけしい)	猖獗(창궐)
□ **橛** 말뚝 **궐**	[4木12 총16획] 영 stake, threshold 중 jué 일 ケツ(とじきみ)	橛橛(궐궐)
□ **蕨** 고사리 **궐**	[6艸12 총16획] 영 bracken 중 jué 일 ケツ(わらび)	蕨薇(궐미) 蕨手(궐수)
□ **蟩** 장구벌레 **궐**	[6虫12 총18획] 영 mosquito larva 중 hui 일 ケツ(ぼうふり)	蛣蟩(길궐)
□ **蹶** 쥐 **궐**	[6虫12 총18획] 영 mouse 중 guì 일 ケツ(けだもの)	蛣蹶(길궐)
■ **闕** 대궐 **궐**	2급 [8門10 총18획] 영 palace 중 阙 quē 일 ケツ(ごもん)	闕席裁判(궐석재판) 闕食(궐식)
■ **蹶** 쓰러질 **궐**	1급 [7足12 총19획] 영 fail 중 jué 일 ケツ(はねおきる)	蹶起(궐기) 蹶然(궐연)
□ **鱖** 쏘가리 **궐**	[11魚12 총23획] 영 mandarin fish 중 鳜 guì 일 ケイ(たなご)	鱖魚(궐어)
■ **几** 안석 **궤**	1급 [2几0 총2획] 영 cushion 중 jǐ 일 キ(おしまずき)	几席(궤석) 几案(궤안)

□ 氿 샘 궤	[4水2 총5획] 영 spring 중 guǐ, jiǔ 일 キ(いずみ)	氿濫(궤람)
■ 机 책상 궤	1급 [4木2 총6획] 영 desk 중 jī 일 キ(つくえ)	机上(궤상) 机下(궤하)
□ 佹 괴이하다 궤	[2人6 총8획] 영 strange 중 guǐ 일 キ(もとる)	佹得佹失(궤득궤실) 佹辯(궤변)
□ 垝 헐 궤	[3土6 총9획] 영 tear down 중 guǐ 일 キ(やぶる)	水深滅垝 (수심멸궤)
■ 軌 길 궤	高2급 [7車2 총9획] 영 track 중 軌 guǐ 일 キ(わだち)	軌道(궤도) 軌範(궤범)
□ 匭 상자 궤	[2匸9 총11획] 영 case 중 匦 guǐ 일 キ(はこ)	包匭菁茅 (포궤청모)
□ 跪 꿇어앉을 궤	[7足6 총13획] 영 kneel down 중 guì 일 キ(ひざまずく)	跪拜(궤배) 跪捧(궤봉)
■ 詭 속일 궤	1급 [7言6 총13획] 영 deceive 중 诡 guǐ 일 キ(あざむく)	詭計(궤계) 詭辯(궤변)
■ 潰 무너질 궤	1급 [4水12 총15획] 영 destroy 중 溃 kuì 일 カイ(ついえる)	潰裂(궤열) 潰滅(궤멸)
□ 憒 심란할 궤	[4心12 총15획] 영 confused 중 愦 kuì 일 カイ(みだれる)	憒憒(궤궤) 憒亂(궤란)
□ 簋 제기 궤	[6竹11 총17획] 영 vessels 중 lián 일 キ(たけかご)	簋簠(궤보)
■ 櫃 궤 궤	1급 [4木14 총18획] 영 wooden box 중 柜 guì 일 キ(はこ)	櫃櫝(궤독) 金櫃(금궤)
□ 簣 삼태기 궤	[6竹12 총18획] 영 carrier's basket 중 篑 kuì 일 キ(もっこ)	功虧一簣(공휴일궤) 一簣(일궤)
□ 繢 토 끝 궤	[6糸12 총18획] 영 fag end 중 繢 guì 일 カイ(いろどり)	繢繡(궤수) 繢繪(궤증)

☐	**餽** 먹일 궤	[9食10 총19획] 영 feed 중 餽 kuì 일 キ(おくる)	餽歲(궤세) 餽遺(궤유)
☐	**饋** 보낼 궤	[9食12 총21획] 영 offer a meal 중 饋 kuì 일 キ(すすめる)	饋給(궤급) 饋貧糧(궤빈량)
■	**鬼** 귀신 귀	高3급 [10鬼0 총10획] 영 ghost 중 guǐ 일 キ(おに)	鬼哭(귀곡) 鬼道(귀도)
☐	**晷** 그림자 귀	[4日8 총12획] 영 shadow 중 guǐ 일 キ(ひかげ)	晷刻(귀각) 晷漏(귀루)
■	**貴** 귀할 귀	中5급 [7貝5 총12획] 영 precious 중 贵 guì 일 キ(とうとい)	貴骨(귀골) 貴公子(귀공자)
☐	**劌** 상처입힐 귀	[2刀13 총15획] 영 injure 중 刿 guì 일 ケイ(やぶる)	劌目鉥心 (귀목술심)
■	**龜** 거북 귀	高3급 [16龜0 총16획] 영 tortoise 중 龟 guī 일 キ(かめ)	龜脚(귀각) 龜殼(귀각)
■	**歸** 돌아올 귀	中4급 [4止14 총18획] 영 return 중 归 guī 일 キ(かえる)	歸結(귀결) 歸京(귀경)
■	**叫** 부르짖을 규	高3급 [3口2 총5획] 영 cry 중 jiào 일 キョウ(さけぶ)	叫苦(규고) 叫號(규호)
■	**圭** 서옥 규	2급 [3土3 총6획] 영 gem 중 guī 일 ケイ(たま)	圭復(규복) 圭勺(규작)
■	**糾** 얽힐 규	高2급 [6糸2 총8획] 영 entangled 중 jiū 일 キュウ(あざなう)	糾明(규명) 糾彈(규탄)
☐	**刲** 찌를 규	[2刀6 총8획] 영 pierce 중 kuī 일 ケイ(さく)	刲割(규할)
■	**奎** 별 규	2급 [3大6 총9획] 영 star 중 kuí 일 ケイ(ほくし)	奎文(규문) 奎章閣(규장각)
☐	**赳** 헌걸찰 규	[7走2 총9획] 영 strong 중 赳 jiū 일 キュウ(つよい)	赳赳(규규) 赳赳武夫(규규무부)

■ 珪 홀 규	2급 [5玉6 총10획] 영 jade mace 중 guī 일 ケイ(しるしたま)		珪璋(규장) 珪組(규조)
■ 硅 규소 규	1급 [5石6 총11획] 영 silicon 중 guī 일 ケイ(けいそ)		硅砂(규사) 硅酸(규산)
■ 規 법 규	중5급 [7見4 총11획] 영 rule 중 規 guī 일 キ(ただす)		規格(규격) 規約(규약)
□ 頄 광대뼈 규	[9首2 총11획] 영 cheekbone 중 kuí 일 キュウ(みち)		鐘頄(종규)
■ 揆 헤아릴 규	2급 [4手9 총12획] 영 calculate 중 kuí 일 キ(はかる)		揆度(규탁) 一揆(일규)
■ 逵 길거리 규	1급 [7辶8 총12획] 영 cross-road 중 kuí 일 キ(おおどおり)		逵路(규로)
■ 葵 해바라기 규	1급 [6艸9 총13획] 영 sunflower 중 kuí 일 キ(あおい)		葵藿(규곽) 葵扇(규선)
□ 睽 사팔눈 규	[5目9 총14획] 영 squint 중 kuí 일 ケイ(そむく)		睽孤(규고) 睽乖(규괴)
■ 閨 협문 규	3급 [8門6 총14획] 영 lady's room 중 闺 guī 일 ケイ(くぐり)		閨門(규문) 閨房(규방)
□ 槻 물푸레나무 규	[4木11 총15획] 영 ash tree 중 guī 일 キ(つき)		槻木(규목)
■ 窺 엿볼 규	1급 [5穴11 총16획] 영 peep, spy 중 窥 kuī 일 キ(うかがう)		窺見(규견) 窺視(규시)
□ 竅 구멍 규	[5穴13 총18획] 영 cave, hole 중 窍 qiào 일 キョウ(あな)		竅隙(규극) 竅窕(규조)
□ 巋 가파를 규	[3山17 총20획] 영 steep 중 岿 kuī 일 キ(たかい)		巋崎(규기) 巋焉(규언)
□ 勻 고를 균	[2勹2 총4획] 영 even 중 yún 일 キン(ひとしい)		勻敎(균교) 勻勻(균균)

■ 均 고를 **균**	中4급 [3土4 총7획] 영 even 중 jūn, jùn, yùn 일 キン(ひとしい)	均等(균등) 均等社會(균등사회)	
□ 畇 개간할 **균**	[5田4 총9획] 영 reclaim 중 yún 일 イン(たつくる)	畇畇(균균)	
■ 菌 버섯 **균**	高3급 [6艹8 총12획] 영 mushroom 중 jùn 일 キン(たけ)	菌毒(균독) 菌類(균류)	
□ 鈞 서른근 **균**	[8金4 총12획] 영 catty 중 鈞 jūn 일 キン(ひとしい)	鈞陶(균도) 鈞石(균석)	
□ 筠 대나무 **균**	[6竹7 총13획] 영 bamboo 중 yún 일 イン(たけかわ)	筠籃(균람)	
□ 箘 살대 **균**	[6竹8 총14획] 영 prop 중 jùn 일 キン(しのだけ)	箘桂(균계)	
□ 麇 노루 **균**	[11鹿5 총16획] 영 roe deer 중 jūn 일 キン(のろ)	楚子伐麇 (초자벌균)	
■ 橘 귤 **귤**	1급 [4木12 총16획] 영 orange 중 jú 일 キツ(みかん)	橘顆(귤과) 橘皮(귤피)	
■ 克 이길 **극**	高3II급 [2儿5 총7획] 영 overcome 중 kè 일 コク(かつ)	克己(극기) 克明(극명)	
□ 亟 빠를 **극**	[2二7 총9획] 영 quick 중 jí 일 キョク(すみやか)	先亟犇佚 (선극분일)	
■ 剋 이길 **극**	1급 [2刀7 총9획] 영 overcome 중 kè, kēi 일 コク(かつ)	剋減(극감) 剋期(극기)	
□ 屐 나막신 **극**	[3尸7 총10획] 영 clogs 중 jī 일 ゲキ(げた)	屐履之間(극리지간) 屐聲(극성)	
■ 棘 가시나무 **극**	1급 [4木8 총12획] 영 thorn 중 jí 일 キョク(いばら)	棘人(극인) 棘毛(극모)	
■ 戟 창 **극**	1급 [4戈8 총12획] 영 spear 중 jǐ 일 ゲキ(ほこ)	戟手(극수) 戟盾(극순)	

초간편 실용한자 7000 | **65**

■ **極** 다할 극	中4급 [4木9 총13획] 영 utmost 중 极 jí 일 キョク(きわまる)	極艱(극간) 極烈(극렬)	
□ **殛** 죽일 극	[4歹9 총13획] 영 kill 중 殛 jí 일 キョク(ころす)	是糾是殛 (시규시극)	
■ **隙** 틈 극	1급 [8阜10 총13획] 영 gap 중 xì 일 ゲキ(すきま)	隙孔(극공) 隙間(극간)	
■ **劇** 심할 극	高4급 [2刀13 총15획] 영 violent 중 剧 jù 일 ゲキ(しばい)	劇壇(극단) 劇團(극단)	
□ **蕀** 애기풀 극	[6艸12 총16획] 영 Polygala 중 jí 일 キョク(くさのな)	蔞繞棘蒬 (요요극원)	
■ **斤** 도끼 근	高3급 [4斤0 총4획] 영 axe 중 jīn 일 キン(おの)	斤斧(근부) 斤數(근수)	
□ **芹** 미나리 근	[6艸4 총8획] 영 water parsley 중 qín 일 キン(せり)	芹誠(근성) 芹菹(근저)	
■ **近** 가까울 근	中6급 [7辵4 총8획] 영 near 중 近 jìn 일 キン(ちかい)	近刊(근간) 近間(근간)	
□ **根** 뿌리 근	[4木6 총10획] 영 root, base 중 gēn 일 コン(ね)	根幹(근간) 根性(근성)	
□ **菫** 제비꽃 근	[6艸8 총12획] 영 violet 중 jǐn 일 キン(すみれ)	菫菫(근근) 菫茶(근도)	
■ **筋** 힘줄 근	中4급 [6竹6 총12획] 영 muscle 중 jīn 일 キン(すじ)	筋骨(근골) 筋力(근력)	
■ **僅** 겨우 근	高3급 [2人11 총13획] 영 barely 중 仅 jǐn, jìn 일 キン(わずか)	僅可(근가) 僅僅(근근)	
■ **勤** 부지런할 근	中4급 [2力11 총13획] 영 diligent 중 qín 일 キン(つとめる)	勤儉(근검) 勤勞(근로)	
□ **跟** 발꿈치 근	[7足6 총13획] 영 heel 중 gēn 일 コン(くびす)	跟骨(근골) 跟伴(근반)	

☐ **靳** 가슴걸이 **근**	[9革4 총13획] 영 breastband 중 jìn 일 キン(おしむ)	靳辱(근욕)	
☐ **墐** 매흙질할 **근**	[3土11 총14획] 영 mud-plaster 중 jìn 일 キン(ぬる)	墐戶(근호)	
■ **槿** 무궁화 **근**	中4급 [4木11 총15획] 영 rose of sharon 중 jǐn 일 キン(むくげ)	槿域(근역) 槿花(근화)	
■ **瑾** 붉은 옥 **근**	2급 [5玉11 총15획] 영 red jade 중 jǐn 일 キン(あかたま)	瑾瑜(근유) 瑾瑜匿瑕(근유익하)	
☐ **懃** 은근할 **근**	[4心13 총17획] 영 polite 중 qín 일 キン(ねんごろ)	懃恪(근각) 懃懇(근간)	
■ **謹** 삼갈 **근**	高3급 [7言11 총18획] 영 abstrain 중 謹 jǐn 일 キン(つつしむ)	謹啓(근계) 謹告(근고)	
■ **覲** 뵈올 **근**	1급 [7見11 총18획] 영 humbly see 중 jìn 일 キン(まみえる)	覲參(근참) 覲行(근행)	
☐ **饉** 주릴 **근**	[9食11 총20획] 영 famine 중 饉 jǐn 일 キン(うえる)	饑饉(기근) 凶饉(흉근)	
■ **今** 이제 **금**	中6급 [2人2 총4획] 영 now 중 jīn 일 キン(いま)	今明(금명) 今般(금반)	
☐ **芩** 풀이름 **금**	[6艸4 총8획] 영 grass 중 芩 일 キン(じしばり)	黃芩(황금) 宿芩(숙금)	
■ **金** 쇠 **금**	中8급 [8金0 총8획] 영 gold 중 jīn 일 キン(かね)	金剛(금강) 金剛經(금강경)	
☐ **衿** 옷깃 **금**	[6衣4 총9획] 영 collar 중 衿 jīn 일 キン(むすび)	衿契(금계) 衿喉(금후)	
☐ **紟** 옷고름 **금**	[6糸4 총10획] 영 breast-tie 중 jīn 일 キン(おびひも)	綪絞紟(천교금)	
■ **衾** 옷깃 **금**	1급 [6衣4 총10획] 영 blanket 중 衾 qīn 일 キン(ふすま)	衾褥(금욕) 衾枕(금침)	

- **琴** 거문고 금 　[高3급] [5玉8 총12획]　영 harp 중 琴 qín 일 キン(こと)　琴曲(금곡) / 琴譜(금보)

- **禁** 금할 금 　[中4급] [5示8 총13획]　영 forbid 중 jīn 일 キン(とめる)　禁戒(금계) / 禁錮(금고)

- **禽** 새 금 　[高3급] [5厹8 총13획]　영 birds 중 qín 일 キン(とり)　禽犢之行(금독지행) / 禽獸(금수)

- **擒** 사로잡을 금 　[1급] [4手13 총16획]　영 capture 중 qín 일 キン(とらえる)　擒縱(금종) / 擒捉(금착)

- **錦** 비단 금 　[高3급] [8金8 총16획]　영 silk 중 錦 jǐn 일 キン(にしき)　錦綺(금기) / 錦上添花(금상첨화)

- 檎 능금 금 　[4木13 총17획]　영 apple tree 중 qín 일 キン(りんご)　林檎(임금)

- **襟** 옷깃 금 　[1급] [6衣13 총18획]　영 breast-tie 중 jīn 일 キン(えり)　襟度(금도) / 襟章(금장)

- **及** 미칠 급 　[中3급] [2又2 총4획]　영 reach 중 jí 일 キュウ(およぶ)　及其也(급기야) / 及落(급락)

- 伋 생각할 급 　[2人4 총6획]　영 think 중 jí 일 キュウ(いつわり)　伋伋(급급) / 伋然(급연)

- 岌 높을 급 　[3山4 총7획]　영 high 중 jí 일 キュウ(あやうい)　岌岌(급급) / 岌岌乎(급급호)

- 圾 위태할 급 　[3土4 총7획]　영 danger 중 jī 일 キュウ(あやうい)　圾圾(급급) / 圾乎(급호)

- **扱** 걷어가질 급 　[1급] [4手4 총7획]　영 gather 중 chá, jí 일 キュウ(おさめる)　取扱(취급) / 取扱所(취급소)

- **汲** 물 길을 급 　[1급] [4水4 총7획]　영 draw water 중 jí 일 キュウ(くむ)　汲汲(급급) / 汲水(급수)

- 芨 백급 급 　[6艸4 총8획]　영 blettia rhizome 중 jī 일 キュウ(かぶとぎく)　剝芨巖椒(박급암초)

急 급할 급	中6급 [4心5 총9획] 영 hurried 중 jí 일 キュウ(いそぐ)	急降下(급강하) 急遽(급거)
級 등급 급	高6급 [6糸4 총10획] 영 degree, class 중 级 jí 일 キュウ(わかち)	級友(급우) 級長(급장)
給 줄 급	中5급 [6糸6 총12획] 영 give 중 给 gěi, jǐ 일 キュウ(あてがう)	給料(급료) 給付(급부)
亘 뻗칠 긍	[2二4 총6획] 영 extend 중 gèn 일 コウ(わたる)	亘古(긍고) 亘萬古(긍만고)
肯 즐길 긍	高3급 [6⺼4 총8획] 영 consent 중 肯 kěn 일 コウ(かえんずる)	肯可(긍가) 肯綮(긍경)
絚 밧줄 긍	[6糸6 총12획] 영 rope 중 (條) tāo 일 トウ(ひもひも)	
兢 삼갈 긍	2급 [2儿12 총14획] 영 caution 중 jīng 일 キョウ(つつしむ)	兢恪(긍각) 兢戒(긍계)
矜 창자루 긍	1급 [5矛4 총9획] 영 pikestaff 중 矜 qín 일 キン(あわれむ)	矜誇(긍과) 矜驕(긍교)
己 몸 기	中5급 [3己0 총3획] 영 self 중 jǐ 일 キ(おのれ)	己卯士禍(기묘사화) 己未運動(기미운동)
企 도모할 기	高3급 [2人4 총6획] 영 scheme 중 qǐ 일 キ(くわだてる)	企待(기대) 企圖(기도)
伎 재간 기	1급 [2人4 총6획] 영 talent 중 jì 일 キ(うでまえ)	伎倆(기량) 伎癢(기양)
肌 살 기	1급 [6⺼2 총6획] 영 skin 중 (肌) jī 일 キ(はだ)	肌膏(기고) 肌骨(기골)
岐 갈림길 기	2급 [3山4 총7획] 영 forked road 중 qí 일 キ(えだみち)	岐路(기로) 多岐(다기)
妓 기생 기	1급 [3女4 총7획] 영 singing girl 중 jì 일 キ(うたいめ)	妓女(기녀) 妓生(기생)

技	재주 기	中5급 [4手4 총7획] 영 talent 중 jì 일 ギ(わざ)	技巧(기교), 技能(기능)
沂	물 이름 기	2급 [4水4 총7획] 영 river 중 yí 일 キ(かわ)	沂水(기수), 蔡得沂(채득기)
汽	김 기	中5급 [4水4 총7획] 영 steam 중 qì 일 キ(ゆげ)	汽管(기관), 汽笛(기적)
忌	꺼릴 기	高3급 [4心3 총7획] 영 shun 중 jì 일 キ(いむ)	忌克(기극), 忌日(기일)
杞	구기자 기	1급 [4木3 총7획] 영 boxthorn 중 qǐ 일 キ(にぶやなぎ)	杞憂(기우), 杞柳(기류)
其	그 기	中3급 [2八6 총8획] 영 it, the 중 qí 일 キ(その)	其間(기간), 其勢(기세)
肵	도마 기	[6肉4 총8획] 영 chopping board 중 肵 jīn 일 キン	載千肵俎 (재우근조)
奇	기이할 기	高4급 [3大5 총8획] 영 strange 중 qí 일 キ(めずらしい)	奇計縱橫(기계종횡), 奇骨(기골)
歧	갈림길 기	[4止4 총8획] 영 forked road 중 qí 일 キ(わかれみち)	歧路(기로)
祁	성할 기	[5示3 총8획] 영 prosperous 중 祁 일 キ(さかん)	祁奚薦讎 (기해천수)
紀	벼리 기	高4급 [6糸2 총8획] 영 head rope 중 紀 jì, jǐ 일 キ(もとい)	紀綱(기강), 紀年(기년)
芪	단너삼 기	[6艸4 총8획] 영 medicinal herb 중 qí 일 キ(はなすげ)	耽羅黃芪 (탐라황기)
祇	땅귀신 기	[5示4 총9획] 영 deities 중 祇 qí 일 キ(くにつかみ)	祇送(기송), 祇受(기수)
祈	빌 기	高3급 [5示4 총9획] 영 pray 중 祈 qí 일 キ(いのる)	祈求(기구), 祈禱(기도)

■ 起	일어날 기	中4급 [7走3 총10획]	영 rise 중 qǐ 일 キ(たつ)	起家(기가), 起墾(기간)
■ 氣	기운 기	中7급 [4气6 총10획]	영 energy 중 气 qì 일 キ(いき)	氣母(기모), 氣球(기구)
□ 旗	기 기	[4方6 총10획]	영 flag 중 旗 qí 일 キ(はた)	旗章(기장), 旗旐(기조)
■ 耆	늙은이 기	2급 [6老4 총10획]	영 old man 중 qí 일 キ(としより)	耆耈(기구), 耆年(기년)
■ 豈	어찌 기	3급 [7豆3 총10획]	영 how 중 岂 qǐ 일 キ(あに)	豈敢(기감), 豈豫(기불)
■ 記	기록할 기	中7급 [7言3 총10획]	영 record 중 记 jì 일 キ(しるす)	記念(기념), 記述(기술)
■ 寄	부칠 기	高4급 [3宀8 총11획]	영 send 중 jì 일 キ(よる)	寄居(기거), 寄稿(기고)
■ 崎	험할 기	1급 [3山8 총11획]	영 risky 중 qí 일 キ(けわしい)	崎嶇(기구), 崎嘴(기취)
■ 基	터 기	中5급 [3土8 총11획]	영 basis 중 jī 일 キ(もとい)	基幹(기간), 基金(기금)
■ 淇	강 이름 기	2급 [4水8 총11획]	영 river names 중 qí 일 キ(かわ)	淇園長(기원장), 淇水(기수)
□ 掎	끌 기	[4手8 총11획]	영 draw 중 jǐ 일 キ(ひく)	掎角(기각), 掎角之勢(기각지세)
■ 旣	이미 기	中3급 [4无7 총11획]	영 already 중 既 jì 일 キ(すでに)	旣刊(기간), 旣決(기결)
□ 跂	육발이 기	[7足4 총11획]	영 six-toed person 중 zhī 일 キ(むつゆび)	跂跂(기기), 跂望(기망)
■ 飢	주릴 기	高3급 [9食2 총11획]	영 starve 중 饥 jī 일 キ(うえる)	飢渴(기갈), 飢饉(기근)

幾 얼마 기	中3급 [3幺9 총12획] 영 how many 중 几 jǐ 일 キ(いくら)	幾微(기미) 幾何(기하)
欺 속일 기	高3급 [4欠8 총12획] 영 deceive 중 qī 일 キ(あざむく)	欺瞞(기만) 欺罔(기망)
棄 버릴 기	高3급 [4木8 총12획] 영 abandon 중 弃 qì 일 キ(すてる)	棄却(기각) 棄世(기세)
棋 바둑 기	1급 [4木8 총12획] 영 game of chess 중 qí 일 キ(ごいし)	棋客(기객) 棋局(기국)
朞 돌 기	1급 [4月8 총12획] 영 anniversary 중 jī 일 キ(ひとまわり)	朞年(기년) 大朞(대기)
惎 해칠 기	[4心8 총12획] 영 harm 중 jì 일 キ(そこなう)	惎間(기간)
期 기약할 기	中5급 [4月8 총12획] 영 promise, period 중 qī, jī 일 キ(とき)	期待(기대) 期約(기약)
琦 옥 이름 기	2급 [5玉8 총12획] 영 a valuable stone 중 qí 일 キ(たま)	琦辭(기사) 琦行(기행)
琪 옥 기	2급 [5玉8 총12획] 영 jade 중 qí 일 キ(たま)	琪樹(기수) 琪花(기화)
萁 콩깍지 기	[6艸8 총12획] 영 bean pod 중 qí 일 キ(まめがら)	萁稈(기간) 萁服(기복)
嗜 즐길 기	1급 [3口10 총13획] 영 amuse 중 shì 일 シ(たしなむ)	嗜僻(기벽) 嗜好(기호)
碁 바둑 기	[5石8 총13획] 영 a game of chess 중 qí 일 キ(ご)	碁院(기원) 碁子(기자)
畸 뙈기밭 기	1급 [5田8 총13획] 영 odd pieces of the land 중 jī 일 キ	畸人(기인) 畸形兒(기형아)
祺 길할 기	[5示8 총13획] 영 good, luck 祺 qí 일 キ(さいわい)	祺祥(기상) 祺然(기연)

한자	훈음	정보	예시
頎	헌걸찰 기	[9頁4 총13획] 영 strong 중 頎 qí 일 キ(みめよい)	頎頎(기기) 頎然(기연)
■ 旗	기 기	高7급 [4方10 총14획] 영 flag, banner 중 qí 일 キ(はた)	旗竿(기간) 旗手(기수)
綦	연두빛 비단 기	[6糸8 총14획] 영 hunter green silk 중 qí 일 キ(もえぎ)	綦重(기중)
■ 箕	키 기	2급 [6竹8 총14획] 영 winnow 중 jī 일 キ(ちりとり)	箕裘之業(기구지업) 箕子朝鮮(기자조선)
■ 綺	비단 기	1급 [6糸8 총14획] 영 thin silk 중 綺 qǐ 일 キ(あやぎぬ)	綺年(기년) 綺談(기담)
譏	한숨쉴 기	[3口12 총15획] 영 sign 중 jī 일 キ(くらう)	譏而哀(기이애)
■ 畿	경기 기	高3급 [5田10 총15획] 영 royal domains 중 jī 일 キ(きない)	畿內(기내) 畿營(기영)
觭	천지각 기	[7角8 총15획] 영 horn 중 jī 일 キ(かにむく)	觭偶(기우)
踦	절름발이 기	[7足8 총15획] 영 lame person 중 yǐ 일 キ(かたあし)	踦嶇(기구) 踦跂(기기)
■ 冀	바랄 기	2급 [2八14 총16획] 영 expect, want 중 jì 일 キ(こいねがう)	冀圖(기도) 冀望(기망)
■ 器	그릇 기	高4급 [3口13 총16획] 영 vessel 중 qì 일 キ(うつわ)	器官(기관) 器具(기구)
曁	및 기	[4日12 총16획] 영 together 중 jì 일 キ(ともに)	上求不曁 (상구불기)
■ 機	틀 기	高4급 [4木12 총16획] 영 machine 중 机 jī 일 キ(ばね)	機甲(기갑) 機密(기밀)
■ 璣	구슬 기	2급 [5玉12 총16획] 영 fine jade 중 玑 jī 일 キ(たま)	天璣(천기) 璇璣玉衡(선기옥형)

□ 錡 솥 기	[8金8 총16획] 영 caudron 중 錡 qí 일 キ(かま)	錡閣(기각)
□ 磯 낚시터 기	[5石12 총17획] 영 fishing place 중 磯 jī 일 キ(いそ)	釣磯(조기) 漁磯(어기)
□ 覬 바랄 기	[7見10 총17획] 영 aspire 중 覬 jì 일 キ(のぞむ)	覬覦(기유)
□ 蘷 고비 기	[6艸14 총18획] 영 osmund 중 qí 일 キ(わらび)	芷蘷(자기)
□ 蟣 서캐 기	[6虫12 총18획] 영 nits 중 蟣 jǐ 일 キ(こしらみ)	蟣虱(기슬) 蟣虱之類(기슬지류)
■ 騏 준마 기	2급 [10馬8 총18획] 영 horse 중 騏 qí 일 キ(くろみどり)	騏驥(기기) 騏驎(기린)
■ 騎 말탈 기	준3급 [10馬8 총18획] 영 ride a horse 중 骑 qí 일 キ(のる)	騎馬(기마) 騎兵(기병)
■ 譏 나무랄 기	1급 [7言12 총19획] 영 scold 중 讥 jī 일 キ(そしる)	譏察(기찰) 譏讒(기참)
■ 麒 기린 기	2급 [11鹿8 총19획] 영 giraffe 중 qí 일 キ(きりん)	麒麟(기린) 麒麟兒(기린아)
□ 鵋 작은기러기 기	[11鳥8 총19획] 영 little grebe 중 qí 일 キ(がん)	鵋鴈(기안)
□ 蘄 미나리 기	[6艸16 총20획] 영 water parsley 중 蘄 qí 일 キ(せり)	蘄生(기생)
□ 羈 나그네 기	[6网16 총21획] 영 wayfarer 중 jī 일 キ(たび)	羈客(기객) 羈檢(기검)
□ 饑 주릴 기	[9食12 총21획] 영 starve 중 饑 jī 일 キ(うえる)	饑渴(기갈) 饑窮(기궁)
□ 鰭 지느러미 기	[11魚10 총21획] 영 fin 중 鳍 qí 일 キ(ひれ)	鰭狀(기상)

■ 羈 말굴레 기	1급 [6 网19 총24획] 영 bridle 중 jī 일 キ(きずな)	羈絆(기반) 羈束(기속)
■ 驥 천리마 기	2급 [10 馬16 총26획] 영 swift horse 중 骥 jì 일 キ(すぐれうま)	驥尾(기미) 驥服鹽車(기복염거)
■ 緊 긴할 긴	高3l급 [6 糸8 총14획] 영 vital 중 紧 jǐn 일 キン(きびしい)	緊急(긴급) 緊急會議(긴급회의)
■ 吉 길할 길	中5급 [3 口3 총6획] 영 good 중 jí 일 キツ(よい)	吉報(길보) 吉祥(길상)
□ 佶 건장할 길	[2 人6 총8획] 영 healthy 중 jí 일 キツ(すこやか)	佶屈聱牙 (길굴오아)
■ 拮 일할 길	1급 [4 手6 총9획] 영 work 중 jié 일 キツ(はたらく)	拮抗(길항) 拮据顛勉(길거민면)
□ 桔 도라지 길	[4 木6 총10획] 영 garden rampion 중 jié 일 キツ(ききょう)	桔槹(길걸)
□ 蛣 장구벌레 길	[6 虫6 총12획] 영 mosquito larva 중 jiáo 일 キツ(くそむし)	蛣蜣(길강)
■ 喫 먹을 끽	1급 [3 口9 총12획] 영 eat, drink 중 chī 일 ケキ(くらう)	喫茶(끽다) 喫煙(끽연)

ㄴ

■ 那 어찌 나	高3급 [7邑 4 총7획] 영 why 중 nà 일 ナ(なんぞ)	那落(나락) 那裏(나리)
■ 奈 어찌 나	3급 [3大 5 총8획] 영 how 중 奈 nài 일 ナ(いかん)	奈落(나락) 奈翁(나옹)
■ 拏 붙잡을 나	1급 [4手 5 총9획] 영 catch 중 拏 ná, rú 일 ナ(ひくとる)	拏捕(나포) 拏戮法(나륙법)
□ 娜 아름다울 나	[3女 7 총10획] 영 charming 중 nuó, nà 일 ダ(うつくしい)	娜娜(나나)
■ 拿 잡을 나	1급 [4手 6 총10획] 영 hold 중 拿 ná 일 ダ	拿捕(나포) 拿引(나인)
□ 挪 옮길 나	[4手 7 총10획] 영 move 중 nuó 일 ダ(もむ)	挪用(나용) 挪移(나이)
■ 懦 나약할 나	1급 [4心 14 총17획] 영 weak 중 nuò 일 ナュ(よわい)	懦怯(나겁) 懦弱(나약)
□ 糯 찰벼 나	[6米 14 총20획] 영 glutinous rice 중 nuò 일 ダ(もちごめ)	糯稻(나도) 糯餠(나병)
■ 儺 푸닥거리 나	1급 [2人 19 총21획] 영 exorcism 중 傩 nuó 일 ダ(おにやらい)	儺禮(나례) 驅儺(구나)
■ 諾 대답할 낙	高3급 [7言 9 총16획] 영 answer 중 诺 nuò 일 ダク(こたえあう)	諾否(낙부) 承諾(승낙)
□ 赧 얼굴 붉힐 난	[7赤 5 총12획] 영 burn one's face 중 nǎn 일 タン(はじる)	赧愧(난괴) 赧赧然(난난연)
■ 暖 따뜻할 난	中4급 [4日 9 총13획] 영 warm 중 nuǎn 일 ダン(あたたかい)	暖氣(난기) 暖色(난색)
■ 煖 따뜻할 난	1급 [4火 9 총13획] 영 warm 중 煖 nuǎn 일 ダン(あたたか)	煖爐(난로) 煖房(난방)

한자	훈음	급수/부수/획수	영/중/일	용례
■ 難	어려울 난	중3급 [8隹11 총19획]	영 difficult 중 难 nàn 일 ダン(むずかしい)	難堪(난감) 難攻不落(난공불락)
□ 戁	두려울 난	[4心19 총23획]	영 be afraid 중 nǎn, rǎn 일 ダン(おそる)	不戁不悚 (불난불송)
■ 捏	꾸밀 날	1급 [4手7 총10획]	영 invent 중 niē 일 ネツ(おさえる)	捏造(날조) 捏合(날합)
■ 捺	누를 날	1급 [4手8 총11획]	영 press 중 nà 일 ナツ(おす)	捺印(날인) 捺章(날장)
□ 揑	주워 모을 날	[4手9 총12획]	영 collect 중 niē 일 ゲツ(あつめる)	構揑(구날)
■ 男	사내 남	중7급 [5田2 총7획]	영 male, son 중 nán 일 ダン(むすこ)	男莖(남경) 男女(남녀)
□ 枏	녹나무 남	[4木4 총8획]	영 camphor tree 중 枏 nán 일 ダン(うめ)	首挿石枏 (수삽석남)
■ 南	남녘 남	중8급 [2十7 총9획]	영 south 중 nán 일 ナン(みなみ)	南方(남방) 南極(남극)
□ 喃	재잘거릴 남	[3口9 총12획]	영 chatter 중 nán 일 ナン(しゃべる)	喃喃(남남)
■ 衲	기울 납	1급 [6衣4 총9획]	영 sew 중 nà 일 ノウ(つくろう)	衲衣(납의) 衲子(납자)
■ 納	들일 납	고3급 [6糸4 총10획]	영 receive 중 納 nà 일 ノウ(おさめる)	納期(납기) 納得(납득)
□ 鈉	메 납	[8金4 총12획]	영 hammer 중 鈉 nà 일 トウ(かなづち)	鈉活字(납활자) 납으로 만든 활자
■ 娘	아가씨 낭	고3급 [3女7 총10획]	영 girl 중 niáng 일 ジョウ(むすめ)	娘子(낭자) 娘娘(낭낭)
□ 曩	접때 낭	[4日17 총21획]	영 bygone 중 nǎng 일 ドウ(さきに)	曩日(낭일)

囊	주머니 낭	[3口 19 총22획] 영 sack 중 náng 일 ノウ(ふくろ)	囊刀(낭도) 囊中(낭중)
乃	이에 내	中3급 [ノ1 총2획] 영 namely 중 nǎi 일 ダイ(すなわち)	乃公(내공) 乃東(내동)
內	안 내	7급 [2入 2 총4획] 영 inside 중 内 nèi 일 内 ナイ·ダイ(うち)	內申(내신) 內服(내복)
奈	어찌 내	高3급 [3大 5 총8획] 영 how 중 nài 일 ナ(いかに)	莫無可奈 (막무가내)
柰	능금나무 내	[4木 5 총9획] 영 apple tree 중 nài 일 ダイ(べにりんご)	柰苑(내원)
耐	참을 내	高3급 [6而 3 총9획] 영 bear, endure 중 nài 일 ダイ(たえる)	耐久(내구) 耐飢(내기)
逎	이에 내	[7辶 6 총10획] 영 hereupon 중 逎 nǎi 일 ダイ	太子逎生 (태자내생)
孃	계집 냥	1급 [3女 17 총20획] 영 virgin, miss 중 niáng 일 ジョウ(むすめ)	金孃(김양) 李孃(이양)
女	여자 녀	中8급 [3女 0 총3획] 영 female 중 nǚ 일 ジョ(おんな)	女傑(여걸) 女警(여경)
挐	끌 녀	[4手 6 총10획] 영 pull 중 rú, ná 일 ダ(ひく)	挐攫(여확)
惄	허출할 녁	[4心 8 총12획] 영 hungry 중 nì 일 デキ(ひもじい)	惄懣(역만) 惄焉(역언)
年	해 년	中8급 [3干 3 총6획] 영 year, age 중 nián 일 ネン(とし)	年鑑(연감) 年金(연금)
撚	비틀 년	1급 [4手 12 총15획] 영 twist 중 niǎn, yān 일 ネン(ふむ)	撚斷(연단) 撚絲(연사)
碾	맷돌 년	[5石 10 총15획] 영 mill stone 중 niǎn 일 デン(ひきうす)	碾磑(연애) 碾車(연거)

- **涅** 개흙 **녈**   1급 [4水7 총10획]   영 mud 중 niè 일 デツ(くろつち)   涅槃(열반) / 入涅槃(입열반)

- **念** 생각 **념**   중5급 [4心4 총8획]   영 think 중 niàn 일 ネン(おもう)   念慮(염려) / 念佛三昧(염불삼매)

- **拈** 집을 **념**   [4手5 총8획]   영 pick 중 niān 일 デン(つまむ)   拈華微笑(염화미소)

- **恬** 편안 **념**   [4心6 총9획]   영 peaceful 중 tián 일 テン(やすらか)   恬簡(염간) / 恬淡(염담)

- **捻** 비틀 **념**   [4手8 총11획]   영 twist 중 niǎn 일 ネン(おす)   捻出(염출)

- **佞** 아첨할 **녕**   [2人5 총7획]   영 flattery 중 nìng 일 デイ(へつらう)   佞姦(영간) / 佞祿(영록)

- **擰** 어지러울 **녕**   [4手14 총17획]   영 dizzy 중 拧 níng, nǐng 일 ドウ(みだれる)

- **獰** 모질 **녕**   [4犬14 총17획]   영 harsh 중 狞 níng 일 ドウ(わるい)   獰毒(영독) / 獰猛(영맹)

- **鸋** 부엉이 **녕**   [11鳥14 총25획]   영 owl 중 níng 일 ネイ(ふくろう)   鸋鴂(영결)

- **寧** 편안할 **녕**   고3급 [3宀11 총14획]   영 peaceful 중 宁 nìng 일 寧 ネイ(やすい)   寧居(영거) / 寧息(영식)

- **奴** 종 **노**   고3급 [3女2 총5획]   영 slave 중 nú 일 ド(やつ)   奴僕(노복) / 奴役(노역)

- **努** 힘쓸 **노**   고4급 [2力5 총7획]   영 endeavor 중 nǔ 일 ド(つとめる)   努力(노력) / 努目(노목)

- **弩** 쇠뇌 **노**   1급 [3弓5 총8획]   영 catapult 중 nǔ 일 ド(おおゆみ)   弩臺(노대) / 弩手(노수)

- **孥** 자식 **노**   [3子5 총8획]   영 children 중 nú 일 ド(つまこ)   孥戮(노륙)

한자	급수·부수·획수	영·중·일	예시
■ 怒 성낼 노	高4급 [4心5 총9획]	영 angry 일 ド(いかる)	怒甲移乙(노갑이을) 怒氣(노기)
□ 砮 돌살촉 노	[5石5 총10획]	영 stone arrowhead 중 nǔ 일 ド	石砮(석노)
□ 猱 원숭이 노	[4犬9 총12획]	영 monkey 중 náo 일 ドウ(てながさる)	猱狖(노유) 猱雜(노잡)
□ 瑙 마노 노	[5玉9 총13획]	영 agate 중 nǎo 일 ノウ(めのう)	瑪瑙(마노) 紫瑪瑙(자마노)
■ 駑 둔한 말 노	1급 [10馬5 총15획]	영 stupid horse 중 駑 nú 일 ド(にぶい)	駑鈍(노둔) 駑馬(노마)
□ 臑 팔꿈치 노	[6肉14 총18획]	영 elbow 중 nào 일 ドウ(すね)	臑羔(노고) 臑骨(노골)
■ 農 농사 농	7급 [7辰6 총13획]	영 farming 중 农 nóng 일 ノウ	農功(농공) 農家(농가)
□ 儂 나 농	[2人13 총15획]	영 myself 중 侬 nóng 일 ドウ(われ)	儂家(농가)
■ 濃 짙을 농	3급 [4水13 총16획]	영 thick, dense 중 浓 nóng 일 ノウ(こい)	濃湯(농탕) 濃度(농도)
■ 膿 고름 농	1급 [6肉13 총17획]	영 pus 중 膿 nóng 일 ノウ(うみ)	膿液(농액) 膿血(농혈)
■ 惱 괴로워할 뇌	高3급 [4心9 총12획]	영 vexed 중 恼 nǎo 일 悩ノウ(なやむ)	惱苦(뇌고) 惱悶(뇌민)
■ 腦 머릿골 뇌	高3급 [6肉9 총13획]	영 brain 중 脑 nǎo 일 脳ノウ(のうみそ)	腦出血(뇌출혈) 腦震蕩(뇌진탕)
□ 餒 주릴 뇌	[9食7 총16획]	영 go hungry 중 餒 něi 일 ダイ(うえる)	餒棄(뇌기) 餒斃(뇌폐)
■ 尿 오줌 뇨	2급 [3尸4 총7획]	영 urine 중 niào 일 ニョウ(しょうべん)	尿道(요도) 尿素(요소)

□ 淖 진흙 뇨	[4水8 총11획] 명 mud 중 nào, chuò 일 ドウ(ぬかる)	淖濘(요녕)
□ 嬝 예쁠 뇨	[3女10 총13획] 명 lovely 중 niǎo 일 ジョウ(たおやか)	嬝娜(요나) 嬝嬝(요요)
■ 溺 오줌 뇨	2급 [4水13 총13획] 명 urine 중 溺 nì 일 ニョウ(おぼれる)	溺器(요기) 血溺(혈뇨)
□ 褭 간드러질 뇨	[6衣7 총13획] 명 coquettish 중 褭 niǎo 일 ジョウ(しなやか)	褭褭(요뇨)
■ 撓 어지러울 뇨	1급 [4手12 총15획] 명 dizzy 중 撓 náo 일 ドウ(みだれる)	撓改不得(요개부득) 撓亂(요란)
□ 鬧 시끄러울 뇨	[10鬥5 총15획] 명 noisy 중 鬧 nào 일 ドウ(さわがしい)	鬧歌(요가) 鬧市(요시)
□ 裊 간들거릴 뇨	[6衣10 총16획] 명 shake 중 niǎo 일 ジョウ(よいうま)	裊裊(요뇨)
□ 獿 개 놀랄 뇨	[4犬15 총18획] 명 startled dog 중 nǎo 일 ドウ(おどろく)	獿雜(뇨잡)
□ 鐃 징 뇨	[8金12 총20획] 명 small gong 중 鐃 náo 일 ニョウ(どら)	鐃歌(요가)
□ 耨 김맬 누	[6耒10 총16획] 명 weed 중 noù 일 ドウ(くわ)	耨耕(누경)
□ 嫩 어릴 눈	[3女11 총14획] 명 infant 중 nèn 일 トン(やわらかい)	嫩芽(눈아) 嫩睛(눈청)
■ 訥 말더듬을 눌	1급 [7言4 총11획] 명 stammer 중 讷 nè 일 トウ(どもる)	訥辯(눌변) 訥澁(눌삽)
□ 狃 친압할 뉴	[4犬4 총7획] 명 close 중 狃 niǔ 일 ジュウ(なれる)	狃習(유습) 扭恩(유은)
□ 忸 익을 뉴	[4心4 총7획] 명 skilled 중 niǔ 일 ジク(はじる)	忸口(유설) 忸怩(유니)

□ 杻 감탕나무 뉴	[4木4 총8획] 영 ilex 중 chǒu 일 ジュウ(てかせ)	杻鎖(뉴쇄)
■ 紐 맺을 뉴	1급 [6糸4 총10획] 영 knot a tie 중 紐 niǔ 일 チュウ(ひも)	紐釦(유구) 紐帶(유대)
□ 鈕 인꼭지 뉴	[8金4 총12획] 영 handle of a seal 중 鈕 niu 일 チュウ(とって)	龍鈕(용뉴) 종의 꼭 대기 부분의 장식
■ 能 능할 능	中5급 [6肉6 총10획] 영 able 중 能 néng 일 ノウ(よくする)	能動(능동) 能力(능력)
■ 尼 여승 니	2급 [3尸2 총5획] 영 buddhist nun 중 ní 일 ジ(あま)	尼丘(이구) 尼房(이방)
□ 呢 소근거릴 니	[3口5 총8획] 영 whisper 중 ní, ne 일 ニ(ささやく)	呢喃(이남)
■ 泥 진흙 니	高3급 [4水5 총8획] 영 mud 중 ní 일 デイ(どろ)	泥溝(이구) 泥水(이수)
□ 苨 잔대 니	[6艸5 총9획] 영 Japanese lady bell 중 nǐ 일 デイ(なずな)	苨苨(이니)
□ 旎 깃발 펄럭일 니	[4方7 총11획] 영 flap 중 nǐ 일 ジ(ひらめく)	旖旎從風 (의니종풍)
□ 膩 미끄러울 니	[6肉12 총16획] 영 slippery 중 膩 nì 일 ニ(あぶらぎる)	膩理(이리) 膩粉(이분)
□ 禰 아비사당 니	[5示14 총19획] 영 shrine 중 禰 nǐ 일 ナイ(みたまや)	禰宮(이궁) 禰廟(이묘)
■ 匿 숨을 닉	1급 [2匸9 총11획] 영 hide 중 nì 일 トク(かくす)	匿空(익공) 匿年(익년)
□ 昵 친할 닐	[4日5 총9획] 영 intimate 중 nì 일 ジツ(ちかずく)	昵近(일근) 昵比(일비)

ㄷ

- **多** 많을 다
  - 中6급 [3夕3 총6획]
  - 영 many 중 duō 일 タ(おおい)
  - 多角(다각)
  - 多感(다감)

- **爹** 아비 다
  - [4父6 총10획]
  - 영 father 중 diē 일 タ(ちち)
  - 爹爹(다다)

- **茶** 차 다
  - 高3급 [6艸6 총10획]
  - 영 tea 중 chá 일 チャ(ちゃ)
  - 茶褐色(다갈색)
  - 茶供(다공)

- **丹** 붉을 단
  - 中3급 [1ヽ3 총4획]
  - 영 red 중 dān 일 タン(あか)
  - 丹骨(단골)
  - 丹毒(단독)

- **旦** 아침 단
  - 高3급 [4日1 총5획]
  - 영 morning 중 dàn 일 タン(よあけ)
  - 旦明(단명)
  - 旦暮(단모)

- **但** 다만 단
  - 中3급 [2人5 총7획]
  - 영 only 중 dàn 일 タン(ただし)
  - 但書(단서)
  - 但只(단지)

- **段** 구분 단
  - 高4급 [4殳5 총9획]
  - 영 step, stairs 중 duàn 일 タン(しきり)
  - 段階(단계)
  - 段落(단락)

- **胆** 침 단
  - [6肉5 총9획]
  - 영 spittle 중 胆 dǎn 일 タン(つば)
  - 膌胆(납단)

- **耑** 끝 단
  - [6而3 총9획]
  - 영 end 중 duān, zhuān 일 タン(はし)
  - 耑緒(단서)
  - 耑倪(단예)

- **袒** 옷 벗을 단
  - [6衣5 총10획]
  - 영 undress 중 tǎn 일 タン(はだぬく)
  - 袒褐(단갈)
  - 袒肩(단견)

- **蛋** 새알 단
  - 1급 [6虫5 총11획]
  - 영 bird's egg 중 dàn 일 タン(たまご)
  - 蛋白質(단백질)
  - 蛋黃(단황)

- **單** 홀 단
  - 中4급 [3口9 총12획]
  - 영 single 중 单 dān 일 単タン(ひとつ)
  - 單價(단가)
  - 單科大學(단과대학)

- **湍** 여울 단
  - 2급 [4水9 총12획]
  - 영 rapids 중 tuān 일 タン(はやせ)
  - 湍激(단격)
  - 湍流(단류)

■ 短 짧을 단	中6급 [5矢7 총12획]	영 short 중 duǎn 일 タン(みじかい)	短距離(단거리) 短劍(단검)
□ 亶 믿을 단	[2一11 총13획]	영 believe 중 dǎn, dàn 일 タン(まこと)	亶亶(단단) 亶翔(단상)
□ 椴 자작나무 단	[4木9 총13획]	영 birch 중 duàn 일 タン(きのな)	椴木(단목) 白椴(백단)
■ 團 둥글 단	高5급 [3囗11 총14획]	영 round 중 团 tuán 일 団 ダン(あつまり)	團結(단결) 團欒(단란)
□ 慱 근심할 단	[4心11 총14획]	영 anxious 중 tuán 일 タン(うれえる)	慱慱(단단)
□ 漙 이슬맺힐 단	[4水11 총14획]	영 dewdrop 중 tuán 일 タン(つゆ)	漙漙(단단)
□ 摶 후려칠 단	[4手11 총14획]	영 strike 중 抟 tuán 일 タン(まるい)	摶心(단심)
■ 端 바를 단	中4급 [5立9 총14획]	영 correct, right 중 duān 일 タン(ただす)	端境期(단경기) 端緒(단서)
■ 緞 비단 단	1급 [6糸9 총15획]	영 silk 중 缎 일 ダン(きぬ)	緞子(단자) 緞屬(단속)
□ 鄲 조나라 서울 단	[7邑12 총15획]	영 city 중 郸 dān 일 タン	邯鄲(한단)
■ 壇 단 단	高5급 [3土13 총16획]	영 altar 중 坛 tán 일 ダン()	壇上(단상) 壇垣(단원)
□ 澶 방종할 단	[2一14 총16획]	영 dissolute 중 澶 chán 일 タン(とおい)	澶漫爲樂 (단만위악)
□ 踹 발꿈치 단	[7足9 총16획]	영 heel 중 chuài 일 タン(くびす)	踹足而怒 (단족이노)
■ 檀 박달나무 단	高4급 [4木13 총17획]	영 Betula schmidtii 중 tán 일 ダン(まゆみ)	檀君(단군) 檀木(단목)

한자	훈음	정보	용례
癉	앓을 단	[5疒12 총17획] 영 be tired 중 癉 dān 일 タ(つかれる)	癉瘧(단학)
襌	홑옷 단	[6衣12 총17획] 영 unlined clothes 중 襌 dān 일 タン(ひとえ)	襌衣(단의)
鍛	쇠불릴 단	2급 [8金9 총17획] 영 temper 중 鍛 duàn 일 タン(きたえる)	鍛工(단공) 鍛鍊(단련)
斷	끊을 단	중4급 [4斤14 총18획] 영 cut 중 断 duàn 일 断ダン(たちきる)	斷念(단념) 斷水(단수)
簞	소쿠리 단	1급 [6竹12 총18획] 영 basket 중 簞 dān 일 タン(ひさご)	簞食(단사) 簞食瓢飮(단사표음)
怛	놀라울 달	[4心5 총8획] 영 be frightened 중 dá 일 ダツ(おどろく)	怛怛(달달)
疸	황달 달	1급 [5疒5 총10획] 영 jaundice 중 疸 dǎn 일 タン(おうたん)	疸病(달병) 疸症(달증)
達	통할 달	중4급 [7辵9 총13획] 영 succeed 중 达 dá 일 タツ(とおる)	達見(달견) 達觀(달관)
靼	다룸가죽 달	[9革5 총14획] 영 leather 중 dá 일 タン(なめしかわ)	韃靼(달단)
撻	때릴 달	1급 [4手13 총16획] 영 flog 중 撻 tà 일 タツ(むちうつ)	撻辱(달욕) 撻楚(달초)
澾	미끄러울 달	[4水13 총16획] 영 silppery 중 澾 tà 일 タツ(すべる)	
獺	수달 달	[4犬16 총19획] 영 otter 중 獺 tǎ 일 ダツ(かわおそ)	獺祭(달제)
闥	문 달	[8門13 총21획] 영 gate 중 闥 tà 일 タツ(もん)	闥拔(달발)
韃	종족이름 달	[9革13 총22획] 영 tribe 중 韃 dá 일 ダツ	韃帽(달모)

□ 紞 귀막이끈 담	[6糸4 총10획] 영 tassel 중 dǎn 일 タン(ひも)	紞紞(담담)
□ 啖 씹을 담	[3口8 총11획] 영 swallow 중 dàn 일 タン(くらう)	健啖(건담) 茶啖(다담)
■ 淡 맑을 담	高3급 [4水8 총11획] 영 clean 중 dàn 일 タン(うすい)	淡褐色(담갈색) 淡白(담백)
□ 湛 즐거울 담	[4水9 총12획] 영 pleasant 중 zhàn 일 タン(ふかい)	湛樂(담락)
□ 毯 담요 담	[4毛8 총12획] 영 carpet 중 tǎn 일 タン(けむしろ)	毯子(담자)
□ 菡 연꽃봉오리 담	[6艸8 총12획] 영 lotus-bud 중 dàn 일 タン(はちす)	菡萏(함담) 연꽃의 봉오리
□ 覃 미칠 담	[6襾6 총12획] 영 reach 중 tán 일 タン(ふかい)	覃覃(담담) 覃思(담사)
■ 痰 가래 담	1급 [5疒8 총13획] 영 phlegm, sputum 중 tán 일 タン(たん)	痰病(담병) 痰結(담결)
■ 潭 못 담	3급 [4水12 총15획] 영 deep 중 tán 일 タン(ふかい)	潭水(담수) 潭潭(담담)
□ 談 말씀 담	[7言8 총15획] 영 speak 중 谈 tán 일 ダン(はなす)	談論(담론) 談笑(담소)
■ 擔 멜 담	高4급 [4手13 총16획] 영 carry 중 担 dàn 일 担タン(になう)	擔當(담당) 擔保(담보)
□ 澹 맑을 담	[4水13 총16획] 영 pure 중 tán 일 タン(やすすか)	澹味(담미) 暗澹(암담)
■ 憺 편안할 담	1급 [4心13 총16획] 영 peaceful 중 dàn 일 タン(やすらか)	憺憺(담담) 憺畏(담외)
■ 曇 흐릴 담	1급 [4日12 총16획] 영 cloudy 중 曇 tán 일 タン(くもる)	曇天(담천) 毘曇(비담)

蕁	지모 담	[6艹12 총16획] 영 anemarrhena 중 蕁 xún 일 タン(はなすげ)	蕁麻疹(담마진)
錟	긴 창 담	[8金8 총16획] 영 long spear 중 錟 tán 일 タン(ほこ)	錟戈(담과)
禫	담제 담	[5示12 총17획] 영 ceremony 중 禫 tǎn 일 タン(まつり)	禫服(담복) 禫祭(담제)
膽	쓸개 담	2급 [6肉13 총17획] 영 gall bladder 중 膽 dǎn 일 胆 タン(きも)	膽氣(담기) 膽大(담대)
餤	권할 담	[9食8 총17획] 영 offer 중 餤 dàn 일 タン(すすめる)	夜餤(야담) 궁중의 밤참
蟫	좀 담	[6虫12 총18획] 영 moth 중 蟫 tán 일 イン(しみ)	蟫魚(심어) 蟫蟫(심심)
聸	귀 처질 담	[6耳13 총19획] 영 lop ears 중 聸 dàn 일 タン(たれみみ)	髧彼两髦 (담피양모)
譚	말씀 담	1급 [7言12 총19획] 영 conversation 중 譚 tán 일 タン(はなし)	譚思(담사) 譚詩(담시)
沓	겹칠 답	[4水4 총8획] 영 piled up 중 沓 tà, dá 일 トウ(かさなる)	沓沓(답답)
畓	논 답	특3급 [5田4 총9획] 영 rice field 중 dá 일 トウ(たんぼ)	畓穀(답곡) 畓農(답농)
答	대답 답	중급 [6竹6 총12획] 영 reply 중 dá, dā 일 トウ(たえる)	答禮(답례) 答問(답문)
遝	뒤섞일 답	1급 [7辵10 총14획] 영 be mixed 중 遝 tà 일 トウ(こみあう)	遝至(답지) 呈券紛遝(정권분답)
踏	밟을 답	특3급 [7足8 총15획] 영 tread 중 tà 일 トウ(ふむ)	踏步(답보) 踏查(답사)
蹋	밟을 답	[7足10 총17획] 영 tread 중 蹋 ta 일 トウ(ける)	蹋鞠(답국)

☐ 倘 아마 당	[2人8 총10획] 영 perhaps 중 tǎng 일 ショウ(もし)	倘來(당래) 倘然(당연)
■ 唐 당나라 당	高3급 [3口7 총10획] 영 Tang 중 táng 일 トウ(ほら)	唐突(당돌) 唐麵(당면)
■ 堂 집 당	中6급 [3土8 총11획] 영 house 중 táng 일 ドウ(おもてさしき)	堂堂(당당) 堂山(당산)
■ 棠 아가위 당	1급 [4木8 총12획] 영 haw 중 táng 일 トウ(やまなし)	棠梨(당리) 棠軒(당헌)
■ 塘 못 당	2급 [3土10 총13획] 영 pond 중 táng 일 トウ(いけ)	塘池(당지) 塘報(당보)
☐ 搪 뻗을 당	[4手10 총13획] 영 stretch 중 táng 일 トウ(ふさぐ)	搪塞(당색)
☐ 溏 연못 당	[4水10 총13획] 영 pool 중 táng 일 トウ(いけ)	溏泄(당설) 鷲溏(목당)
■ 當 마땅 당	中5급 [5田8 총13획] 영 suitable 중 当 dàng 일 当 トウ(あたる)	當局(당국) 當年(당년)
☐ 幢 기 당	[3巾12 총15획] 영 flag 중 chuáng, zhuàng 일 トウ(はた)	幢戟(당극)
■ 撞 칠 당	1급 [4手12 총15획] 영 hit 중 zhuàng 일 トウ(つく)	撞球(당구) 撞突(당돌)
☐ 擋 숨길 당	[4手13 총16획] 영 hide 중 挡 dǎng 일 トウ(あたる)	阻擋(조당) 神親阻擋(신친조당)
■ 糖 엿 당	高3급 [6米10 총16획] 영 sugar, candy 중 táng 일 トウ(あめ)	糖尿(당뇨) 糖類(당류)
☐ 瞠 볼 당	[5目11 총16획] 영 gaze 중 chēng 일 ドウ(みつめる)	瞠目(당목) 瞠視(당시)
☐ 檔 의자 당	[4木13 총17획] 영 chair 중 檔 dàng 일 トウ(つくえ)	檔案(당안)

螳 사마귀 당	1급 [6 虫1 총17획] 영 mantis 중 táng 일 トウ(かまきり)		螳螂(당랑) 螳螂之斧(당랑지부)
蟷 사마귀 당	[6 虫13 총19획] 영 mantis 중 dāng 일 トウ(かまきり)		蟷螂(당랑) 蟷螂拒轍(당랑거철)
鐺 종고소리 당	[8 金11 총19획] 영 sound of a bell, drumbeat 중 鐺 tāng 일 トウ		鐺鐺(당당) 鐺鞳(당탑)
餳 엿 당	[9 食10 총19획] 영 wheat-gluten 중 táng 일 トウ(あめ)		飴餳(이당)
黨 무리 당	高4१급 [12 黑8 총20획] 영 company 중 黨 dǎng 일 党 トウ(とも)		黨見(당견) 黨魁(당괴)
鐺 쇠사슬 당	[8 金13 총21획] 영 chain 중 鐺 dāng 일 トウ(なべ)		鐺口(당구)
儻 빼어날 당	[2 人20 총22획] 영 excellent 중 傥/俶 dǎng 일 トウ(すぐれる)		儻儻(당당) 儻朗(당랑)
讜 곧은 말 당	[7 言20 총27획] 영 speak plainly 중 谠 dǎng 일 トウ		讜論(당론)
大 큰 대	中6급 [3 大0 총3획] 영 big 중 dà 일 タイ(おおきい)		大哥(대가) 大吉(대길)
代 대신 대	中6급 [2 人3 총5획] 영 substitute 중 dài 일 タイ(よ)		代價(대가) 代金(대금)
汏 일 대	[4 水3 총6획] 영 wash rice 중 dà 일 タイ(あらう)		汏哉叔氏 (대재숙씨)
坮 집터 대	2급 [3 土5 총8획] 영 ground 중 fá 일 タイ(つち)		坮田(대전) 坮地(대지)
岱 산 이름 대	[3 山5 총8획] 영 name of a mountain 중 dài 일 タイ		岱嶽(대악) 岱輿(대여)
待 기다릴 대	中6급 [3 彳6 총9획] 영 wait 중 dài, dāi 일 タイ(まつ)		待機(대기) 待令(대령)

☐ **玳** 대모 **대**	[5玉 5 총9획] 영 hawksbill 중 dài 일 タイ(たいまい)	玳瑁(대모) 玳瑁貫子(대모관자)
■ **帶** 띠 **대**	초4급 [3巾 8 총11획] 영 belt 중 带 dài 일 帯 タイ(おび)	帶劍(대검) 帶刀(대도)
■ **袋** 자루 **대**	1급 [6衣 5 총11획] 영 bag 중 dài 일 タイ(ふくろ)	袋綴(대철) 袋鼠(대서)
■ **貸** 빌릴 **대**	고3급 [7貝 5 총12획] 영 lend 중 贷 dài 일 タイ(かす)	貸金(대금) 貸邊(대변)
■ **隊** 떼 **대**	초4급 [8阜 9 총12획] 영 company 중 队 duì 일 隊 タイ(くみ)	隊列(대열) 隊伍(대오)
■ **對** 대답할 **대**	중6급 [3寸 11 총14획] 영 answer 중 对 duì 일 対 タイ(こたえる)	對角(대각) 對決(대결)
■ **臺** 대 **대**	고3급 [6至 8 총14획] 영 building 중 臺 tái 일 台 ダイ(うてな)	臺木(대목) 臺本(대본)
☐ **憝** 원망할 **대**	[4心 12 총16획] 영 resent 중 duì 일 タイ(うらむ)	極逆大憝 (극역대대)
■ **擡** 들 **대**	1급 [4手 14 총17획] 영 raise 중 抬 tái 일 抬 タイ(もたげる)	擡頭(대두) 擡袖(대수)
☐ **黛** 눈썹 먹 **대**	[12黑 5 총17획] 영 eyebrow paint 중 dài 일 タイ(まゆずみ)	黛螺(대라) 黛綠(대록)
■ **戴** 일 **대**	2급 [4戈 13 총17획] 영 carry on 중 dài 일 タイ(いただく)	戴冠(대관) 戴天之怨讐(대천지원수)
☐ **懟** 원망할 **대**	[4心 14 총18획] 영 grudge 중 懟 duì 일 ツイ(うらむ)	懟憾(대감) 懟怒(대노)
☐ **鐓** 창고달 **대**	[8金 12 총20획] 영 ferrule 중 鐓 dūn 일 タイ(いしづき)	
■ **悳** 큰 **덕**	2급 [4心 8 총12획] 영 virtue 중 德 dé 일 トク	龐悳(방덕) 七悳歌(칠덕가)

■ 德 큰 덕	中4급 [3彳12 총15획] 영 virtue 중 dé 일 トク(めぐみ)	德敎(덕교) 德國(덕국)
■ 刀 칼 도	中3급 [2刀0 총2획] 영 sabre 중 dāo 일 トウ(かたな)	刀圭(도규) 刀工(도공)
□ 叨 탐할 도	[3口2 총5획] 영 desire 중 dáo 일 トウ(むさぼる)	叨光(도광)
□ 忉 근심할 도	[4心2 총5획] 영 anxious 중 dāo 일 トウ(うれう)	忉怛(도달)
■ 到 이를 도	中5급 [2刀6 총8획] 영 reach 중 dào 일 トウ(いたる)	到達(도달) 到來(도래)
□ 舠 거룻배 도	[6舟2 총8획] 영 sampan 중 dāo 일 トウ(こぶね)	舠子(도자)
■ 挑 돋울 도	高3급 [4手6 총9획] 영 encourage 중 tiāo 일 チョウ(はねる)	挑發(도발) 挑戰(도전)
■ 度 법도 도	中6급 [3广6 총9획] 영 ruler 중 dù 일 ド(たび)	度量(도량) 度數(도수)
■ 倒 넘어질 도	高3급 [2人8 총10획] 영 fall 중 dào 일 トウ(たおれる)	倒閣(도각) 倒戈(도과)
■ 徒 무리 도	中4급 [3彳7 총10획] 영 crowd 중 tú 일 ト(むだ)	徒黨(도당) 徒勞(도로)
■ 島 섬 도	中5급 [3山7 총10획] 영 island 중 島 dǎo 일 トウ(しま)	島國(도국) 島民(도민)
□ 涂 길 도	[4水7 총10획] 영 road 중 tú 일 ト(みち)	涂月(도월)
■ 桃 복숭아 도	高3급 [4木6 총10획] 영 peach 중 táo 일 トウ(もも)	桃源(도원) 桃花(도화)
■ 逃 달아날 도	高4급 [7辵6 총10획] 영 escape 중 逃 táo 일 トウ(のがれる)	逃亡(도망) 逃名(도명)

掏 가릴 도	[4手8 총11획] 영 choose 중 tāo, táo 일 トウ(えらぶ)		掏摸(도모) 掏兒(도아)
悼 슬퍼할 도	2급 [4心8 총11획] 영 mourn 중 dào 일 トウ(あわれむ)		悼歌(도가) 悼懼(도구)
掉 흔들 도	1급 [4手8 총11획] 영 swing 중 diào 일 ドウ(ふるう)		掉頭(도두) 掉尾(도미)
淘 쌀일 도	1급 [4水8 총11획] 영 wash rice 중 táo 일 トウ(ながれる)		淘金(도금) 淘淸(도청)
荼 씀바귀 도	[6艸7 총11획] 영 Ixeris dentata 중 tu 일 トウタ(けしあざみ)		荼毒(도독)
途 길 도	高3급 [7辵7 총11획] 영 road 중 途 tú 일 ト(みち)		途上(도상) 途中(도중)
陶 질그릇 도	高3급 [8阜8 총11획] 영 earthenware 중 táo 일 トウ(すえもの)		陶工(도공) 陶器(도기)
堵 담 도	1급 [3土9 총12획] 영 wall 중 dǔ 일 ト(かき)		堵列(도열) 堵牆(도장)
屠 죽일 도	1급 [3尸9 총12획] 영 butcher 중 tú 일 ト(ほうる)		屠戮(도륙) 屠殺(도살)
渡 건널 도	高3급 [4水9 총12획] 영 cross over 중 dù 일 ト(わたる)		渡江(도강) 渡船(도선)
棹 노 도	1급 [4木8 총12획] 영 oar 중 zhào 일 トウ(かい)		棹歌(도가) 棹唱(도창)
盜 도적 도	高4급 [5皿7 총12획] 영 thief 중 dào 일 トウ(ぬすむ)		盜掘(도굴) 盜難(도난)
萄 포도 도	1급 [6艸8 총12획] 영 grape 중 táo 일 ドウ(ぶどう)		萄乾(도건) 萄藤(도등)
都 도읍 도	中5급 [7邑9 총12획] 영 capital city 중 dū 일 ツ(みやこ)		都給(도급) 都大體(도대체)

■ 塗 진흙 도	高2급 [3土10 총13획] 영 mud 중 涂 tú 일 ト(ぬる)		塗料(도료) 塗裝(도장)
■ 搗 찧을 도	1급 [4手10 총13획] 영 pound 중 捣 일 トウ(つく)		搗精(도정) 搗杵(도저)
■ 滔 물 넘칠 도	1급 [4水10 총13획] 영 overflow 중 滔 tāo 일 トウ(はびこる)		滔滔(도도) 滔天(도천)
□ 慆 기쁠 도	[4心10 총13획] 영 glad 중 慆 tāo 일 トウ(ほしいまま)		慆慆(도도)
□ 祹 빌 도	[5示8 총13획] 영 wish 중 祹 dāo 일 トウ(いのり)		
□ 笞 속 빌 도	[6竹7 총13획] 영 empty 중 笞 chì, chú 일 トウ(むなしい)		笞毒(도독)
■ 跳 뛸 도	3급 [7足6 총13획] 영 jump 중 跳 tiào 일 チョウ(はねる)		跳梁(도량) 高跳(고도)
■ 道 길 도	中7급 [7辵9 총13획] 영 road 중 道 dào 일 ドウ(みち)		道家(도가) 道高(도고)
■ 圖 그림 도	中6급 [3□11 총14획] 영 picture 중 图 tú 일 図 ト(えがく)		圖面(도면) 圖解(도해)
□ 瘏 앓을 도	[5疒9 총14획] 영 be ill 중 瘏 tú 일 ト(やむ)		瘏悴(도췌) 瘏痛(도통)
■ 睹 볼 도	1급 [5目9 총14획] 영 see, look 중 睹 dǔ 일 ト(みる)		睹聞(도문)
□ 絢 새끼 꼴 도	[6糸8 총14획] 영 twist a straw-rope 중 绚 táo 일 トウ(なわ)		絢絲(도사) 索絢(삭도)
□ 鞀 소고 도	[9革5 총14획] 영 small drum 중 鞀 táo 일 トウ(ふりつづみ)		鞀磬(도경) 鞀鞞鼓(도비고)
■ 稻 벼 도	高3급 [5禾10 총15획] 영 rice plant 중 稻 dào 일 トウ(いね)		稻熱病(도열병) 稻作(도작)

■ 導 이끌 도	高4급 [3寸13 총16획] 영 guide 중 导 dǎo 일 ドウ(みちびく)	導達(도달) 導水(도수)
□ 覩 볼 도	[7見9 총16획] 영 gaze 중 覩 dǔ 일 ト(みる)	覩星(도성)
■ 賭 내기 도	1급 [7貝9 총16획] 영 gambling 중 赌 dǔ 일 ト(かけ)	賭博(도박) 賭書(도서)
□ 擣 찧을 도	[4手14 총17획] 영 pound 중 擣 dǎo 일 トウ(たたく)	擣衣(도의) 擣藥(도약)
□ 濤 물결 도	[4水14 총17획] 영 billow 중 涛 tāo 일 トウ(なみ)	濤波(도파) 濤聲(도성)
■ 蹈 밟을 도	1급 [7足10 총17획] 영 tread 중 蹈 dǎo 일 トウ(ふむ)	蹈常襲故(도상습고) 蹈襲(도습)
□ 闍 망루 도	[8門9 총17획] 영 tower 중 dū 일 ト(うてな)	闍利(도리) 闍梨(도리)
■ 鍍 도금할 도	1급 [8金9 총17획] 영 gilding 중 镀 dù 일 ト(めっき)	鍍金(도금) 鍍金板(도금판)
□ 駼 말 이름 도	[10馬7 총17획] 영 horse 중 tú 일 ト(うま)	駒駼橐駝 (도도탁타)
□ 櫂 노 도	[4木14 총18획] 영 oar 중 櫂 zhào 일 トウ(かじ)	櫂歌(도가) 櫜育(도육)
■ 燾 비출 도	2급 [4火14 총18획] 영 light 중 dào, tāo 일 トウ(てらす)	李丙燾(이병도)
□ 檮 등걸 도	[4木14 총18획] 영 cut of wood 중 táo 일 トウ(きりかぶ)	檮昧(도매)
■ 禱 빌 도	1급 [5示14 총19획] 영 pray 중 祷 dǎo 일 トウ(いのる)	禱祈(도기) 禱祀(도사)
□ 韜 감출 도	[9韋10 총19획] 영 hide 중 韬 tāo 일 トウ(つつみかくす)	韜晦(도회) 韜略(도략)

纛 둑 도	[6糸19 총25획] 영 banner 중 dào 일 トウ(はた)	纛旗(독기)
■ 禿 대머리 독	1급 [5禾2 총7획] 영 baldhead 중 tū 일 トク(はげ)	禿頭(독두) 禿山(독산)
■ 毒 독 독	高4급 [4毋4 총8획] 영 poison, evil 중 dú 일 ドク(どく)	毒感(독감) 毒藥(독약)
■ 督 감독할 독	高4급 [5目8 총13획] 영 supervise 중 dū 일 トク(うながす)	督勵(독려) 督戰(독전)
■ 獨 홀로 독	中5급 [4犬13 총16획] 영 alone 중 独 dú 일 独ドク(ひとり)	獨居(독거) 獨工(독공)
■ 篤 도타울 독	高3급 [6竹10 총16획] 영 generous 중 笃 dǔ 일 トク(あつい)	篤敬(독경) 篤工(독공)
■ 瀆 도랑 독	1급 [4水15 총18획] 영 drain 중 渎 dú 일 トク(みぞ)	瀆慢(독만) 瀆職(독직)
櫝 함 독	[4木15 총19획] 영 wooden box 중 椟 dú 일 トク(ひつ)	櫝褓(독보)
犢 송아지 독	[4牛15 총19획] 영 calf 중 犊 dú 일 トク(こうし)	犢車(독거) 犢牛(독우)
牘 편지 독	[4片15 총19획] 영 letter 중 牍 dú 일 ドク(てがみ)	牘尾(독미)
■ 讀 읽을 독	中6급 [7言15 총22획] 영 read 중 读 dú 일 読ドク(よむ)	讀經(독경) 讀了(독료)
韣 활집 독	[9韋13 총22획] 영 bow case 중 dú 일 ショク(ゆぶくろ)	載龍旐弧韣 (재룡기호독)
韇 전동 독	[9革15 총24획] 영 bow case 중 dú 일 トク(めどぎづつ)	韇丸(독환)
黷 더럽힐 독	[12黑15 총27획] 영 pollute 중 黩 dú 일 トク(けがれる)	黷職(독직) 黷貨(독화)

■ 沌 엉길 돈	1급 [4水 4 총7획]	영 meander 중 dùn 일 トン(ふさがる)	混沌(혼돈) 渾沌(혼돈)
□ 旽 밝을 돈	[4日 4 총8획]	영 bright 중 tūn 일 トン(あけぼの)	辛旽(신돈)
■ 惇 도타울 돈	2급 [4心 8 총11획]	영 warm hearted 중 dūn 일 ジュン(あつい)	惇德(돈덕) 惇信(돈신)
■ 豚 돼지 돈	高3급 [7豕 4 총11획]	영 pig 중 tún 일 トン(ぶた)	豚兒(돈아) 豚肉(돈육)
■ 敦 도타울 돈	3급 [4攴 8 총12획]	영 cordial 중 敦 dūn 일 トン(あつい)	敦諭(돈유) 敦厚(돈후)
□ 焞 어슴푸레할 돈	[4火 8 총12획]	영 dim 중 tūn 일 トン(うすぐらい)	焞焞(돈돈)
■ 遁 달아날 둔	1급 [7辵 9 총13획]	영 escape 중 遁 dùn 일 トン(のがれる)	遁甲(둔갑) 遁辭(둔사)
■ 頓 조아릴 돈	2급 [9頁 4 총13획]	영 bow the head 중 頓 dùn 일 トン(ぬかずく)	頓首(돈수) 頓悟(돈오)
□ 墩 돈대 돈	[3土 12 총15획]	영 eminence 중 dūn 일 トン(おか)	墩官(돈관)
□ 噸 톤 돈	[3口 13 총16획]	영 ton 중 dūn 일 トン	噸稅(돈세) 噸數(돈수)
■ 燉 불빛 돈	2급 [4火 12 총16획]	영 flaming 중 燉 dùn 일 トン(さかんなり)	燉煌(돈황) 燉火色(돈화색)
□ 暾 아침해 돈	[4日 12 총16획]	영 rising sun 중 tūn 일 トン(あさひ)	朝暾(조돈)
□ 臺 거룻배 돈	[7舟 13 총20획]	영 barge 중 臺 dǔn 일 トン(はしけ)	臺船(돈선)
□ 腯 살찔 돌	[6肉 9 총13획]	영 corpulent 중 dùn 일 トン(こえる)	腯肥(돌비)

■ 乭 돌돌	2급 [乙5 총6획] 영 stone 중 乭 shí 일 トツ	孫乭風(손돌풍) 申乭石(신돌석)	
□ 咄 꾸짖을 돌	[3口5 총8획] 영 scold 중 duō 일 トツ(しかる)	咄咄(돌돌) 咄咄怪事(돌돌괴사)	
■ 突 갑자기 돌	高3I급 [5穴4 총9획] 영 suddenly 중 tū 일 トツ(にわか)	突擊(돌격) 突起(돌기)	
□ 堗 굴뚝 돌	[3土9 총12획] 영 chimney 중 일 トツ(えんとつ)	堗匠(돌장) 冷堗(냉돌)	
□ 葖 무 돌	[6艸9 총13획] 영 radish 중 tū 일 トツ(だいこん)	菁葖(골돌)	
■ 冬 겨울 동	中7급 [冫3 총5획] 영 winter 중 dōng 일 トウ(ふゆ)	冬眠(동면) 冬柏(동백)	
□ 仝 한가지 동	[2人3 총5획] 영 same 중 tóng 일 トウ(おなじ)	仝異(동이)	
■ 同 한가지 동	中7급 [3口3 총6획] 영 same 중 tóng, tòng 일 ドウ(おなじ)	同價紅裳(동가홍상) 同感(동감)	
□ 彤 붉은칠할 동	[3彡4 총7획] 영 paint red 중 tóng 일 トウ(あかぬり)	彤弓(동궁)	
■ 東 동녘 동	中8급 [4木4 총8획] 영 east 중 东 dōng 일 トウ(ひがし)	東經(동경) 東床(동상)	
□ 垌 항아리 동	[3土6 총9획] 영 pot 중 dòng 일 トウ(かめ)	垌畓(동답) 洑垌(보동)	
■ 洞 골 동	中7급 [4水6 총9획] 영 cave, hole 중 dòng 일 トウ(あな)	洞口(동구) 洞天(동천)	
■ 凍 얼 동	高3급 [冫8 총10획] 영 freeze 중 冻 dòng 일 トウ(こおる)	凍裂(동렬) 凍傷(동상)	
■ 桐 오동나무 동	3급 [4木6 총10획] 영 paulownia 중 tóng 일 トウ(きり)	桐君(동군) 絲桐(사동)	

疼 아플 동	[1급] [5疒5 총10획] 영 ache, pain 중 疼 téng 일 トウ(いたみ)		疼腫(동종) 疼痛(동통)
茼 쑥갓 동	[6艹6 총10획] 영 crown daisy 중 茼 tóng 일 トウ(しゅんぎく)		茼蒿(동호)
胴 큰 창자 동	[1급] [6肉6 총10획] 영 colon 중 胴 dòng 일 トウ(だいちょう)		胴部(동부) 胴衣(동의)
動 움직일 동	[中7급] [2力9 총11획] 영 move 중 动 dòng 일 ドウ(うごく)		動機(동기) 動亂(동란)
涷 소나기 동	[4水8 총11획] 영 shower 중 涷 dōng 일 トウ(にわかあめ)		涷雨(동우)
棟 용마루 동	[2급] [4木8 총12획] 영 ridge of a roof 중 棟 dòng 일 トウ(むね)		棟樑(동량) 棟梁之材(동량지재)
童 아이 동	[中6급] [5立7 총12획] 영 child 중 童 tóng 일 ドウ(わらべ)		童男童女(동남동녀) 童心(동심)
働 굼닐 동	[2人11 총13획] 영 work 중 动 dòng 일 ドウ(はたらく)		
董 바로잡을 동	[2급] [6艹9 총13획] 영 straighten 중 董 dǒng 일 トウ(ただす)		董督(동독) 董率(동솔)
僮 아이 동	[2人12 총14획] 영 child 중 僮 tóng, zhuàng 일 ドウ(わらべ)		僮僮(동동) 僮僕(동복)
蝀 무지개 동	[6虫8 총14획] 영 rainbow 중 蝀 dōng 일 トウ(にじ)		蝀龍窟(동룡굴) 蝃蝀(체동)
銅 구리 동	[高4급] [8金6 총14획] 영 copper 중 铜 tóng 일 ドウ(あかがね)		銅鏡(동경) 銅器(동기)
憧 동경할 동	[1급] [4心12 총15획] 영 aspire for 중 憧 chōng 일 ドウ(あこがれる)		憧憬(동경) 憧憬心(동경심)
潼 강이름 동	[4水12 총15획] 영 river names 중 潼 tóng 일 トウ(たかい)		潼潼(동동) 潼水(동수)

□ 曈 달 뜰 **동**	[4日 12 총16획] 영 moonrise 중 tóng 일 トウ(おぼろつき)	曈朧(동롱)
□ 懂 심란할 **동**	[4心 13 총16획] 영 dizzy 중 dǒng 일 トウ(こころがみだれる)	懵懂(몽동) 懂得(동득)
■ 瞳 눈동자 **동**	1급 [5目 12 총17획] 영 pupil of the eye 중 tóng 일 トウ(ひとみ)	瞳孔(동공) 瞳子(동자)
□ 罿 새그물 **동**	[6网 12 총17획] 영 sparrow net 중 dóng 일 トウ(とりあみ)	罿罻(동위)
□ 鮦 가물치 **동**	[11魚 6 총17획] 영 snakehead 중 tóng 일 トウ(やめうなぎ)	鮦魚(동어) 鮦魚膾(동어회)
■ 兜 두구 **두**	1급 [2儿 9 총11획] 영 helmet 중 dōu 일 トウ(かぶと)	兜率歌(두솔가) 馬兜鈴(마두령)
■ 斗 말 **두**	中4급 [4斗 0 총4획] 영 Korean measure 중 dǒu 일 ト(ます)	斗頓(두돈) 斗落(두락)
■ 杜 팥배나무 **두**	2급 [4木 3 총7획] 영 wild pear tree 중 dù 일 ト(やまなし)	杜鵑(두견) 두우(杜宇).
□ 抖 떨 **두**	[4手 4 총7획] 영 shake 중 dǒu 일 トウ(あげる)	抖去(두거) 抖藪(두수)
□ 肚 배 **두**	[6肉 3 총7획] 영 stomach 중 肚 du 일 ト(いぶくろ)	肚裏(두리) 肚皮裏(두피리)
■ 豆 콩 **두**	中4급 [7豆 0 총7획] 영 bean 중 dòu 일 トウ(まめ)	豆腐(두부) 豆油(두유)
□ 蚪 올챙이 **두**	[6虫 4 총10획] 영 tadpole 중 dǒu 일 トウ(あたまじゃくし)	蝌蚪(과두)
□ 陡 험할 **두**	[8阜 7 총10획] 영 rough 중 dǒu 일 トウ(けわしい)	陡頓(두돈) 陡壁(두벽)
□ 脰 목 **두**	[6肉 7 총11획] 영 neck 중 脰 dòu 일 トウ(くび)	脰鳴(두명) 脰毛(두모)

豆	콩 두	[6艸7 총11획] 영 bean 중 豆 dòu 일 トウ(まめ)	豆蔻(두구)
逗	머무를 두	[7辵7 총11획] 영 stay 중 逗 dòu 일 トウ(とどまる)	逗撓(두뇨) 逗留(두류)
痘	마마 두	[1급] [5疒7 총12획] 영 smallpox 중 痘 dòu 일 トウ(もがさ)	痘疹(두진) 痘瘡(두창)
頭	머리 두	中6급 [9頁7 총16획] 영 head 중 头 tóu 일 トウ(かしら)	頭角(두각) 頭蓋(두개)
竇	구멍 두	[5穴15 총20획] 영 cave, hole 중 窦 dòu 일 トウ(あな)	竇窖(두교)
蠹	좀 두	[6虫18 총24획] 영 moth 중 蠹 dù 일 ト(しみ)	蠹國病民(두국병민) 蠹毒(두독)
屯	진칠 둔	高2급 [3屮1 총4획] 영 make a camp 중 屯 tún 일 トン(たむろ)	屯據(둔거) 屯兵(둔병)
芚	나무 싹 둔	[6艸4 총8획] 영 shoot 중 芚 tún 일 トン(きのめ)	芚愚(둔우)
鈍	무딜 둔	高3급 [8金4 총12획] 영 dull 중 钝 dùn 일 ドン(にぶい)	鈍角(둔각) 鈍感(둔감)
臀	볼기 둔	1급 [6肉13 총17획] 영 hip 중 臀 tún 일 トン(しり)	臀部(둔부) 臀位(둔위)
得	얻을 득	中4급 [3彳8 총11획] 영 gain 중 得 dé, de, děi 일 トク(える)	得男(득남) 得道(득도)
登	오를 등	中7급 [5癶7 총12획] 영 rise, ascend 중 登 dēng 일 トウ(のぼる)	登降(등강) 登科(등과)
等	등급 등	中6급 [6竹6 총12획] 영 climb 중 等 děng 일 トウ(ひとしい)	等高(등고) 等級(등급)
凳	걸상 등	[2几12 총14획] 영 chair 중 凳 dèng 일 トウ(こしかけ)	凳床(등상)

□ 嶝 고개 등	[3山 12 총15획] 영 ridge 중 dèng 일 トウ(さかみち)	上旺嶝島 (상왕등도)
□ 滕 물 솟을 등	[5水 10 총15획] 영 spring out 중 滕 téng 일 トウ(あがる)	滕王閣(등왕각)
■ 鄧 나라이름 등	2급 [7邑 12 총15획] 영 name of state 중 邓 dèng 일 トウ	鄧小平(등소평) 盟千鄧(맹우등)
■ 燈 등잔 등	中4급 [4火 12 총16획] 영 lamp 중 灯 dēng 일 灯 トウ(ともしび)	燈臺(등대) 燈油(등유)
■ 橙 귤 등	1급 [4木 12 총16획] 영 orange 중 chéng 일 トウ(だいだい)	橙色(등색) 橙褐色(등갈색)
□ 縢 봉할 등	[6糸 10 총16획] 영 seal 중 téng 일 トウ(ひも)	縢絲(등사)
□ 磴 돌사다리 등	[5石 12 총17획] 영 stone bridge 중 dèng 일 トウ(いしばし)	磴道(등도)
■ 謄 베낄 등	2급 [7言 10 총17획] 영 copy 중 誊 téng 일 トウ(うつす)	謄記(등기) 謄錄(등록)
■ 藤 등나무 등	2급 [6艸 15 총19획] 영 rattan 중 藤 téng 일 トウ(ふじ)	藤花(등화) 藤葛(등갈)
□ 鐙 등자 등	[8金 12 총20획] 영 stirrups 중 镫 dēng 일 トウ(あぶみ)	鐙杖(등장)
■ 騰 오를 등	高2급 [10馬 10 총20획] 영 ascend 중 腾 téng 일 トウ(のぼる)	騰降(등강) 騰貴(등귀)
□ 籐 등나무 등	[6竹 15 총21획] 영 rattan 중 téng 일 トウ(ふじ)	籐椅子(등의자) 籐枕(등침)

ㄹ

- 倮 알몸 라 [2人8 총10획] 명 nude body 중 luǒ 일 ラ(はだか) — 倮國(나국), 倮麥(나맥)
- 喇 나팔 라 [3口9 총12획] 명 trumpet 중 lā, lá, là 일 ラ(はやくち) — 喇嘛(나마), 喇叭(나팔)
- 裸 벗을 라 2급 [6衣8 총13획] 명 strip 중 luǒ 일 ラ(はだか) — 裸麥(나맥), 裸跣(나선)
- 蓏 열매 라 [6艸10 총14획] 명 fruit 중 luǒ 일 ラ(うり) — 果蓏(과라)
- 瘰 옴 라 [5疒10 총15획] 명 itch 중 luǒ 일 ラ(ひぜん) — 瘰癧(나력), 瘰癧瘻(나력루)
- 躶 벌거벗을 라 [7身8 총15획] 명 naked 중 luǒ 일 ラ(はだか) — 躶身(나신)
- 螺 소라 라 1급 [6虫11 총17획] 명 conch 중 luó 일 ラ(にし) — 螺角(나각), 螺絲釘(나사정)
- 羅 그물 라 高4급 [5网14 총19획] 명 net 중 罗 luó 일 ラ(うすぎぬ) — 羅紗(나사), 羅星(나성)
- 蠃 소라 라 [6虫13 총19획] 명 trumpet-shell 중 luǒ 일 ラ(にな) — 須蠃(수라), 蜾蠃(과라)
- 癩 문둥병 라 1급 [5疒16 총21획] 명 leprosy 중 癞 lài, là 일 ライ(らいびょう) — 癩菌(나균), 癩病(나병)
- 臝 벌거벗을 라 [6肉17 총21획] 명 naked 중 luǒ 일 ラ(すはだか) — 臝物(나물), 臝葬(나장)
- 騾 노새 라 [10馬11 총21획] 명 mule 중 骡 luó 일 ラ(らば) — 騾驢(나려)
- 蘿 쑥 라 [6艸19 총23획] 명 dodder-vines 중 萝 luó 일 ラ(かずら) — 蘿徑(나경), 蘿蔔(나등)

한자	훈음	정보	예시
■ 邏	순라 라	1급 [7辵19 총23획] 영 patrol 중 邏 luó 일 ラ(みまわり)	邏卒(나졸) 警邏(경라)
□ 籮	키 라	[6竹19 총25획] 영 bamboo basket 중 籮 luó 일 ラ(み)	
□ 鑼	징 라	[8金19 총27획] 영 gong 중 鑼 luó 일 ラ(とら)	鑼鍋(나과)
■ 洛	낙수 락	4급 [4水6 총9획] 영 river names 중 luò 일 ラク(みやこ)	洛京(낙경) 京洛(경락)
■ 烙	지질 락	1급 [4火6 총10획] 영 fry, frizzle 중 lào, luò 일 ラク(やく)	烙殺(낙살) 烙印(낙인)
□ 珞	구슬목걸이 락	[5玉6 총10획] 영 jade necklace 중 luò 일 ラク(くびかざり)	瓔珞(영락)
■ 絡	맥락 락	高3급 [6糸6 총12획] 영 connect 중 络 luò, lào 일 ラク(からむ)	絡車(낙거) 經絡(경락)
■ 落	떨어질 락	中5급 [6艹9 총13획] 영 fall 중 luò 일 ラク(おちる)	落雷(낙뢰) 落淚(낙루)
■ 酪	유즙 락	1급 [7酉6 총13획] 영 milk 중 lào 일 ラク(ちちしる)	酪農(낙농) 酪製品(낙제품)
□ 鉻	깎을 락	[8金6 총14획] 영 hair cutting 중 铬 gè 일 ラク(そる)	
□ 雒	수리부엉이 락	[8隹6 총14획] 영 eagle-owl 중 luò 일 ラク(かわらげ)	雒誦(낙송)
■ 樂	즐길 락	2급 [4木11 총15획] 영 pleasure 중 乐 lè 일 樂 ラク(たのしい)	樂觀(낙관) 樂園(낙원)
■ 駱	낙타 락	1급 [10馬6 총16획] 영 camel 중 骆 luò 일 ラク(らくだ)	駱驛(낙역) 駱駝(낙타)
□ 濼	강 이름 락	[4水14 총17획] 영 river names 중 濼 luò 일 ラク(いけ)	濼水(낙수)

卵	알 란	中4급 [2卩 5 총7획]	영 egg, spawn 중 luǎn 일 ラン(たまご)	卵狀(난상) 卵巢(난소)
亂	어지러울 란	高4급 [1乙 12 총13획]	영 confuse 중 乱 luàn 일 乱ラン(みだれる)	亂家(난가) 亂國(난국)
闌	가로막을 란	[8門 9 총17획]	영 block 중 阑 lán 일 ラン(てすり)	闌干(난간) 闌廳(난구)
懶	게으를 란	1급 [4心 16 총19획]	영 idle 중 懒 lǎn 일 ラン(おこたる)	懶怠(나태) 慵懶(용라)
瀾	물결 란	1급 [4水 17 총20획]	영 billow 중 澜 lán 일 ラン(おおなみ)	瀾漫(난만) 漪瀾(의란)
攔	막을 란	[4手 17 총20획]	영 block 중 拦 lán 일 ラン(さえぎる)	攔告(난고) 攔頭(난두)
爛	문드러질 란	3급 [4火 17 총21획]	영 be sore 중 烂 làn 일 ラン(ただれる)	爛縵(난만) 爛發(난발)
欄	난간 란	高3급 [4木 17 총21획]	영 rail 중 栏 lán 일 欄ラン(てすり)	欄干(난간) 欄外(난외)
蘭	난초 란	高3급 [6艸 17 총21획]	영 orchid 중 兰 lán 일 蘭ラン(らん)	蘭客(난객) 蘭交(난교)
欒	둥글 란	[4木 19 총23획]	영 round 중 栾 luán 일 ラン(ひじき)	欒荊(난형) 欒櫨(난로)
鑾	방울 란	[8金 19 총27획]	영 bell 중 銮 luán 일 ラン(すず)	鑾駕(난가) 鑾刀(난도)
鸞	난새 란	1급 [11鳥 19 총30획]	영 bird 중 鸾 luán 일 ラン(ほうおう)	鸞車(난거) 鸞鳳(난봉)
剌	발랄할 랄	1급 [2刀 7 총9획]	영 lively 중 là, lá 일 ラツ(もとる)	剌剌(날랄) 剌謬(날류)
埒	담 랄	[3土 7 총10획]	영 wall 중 埒 liè 일 レツ(かき)	埒內(날내) 埒略(날략)

□ 捋 딸 랄	[4手7 총10획] 영 pick 중 lǚ, luō 일 ラツ(つみとる)	捋鬚(날수) 捋乳(날유)
■ 辣 매울 랄	1급 [7辛7 총14획] 영 pungent 중 là 일 ラツ(からい)	辛辣(신랄) 惡辣(악랄)
□ 婪 탐할 람	[3女8 총11획] 영 avarice 중 lán 일 ラン(むさぼる)	婪酣(남감) 婪沓(남답)
□ 嵐 남기 람	[3山9 총12획] 영 haze 중 嵐 lán 일 ラン(あらし)	嵐光(남광) 嵐氣(남기)
■ 濫 넘칠 람	高3급 [4水14 총17획] 영 overflow 중 滥 làn 일 ラン(あふれる)	濫讀(남독) 濫作(남작)
□ 攬 잡을 람	[4手15 총19획] 영 hold 중 擥 lǎn 일 ラン(とる)	擥取(남취) 손 에 잡아 쥠
■ 藍 쪽 람	3급 [6艸14 총18획] 영 indigo 중 蓝 lán 일 ラン(あい)	藍青(남청) 藍色(남색)
□ 襤 옷 해질 람	[6衣13 총18획] 영 rag 중 褴 lán 일 ラン(つづれ)	襤褸(남루) 낡고 해져서 허름하다
■ 藍 쪽 람	3급 [6艸14 총18획] 영 indigo 중 蓝 lán 일 ラン(あい)	藍縷(남루) 藍色(남색)
■ 籃 바구니 람	1급 [6竹14 총20획] 영 basket 중 篮 lán 일 ラン(かご)	籃球(남구) 籃輿(남여)
■ 覽 볼 람	高4급 [7見14 총21획] 영 view 중 览 lǎn 일 覧 ラン(みる)	覽古(남고) 覽觀(남관)
□ 攬 잡을 람	[4手21 총24획] 영 grasp 중 揽 lǎn 일 ラン(とる)	攬要(남요) 攬筆(남필)
□ 欖 감람나무 람	[4木21 총25획] 영 olive tree 중 榄 lǎn 일 ラン(かんらん)	欖仁(남인)
□ 纜 닻줄 람	[6糸21 총27획] 영 cable 중 缆 lǎn 일 ラン(ともづな)	纜舸(남가) 纜魚(남어)

拉	끌고갈 **랍**	2급 [4手5 총8획]	영 haul 중 lā, lá, lǎ, là 일 ロウ(くじく)	拉致(납치) / 拉北(납북)
摺	꺾을 **랍**	[4手11 총14획]	영 fold 중 zhé 일 ロウ(たたむ)	摺本(접본) / 摺扇(접선)
臘	납향 **랍**	1급 [6肉15 총19획]	영 sacrificial rites 중 làla 일 ロウ(くれ)	臘月(납월) / 臘享(납향)
蠟	밀 **랍**	1급 [6虫15 총21획]	영 beeswax 중 là 일 ロウ(みつろう)	蠟淚(납루) / 蠟花(납화)
浪	물결 **랑**	3I급 [4水7 총10획]	영 wave 중 làng 일 ロウ(なみ)	浪漫(낭만) / 浪費(낭비)
狼	이리 **랑**	1급 [4犬7 총10획]	영 wolf 중 láng 일 ロウ(おおかみ)	狼藉(낭자) / 狼狽(낭패)
浪	물 호를 **랑**	中3I급 [4水7 총10획]	영 wave 중 làng 일 ロウ(なみ)	浪人(낭인) / 浪漫(낭만)
郎	사내 **랑**	中3I급 [7邑7 총10획]	영 man 중 láng 일 ロウ(おっと)	郎君(낭군) / 郎子(낭자)
朗	밝을 **랑**	5급 [4月7 총11획]	영 bright 중 lǎng 일 ロウ(ほがらか)	朗讀(낭독)
琅	옥돌 **랑**	[5玉7 총11획]	영 jade 중 láng 일 ロウ(ろうかん)	琅琅(낭랑) / 琅然(낭연)
稂	강아지풀 **랑**	[5禾7 총12획]	영 foxtail 중 láng 일 ロウ(いぬあわ)	稂莠(낭유)
廊	복도 **랑**	鳥3I급 [3广10 총13획]	영 corridor 중 láng 일 ロウ(ろうか)	廊下(낭하) / 廊屬(낭속)
螂	사마귀 **랑**	[6虫7 총13획]	영 mantis 중 láng 일 ロウ(かまきり)	螂蜩(낭조)
筤	바구니 **랑**	[6竹7 총13획]	영 basket 중 láng, lǎng 일 ロウ(わかだけ)	筍筤(순랑) / 扇筤(선랑)

漾	출렁거릴 랑	[4 氵11 총14획] 영 lap 중 yàng	일 ロウ(みそ)	漾漾(양양) 漾水(양수)
梛	빈랑나무 랑	[4 木10 총14획] 영 betel palm 중 láng	일 ロウ(びんろう)	梛當(낭당)
來 올 래	中7급	[2 人6 총8획] 영 come 중 lái	일 来 ライ(いたる)	來客(내객) 來歷(내력)
徠 올 래		[3 彳8 총11획] 영 come 중 lài	일 ライ(くる)	招徠(초래)
萊 명아주 래	2급	[6 艹8 총12획] 영 mug wort 중 lái	일 ライ(あかざ)	萊菔(내복) 萊妻(내처)
睞 한눈팔 래		[5 目8 총13획] 영 look away 중 lài	일 ライ(よこめ)	明眸善睞 (명모선래)
冷 찰 랭	中5급	[2 冫5 총7획] 영 cold, cool 중 lěng	일 レイ(つめたい)	冷却(냉각) 冷淡(냉담)
略 다스릴 략	高4급	[5 田6 총11획] 영 govern 중 lüè	일 リャク(はかる)	略記(약기) 略圖(약도)
良 좋을 량	中5급	[6 艮1 총7획] 영 good 중 liáng	일 リョウ(よい)	良家(양가) 良苦(양고)
兩 둘 량	中4급	[2 入6 총8획] 영 two 중 两 liǎng	일 両 リョウ(ふたつ)	兩脚(양각) 兩極(양극)
亮 밝을 량	2급	[2 亠7 총9획] 영 light 중 liàng	일 リョウ(あきらか)	亮達(양달) 亮明(양명)
倆 재주 량	1급	[2 亻8 총10획] 영 talent 중 俩 liǎ, liǎng	일 リョウ(たくみ)	技倆(기량) 伎倆(기량)
凉 서늘할 량	中3급	[2 冫8 총10획] 영 cool 중 liáng	일 凉 リョウ(すずしい)	凉秋(양추) 凉天(양천)
悢 슬플 량		[4 忄7 총10획] 영 pathetic 중 liàng	일 リョウ(かなしむ)	悢悢(양량) 悢然(양연)

涼 서늘할 량	[4水8 총11획]	영 cool 중 liàng 일 リョウ(すずしい)	涼氣(양기)
掠 빼앗을 량	高3급 [4手8 총11획]	영 plunder 중 lüè 일 リョウ(かすむ)	掠盜(약도) 掠奪(약탈)
喨 소리맑을 량	[3口9 총12획]	영 clear sound 중 liàng 일 リョウ(なきやまない)	嘹喨(유량)
椋 푸조나무 량	[4木8 총12획]	영 Muku tree 중 liáng 일 リョウ(むくのき)	椋葉(양엽)
粮 양식 량	[6米6 총12획]	영 provisions 중 liáng 일 リョウ(かて)	仙遺粮(선유량) 田粮(전량)
量 헤아릴 량	中5급 [7里5 총12획]	영 measure 중 liàng 일 リョウ(はかる)	量感(양감) 量入計出(양입계출)
粱 들보 량	1급 [6米7 총13획]	영 crossbeam 중 liáng 일 リョウ(おおあわ)	粱米(양미) 粱肉(양육)
樑 대들보 량	2급 [4木11 총15획]	영 girder 중 樑 liáng 일 リョウ(はり)	棟樑(동량) 樑奉(양봉)
輛 수레 량	2급 [7車8 총15획]	영 waggon 중 輛 liàng 일 (くるまのかず)	車輛(차량) 車輛稅(차량세)
諒 믿을 량	高3급 [7言8 총15획]	영 credible 중 谅 liáng 일 リョウ(まこと)	諒恕(양서) 諒察(양찰)
糧 양식 량	高4급 [6米12 총18획]	영 food 중 粮 liáng 일 リョウ(かて)	糧穀(양곡) 糧食(양식)
呂 등뼈 려	2급 [3口4 총7획]	영 vertebra 중 lǚ 일 リョ(せぼね)	呂宋煙(여송연) 律呂(율려)
戾 어그러질 려	1급 [4戶4 총8획]	영 deviate 중 lì 일 レイ(もとる)	戾疫(여역) 戾天(여천)
侶 짝 려	1급 [2人7 총9획]	영 companion 중 lǚ 일 リョ(ともがら)	侶伴(여반) 侶儔(여주)

한자	급수/부수/획수	영/중/일	예시
■ 旅 나그네 려	中5급 [4方6 총10획]	영 traveler 중 lǚ 일 リョ(たび)	旅客(여객) 旅苦(여고)
□ 唳 학울 려	[3口8 총11획]	영 quack 중 lì 일 リ(なく)	鶴唳(학려) 학의 울음소리
□ 膂 골 려	[6肉10 총14획]	영 back born 중 lǔ 일 リョ(せぼね)	膂力(여력) 膂力過人(여력과인)
□ 厲 갈 려	[2厂13 총15획]	영 whet 중 厉 lì 일 レイ(とぐ)	厲民(여민) 厲色(여색)
■ 慮 생각 려	高4급 [4心11 총15획]	영 consider 중 虑 lǜ 일 リョ(おもんばかる)	慮外(여외) 配慮(배려)
■ 閭 마을 려	1급 [8門7 총15획]	영 village 중 闾 lǘ 일 リョ(むら)	閭門(여문) 閭閻(여염)
□ 鋁 줄 려	[8金7 총15획]	영 file 중 铝 lǚ 일 リョ(やすり)	
■ 黎 검을 려	1급 [12黍3 총15획]	영 black 중 lí 일 レイ(あけぼの)	黎明(여명) 黔黎(검려)
■ 勵 힘쓸 려	高3급 [2力15 총17획]	영 endeavor 중 励 lì 일 励 レイ(はげむ)	勵聲(여성) 勵翼(여익)
■ 濾 거를 려	1급 [4水14 총17획]	영 strain 중 滤 lǜ 일 リョ(こす)	濾過(여과) 壓濾器(압려기)
□ 癘 염병 려	[5疒13 총18획]	영 fever enteric 중 疠 lì 일 レイ(えやみ)	癘病(여병) 癘疫(여역)
■ 廬 오두막집 려	2급 [3厂16 총19획]	영 farmer's hut 중 庐 lú 일 リョ(かりや)	草廬(초려) 廬幕(여막)
□ 櫚 종려 려	[4木15 총19획]	영 hemp palm 중 榈 lǘ 일 リョ(しゅろ)	華櫚(화려) 棕櫚(종려)
□ 瓈 유리 려	[5玉15 총19획]	영 crystal 중 lí 일 レイ(はり)	玻瓈(파려)

□ 蘆 꼭두서니 려	[6艸 15 총19획] 영 madder 중 lú 일 リョ(あかね)	茹藘(여려) 藘藘(여여)
□ 藜 명아주 려	[6艸 15 총19획] 영 goosefoot 중 lí 일 レイ(あかざ)	藜羹(여갱) 藜藿(여곽)
□ 鸝 꾀꼬리 려	[11鳥 8 총19획] 영 nightingale 중 lí 일 レイ(うぐいす)	鸝黃(여황) 鸝鶘(여호)
■ 麗 고울 려	4급 [11鹿 8 총19획] 영 beautiful 중 丽 일 レイ(うるわしい)	麗代(여대) 華麗(화려)
■ 礪 숫돌 려	2급 [5石 15 총20획] 영 whetstone 중 砺 일 レイ(といし)	砥礪(지려) 淬礪(쉬려)
■ 臚 살갗 려	高3급 [6肉 16 총20획] 영 skin 중 lú 일 ロ(はらさき)	臚句(여구) 臚言(여언)
□ 儷 짝 려	[2人 19 총21획] 영 pair 중 俪 일 レイ(つれあい)	儷天(여천) 儷皮(여피)
□ 蠣 굴 려	[6虫 15 총21획] 영 oyster 중 蛎 일 レイ(かき)	牡蠣(모려) 雕蠣(조려)
□ 蠡 표주박 려	[6虫 15 총21획] 영 gourd dipper 중 lí 일 レイ(むしばむ)	蠡牛(여우) 蠡測(여측)
□ 櫩 들보 려	[4木 19 총23획] 영 crossbeam 중 li, lí, lǐ 일 レイ(むね)	櫩梲(여궤)
■ 驢 나귀 려	2급 [10馬 16 총26획] 영 ass 중 驴 일 ロ(うさぎうま)	驢馬(여마) 驢鳴犬吠(여명견폐)
■ 力 힘 력	中3급 [2力 0 총2획] 영 strength, power 중 lì 일 リョク(ちから)	力道(역도) 力量(역량)
□ 蚸 방아깨비 력	[6虫 5 총11획] 영 grasshopper 중 lì 일 レキ(むしのな)	蚸蠖(역확)
■ 歷 지낼 력	中5급 [4止 12 총16획] 영 through 중 历 일 歷レキ(すぎる)	歷代(역대) 歷任(역임)

■ 曆 책력 력	高3급 [4日12 총16획] 영 calendar 중 曆 lì 일 レキ(こよみ)		曆年(역년) 曆法(역법)
■ 瀝 스밀 력	1급 [4水16 총19획] 영 filter into 중 瀝 lì 일 レキ(したたる)		瀝瀝(역력) 瀝青(역청)
□ 櫪 말구유 력	[4木16 총20획] 영 manger 중 櫪 lì 일 レキ(くぬぎ)		櫪馬(역마)
■ 礫 조약돌 력	1급 [5石15 총20획] 영 pebble 중 礫 lì 일 レキ(いしころ)		礫石(역석) 礫土(역토)
□ 轢 삐걱거릴 력	[7車15 총22획] 영 creak 중 轢 lì 일 レキ(ふみにじる)		轢死(역사) 轢殺(역살)
□ 靂 벼락 력	[8雨16 총24획] 영 thunderclap 중 靂 lì 일 レキ(かみなり)		霹靂(벽력) 青天霹靂(청천벽력)
■ 連 이을 련	中4급 [7辵7 총11획] 영 connect 중 连 lián 일 レン(つらなる)		連結(연결) 連繫(연계)
□ 涷 익힐 련	[4水9 총12획] 영 master 중 涷 liàn 일 レン(ねる)		涷絲(연사) 鍛涷(단련)
■ 煉 불릴 련	2급 [4火9 총13획] 영 temper 중 煉 liàn 일 煉レン(ねる)		煉獄(연옥) 煉瓦(연와)
□ 漣 잔물결 련	2급 [4水11 총14획] 영 ripple 중 漣 lián 일 レン(さざなみ)		漣落(연락) 細漣(세련)
■ 憐 불쌍할 련	高3급 [4心12 총15획] 영 pity 중 怜 lián 일 レン(あわれむ)		憐悼(연도) 憐憫(연민)
□ 璉 호련 련	[5玉11 총15획] 영 vessel 중 璉 일 レン(もりものだい)		瑚璉(호련)
■ 蓮 연밥 련	高3급 [6艸11 총15획] 영 lotus 중 蓮 lián 일 レン(はす)		蓮莖(연경) 蓮塘(연당)
■ 練 익힐 련	中5급 [6糸9 총15획] 영 master 중 练 liàn 일 練レン(ねる)		練達(연달) 練磨(연마)

輦 가마 련	1급 [7車8 총15획] 영 royal carriage 중 輦 niǎn 일 レン(てぐるま)		輦道(연도) 輦輿(연여)
聯 잇닿을 련	高3급 [6耳11 총17획] 영 be connected 중 联 lián 일 レン(つらなる)		聯關(연관) 聯隊(연대)
鍊 불릴 련	高3급 [8金9 총17획] 영 temper 중 鍊 liàn 일 レン(ねる)		鍊金(연금) 鍊金術(연금술)
鏈 쇠사슬 련	[8金11 총19획] 영 chain 중 鏈 liàn 일 レン(くさり)		鏈鋼(연강)
戀 사모할 련	高3급 [4心18 총22획] 영 love 중 恋 liàn, lián 일 恋レン(こう)		戀情(연정) 戀人(연인)
鰱 연어 련	[11魚11 총22획] 영 salmon 중 鲢 lián 일 レン(いわし)		鰱魚(연어)
孿 쌍둥이 련	[3子19 총22획] 영 twins 중 孪 luán 일 レン(ふたご)		孿生(연생) 孿子(연자)
攣 맬 련	[4手19 총23획] 영 bind, tie 중 挛 luán 일 レン(つながる)		攣拘(연구) 攣縮(연축)
列 벌일 렬	中4급 [2刀4 총6획] 영 display 중 列 liè 일 レツ(ならぶ)		列强(열강) 列擧(열거)
劣 못할 렬	高3급 [2刀4 총6획] 영 be weak 중 劣 liè 일 レツ(おとる)		劣等(열등) 劣性(열성)
冽 맑을 렬	[2冫6 총8획] 영 clean 중 冽 liè 일 レツ(さむい)		洌洌(열렬) 洌泉(열천)
洌 맑을 렬	[4水6 총9획] 영 clear 중 洌 liè 일 レツ(きよい)		洌風(열풍)
烈 세찰 렬	中4급 [4火6 총10획] 영 fierce 중 烈 liè 일 レツ(はげしい)		烈女(열녀) 烈火(열화)
捩 비틀 렬	[4手8 총11획] 영 twist 중 捩 liè, lì 일 レツ(ねじる)		捩手(열수) 捩挖(열타)

한자	훈	급수/획수	영/중/일	용례
裂	찢을 렬	高3급 [6衣6 총12획]	영 split 중 liè 일 レツ(たつ)	裂開(열개) 裂傷(열상)
鮤	웅어 렬	[11魚6 총17획]	영 coilia nasus 중 liè 일 レツ(えつ)	鮤魚(열어)
廉	검소할 렴	高3급 [3广10 총13획]	영 thrift 중 lián 일 レン(いさぎよい)	廉價(염가) 廉儉(염검)
獫	개 렴	[4犬13 총16획]	영 dog 중 獫 xiǎn 일 ケン(いぬ)	
濂	경박할 렴	2급 [4水13 총16획]	영 flippant 중 lián 일 レン(かるい)	濂溪學派(염계학파) 周濂溪集(주렴계집)
斂	거둘 렴	1급 [4攴13 총17획]	영 gather 중 敛 liǎn 일 レン(おさめる)	斂襟(염금) 斂髮(염발)
殮	염할 렴	1급 [4歹13 총17획]	영 shroud 중 殓 liàn 일 レン(おさめる)	殮具(염구) 殮襲(염습)
簾	발 렴	[6竹13 총19획]	영 bamboo blind 중 簾 lián 일 レン(とばりすすだれ)	簾幕(염막) 珠簾(주렴)
獵	사냥 렵	高2급 [4犬15 총18획]	영 hunting 중 猎 liè 일 猟 リョウ(かり)	獵官(엽관) 獵奇(엽기)
躐	밟을 렵	[7足15 총22획]	영 tread on 중 liè 일 リョウ(ふむ)	躐等(엽등) 躐席(엽석)
鬣	말갈기 렵	[10髟15 총25획]	영 mane 중 liè 일 リョウ(たてがみ)	鬣葵(엽규) 鬣尾(엽미)
令	명령 령	中5급 [2人3 총5획]	영 order 중 lìng 일 類レイ(おきて)	令狀(영장) 令息(영식)
另	헤어질 령	[3口2 총5획]	영 part 중 lìng 일 レイ(わける)	另開便門(영개편문) 另居(영거)
伶	악공 령	[2人5 총7획]	영 musician 중 líng 일 レイ(わざおぎ)	伶俐(영리) 伶俜(영빙)

□ 岭 고개 **령**	[3山5 총8획] 영 ridge 중 lǐng 일 レイ(やまがふかい)	岭嶸(영형)
■ 囹 옥 **령**	1급 [3囗5 총8획] 영 prison 중 líng 일 レイ(ひとや)	囹圄(영어) 囹圉(영어)
□ 泠 깨우칠 **령**	[4水5 총8획] 영 realize 중 líng 일 レン(すずしい)	泠泠(영령)
□ 怜 영리할 **령**	[4心5 총8획] 영 clever 중 líng 일 レイ(さとい)	怜悧(영리) 怜質(영질)
■ 玲 옥소리 **령**	2급 [5玉5 총9획] 영 chink 중 玲 líng 일 レイ(たまおと)	玲瓏(영롱) 玲瓏墻(영롱장)
□ 苓 도꼬마리 **령**	[6艸5 총9획] 영 cocklebur 중 苓 líng 일 レイ(かんぞう)	苓落(영락) 苓耳(영이)
□ 瓴 동이 **령**	[5瓦5 총10획] 영 jar 중 瓴 líng 일 レイ(かめ)	瓴甓(영벽) 瓴水(영수)
□ 聆 들을 **령**	[6耳4 총10획] 영 hear 중 聆 líng 일 レイ(きく)	瞻聆(첨령)
□ 羚 영양 **령**	[6羊4 총10획] 영 antelope 중 líng 일 レイ(かもしか)	羚羊(영양)
□ 笭 작은 농 **령**	[6竹5 총11획] 영 small basket 중 líng 일 レイ(かご)	笭箵(영성)
□ 舲 작은배 **령**	[6舟5 총11획] 영 cockleshell 중 líng 일 レイ(やかたぶね)	舲舟(영주)
□ 翎 깃 **령**	[6羽5 총11획] 영 feather 중 翎 líng 일 レイ(はね)	翎毛(영모)
□ 蛉 잠자리 **령**	[6虫5 총11획] 영 dragonfly 중 蛉 líng 일 レイ(とんぼ)	蜻蛉(청령) 螟蛉(명령)
■ 逞 쾌할 **령**	1급 [7辶7 총11획] 영 please 중 逞 chěng 일 テイ(たくましい)	逞憾(영감) 逞志(영지)

軨	사냥 수레 령	[7車5 총12획] 영 waggon 중 líng 일 レイ(れんじ)	軨車(영거) 軨軒(영헌)
鈴	방울 령	1급 [8金5 총13획] 영 bell 중 鈴 líng 일 レイ(すず)	鈴鐸(영탁) 啞鈴(아령)
零	조용히 오는 비 령	高3급 [8雨5 총13획] 영 drizzle 중 零 líng 일 レイ(れい)	零度(영도) 零落(영락)
領	옷깃 령	中5급 [9頁5 총14획] 영 collar 중 领 líng 일 レイ(おさめる)	領空(영공) 領內(영내)
鴒	할미새 령	[11鳥5 총16획] 영 wagtail 중 líng 일 レイ(せきれい)	鴒口(영요)
嶺	고개 령	[3山14 총17획] 영 ridge 중 岭 líng 일 レイ(とうげ)	嶺東(영동) 高嶺(고령)
齡	나이 령	1급 [15齒5 총20획] 영 age 중 龄 líng 일 レイ(とし)	高齡(고령) 老齡(노령)
靈	신령 령	高3급 [8雨16 총24획] 영 spirit 중 灵 líng 일 霊レイ(たましい)	靈感(영감) 靈界(영계)
例	법식 례	中6급 [2人6 총8획] 영 form 중 lì 일 レイ(たとえば)	例規(예규) 例年(예년)
隸	종 례	高2급 [8隶8 총16획] 영 slave 중 隸 lì 일 レイ(しもべ)	隸書(예서) 隸屬(예속)
禮	예도 례	中6급 [5示13 총18획] 영 courtesy 중 礼 lǐ 일 禮レイ(れい)	禮敬(예경) 禮單(예단)
醴	단술 례	2급 [7酉13 총20획] 영 sweet drink 중 lǐ 일 レイ(あまざけ)	醴泉(예천) 甘醴(감례)
鱧	가물치 례	[11魚13 총24획] 영 snakehead 중 鱧 lǐ 일 レイ(やつめうなぎ)	鱧魚(예어) 鱧腸(예장)
鹵	소금 로	[11鹵0 총11획] 영 salt 중 卤 lǔ 일 ロ(しおつち)	鹵掠(노략) 鹵獲(노획)

勞 일할 로	中5급 [2力10 총12획] 영 fatigues 중 劳 láo 일 労 ロウ(つかれる)		勞苦(노고) 勞困(노곤)
虜 사로잡을 로	1급 [6虍6 총12획] 영 catch alive 중 虏 lǔ 일 リョ(とりこ)		虜掠(노략) 虜獲(노획)
路 길 로	中6급 [7足6 총13획] 영 road 중 lù 일 ロ(みち)		路歧(노기) 路邊(노변)
滷 소금밭 로	[4水11 총14획] 영 salt field 중 滷 lǔ 일 ロ(しおつち)		滷水(노수)
撈 잡을 로	1급 [4手12 총15획] 영 scoop up 중 捞 lāo 일 ロウ(とる)		漁撈(어로) 把撈(파로)
潦 큰비 로	[4水12 총15획] 영 heavy rain 중 liǎo 일 ロウ(おおみず)		潦倒(노도)
魯 노둔할 로	2급 [11魚4 총15획] 영 bovine 중 鲁 lǔ 일 ロ(おろか)		魯鈍(노둔) 魯朴(노박)
擄 노략질할 로	1급 [4手13 총16획] 영 plunder 중 掳 lǔ 일 ロ(かすめる)		擄掠(노략) 侵擄(침노)
盧 성씨 로	2급 [5皿11 총16획] 영 family name 중 卢 lú 일 ロ(くろ)		新盧(신로) 蒲盧(포로)
癆 중독 로	[5疒12 총17획] 영 poisoning 중 痨 láo, lào 일 ロウ(いたみ)		癆漸(노점) 癆痎(노해)
壚 흑토 로	[3土16 총19획] 영 black earth 중 垆 lú 일 ロ(くろつち)		壚邸(노저) 壚土(노토)
櫓 큰 방패 로	[4木15 총19획] 영 shield 중 橹 lǔ 일 ロ(やぐら)		櫓歌(노가)
瀘 물 이름 로	[4水16 총19획] 영 river 중 泸 lú 일 ロ(かわ)		瀘口(노구)
爐 화로 로	高3급 [4火16 총20획] 영 fireplace 중 炉 lú 일 炉 ロ(ひばち)		爐邊(노변) 火爐(화로)

■ 蘆 갈대 로	2급 [6艹16 총20획]	영 reed 중 芦 lú 일 ロ(あし)	蘆場(노장) 長蘆(장로)
■ 老 늙을 로	3급II [6老0 총6획]	영 old, aged 중 lǎo 일 ロウ(おいる)	老境(노경) 老姑(노고)
■ 露 이슬 로	준3급 [8雨12 총20획]	영 dew 중 lù 일 ロ(つゆ)	露骨(노골) 露積(노적)
■ 鷺 백로 로	2급 [11鳥12 총23획]	영 aigret 중 鹭 lū 일 ロ(しらさぎ)	鷺汀(노정) 紫鷺(자로)
□ 鑪 화로 로	[8金16 총24획]	영 brazier 중 鑪 lú 일 ロ(いろり)	鑪盤博士 (노반박사)
□ 顱 해골 로	[9頁16 총25획]	영 skull 중 颅 lú 일 ロ(あたま)	顱骨(노골) 顱頂骨(노정골)
□ 鸕 가마우지 로	[11鳥16 총27획]	영 cormorant 중 鸬 lú 일 ロ(しまつどり)	鸕鷀(노자) 鸕鷀杓(노자작)
□ 鱸 농어 로	[11魚16 총27획]	영 sea-bass 중 鲈 lú 일 ロ(すずき)	鱸魚(노어)
□ 彔 나무새길 록	[3彐5 총8획]	영 carve 중 lù 일 ロク(きざむ)	曲彔(곡록) 중이 사용하는 의자
□ 鹿 사슴 록	[11鹿0 총11획]	영 deer 중 lù 일 ロク(しか)	鹿角(녹각) 鹿獵(녹렵)
□ 菉 녹두 록	[6艹8 총12획]	영 mung beans 중 lù 일 リョク(かりやす)	菉豆(녹두) 菉竹(녹죽)
■ 祿 복 록	준3급 [5示8 총13획]	영 fortune 중 禄 lù 일 ロク(さいわい)	祿俸(녹봉) 祿不疊受(녹불첩수)
□ 碌 푸른돌 록	[5石8 총13획]	영 green stone 중 碌 liù 일 ロク(あおいし)	碌碌(녹록) 碌青(녹청)
□ 盝 다할 록	[5皿8 총13획]	영 run out 중 lù 일 ロク(にす)	上脂盝妝具 (상지록장구)

☐ **漉** 거를 **록**	[4水11 총14획] 영 filter 중 lù 일 ロク(したたる)		漉漉(녹록)
■ **綠** 초록빛 **록**	中6급 [6糸8 총14획] 영 green 중 绿 lǜ, lù 일 リョク(みどり)		綠茶(녹다) 綠瞳(녹동)
■ **錄** 기록할 **록**	高4급 [8金8 총16획] 영 record 중 录 lù 일 錄 ロク(しるす)		錄音(녹음) 錄勳(녹훈)
■ **麓** 산기슭 **록**	1급 [11鹿8 총19획] 영 foot of a mountain 중 lù 일 ロク(ふもと)		麓川(녹천) 山麓(산록)
☐ **籙** 책상자 **록**	[6竹16 총22획] 영 bookcase 중 lù 일 ロク(ふみ)		籙圖(녹도)
■ **弄** 희롱할 **롱**	高3급 [3廾4 총7획] 영 mock 중 nòng 일 ロウ(もてあそぶ)		弄奸(농간) 弄談(농담)
■ **壟** 언덕 **롱**	1급 [3土16 총19획] 영 slope 중 lǒng 일 ロウ(はか)		壟斷(농단) 丘壟(구롱)
☐ **攏** 누를 **롱**	[4手16 총19획] 영 press 중 拢 lóng 일 ロウ(とる)		攏頭(농두) 攏統(농통)
☐ **瀧** 비올 **롱**	[4水16 총19획] 영 rain 중 泷 lóng 일 ロウ(はやせ)		瀧水(농수) 瀧夫(농부)
☐ **隴** 고개 이름 **롱**	[8阜16 총19획] 영 slope 중 陇 lǒng 일 リョウ(うね)		隴客(농객) 隴畝(농무)
☐ **朧** 희미한 **롱**	[4月5 총9획] 영 dim 중 胧 lóng 일 ロウ(おぼろ)		朧瞳(농동)
■ **瓏** 옥소리 **롱**	1급 [5玉16 총20획] 영 sound of gem 중 珑 lóng 일 ロウ		瓏玲(농령) 瓏瓏(농롱)
☐ **蘢** 여뀌 **롱**	[6艸16 총20획] 영 Blumei 중 蘢 lóng 일 いぬたで		蘢茸(농용) 蘢蓯(농총)
☐ **礱** 갈 **롱**	[5石16 총21획] 영 grind 중 砻 lóng 일 ロウ(みがく)		水礱(수롱) 수력을 이용한 맷돌

한자	훈음	정보	용례
聾	귀먹을 롱	[6耳16 총22획] 영 deaf 중 聾 lóng 일 ロウ(つんぼ)	聾昧(농매) 聾盲(농맹)
籠	대그릇 롱	2급 [6竹16 총22획] 영 bambooware 중 笼 lóng 일 ロウ(かご)	籠球(농구) 籠絡(농락)
蠪	개미 롱	[6虫16 총22획] 영 ant 중 lóng 일 ロウ(いいあり)	蠪蟜(농교)
耒	가래 뢰	[6耒0 총6획] 영 spade 중 lěi, lèi 일 ライ(すき)	耒耨(뇌누) 耒耜(뇌사)
牢	우리 뢰	[4牛3 총7획] 영 prison 중 láo 일 ロウ(おり)	牢固(뇌고) 豕牢(시뢰)
誄	애도할 뢰	[7言6 총13획] 영 mourn 중 诔 lěi 일 ルイ	誄歌(뇌가)
賂	뇌물줄 뢰	1급 [7貝6 총13획] 영 bribe 중 赂 lù 일 ロ(まいなう)	賂物(뇌물) 賂謝(뇌사)
雷	천둥 뢰	高3급 [8雨5 총13획] 영 thunder 중 léi 일 ライ(かみなり)	雷同(뇌동) 雷神(뇌신)
磊	돌무더기 뢰	1급 [5石10 총15획] 영 piles of stones 중 lěi 일 ライ(いし)	磊落(뇌락) 磊磊(뇌뢰)
縍	꿰맬 뢰	[6糸7 총13획] 영 sew 중 赉 lài 일 ライ(たまう)	縍賜(뇌사) 縍錫(뇌석)
擂	갈 뢰	[4手13 총16획] 영 grind 중 léi, lèi 일 ライ(する)	擂鼓(뇌고)
賴	의지할 뢰	高3급 [7貝9 총16획] 영 trust to 중 赖 lài 일 頼 ライ(たのむ)	賴德(뇌덕) 賴力(뇌력)
儡	꼭두각시 뢰	1급 [2人15 총17획] 영 puppet 중 lěi 일 ライ(でく)	傀儡(괴뢰) 儡子(뇌자)
樏	무기이름 뢰	[4木13 총17획] 영 weapon 중 léi 일 ライ(ぶきのな)	樏木(뇌목)

□ 蕾 꽃봉오리 뢰	[6艸13 총17획] 영 flowerbud 중 lěi 일 ライ(つぼみ)	味蕾(미뢰) 花蕾(화뢰)
□ 瀨 여울 뢰	[4水16 총19획] 영 swift current 중 lài 일 ライ(はやせ)	火口瀨(화구뢰) 淺瀨(천뢰)
□ 罍 술독 뢰	[6缶15 총21획] 영 jar, pot 중 léi 일 ライ(たる)	罍觴(뇌상) 罍洗(뇌세)
□ 藾 맑은 대쑥 뢰	[6艸16 총20획] 영 mug wort 중 lài 일 ライ(くさよもぎ)	藾蕭(뇌소)
□ 鑸 병 뢰	[8金13 총21획] 영 jar 중 léi 일 ライ(つぼ)	鑸柚(뇌유)
□ 籟 퉁소 뢰	[6竹16 총22획] 영 bamboo clarinet 중 lài 일 ライ(ふえ)	籟籥(뇌약)
□ 轠 잇닿을 뢰	[7車15 총22획] 영 adjoin 중 léi 일 ライ(うつ)	轠轤(뇌로)
■ 了 마칠 료	高3급 [1亅1 총2획] 영 finish 중 liǎo, le, liào 일 リョウ(おわる)	了勘(요감) 了得(요득)
■ 料 헤아릴 료	中5급 [4斗6 총10획] 영 estimate cost 중 liào 일 リョウ(はかる)	料金(요금) 料得(요득)
■ 聊 애오라지 료	1급 [6耳5 총11획] 영 somewhat 중 liáo 일 リョウ(たのむ)	聊浪(요랑) 聊賴(요뢰)
■ 僚 벗 료	高2급 [2人12 총14획] 영 comrade 중 liáo 일 リョウ(とも)	僚吏(요리) 僚壻(요서)
■ 寥 쓸쓸할 료	1급 [3宀11 총14획] 영 desolate 중 liáo 일 リョウ(さびしい)	寥落(요락) 寥寥(요요)
■ 寮 집 료	1급 [3宀12 총15획] 영 villa 중 liáo 일 リョウ(りょう)	寮舍(요사) 學寮(학료)
□ 撩 다스릴 료	[4手12 총15획] 영 govern 중 liào 일 リョウ(すくう)	撩亂(요란) 撩摘(요적)

□ 獠 사냥할 료	[4犬12 총15획] 영 hunt 중 liáo 일 リョウ(かり)	獠徒(요도) 獠獵(요렵)
□ 蓼 여뀌 료	[6艸11 총15획] 영 water pepper 중 蓼 liǎo 일 リョウ(たで)	蓼麯(요곡) 蓼䊷(요규)
□ 燎 횃불 료	[4火12 총16획] 영 signal light 중 liáo 일 リョウ(にわび)	燎野(요야) 望燎(망료)
□ 遼 멀 료	[7辵12 총16획] 영 distant 중 辽 liáo 일 リョウ(とおい)	遼隔(요격) 遼遠(요원)
□ 療 병고칠 료	[5疒12 총17획] 영 heal treat 중 疗 liáo 일 リョウ(いやす)	療法(요법) 療病(요병)
■ 瞭 밝을 료	1급 [5目12 총17획] 영 clear sighted 중 瞭 liǎo 일 リョウ(あきらか)	瞭望軍(요망군) 瞭望(요망)
□ 蟟 머리흔들 료	[6虫11 총17획] 영 shake one's head 중 liào 일 リュウ(うねりゆく)	蟟蚘(요규) 蜩蟟(조료)
□ 繚 감길 료	[6糸12 총18획] 영 be twined 중 繚 liáo 일 リョウ(まとう)	繚䊷(요규) 繚亂(요란)
□ 鐐 은 료	[8金12 총20획] 영 silver 중 鐐 liáo 일 リョウ(しろがね)	鐐䥅(요고)
□ 鷯 굴뚝새 료	[11鳥12 총23획] 영 wren 중 鹩 liáo 일 リョウ(みそさざい)	鷦鷯(초료)
■ 龍 용 룡	高4급 [16龍0 총16획] 영 dragon 중 龙 lóng 일 竜リュウ(りゅう)	龍歌鳳笙(용가봉생) 龍骨(용골)
□ 陋 더러울 루	[8阜6 총9획] 영 dirty 중 lòu 일 ロウ(せまい)	陋名(누명) 陋習(누습)
□ 婁 끌 루	[3女8 총11획] 영 pull 중 娄 lóu 일 ル(ひく)	婁星(누성) 婁宿(누수)
■ 淚 눈물 루	高3급 [4水8 총11획] 영 tears 중 泪 lèi 일 ルイ(なみだ)	淚眼(누안) 淚痕(누흔)

한자	급수/부수	영/중/일	예시
■ 累 묶을 루	高3급 [6糸5 총11획]	영 tie 중 lěi 일 ルイ(しばる)	累加(누가) 累減(누감)
□ 僂 구부릴 루	[2人11 총13획]	영 bend 중 僂 lóu 일 ロウ(かがむ)	佝僂(구루) 僂背(누배)
□ 嘍 시끄러울 루	[3口11 총14획]	영 noisy 중 喽 lóu, lou 일 ロウ(うるさい)	嘍囉(누라)
■ 屢 여러 루	高3급 [3尸11 총14획]	영 frequent 중 屡 lǚ 일 ル(しばしば)	屢代墳山(누대분산) 屢次(누차)
□ 摟 끌어모을 루	[4手11 총14획]	영 draw 중 摟 lōu, lōu 일 ロウ(ひく)	摟搜(누수)
■ 漏 샐 루	高3급 [4水11 총14획]	영 leak, drip 중 lòu 일 ロウ(もらす)	漏刻(누각) 漏電(누전)
■ 樓 다락 루	高3급 [4木11 총15획]	영 attic 중 楼 lóu 일 ロウ(たかどの)	樓閣(누각) 樓上(누상)
□ 蔞 쑥 루	[6艸11 총15획]	영 mugwort 중 蒌 lóu 일 ロウ(しろよもぎ)	蔞蒿(누호)
□ 瘻 부스럼 루	[5疒11 총16획]	영 boil 중 瘘 lòu 일 ロウ(せむし)	瘻孔(누공) 瘻痔(누치)
□ 褸 누더기 루	[6衣11 총16획]	영 rags 중 褸 lǚ 일 ロ(つづる)	褸孔(누공) 褸痔(누치)
□ 簍 대채롱 루	[6竹11 총17획]	영 bamboo basket 중 篓 lǒu 일 ロウ(かご)	
□ 縷 실 루	[6糸11 총17획]	영 string, rope 중 缕 lǚ, lóu 일 ルイ(いと)	縷望(누망) 縷續(누속)
□ 螻 땅강아지 루	[6虫11 총17획]	영 mole-cricket 중 蝼 lóu 일 ロウ(けら)	螻姑(누고) 螻蟻(누의)
■ 壘 보루 루	1급 [3土15 총18획]	영 camp 중 垒 lěi 일 ルイ(とりで)	壘審(누심) 堡壘(보루)

□	**鏤** 새길 **루**	[8金11 총19획] 영 carve 중 鏤 lòu 일 ロウ(くろがね)	鏤刻(누각) 鏤句(누구)
□	**髏** 해골 **루**	[10骨11 총21획] 영 skull 중 髏 lóu 일 ロウ(されこうべ)	髑髏(촉루)
■	**柳** 버들 **류**	中4급 [4木5 총9획] 영 willow tree 중 liǔ 일 リュウ(やなぎ)	柳車(유거) 柳器(유기)
■	**流** 흐를 **류**	中5급 [4水6 총9획] 영 stream 중 liú 일 リュウ(ながれる)	流乞(유걸) 流水(유수)
■	**留** 머무를 **류**	中4급 [5田5 총10획] 영 stay, detain 중 liú 일 リュウ(とどまる)	留客(유객) 留念(유념)
■	**琉** 유리 **류**	1급 [5玉6 총10획] 영 glass 중 琉 liú 일 リュウ(ガラス)	琉璃(유리) 琉璃窓(유리창)
□	**硫** 유황 **류**	[5石7 총12획] 영 sulphur 중 liú 일 リュウ(ゆおう)	硫酸(유산) 硫安(유안)
□	**旒** 깃발 **류**	[4方9 총13획] 영 tassel of a flag 중 liú 일 リュウ(はたあし)	旒旗(유기) 旒綴(유체)
□	**溜** 물방울 **류**	[4水10 총13획] 영 water drop 중 liū 일 リュウ(したたる)	溜水(유수) 殘溜(잔류)
□	**榴** 석류나무 **류**	[4木10 총14획] 영 pomegranate tree 중 liú 일 リュウ	榴月(유월) 石榴(석류)
■	**劉** 죽일 **류**	2급 [2刀13 총15획] 영 kill 중 刘 liú 일 リュウ(かつ)	劉覽(유람)
■	**瘤** 혹 **류**	1급 [5疒10 총15획] 영 wen 중 liú 일 リュウ(こぶ)	瘤腫(유종) 瘤胃(유위)
□	**嚠** 맑을 **류**	[3口15 총18획] 영 clear 중 liú 일 リュウ(さわやか)	嚠喨(유량) 음악 소리가 맑으며 또렷함
■	**瀏** 물 맑을 **류**	1급 [4水15 총18획] 영 clear 중 瀏 liú 일 リュウ(きよい)	瀏濫(유람)

■ 謬 그를 류	2급 [7言11 총18획] 영 mistake 중 谬 miù 일 ビュウ(あやまる)	謬見(유견) 謬例(유례)
□ 霤 낙숫물 류	[8雨10 총18획] 영 raindrops 중 liù 일 リュウ(あまだれ)	霤槽(유조)
□ 鏐 순금 류	[8金11 총19획] 영 pure gold 중 liú 일 リュウ(こがね)	鏐石(류(규)석)
■ 類 무리 류	高5급 [9頁10 총19획] 영 crowd 중 类 lèi 일 ルイ(たぐい)	類例(유례) 類類相從(유유상종)
□ 餾 밥 뜸들 류	[9食10 총19획] 영 be steamed 중 馏 liú 일 リュウ(むす)	
□ 纍 갇힐 류	[6糸15 총21획] 영 be locked 중 léi 일 ルイ(まつわる)	纍囚(유수) 纍臣(유신)
□ 鶹 올빼미 류	[11鳥10 총21획] 영 owl 중 liú 일 リュウ(みみずく)	鵂鶹(휴류)
□ 鷚 종달새 류	[11鳥11 총22획] 영 skylark 중 鹨 liáo 일 リュウ(ひばり)	
□ 禷 제사이름 류	[5示19 총24획] 영 ceremony 중 禷 liú 일 ルイ(まつり)	
□ 虆 덩굴 류	[6艸21 총25획] 영 creeper 중 léi 일 ラ(ふご)	虆梩(유리) 虆垂(유수)
■ 六 여섯 륙	中8급 [2八2 총4획] 영 six 중 liù 일 ロク(むつ)	六角(육각) 六禮(육례)
■ 陸 뭍 륙	中5급 [8阜8 총11획] 영 land 중 陆 lù 일 リク(くが)	陸橋(육교) 陸地(육지)
■ 戮 죽일 륙	1급 [4戈11 총15획] 영 kill 중 戮 lù 일 リク(ころす)	戮民(육민) 戮殺(육살)
□ 侖 생각할 륜	[2人6 총8획] 영 think 중 lún 일 ロン(まるい)	侖갈(윤서)

한자	급수/부수/획수	영/중/일	단어
■ 倫 인륜 륜	中3급 [2人8 총10획]	truth, morals 中 伦 lún 日 リン(みち)	倫紀(윤기), 倫理(윤리)
■ 崙 산이름 륜	2급 [3山8 총11획]	name of a mountain 中 崙 lún 日 ロン	崑崙山(곤륜산), 拿破崙(나파륜)
□ 掄 가릴 륜	[4手8 총11획]	choose 中 抡 lūn 日 リン(えらぶ)	掄材(윤재), 掄才(윤재)
■ 淪 빠질 륜	1급 [4水8 총11획]	sink 中 沦 lún 日 リン(しずむ)	淪溺(윤닉), 淪落(윤락)
■ 綸 벼리 륜	1급 [6糸8 총14획]	green thread 中 纶 lún 日 リン(いと)	綸巾(윤건), 經綸(경륜)
■ 論 조리 륜	中4급 [7言8 총15획]	logic 中 论 lún 日 ロン(とく)	論說(논설), 論述(논술)
■ 輪 바퀴 륜	4급 [7車8 총15획]	wheel 中 轮 lún 日 リン(わ)	輪轉(윤전), 輪廓(윤곽)
■ 律 법 률	中4급 [3彳6 총9획]	law 中 律 lǜ 日 リツ(おきて)	律客(율객), 律動(율동)
■ 栗 밤나무 률	高3급 [4木6 총10획]	chestnut 中 栗 lì 日 リツ(くり)	栗谷(율곡), 栗園(율원)
■ 慄 떨릴 률	1급 [4心10 총13획]	shake 中 慄 lì 日 リツ(おののく)	戰慄(전율), 悸慄(계율)
□ 繂 동아줄 률	[6糸11 총17획]	rope 中 繂 lǜ 日 リツ(おおづな)	繂繞(율요)
■ 隆 클 륭	3급 [8阜4 총12획]	big 中 隆 lóng 日 リュウ(さかん)	隆起(융기), 隆盛(융성)
□ 窿 활꼴 륭	[5穴12 총17획]	arching 中 窿 lóng 日 リュウ(あめ)	穹窿(궁륭)
■ 肋 갈빗대 륵	1급 [6肉2 총6획]	rib 中 肋 lèi 日 ロク(あばら)	肋骨(늑골), 肋膜(늑막)

■ **勒** 굴레 륵	1급 [2力9 총11획] 영 bridle 중 lè 일 ロク(くつわ)	勒買(늑매) 勒約(늑약)
□ **鰳** 준치 륵	[11魚11 총22획] 영 Chinese herring 중 鳓 lè 일 ロク(ひら)	
■ **凜** 찰 름	1급 [2冫13 총15획] 영 chilly 중 lǐn 일 リン(さむい)	凜慄(늠률) 凜凜(늠름)
□ **廩** 곳집 름	[3广13 총16획] 영 warehouse 중 lǐn 일 リン(こめぐら)	廩廩(늠름)
□ **懍** 위태할 름	[4心13 총16획] 영 risky 중 lǐn 일 リン(おそれる)	懍慄(늠률) 懍懍(늠름)
■ **凌** 업신여길 릉	1급 [2冫8 총10획] 영 despise 중 líng 일 リョウ(あなずる)	凌駕(능가) 凌亂(능란)
□ **淩** 헤어날 릉	[4水8 총11획] 영 get out of 중 líng 일 リョウ(しのぐ)	汎海淩山 (범해릉산)
■ **陵** 큰 릉 릉	高3급 [8阜8 총11획] 영 mausoleum 중 líng 일 リョウ(つか)	陵駕(능가) 陵蔑(능멸)
■ **菱** 마름 릉	1급 [6艸8 총12획] 영 water-nut 중 líng 일 リョウ(ひし)	菱歌(능가) 菱米(능미)
■ **楞** 모 릉	2급 [4木9 총13획] 영 angle 중 léng 일 リョウ(かど)	楞伽經(능가경) 楞嚴經(능엄경)
■ **稜** 모서리 릉	1급 [5禾8 총13획] 영 edge 중 léng 일 リョウ(かど)	稜線(능선) 稜岸(능안)
■ **綾** 비단 릉	1급 [6糸8 총14획] 영 figured silk 중 綾 líng 일 リョウ(あやぎぬ)	綾羅(능라) 綾織物(능직물)
□ **蔆** 마름 릉	[6艸11 총15획] 영 water-nut 중 蒌 líng 일 リョウ(ひし)	蔆花(능화)
■ **吏** 벼슬아치 리	高3급 [3口3 총6획] 영 public official 중 lì 일 リ(つかさ)	吏道(이도) 吏房(이방)

■ 利 날카로울 리	中6급 [2刀5 총7획] 영 sharp 중 lì 일 リ(もうけ)	利權(이권) 利器(이기)
■ 李 오얏 리	高6급 [4木3 총7획] 영 plum 중 lǐ 일 リ(すもも)	李桃(이도) 李朝(이조)
■ 里 마을 리	中7급 [7里0 총7획] 영 village 중 lǐ 일 リ(さと)	里數(이수) 洞里(동리)
□ 俐 똑똑할 리	[2人7 총9획] 영 clever 중 lì 일 リ(かしこい)	百伶百俐 (백령백리)
■ 俚 속될 리	1급 [2人7 총9획] 영 vulgar 중 lǐ 일 リ(いやしい)	俚歌(이가) 俚婦(이부)
□ 厘 다스릴 리	[2厂7 총9획] 영 rule 중 lí 일 リン	厘毛(이모)
□ 哩 어조사 리	[3口7 총10획] 영 particle 중 li, lǐ, lī, yīng 일 リ(マイル)	哩囉(이라)
□ 浬 해리 리	[4水7 총10획] 영 nautical mile 중 (浬) lǐ 일 リ(ノット)	
□ 莅 다다를 리	[4水7 총10획] 영 reach 중 lì 일 リ(のぞむ)	莅止(이지)
■ 悧 영리할 리	1급 [4心7 총10획] 영 smart 중 俐 lì 일 リ(かしこい)	怜悧(영리) 민첩 하고 똑똑하다.
□ 狸 삵 리	[4犬7 총10획] 영 wild cat 중 lí 일 リ(たぬき)	狸奴(이노) 狸毛筆(이모필)
■ 梨 배나무 리	高3급 [4木7 총11획] 영 pear tree 중 lí 일 リ(なし)	梨花(이화) 棠梨(당리)
■ 理 다스릴 리	中6급 [5玉7 총11획] 영 rule, reason 중 lǐ 일 リ(みち)	理工(이공) 理科(이과)
□ 离 떠날 리	[5内6 총11획] 영 leave 중 lí 일 リ(ちりさる)	离坎(이감)

□ 苻 닿을 리	[6艸7 총11획] 영 attend 중 lì 일 リ(のぞむ)	苻臨(이림) 苻職(이직)
□ 莉 말리꽃 리	[6艸7 총11획] 영 jasmine 중 lì 일 リ(まつり)	茉莉(말리)
□ 犂 밭갈 리	[4牛8 총12획] 영 flow a field 중 lí 일 レイ(からすき)	犂老(이로) 犂明(이명)
■ 痢 이질 리	1급 [5疒7 총12획] 영 dysentery 중 lì 일 リ(はらくだり)	痢疾(이질) 痢症(이증)
■ 裡 속 리	1급 [6衣7 총12획] 영 inside 裡 lǐ 일 リ(うち)	腦裡(뇌리) 內裡(내리)
□ 詈 꾸짖을 리	[7言5 총12획] 영 scold 중 lì 일 リ(ののしる)	罵詈(매리) 매우 꾸짖어 욕함
■ 裏 속 리	高3Ⅱ급 [6衣7 총13획] 영 inside 중 裏 lǐ 일 リ(うら)	裏面(이면) 裏書(이서)
□ 箃 대울타리 리	[6竹7 총13획] 영 bamboo fence 중 lí 일 リ(たけがき)	箃笓(이비)
□ 嫠 과부 리	[3女11 총14획] 영 widow 중 lí 일 リ(やもめ)	嫠媼(이오)
□ 漓 스며들 리	[4水11 총14획] 영 water dripping 중 lí 일 リ(しみこむ)	淋漓(임리) 액체가 흘러 흥건한 모양
□ 貍 삵 리	[7豸7 총14획] 영 wild cat 중 貍 lí 일 リ(たぬき)	貍子皮(이자피) 狐貍(호리)
■ 履 밟을 리	高3Ⅱ급 [3尸12 총15획] 영 step on 중 lǚ 일 リ(ふむ)	履歷書(이력서) 履修(이수)
□ 氂 꼬리 리	[4毛11 총15획] 영 tail 중 máo, lí 일 リ(お)	氂牛(이우) 毫氂(호리)
□ 璃 유리 리	[5玉11 총15획] 영 glass 중 lí 일 リ(るり)	琉璃(유리) 파리(玻璃)

■ 罹 걸릴 리	1급 [6 网11 총15획] 영 be taken 중 lí 일 リ(かかる)		罹難(이난) 罹病(이병)
□ 螭 교룡 리	[6 虫11 총17획] 영 dragon 중 chī 일 チ(みずち)		螭龍(이룡) 螭魅(이매)
□ 縭 끈 리	[6 糸11 총17획] 영 string 중 縭 lí 일 リ(てふき)		親結其縭 (친결기리)
□ 醨 삼삼한 술 리	[7 酉11 총18획] 영 untasty liquor 중 lí 일 リ(うすざけ)		醇醨(순리) 진한 술과 묽은 술
■ 釐 다스릴 리	1급 [7 里11 총18획] 영 rule 중 釐 lí 일 キ(りん)		釐降(이강) 釐改(이개)
□ 鯉 잉어 리	[11 魚7 총18획] 영 carp 중 鯉 lǐ 일 リ(こい)		鯉素(이소) 鯉魚(이어)
■ 羸 파리할 리	高3급 [6 羊15 총19획] 영 emaciated 중 léi 일 リ(やせる)		羸餒(이뇌) 羸老(이로)
■ 離 떠날 리	高4급 [8 隹11 총19획] 영 leave 중 离 lí 일 リ(はなれる)		離苦(이고) 離農(이농)
□ 黧 검을 리	[12 黑8 총20획] 영 black 중 lí 일 リ(くろい)		黧黃(여황) 黧黑(여흑)
□ 蘺 천궁 리	[6 艸19 총23획] 영 cnidium 중 蘺 lí 일 リ(くさびえ)		江蘺(강리) 荷蘺(부리)
□ 邐 이어질 리	[7 辵19 총23획] 영 connect 중 邐 lǐ 일 リ(つらなる)		邐倚(이의) 邐邐(이리)
■ 籬 울타리 리	1급 [6 竹19 총25획] 영 bamboo fence 중 籬 lí 일 リ(まがき)		[籬牆](이장) 籬柵(이책)
□ 纚 갓끈 리	[6 糸19 총25획] 영 hat string 중 lí 일 リ(かみづつみ)		纚纚(사사) 纚屬(사속)
■ 驪 검은말 리	1급 [10 馬19 총29획] 영 blackish horse 중 驪 lí 일 リ(くろうま)		

□ 吝 아낄 린	[3口4 총7획] 영 stinginess 중 lìn 일 リン(おしむ)	吝嗇(인색) 吝惜(인석)
□ 悋 아낄 린	[4心7 총10획] 영 economize 중 lìn 일 リン(やぶさか)	悋想(인상) 悋惜(인석)
□ 潾 물 맑을 린	[6水8 총14획] 영 bright water 중 lín 일 リン(きよい)	潾(隣)(인린)
■ 隣 이웃 린	高3급 [8阜12 총15획] 영 neighborhood 중 隣 lín 일 リン	隣家(인가) 隣境(인경)
■ 燐 도깨비불 린	1급 [4火12 총16획] 영 ghost's fire 중 lín 일 リン(おにび)	燐鑛(인광) 燐火(인화)
□ 璘 옥빛 린	[5玉12 총16획] 영 luster of gem 중 lín 일 リン(うるわしい)	璘彬(인빈) 璘珸(인편)
□ 遴 어려워할 린	[7辵12 총16획] 영 be uncomfortable 중 lìn 일 リン(むさぼる)	遴柬布章 (인간포장)
□ 磷 얇은돌 린	[5石12 총17획] 영 thin stone 중 lìn 일 リン(うすい)	磷磷(인린)
□ 藺 골풀 린	[6艸16 총20획] 영 rush 중 藺 lìn 일 リン(い)	藺石(인석)
□ 鱗 비늘 린	[11魚12 총23획] 영 scale 중 鱗 lín 일 リン(うろこ)	鱗介(인개) 鱗紋(인문)
■ 麟 기린 린	2급 [11鹿12 총23획] 영 giraffe 중 lín 일 リン(きりん)	麟角(인각) 麟鳳(인봉)
■ 躪 짓밟을 린	1급 [7足20 총27획] 영 trample down 중 lìn 일 リン(ふみにじる)	蹂躪(인력) 踩躪(유린)
■ 林 수풀 림	中7급 [4木4 총8획] 영 forest 중 lín 일 リン(はやし)	林間(임간) 林業(임업)
■ 淋 물뿌릴 림	1급 [4水8 총11획] 영 wet, drip 중 lín, lìn 일 リン(そそぐ)	淋毒(임독) 淋疾(임질)

□ 琳 아름다운 옥 림	[5玉8 총12획]	영 gem 중 lín 일 リン(たま)	球琳(구림) 아름다운 구슬
□ 痳 임질 림	[5疒8 총13획]	영 gonorrhea 중 痳 lín 일 リン	痳疾(임질) 痳病(임병)
□ 霖 장마 림	[8雨8 총16획]	영 rainy season 중 lín 일 リン(ながあめ)	霖雨(임우)
■ 臨 임할 림	高3급 [6臣11 총17획] 영 face 중 临 lín 일 リン(のぞむ)		臨渴掘井(임갈굴정) 臨檢(임검)
■ 立 설 립	中7급 [5立0 총5획] 영 stand, set 중 lì 일 リツ(たつ)		立脚(입각) 立件(입건)
■ 粒 낟알 립	1급 [6米4 총10획] 영 grain, corn 중 lì 일 リュウ(つぶ)		粒米(입미) 粒子(입자)
■ 笠 삿갓 립	1급 [6竹5 총11획] 영 bamboo-hat 중 lì 일 リツ(かさ)		笠帽(입모) 草笠童(초립동)

口 / 마

- **馬** 말 **마** 　中5급 [10馬0 총10획] 영 horse 중 马 mǎ 일 バ(うま)
  馬脚(마각)
  馬脚露出(마각노출)

- **麻** 삼 **마** 　高3급 [11麻0 총11획] 영 hemp 중 麻 má 일 バ(あさ)
  麻莖(마경)
  麻姑搔痒(마고소양)

- **媽** 어미 **마** 　[3女10 총13획] 영 mother 중 妈 mā 일 ボ(はは)
  媽媽(마마)

- **嗎** 꾸짖을 **마** 　[3口10 총13획] 영 scold 중 吗 ma 일 バ(ののしる)
  嗎啡(마배)

- **痲** 저릴 **마** 　2급 [5疒8 총13획] 영 paralysis 중 麻 má 일 マ(しびれる)
  痲痺(마비)
  마비(痲痹)

- **瑪** 차돌 **마** 　[5玉10 총14획] 영 agate 중 玛 mǎ 일 メ(めのう)
  瑪瑙(마노)

- **麼** 잘 **마** 　[11麻3 총14획] 영 tiny-fine 중 么 mè 일 バ(こまかい)
  麼蟲(마충)

- **摩** 갈 **마** 　2급 [4手11 총15획] 영 polish 중 摩 mó, mā 일 マ(する)
  摩拳擦掌(마권찰장)
  摩撫(마무)

- **禡** 진터제 **마** 　[5示10 총15획] 영 religious service 중 禡 mà 일 バ(まつり)
  禡祭(마제)

- **碼** 마노 **마** 　[5石10 총15획] 영 agate 중 码 mǎ 일 バ(めのう)
  電碼(전마)

- **磨** 문지를 **마** 　高3급 [5石11 총16획] 영 whet 중 磨 mó 일 マ(みがく)
  磨鍊(마련)
  磨滅(마멸)

- **螞** 말거머리 **마** 　[6虫10 총16획] 영 horseleech 중 蚂 mǎ 일 マ(いなご)
  螞蝗(마랑)
  螞蟻(마의)

- **魔** 마귀 **마** 　2급 [10鬼11 총21획] 영 devil 중 魔 mó 일 マ(まもの)
  魔界(마계)
  魔窟(마굴)

莫 없을 막	3급 [6艹7 총11획]	영 there is no 중 莫 mò 일 バク(ない)	莫大(막대) 莫論(막론)
幕 막 막	총3급 [3巾11 총14획]	영 curtain 중 幕 mù 일 マク(まく)	幕間(막간) 幕後(막후)
寞 쓸쓸할 막	1급 [3宀11 총14획]	영 solitary 중 寞 mò 일 バク(さびしい)	寞寞(막막) 寞寞江山(막막강산)
漠 사막 막	총3급 [4水11 총14획]	영 sandy desert 중 漠 mò 일 バク(すなはら)	沙漠(사막) 漠然(막연)
膜 꺼풀 막	2급 [6肉11 총15획]	영 membrane 중 膜 mó 일 マク(うすかわ)	殼膜(각막) 鼓膜(고막)
瘼 병들 막	[5疒11 총16획]	영 get sick 중 瘼 mò 일 バク(やむ)	民瘼(민막) 邑瘼(읍막)
邈 멀 막	[7辵14 총18획]	영 far 중 邈 miǎo 일 マク(とおい)	邈邈(막막) 邈然(막연)
卍 만자 만	1급 [2十4 총6획]	영 swastika 중 卍 wàn 일 マン	卍字(만자) 卍字窓(만자창)
娩 해산할 만	2급 [3女7 총10획]	영 bear 중 娩 wǎn 일 ベン(うむ)	分娩(분만) 解娩(해만)
挽 당길 만	1급 [4手7 총10획]	영 draw 중 挽 wǎn 일 バン(ひく)	挽歌(만가) 挽留(만류)
晚 저물 만	3급 [4日7 총11획]	영 evening 중 晚 wǎn 일 バン(くれ)	晚覺(만각) 晚景(만경)
萬 일만 만	중8급 [6艹9 총13획]	영 ten thousand 중 万 wàn 일 万バン	萬感(만감) 萬劫(만겁)
幔 장막 만	[3巾11 총14획]	영 curtain 중 幔 màn 일 マン(ひきまく)	幔幕(만막) 幔城(만성)
嫚 업신여길 만	[3女11 총14획]	영 despise 중 嫚 màn, mān 일 マン(あなどる)	嫚罵(만매) 嫚戲(만희)

■ 滿 찰 만	中4급 [4水11 총14획] 영 full 중 满 mǎn 일 マン(みちる)	滿腔(만강) 滿喫(만끽)
■ 漫 흩어질 만	高3급 [4水11 총14획] 영 spreading 중 màn 일 バン(あまねし)	漫談(만담)
■ 慢 게으를 만	高3급 [4心11 총14획] 영 lazy 중 màn 일 マン(おこたる)	慢性(만성) 慢然(만연)
■ 輓 끌 만	1급 [7車7 총14획] 영 pull 중 輓 wǎn 일 バン(ひく)	輓歌(만가) 輓詞(만사)
■ 蔓 덩굴 만	1급 [6艸11 총15획] 영 vine 중 màn 일 バン(つるくさ)	蔓延(만연) 蔓延(만연)
■ 瞞 속일 만	1급 [5目11 총16획] 영 deceive 중 瞒 mán 일 マン(たます)	瞞過(만과) 瞞報(만보)
□ 縵 무늬 비단 만	[6糸11 총17획] 영 plain silk 중 缦 màn 일 マン(ひらぎぬ)	縵立(만립) 縵樂(만악)
□ 謾 속일 만	[7言11 총18획] 영 deceive 중 谩 màn 일 マン(あざむく)	謾欺(만기) 謾語(만어)
□ 鏝 흙손 만	[8金11 총19획] 영 trowel 중 镘 màn 일 マン(こて)	鏝胡(만호)
■ 饅 만두 만	1급 [9食11 총20획] 영 bun 중 馒 mán 일 マン(まんじゅう)	饅頭(만두) 饅頭皮(만두피)
□ 巒 산봉우리 만	[3山19 총22획] 영 peak 중 峦 luán 일 ラン(みね)	連巒(연만) 岡巒(강만)
■ 彎 굽을 만	1급 [3弓19 총22획] 영 bend 중 弯 wān 일 ワン(まがる)	彎曲(만곡) 彎屈(만굴)
■ 灣 물굽을 만	2급 [4水19 총22획] 영 bathwater 중 湾 wān 일 ワン(わんない)	灣入(만입) 臺灣(대만)
■ 鰻 뱀장어 만	1급 [11魚11 총22획] 영 eel 중 鳗 mán 일 バン(うなぎ)	鰻鱺(만리) 鰻鱺魚(만리어)

矕	눈매 예쁠 만	[5目19 총24획]	영 have beautiful eyes 중 mán, mǎn 일 バン(みる)	矕矕(만만)
蠻	오랑캐 만	3급 [6虫19 총25획]	영 barbarous tribe 중 蛮 mán 일 蛮 バン	蠻行(만행) 蠻族(만족)
末	끝 말	중5급 [4木1 총5획]	영 end, final 중 mò, mé 일 マツ(すえ)	末期(말기) 末路(말로)
沫	거품 말	1급 [4水5 총8획]	영 froth 중 mò 일 マツ(あわだつ)	泡沫(포말) 水沫(수말)
抹	지울 말	1급 [4手5 총8획]	영 erase 중 mǒ, mā, mò 일 マツ(けす)	抹殺(말살) 抹消(말소)
茉	말리꽃 말	[6艸5 총9획]	영 white jasmine 중 mò 일 マツ(まつり)	茉莉(말리)
秣	모이 말	[5禾5 총10획]	영 fodder 중 mò 일 マツ(まぐさ)	秣馬(말마) 糧秣(양말)
靺	말갈 말	2급 [9革5 총14획]	영 Mohe people 중 mò 일 マツ(あかひも)	靺鞨(말갈) 靺鞨式(말갈식)
襪	버선 말	1급 [6衣13 총18획]	영 socks 중 襪 wà 일 バツ(たび)	洋襪(양말) 皮襪(피말)
亡	망할 망	중5급 [2亠1 총3획]	영 be ruined 중 wáng 일 ボウ(ほろぶ)	亡家(망가) 亡國(망국)
妄	망령될 망	준3급 [3女3 총6획]	영 dotage 중 wàng 일 ボウ(みだり)	妄覺(망각) 妄言(망언)
汒	바쁠 망	[4水3 총6획]	영 hurry 중 máng 일 ボウ(あわただしい)	汒焉(망언)
忙	바쁠 망	3급 [4心3 총6획]	영 busy 중 máng 일 ボウ(いそがしい)	忙事(망사) 忙月(망월)
邙	북망산 망	[7邑3 총6획]	영 mountain 중 máng 일 ボウ	北邙(북망)

■ 忘 잊을 망	中3급 [4心3 총7획] 영 forget 중 wàng 일 ボウ(わすれる)		忘却(망각) 忘年會(망년회)
■ 芒 까끄라기 망	1급 [6艹3 총7획] 영 awn 중 máng 일 ボウ(のぎ)		芒角(망각) 芒履(망리)
□ 忙 겁낼 망	[4心7 총10획] 영 fear 중 máng 일 ボウ(おそれる)		忙然(망연)
■ 茫 아득할 망	高3급 [6艹6 총10획] 영 vast 중 máng 일 ボウ(かすか)		茫漠(망막) 茫茫(망망)
■ 望 바랄 망	中5급 [4月7 총11획] 영 hope 중 wàng 일 ボウ(のぞむ)		望間(망간) 望九(망구)
■ 惘 멍할 망	1급 [4心8 총11획] 영 confused 중 wǎng 일 ボウ(あわてる)		惘然(망연) 惘惘(민망)
□ 莽 풀 망	[6艹8 총12획] 영 bush 중 mǎng 일 ボウ(くさむら)		莽蒼(망창) 莽蕩(망탕)
■ 網 그물 망	2급 [6糸8 총14획] 영 net 중 網 wǎng 일 ボウ(あみ)		網擧目張(망거목장) 網巾(망건)
□ 輞 바퀴테 망	[7車8 총15획] 영 rim of a wheel 중 輞 wǎng 일 モウ		
□ 蟒 구렁이 망	[6虫12 총18획] 영 big snake 중 mǎng 일 ボウ(おろち)		蟒繡衣(망수의) 蟒袍(망포)
■ 罔 없을 망	高3급 [6罒18 총24획] 영 net, not 중 wǎng 일 ボウ(ない)		罔極(망극) 罔極之恩(망극지은)
■ 每 매양 매	中7급 [4毋3 총7획] 영 every 중 měi 일 マイ(しきり)		每事(매사) 每年(매년)
■ 妹 손아랫누이 매	中4급 [3女5 총8획] 영 younger sister 중 mèi 일 マイ(いもうと)		妹夫(매부) 妹婿(매서)
■ 枚 낱 매	2급 [4木4 총8획] 영 piece, page 중 méi 일 マイ(かぞえる)		枚擧(매거) 枚數(매수)

玫	붉은구슬 매	[5玉4 총8획] 영 reddish gem 중 méi 일 バイ(あかたま)	玫瑰(매괴)
昧	어두울 매	1급 [4日5 총9획] 영 dawn 중 mèi 일 バイ(よあけ)	昧者(매자) 昧旦(매단)
埋	묻을 매	高3급 [3土7 총10획] 영 bury 중 mái, mán 일 マイ(うめる)	埋立(매립) 埋沒(매몰)
梅	매화나무 매	高3급 [4木7 총11획] 영 plum 중 méi 일 バイ(うめ)	梅毒(매독) 梅實(매실)
莓	나무딸기 매	[6艸7 총11획] 영 strawberry 중 méi 일 バイ(いちご)	莓莓(매매) 莓苔(매태)
媒	중매 매	高3급 [3女9 총12획] 영 match making 중 méi 일 バイ(なかだち)	媒介(매개) 媒煙(매연)
寐	잠잘 매	1급 [3宀9 총12획] 영 sleep 중 mèi 일 ビ(ねむる)	寐語(매어) 夢寐(몽매)
買	살 매	中5급 [7貝5 총12획] 영 buy 중 买 mǎi 일 バイ(かう)	買氣(매기) 賣買(매매)
煤	그을음 매	1급 [4火9 총13획] 영 charcoal 중 méi 일 バイ(すす)	煤煙(매연) 煤炭(매탄)
禖	매제사 매	[5示9 총14획] 영 ceremony 중 禖 méi 일 バイ(まつり)	禖祠(매사) 禖祝(매축)
罵	욕할 매	1급 [6网9 총14획] 영 scold, curse 중 骂 mà 일 バ(ののしる)	罵倒(매도) 罵辱(매욕)
韎	붉은 가죽 매	[9韋5 총14획] 영 red leather 중 mò 일 バイ(あかがわ)	韎韐(매갑)
勱	힘쓸 매	[2力13 총15획] 영 effort 중 劢 mài 일 マイ(つとめる)	勱相(매상)
賣	팔 매	中5급 [7貝8 총15획] 영 sell 중 卖 mài 일 売 バイ(うる)	賣價(매가) 賣家(매가)

霉	곰팡이 매	[8雨7 총15획] 영 mold 중 méi 일 バイ(しめり)	霉氣(매기) 霉爛(매란)
魅	도깨비 매	2급 [10鬼5 총15획] 영 ghost 중 mèi 일 ビ(もののけ)	魅力(매력) 魅了(매료)
邁	갈 매	1급 [7辵13 총17획] 영 dash forward 중 邁 mài 일 マイ(ゆく)	邁進(매진) 邁進一路(매진일로)
霾	흙비 매	[8雨14 총22획] 영 sand blast 중 mái 일 バイ(つちふる)	霾雨(매우) 海霾(해매)
陌	두렁길 맥	[8阜6 총9획] 영 ridge 중 mò 일 ハク(みち)	陌頭(맥두) 陌上塵(맥상진)
脈	맥 맥	高4급 [6肉6 총10획] 영 pulse 중 脉 mò 일 脈ミャク(みゃく)	脈度(맥도) 脈動(맥동)
麥	보리 맥	中3급 [11麥0 총11획] 영 barley 중 麦 mài 일 麦バク(むぎ)	麥藁帽子(맥고모자) 麥麴(맥국)
貊	오랑캐 맥	2급 [7豸6 총13획] 영 savage 중 mò 일 バク(えびす)	貊弓(맥궁) 濊貊(예맥)
貘	짐승이름 맥	[7豸11 총18획] 영 tapir 중 mò 일 バク(ばく)	貘科(맥과) 夢食貘(몽식맥)
孟	맏 맹	高3급 [3子5 총8획] 영 the eldest 중 mèng 일 モウ(おさ)	孟冬(맹동) 孟浪(맹랑)
氓	백성 맹	[4氏4 총8획] 영 people 중 máng, méng 일 ボウ(たみ)	氓隸(맹례)
盲	소경 맹	高3급 [5目3 총8획] 영 blind 중 máng 일 ボウ(めくら)	盲龜遇木(맹귀우목) 盲聾(맹롱)
甿	농부 맹	[5田3 총8획] 영 peasant 중 méng 일 ボウ(たみ)	甿庶(맹서)
虻	등에 맹	[6虫3 총9획] 영 gadfly 중 méng 일 ボウ(あぶ)	花虻(화맹)

■ 猛 사나울 맹	[高3급] [4犬8 총11획]	영 fierce 중 měng 일 モウ(たけしい)	猛擊(맹격) 猛犬(맹견)
□ 莔 패모 맹	[6艹7 총11획]	영 Fritillaria verticil 중 méng 일 ボウ(ははぐり)	莔根(맹근)
■ 萌 싹틀 맹	[1급] [6艹8 총12획]	영 shoot of grass 중 méng 일 ボウ(きざす)	萌動(맹동) 萌黎(맹려)
■ 盟 맹세 맹	[高3급] [5皿8 총13획]	영 oath, swear 중 míng 일 メイ(ちかう)	盟邦(맹방) 盟誓(맹서)
■ 覓 찾을 멱	[2급] [7見4 총11획]	영 search for 중 mì 일 ベキ(もとめる)	覓去(멱거) 覓得(멱득)
□ 幎 덮을 멱	[3巾10 총13획]	영 cover 중 mì 일 ベキ(おおう)	幎歷(멱력) 幎冒(멱모)
□ 冪 덮을 멱	[2冖14 총16획]	영 cover 중 mì 일 ベキ(おおう)	冪歷(멱력) 冪冪(멱멱)
□ 羃 밥보자기 멱	[6网14 총19획]	영 cover 중 mì 일 ベキ(おおう)	羃根(멱근)
■ 免 벗어날 면	[中3급] [2儿5 총7획]	영 escape 중 miǎn 일 メン(まぬかれる)	免稅(면세) 免訴(면소)
■ 沔 물 흐를 면	[2급] [4水4 총7획]	영 flood 중 miǎn 일 メン(ながれる)	沔川面(면천면) 沔沔(면면)
■ 俛 힘쓸 면	[2급] [2人7 총9획]	영 strive 중 miǎn, fǔ 일 ベン(うつむく)	俛僂(면루) 俛首(면수)
■ 勉 힘쓸 면	[中4급] [2力7 총9획]	영 make efforts 중 miǎn 일 ベン(つとめる)	勉强(면강) 勉勵(면려)
■ 眄 애꾸눈 면	[1급] [5目4 총9획]	영 look askance 중 miǎn 일 ベン(みる)	眄睞(면래) 眄眄(면면)
□ 面 얼굴 면	[9面0 총9획]	영 face 중 miàn 일 メン(おもて)	面鏡(면경) 面談(면담)

眠 잘 면	中3급 [5目 5 총10획]	영 sleep 중 mián 일 ミン(ねむる)	眠睡(면수) 眠食(면식)
冕 면류관 면	2급 [2冂 9 총11획]	영 crown 중 miǎn 일 ベン(かんむり)	冕旒(면류) 冕旒冠(면류관)
沔 빠질 면	[4水 9 총12획]	영 be drowned 중 miǎn 일 ベン(ふける)	沔沔(면면)
棉 목화나무 면	1급 [4木 8 총12획]	영 cotton 중 mián 일 メン(わた)	棉實油(면실유) 棉實(면실)
綿 솜 면	高3급 [6糸 8 총14획]	영 cotton 중 綿 mián 일 メン(わた)	綿綿(면면) 綿密(면밀)
瞑 눈감을 면	[5目 10 총15획]	영 close one's eyes 중 míng 일 メイ(つぶる)	瞑瞑(명명) 瞑想(명상)
緬 가는실 면	1급 [6糸 9 총15획]	영 thread 중 緬 miǎn 일 ベン(はるか)	緬禮(면례) 緬憶(면억)
緜 햇솜 면	[6糸 9 총15획]	영 cotton 중 mián 일 メン(わた)	緜矩(면구)
麪 국수 면	1급 [11麥 4 총15획]	영 noodles 중 miàn 일 ベン(むぎこ)	麪麯(면곡) 麪麴(면국)
滅 멸망할 멸	高3급 [4水 10 총13획]	영 destroy 중 灭 miè 일 メツ(ほろびる)	滅却(멸각) 滅菌(멸균)
蔑 업신여길 멸	2급 [6艸 11 총15획]	영 despise 중 miè 일 ベツ(かろんずる)	蔑視(멸시) 凌蔑(능멸)
蠛 하루살이 멸	[6虫 15 총21획]	영 dayfly 중 miè 일 ベツ(ぬかが)	蠛蠓(멸몽)
鱴 웅어 멸	[11魚 14 총26획]	영 Coilia ectenes 중 miè 일 ベツ(さかなのな)	鱴刀(멸도) 鱴鱻(멸도)
皿 그릇 명	1급 [5皿 0 총5획]	영 vessel 중 mǐn 일 ベイ(さら)	器皿(기명) 皿斗(명두)

■ 名 이름 명	中7급 [3口3 총6획] 영 name, famous 중 míng 일 メイ(な)		名家(명가) 名曲(명곡)
■ 命 목숨 명	中7급 [3口5 총8획] 영 life 중 mìng 일 メイ(いいつけ)		命令(명령) 命脈(명맥)
■ 明 밝을 명	中6급 [4日4 총8획] 영 bright, clear 중 míng 일 メイ(あきらか)		明鑑(명감) 明鏡(명경)
■ 冥 어둘 명	高3급 [2冖8 총10획] 영 dark 중 míng 일 メイ(くらい)		冥界(명계) 冥鬼(명귀)
□ 茗 차싹 명	[6艸6 총10획] 영 tea 중 míng 일 メイ(ちゃ)		茗器(명기) 茗坊(명방)
■ 溟 바다 명	1급 [4水10 총13획] 영 sea 중 míng 일 メイ(うみ)		溟洲(명주) 溟海(명해)
■ 酩 술취할 명	1급 [7酉6 총13획] 영 be drunk 중 mǐng 일 メイ(よう)		酩酊(명정)
■ 瞑 저물 명	1급 [4日10 총14획] 영 dark 중 míng 일 メイ(くらい)		瞑瞑(명명) 瞑想(명상)
□ 蓂 명협 명	[6艸10 총14획] 영 shepherd's purse 중 일 メイ(なずな)		蓂歷(명력) 蓂莢(명협)
■ 銘 새길 명	高3급 [8金6 총14획] 영 engrave 중 銘 míng 일 メイ(しるす)		銘刻(명각) 銘感(명감)
■ 鳴 울 명	中4급 [11鳥3 총14획] 영 chirp 중 鸣 míng 일 メイ(なく)		鳴鼓(명고) 鳴琴(명금)
■ 螟 멸구 명	1급 [6虫10 총16획] 영 rice-borer 중 míng 일 メイ(くきむし)		螟蛉(명령) 螟嗣(명사)
□ 覭 볼 명	[7見10 총17획] 영 see 중 mì 일 ベイ(みる)		覭髳(명무)
■ 袂 소매 메	1급 [6衣4 총9획] 영 sleeve 중 mèi 일 ベイ(そで)		袂別(메별) 袂口(메구)

■ **毛** 털 모	中4급 [4毛0 총4획] 영 hair, fur 중 máo 일 モウ(けもの)	毛孔(모공) 毛髮(모발)
■ **母** 어미 모	中8급 [4母1 총5획] 영 mother 중 mǔ 일 ボ(はは)	母體(모체) 母系(모계)
■ **矛** 창 모	3급 [5矛0 총5획] 영 spear 중 máo 일 ボウ(ほこ)	矛盾(모순) 戈矛(과모)
■ **牟** 보리 모	2급 [4牛2 총6획] 영 barley 중 móu, mù 일 ボウ(とる)	牟尼(모니) 健牟羅(건모라)
□ **耄** 늙은이 모	[6老2 총6획] 영 senile 중 mào 일 ボウ(おいる)	耄齡(모령) 耄老(모로)
■ **牡** 수컷 모	1급 [4牛3 총7획] 영 male of animals 중 mǔ 일 ボウ(おす)	牡丹(모단)
□ **姆** 여 스승 모	[3女5 총8획] 영 female teacher 중 mǔ 일 ボ(かしずき)	姆傅(모부)
□ **芼** 나물 모	[6艸4 총8획] 영 mixed soup 중 mào 일 ボウ(ぞうに)	芼羹(모갱)
■ **侮** 업신여길 모	高3급 [2人7 총9획] 영 despice 중 wǔ 일 ブ(あなどる)	侮弄(모롱) 侮慢(모만)
■ **冒** 무릅쓸 모	高2급 [2冂7 총9획] 영 dare 중 mào 일 ボウ(おかす)	冒瀆(모독) 冒頭(모두)
■ **姆** 어머니 모	中중급 [4母1 총5획] 영 old woman 중 lǎo, mǔ 일 ボ(ばば)	母系(모계) 母國(모국)
■ **某** 아무 모	高3급 [4木5 총9획] 영 anyone 중 mǒu 일 ボウ(それがし)	某某(모모) 某處(모처)
□ **眊** 눈 흐릴 모	[5目4 총9획] 영 blurred eye 중 mào 일 ボウ(おいぼれ)	厥名眊(궐구모)
■ **茅** 띠 모	2급 [6艸5 총9획] 영 Zoysia japonica 중 máo 일 ボウ(ちがや)	茅根(모근) 茅舍(모사)

旄 깃대장식 모	[4方6 총10획] 영 quillwork 중 máo 일 ボウ(おいぼれ)	旄倪(모예) 旄牛(모우)
耗 소모할 모	[6耒4 총10획] 영 consume 중 hào 일 ボウ(ついやす)	耗竭(모갈) 耗減(모감)
眸 눈동자 모	[5目6 총11획] 영 pupil 중 móu 일 ボウ(ひとみ)	眸子(모자) 眸前(모전)
■ 帽 모자 모	2급 [3巾9 총12획] 영 hat, cap 중 mào 일 ボウ(かぶりもの)	帽子(모자) 帽標(모표)
蛑 큰 게 모	[6虫6 총12획] 영 big crab 중 móu 일 ボウ(がざみ)	蝤蛑(유모)
■ 募 모을 모	高3급 [2力11 총13획] 영 collect 중 mù 일 ボ(つのる)	募軍(모군) 募兵(모병)
■ 摸 찾을 모	1급 [4手11 총14획] 영 search 중 mō 일 ボ(うつす)	摸索(모색) 摸捉(모착)
■ 貌 얼굴 모	高3급 [7豸7 총14획] 영 face 중 mào 일 ボウ(かたち)	貌樣(모양) 外貌(외모)
髦 다팔머리 모	[10髟4 총14획] 영 flowing hair 중 máo 일 ボウ(さげがみ)	髦士(모사)
摹 베낄 모	[4手11 총15획] 영 copy, pattern 중 mó 일 ボ(ならう)	摹臨(모림) 摹印(모인)
■ 慕 생각할 모	高3급 [4心11 총15획] 영 longing 중 mù 일 ボ(したう)	慕戀(모련) 慕愛(모애)
■ 暮 저물 모	中3급 [4日11 총15획] 영 get dark 중 mù 일 ボ(くれる)	暮景(모경) 暮色(모색)
■ 模 법 모	高4급 [4木11 총15획] 영 pattern, style 중 mó, mú 일 ボ(かた)	模倣(모방) 模寫(모사)
犛 검은소 모	[4牛11 총15획] 영 black cattle 중 犛 lí 일 ボウ(からうし)	

□ 蝥 해충 모	[6虫9 총15획] 영 harmful insect 중 máo 일 ボウ(ねきりむし)	蝥賊(모적)
■ 謀 꾀 모	高3급 [7言9 총16획] 영 plot 중 謀 móu 일 ボウ(はかりごと)	謀利輩(모리배) 謀免(모면)
□ 蟊 해충 모	[6虫11 총17획] 영 harmful insect 중 máo 일 ボウ(ねきりむし)	蟊蜮(모역) 蟊賊(모적)
□ 麰 갈보리 모	[11麥6 총17획] 영 barley 중 móu 일 ボウ(おおむぎ)	麰麥(모맥) 秋麰(추모)
■ 謨 꾀 모	2급 [7言11 총18획] 영 plan 중 mó 일 ボ(はかりごと)	謨訓(모훈) 謨亂(모란)
□ 髳 다팔머리 모	[10髟5 총15획] 영 flowing hair 중 máo 일 ボウ(たれがみ)	如蠻如髳 (여만여무)
■ 木 나무 목	中8급 [4木0 총4획] 영 tree 중 mù 일 ボク(き)	木刻(목각) 木馬(목마)
■ 目 눈 목	中6급 [5目0 총5획] 영 eye, see 중 mù 일 モク(みる)	目擊(목격) 目睹(목도)
■ 沐 머리감을 목	3급 [4水4 총7획] 영 wash one's hair 중 mù 일 モク(あらう)	沐浴(목욕) 沐間(목간)
■ 牧 칠 목	高4급 [4牛4 총8획] 영 cattle-breeding 중 mù 일 ボク(まきば)	牧歌(목가) 牧者(목자)
□ 苜 거여목 목	[6艸5 총9획] 영 clover 중 mù 일 ボク(うまごやし)	苜蓿(목숙)
■ 睦 화목할 목	高3급 [5目8 총13획] 영 friendly 중 睦 mù 일 ボク(むつまじい)	睦友(목우) 睦親(목친)
■ 穆 화목할 목	2급 [5禾11 총16획] 영 harmony 중 mù 일 ボク(やわらぐ)	穆然(목연) 穆淸(목청)
□ 鶩 따오기 목	[11鳥9 총20획] 영 crested ibis 중 鶩 wù 일 ボク(あひる)	鶩齡(목령)

■ 沒 빠질 몰	[高3급] [4水4 총7획] 영 sink, die 중 没 méi, mò 일 モツ(しずむ)	沒年(몰년) 沒頭(몰두)
■ 歿 죽을 몰	[1급] [4歹4 총8획] 영 expire, die 중 mò 일 ボツ(しぬ)	歿後(몰후) 戰歿(전몰)
■ 夢 꿈 몽	[高3급] [3夕11 총14획] 영 dream 중 梦 mèng 일 ボウ(ゆめ)	夢寐(몽매) 蒙利(몽리)
■ 蒙 입을 몽	[高3급] [6艸10 총14획] 영 put on 중 méng 일 ボウ(くらい)	蒙鈍(몽둔) 蒙利(몽리)
□ 瞢 눈 어두울 몽	[5目11 총16획] 영 obscured eyes 중 méng 일 ボウ(くらい)	瞢瞢忘食 (징몽망식)
□ 懜 어두울 몽	[4心14 총17획] 영 dim 중 懜 méng 일 モウ(おろか)	懜懂(몽동)
□ 濛 가랑비 몽	[4水14 총17획] 영 drizzle 중 濛 méng 일 モウ(くらい)	濛漠(몽막)
□ 曚 샐녘 몽	[4日14 총18획] 영 dark 중 rú 일 モウ(くらい)	曚昧(몽매)
□ 朦 흐릴 몽	[4月14 총18획] 영 dim 중 méng 일 モウ(おぼろ)	朦朧(몽롱)
□ 懵 어리석을 몽	[4心16 총19획] 영 confused 중 méng 일 ボウ(みだれる)	懵懵(몽몽)
□ 矇 청맹과니 몽	[5目14 총19획] 영 blind 중 矇 mēng 일 ボウ(めしい)	矇瞽(몽고) 矇昧(몽매)
□ 蠓 하루살이 몽	[6虫14 총20획] 영 dayfly 중 蠓 měng 일 ボウ(ぬかが)	蠓蚋(몽예)
□ 茆 순채 묘	[6艸5 총9획] 영 watershield plant 중 máo 일 ボウ(ぬなわ)	茆茨不剪(묘자부전) 茆檐(묘첨)
■ 卯 토끼 묘	[中3급] [2卩3 총5획] 영 rabbit 중 mǎo 일 ボウ(う)	卯飯(묘반) 卯睡(묘수)

■ 妙 묘할 묘	中4日 [3女4 총7획] 영 strange 중 miào 일 ミョウ(たえ)	妙境(묘경) 妙計(묘계)
■ 杳 아득할 묘	1日 [4木4 총8획] 영 remote 중 yǎo 일 ヨウ(はるか)	杳然(묘연) 杳冥(묘명)
■ 昴 별이름 묘	2日 [4日5 총9획] 영 asterism 중 mǎo 일 ボウ(すばる)	昴星(묘성) 昴星旗(묘성기)
□ 眇 애꾸눈 묘	[5目4 총9획] 영 one-eyed 중 miǎo 일 ビョウ(すがめ)	眇目(묘목) 眇福(묘복)
■ 秒 까끄라기 묘	高2日 [5禾4 총9획] 영 beard second 중 miǎo 일 ビョウ(のぎ)	
■ 苗 싹 묘	高3日 [6艸5 총9획] 영 shoot of plant 중 miáo 일 ビョウ(なえ)	苗木(묘목) 苗床(묘상)
■ 畝 밭이랑 묘	1日 [5田5 총10획] 영 ridge 중 亩 mǔ 일 ビョウ(あぜ)	田畝(전묘) 畝背(묘배)
■ 猫 고양이 묘	1日 [4犬9 총12획] 영 cat 중 māo, máo 일 ビョウ(ねこ)	猫頭瓦(묘두와) 猫頭懸鈴(묘두현령)
■ 渺 아득할 묘	1日 [4水9 총12획] 영 vast 중 miǎo 일 ビョウ(はるか)	渺然(묘연) 渺漫(묘만)
■ 描 그릴 묘	1日 [4手9 총12획] 영 picture 중 miáo 일 ビョウ(えがく)	描寫(묘사) 描畫(묘화)
■ 墓 무덤 묘	高4日 [3土11 총14획] 영 grave 중 mù 일 ボ(はか)	墓碑(묘비) 墓域(묘역)
■ 廟 사당 묘	高3日 [3广12 총15획] 영 shrine 중 庙 miào 일 ビョウ(たまや)	廟室(묘실) 太廟(태묘)
□ 緲 아득할 묘	[6糸9 총15획] 영 far 중 miǎo 일 ビョウ(はるかだ)	縹緲(표묘)
□ 貓 고양이 묘	[7豸9 총16획] 영 cat 중 貓 māo 일 ビョウ(ねこ)	夜貓(야묘) 野貓(야묘)

錨 닻 묘	[8金9 총17획] 영 anchor 중 錨 máo 일 ビョウ(いかり)		錨地(묘지) 錨床(묘상)
藐 멀 묘	[6艸14 총18획] 영 far 중 藐 miǎo 일 ビョウ(はるか)		藐藐(막막) 藐然(막연)
母 말 무	[4毋0 총4획] 영 no 중 毋 wú 일 ブ(なかれ)		毋寧(무녕) 毋追(무퇴)
戊 다섯째 천간 무	[4戈1 총5획] 영 fifth of the ten 중 戊 wù 일 ボウ(つちのえ)		戊夜(무야) 戊午士禍(무오사화)
巫 무당 무	[3工4 총7획] 영 witch 중 巫 wū 일 フ(みこ)		巫鼓(무고) 巫女(무녀)
拇 엄지손가락 무	[3扌5 총8획] 영 thumb 중 拇 mǔ 일 ボ(おやゆび)		拇印(무인) 拇指(무지)
武 용맹할 무	[4止4 총8획] 영 bravery 중 武 wǔ 일 ム(つよい)		武家(무가) 武勇(무용)
拇 엄지손가락 무	[3肉5 총8획] 영 thumb 중 拇 mǔ 일 ボウ(おやゆび)		拇指(무지) 拇指(무지)
茂 풀 우거질 무	[6艸5 총9획] 영 grow thick 중 茂 mào 일 ボウ(しげる)		茂林(무림) 茂盛(무성)
務 힘쓸 무	[2力9 총11획] 영 make efforts 중 务 wù 일 ム(つとめる)		務望(무망) 務實(무실)
珷 옥돌 이름 무	[5玉7 총11획] 영 jade 중 珷 wǔ 일 ブ(たまににたいし)		珷玞(무부)
無 없앨 무	[4火8 총12획] 영 none, lack 중 无 wú, mó 일 ブ(ない)		無間(무간) 無料(무료)
貿 바꿀 무	[7貝5 총12획] 영 trade 중 贸 mào 일 ボウ(あきなう)		貿易(무역) 加貿(가무)
楙 무성할 무	[4木9 총13획] 영 dense 중 楙 mào 일 ボウ(しげる)		楙盛(무성)

■ 舞 춤출 무	中4급 [6舛8 총14획] 영 dance 중 wǔ 일 ブ(まう)	舞歌(무가) 舞鼓(무고)
■ 誣 속일 무	1급 [7言7 총14획] 영 slander 중 诬 wū 일 フ(しいる)	誣告(무고) 誣言(무언)
□ 嫵 예쁠 무	[3女12 총15획] 영 coquet 중 妩 wǔ 일 ブ(なまめかしい)	嫵媚(무미) 媚嫵(미무)
□ 廡 월랑 무	[3广12 총15획] 영 entrance-hall 중 庑 wǔ 일 ブ(ひさし)	西廡(서무) 東廡(동무)
■ 撫 어루만질 무	1급 [4手12 총15획] 영 stroke 중 抚 fǔ 일 ブ(なでる)	撫摩(무마) 撫世(무세)
■ 憮 어루만질 무	1급 [4心12 총15획] 영 appease 중 怃 wǔ 일 ブ(いつくしむ)	憮悇(무엄) 憮然(무연)
■ 蕪 거칠 무	1급 [6艸12 총16획] 영 barren 중 芜 wú 일 ブ(あれる)	蕪荒(무황) 蕪草(무초)
□ 膴 포 무	[6肉12 총16획] 영 jerked meat 중 hū 일 ブ(ほじし)	膴膴(무무) 華官膴職(화관무직)
□ 懋 힘쓸 무	[4心13 총17획] 영 make efforts 중 mào 일 ボウ(つとめる)	懋戒(무계) 懋懋(무무)
□ 繆 얽을 무	[6糸11 총17획] 영 be pitted 중 缪 miù 일 ビュウ(あやまる)	繆巧(무교) 繆繆(무무)
□ 鸚 앵무새 무	[11鳥7 총18획] 영 parrot 중 鹉 wǔ 일 ム(おうむ)	鸚鵡(앵무) 灰色鸚鵡(회색앵무)
■ 霧 안개 무	高3급 [8雨11 총19획] 영 fog 중 雾 wù 일 ム(きり)	霧散(무산) 霧帶(무대)
□ 騖 달릴 무	[10馬9 총19획] 영 rush 중 骛 wù 일 ブ(はせる)	騖馳(무치)
■ 墨 먹 묵	中3급 [3土12 총15획] 영 ink 중 mò 일 ボク(すみ)	墨客(묵객) 墨迹(묵적)

한자	훈음	정보	예
■ 默	잠잠할 묵	中3급 [12黑4 총16획] 영 quiet 중 묵 일 モク(しずか)	默契(묵계) 默考(묵고)
□ 嘿	거짓 묵	[3口15 총18획] 영 lie 중 mò 일 ボク(いつわる)	嘿嘿(묵묵)
■ 文	글 문	中7급 [4文0 총4획] 영 literature 중 wén 일 ブン(ふみ)	文匣(문갑) 文庫(문고)
□ 刎	목 자를 문	[2刀4 총6획] 영 behead 중 wěn 일 フン(はねる)	刎頸之交 (문경지교)
□ 吻	입술 문	[3口4 총7획] 영 lip 중 wěn 일 ブン(くちさき)	吻合(문합)
■ 汶	욕될 문	2급 [4水4 총7획] 영 disgrace 중 wèn 일 ブン(はずかしい)	汶汶(문문) 汶山(문산)
■ 門	문 문	中8급 [8門0 총8획] 영 gate 중 门 mén 일 モン(かど)	門客(문객) 門徒(문도)
□ 紊	어지러울 문	[6糸3 총9획] 영 disorder 중 wěn 일 ブン(みだれる)	紊亂(문란) 紊碎(문쇄)
□ 們	무리 문	[2人8 총10획] 영 group 중 们 mén 일 モン(ともがら)	
□ 悗	잊어버릴 문	[4心7 총10획] 영 forget 중 mán 일 バン(わすれる)	悗密(문밀) 悗乎(문호)
■ 紋	무늬 문	中3급 [6糸4 총10획] 영 pattern 중 纹 wén 일 モン(あや)	紋樣(문양) 紋織(문직)
■ 蚊	모기 문	1급 [6虫4 총10획] 영 mosquito 중 wén 일 ブン(か)	蚊脚(문각) 蚊群(문군)
■ 問	물을 문	中7급 [3口8 총11획] 영 ask 중 问 wèn 일 ブン(とう)	問答(문답) 問東答西(문동답서)
□ 捫	어루만질 문	[4手8 총11획] 영 caress 중 mén 일 ボン(なでる)	捫蝨(문슬)

초간편 실용한자 7000 | **149**

한자	훈	정보	예시
脗	꼭맞을 문	[6肉7 총11획] 영 fit nicely 중 吻 wěn 일 フン(くちつけ)	脗合(문합)
雯	구름문채 문	[8雨4 총12획] 영 figure of cloud 중 wén 일 ブン(あや)	雯華(문화)
聞 들을 문		中6급 [6耳8 총14획] 영 hear 중 闻 wén 일 ブン(きく)	聞見(문견) 聞記(문기)
懣	번민할 문	[4心14 총18획] 영 worry 중 mèn, mán 일 マン(もだえる)	懣懣(문문) 懣然(문연)
勿 말 물		中3급 [2勹2 총4획] 영 don't 중 wù 일 フツ(なかれ)	勿驚(물경) 勿拘(물구)
沕	잠길 물	[4水4 총7획] 영 sink 중 mì 일 ブツ(ひそむ)	沕穆(물목)
物 만물 물		中7급 [4牛4 총8획] 영 substance, thing 중 wù 일 ブツ(もの)	物價(물가) 物件(물건)
芴 순무 물		1급 [6艸4 총8획] 영 turnip 중 wù 일 フツ(にら)	
未 아닐 미		中4급 [4木1 총5획] 영 not, yet 중 wèi 일 ビ(いまだ)	未備(미비) 未開(미개)
尾	꼬리 미	中3급 [3尸4 총7획] 영 tail 중 wěi, yǐ 일 ビ(しっぽ)	尾擊(미격) 尾行(미행)
味 맛 미		中4급 [3口5 총8획] 영 taste 중 wèi 일 ミ(あじ)	味覺(미각) 味感(미감)
美 아름다울 미		中6급 [6羊2 총8획] 영 good, beauty 중 měi 일 ビ(うつくしい)	美感(미감) 美學(미거)
弭	활 끝 미	[3弓6 총9획] 영 ends of a bow 중 mǐ 일 ビ(ゆはず)	弭忘(미망)
眉 눈썹 미		高3급 [5目4 총9획] 영 eye-brow 중 méi 일 ミ(まゆ)	眉間(미간) 眉目(미목)

娓	순할 미	[3女 7 총10획] 영 obedient 중 wěi 일 ビ(したがう)	娓娓(미미) 娓瑣(미쇄)
迷	미혹할 미 (高3급)	[7辵 6 총10획] 영 wander 중 mí 일 メイ(まよう)	迷宮(미궁) 迷路(미로)
媚	아첨할 미 (1급)	[3女 9 총12획] 영 flatter 중 mèi 일 ミ(こびる)	媚笑(미소) 媚態(미태)
渼	물결무늬 미	[4水 9 총12획] 영 water ring 중 měi 일 ビ(なみもよう)	渼陂(미피) 渼金(미금)
微	작을 미 (高3급)	[3彳 10 총13획] 영 pity 중 wēi 일 ビ(こまか)	微官末職(미관말직) 微動(미동)
楣	문미 미	[4木 9 총13획] 영 lintel of a door 중 méi 일 ビ(ひさし)	楣間(미한)
瞇	애꾸눈 미	[5目 10 총15획] 영 one-eyed 중 mī 일 ビ(すがめ)	
彌	두루 미 (2급)	[3弓 14 총17획] 영 all around 중 mí 일 弥ミ(あまねし)	彌勒(미륵) 彌縫(미봉)
薇	장미 미 (1급)	[6艸 13 총17획] 영 rose 중 wēi 일 ビ(わらび)	薇蕨(미궐) 薔薇(장미)
糜	싸라기 미	[5禾 11 총16획] 영 rice gruel 중 mí 일 ビ(かゆ)	糜粥(미죽)
縻	얽어 맬 미	[6糸 11 총17획] 영 tie up 중 mí 일 ビ(つなぐ)	羈縻(기미) 繫縻(계미)
謎	수수께끼 미	[7言 10 총17획] 영 riddle 중 mí 일 謎メイ(なぞ)	謎題(미제)
麋	고라니 미	[11鹿 6 총17획] 영 elk 중 mí 일 ミ(となかい)	麋鹿(미록) 麋骨(미골)
靡	쓰러질 미 (1급)	[8非 11 총19획] 영 sweep over 중 mí 일 ビ(なびく)	靡麗(미려) 靡敝(미폐)

한자	훈음	정보	용례
獼	원숭이 미	[4 犬17 총20획] 영 monkey 중 獼 mí 일 ビ(おおざる)	獼猿(미원) 獼猴(미후)
瀰	질펀할 미	[4 水17 총20획] 영 full 중 瀰 mí 일 ビ(みちる)	瀰漫(미만) 渺瀰(묘미)
麛	새끼 미	[11 鹿9 총20획] 영 colt 중 mí 일 ベイ(かのこ)	士不取麛卵 (사불취미란)
亹	부지런할 미	[2 亠20 총22획] 영 deligent 중 wěi 일 ビ(つとむ)	亹亹曲(미미곡) 亹亹章(미미장)
黴	기미낄 미	[12 黑11 총23획] 영 mould 중 黴 méi 일 ビ(かび)	黴菌(미균) 黴毒(미독)
米	쌀 미	中6급 [6 米0 총6획] 영 rice 중 mǐ 일 ベイ(よね)	米價(미가) 米穀(미곡)
民	백성 민	中8급 [4 氏1 총5획] 영 people 중 mín 일 ミン(たみ)	民家(민가) 民家(민가)
忞	강인할 민	[4 心4 총8획] 영 tough 중 mín 일 ビン(つとめる)	忞忞(민민)
旻	가을하늘 민	2급 [4 日4 총8획] 영 autumn sky 중 mín 일 ビン(あきぞら)	旻天(민천) 九旻(구민)
泯	다할 민	[4 水5 총8획] 영 perish 중 mǐn 일 ビン(ほろぶ)	泯棄(민기)
旼	화할 민	2급 [4 日4 총8획] 영 mild 중 mín 일 ビン(やわらぐ)	李義旼(이의민) 洪吉旼(홍길민)
玟	옥돌 민	2급 [5 玉4 총8획] 영 precious stone 중 mín 일 ビン(あやいし)	玟坏釉(민배유)
珉	옥돌 민	2급 [5 玉5 총9획] 영 precious stone 중 mín 일 ビン(たまいし)	珉砌(민체) 貞珉(정민)
䒥	속대 민	[6 艸5 총9획] 영 bamboo 중 mín 일 ミン(たけ)	䒥䒥(민민)

■ 昏 힘쓸 민	高3급 [4 日4 총8획]	work hard 中miǎn 日メン(はげむ)	
■ 敏 빠를 민	高3급 [4 攵7 총11획]	agile 中mǐn 日ビン(すばやい)	敏感(민감) 敏速(민속)
□ 湣 시호 이름 민	[4 水9 총12획]	posthumous 中ǐn 日ビン(おくりな)	泯湣(현민)
■ 悶 민망할 민	1급 [4 心8 총12획]	agonize 中悶 mēn 日モン(もだえる)	悶沓(민답) 悶懣(민만)
■ 閔 성씨 민	2급 [8 門4 총12획]	family name 中閔 mǐn 日ビン(やむ)	閔急(민급) 閔惜(민석)
□ 愍 슬플 민	[4 心9 총13획]	pitiful 中mǐn 日ビン(あわれむ)	愍焉(민언) 愍然(민연)
□ 黽 힘쓸 민	[13 黽0 총13획]	exert oneself 中黽 mǐn 日ビン(あおがえる)	黽勉(민면)
■ 憫 근심할 민	高3급 [4 心12 총15획]	pitiful 中悯 mǐn 日ビン(あわれむ)	憫憫(민망) 憫情(민정)
□ 緡 낚시줄 민	[6 糸9 총15획]	fishing line 中缗 mín 日ビン(つりいと)	緡綸(민륜) 緡蠻(민만)
■ 密 빽빽할 밀	中4급 [3 宀8 총11획]	thick, secrecy 中mì 日ミツ(ひそか)	密計(밀계) 密告(밀고)
■ 蜜 꿀 밀	高3급 [6 虫8 총14획]	honey 中mì 日ミツ(みつ)	蜜酒(밀주) 蜜汁(밀즙)
□ 蔤 연근 밀	[6 艸11 총15획]	lotus rhizome 中mì 日ミツ(れんこん)	縮砂蔤(축사밀)
■ 謐 고요할 밀	1급 [7 言10 총17획]	silent 中谧 mì 日ヒツ(しずか)	謐謐(밀밀) 謐然(밀연)

ㅂ

- **朴** 순박할 **박** — 高6급 [4木 2 총6획] 영 unsophisticated 중 pō 일 ボク(すなお) — 朴鈍(박둔), 質朴(질박)
- **拍** 칠 **박** — 高4급 [4手 5 총8획] 영 applaud 중 pāi, pò 일 ハク(たたく) — 拍手(박수), 拍手喝采(박수갈채)
- **泊** 배댈 **박** — 高3급 [4水 5 총8획] 영 stay 중 bó 일 ハク(とまる) — 泊如(박여), 民泊(민박)
- **珀** 호박 **박** — 1급 [5玉 5 총9획] 영 amber 중 pò 일 ハク(にはく) — 琥珀(호박), 明珀(명박)
- 胉 어깨뼈 **박** — [6肉 5 총9획] 영 shoulder bone 중 胉 pò 일 ハク
- **迫** 다그칠 **박** — 高3급 [7辵 5 총9획] 영 press 중 迫 pò 일 ハク(せまる) — 迫擊(박격), 迫擊砲(박격포)
- **剝** 벗길 **박** — 1급 [2刀 8 총10획] 영 peel 중 剝 bāo, bō 일 ハク(はぐ) — 剝奪(박탈), 剝皮(박피)
- **舶** 큰 배 **박** — 2급 [6舟 5 총11획] 영 big ship 중 bó 일 ハク(おおぶね) — 舶來(박래), 舶載(박재)
- 粕 지게미 **박** — [6米 5 총11획] 영 lees 중 pò 일 ハク(かす) — 豆粕(두박), 酒粕(주박)
- **博** 넓을 **박** — 高4급 [2十 10 총12획] 영 comprehensive 중 bó 일 ハク(ひろい) — 博覽(박람), 博文(박문)
- **搏** 두드릴 **박** — 1급 [4手 10 총13획] 영 stroke 중 bó 일 ハク(うつ) — 搏擊(박격), 搏殺(박살)
- 雹 우박 **박** — [8雨 5 총13획] 영 hail 중 báo 일 ハク(ひょう) — 雹害(박해), 雹災(박재)
- 鉑 금박 **박** — [8金 5 총13획] 영 gold-foil 중 鉑 bó 일 ハク(はく)

箔 발 박	1급 [6竹8 총14획] 영 bamboo-blind 중 bó 일 ハク(すだれ)	金箔(금박) 鷺箔(잠박)
膊 팔뚝 박	1급 [6肉10 총14획] 영 forearm 중 bó 일 ハク(かた)	上膊(상박) 前膊(전박)
駁 논박할 박	1급 [10馬4 총14획] 영 refute 중 駁 bó 일 ハク(ただす)	駁擊(박격) 駁論(박론)
撲 칠 박	1급 [4手12 총15획] 영 strike 중 扑 pū 일 ハク(うつ)	撲滅(박멸) 撲殺(박살)
璞 옥 덩어리 박	[5玉12 총16획] 영 crust of gem 중 pú 일 ハク(あらたま)	璞玉渾金 (박옥혼금)
縛 묶을 박	1급 [6糸10 총16획] 영 bind, tie 중 缚 fù 일 バク(しばる)	縛格(박격) 縛擒(박금)
駮 박짐승 박	[10馬6 총16획] 영 refute 중 bó 일 ハク(ただす)	駮議(박의) 駮雜(박잡)
薄 얇을 박	高3급 [6艸13 총17획] 영 thin 중 báo 일 ハク(うすい)	薄待(박대) 薄德(박덕)
鎛 종 박	[8金10 총18획] 영 small bell 중 bó 일 ハク(かね)	鎛磬(박경)
襮 수놓은 깃 박	[6衣15 총20획] 영 embroidered collar 중 bó 일 ハク(おもて)	素衣朱襮 (소의주박)
反 돌이킬 반	中6급 [2又2 총4획] 영 return 중 fǎn 일 ハン(かえる)	反感(반감) 反擊(반격)
半 절반 반	中6급 [2十3 총5획] 영 half 중 bàn 일 ハン(なかば)	半價(반가) 半減(반감)
弁 고깔 반	2급 [3廾2 총5획] 영 crown 중 biàn 일 ベン(かんむり)	弁冕(변면) 弁辰(변진)
伴 짝 반	高2급 [2人5 총7획] 영 companion 중 bàn 일 ハン(とも)	伴侶(반려) 伴奏(반주)

扳 당길 반	[4手4 총7획] 영 draw 중 bān, pān 일 ハン(ひく)	扳價(반가)
拌 버릴 반	1급 [4手5 총8획] 영 abandon 중 bàn 일 ハン(すてる)	拌蚌(반방) 攪拌(교반)
泮 녹을 반	[4水5 총8획] 영 melt 중 泮 pàn 일 ハン(とける)	泮宮(반궁)
拚 날 반	[4手5 총8획] 영 fly 중 pàn 일 ハン(ひるがえる)	
頒 나눌 반	1급 [6頁4 총8획] 영 divide 중 颁 bān 일 ハン(わける)	頒布(반포) 頒示(반시)
返 돌아올 반	高3급 [7辵4 총8획] 영 come back 중 返 fǎn 일 ハン(かえる)	返却(반각) 返金(반금)
叛 배반할 반	高3급 [2又7 총9획] 영 betrayal 중 pàn 일 ハン(そむく)	叛起(반기) 叛奴(반노)
盼 돌아볼 반	[5目4 총9획] 영 look back 중 pàn 일 ハン(かえりみる)	盼顧(반고) 盼望(반망)
胖 살찔 반	[6肉5 총9획] 영 fat 중 胖 pàng 일 ハン(ふとる)	胖大(반대) 胖肆(반사)
般 돌 반	高3급 [6舟4 총10획] 영 turn 중 bān 일 ハン(はこぶ)	般若(반야) 般若心經(반야심경)
班 나눌 반	高6급 [5玉6 총10획] 영 divide 중 bān 일 ハン(ならべる)	班家(반가) 班列(반열)
畔 밭두둑 반	1급 [5田5 총10획] 영 ridge 중 畔 pàn 일 ハン(あぜ)	畔路(반로) 畔岸(반안)
絆 줄 반	1급 [6糸5 총11획] 영 bridle 중 绊 bàn 일 ハン(きずな)	絆拘(반구) 絆羈(반기)
斑 아롱질 반	1급 [4文8 총12획] 영 spotted 중 bān 일 ハン(まだら)	斑紋(반문) 斑白(반백)

■ 搬 옮길 반	2급 [4手10 총13획] 영 transport 중 bān 일 ハン(はこぶ)		搬運(반운) 搬移(반이)
■ 頒 나눌 반	1급 [9頁4 총13획] 영 promulgate 중 頒 bān 일 ハン(わける)		頒敎文(반교문) 頒給(반급)
■ 飯 밥 반	중3급 [9食4 총13획] 영 meal 중 饭 fàn 일 ハン(くう)		飯羹(반갱) 飯囊(반낭)
■ 槃 쟁반 반	1급 [4木10 총14획] 영 tray 중 槃 pán 일 ハン(たらい)		涅槃(열반) 入涅槃(입열반)
□ 頖 학교이름 반	[9頁5 총14획] 영 school 중 頖 pàn 일 ハン(まなびどころ)		頖宮(반궁)
□ 瘢 흉터 반	[5疒10 총15획] 영 scar 중 bān 일 ハン(きずあと)		瘢痕(반흔)
■ 盤 소반 반	고3급 [5皿10 총15획] 영 vessel 중 盘 pán 일 ハン(たい)		盤石(반석) 盤盞(반잔)
□ 磐 반석 반	[5石10 총15획] 영 rock 중 pán 일 バン(いわ)		磐石(반석) 盤溪曲徑(반계곡경)
■ 磻 강이름 반	2급 [5石12 총17획] 영 river 중 pán 일 ハン(やのね)		磻溪隨錄(반계수록) 磻溪(반계)
□ 蹣 비틀거릴 반	[7足11 총18획] 영 stumble 중 蹣 mán 일 マン(よろめく)		蹣跚(반산)
■ 蟠 서릴 반	사1급 [6虫12 총18획] 영 coil 중 pán 일 ハン(わだかまる)		蟠龍(반룡) 蟠蜿(반완)
■ 攀 더위잡을 반	1급 [4手15 총19획] 영 drag 중 pān 일 ハン(ひく)		攀登(반등) 攀緣(반연)
■ 潘 쌀뜨물 반	2급 [4水12 총15획] 영 water washed rice 중 pān 일 ハン		潘楊之好 (반양지호)
□ 鞶 가죽 띠 반	[9革10 총19획] 영 leather-belt 중 pán 일 ハン(おおおび)		或錫之鞶帶 (혹석지반대)

攀 명반 반	[1급] [5石15 총20획] 영 alum 중 礬 fán 일 ハン(みょうばん)	礬石(반석) 礬紙(반지)
犮 달릴 발	[4犬1 총5획] 영 run fast 중 犮 bá 일 バツ(はしる)	赤犮氏(적발씨)
拔 뺄 발	[高3급] [4手5 총8획] 영 pull out 중 bá 일 バツ(ぬく)	拔劍(발검) 拔群(발군)
勃 활발할 발	[1급] [2力7 총9획] 영 spirited 중 bó 일 ボツ(おこる)	勃起(발기) 勃發(발발)
茇 풀뿌리 발	[6艸5 총9획] 영 thatched hut 중 bá 일 バツ(やどる)	茇舍(발사)
浡 일어날 발	[4水7 총10획] 영 rise 중 bó 일 ボツ(おこる)	浡潏(발휼) 浡海(발해)
烊 찌듯 더울 발	[4火7 총11획] 영 broiling 중 일 ボツ(けむりたつ)	烽烊(봉발)
脖 배꼽 발	[6肉7 총11획] 영 navel 중 脖 bó 일 ホツ(へそ)	脖胦(발앙) 脖項(발항)
渤 바다이름 발	[2급] [4水9 총12획] 영 sea names 중 bó 일 ホツ(きりかかる)	渤海(발해) 渤海考(발해고)
發 일어날 발	[中6급] [5癶7 총12획] 영 occur, issue 중 发 fā 일 発 ハツ(はなつ)	發覺(발각) 發刊(발간)
軷 노제 발	[7車5 총12획] 영 religious service 중 bá 일 ハツ(まつり)	軷壤(발양) 軷祭(발제)
跋 밟을 발	[1급] [7足5 총12획] 영 step on 중 bá 일 バツ(ふむ)	跋剌(발랄) 跋文(발문)
鉢 바리때 발	[2급] [8金5 총13획] 영 brass bowl 중 鉢 bō 일 ハツ(はち)	鉢器(발기) 鉢盂(발우)
潑 물 뿌릴 발	[1급] [4水12 총15획] 영 sprinkle 중 潑 pō 일 ハツ(そそぐ)	潑剌(발랄) 潑墨(발묵)

한자	훈음	급수/부수/획수	영/중/일	예시
撥	다스릴 발	1급 [4手12 총15획]	govern 拨 bō ハツ(おさめる)	撥剌(발랄), 撥簾(발렴)
髮	터럭 발	高4급 [10髟5 총15획]	hair 髮 fa ハツ(かみ)	髮膚(발부), 髮妻(발처)
魃	가뭄 발	1급 [10鬼5 총15획]	drought 魃 bá ハツ(ひでりのかみ)	炎魃(염발)
鵓	집비둘기 발	[11鳥7 총18획]	dove 鹁 bó ボツ(いえばと)	鵓鴿(발합)
醱	술 괼 발	1급 [7酉12 총19획]	brew 醱 fā ハツ(かもす)	醱酵(발효), 醱酵乳(발효유)
方	모 방	中급 [4方0 총4획]	square, direction 方 fāng ホウ(かど)	方今(방금), 方途(방도)
仿	비슷할 방	[2亻4 총6획]	similar 仿 fǎng オウ(にる)	仿佛(방불), 仿造(방조)
坊	동네 방	1급 [3土4 총7획]	village 坊 fāng, fáng ボウ(ちまた)	坊民(방민), 坊坊曲曲(방방곡곡)
妨	방해할 방	高4급 [3女4 총7획]	disturbance 妨 fáng ホウ(さまたげる)	妨工害事(방공해사), 妨害(방해)
彷	헤맬 방	1급 [3彳4 총7획]	wander 彷 páng ホウ(さまよう)	彷佛(방불), 彷徨(방황)
尨	삽살개 방	1급, [3尢4 총7획]	Sapsaree 尨 máng ボウ(むくいぬ)	尨大(방대), 尨服(방복)
邦	나라 방	高3급 [7邑4 총7획]	nation 邦 bāng ホウ(くに)	邦交(방교), 邦域(방역)
防	둑 방	中4Ⅱ급 [8阜4 총7획]	block 防 fáng ボウ(ふせぐ)	防奸(방간), 防江(방강)
放	놓을 방	中6급 [4攴4 총8획]	release 放 fàng ホウ(はなつ)	放課(방과), 放棄(방기)

초간편 실용한자 7000 | 159

■ 房 방 방	中4급 [4戶 4 총8획] 영 room 중 房 fáng 일 ボウ(へや)	房事(방사) 房貰(방세)
■ 昉 마침 방	1급 [4日 4 총8획] 영 just 중 昉 fǎng 일 ホウ(あきらか)	神昉(신방) 衆昉同疑(중방동의)
■ 枋 다목 방	1급 [4木 4 총8획] 영 sappanwood 중 枋 fāng 일 ホウ(え)	枋底(방저) 枋底(방저)
■ 芳 꽃다울 방	高3급 [6艹 4 총8획] 영 flowery 중 芳 fāng 일 ホウ(かおる)	芳郊(방교) 芳年(방년)
■ 肪 기름 방	1급 [6肉 4 총8획] 영 fat 중 肪 fáng 일 ボウ(あぶら)	脂肪質(지방질) 體脂肪(체지방)
□ 厖 두터울 방	[2厂 7 총9획] 영 huge 중 厖 páng 일 ボウ(おおきい)	厖大(방대) 厖眉(방미)
■ 倣 본받을 방	高3급 [2人 8 총10획] 영 imitate 중 仿 fǎng 일 ホウ(ならう)	倣刻(방각) 倣古(방고)
■ 旁 곁 방	2급 [4方 6 총10획] 영 side 중 páng 일 ボウ(かたわら)	旁求(방구) 旁通(방통)
■ 舫 쌍배 방	1급 [6舟 4 총10획] 영 ship 중 舫 fǎng 일 ボウ(もやいぶね)	舫船(방선) 舫屋(방옥)
□ 蚌 조개 방	[6虫 4 총10획] 영 shellfish 중 蚌 bàng 일 ボウ(どぶがい)	蚌鷸之勢 (방휼지세)
■ 紡 자을 방	2급 [6糸 4 총10획] 영 weave 중 纺 fǎng 일 ボウ(つむぐ)	紡毛(방모) 紡績(방적)
□ 梆 목탁 방	[4木 7 총11획] 영 wooden bell 중 bāng 일 ホウ(ひょうしぎ)	梆羅(방라)
■ 訪 찾을 방	中4급 [7言 4 총11획] 영 visit 중 访 fǎng 일 ホウ(たずねる)	訪問(방문) 訪韓(방한)
■ 傍 곁 방	高3급 [2人 10 총12획] 영 side 중 páng 일 ホウ(かたわら)	傍系(방계) 傍觀(방관)

■ 幇 곁들 방	1급 [3巾9 총12획]	영 help 중 帮 bāng 일 ホウ(たすける)	幇助(방조) 幇判(방판)
□ 徬 붙어갈 방	[3彳10 총13획]	영 adore 중 páng, bàng 일 ホウ(かたわら)	徬徨(방황)
□ 滂 비 퍼부을 방	[4水10 총13획]	영 heavy rain 중 pāng 일 ホウ(ながれる)	滂渤(방발)
■ 榜 게시판 방	1급 [4木10 총14획]	영 public notice 중 bǎng 일 ホウ(ふだ)	榜文(방문) 榜目(방목)
□ 牓 패 꽂을 방	[4片10 총14획]	영 register 중 bǎng 일 ホウ(ふだ)	牓示(방시)
□ 蒡 우방자 방	[6艸10 총14획]	영 burdock 중 bàng 일 ボウ(ごぼう)	牛蒡子(우방자) 牛蒡(우방)
■ 膀 오줌통 방	1급 [6肉10 총14획]	영 bladder 중 páng 일 ボウ(ゆばりぶくろ)	膀胱(방광) 膀胱膜(방광막)
□ 磅 돌 떨어질 방	[5石10 총15획]	영 중 bàng 일 ホウ(とどろき)	硏磅訇礚(팽방굉개)
□ 魴 방어 방	[11魚4 총15획]	영 yellow tail 중 魴 fáng 일 ボウ	魴魚鱣(방어전) 魴魚䞓尾(방어정미)
□ 螃 방게 방	[6虫10 총16획]	영 small crab 중 páng 일 ホウ(どろがに)	螃蜞(방기)
□ 幫 도울 방	[3巾14 총17획]	영 help 중 帮 bāng 일 ホウ(たすける)	幫助(방조)
■ 謗 헐뜯을 방	1급 [7言10 총17획]	영 blame 중 谤 bàng 일 ボウ(そしる)	謗書(방서) 謗聲(방성)
□ 駹 찬간자 방	[10馬7 총17획]	영 horse 중 máng 일 ボウ(あおうま)	用駹可也(용방가야)
■ 龐 어지러울 방	2급 [16龍3 총19획]	영 confused 중 龐 páng 일 ボウ(みだれる)	龐錯(방착)

坏 날기와 배	[3土4 총7획] 영 raw tile 중 huài 일 ハイ(したじ)	坏垾(배감) 坏冶(배야)
杯 잔 배	中3급 [4木4 총8획] 영 cup 중 bēi 일 ハイ(さかずき)	杯盤(배반) 苦杯(고배)
拜 절 배	中4Ⅱ급 [4手5 총9획] 영 bow 중 bài 일 ハイ(おがむ)	拜見(배견) 拜啓(배계)
胚 아이 밸 배	1급 [4肉5 총9획] 영 conceive 중 pēi 일 ハイ(はらむ)	胚盤(배반) 胚芽(배아)
背 등 배	高4Ⅱ급 [6肉5 총9획] 영 back 중 背 bèi 일 (そむく)	背景(배경) 背鰭(배기)
倍 곱 배	高5급 [2人8 총10획] 영 double 중 bèi 일 バイ(ます)	倍加(배가) 倍達(배달)
俳 배우 배	2급 [2人8 총10획] 영 player 중 pái 일 ハイ(わざおぎ)	俳優(배우) 嘉俳日(가배일)
衃 어혈질 배	[6血4 총10획] 영 blood-clotted 중 pēi 일 ハイ(くされち)	衃血(배혈)
配 짝 배	高4Ⅱ급 [7酉3 총10획] 영 pair 중 pèi 일 ハイ(あう)	配給(배급) 配達(배달)
啡 코고는 소리 배	[3口8 총11획] 영 snore 중 fēi 일 ハイ(コーヒー)	咖啡(가배) 커피나무의 열매를 볶아서 간 가루
徘 어정거릴 배	1급 [3彳8 총11획] 영 loiter about 중 pái 일 ハイ(さまよう)	徘徊(배회) 徘徊症(배회증)
培 북 돋울 배	高3급 [3土8 총11획] 영 earth up 중 péi 일 バイ(つちかう)	培根(배근) 培養(배양)
排 밀칠 배	高3급 [4手8 총11획] 영 push 중 pái, pǎi 일 ハイ(おしのける)	排擊(배격) 排球(배구)
陪 모실 배	1급 [8阜8 총11획] 영 in attendance upon 중 péi 일 バイ(したがう)	陪席(배석) 陪審(배심)

湃 물결칠 배	1급 [4水9 총12획] 영 wave 중 pài 일 ハイ(なみうつ)		澎湃(배배) 澎湃(팽배)
焙 불에 쬘 배	[4火8 총12획] 영 dry over at fire 중 bèi 일 ハイ(あぶる)		焙茶(배다)
裵 성씨 배	2급 [6衣8 총14획] 영 family name 裵 péi 일 ハイ(ながごろも)		裵回(배회)
蓓 황배풀 배	[6艸10 총14획] 영 flower-bud 중 bèi 일 ハイ(つぼみ)		蓓蕾(배뢰) 蓓理(배리)
褙 배자 배	[6衣9 총14획] 영 waist-coat 중 bèi 일 ハイ(からぬき)		褙板(배판) 褙布(배포)
輩 무리 배	[7車8 총15획] 영 party 중 輩 bèi 일 ハイ(ともがら)		輩出(배출) 輩流(배류)
賠 물어줄 배	2급 [7貝8 총15획] 영 compensate 중 péi 일 バイ(つぐなう)		賠償(배상) 賠償金(배상금)
白 흰 백	中8급 [5白0 총5획] 영 white 중 bái 일 ハク(しろ)		白骨難忘(백골난망) 白鷗(백구)
百 일백 백	中7급 [5白1 총6획] 영 hundred 중 bǎi 일 ヒャク(もも)		百家(백가) 百劫(백겁)
伯 맏 백	高3급 [2人5 총7획] 영 chief 중 bó 일 ハク(おさ)		伯母(백모) 伯父(백부)
佰 백 사람의 어른 백	[2人6 총8획] 영 a hundred 중 bǎi 일 ハク(もも)		李相佰(이상백)
帛 비단 백	1급 [3巾5 총8획] 영 silk fabric 중 bó 일 ハク(きぬ)		帛書(백서) 幣帛(폐백)
柏 측백나무 백	3급 [4木5 총9획] 영 arborvitae 중 柏 bǎi 일 ハク(かしわ)		柏葉(백엽) 柏木(백목)
魄 넋 백	1급 [10鬼5 총15획] 영 soul 중 pò 일 ハク(たましい)		魂魄(혼백) 氣魄(기백)

衤	속옷 번	[6 衣5 총10획]	영 underwear 중 衤 pàn 일 バン(はたぎ)	衤延(번연) 衤迅(번신)
番	갈마들 번	中6급 [5 田7 총12획]	영 take turns 중 fān 일 ハン(かず)	番地(번지) 番號(번호)
煩	괴로워할 번	[4 火9 총13획]	영 annoy 중 煩 fán 일 ハン(わずらう)	煩惱(번뇌) 煩熱(번열)
幡	표기 번	[3 巾12 총15획]	영 flag 중 fān 일 ハン(はた)	幡旗(번기) 幡幟(번치)
樊	새장 번	[4 木11 총15획]	영 bird-cage 중 fán 일 ハン(とりかご)	樊籠(번롱) 樊祗(번지)
燔	사를 번	[4 火12 총16획]	영 roast 중 fán 일 ハン(やく)	燔肉(번육) 燔鐵(번철)
蕃	불을 번	1급 [6 艸12 총16획]	영 grow wildly 중 fán 일 ハン(しげる)	蕃客(번객) 蕃境(번경)
繁	많을 번	高3급 [6 糸11 총17획]	영 prosper 중 fán 일 ハン(しげる)	繁苛(번가) 繁簡(번간)
繙	번역할 번	[6 糸12 총18획]	영 translate 중 fán, fān 일 ハン(ひもとく)	繙譯(번역) 繙繹(번역)
翻	날 번	[6 羽12 총18획]	영 flutter 중 翻 fān 일 ヘン(ひるがえる)	翻刻(번각) 翻倒(번도)
藩	울타리 번	1급 [6 艸15 총19획]	영 fence 중 fān 일 ハン(まがき)	藩國(번국) 藩封(번봉)
蹯	발바닥 번	[7 足12 총19획]	영 sole of a foot 중 fán 일 ハン(あしうら)	王請食熊蹯而死 (왕청식웅번이사)
蠜	메뚜기 번	[6 虫15 총21획]	영 locust 중 fán 일 バン(いなご)	蠜螽(번종) 負蠜(부번)
飜	뒤칠 번	[9 飛12 총21획]	영 overturn 중 翻 fān 일 ハン(ひるがえる)	飜譯(번역) 飜覆(번복)

伐 칠 벌	中4급 [2人4 총6획]	영 attack 중 fá 일 バツ(うつ)	伐木(벌목) 伐氷(벌빙)
筏 뗏목 벌	2급 [6竹6 총12획]	영 raft 중 fá 일 バツ(いかだ)	筏舫(벌방) 筏夫(벌부)
罰 벌할 벌	高4급 [6罒8 총13획]	영 punish 중 罚 fá 일 バツ(つみ)	罰金(벌금) 罰杯(벌배)
閥 문벌 벌	2급 [8門6 총14획]	영 lineage 중 阀 fá 일 バツ(いえがら)	閥族(벌족) 門閥(문벌)
凡 무릇 범	中3급 [2几1 총3획]	영 general 중 píng 일 ボン(およそ)	凡例(범례) 凡夫(범부)
犯 범할 범	高4급 [4犬2 총5획]	영 invade 중 fàn, fán 일 ハン(おかす)	犯戒(범계) 犯界(범계)
氾 넘칠 범	1급 [4水2 총5획]	영 overflow 중 氾 fàn 일 ハン(ひろがる)	氾濫(범람) 氾溢(범일)
帆 돛 범	1급 [3巾3 총6획]	영 sail 중 fán 일 ハン(ほ)	帆竿(범간) 帆船(범선)
汎 뜰 범	3급 [4水3 총6획]	영 float 중 汎 fàn 일 ハン(うかぶ)	汎濫(범람) 汎用(범용)
泛 뜰 범	1급 [4水5 총8획]	영 float 중 fàn 일 ハン(うかぶ)	泛看(범간) 泛宅(범택)
范 벌 범	2급 [6艸5 총9획]	영 bee 중 fàn 일 ハン(のり)	范鎔(범용) 錦城范(금성범)
梵 범어 범	1급 [4木7 총11획]	영 Sanskrit 중 fàn 일 ボン(ぼんご)	梵文(범문) 梵衲(범납)
笵 법 범	[6竹5 총11획]	영 law 중 fàn 일 ハン(のり)	鎔笵(용범)
範 법 범	高4급 [6竹9 총15획]	영 pattern 중 范 fàn 일 ハン(のり)	範軌(범궤) 範式(범식)

한자	훈음	급수/부수/획수	영/중/일	용례
■ 法	법 **법**	中5급 [4水5 총8획] 영 law, rule 중 fǎ, fá, fà 일 ホウ(のり)		法綱(법강) 法規(법규)
□ 琺	법랑 **법**	[5玉8 총12획] 영 enamel 중 fà 일 ホウ(ほうろう)		琺瑯(법랑)
□ 辟	임금 **벽**	[7辛6 총13획] 영 emperor 중 bì 일 ヒ(きみ)		辟穀(벽곡) 辟歷(벽력)
■ 碧	푸를 **벽**	高3급 [5石9 총14획] 영 blue 중 bì 일 ヘキ(あおみどり)		碧溪(벽계) 碧空(벽공)
■ 劈	쪼갤 **벽**	1급 [2刀13 총15획] 영 split 중 pī, pǐ 일 ヘキ(つんざく)		劈開(벽개) 劈斷(벽단)
■ 僻	궁벽할 **벽**	2급 [2人13 총15획] 영 remote 중 pì 일 ヘキ(かたよる)		僻見(벽견) 僻路(벽로)
■ 壁	벽 **벽**	高4급 [3土13 총16획] 영 wall 중 bì 일 ヘキ(かべ)		壁煖爐(벽난로) 壁欌(벽장)
□ 擗	빠갤 **벽**	[4手13 총16획] 영 split 중 pì 일 ヘキ(ひらく)		擗踊(벽용)
□ 檗	황경피나무 **벽**	[4木13 총17획] 영 Phellodendron 중 bò 일 ハク(きわだ)		黃檗(황벽)
■ 擘	엄지손가락 **벽**	1급 [4手13 총17획] 영 thumb 중 bò, bāi 일 ヒャク(さく)		巨擘(거벽) 擘指(벽지)
□ 薜	승검초 **벽**	[6艸13 총17획] 영 Angelica 중 bì 일 ヘイ(とうき)		薜蘿(벽라)
□ 璧	구슬 **벽**	1급 [5玉13 총18획] 영 round jade 중 bì 일 ヘキ(しるしたま)		璧沼(벽소) 璧玉(벽옥)
■ 癖	버릇 **벽**	1급 [5疒13 총18획] 영 habit 중 pǐ 일 ヘキ(くせ)		癖痼(벽고) 癖病(벽병)
□ 甓	벽돌 **벽**	[5瓦13 총18획] 영 brick 중 pì, bō 일 ヘキ(しきがわら)		甓瓦(벽와)

한자	훈음	정보	예시
蘗	황경나무 벽	[6艸17 총21획] 영 Angelica 중 蘗 bò 일 ハク(きはだ)	小蘗(소벽) 李蘗(이벽)
霹	벼락 벽	[8雨13 총21획] 영 thunder-clap 중 pī 일 ヘキ(かみなり)	霹靂(벽력)
■ 闢	열 벽	1급 [8門13 총21획] 영 open 중 闢 pì 일 ヘキ(さく)	闢發(벽발) 闢邪(벽사)
■ 卞	성급한 변	2급 [2卜2 총4획] 영 hasty temper 중 biàn 일 ベン(かるがるしい)	卞急(변급) 卞正(변정)
忭	좋아할 변	[4心4 총7획] 영 please 중 biàn 일 ベン(よろこぶ)	忭躍(변약) 忭賀(변하)
抃	손뼉 칠 변	[4手4 총7획] 영 clap one's hands 중 biàn 일 ベン(てをうつ)	抃踊(변용) 抃賀(변하)
采	분별할 변	[7采0 총7획] 영 distinguish 중 采 biàn 일 ヘン(わける)	
萹	마디풀 변	[6艸9 총13획] 영 knotgrass 중 biān 일 ヘン(にわやなぎ)	萹蓄(변축)
■ 辨	분별할 변	중3급 [7辛9 총16획] 영 distinguish 중 辩 biàn 일 ベン(わきまえる)	辨濟(변제) 辨明(변명)
辮	땋을 변	[6糸13 총19획] 영 braid 중 일 ベン(くむ)	辮髮(변발)
■ 邊	가 변	중4Ⅰ급 [7辵15 총19획] 영 edge 중 边 biān 일 ヘン(ほとり)	邊境(변경) 邊利(변리)
■ 辯	말씀 변	중4급 [7辛14 총21획] 영 eloquence 중 辩 biàn 일 ベン(わける)	辯巧(변교) 辯論(변론)
■ 變	변할 변	중5급 [7言16 총23획] 영 change 중 变 biàn 일 変ヘン(かわる)	變更(변경) 變色(변색)
籩	변두 변	[6竹19 총25획] 영 vessels 중 笾 biān 일 ヘン(たかつき)	籩豆(변두)

- **別** 다를 **별** 　중6급 [2刀 5 총7획]　영 classify 중 別 bié 일 ベツ(わける)　別居(별거) / 別故(별고)

- **瞥** 언뜻볼 **별** 　1급 [5目 12 총17획]　영 glance at 중 瞥 piē 일 ベツ(みる)　瞥見(별견) / 瞥觀(별관)

- **蟞** 개미 **별** 　[6虫 12 총18획]　영 ant 중 蟞 bie 일 ベツ(あり)

- **鱉** 자라 **별** 　[11魚 12 총23획]　영 terrapin 중 鳖 biē 일 ベツ(すっぽん)　鱉甲(별갑)

- **鼈** 자라 **별** 　[13黽 12 총25획]　영 terrapin 중 鼈 biē 일 ベツ(すっぽん)　鼈甲(별갑) / 鼈腹(별복)

- **鼈** 처음 고사리 **별** 　1급 [6艸 25 총29획]　영 fresh bracken 중 蔽 blē 일 ベツ(わらび)

- **丙** 남녁 **병** 　중3급 [1一 4 총5획]　영 south 중 丙 bǐng 일 ヘイ(ひのえ)　丙方(병방) / 丙時(병시)

- **兵** 병사 **병** 　중5급 [2八 5 총7획]　영 soldier 중 兵 bīng 일 ヘイ(つわもの)　兵家(병가) / 兵家常事(병가상사)

- **甹** 끌 **병** 　[5田 2 총7획]　영 pull 중 甹 píng 일 ヘイ(ひく)　甹夆(병봉)

- **並** 아우를 **병** 　[1一 7 총8획]　영 unite 중 并 bìng 일 ヘイ(ならべる)　並肩(병견) / 並力(병력)

- **倂** 나란할 **병** 　[2人 6 총8획]　영 abreast 중 併 bìng 일 ヘイ(ならぶ)　倂科(병과) / 倂發(병발)

- **幷** 합할 **병** 　[3干 5 총8획]　영 merge 중 并 bìng 일 ヘイ(あわせる)　幷吞(병탄) / 幷合(병합)

- **怲** 근심할 **병** 　[4心 5 총8획]　영 anxious 중 怲 bǐng 일 ヘイ(うれえる)　怲怲(병병)

- **秉** 잡을 **병** 　2급 [5禾 3 총8획]　영 grasp 중 秉 bǐng 일 ヘイ(たば)　秉權(병권) / 秉彝(병이)

- **昺** 밝을 **병** | 2급 [4日5 총9획] 영 bright 중 昺 bǐng 일 ヘイ(あかるい) | 林昺默(임병묵)

- **柄** 자루 **병** | 2급 [4木5 총9획] 영 handle 중 bǐng 일 ヘイ(とって) | 柄手(병수) / 有柄(유병)

- **昞** 밝을 **병** | 2급 [4日5 총9획] 영 bright 중 bǐng 일 ヘイ(あきらか)

- **炳** 밝을 **병** | 2급 [4火5 총9획] 영 bright 중 bǐng 일 ヘイ(あきらか) | 炳然(병연) / 炳燭(병촉)

- **竝** 아우를 **병** | 高3급 [5立5 총10획] 영 coexist 중 竝 bìng 일 並ヘイ(ならぶ) | 竝肩(병견) / 竝記(병기)

- **倂** 아우를 **병** | 2급 [2人8 총10획] 영 abreast 중 bìng 일 ヘイ(ならべる) | 倂居(병거) / 倂氣(병기)

- **病** 병들 **병** | 中6급 [5疒5 총10획] 영 disease, illness 중 bìng 일 ヘイ(やまい) | 病暇(병가) / 病苦(병고)

- **屛** 병풍 **병** | 高3급 [3尸8 총11획] 영 folding screen 중 屛 píng 일 ヘイ(びょうぶ) | 屛帳(병장) / 屛障(병장)

- **瓶** 병 **병** | 1급 [5瓦6 총11획] 영 bottle 중 瓶 píng 일 ハイ(ビン) | 守口如瓶(수구여병) / 瓶水(병수)

- **摒** 제거할 **병** | [4手11 총14획] 영 removal 중 摒 pìng 일 ヘイ(はらう)

- **軿** 수레 **병** | [7車8 총15획] 영 carriage 중 軿 pián 일 ヘン(ほろぐるま) | 軿輷(병횡)

- **餠** 떡 **병** | 1급 [9食8 총17획] 영 flour cake 중 餠 bǐng 일 ヘイ(もち) | 餠師(병사) / 餠餌(병이)

- **鞞** 칼집 **병** | [9革8 총17획] 영 sheath 중 bǐ 일 ヘイ(さや) | 鞞琫(병봉) / 鞞鼓(비고)

- **步** 걸을 **보** | 中4급 [4止3 총7획] 영 walk, step 중 bù 일 ホ(あるく) | 步道(보도) / 步兵(보병)

甫 클 보	2급 [5用2 총7획] 영 great 중 fǔ 일 ホ(おおきい)	甫甫(보보) 甫田(보전)
保 보전할 보	中4급 [2人7 총9획] 영 integrity, keep 중 bǎo 일 ホウ(たもつ)	保健(보건) 保管(보관)
報 갚을 보	中4급 [3土9 총12획] 영 repay 중 报 bào 일 ホウ(むくいる)	報告(보고) 報果(보과)
堡 작은성 보	[3土9 총12획] 영 fort 중 bǎo 일 ホ(とりで)	堡壘(보루) 堡垣(보원)
普 넓을 보	高4급 [4日8 총12획] 영 general 중 pǔ 일 フ(あまねく)	普及(보급) 普施(보시)
補 기울 보	高3급 [6衣7 총12획] 영 repair 중 补 bǔ 일 ホ(おぎなう)	補强(보강) 補闕(보궐)
菩 보살 보	1급 [6艸8 총12획] 영 Bodhisattva 중 pú 일 ボ(ほとけぐさ)	菩薩(보살) 菩提(보제보리)
褓 포대기 보	[6衣9 총14획] 영 baby's quilt 중 bǎo 일 ホウ(むつき)	褓乳(보유) 褓子(보자)
輔 도울 보	2급 [7車7 총14획] 영 help 중 辅 fǔ 일 ホ(ほおぼね)	輔國(보국) 輔仁(보인)
潽 물이름 보	2급 [4水12 총15획] 영 waters 중 pǔ 일 フ(かわのな)	尹潽善(윤보선)
簠 보궤 보	[6竹12 총18획] 영 square basket of 중 fǔ 일 ホ(たけかご)	簠簋(보궤) 簠簋不飭(보궤불칙)
譜 족보 보	高3급 [7言12 총19획] 영 genealogy 중 谱 pǔ 일 ホ(けいず)	譜系(보계) 譜所(보소)
黼 보불 보	[12黹7 총19획] 영 damask 중 fǔ 일 ホ(ぬいとり)	黼黻(보불) 文苑黼黻(문원보불)
寶 보배 보	中4급 [3宀17 총20획] 영 treasure 중 宝 bǎo 일 宝 ホウ(たから)	寶劍(보검) 寶庫(보고)

■ 卜 점복	[高3급] [2卜0 총2획] 영 fortunetelling 중 bǔ, bo 일 ボク(うらなう)	卜居(복거) 卜吉(복길)
□ 扑 칠복	[4手2 총5획] 영 hit 중 pū 일	扑擊(복격) 扑撻(복달)
■ 伏 엎드릴복	[中4급] [2人4 총6획] 영 lie flat 중 fú 일 フク(ふせる)	伏甲(복갑) 伏乞(복걸)
□ 宓 성씨복	[3~5 총8획] 영 family name 중 mì 일 ビツ(やすらか)	祕宓(비복)
■ 服 옷복	[中6급] [4月4 총8획] 영 clothes, obey 중 fú 일 フク(したがう)	服劍(복검) 服用(복용)
□ 洑 스며흐를복	[4水6 총9획] 영 flow 중 fú 일 フク(ながれる)	
□ 茯 풍낭이복	[6艸6 총10획] 영 cricket 중 fú 일 フク(まつほど)	茯苓(복령) 茯苓皮(복령피)
■ 匐 길복	[1급] [2勹9 총11획] 영 crawl 중 fú 일 フク(はう)	匐枝(복지) 匍匐(포복)
■ 復 돌아올복	[4J급] [3彳9 총12획] 영 revive 중 复 fù 일 フク(かえる)	復古(복고) 復校(복교)
□ 葍 무복	[6艸8 총12획] 영 radish 중 卜 bo 일 ヒ(だいこん)	蘆葍(담복) 蘿葍菜(나복채)
□ 楅 뿔막이복	[4木9 총13획] 영 horn 중 bì 일 フク(つのよけ)	夏而楅衡 (하이복형)
□ 蕾 순무복	[6艸9 총13획] 영 radish 중 fú 일 フク(みようが)	旋蕾(선복) 메 꽃과의 덩굴풀
■ 腹 배복	[高3I급] [6肉9 총13획] 영 belly 중 fù 일 フク(はら)	腹腔(복강) 腹膜(복막)
■ 僕 종복	[1급] [2人12 총14획] 영 man-servant 중 仆 pú 일 ボク(しもべ)	僕虜(복로) 僕僕(복복)

■ 福 복 복	[高5급] [5示 9 총14획] 영 happiness 중 福 fú 일 フク(さいわい)	福慶(복경) 福過災生(복과재생)
□ 箙 전동 복	[6竹 8 총14획] 영 quiver 중 fú 일 フク(えびら)	矢箙(시복) 魚箙(어복)
□ 幞 두건 복	[3巾 12 총15획] 영 hood 중 pú 일 ボク(ずきん)	幞巾(복건)
□ 蔔 치자꽃 복	[6艸 11 총15획] 영 jasmine 중 蔔 bó 일 フク(だいこん)	蔔匏(복포)
□ 蝠 박쥐 복	[6虫 9 총15획] 영 bat 중 fú 일 フク(こうもり)	蝙蝠(편복) 山蝙蝠(산편복)
□ 蝮 독사 복	[6虫 9 총15획] 영 viper 중 fù 일 フク(まむし)	蝮蠍(복갈) 蝮蛇膽(복사담)
□ 樸 떡갈나무 복	[4木 12 총16획] 영 butt 중 樸 pǔ, piáo 일 ボク(きじ)	
■ 輻 바퀴살 복	[1급] [7車 9 총16획] 영 spokes 중 輻 fú 일 フク(や)	輻射(복사) 輻射線(복사선)
□ 濮 물 이름 복	[4水 14 총17획] 영 river 중 pú 일 ボク(かわ)	濮上之音 (복상지음)
■ 復 돌이킬 복	[中4급] [3彳 9 총12획] 영 repeat 중 复 fù 일 フク(くつがえる)	復啓(복계) 復考(복고)
■ 覆 뒤집을 복	[3급] [6襾 12 총18획] 영 overturn 중 覆 fù 일 フク(おおう)	覆面(복면) 覆蓋(복개)
■ 馥 향기 복	[2급] [9香 9 총18획] 영 fragrance 중 fù 일 フク(かおり)	馥馥(복복) 馥郁(복욱)
□ 鵩 오디새 복	[11鳥 9 총20획] 영 Upupa epops 중 fú 일 フク(きくいただき)	鵩鴇(복비)
■ 鰒 전복 복	[1급] [11魚 9 총20획] 영 ear-shell 중 鰒 fù 일 フク(あわび)	全鰒(전복) 生鰒(생복)

■ 本 밑 본	中6급 [4木1 총5획] 영 root, origin 중 běn 일 ホン(もと)		本家(본가) 本能(본능)
□ 丰 예쁠 봉	[1丨3 총4획] 영 pretty 중 fēng 일 ホウ(しげる)		丰度(봉도) 丰丰然(봉봉연)
■ 奉 받들 봉	中5급 [3大5 총8획] 영 respect 중 fèng 일 ホウ(たてつる)		奉公(봉공) 奉老(봉로)
■ 封 봉할 봉	高3급 [3寸6 총9획] 영 seal up 중 fēng 일 ホウ(とじる)		封建(봉건) 封土(봉토)
■ 俸 녹 봉	2급 [2人8 총10획] 영 salary 중 fèng 일 ホウ(ふち)		俸給(봉급) 俸祿(봉록)
■ 峯 봉우리 봉	高3급 [3山7 총10획] 영 peak 중 峰 fēng 일 ホウ(みね)		峯頭(봉두) 峯巒(봉만)
■ 烽 봉화 봉	1급 [4火7 총11획] 영 signal-fire 중 fēng 일 ホウ(のろし)		烽警(봉경) 烽燧(봉수)
■ 捧 받들 봉	2급 [4手8 총11획] 영 raise 중 pěng 일 ホウ(ささげる)		捧納(봉납) 捧腹絶倒(봉복절도)
■ 逢 만날 봉	中3급 [7辵7 총11획] 영 meet 중 逢 féng 일 ホウ(あう)		逢變(봉변) 逢迎(봉영)
■ 棒 막대 봉	1급 [4木8 총12획] 영 club 중 bàng 일 ホウ(つえ)		棒高跳(봉고도) 棒組(봉조)
□ 琫 칼 장식 봉	[5玉8 총12획] 영 sword ornaments 중 běng 일 ホウ		琫珌(봉필)
□ 菶 무성할 봉	[6艸8 총12획] 영 grow over 중 běng 일 ホウ(しげる)		菶菶(봉봉)
■ 蜂 벌 봉	高3급 [6虫7 총13획] 영 bee 중 fēng 일 ホウ(はち)		蜂巢(봉소) 蜂針(봉침)
■ 鳳 봉새 봉	高3급 [11鳥3 총14획] 영 phoenix 중 凤 fèng 일 ホウ(ほうおう)		鳳德(봉덕) 鳳曆(봉력)

초간편 실용한자 7000 | **173**

☐ 燧 봉화 봉	[4火 11 총15획] 영 beacon fire 중 péng 일 ホウ(のろし)	燧烽(봉발)
■ 蓬 쑥 봉	2급 [6艸 11 총15획] 영 mugwort 중 péng 일 ホウ(よもぎ)	蓬丘(봉구) 蓬頭亂髮(봉두난발)
■ 鋒 칼날 봉	1급 [8金 7 총15획] 영 tip of lance 중 鋒 fēng 일 オウ(きっさき)	鋒利(봉리) 鋒銳(봉예)
☐ 賵 부의 봉	[7貝 9 총16획] 영 condolatory 중 fèng 일 フウ(とむらう)	賵襚(봉수)
■ 縫 꿰맬 봉	2급 [6糸 11 총17획] 영 sew 중 縫 féng 일 ホウ(ぬう)	縫紉(봉인) 縫刺(봉자)
☐ 篷 뜸 봉	[6竹 11 총17획] 영 cattail-mat 중 péng 일 ホウ(とま)	篷底(봉저) 篷窓(봉창)
■ 不 아닐 부	中7급 [1一 3 총4획] 영 not 중 bù 일 フ(あらず)	不斷(부단) 不當(부당)
☐ 仆 엎드릴 부	[2人 2 총4획] 영 fall down 중 pú 일 フ(たおれる)	仆倒(부도) 仆伏(부복)
■ 夫 지아비 부	中7급 [3大 1 총4획] 영 man, husband 중 fū 일 フ(おっと)	夫婦(부부) 夫婦有別(부부유별)
■ 父 아비 부	中8급 [4父 0 총4획] 영 father 중 fù 일 フ(ちち)	父系(부계) 父母(부모)
■ 付 줄 부	高3급 [2人 3 총5획] 영 give 중 fù 일 フ(つける)	付送(부송) 付與(부여)
☐ 缶 장군 부	[6缶 0 총6획] 영 barrel 중 fǒu 일 フ(ほとぎ)	缶器(부기)
☐ 孚 믿을 부	[3子 4 총7획] 영 reliable 중 fú 일 フ(まこと)	孚甲(부갑) 孚信(부신)
■ 否 아닐 부	中4급 [3口 4 총7획] 영 no 중 fǒu 일 ヒ(いな)	否決(부결) 否認(부인)

■ 扶 도울 부	中3급 [4手4 총7획] 영 help 중 fú 일 フ(たすける)	扶老(부로)	
□ 罘 토끼그물 부	[5罒4 총9획] 영 hare net 중 fú 일 フウ(うさぎあみ)	罘罔(부망) 罘罳(부시)	
■ 咐 분부할 부	1급 [3口5 총8획] 영 instruct 중 fù 일 フ(いいつける)	咐囑(부촉) 吩咐(분부)	
■ 府 곳집 부	高4급 [3广5 총8획] 영 warehouse 중 fǔ 일 フ(やくしょ)	府君(부군) 府使(부사)	
□ 拊 어루만질 부	[4手5 총8획] 영 stroke 중 fǔ 일 フ(なでる)	拊髀(부비) 拊循(부순)	
■ 斧 도끼 부	1급 [4斤4 총8획] 영 axe 중 fǔ 일 フ(おの)	斧斤(부근) 斧鉞(부월)	
■ 芙 연꽃 부	1급 [6艸4 총8획] 영 lotus flower 중 fu 일 フ(はち)	芙蓉鏡(부용경) 芙蓉花(부용화)	
□ 苯 질경이 부	[6艸4 총8획] 영 plantain 중 fú 일 フウ(おおばこ)	苯苡(부이) 苯菜(부채)	
■ 阜 언덕 부	2급 [8阜0 총8획] 영 hill 중 fù 일 フウ(おか)	阜蕃(부번) 丘阜(구부)	
■ 附 붙을 부	高3급 [8阜5 총8획] 영 attach 중 fù 일 フ(よる)	附加(부가) 附近(부근)	
□ 俘 사로잡을 부	[2人7 총9획] 영 catch alive 중 fú 일 フ(とりこ)	俘虜(부로) 俘囚(부수)	
□ 枹 북채 부	[4木5 총9획] 영 drum-stick 중 bāo 일 フ(ばち)	枹鼓(부고)	
□ 枎 느릅나무 부	[4木5 총9획] 영 elm tree 중 fū 일 フ(うてな)	枎檖(부벌)	
□ 苻 껍질 부	[6艸5 총9획] 영 rind 중 fú 일 フ(さや)	苻甲(부갑)	

■ 負 질부	高4급 [7貝2 총9획]	영 carry 중 负 fù 일 フウ(おう)	負債(부채) 負荷(부하)
■ 赴 나아갈부	高3급 [7走2 총9획]	영 arrive 중 fù 일 フ(おもむく)	赴告(부고) 赴任(부임)
■ 訃 부고부	1급 [7言2 총9획]	영 obituary 중 讣 fù 일 フ(しらせ)	訃告(부고) 訃報(부보)
■ 剖 쪼갤부	1급 [2刀8 총10획]	영 split 중 pōu 일 ボウ(わる)	剖決(부결) 剖棺斬屍(부관참시)
■ 俯 구부릴부	1급 [2人8 총10획]	영 bend 중 fǔ 일 フ(ふせる)	俯角(부각) 俯瞰(부감)
■ 浮 뜰부	高3급 [4水7 총10획]	영 float 중 fú 일 フ(うかぶ)	浮客(부객) 浮橋(부교)
□ 祔 부제사부	[5示5 총10획]	영 burying together 중 祔 fù 일 フ(まつる)	祔右(부우) 祔左(부좌)
□ 罘 새그물부	[6网5 총10획]	영 sparrow net 중 fú 일 フ(むそうあみ)	罘罳(부시) 罘罝(부저)
□ 郛 성곽부	[7邑7 총10획]	영 castle-wall 중 郛 fú 일 フ(くるわ)	郛郭(부곽)
■ 釜 가마솥부	2급 [8金2 총10획]	영 cauldron 중 fǔ 일 フ(かま)	釜中生魚(부중생어) 釜中之魚(부중지어)
■ 副 버금부	高4급 [2刀9 총11획]	영 next 중 fù 일 フク(そう)	副官(부관) 副木(부목)
■ 婦 며느리부	中4급 [3女8 총11획]	영 daughter in law 중 妇 fù 일 フ(おんな)	婦女(부녀) 婦德(부덕)
■ 埠 선창부	1급 [3土8 총11획]	영 wharf 중 bù 일 ホ(はとば)	埠頭(부두) 船埠(선부)
□ 烰 찔부	[4火7 총11획]	영 steam 중 fú 일 フ(むす)	烝之烰烰 (증지부부)

□ 枎 대마루 부	[4木7 총11획] 영ridge pole 중fú 일フ(むね)	枎鼓(부고)
■ 符 부신 부	高3급 [6竹5 총11획] 영tally 중fú 일フ(しるし)	符同(부동) 符瑞(부서)
□ 荴 갈청 부	[6艹7 총11획] 영membrane the hollow of a bamboo 중荴 fú 일フ(あまかわ)	葭荴(가부) 餓荴(아부)
□ 蚹 뱀배 비늘 부	[6虫5 총11획] 영scale 중fù 일フ(へびのうろこ)	蛇蚹(사부)
■ 莩 갈대청 부	1급 [6艹7 총11획] 영epidermis 중莩 fú 일フ(あまかわ)	葭莩(가부) 餓莩(아부)
■ 部 나눌 부	中6급 [7邑8 총11획] 영part 중bù 일ブ(わける)	部隊(부대) 部落(부락)
□ 趺 책상다리 부	[7足4 총11획] 영sit cross-legged 중fū 일フ(あし)	趺坐(부좌)
■ 傅 스승 부	2급 [2人10 총12획] 영teacher 중fù 일フ(たすける)	傅(사부) 傅說(부열)
■ 富 가멸 부	中4급 [3宀9 총12획] 영rich 중fù 일フウ(とむ)	富強(부강) 富國(부국)
□ 痡 병들 부	[5疒7 총12획] 영be taken ill 중fū 일ホ(やむ)	我僕痡矣 (아복부의)
■ 腑 육부 부	1급 [6肉8 총12획] 영viscera 중腑 fǔ 일フ(はらわた)	肺腑(폐부) 臟腑(장부)
□ 跗 발등 부	[7足5 총12획] 영instep 중fū 일フ(あしのこう)	跗坐(부좌)
□ 鈇 작도 부	[8金4 총12획] 영axe 중fū 일フ(おの)	鈇鉞(부월) 鈇質(부질)
□ 溥 클 부	[4水10 총13획] 영extensive 중pǔ 일フ(あまねく)	溥洽(부흡) 溥漠(부막)

裒	모을 부	[6衣7 총13획] 영 collect 중 póu 일 ホウ(あつめる)	裒次(부차) 裒會(부회)
蜉	왕개미 부	[6虫7 총13획] 영 Hercules ant 중 蜉 fú 일 フ(かげろう)	蜉蚴(부유) 蜉蝣一期(부유일기)
艀	종선 부	[6舟7 총13획] 영 boat 중 艀 fóu 일 フウ(こぶね)	艀船(부선)
鳧	물오리 부	[11鳥2 총13획] 영 wild duck 중 鳧 fú 일 フ(かも)	鳧鐘(부종) 鳧樽(부준)
孵	알 깔 부	1급 [6子11 총14획] 영 hatching 중 fū 일 フ(かえる)	孵卵(부란)
腐	썩을 부	高3급 [6肉8 총14획] 영 decay 중 腐 fǔ 일 フ(くさる)	腐刻(부각) 腐談(부담)
複	거듭 부	高4급 [6衣9 총14획] 영 plural 중 複 fù 일 フク(あわせ)	複本(복본) 複寫(복사)
賦	구실 부	高3급 [7貝8 총15획] 영 taxation 중 賦 gì 일 フ(みつ)	賦課(부과) 賦與(부여)
敷	펼 부	2급 [4攴11 총15획] 영 unfold 중 fū 일 フ(しく)	敷設(부설) 敷衍(부연)
膚	살갗 부	3급 [6肉11 총15획] 영 skin 중 肤 fū 일 フ(はだ)	膚見(부견) 膚理(부리)
踣	넘어질 부	[7足8 총15획] 영 fall down 중 bó 일 フ(たおれる)	顚踣(전부)
頫	구부릴 부	[9頁6 총15획] 영 bend 중 頫 fǔ 일 フ(うつむく)	頫視(부시)
駙	부마 부	1급 [10馬5 총15획] 영 son in law of the king 중 駙 fù 일 フ(そえうま)	駙馬(부마) 駙馬府(부마부)
麩	밀기울 부	[11麥4 총15획] 영 wheat bran 중 麸 fū 일 フ(ふすま)	麩豉(부시) 麩醬(부장)

賻 부의할 부	1급 [7貝10 총17획] 영 condolence money 중 賻 fù 일 フ(おくりもの)		賻儀(부의) 賻助(부조)
鬴 가마 부	[10鬲7 총17획] 영 large iron pot 중 bū 일 フ(かま)		鬴鍑(부복)
簿 적바림 부	高3급 [6竹13 총19획] 영 book 중 bù 일 ボ(ちょうめん)		簿記(부기) 簿錄(부록)
北 뒤 북	中8급 [2匕3 총5획] 영 north 중 běi, bó 일 ホク(きた)		北關(북관) 北歐(북구)
分 나눌 분	中6급 [2刀2 총4획] 영 part 중 fēn 일 フン(わける)		分家(분가) 分揀(분간)
伖 용렬할 분	[2人5 총7획] 영 mediocre 중 tǐ 일 ホン(おとる)		伖漢(분한) 伖夫(분부)
吩 분부할 분	1급 [3口4 총7획] 영 instruction 중 fēn 일 フン(いいつける)		一吩咐施行 (일분부시행)
扮 꾸밀 분	1급 [4手4 총7획] 영 disguise 중 bàn 일 フン(よそおう)		扮飾(분식) 扮裝(분장)
汾 물 이름 분	[4水4 총7획] 영 river 중 fén 일 フン(かわ)		汾陽(분양)
氛 기운 분	[4气4 총8획] 영 vapour 중 fēn 일 フン(き)		氛氣(분기)
忿 성낼 분	1급 [4心4 총8획] 영 anger 중 fèn 일 フン(いかる)		忿激(분격) 忿怒(분노)
枌 흰느릅나무 분	[4木4 총8획] 영 elm tree 중 fén 일 フン(にれ)		枌榆(분유)
芬 향기 분	2급 [6艸4 총8획] 영 fragrant 중 fēn 일 ソン(かおり)		芬芳(분방) 芬雜(분잡)
奔 달린 분	高3급 [3大6 총9획] 영 run away 중 bēn 일 ホン(はしる)		奔騰(분등) 奔流(분류)

한자	급수/부수	영/중/일	예시
■ 盆 동이 분	[5皿4 총9획]	영 basin 중 pén 일 ボン(はち)	盆景(분경) 盆栽(분재)
□ 畚 가래 분	[5田5 총10획]	영 shovel 중 běn 일 ホン(ふご)	畚挶(분국) 畚鍤(분삽)
■ 紛 어지러울 분	高3급 [6糸4 총10획]	영 confused 중 纷 fēn 일 フン(みだれる)	紛糾(분규) 紛起(분기)
■ 粉 가루 분	高4급 [6米4 총10획]	영 powder 중 fěn 일 フン(こな)	粉匣(분갑) 粉骨碎身(분골쇄신)
□ 笨 거칠 분	[6竹5 총11획]	영 rough 중 bèn 일 ホン(あらい)	笨車(분거) 笨伯(분백)
■ 焚 불사를 분	1급 [4火8 총12획]	영 burn 중 fén 일 フン(やく)	焚棄(분기) 焚身(분신)
□ 湓 물 넘칠 분	[4水9 총12획]	영 springout 중 pén 일 ボン(わく)	湓魚(분어)
□ 棼 마룻대 분	[4木8 총12획]	영 ridge beam 중 fén 일 フン(むなぎ)	棼棼(분분)
■ 雰 안개 분	1급 [8雨4 총12획]	영 fog 중 fēn 일 フン(きり)	雰圍氣(분위기) 雰虹(분홍)
□ 蒕 성할 분	[6艸9 총13획]	영 whole 중 fén 일 ブン(かおる)	蒕蒕(분온)
□ 墳 무덤 분	[3土12 총15획]	영 tomb 중 坟 fén 일 フン(はか)	墳墓(분묘) 墳上(분상)
■ 憤 분할 분	高4급 [4心12 총15획]	영 indignant 중 愤 fèn 일 フン(いきどおる)	憤慨(분개) 憤悱(분개)
■ 奮 떨칠 분	高3급 [3大13 총16획]	영 arise 중 奋 fèn 일 フン(ふるう)	奮激(분격) 奮起(분기)
■ 噴 뿜을 분	1급 [3口12 총15획]	영 spout 중 喷 pèn 일 フン(ふく)	噴氣(분기) 噴沫(분말)

□ 濆 물가 분	[4水13 총16획] 영 beach 중 fén, fèn, pēn 일 フン(ほとり)	濆薄(분박)
□ 黺 수놓을 분	[12黹4 총16획] 영 embroider 중 fěn 일 フン(きものにえがく)	黺米(분미)
■ 糞 똥 분	1급 [6米11 총17획] 영 excrement 중 糞 fèn 일 フン(こえ)	糞尿(분뇨) 糞土(분토)
□ 鼢 두더지 분	[13鼠4 총17획] 영 mole 중 fén 일 フン(もぐら)	鼢鼠(분서)
□ 瀵 흩어질 분	[4水17 총20획] 영 sprinkle 중 fèn 일 フン(ちる)	瀵薆(분예)
□ 饙 설익은 밥 분	[9食13 총22획] 영 half-boiled rice 중 fēn 일 ソン(むしめし)	饙餾(분류)
■ 弗 아닐 불	3급 [3弓2 총5획] 영 not 중 fú 일 フツ(あらず)	弗貨(불화) 弗豫(불예)
■ 佛 부처 불	中4II급 [2人5 총7획] 영 Buddha 중 fó 일 フツ(ほとけ)	佛家(불가) 佛經(불경)
■ 拂 떨 불	高3급 [4手5 총8획] 영 remove 중 fú 일 フツ(はらう)	拂拭(불식) 拂入(불입)
□ 茀 우거질 불	[6艸4 총8획] 영 dense 중 fèi 일 フン(おいしげる)	蔽茀甘棠 (폐불감당)
■ 彿 비슷할 불	1급 [3彳5 총8획] 영 similar 중 fú 일 フツ(にる)	彷彿(방불) 渡彿(도불)
□ 芾 풀 우거질 불	[6艸5 총9획] 영 bush 중 fú 일 フツ(くさむら)	芾離(불리)
□ 祓 불제사 불	[5示5 총10획] 영 remove evil 중 祓 fú 일 フツ(はらう)	祓禊(불계) 祓飾(불식)
□ 紼 엉킨 실 불	[6糸5 총11획] 영 tangled thread 중 紼 fú 일 フツ(ひも)	紼謳(불구)

髴 비슷할 불	[10髟5 총15획] 영 resemble closely 중 fú 일 フツ(による)	髣髴(방불)
黻 수 불	[12黹5 총17획] 영 embroidery 중 fù 일 フツ(ぬう)	黻翣(불삽) 雲黻翣(운불삽)
朋 벗 붕	[中3급] [4月4 총8획] 영 friend 중 péng 일 ホウ(とも)	朋黨(붕당) 朋執(붕집)
崩 무너질 붕	[高3급] [3山8 총11획] 영 collapse 중 bēng 일 ホウ(くずれる)	崩壞(붕괴) 崩落(붕락)
棚 사다리 붕	[1급] [4木8 총12획] 영 ladder 중 péng, pēng 일 ホウ(たな)	棚棧(붕잔) 綵棚(채붕)
硼 붕사 붕	[1급] [5石8 총13획] 영 borax 중 péng 일 ホウ	硼砂(붕사) 硼酸(붕산)
漰 물결치는 소리 붕	[4水11 총14획] 영 wave 중 pēng 일 ホウ(みずおと)	漰渤(붕발)
繃 묶을 붕	[1급] [6糸11 총17획] 영 wind, bind 繃 bēng 일 ホウ(まく)	繃帶(붕대) 繃帶術(붕대술)
鵬 봉새 붕	[2급] [11鳥8 총19획] 영 roc 중 péng 일 ホウ(おおとり)	鵬擧(붕거) 鵬鯤(붕곤)
匕 비수 비	[1급] [2匕0 총2획] 영 dagger 중 bǐ 일 ヒ(さじ)	匕首(비수) 匕箸(비저)
比 견줄 비	[中5급] [4比0 총4획] 영 compare 중 bǐ 일 ヒ(くらべる)	比肩(비견) 比較(비교)
丕 클 비	[2급] [1一4 총5획] 영 great 중 pī 일 ヒ(おおきい)	丕構(비구) 丕基(비기)
庀 다스릴 비	[3广2 총5획] 영 possess 중 pǐ 일 ヒ(そなえる)	夜庀其家事 (야비기가사)
仳 떠날 비	[2人4 총6획] 영 parting 중 pǐ 일 ヒ(わかれる)	仳離(비리) 헤어져 흩어짐

□ 圮 무너질 비	[3土3 총6획] 영 collapse 중 pǐ 일 ヒ(やぶれる)	圮缺(비결) 圮剝(비박)
■ 妃 왕비 비	高3I급 [3女3 총6획] 영 queen 중 fēi 일 ヒ(きさき)	妃嬪(비빈) 后妃(후비)
□ 伾 힘셀 비	[2人5 총7획] 영 strong 중 pī 일 ヒ(つよい)	以車伾伾 (이차비비)
■ 庇 덮을 비	1급 [3广4 총7획] 영 hide, conceal 중 bì 일 ヒ(おおう)	庇護(비호) 庇佑(비우)
■ 妣 죽은 어머니 비	1급 [3女4 총7획] 영 deceased mother 중 bǐ 일 ヒ(なきはは)	妣考(비고) 考妣(고비)
□ 屁 방귀 비	[3尸4 총7획] 영 fart 중 pì 일 ヒ(へ)	放屁蟲(방비충)
■ 批 칠 비	高4급 [4手4 총7획] 영 beat 중 pī 일 ヘイ(おす)	批准(비준) 批判(비판)
■ 卑 낮을 비	高3I급 [2十6 총8획] 영 low 중 bēi 일 ヒ(いやしい)	卑怯(비겁) 卑屈(비굴)
■ 泌 샘 비	2급 [4水4 총8획] 영 gush forth 중 bì 일 ヒ(いずみ)	內分泌系(내분비계) 分泌(분비)
□ 枇 비파나무 비	[4木4 총8획] 영 loquat 중 pí 일 ヒ(くし)	枇杷(비파)
□ 狒 비비 짐승 비	[4犬5 총8획] 영 baboon 중 fèi 일 ヒ(ひひ)	狒狒(비비)
■ 沸 끓을 비	1급 [4水5 총8획] 영 boil 중 fèi 일 ヒ(わく)	沸騰(비등) 白沸湯(백비탕)
□ 泌 샘물 흐를 비	[4水5 총8획] 영 gush forth 중 mì 일 ヒ(いずみ)	泌尿器(비뇨기)
□ 畀 줄 비	[5田3 총8획] 영 give 중 bì 일 ヒ(あたえる)	投畀(투비) 임금의 명령으로 귀양보냄

■ **肥** 살찔 비	[高3日] [6肉4 총8획] 영 fat 중 肥 féi 일 ヒ(にえる)	肥甘(비감) 肥滿(비만)
□ **肶** 멀떠구니 비	[6肉4 총8획] 영 maw 중 肶 pí 일 ヒ(うしのいぶくろ)	
■ **非** 아닐 비	[中4급] [8非0 총8획] 영 not 중 fēi 일 ヒ(そむく)	非公開(비공개) 非金屬(비금속)
■ **毘** 도울 비	[2급] [4比5 총9획] 영 help 중 毗 pí 일 ヒ(すくう)	茶毘(다비) 金 毘羅(금비라)
■ **毖** 삼갈 비	[2급] [4比5 총9획] 영 take care 중 bì 일 ヒ(つつしむ)	毖涌(비용) 懲毖錄(징비록)
□ **柲** 창자루 비	[4木5 총9획] 영 spear-handle 중 bì 일 ヒ(え)	戈柲(과비) 柲丘(비구)
□ **毗** 도울 비	[4比5 총9획] 영 help 중 pí 일 ヒ(あつい)	毗輔(비보)
□ **朏** 초승달 비	[4月5 총9획] 영 crescent 중 fěi 일 ヒ(みかつき)	三月惟丙午朏 (삼월유병오비)
■ **砒** 비소 비	[1급] [5石4 총9획] 영 arsenic 중 pī 일 ヒ(ひそ)	砒素(비소) 砒石(비석)
■ **秕** 쭉정이 비	[1급] [5禾4 총9획] 영 empty grain 중 bǐ 일 ヒ(しいな)	秕糠(비강) 秕政(비정)
□ **粃** 쭉정이 비	[6米3 총9획] 영 empty grain 중 粃 bǐ 일 ヒ(しいな)	粃糠(비강) 粃政(비정)
■ **飛** 날 비	[中4급] [9飛0 총9획] 영 fly 중 飞 fēi 일 ヒ(とぶ)	飛擊震天雷(비격진천뢰) 飛禽走獸(비금주수)
■ **匪** 비적 비	[1급] [2匚8 총10획] 영 thief 중 fěi 일 ヒ(あらず)	匪魁(비괴) 匪躬(비궁)
□ **俾** 하여금 비	[2人8 총10획] 영 obey 중 bǐ 일 ヒ(したがう)	瓦俾(와비)

☐ 剕 발벨 비	[2刀8 총10획] 영 cut heel 중 fèi 일 ヒ(あしきる)	剕罰(비벌) 剕辟(비벽)	
■ 祕 숨길 비	高4급 [5示5 총10획] 영 secret 중 祕 bì, pì 일 ヒ(ひそめる)	祕戲(비희) 祕苑(비원)	
☐ 紕 가선 비	[6糸4 총10획] 영 hen 중 紕 일 ヒ(あやまる)	紕漏(비루) 紕繆(비류)	
☐ 蚍 왕개미 비	[6虫4 총10획] 영 Hercules ant 중 pí 일 ヒ(おおあり)	蚍蜉(비부) 蚍蜉(비부)	
■ 婢 여종 비	高3급 [3女8 총11획] 영 female slave 중 bì 일 ヒ(はしため)	婢僕(비복) 婢夫(비부)	
☐ 埤 더할 비	[3土8 총11획] 영 enlarge 중 pí 일 ヒ(ます)	埤濕(비습) 埤汗(비오)	
☐ 悱 분낼 비	[4心8 총11획] 영 indignant 중 fěi 일 ヒ(いきとおる)	悱憤(비분) 悱悱(비비)	
■ 備 갖출 비	中4급 [2人10 총12획] 영 prepare 중 备 bèi 일 ヒ(そなえる)	備家(비가) 備擧(비거)	
☐ 棐 비자 비	[4木8 총12획] 영 torreya nut 중 fěi 일 ヒ(かや)	棐几(비궤)	
☐ 斐 아롱질 비	[4文8 총12획] 영 refined 중 fěi 일 ヒ(うるわしい)	斐然(비연)	
☐ 椑 술통 비	[4木8 총12획] 영 liquor barrel 중 bēi 일 ヘキ(ひつき)	椑輗(비예)	
■ 悲 슬플 비	中4급 [4心8 총12획] 영 sorrow, pathetic 중 bēi 일 ヒ(かなしむ)	悲歌(비가) 悲感(비감)	
■ 扉 사립문 비	1급 [4戶8 총12획] 영 door 중 扉 fēi 일 ヒ(とびら)	竹扉(죽비) 扉紙(비지)	
■ 琵 비파 비	1급 [5玉8 총12획] 영 flute 중 pí 일 ヒ(びわ)	琵琶(비파) 琵音(비음)	

痞 결릴 비	[5疒7 총12획] 영 hurt, pain 중 pǐ, bēi, fǒu 일 ヒ(つかえ)	痞結(비결)
菲 엷을 비	[6艹8 총12획] 영 thin 중 fěi 일 ヒ(うすい)	菲德(비덕) 菲禮(비례)
腓 장딴지 비	[6肉8 총12획] 영 calf of the leg 중 腓 féi 일 ヒ(にむら)	腓骨(비골) 腓腸(비장)
蓖 피마자 비	[6艹8 총12획] 영 castor bean 중 蓖 bì 일 ヘイ(ひまし)	蓖麻子油(피마자유) 蓖麻(피마)
■ 脾 지라 비	1급 [6肉8 총12획] 영 spleen 중 脾 pí 일 ヒ(ひぞう)	脾胃(비위) 補脾胃(보비위)
費 쓸 비	[7貝5 총12획] 영 spend 중 費 bì 일 ヒ(ついやす)	費目(비목) 費用(비용)
■ 痺 저릴 비	1급 [5疒8 총13획] 영 numb 중 痺 bì 일 ヒ(とり)	痺疳(비감) 疳病(감병)
痹 각기 비	[5疒8 총13획] 영 beriberi 중 bì 일 ヒ(しびれ)	痹病(비병) 風痹(풍비)
■ 碑 비 비	高4급 [5石8 총13획] 영 stone monument 중 bēi 일 ヒ(たていし)	碑閣(비각) 碑銘(비명)
痱 풍병 비	[5疒8 총13획] 영 stroke 중 fèi 일 ヒ(はれもの)	痱病(비병) 風痱(풍비)
■ 裨 도울 비	1급 [6衣8 총13획] 영 aid 중 bì 일 ヒ(おぎなう)	裨補(비보) 裨將(비장)
賁 꾸밀 비	[7貝6 총13획] 영 adorn 중 bì 일 ヒ(かざる)	賁來(비래) 賁飾(비식)
閟 문닫을 비	[8門5 총13획] 영 close 중 bì 일 ヒ(おくぶかい)	閟悠(비비) 閟匿(비익)
榧 비자나무 비	[4木10 총14획] 영 torreya 중 fěi 일 ヒ(かや)	榧子(비자)

■ 蜚 바퀴 비	1급 [6虫8 총14획] 영 cockroach 중 fēi 일 ヒ(あぶらむし)	蜚蠊(비렴) 蜚亡(비망)
□ 蚍 사마귀알 비	[6虫8 총14획] 영 mantis egg 중 pí 일 ヒ(むしのな)	蚍蛸(비소) 사마귀의 알
■ 緋 비단 비	1급 [6糸8 총14획] 영 silk 중 緋 fēi 일 ヒ(あか)	緋甲(비갑) 緋衲(비납)
■ 翡 비취 비	1급 [6羽8 총14획] 영 jade 중 翡 fēi 일 ヒ(かわせみ)	翡色(비색) 翡翠(비취)
□ 蓖 피마주 비	[6艸10 총14획] 영 castor-oil plant 중 bì 일 ヒ(とうごま)	蓖麻(비마)
■ 鄙 더러울 비	1급 [7邑11 총14획] 영 vulgar 중 bǐ 일 ヒ(いやしい)	鄙見(비견) 鄙陋(비루)
■ 鼻 코 비	중5급 [14鼻0 총14획] 영 nose 중 bí 일 ビ(はな)	鼻腔(비강) 鼻笑(비소)
■ 誹 비방할 비	1급 [7言8 총15획] 영 slander 중 诽 fěi 일 ヒ(そしる)	誹謗(비방) 誹笑(비소)
■ 憊 고달플 비	1급 [4心12 총16획] 영 tired out 중 备 bèi 일 ハイ(つかれる)	憊困(비곤) 憊憑(비만)
□ 篚 광주리 비	[6竹10 총16획] 영 round wicker basket 중 fěi 일 ヒ(かご)	幣篚(폐비)
□ 霏 눈 날릴 비	[8雨8 총16획] 영 fall of snow 중 fēi 일 ヒ(ふる)	霏霏(비비) 霏散(비산)
■ 臂 팔 비	1급 [6肉13 총17획] 영 forearm 중 bèi 일 ヒ(ただむき)	臂胛(비갑) 臂力(비력)
□ 貔 비휴 비	[7豸10 총17획] 영 fierce animal 중 pí 일 ヒ(ひきゆう)	貔虎(비호) 貔貅(비휴)
□ 沸 끓을 비	[3水5 총8획] 영 boil up 중 沸 fèi 일 ヒ(わく)	白沸湯(백비탕) 沸騰(비등)

□	**髀** 넓적다리뼈 **비**	[10骨8 총18획] 영 thighbone 중 bì 일 ヒ(もも)	髀骨(비골) 髀臼(비구)
□	**羆** 큰곰 **비**	[6网14 총19획] 영 bear 중 pí, bì, peī 일 ヒ(ひぐま)	羆九(비구) 羆虎(비호)
■	**譬** 비유할 **비**	1급 [7言13 총20획] 영 metaphor 중 pì 일 ヒ(たとえる)	譬喩(비유) 譬諭(비유)
□	**鼙** 마상북 **비**	[13鼓8 총21획] 영 war drum 중 pí 일 ビ(せっこつづみ)	鼙鼓(비고) 鼙婆(비파)
□	**轡** 고삐 **비**	[7車15 총22획] 영 reins 중 轡 pèi 일 ヒ(たづな)	轡長則踏 (비장즉답)
□	**牝** 암 짐승 **빈**	[4牛2 총6획] 영 female of animals 중 pìn 일 ヒン(めす)	牝鹿(빈록) 牝瓦(빈와)
□	**浜** 물가 **빈**	[4水7 총10획] 영 port 중 bāng 일 ヒンウ(ふないれみぞ)	浜安船溝 (빈안선구)
■	**彬** 빛날 **빈**	2급 [3彡8 총11획] 영 bright 중 bīn 일 ヒン(あきらか)	彬彬(빈빈) 達城彬(달성빈)
■	**貧** 가난할 **빈**	中4급 [7貝4 총11획] 영 poor 중 貧 pín 일 ヒン(まずしい)	貧家(빈가) 貧苦(빈고)
□	**斌** 빛날 **빈**	[4文8 총12획] 영 refined 중 bīn 일 ヒン(うるわしい)	斌斌(빈빈)
■	**賓** 손 **빈**	高3급 [7貝7 총14획] 영 guest 중 宾 bīn 일 ヒン(まらうど)	賓客(빈객) 賓貢(빈공)
□	**儐** 인도할 **빈**	[2人14 총16획] 영 reception 중 傧 bīn 일 ヒン(みちびく)	儐相(빈상) 儐者(빈자)
■	**頻** 자주 **빈**	高3급 [9頁7 총16획] 영 frequent 중 频 pín 일 ヒン(しきりに)	頻度(빈도) 頻發(빈발)
■	**嬪** 궁녀 **빈**	1급 [3女14 총17획] 영 court lady 중 嫔 pín 일 ヒン(ひめ)	嬪宮(빈궁) 嬪妾(빈첩)

□ **擯** 물리칠 **빈**	[4手14 총17획] 영 reject 중 擯 bīn 일 ヒン(しりぞける)	擯却(빈각) 擯介(빈개)
■ **濱** 물가 **빈**	1급 [4水14 총17획] 영 shore 중 濱 bīn 일 ヒン(はま)	濱死(빈사) 海濱(해빈)
□ **豳** 나라 이름 **빈**	[7豕10 총17획] 영 state 중 bīn 일 ヒン	豳文(빈문) 豳風(빈풍)
■ **殯** 빈소 **빈**	1급 [4歹14 총18획] 영 funeral parlor 중 殯 bìn 일 ヒン(かりもがり)	殯所(빈소) 殯殿(빈전)
□ **檳** 빈랑나무 **빈**	[4木14 총18획] 영 betel palm 중 檳 bīn 일 ビン(びんろう)	檳榔(빈랑) 檳榔子(빈랑자)
□ **贇** 예쁠 **빈**	[7貝11 총18획] 영 pretty 중 贇 yūn 일 イン(うるわしい)	
■ **嚬** 찡그릴 **빈**	1급 [3口16 총19획] 영 frown 중 pín 일 ヒン(しかめる)	嚬笑(빈소) 嚬呻(빈신)
■ **瀕** 물가 **빈**	1급 [4水16 총19획] 영 shore, beach 중 bīn 일 ヒン(はま)	瀕死(빈사) 瀕死境(빈사경)
□ **蘋** 네가래 **빈**	[6艹16 총20획] 영 duck weed 중 蘋 píng 일 ヒン(うきくさ)	蘋果(빈과) 蘋風(빈풍)
□ **繽** 성할 **빈**	[6糸14 총20획] 영 prosperous 중 繽 bīn 일 ヒン(さかんなり)	繽翻(빈번) 繽粉(빈분)
□ **蠙** 진주조개 **빈**	[6虫14 총20획] 영 pearl oyster 중 pín 일 ヒン(どぶがい)	蠙珠(빈주) 조가비 의 구슬모양의 물체
□ **顰** 찡그릴 **빈**	[9頁15 총24획] 영 frown 중 顰 pín 일 ヒン(ひそめる)	顰眉(빈미) 顰蹙(빈축)
□ **鬢** 구레나룻 **빈**	[10髟14 총24획] 영 whiskers 중 鬢 bìn 일 ビン(びんづら)	鬢毛(빈모) 鬢髮(빈발)
■ **氷** 얼음 **빙**	중5급 [4水1 총5획] 영 ice 중 冰 bīng 일 ヒョウ(こおり)	氷菓(빙과) 氷庫(빙고)

▫ 凭 기댈 **빙**	[2几6 총8획] 영 depend 중 bìng 일 ヒョウ(よる)	凭欄(빙란)
▫ 俜 비틀거릴 **빙**	[2人7 총9획] 영 stumble 중 pīng 일 ヘイ(おとこだて)	伶俜(영빙)
▫ 娉 장가들 **빙**	[3女7 총10획] 영 take a wife 중 pīng 일 ヘイ(めとる)	娉婷(빙정) 娉命(빙명)
■ 馮 탈 **빙**	2급 [10馬2 총12획] 영 ride 중 馮 féng 일 ヒョウ(のる)	馮氣(빙기) 馮怒(빙노)
■ 聘 부를 **빙**	高3급 [6耳7 총13획] 영 call 중 pìn 일 ヘイ(めとる)	聘母(빙모) 聘父(빙부)
■ 憑 기댈 **빙**	1급 [4心12 총16획] 영 depend 중 凭 píng 일 ヒョウ(たよる)	憑據(빙거) 憑藉(빙자)
▫ 騁 달릴 **빙**	[10馬7 총17획] 영 gallop a horse 중 骋 chěng 일 ヘイ(はせる)	騁能(빙능) 騁望(빙망)

人

- **巳** 뱀 **사** [中3급] [3己0 총3획] 영 snake 중 sì 일 シ(み) — 巳方(사방), 巳正(사정)
- **士** 선비 **사** [中5급] [3士0 총3획] 영 scholar, knight 중 shì 일 シ(さむらい) — 士氣(사기), 士兵(사병)
- 乍 잠깐 **사** [1丿4 총5획] 영 suddenly 중 zhà 일 サ(たちまち) — 乍設(사설), 乍雨(사우)
- **仕** 벼슬 **사** [中5급] [2人3 총5획] 영 official life 중 shì 일 ジ(つかえる) — 仕家(사가), 仕官(사관)
- **司** 맡을 **사** [高3급] [3口2 총5획] 영 take charge of 중 sī 일 シ(つかさどる) — 司諫(사간), 司令(사령)
- **四** 넷 **사** [中8급] [3口2 총5획] 영 four 중 sì 일 シ(よん) — 四更(사경), 四季(사계)
- **史** 사기 **사** [中5급] [3口2 총5획] 영 history 중 shǐ 일 シ(れきし) — 史家(사가), 史庫(사고)
- 糸 가는실 **사** [6糸0 총6획] 영 thread 중 mì 일 サ(ほそいと) — 妾不衣糸(첩불의사)
- **寺** 절 **사** [中4급] [3寸3 총6획] 영 temple 중 sì 일 ジ(てら) — 寺黨(사당), 寺刹(사찰)
- 汜 늪 **사** [4水3 총6획] 영 swamp 중 sì 일 シ(みずたまり) — 汜水(사수)
- **死** 죽을 **사** [中6급] [4歹2 총6획] 영 die, death 중 sǐ 일 シ(しぬ) — 死角(사각), 死力(사력)
- **似** 같을 **사** [高3급] [2人5 총7획] 영 resemble 중 sì 일 シ(にる) — 似類(사류), 似續(사속)
- 伺 살필 **사** [2人5 총7획] 영 watch 중 shì 일 シ(うかがう) — 伺窺(사규), 伺隙(사극)

초간편 실용한자 7000 | 191

■ 些 적을 사	1급 [2一5 총7획] 영 little 중 xiē 일 シヤ(わずか)		些略(사략) 些些(사사)
■ 沙 모래 사	高3급 [4水4 총7획] 영 sand 중 shā, shà 일 サ(すな)		沙工(사공) 沙果(사과)
■ 私 사사 사	中4급 [5禾2 총7획] 영 private 중 sī 일 シ(わたくし)		私家(사가) 私感(사감)
■ 邪 간사할 사	高3급 [7邑4 총7획] 영 wickedness 중 xié 일 ジャ(よこしま)		邪見(사견) 邪計(사계)
■ 事 일 사	中7급 [1亅7 총8획] 영 work, affair 중 shì 일 ジ(こと)		事件(사건) 事故(사고)
■ 使 부릴 사	中6급 [2人6 총8획] 영 employ, mission 중 shǐ 일 シ(つかう)		使氣(사기) 使徒(사도)
□ 卸 짐 부릴 사	[2卩6 총8획] 영 un load 중 xiè 일 シャ(おろす)		卸肩(사견)
□ 姒 맏며느리 사	[3女5 총8획] 영 the eldest daughter in law 중 sì 일 シ(あによめ)		姒婦(사부)
■ 泗 콧물 사	2급 [4水5 총8획] 영 snot 중 sì 일 シ(はなしる)		泗上弟子(사상제자) 泗沘城(사비성)
■ 祀 제사 사	高3급 [5示3 총8획] 영 religious service 중 祀 sì 일 シ(まつり)		祀孔(사공) 祀事(사사)
■ 社 토지신 사	高6급 [5示3 총8획] 영 deities 중 社 shè 일 シャ(やしろ)		社告(사고) 社交(사교)
■ 舍 집 사	中4급 [6舌2 총8획] 영 house 중 shě 일 シャ(いえ)		舍監(사감) 舍廊(사랑)
□ 俟 기다릴 사	[2人7 총9획] 영 wait for 중 sì 일 シ(まつ)		俟命(사명) 俟門(사문)
■ 査 조사할 사	高5급 [4木5 총9획] 영 survey 중 chá 일 サ(しらべる)		査檢(사검) 査察(사찰)

한자	훈음	정보	예시
■ 思	생각할 사	中5급 [4心5 총9획] 영 think 중 sāi 일 シ(おもう)	思考(사고) 思慮(사려)
□ 砂	모래 사	[5石4 총9획] 영 sand 중 shā 일 サ(すな)	砂金(사금) 砂囊(사낭)
■ 娑	춤출 사	1급 [3女7 총10획] 영 dance 중 suō 일 サ(まいめぐる)	娑婆(사파:사바) 娑婆世界(사파세계)
■ 射	쏠 사	中4급 [3寸7 총10획] 영 shoot 중 shè 일 シャ(いる)	射擊(사격) 射殺(사살)
■ 師	스승 사	中4급 [3巾7 총10획] 영 master, teacher 중 师 shī 일 ジ(せんせい)	師君(사군) 師事(사사)
■ 唆	부추길 사	2급 [3口7 총10획] 영 tempt 중 suō 일 サ(そそのかす)	唆嗾(사촉) 示唆(시사)
■ 祠	제사 사	1급 [5示5 총10획] 영 sacrifice 중 祠 cí 일 シ(まつる)	祠堂(사당) 祠宇(사우)
□ 袤	비뚤 사	[6衣4 총10획] 영 slant 중 xié 일 シャ(ななめ)	如坪袤(여우사)
□ 粆	사탕 사	[6米4 총10획] 영 sugar 중 shā 일 サ(さと)	粆袋(사대)
■ 紗	비단 사	1급 [6糸4 총10획] 영 thin silk 중 纱 shā 일 サ(うすぎぬ)	紗帽(사모) 紗羅(사라)
□ 竢	하관할 사	[6聿4 총10획] 영 lower a coffin into the grave 중 sì 일 シ(はかあな)	掘竢見衽(굴사견임)
■ 徙	옮길 사	中4급 [3彳8 총11획] 영 remove 중 xǐ 일 シ(うつる)	徙植(사식) 徙市(사시)
□ 梭	북 사	[4木7 총11획] 영 weaver's shuttle 중 梭 suō 일 サ(ひ)	梭杼(사저)
■ 捨	버릴 사	高3급 [4手8 총11획] 영 throw 중 舍 hě, shè 일 シャ(すてる)	捨象(사상) 捨小取大(사소취대)

斜 비낄 사	高3급 [4斗7 총11획] 영 askew 중 xié 일 シャ(ななめ)	斜角(사각) 斜路(사로)
笥 옷상자 사	[6竹5 총11획] 영 box, trunk 중 sì 일 シ(はこ)	笥金(사금) 笥中(사중)
耜 보습 사	[6耒5 총11획] 영 plowshare 중 sì 일 シ(すき)	耒耜(뇌사) 御耒耜(어뢰사)
蛇 뱀 사	高3급 [6虫5 총11획] 영 snake 중 shé 일 ジャ(へび)	蛇毒(사독) 蛇龍(사룡)
莎 향부자 사	[6艸7 총11획] 영 nut grass 중 shā 일 サ(はますげ)	莎鷄(사계) 莎城(사성)
赦 용서할 사	2급 [7赤4 총11획] 영 forgive 중 shè 일 シャ(ゆるす)	赦免(사면) 赦宥(사유)
奢 사치할 사	1급 [3大9 총12획] 영 luxury 중 shē 일 シャ(おごる)	奢侈(사치) 奢華(사화)
斯 이 사	高3급 [4斤8 총12획] 영 this 중 sī 일 シ(これ)	斯界(사계) 斯道(사도)
渣 찌끼 사	[4水9 총12획] 영 sediment 중 zhā 일 サ(かす)	渣滓(사재)
絲 실 사	中4급 [6糸6 총12획] 영 thread, string 중 丝 sī 일 シ(いと)	絲狀(사상) 絲竹(사죽)
詞 말 사	高3급 [7言5 총12획] 영 words 중 词 cí 일 シ(ことば)	詞伯(사백) 詞兄(사형)
詐 속일 사	高3급 [7言5 총12획] 영 swindle 중 诈 zhà 일 サ(いつわる)	詐計(사계) 詐欺(사기)
嗣 이을 사	1급 [3口10 총13획] 영 inherit 중 sì 일 シ(つぐ)	嗣君(사군) 嗣續(사속)
楂 뗏목 사	[4木9 총13획] 영 raft 중 zhā, chá 일 サ(いかだ)	楂楂(사사)

■ 獅 사자 사	1급 [4犬10 총13획] 영 lion 중 獅 일 シ(しし)		獅孫(사손) 獅子(사자)
□ 裟 가사 사	[6衣7 총13획] 영 monk's robe 중 shā 일 サ(ほうい)		袈裟(가사)
□ 肆 방자할 사	[6聿7 총13획] 영 licentious 중 肆 sì 일 シ(ほしまま)		肆氣(사기) 肆力(사력)
□ 榭 정자 사	[4木10 총14획] 영 arbour 중 xiè 일 シャ(うてな)		廣榭(광사) 臺榭(대사)
□ 槎 떼 사	[4木10 총14획] 영 raft 중 chá, zhā 일 サ(いかだ)		星槎(성사)
■ 蓑 도롱이 사	1급 [6艸10 총14획] 영 straw raincoat 중 suō 일 サ(みの)		蓑笠(사립) 蓑衣(사의)
□ 蜡 납향제사 사	[6虫8 총14획] 영 sacrifice of year-end 중 là 일 サ(くれのまつり)		蜡月(사월) 蜡祭(사제)
■ 飼 먹일 사	2급 [9食5 총14획] 영 raise 중 飼 sì 일 シ(やしなう)		飼料(사료) 飼育(사육)
□ 僿 잘게부술 사	[2人13 총15획] 영 fritter 중 sì 일 ノ(こまやか)		星湖僿說(성호사설)
■ 寫 베낄 사	고급 [3宀12 총15획] 영 trace, copy 중 写 일 写シャ(うつす)		寫本(사본) 寫生(사생)
□ 樝 명자나무 사	[4木11 총15획] 영 hawthorn 중 zhā 일 サ(しどみ)		榠樝(명자)
■ 賜 줄 사	고3급 [7貝8 총15획] 영 bestow 중 賜 cì 일 シ(たまう)		賜暇(사가) 賜諡(사시)
□ 駛 달릴 사	[10馬5 총15획] 영 gallop a horse 중 駛 shǐ 일 シ(はやい)		駛急(사급) 駛雨(사우)
□ 駟 사마 사	[10馬5 총15획] 영 four horses 중 駟 sì 일 シ(よつうま)		駟過隙(사과극) 駟盧國(사로국)

篩 체사	[6 竹10 총16획] 영 sieve 중 篩 shāi 일 シ(ふるい)	篩骨(사골) 篩管(사관)
螄 소라사	[6 虫10 총16획] 영 top-shell 중 螄 sī 일 シ(たにし)	
蹅 밟을사	[7 足9 총16획] 영 tread on 중 蹅 chǎ 일 サ(ふむ)	
縰 머리쓰개사	[6 糸11 총17획] 영 headpiece 중 shǐ, sà 일 シ(かみづつみ)	縰縰(사사)
謝 사례할사	中4급 [7 言10 총17획] 영 thanks 중 谢 xiè 일 シャ(むくいる)	謝罪(사죄) 謝表(사표)
髽 머리 흘칠사	[10 髟7 총17획] 영 loosen 중 xiè 일 シャ(かみをたれる)	
瀉 쏟을사	1급 [4 水15 총18획] 영 pour 중 瀉 xiè 일 シャ(はく)	瀉劑(사제) 瀉材(사재)
鯊 모래무지사	[11 魚7 총18획] 영 goby 중 鯊 shā 일 サ(はぜ)	鯊翅(사시)
辭 말씀사	高4급 [7 辛12 총19획] 영 words 중 辞 cí 일 辞ジ(ことば)	辭令(사령) 辭免(사면)
鰤 새우사	[11 魚10 총21획] 영 lobster 중 shī 일 シ(えび)	
麝 사향노루사	1급 [11 鹿0 총21획] 영 musk 중 shè 일 シャ(じゃこう)	麝鼠(사서) 麝香(사향)
鷥 해오라기사	[11 鳥12 총23획] 영 snowy heron 중 鸶 sī 일 シ(しらさぎ)	鷺鷥(노사)
削 깎을삭	高3급 [2 刀7 총9획] 영 shave 중 削 xiāo, xuē 일 サク(けずる)	削減(삭감) 削磨(삭마)
朔 초하루삭	高3급 [4 月6 총10획] 영 new moon 중 shuò 일 サク(ついたち)	朔漠(삭막) 朔風(삭풍)

한자	급수/부수/획수	영/중/일	예시
■ 索 동아줄 삭	高3급 [6糸 4 총10획]	영 rope 중 suǒ 일 サク(なわ)	索莫(삭막)
□ 搧 날씬할 삭	[4手 9 총13획]	영 slender 중 shān, xuè 일 サク(ほそながい)	欲其搧爾而纖也 (욕기삭이이섬야)
□ 槊 창 삭	[4木 10 총14획]	영 spear 중 shuò 일 サク(ほこ)	槊毛(삭모)
□ 蒴 삭조 삭	[6艹 10 총14획]	영 Sambucus 중 shuò 일 サク(きのな)	蒴果(삭과) 蒴藋(삭조)
□ 爍 빛날 삭	[4火 15 총19획]	영 bright 중 爍 shuò 일 シャク(かがやく)	爍金(삭금)
□ 鑠 녹일 삭	[8金 15 총23획]	영 melt 중 鑠 shuò 일 シャク(とかす)	鑠金(삭금) 鑠鑠(삭삭)
■ 山 뫼 산	中8급 [3山 0 총3획]	영 mountain 중 shān 일 サン(やま)	山間僻地(산간벽지) 山景(산경)
□ 汕 통발 산	[4水 3 총6획]	영 weir 중 shàn 일 サン(すくいあみ)	汕頭(산두)
■ 刪 깎을 산	1급 [2刀 5 총7획]	영 shave 중 shān 일 サン(けずる)	刪改(산개) 刪補(산보)
□ 姍 예쁠 산	[3女 5 총8획]	영 slander 중 shān 일 サン(そしる)	姍笑(산소) 姍姍(선선)
■ 疝 산증 산	1급 [5疒 3 총8획]	영 cystitis 중 shàn 일 サン(せんき)	疝氣(산기) 疝痛(산통)
■ 珊 산호 산	1급 [5玉 5 총9획]	영 coral 중 shān 일 サン(さんご)	珊瑚(산호) 珊瑚礁(산호초)
□ 狻 사자 산	[4犬 7 총10획]	영 lion 중 suān 일 サン(しし)	狻猊(산예) 狻下(산하)
□ 訕 나무랄 산	[7言 3 총10획]	영 slander 중 訕 shàn 일 サン(そしる)	訕謗(산방) 訕笑(산소)

■ 産 낳을 산	中5급 [5生6 총11획]	영 bear 중 产 chǎn 일 サン(うむ)	産氣(산기) 産母(산모)
■ 傘 우산 산	2급 [2人10 총12획]	영 umbrella 중 伞 sǎn 일 サン(かさ)	傘緣(산연) 傘下(산하)
■ 散 흩을 산	中4급 [4攴8 총12획]	영 scatter 중 일 サン(ちる)	散開(산개) 散亂(산란)
□ 跚 절름거릴 산	[7足5 총12획]	영 limp 중 shān 일 サン(ちんばひく)	蹣跚(만산)
□ 剷 깎을 산	[2刀11 총13획]	영 slice off 중 铲 chǎn 일 サン(けずる)	剷刈(산예)
■ 算 셈 산	中7급 [6竹8 총14획]	영 count 중 suàn 일 サン(かぞえる)	算命(산명) 算法(산법)
□ 蒜 마늘 산	[6艸10 총14획]	영 garlic 중 suàn 일 サン(にんにく)	蒜炙(산적) 大蒜(대산)
■ 酸 산 산	3급 [7酉7 총14획]	영 acid 중 suān 일 サン(す)	酸味(산미) 酸性(산성)
□ 繖 우산 산	[6糸12 총18획]	영 umbrella 중 sàn 일 サン(かさ)	繖蓋(산개)
□ 鏟 대패 산	[8金11 총19획]	영 plane 중 铲 chǎn 일 サン(かんな)	鏟削(산삭)
□ 霰 싸락눈 산	[8雨12 총20획]	영 hail 중 xiàn 일 セン(あられ)	霰雹(산박) 霰散(산산)
■ 殺 죽일 살	中4급 [4殳7 총11획]	영 kill 중 杀 shā 일 サツ(ころす)	殺菌(살균) 殺人(살인)
■ 煞 죽일 살	1급 [4火9 총13획]	영 kill 중 shà 일 サツ(ころす)	驛馬煞(역마살) 亡身煞(망신살)
■ 撒 뿌릴 살	1급 [4手12 총15획]	영 sprinkle 중 sā, sǎ 일 サシ(まく)	撒水(살수) 撒布(살포)

■ 薩 보살 **살**	1급 [6艹14 총18획] 영 bodhisattva 중 薩 sā 일 サツ(ぼさつ)		菩薩(보살) 薩滿(살만)
■ 三 석 **삼**	中8급 [1一2 총3획] 영 three 중 sān 일 サン(みっつ)		三角關係(삼각관계) 三綱(삼강)
□ 杉 삼나무 **삼**	[4木3 총7획] 영 Cryptomeria 중 shā 일 サン(すぎ)		杉籬(삼리)
□ 芟 풀벨 **삼**	[6艹4 총8획] 영 mow 중 shān 일 サン(かる)		芟除(삼제) 芟討(삼토)
■ 參 석 **삼**	中5급 [2厶9 총11획] 영 three 중 參 shēn 일 サン(みつ)		
■ 森 수풀 **삼**	3급 [4木8 총12획] 영 forest 중 sēn 일 シン(もり)		森羅(삼라) 森林(삼림)
■ 滲 스밀 **삼**	1급 [4水11 총14획] 영 soak into 중 滲 shèn 일 シン(しみこむ)		滲漏(삼루) 滲透(삼투)
■ 蔘 인삼 **삼**	2급 [6艹11 총15획] 영 ginseng 중 sān 일 サン(にんじん)		蔘茸(삼용) 蔘圃(삼포)
□ 糝 기폭 **삼**	[6糸11 총17획] 영 breadth of a flag 중 sēn 일 サン(はたあし)		糝車(삼차)
■ 插 꽂을 **삽**	2급 [4手9 총12획] 영 insert 중 插 chā 일 ソウ(さしはさむ)		插木(삽목) 插匙(삽시)
□ 鈒 창 **삽**	[8金4 총12획] 영 trident 중 sà 일 ソウ(ほこ)		鈒面(삽면) 鈒字(삽자)
□ 翣 부채 **삽**	[6羽8 총14획] 영 fan 중 翣 shà 일 ソウ(うちわ)		翣翣(삽삽)
□ 颯 바람소리 **삽**	[9風5 총14획] 영 wind 중 颯 sà 일 ソウ(かぜのおと)		颯爽(삽상) 颯然(삽연)
■ 澁 떫을 **삽**	1급 [4水12 총15획] 영 astringent 중 澁 sè 일 シュウ(しぶい)		澁滯(삽체) 澁味(삽미)

한자	훈음	정보	예시
霎	가랑비 삽	[8雨8 총16획] 영 drizzle 중 shà 일 ソウ(こさめ)	霎時(삽시) 霎時間(삽시간)
鍤	가래 삽	[8金9 총17획] 영 spade 중 鍤 chá 일 ソウ(すき)	鍤車(삽차) 火鍤(화삽)
上	위 상	中7급 [1一2 총3획] 영 upper 중 shàng 일 ジョウ(うえ)	上監(상감) 上京(상경)
床	상 상	4II급 [3广4 총7획] 영 low wooden bench 중 床 chuáng 일 ショウ(とこ·ゆか)	冊床(책상) 溫床(온상)
尙	오히려 상	中3급 [3小5 총8획] 영 rather 중 shàng 일 ショウ(なお)	尙古(상고) 尙武(상무)
牀	평상 상	[4爿4 총8획] 영 floor 중 状 chuáng 일 ショウ(ゆか)	牀几(상궤)
庠	학교 상	2급 [3广6 총9획] 영 school 중 xiáng 일 ショウ(まなびや)	庠生(상생) 庠序(상서)
相	서로 상	中5급 [5目4 총9획] 영 mutual 중 xiāng 일 ソウ(あい)	相見禮(상견례) 相關(상관)
桑	뽕나무 상	高3급 [4木6 총10획] 영 mulberry tree 중 sāng 일 ソウ(くわ)	桑實(상실) 桑碧(상벽)
晌	한낮 상	[4日6 총10획] 영 mid-day 중 shǎng 일 ショウ(まひる)	晌飯(상반) 晌午(상오)
常	항상 상	中4II급 [3巾8 총11획] 영 always 중 cháng 일 ショウ(つね)	常軌(상궤) 常道(상도)
商	장사 상	中5급 [3口8 총11획] 영 trade 중 shāng 일 ショウ(あきない)	商街(상가) 商賈輩(상고배)
爽	시원할 상	1급 [4爻7 총11획] 영 cool 중 shuǎng 일 ソウ(さわやか)	爽凉(상량) 爽快(상쾌)
祥	상서로울 상	高3급 [5示6 총11획] 영 luck 중 祥 xiáng 일 ショウ(さいわい)	祥慶(상경) 祥夢(상몽)

廂 곁채 상	[3广 9 총12획] 영 outbuilding 중 xiāng 일 ショウ(ひさし)		廂廊(상랑)
■ 喪 잃을 상	中3급 [3口 9 총12획] 영 lose, die 중 喪 sàng 일 ソウ(うしなう)		喪家(상가) 喪家狗(상가구)
湘 삶을 상	[4水 9 총12획] 영 boil 중 xiāng 일 ショウ(にる)		湘妃(상비)
■ 翔 날 상	1급 [6羽 6 총12획] 영 flight 중 翔 xiáng 일 ショウ(かける)		翔空(상공) 翔貴(상귀)
■ 象 코끼리 상	高4급 [7豕 5 총12획] 영 elephant 중 象 xiàng 일 ショウ(そう)		對象(대상) 抽象的(추상적)
■ 傷 다칠 상	中4급 [2人 11 총13획] 영 injure 중 伤 shāng 일 ショウ(いたむ)		傷弓之鳥(상궁지조) 傷貧(상빈)
■ 想 생각 상	中4급 [4心 9 총13획] 영 think, consider 중 xiǎng 일 ソウ(おもう)		想見(상견) 想起(상기)
■ 詳 자세할 상	高3급 [7言 6 총13획] 영 detail 중 详 xiáng 일 ショウ(つまびらか)		詳論(상론) 詳述(상술)
■ 像 형상 상	高3급 [2人 12 총14획] 영 form 중 xiàng 일 ショウ(かたち)		像形(상형) 臥像(와상)
塽 시원한 땅 상	[3土 11 총14획] 영 pleasure land 중 shuǎng 일 ソウ(こころよい)		塽塏(상개)
■ 嘗 맛볼 상	高3급 [3口 11 총14획] 영 taste 중 尝 cháng 일 ショウ(なめる)		嘗膽(상담) 嘗味(상미)
■ 裳 치마 상	高3급 [6衣 8 총14획] 영 skirt 중 cháng 일 ショウ(はかま)		裳衣(상의) 衣裳(의상)
殤 일찍 죽을 상	[4歹 11 총15획] 영 die 중 殇 shāng 일 ショウ(わかじに)		殤死(상사)
■ 箱 상자 상	1급 [6竹 9 총15획] 영 box, chest 중 xiāng 일 ソウ(はこ)		箱子(상자) 風箱(풍상)

賞 상줄 상	중5급 [7貝8 총15획] 영 praise 중 赏 shǎng 일 ショウ(ほめる)	賞鑑(상감) 賞金(상금)
橡 상수리 상	[4木12 총16획] 영 chestnut 중 橡 xiàng 일 ショウ(つるばみ)	橡木(상목)
償 갚을 상	[2人15 총17획] 영 repay 중 偿 cháng 일 ショウ(つぐなう)	償却(상각) 償金(상금)
霜 서리 상	중3급 [8雨9 총17획] 영 hoar frost 중 霜 shuāng 일 ソウ(しも)	霜降(상강) 霜菊(상국)
觴 잔 상	1급 [7角11 총18획] 영 cup 중 觞 shāng 일 ショウ(さかずき)	觴詠(상영) 觴政(상정)
儴 고달플 상	[2人17 총19획] 영 suffer 중 ráng 일 ショウ(くるむ)	
顙 이마 상	[9頁10 총19획] 영 brow 중 颡 sǎng 일 ソウ(ひたい)	顙汗(상한)
孀 과부 상	1급 [3女17 총20획] 영 widow 중 shuāng 일 ソウ(やもめ)	孀閨(상규) 孀婦(상부)
鬺 삶을 상	[10鬲11 총21획] 영 boil 중 shāng 일 ショウ(にる)	鬺烹(상팽)
蠰 하늘소 상	[6虫17 총23획] 영 longicorn 중 náng 일 (かみきりむし)	
塞 변방 새	고3급 [3土10 총13획] 영 frontier 중 塞 sāi, sài 일 サイ(ふさぐ)	要塞(요새)
賽 굿 새	[7貝10 총17획] 영 exorcism 중 赛 sài 일 サイ(むくいまつる)	賽馬(새마) 賽神(새신)
璽 옥새 새	1급 [5玉14 총19획] 영 imperial seal 중 玺 xǐ 일 ジ(おして)	璽寶(새보) 玉璽(옥새)
鰓 아가미 새	[11魚9 총20획] 영 gill 중 鳃 sāi 일 サイ(あぎと)	鰓蓋(새개) 鰓骨(새골)

■ 索 찾을 색	3급 [6糸9 총15획] 영 search 중 索 suǒ 일 サク(さがす)	索引(색인) 索出(색출)
■ 色 빛 색	中7급 [6色0 총6획] 영 colour 중 sè 일 ショク(いろ)	色骨(색골) 色狂(색광)
□ 咋 씹을 색	[3口5 총8획] 영 chew 중 zǎ 일 サク(かむ)	咋舌(색설)
■ 嗇 아낄 색	1급 [3口10 총13획] 영 stingy 중 sè 일 ショク(おしむ)	嗇夫(색부) 吝嗇(인색)
□ 穡 거둘 색	[5禾13 총18획] 영 harvest 중 穡 sè 일 ショク(とりいれ)	穡夫(색부) 穡人(색인)
■ 生 날 생	中8급 [5生0 총5획] 영 born, live 중 shēng 일 セイ(いきる)	生家(생가) 生薑(생강)
■ 牲 희생 생	1급 [4牛5 총9획] 영 sacrifice 중 shēng 일 セイ(いけにえ)	牲犢(생독) 犧牲(희생)
□ 眚 백태 낄 생	[5目5 총10획] 영 leucoma 중 shěng 일 セイ(かすむ)	眚沴(생려) 眚禮(생례)
□ 笙 생황 생	[6竹5 총11획] 영 reed instrument 중 shēng 일 ソウ	笙磬(생경) 笙簫(생소)
■ 甥 생질 생	1급 [5生7 총12획] 영 nephew 중 shēng 일 セイ(おい)	甥姪(생질) 外甥(외생)
■ 西 서녘 서	中8급 [6襾0 총6획] 영 west 중 xī 일 セイ(にし)	西紀(서기) 西曆(서력)
■ 序 차례 서	中5급 [3广4 총7획] 영 order 중 xù 일 ジョ(ついで)	序文(서문) 序頭(서두)
■ 抒 펼 서	1급 [4手4 총7획] 영 spread 중 shū 일 ジョ(くみあげる)	抒情(서정) 抒情的(서정적)
□ 芧 도토리나무 서	[6艸4 총8획] 영 acorn 중 zhù 일 ショ(とんぐり)	芧栗(서률)

胥 서로 서	1급 [6肉 5 총9획] 영 each other 중 胥 xū 일 ショ(みな)	胥失(서실) 胥吏(서리)
徐 천천할 서	高3급 [3彳 7 총10획] 영 slow 중 徐 xú 일 ジョ(おもむろ)	徐步(서보) 徐行(서행)
恕 용서할 서	高3급 [4心 6 총10획] 영 pardon 중 恕 shù 일 ショ(ゆるす)	恕諒(서량) 恕免(서면)
栖 깃들일 서	[4木 6 총10획] 영 dwell 중 栖 qī, xī 일 セイ(すむ)	栖泊(서박)
書 글 서	中6급 [4曰 6 총10획] 영 write, book 중 书 shū 일 ショ(ふみ)	書架(서가) 書堂(서당)
庶 뭇 서	高3급 [3广 8 총11획] 영 numerous 중 庶 shù 일 ショ(もろもろ)	庶母(서모) 庶務(서무)
捿 깃들일 서	[4手 8 총11획] 영 roost 중 捿 qī, xī 일 セイ(すむ)	
敍 차례 서	高3급 [4攴 7 총11획] 영 order 중 敍 xù 일 ショ(のべる)	敍事詩(서사시) 敍述(서술)
逝 갈 서	高2급 [7辵 7 총11획] 영 pass away 중 逝 shì 일 セイ(しぬ)	逝去(서거) 逝者(서자)
壻 사위 서	1급 [3土 9 총12획] 영 son-in-law 중 壻 xù 일 セイ(むこ)	壻郞(서랑) 壻甥(서생)
犀 무소 서	1급 [4牛 8 총12획] 영 rhino 중 犀 xī 일 セイ(かたい)	犀角(서각) 犀帶(서대)
湑 이슬맺힐 서	[4水 9 총12획] 영 filter 중 湑 xū 일 ショ(こす)	有酒湑我 (유주서아)
棲 쉴 서	1급 [4木 8 총12획] 영 dwell 중 棲 qī, xī 일 セイ(すむ)	棲遁(서둔) 棲息(서식)
舒 펼 서	2급 [6舌 6 총12획] 영 unfold 중 舒 shū 일 ジョ(のびる)	舒卷(서권) 舒川(서천)

■ 黍 메기장 서	[1급] [12黍0 총12획] 영 millet 중 shǔ 일 ショ(きび)	黍離之歎(서리지탄) 黍皮(서피)
■ 暑 더울 서	[中3급] [4 日9 총13획] 영 hot 중 shǔ 일 ショ(あつい)	暑氣(서기) 暴暑(폭서)
■ 瑞 상서 서	[2급] [5 玉9 총13획] 영 happy 중 ruì 일 ズイ(めでたい)	瑞光(서광) 瑞氣(서기)
□ 筮 시초점 서	[6 竹7 총13획] 영 fortunetelling 중 shì 일 ゼイ(うらない)	筮龜(서귀) 筮卜(서복)
□ 鉏 호미 서	[8 金5 총13획] 영 weeding hoe 중 hú 일 ショ(すき)	鉏鉤(서구) 鉏鍤(서삽)
■ 鼠 쥐 서	[1급] [13鼠0 총13획] 영 rat 중 shǔ 일 ソ(ねずみ)	鼠肝蟲臂(서간충비) 鼠技(서기)
■ 署 마을관청 서	[高3급] [6 网9 총14획] 영 public office 중 shǔ 일 ショ(つかさ)	署理(서리) 署名(서명)
■ 緖 실마리 서	[高3급] [6 糸8 총14획] 영 clue 중 绪 일 ショ(こぐち)	緖論(서론) 緖言(서언)
■ 誓 맹세할 서	[高2급] [7 言7 총14획] 영 swear 중 shì 일 セイ(ちかう)	誓約(서약) 誓願(서원)
□ 蝑 메뚜기 서	[6 虫9 총15획] 영 grasshopper 중 xū 일 ショ(いなご)	蚣蝑(송서)
□ 鋤 호미 서	[8 金7 총15획] 영 weeding hoe 중 鋤 chú 일 ジョ(すき)	鋤麑斬斷(서귈참단) 鋤犁(서려)
□ 噬 씹을 서	[3 口13 총16획] 영 chew 중 shì 일 セイ(かむ)	噬啖(서담) 噬臍(서제)
□ 諝 슬기 서	[7 言9 총16획] 영 wisdom 중 谞 xū 일 ショ(さとい)	才諝(재서)
■ 嶼 섬 서	[1급] [3 山14 총17획] 영 island 중 屿 yǔ 일 ショ(しま)	島嶼(도서) 綠嶼(녹서)

■ 曙 새벽 서	1급 [4日14 총18획] 영 dawn 중 shǔ 일 ショ(あけぼの)	曙光(서광) 曙天(서천)
□ 癙 속끓일 서	[5疒13 총18획] 영 worry 중 shǔ 일 ショ(きやみ)	癙憂(서우)
■ 薯 마 서	1급 [6艸14 총18획] 영 Chinese yam 중 shǔ 일 ショ(やまのいも)	薯蕷(서여) 薯豉(서시)
■ 夕 저녁 석	中7급 [3夕0 총3획] 영 evening 중 xī 일 セキ(ゆうべ)	夕刊新聞(석간신문) 夕陽(석양)
■ 石 돌 석	中6급 [5石0 총5획] 영 stone 중 shí, dàn 일 セキ(いし)	石刻(석각) 石間水(석간수)
□ 汐 썰물 석	[4水3 총6획] 영 ebb tide 중 xī 일 セキ(うしお)	汐曇(석담)
■ 析 가를 석	高3급 [4木4 총8획] 영 devide 중 xī 일 セキ(さける)	析別(석별) 解析(해석)
■ 昔 옛 석	中3급 [4日4 총8획] 영 old 중 xī 일 セキ(むかし)	昔年(석년) 昔日(석일)
□ 矽 규소 석	[5石3 총8획] 영 silicon 중 xī 일 セキ(しりこん)	矽砂(석사) 矽酸(석산)
■ 席 자리 석	中6급 [3巾7 총10획] 영 seat 중 xí 일 セキ(むしろ)	席藁待罪(석고대죄) 席卷(석권)
■ 寶 밤 석	高3II급 [3宀8 총11획] 영 night 중 xí 일 セキ(よる)	
■ 惜 아낄 석	中3II급 [4心8 총11획] 영 prize 중 xī 일 セキ(おしむ)	惜別(석별) 惜敗(석패)
□ 淅 쌀 일 석	[4水8 총11획] 영 wash rice 중 xī 일 セキ(よなぐ)	淅瀝(석력) 비나 눈이 내리는 소리
■ 晳 분석할 석	2급 [4日8 총12획] 영 discriminate 중 晳 xī 일 セキ(あきらか)	晳次(석차) 明晳判明(명석판명)

□ 腊 포 석	[6肉8 총12획] 영 jerked beef 중 xī 일 セキ(ほじし)	腊毒(석독) 腊肉(석육)	
□ 舄 신 석	[6臼6 총12획] 영 foot gear 중 xì 일 セキ(くつ)	舄鹵(석로) 舄奕(석혁)	
■ 碩 클 석	2급 [5石9 총14획] 영 great 중 硕 shuò 일 セキ(おおきい)	碩果(석과) 碩德(석덕)	
□ 蓆 석구풀 석	[6艸10 총14획] 영 vast 중 xí 일 セキ(おおきい)	蓆薦(석천) 蓆戶(석호)	
□ 蜥 도마뱀 석	[6虫8 총14획] 영 lizard 중 xī 일 セキ(とかげ)	蜥蜴(석척)	
■ 奭 클 석	2급 [3大12 총15획] 영 prosperous 중 shì 일 セキ(さかん)	奭然(석연) 金奭準(김석준)	
■ 潟 염밭 석	1급 [4水12 총15획] 영 salt-land 중 潟 xì 일 セキ(かた)	潟口(석구) 潟湖(석호)	
■ 錫 주석 석	2급 [8金8 총16획] 영 tin 중 锡 xī 일 セキ(すず)	錫蘭(석란) 錫賚(석뢰)	
□ 螫 벌레쏠 석	[6虫11 총17획] 영 sting 중 zhē 일 セキ(さす)	螫魚(석어)	
□ 鼫 석쥐 석	[13鼠5 총18획] 영 squirrel 중 shí 일 セキ(むささび)	鼫鼠(석서)	
■ 釋 풀 석	高3급 [7釆13 총20획] 영 interpret 중 释 shì 일 セキ(とく)	釋迦(석가) 釋迦牟尼(석가모니)	
■ 仙 신선 선	中5급 [2人3 총5획] 영 fairy beings 중 xiān 일 セン(せんじん)	仙家(선가) 仙境(선경)	
■ 先 먼저 선	中8급 [2儿4 총6획] 영 previous 중 xiān 일 セン(さき)	先覺(선각) 先見之明(선견지명)	
■ 宣 베풀 선	4급 [3宀6 총9획] 영 give 중 宣 xuān 일 セン(のたまう)	宣傳(선전) 宣布(선포)	

扇 부채질할 선	1급 [4戶6 총10획] 영 fan 중 扇 shàn, shān 일 セン(うちわ)	扇面(선면) 扇烈(선열)
旋 돌 선	高3급 [4方7 총11획] 영 revolve 중 xuàn 일 セン(めぐる)	旋律(선율) 旋風(선풍)
善 착할 선	中5급 [3口9 총12획] 영 good 중 shàn 일 ゼン(よい)	善賈(선가) 善價(선가)
渲 바림 선	[4水9 총12획] 영 gradation 중 xuàn 일 セン(くまどり)	渲染(선염)
僊 춤출 선	[2人11 총13획] 영 dance 중 仙 xiān 일 セン(まう)	僊鳳寺(선봉사) 上僊(상선)
瑄 도리 옥 선	2급 [5玉9 총13획] 영 ornamental gem 중 xuān 일 セン(たま)	瑄玉(선옥) 薛瑄(설선)
羨 부러워할 선	1급 [6羊7 총13획] 영 envy 중 羡 xiàn 일 セン(うらやむ)	羨望(선망) 羨慕(선모)
腺 샘 선	1급 [6肉9 총13획] 영 gland 중 xiàn 일 セン(せん)	淋巴腺(임파선) 甲狀腺(갑상선)
詵 많을 선	[7言6 총13획] 영 many 중 诜 shēn 일 シン(おおい)	詵詵(선선)
跣 발 벗을 선	[7足6 총13획] 영 bare foot 중 xiǎn 일 セン(すあし)	跣足(선족) 跣走(선주)
煽 부채질할 선	1급 [4火10 총14획] 영 fan 중 煽 shān 일 セン(あおる)	煽動(선동) 煽動的(선동적)
銑 무쇠 선	1급 [8金6 총14획] 영 cast iron 중 铣 xiǎn 일 セン(つやがね)	銑鐵(선철) 銑鋼(선강)
嬋 고울 선	[3女12 총15획] 영 pretty 중 婵 chán 일 セン(みめよい)	嬋娟(선연)
燹 불 사를 선	[4火11 총15획] 영 burn 중 hàn 일 セン(やく)	燹焚(선분)

- **璇** 옥 선   2급 [5玉11 총15획]   영 gem 중 xuán 일 セン(たま)   璇宮(선궁) / 璇閨(선규)

- **線** 줄 선   中6급 [6糸9 총15획]   영 wire, thread 중 线 xiàn 일 セン(いと)   線路(선로) / 線形(선형)

- **膳** 반찬 선   1급 [6肉12 총16획]   영 side-dishes 중 shàn 일 セン(そなえもの)   膳啗(선담) / 膳物(선물)

- **選** 가릴 선   中5급 [7辶12 총16획]   영 select 중 选 xuǎn 일 セン(えらぶ)   選擧(선거) / 選良(선량)

- **獮** 죽일 선   [4犬14 총17획]   영 hunting 중 獮 xiǎn 일 セン(あきがり)   獮田(선전) 가을철에 하는 사냥

- **禪** 고요할 선   高3급 [5示12 총17획]   영 silent 중 禅 chán 일 ゼン(ゆずる)   禪客(선객) / 禪敎(선교)

- **鮮** 고울 선   中5급 [11魚6 총17획]   영 fine 중 鲜 xiǎn 일 セン(あきらか)   鮮潔(선결) / 鮮度(선도)

- **璿** 구슬 선   2급 [5玉14 총18획]   영 bead 중 璿 xuán 일 セン(たま)   璿璣玉衡(선기옥형) / 璿源大鄕(선원대향)

- **蟬** 매미 선   [6虫12 총18획]   영 cicada 중 蝉 chán 일 セン(せみ)   蟬殼(선각) / 蟬聲(선성)

- **繕** 기울 선   2급 [6糸12 총18획]   영 mend 중 缮 shàn 일 セン(つくろう)   繕補(선보) / 繕修(선수)

- **蟮** 지렁이 선   [6虫12 총18획]   영 earthworm 중 shàn 일 セン(みみず)   蚰蟮(곡선)

- **蘚** 이끼 선   [6艸17 총21획]   영 moss 중 xiǎn 일 セン(こけ)   蘚崖(선애) / 蘚牆(선장)

- **饍** 차반 선   [9食12 총21획]   영 side-dish 중 饍 shàn 일 ゼン(おかず)   饍御(선어)

- **癬** 마른옴 선   [5疒17 총22획]   영 itch 중 xuǎn 일 セン(たむし)   乾癬(건선) / 白癬(백선)

☐	鱓 드렁허리 선	[11魚12 총23획] 영 Monopterus albus 중 shàn 일 セン(うみへび)	鱓更(선경)
☐	鱻 날고기 선	[11魚22 총38획] 영 fresh raw fish 중 xiān 일 セン(あたらしい)	鱻薨(선고) 鱻餐(선찬)
■	船 배 선	中5급 [6舟5 총11획] 영 ship 중 chuán 일 セン(ふね)	船客(선객) 船具(선구)
■	舌 혀 설	高4급 [6舌0 총6획] 영 tongue 중 shé 일 セツ(した)	舌乾脣焦(설건순초) 舌芒千劍(설망우검)
■	泄 샐 설	1급 [4水5 총8획] 영 leak 중 xiè 일 セツ(くだす)	泄露(설로) 泄瀉病(설사병)
■	洩 샐 설	1급 [4水6 총9획] 영 leak 중 洩 xiè 일 エイ(もれる)	漏洩(누설) 洩漏(설루)
☐	挈 끌 설	[4手6 총10획] 영 draw 중 qiè 일 ケイ(かける)	挈家(설가) 挈壺(설호)
■	屑 가루 설	1급 [3尸7 총10획] 영 pieces, powder 중 xiè 일 セツ(くず)	屑糖(설탕) 屑鐵(설철)
■	卨 사람이름 설	2급 [2卜9 총11획] 중 xiè 일 セツ	慶州卨(경주설) 李相卨(이상설)
☐	紲 맬 설	[6糸5 총11획] 영 fasten 중 紲 xiè 일 セツ(つなぐ)	紲袢(설반) 紲踰(설유)
■	設 베풀 설	中4급 [7言4 총11획] 영 give 중 设 shè 일 セツ(もうける)	設計(설계) 設立(설립)
■	雪 눈 설	中6급 [8雨3 총11획] 영 snow 중 xuě 일 セツ(ゆき)	雪景(설경) 雪泥鴻爪(설니홍조)
☐	媟 거만스러울 설	[3女9 총12획] 영 haughty 중 xiè 일 セツ(あなどる)	媟近(설근) 媟嫚(설만)
■	渫 파낼 설	1급 [4水9 총12획] 영 dig 중 xiè 일 セツ(ちる)	浚渫(준설) 浚渫船(준설선)

楔	문설주 설	[4木9 총13획] 영 gatepost 중 xiē 일 セツ(ほこたち)	楔子(설자)
說	말씀 설	중5급 [7言7 총14획] 영 speak 중 说 일 セツ(とく)	說得(설득) 說明(설명)
褻	평복 설	[6衣11 총17획] 영 ordinary dress 중 亵 xiè 일 ヒツ(ふだんぎ)	褻器(설기) 褻服(설복)
薛	쑥 설	2급 [6艸13 총17획] 영 mug wort 중 xuē 일 セツ(よもぎ)	薛越(설월) 薛緯(설위)
齧	깨물 설	[15齒6 총21획] 영 bite 중 齧 niè 일 ゲツ(かむ)	齧殺(설살) 齧噬(설서)
囓	씹을 설	[3口21 총24획] 영 bite 중 niè 일 ゲツ(かむ)	窮鼠囓猫 (궁서설묘)
閃	번쩍일 섬	1급 [8門2 총10획] 영 flash 중 闪 shǎn 일 セン(ひらめく)	閃光(섬광) 閃電(섬전)
陝	땅이름 섬	[8阜7 총10획] 영 province 중 陝 shǎn 일 セン	陝省(섬성)
暹	해돋을 섬	2급 [4日12 총16획] 영 the Rising Sun 중 暹 xiān 일 セン	暹羅(섬라)
憸	간사할 섬	[4心13 총16획] 영 cunning 중 xiān 일 セン(よこしま)	憸巧(섬교) 憸佞(섬녕)
蟾	두꺼비 섬	2급 [6虫13 총19획] 영 toad 중 chán 일 セン(ひきがえる)	蟾光(섬광) 蟾魄(섬백)
孅	가늘 섬	[3女17 총20획] 영 slender 중 xián 일 セン(かよわい)	孅介(섬개) 孅嗇(섬색)
贍	넉넉할 섬	[7貝13 총20획] 영 sufficient 중 赡 shàn 일 セン(たりる)	贍給(섬급) 贍麗(섬려)
殲	죽일 섬	1급 [4歹17 총21획] 영 destroy 중 歼 jiān 일 セン(つきる)	殲滅(섬멸) 殲撲(섬박)

- **纖** 가늘 **섬**
  - 2급 [6糸17 총23획]
  - 영 thin 중 纖 xiān 일 繊 セン(ほそい)
  - 纖巧(섬교)
  - 纖羅(섬라)

- **涉** 건널 **섭**
  - 3급 [4水7 총10획]
  - 영 cross 중 shè 일 ショウ(わたる)
  - 涉歷(섭력)
  - 涉獵(섭렵)

- **囁** 소곤거릴 **섭**
  - [2人11 총13획]
  - 영 whisper 중 xī, xiè 일 セツ(ささやく)
  - 囁嚅(섭유)

- **燮** 화할 **섭**
  - 2급 [4火13 총17획]
  - 영 harmonize 중 xiè 일 ショウ(やわらぐ)
  - 燮理(섭리)
  - 燮和(섭화)

- **聶** 소곤거릴 **섭**
  - [6耳12 총18획]
  - 영 whisper 중 聂 niè 일 ショウ(ささやく)
  - 聶聶(섭섭)
  - 聶許(섭허)

- **攝** 당길 **섭**
  - 高2급 [4手18 총21획]
  - 영 pull 중 摄 shè 일 ショウ(つかむ)
  - 攝理(섭리)
  - 攝生(섭생)

- **慴** 무서울 **섭**
  - [4心18 총21획]
  - 영 fearful 중 慑 shè, zhé 일 ショウ(おそる)
  - 慴畏(섭외)
  - 慴怖(섭포)

- **欇** 단풍나무 **섭**
  - [4木17 총21획]
  - 영 maple tree 중 摄 shè 일 ショウ(かえで)
  - 欇欇(섭섭)
  - 欇殳(섭수)

- **躡** 밟을 **섭**
  - [7足18 총25획]
  - 영 tread 중 蹑 niè 일 ジョウ(ふむ)
  - 躡屐(섭극)
  - 躡敵(섭적)

- **成** 이룰 **성**
  - 中6급 [4戈2 총6획]
  - 영 achieve 중 chéng 일 セイ(なる)
  - 成家(성가)
  - 成功(성공)

- **姓** 성씨 **성**
  - 中7급 [3女5 총8획]
  - 영 family name 중 xìng 일 セイ(うじ)
  - 姓名(성명)
  - 姓氏(성씨)

- **性** 성품 **성**
  - 中5급 [4心5 총8획]
  - 영 personality 중 xìng 일 セイ(たち)
  - 性感(성감)
  - 性格(성격)

- **星** 별 **성**
  - 中4Ⅱ급 [4日5 총9획]
  - 영 star 중 xīng 일 セイ(ほし)
  - 星群(성군)
  - 星霜(성상)

- **省** 살필 **성**
  - 中6급 [5目4 총9획]
  - 영 look 중 shěng 일 セイ(かえりみる)
  - 省改(성개)
  - 省墓(성묘)

■ 城 성 **성**	中4급 [3土7 총10획] 영 castle 중 chéng 일 セイ(しろ)	城廓(성곽) 城內(성내)
■ 晟 밝을 **성**	2급 [4日7 총11획] 영 bright 중 shèng 일 セイ(あきらか)	大晟樂(대성악)
■ 醒 깰 **성**	1급 [7酉9 총16획] 영 perceive 중 xǐng 일 セイ(さとる)	醒鐘(성종) 醒覺(성각)
□ 猩 성성이 **성**	[4犬9 총12획] 영 chimpanzee 중 xīng 일 ソウ(さる)	猩猩(성성) 猩脣(성순)
■ 盛 성할 **성**	中4급 [5皿7 총12획] 영 prosper 중 shèng 일 セイ(さかえる)	盛彊(성강) 盛擧(성거)
□ 筬 바디 **성**	[6竹7 총13획] 영 reed 중 chéng 일 セイ(おさ)	筬筶(성구) 筬匠(성장)
■ 聖 성스러울 **성**	中4급 [6耳7 총13획] 영 saint 중 圣 shèng 일 セイ(ひじり)	聖歌(성가) 聖架(성가)
□ 腥 비릴 **성**	[6肉9 총13획] 영 smell of fish 중 xīng 일 セイ(なまぐさい)	腥德(성덕) 腥聞(성문)
■ 誠 정성 **성**	中4급 [7言7 총14획] 영 sincere 중 诚 chéng 일 セイ(まこと)	誠金(성금) 誠實(성실)
■ 醒 술깰 **성**	1급 [7酉9 총16획] 영 become sober 중 xǐng 일 セイ(さとる)	醒覺(성각) 醒悟(성오)
■ 聲 소리 **성**	中4급 [6耳11 총17획] 영 sound 중 声 shēng 일 声 ショウ(こえ)	聲價(성가) 聲帶(성대)
□ 騂 붉은 말 **성**	[10馬7 총17획] 영 reddish horse 중 xīng 일 セイ(あかうま)	騂騂(성성)
■ 世 인간 **세**	中7급 [1一4 총5획] 영 world 중 shì 일 セ(よ)	世間(세간) 世居(세거)
□ 洒 씻을 **세**	[4水6 총9획] 영 wash 중 洒 sǎ 일 セイ(あらう)	洒濯(세탁)

洗 씻을 세	中5급 [4水6 총9획] 영 wash 중 xǐ 일 セイ(あらう)	洗腦(세뇌) 洗手(세수)
帨 수건 세	[3巾7 총10획] 영 handkerchief 중 shuì 일 ゼイ(てぬぐい)	帨褵(세리)
涗 잿물 세	[4水7 총10획] 영 lye 중 shuì 일 セイ(あく)	涗酌(세작)
細 가늘 세	中4급 [6糸5 총11획] 영 thin, slender 중 細 xì 일 サイ(ほそい)	細工(세공) 細管(세관)
稅 구실 세	中4급 [5禾7 총12획] 영 tax 중 稅 shuì 일 ゼイ(みつぎ)	稅關(세관) 稅金(세금)
貰 빌릴 세	2급 [7貝5 총12획] 영 hire 중 貰 shì 일 セイ(かりる)	貰家(세가) 貰冊(세책)
勢 기세 세	中4급 [2力11 총13획] 영 force 중 势 shì 일 セイ(いきおい)	勢家(세가) 勢客(세객)
歲 해 세	中5급 [4止9 총13획] 영 year, age 중 岁 suì 일 歳セイ(とし)	歲末(세말) 歲時(세시)
蛻 매미 허물 세	[6虫7 총13획] 영 castoff skin 중 蛻 tuì 일 ゼイ(ぬけがら)	蟬蛻(선세) 委蛻(위세)
繐 베 세	[6糸11 총17획] 영 loose fabric 중 suì, huì 일 セイ(あらぬの)	小功之繐 (소공지세)
小 작을 소	中8급 [3小0 총3획] 영 small, little 중 xiǎo 일 ショウ(ちいさい)	小家族(소가족) 小康(소강)
少 적을 소	中7급 [3小1 총4획] 영 little, young 중 shǎo 일 ショウ(すくない)	少女(소녀) 少量(소량)
召 부를 소	高3급 [3口2 총5획] 영 call 중 zhào 일 ショウ(めす)	召命(소명) 召集(소집)
疋 발 소	1급 [5疋0 총5획] 영 foot 중 pǐ, yǎ 일 ショ(あし)	疋緞(필단) 疋頭(필두)

劭	힘쓸 소	[2力 5 총7획] 영 diligent 중 shào 일 ショウ(つとめる)	劭令(소령)
劭	대신 소	[2人 5 총7획] 영 introduce 중 shào 일 ショウ(とりつぐ)	佋价(소개) 佋穆(소목)
肖	쇠약할 소	高3급 [6肉 3 총7획] 영 similar 중 肖 xiào 일 ショウ(にる)	肖似(초사) 肖像(초상)
所	바 소	中7급 [4戶 4 총8획] 영 place 중 suǒ 일 ショ(ところ)	所感(소감) 所見(소견)
泝	올라갈 소	[4水 5 총8획] 영 flow back 중 泝 sù 일 ソ(さかのぼる)	泝流(소류)
沼	늪 소	2급 [4水 5 총8획] 영 marsh 중 zhǎo 일 ショウ(ぬま)	沼氣(소기) 沼畔(소반)
邵	땅이름 소	2급 [7邑 5 총8획] 영 town name 중 邵 zhāo 일 ショウ(あきらか)	邵康節(소강절) 邵齡(소령)
炤	밝을 소	[4火 5 총9획] 영 bright 중 zhào 일 ショウ(てらす)	炤炤(소소)
昭	밝을 소	高3급 [4日 5 총9획] 영 bright 중 zhāo 일 ショウ(あきらか)	昭詳(소상) 昭詳分明(소상분명)
釗	힘쓸 소	[8金 2 총10획] 영 audience 중 釗 zhāo 일 ショウ(まゆみ)	
宵	밤 소	1급 [3宀 7 총10획] 영 night 중 xiāo 일 ショウ(よる)	宵明(소명) 宵晨(소신)
消	사라질 소	中6급 [4水 7 총10획] 영 extinguish 중 消 xiāo 일 ショウ(きえる)	消却(소각) 消失(소실)
捎	덜 소	[4手 7 총10획] 영 take off 중 捎 shāo 일 ショウ(のぞく)	捎殺(소살) 捎雲(소운)
素	흴 소	中4급 [6糸 4 총10획] 영 white, source 중 sù 일 ソ(もと)	素粒子(소립자) 素描(소묘)

笑 웃음 소	中4급 [6 竹4 총10획] 영 laugh 중 xiào 일 ショウ(わらう)	笑納(소납) 笑談(소담)
巢 새집 소	2급 [3 巛8 총11획] 영 nest 중 cháo 일 ソウ(す)	巢居(소거) 巢窟(소굴)
埽 쓸 소	[3 土8 총11획] 영 sweep 중 sào 일 ソウ(はく)	埽眉(소미) 埽除(소제)
梢 마들가리 소	1급 [4 木7 총11획] 영 twig 중 梢 shāo 일 ショウ(こずえ)	
掃 쓸 소	高4급 [4 手8 총11획] 영 sweep 중 扫 sǎo, sào 일 ソウ(はく)	掃萬(소만) 掃滅(소멸)
梳 빗 소	1급 [4 木7 총11획] 영 comb 중 shū 일 ソ(くし)	梳沐(소목) 梳洗(소세)
疏 트일 소	高3급 [5 疋6 총11획] 영 open 중 shū 일 ソ(わかれる)	疏開(소개) 疏隔(소격)
紹 이을 소	2급 [6 糸5 총11획] 영 introduce 중 绍 shào 일 ショウ	紹介(소개) 紹介狀(소개장)
莦 모진 풀 소	[6 艸7 총11획] 영 grass 중 莦 sháo 일 ソウ(わるいくさ)	
逍 거닐 소	1급 [7 辵7 총11획] 영 stroll 중 逍 xiāo 일 ショウ(ぶらつく)	逍遙(소요) 逍遙遊(소요유)
疎 성길 소	1급 [5 疋7 총12획] 영 sparse, rare 중 疎 shū 일 ソ(まれ)	疎外(소외) 疎外感(소외감)
痟 머리 아플 소	[5 疒7 총12획] 영 headache 중 xiāo 일 ショウ(ずつう)	痟癢(소양)
甦 깨어날 소	1급 [5 生7 총12획] 영 revival 중 甦 sū 일 ソ(よみがえる)	甦息(소식) 甦生(소생)
酥 타락죽 소	[7 酉5 총12획] 영 cow's milk 중 sū 일 ソ(ちちしる)	酥燈(소등) 酥酪(소락)

■ 訴 하소연할 소	高3급 [7 言5 총12획] 영 appeal 중 诉 sù 일 ソ(うったえる)	訴訟(소송) 訴請(소청)
■ 塑 토우 소	1급 [3 土10 총13획] 영 clay figure 중 sù 일 ソ(でく)	塑像(소상) 塑造(소조)
□ 嗉 멀떠구니 소	[3 口10 총13획] 영 crop 중 sù 일 ソ(えぶくろ)	嗉囊(소낭)
■ 搔 긁을 소	1급 [4 手10 총13획] 영 scratch 중 sāo 일 ソウ(かく)	搔首(소수) 搔癢(소양)
□ 溯 거슬러 올라갈 소	[4 水10 총13획] 영 flowing back 중 sù 일 ソ(さかのぼる)	溯考(소고)
□ 蛸 거미알 소	[6 虫7 총13획] 영 beetle 중 蛸 xiāo 일 ショウ(あしたかぐも)	蛸枕(소침)
□ 愬 고할 소	[4 心10 총14획] 영 appeal 중 sù 일 ソ(うったえる)	告愬(고소)
■ 遡 거스를 소	1급 [7 辵10 총14획] 영 go back to 중 遡 sù 일 ソ(さかのぼる)	遡源(소원) 遡風(소풍)
□ 韶 순의 풍류 소	[9 音5 총14획] 영 beautiful 중 sháo 일 ショウ(うつくしい)	韶景(소경) 韶光(소광)
□ 嘯 휘파람 소	[3 口12 총15획] 영 whistle 중 啸 xiào 일 ショウ(うそぶく)	嘯詠(소영) 嘯傲(소오)
■ 瘙 종기 소	1급 [5 疒10 총15획] 영 scabies 중 sào 일 ショウ(ひぜん)	皮膚瘙癢症 (피부소양증)
■ 蔬 나물 소	高3급 [6 艸11 총15획] 영 vegetable 중 shū 일 ソ(あおもの)	蔬菜(소채) 蔬食(소식)
□ 艘 배 소	[6 舟9 총15획] 영 shipping 중 sāo 일 ショウ(ふね)	艘楫(소집) 艘海(소해)
□ 霄 하늘 소	[8 雨7 총15획] 영 sky 중 霄 xiāo 일 ショウ(そら)	霄壤(소양) 霄壤之判(소양지판)

□	銷 녹을 소	[8金 7 총15획] 영 melt 중 銷 xiāo 일 ショウ(とける)	銷刻(소각) 銷耗(소모)
■	燒 사를 소	高3급 [4火 12 총16획] 영 burn 중 烧 shāo 일 ショウ(やく)	燒殺(소살) 燒失(소실)
□	穌 쉴 소	[5禾 11 총16획] 영 revive 중 酥 sū 일 ソ(よみがえる)	
■	蕭 쓸쓸할 소	1급 [6艹 12 총16획] 영 lonely 중 萧 xiāo 일 ショウ(よもぎ)	蕭灑(소쇄) 蕭瑟(소슬)
□	篠 가는 대 소	[6竹 10 총16획] 영 reed 중 篠 xiāo 일 ジョウ(ささ)	篠驂(소참)
□	繅 고치 켤 소	[6糸 11 총17획] 영 cocoon 중 繅 xiāo 일 ソウ(あや)	繅絲(소사)
□	髾 털끝 소	[10彡 7 총17획] 영 a hair tips 중 shāo 일 ショウ(かみのさき)	散垂髾於後 (산수소어후)
□	魈 산도깨비 소	[10鬼 7 총17획] 영 ghost 중 魈 xiāo 일 ショウ(すだま)	
■	簫 통소 소	1급 [6竹 12 총18획] 영 clarinet 중 箫 xiāo 일 ショウ(ふえ)	簫鼓(소고) 簫寂(소적)
□	瀟 강이름 소	[4水 16 총19획] 영 river name 중 潇 xiāo 일 ショウ(きよい)	瀟瀟(소소)
■	繰 고치 켤 소	1급 [6糸 13 총19획] 영 reel silk 중 缲 qiāo, sāo 일 ソウ(くる)	繰繭(소견) 繰車(소거)
■	蘇 깨어날 소	高3급 [6艹 16 총20획] 영 revive 중 苏 sū 일 ソ(よみがえる)	蘇東坡(소동파) 蘇復(소복)
■	騷 떠들 소	高3급 [10馬 10 총20획] 영 noisy 중 骚 sāo 일 ソウ(さわぐ)	騷動(소동) 騷亂(소란)
□	蠨 납거미 소	[6虫 16 총22획] 영 Uroctea lesserti 중 xiāo 일 ショウ(あしたかぐも)	蠨蛸(소소)

■ 束 묶을 속	高5급 [4木3 총7획] 영 bundle 중 shù 일 ソク(たばねる)	束縛(속박) 束裝(속장)
■ 俗 풍습 속	中4급 [2人7 총9획] 영 custom 중 sú 일 ゾク(ならわし)	俗家(속가) 俗界(속계)
■ 粟 조 속	高3급 [6米5 총11획] 영 millet 중 sù 일 ゾク(あわ)	粟散(속산) 粟殼(속각)
■ 速 빠를 속	中6급 [7辵7 총11획] 영 quick 중 速 sù 일 ソク(すみやか)	速決(속결) 速攻法(속공법)
□ 蔌 푸성귀 속	[6艸11 총15획] 영 vegetable 일 ソク(あおもの)	蔌蔌(속속)
□ 楸 떡갈나무 속	[4木11 총15획] 영 oak 중 sù 일 ソク(しば)	槲楸(곡속) 樸楸(박속)
□ 謖 일어날 속	[7言10 총17획] 영 raise 중 谡 sù 일 シュク(たつ)	泣斬馬謖 (읍참마속)
□ 藚 택사 속	[6艸15 총19획] 영 Alisma 중 藚 xù 일 ゾク(おもだか)	
■ 續 이을 속	中4급 [6糸14 총20획] 영 continue 중 续 xù 일 ショク(つづく)	續刊(속간) 續開(속개)
■ 贖 속바칠 속	1급 [7貝15 총22획] 영 redeem 중 赎 shú 일 ショク(あがなう)	贖錢(속전) 贖罪(속죄)
■ 孫 손자 손	中6급 [3子7 총10획] 영 grandson 중 孙 sūn 일 ソン(まご)	孫女(손녀) 孫婦(손부)
□ 巽 부드러울 손	[3己9 총12획] 영 soft 중 巽 xùn 일 ソン(ゆずる)	巽方(손방) 巽劣(손열)
□ 飧 저녁밥 손	[9食3 총12획] 영 supper 중 sūn 일 ソン(ゆうめし)	飧泄(손설) 飧饔(손옹)
■ 損 덜 손	高4급 [4手10 총13획] 영 injure, loss 중 损 sǔn 일 ソン(へる)	損金(손금) 損耗(손모)

蓀 난초 손	[6艹10 총14획] 영 iris 중 蓀 sūn 일 ソン(はなあやめ)	蓀美(손미) 蓀橈(손요)
遜 겸손할 손	[1급] [7辶10 총14획] 영 modest 중 遜 xùn 일 ソン(へりくだる)	遜遁(손둔) 遜辭(손사)
噀 물 뿜을 손	[3口12 총15획] 영 spout 중 xùn 일 ソン(ふく)	噀墨將軍 (손묵장군)
率 거느릴 솔	[5玄6 총11획] 영 lead 중 shuài 일 ソツ(したがう)	率去(솔거) 率兵(솔병)
蟀 귀뚜라미 솔	[6虫11 총17획] 영 cricket 중 shuài 일 シュツ(こおろぎ)	蟋蟀(실솔)
宋 송나라 송	[2급] [3宀4 총7획] 영 Song 중 sòng 일 ソウ	宋襄之仁 (송양지인)
松 소나무 송	[中4급] [4木4 총8획] 영 pine-tree 중 sōng 일 ショウ(まつ)	松林(송림) 松柏(송백)
悚 두려울 송	[1급] [4心7 총10획] 영 fear 중 sǒng, sóng 일 ショウ(おそれる)	悚愧(송괴) 悚懼(송구)
送 보낼 송	[中4급] [7辶6 총10획] 영 send 중 送 sòng 일 ソウ(おくる)	送客(송객) 送球(송구)
淞 강 이름 송	[4水8 총11획] 영 river 중 sōng 일 ショウ(かわ)	霧淞(무송) 霧淞(몽송)
訟 송사할 송	[高3급] [7言4 총11획] 영 lawsuit 중 讼 sòng 일 ショウ(うつたえる)	訟事(송사) 訟案(송안)
竦 공경할 송	[5立7 총12획] 영 respect 중 sǒng 일 ショウ(つつしむ)	竦然(송연) 竦身(송신)
頌 기릴 송	[高4급] [9頁4 총13획] 영 admire 중 頌 sòng 일 ショウ(ほめる)	頌歌(송가) 頌德(송덕)
蜙 베짱이 송	[6虫8 총14획] 영 grasshopper 중 sōng 일 ショウ	蜙蝑(송서)

■ 誦 욀 송	高3급 [7言7 총14획] 영 recite 중 诵 sòng 일 ショウ(となえる)		誦讀(송독) 誦呪(송주)
□ 鬆 더부룩할 송	[10髟8 총18획] 영 loosen 중 鬆 sōng 일 ソウ(みだれる)		鬆口(송구) 鬆動(송동)
■ 刷 인쇄할 쇄	高3I급 [2刀6 총8획] 영 print 중 shuā, shuà 일 サツ(する)		刷掃(쇄소) 刷新(쇄신)
■ 碎 부술 쇄	1급 [5石8 총13획] 영 break 중 suì 일 サイ(くだく)		碎骨粉身(쇄골분신) 碎鑛(쇄광)
□ 瑣 옥가루 쇄	[5玉10 총14획] 영 fragment 중 瑣 suǒ 일 サ(こまかい)		瑣吶(쇄납)
■ 鎖 쇠사슬 쇄	高3급 [8金10 총18획] 영 chain 중 锁 일 サ(じょう)		鎖骨(쇄골) 鎖國(쇄국)
■ 灑 뿌릴 쇄	1급 [4水19 총22획] 영 sprinkle 중 灑 sǎ 일 サイ(そそぐ)		灑掃(쇄소) 灑落(쇄락)
□ 曬 햇빛쬘 쇄	[4日19 총23획] 영 expose to the sun 중 曬 shài, shà 일 サイ(さらす)		曬書(쇄서)
■ 衰 쇠할 쇠	高3I급 [6衣4 총10획] 영 weaken 중 shuāi 일 スイ(おとろえる)		衰落(쇠락) 衰弱(쇠약)
■ 手 손 수	中7급 [4手0 총4획] 영 hand 중 shǒu 일 シュ(て)		手簡(수간) 手決(수결)
□ 殳 몽둥이 수	[4殳0 총4획] 영 club 중 shū 일 シュ(ほこ)		殳書(수서) 戈殳(과수)
■ 水 물 수	中8급 [4水0 총4획] 영 water, river 중 shuǐ 일 スイ(みず)		水魔(수마) 水路(수로)
■ 囚 가둘 수	高3급 [3囗2 총5획] 영 be confined 중 qiú 일 シュウ(とらえる)		囚車(수거) 囚虜(수로)
■ 守 지킬 수	中4I급 [3宀3 총6획] 영 defend, keep 중 shǒu 일 シュ(まもる)		守誡(수계) 守舊(수구)

■ 收 거둘 수	中4급 [4攴2 총6획] 영 gather 중 shōu 일 シュウ(おさめる)	收監(수감) 收金(수금)
■ 戍 수자리 수	中3급 [4戈2 총6획] 영 frontier guards 중 shù 일 ジュ(まもる)	戍樓(수루) 戍兵(수병)
ㅍ 秀 빼어날 수	中4급 [5禾2 총7획] 영 excellent 중 일 シュウ(ひいでる)	秀傑(수걸) 秀潔(수결)
■ 受 받을 수	中4급 [4又6 총8획] 영 receive 중 shòu 일 ジュ(うける)	受講(수강) 受檢(수검)
□ 岫 바위 구멍 수	[3山5 총8획] 영 orifice 중 xiù 일 シュウ(いわあな)	岫雲(수운) 巖岫(암수)
■ 垂 드리울 수	高2급 [3土5 총8획] 영 hang down 중 chuí 일 スイ(たれる)	垂簾(수렴) 垂簾聽政(수렴청정)
□ 泅 헤엄칠 수	[4水5 총8획] 영 swim 중 qiú 일 シュウ(およぐ)	泅泳(수영)
■ 帥 장수 수	高3급 [3巾6 총9획] 영 general 중 帅 shuài 일 ショウ(かしら)	帥臣(수신) 帥旗(수기)
■ 洙 물가 수	2급 [4水6 총9획] 영 beach 중 zhū 일 シュ(ほとり)	洙泗學(수사학) 泗洙(사수)
■ 狩 겨울 사냥 수	1급 [4犬6 총9획] 영 hunting in winter 중 shòu 일 シュウ(かり)	狩獵(수렵) 狩人(수인)
■ 首 머리 수	中5급 [9首0 총9획] 영 head 중 shǒu 일 シュ(くび)	首句(수구) 首魁(수괴)
□ 叟 어른 수	[2又8 총10획] 영 old man 중 sǒu 일 ソウ(としより)	叟兵(수병) 叟叟(수수)
■ 修 닦을 수	中4급 [2人8 총10획] 영 cultivate 중 xiū 일 シュウ(おさめる)	修改(수개) 修交(수교)
■ 殊 다를 수	高3급 [4歹6 총10획] 영 special 중 shū 일 シュ(ことに)	殊功(수공) 殊勝(수승)

□ 涑 빨래할 수	[4水7 총10획] 영 wash 중 sù 일 ソク(あらう)		涑水(속수)
□ 祟 빌미 수	[5示5 총10획] 영 curse 중 suì 일 スイ(たたり)		餘祟(여수) 添祟(첨수)
□ 茱 수유 수	[6艸6 총10획] 영 evodia 중 zhū 일 シュ(かわはじかみ)		茱萸(수유) 茱萸油(수유유)
■ 袖 소매 수	1급 [6衣5 총10획] 영 sleeve 중 xiù 일 シュウ(そで)		袖納(수납) 袖傳(수전)
□ 售 팔 수	[3口8 총11획] 영 sell 중 shòu 일 シュウ(うる)		買售(매수) 發售(발수)
■ 授 줄 수	中4급 [4手8 총11획] 영 give 중 shòu 일 ジュ(さずける)		授戒(수계) 授受(수수)
□ 琇 옥돌 수	[5玉7 총11획] 영 gem 중 xiù 일 シュウ(しゆうえい)		琇實(수실) 琇瑩(수형)
■ 羞 부끄러울 수	1급 [6羊5 총11획] 영 shame, shy 중 xiū 일 シュウ(はじる)		羞愧(수괴) 羞澁疑阻(수삽의조)
□ 脩 포 수	[6肉7 총11획] 영 jerked beef 중 脩 xiū 일 シュウ(ほじし)		脩路(수로) 脩睦(수목)
□ 陲 변방 수	[8阜8 총11획] 영 frontier 중 chuí 일 スイ(さかい)		邊陲(변수) 四陲(사수)
■ 隋 수나라 수	2급 [8阜9 총12획] 영 Sui 중 隋 suí 일 ダ(おちる)		隋珠(수주) 隋書(수서)
■ 須 모름지기 수	中3급 [9頁3 총12획] 영 shoud 중 须 xū 일 シュ(しばらく)		須彌壇(수미단) 須要(수요)
□ 廋 숨길 수	[3广10 총13획] 영 hide 중 sōu 일 ソウ(かくす)		廋伏(수복) 廋索(수색)
■ 嫂 형수 수	1급 [3女10 총13획] 영 elder brother's wife 중 sǎo 일 ソウ		嫂叔(수숙) 兄嫂(형수)

漢字	중국어	영어 / 한어병음 / 일본어	단어

■ **愁** 시름 수 — 中3급 [4心 9 총13획] 영 worry 중 chóu 일 シュウ(うれう) — 愁眉(수미), 愁悶(수민)

□ **綏** 편안할 수 — [6糸 7 총13획] 영 peaceful 중 綏 suí 일 スイ(やすんずる) — 綏撫(수무), 綏邊(수변)

□ **溲** 오줌 수 — [4水 10 총13획] 영 urine, piss 중 sōu 일 シュウ(ゆばり) — 溲瓶(수병)

■ **搜** 찾을 수 — 高2급 [4手 10 총13획] 영 search 중 sōu 일 ソウ(さがす) — 搜査(수사), 搜索(수색)

□ **睟** 똑바로 볼 수 — [5目 8 총13획] 영 look straight 중 shuì 일 スイ(つやつやしい) — 睟然(수연)

□ **竪** 세울 수 — 1급 [5立 8 총13획] 영 vertical 중 竪 shù 일 ジュ(たてる) — 竪立(수립)

■ **睡** 졸음 수 — 高3급 [5目 8 총13획] 영 sleep 중 shuì 일 スイ(ねむる) — 睡魔(수마), 睡眠(수면)

■ **粹** 순수할 수 — 1급 [6米 8 총13획] 영 pure 중 cuì 일 スイ(まじりけない) — 粹美(수미), 粹白(수백)

■ **遂** 드디어 수 — 高3급 [7辵 9 총13획] 영 accomplish 중 遂 suì 일 スイ(ついに) — 遂誠(수성), 遂意(수의)

■ **酬** 갚을 수 — 1급 [7酉 6 총13획] 영 return 중 chóu 일 シュウ(むくいる) — 酬答(수답), 酬應(수응)

□ **嗽** 기침할 수 — [3口 11 총14획] 영 cough 중 sòu 일 ソウ(せき) — 嗽咳(수해), 嗽獲(수획)

■ **嗾** 부추길 수 — 1급 [3口 11 총14획] 영 instigate 중 sōu 일 ソウ(そそのかす) — 嗾囑(주촉), 使嗾(사주)

■ **壽** 목숨 수 — 中3급 [3士 11 총14획] 영 life 중 寿 shòu 일 寿 ジュ(とし) — 壽康(수강), 壽命長壽(수명장수)

□ **漱** 양치질할 수 — [4水 11 총14획] 영 gargle 중 shù 일 ソウ(くちすすぐ) — 漱刷(수쇄)

한자	급수/획수	영/중/일	용례
■ 蒐 모을 수	1급 [6 艹10 총14획]	영 gather 중 蒐 sōu 일 シュウ(あつめる)	蒐集(수집) 蒐集商(수집상)
□ 膄 파리할 수	[6 肉10 총14획]	영 emaciated 중 yú 일 ジュウ(やせる)	膄瘠(수척)
□ 綬 인끈 수	[6 糸8 총14획]	영 seal strap 중 綬 shòu 일 シュウ(ひも)	綬幟(수치) 綬章(수장)
□ 銖 저울눈 수	[8 金6 총14획]	영 measure of a beam 중 铢 zhū 일 シュ(はかりめ)	銖鈍(수둔) 銖兩(수량)
■ 需 구할 수	高3급 [8 雨6 총14획]	영 demand 중 xū 일 ジュ(もとめる)	需給(수급) 需要(수요)
■ 銖 저울눈 수	2급 [8 金6 총14획]	영 measure of a beam 중 铢 zhū 일 シュ(はかりめ)	銖鈍(수둔) 銖兩(수량)
■ 數 헤아릴 수	中7급 [4 攵11 총15획]	영 count 중 数 shù 일 サク(かぞえる)	數間斗屋(수간두옥) 數量(수량)
□ 瘦 여윌 수	[5 疒10 총15획]	영 haggard 중 shòu 일 シュウ(やせる)	瘦軀(수구) 瘦面(수면)
□ 瞍 소경 수	[5 目10 총15획]	영 blind 중 sǒu 일 ソウ(めくら)	瞍矇(수몽)
■ 誰 누구 수	中3급 [7 言8 총15획]	영 who 중 谁 shéi 일 スイ(たれ)	誰何(수하) 誰某(수모)
□ 竪 세울 수	[7 豆8 총15획]	영 stand 중 shù 일 ジュ(わらわ)	竪童(수동) 竪立(수립)
□ 袖 소매 수	[6 衤9 총15획]	영 sleeve 중 xiù 일 ユウ(そで)	
□ 銹 녹슬 수	[8 金7 총15획]	영 rust 중 銹 xiù 일 シュウ(さび)	
■ 樹 나무 수	中6급 [4 木12 총16획]	영 tree 중 树 shù 일 ジュ(き)	樹人(수인) 樹齡(수령)

□	輸 나를 수	[7車9 총16획] 영 transport 중 输 shū 일 シュ(おくる)	輸送(수송) 輸入(수입)
□	隧 무덤길 수	[8阜13 총16획] 영 tunnel 중 隧 suì 일 スイ(みち)	隧道(수도) 隧路(수로)
■	隨 따를 수	高3급 [8阜13 총16획] 영 follow 중 随 suí 일 随スイ(したがう)	隨想(수상) 隨俗(수속)
□	鮂 버들치 수	[11魚5 총16획] 영 Zacco platypus 중 鮂 sù 일 シュウ(はや)	鮂魚(수어)
□	檖 팥배나무 수	[4木13 총17획] 영 Sorbus 중 檖 suì 일 スイ(やまなし)	隰有樹檖 (습유수수)
□	燧 봉화 수	[4火13 총17획] 영 strike fire 중 燧 suì 일 スイ(ひうち)	燧烽(수봉)
■	穗 이삭 수	1급 [5禾12 총17획] 영 ear, spike 중 穗 suì 일 スイ(ほ)	穗穗(수수) 穗肥(수비)
□	篲 대비 수	[6竹11 총17획] 영 bamboo broom 중 篲 suì 일 スイ(ほうき)	操拔篲 以侍門庭 (조발수 이시문정)
■	雖 비록 수	中3급 [8隹9 총17획] 영 even if 중 虽 suī 일 スイ(いえども)	雖設(수설) 雖曰不可(수왈불가)
□	擻 차릴 수	[4手15 총18획] 영 manage 중 擻 sǒu, sòu 일 ソウ(はらう)	抖擻(두수)
□	穟 이삭 수	[5禾13 총18획] 영 ear of rice 중 穟 suì 일 スイ(いなほ)	穟穟(수수)
□	襚 주검옷 수	[6衣13 총18획] 영 grave-clothes 중 襚 suì 일 スイ	襚衣(수의)
■	繡 수놓을 수	1급 [6糸12 총18획] 영 embroider 중 繡 xiù 일 シュウ(ぬいとり)	繡屛(수병) 繡裳(수상)
□	邃 깊숙할 수	[7辵14 총18획] 영 deep 중 邃 suì 일 スイ(ふかい)	邃古(수고) 邃密(수밀)

獸 짐승 수	高3급 [4犬 15 총19획] 영 animal 중 兽 shòu 일 ジュウ(けだもの)	獸窮則齧(수궁즉설) 獸面(수면)
藪 큰늪 수	[6艹 15 총19획] 영 thicket 중 薮 sǒu 일 スウ(やぶ)	藪澤(수택)
颼 바람소리 수	[9風 10 총19획] 영 howl 중 飕 sōu 일 ソウ(かぜおと)	颼颯(수삽) 颼飂(수소)
籔 휘 수	[6竹 15 총21획] 영 bamboo ladle 중 sǒu 일 ス(ざる)	簉籔(구수)
鬚 턱 수염 수	[10髟 12 총22획] 영 beard 중 鬚 xū 일 シュ(ひげ)	鬚眉(수미) 鬚目(수목)
讎 짝 수	1급 [7言 16 총23획] 영 enemy 중 chóu 일 シュウ(かたき)	讎家(수가) 讎仇(수구)
髓 골수 수	1급 [10骨 13 총23획] 영 marrow 중 suǐ 일 スイ(ずい)	髓腦(수뇌) 髓鞘(수초)
夙 이를 숙	1급 [3夕 3 총6획] 영 early 중 sù 일 シュク(はやい)	夙起(숙기) 夙興夜寐(숙흥야매)
叔 아재비 숙	中4급 [2又 6 총8획] 영 uncle 중 shū 일 シュク(おじ)	叔季(숙계) 叔母(숙모)
俶 비롯할 숙	[2人 8 총10획] 영 begin 중 chù 일 シュク(はじめる)	俶裝(숙장) 俶獻(숙헌)
倏 잠깐 숙	[2人 8 총10획] 영 suddenly 중 shū 일 シュク(たちまち)	倏瞬(숙순) 倏忽(숙홀)
宿 잘 숙	中5급 [3宀 8 총11획] 영 lodge 중 sù 일 シュク(やどる)	宿命(숙명) 宿泊(숙박)
孰 누구 숙	高3급 [3子 8 총11획] 영 who 중 shú 일 ジュク(いずれ)	孰能禦之 (숙능어지)
淑 착할 숙	中3급 [4水 8 총11획] 영 good, clear 중 shū 일 シュク(よい)	淑女(숙녀) 淑淸(숙청)

■ **菽** 콩**숙**	1급 [6 艸8 총12획] 영 bean 중 shū 일 シュク(まめ)	菽豆(숙두) 菽粟(숙속)
■ **肅** 엄숙할**숙**	高4급 [6 聿7 총13획] 영 solemn 중 sù 일 肅シュク(つつしむ)	肅軍(숙군) 肅黨(숙당)
■ **塾** 글방**숙**	1급 [3 土11 총14획] 영 private school 중 shú 일 シュク	塾堂(숙당) 塾師(숙사)
■ **熟** 익을**숙**	高3급 [4 火11 총15획] 영 ripe 중 shú, shóu 일 ジュク(にる)	熟考(숙고) 熟達(숙달)
□ **橚** 줄지어 설**숙**	[4 木12 총16획] 영 stand in a row 중 shǎo 일 シュク	橚爽(숙상)
□ **鯈** 작은 참치**숙**	[11 魚6 총17획] 영 little tuna 중 shù 일 シュク(しび)	鯈鮪(숙유)
□ **璹** 옥그릇**숙**	[5 玉14 총18획] 영 jade 중 璹 dào 일 シュク(たまのうつわ)	
□ **儵** 잿빛**숙**	[2 人17 총19획] 영 grey 중 shù 일 シュク(あおぐろい)	儵爍(숙삭) 儵儵(숙숙)
□ **鷫** 신조**숙**	[11 鳥12 총23획] 영 bird 중 sù 일 シュク(しゅくそう)	鷫鷞(숙상) 鷫鶄(숙상)
■ **旬** 열흘**순**	高3급 [4 日2 총6획] 영 ten days 중 xún 일 ジュン(とおか)	旬刊(순간) 旬年(순년)
■ **巡** 돌**순**	高3급 [3 巛4 총7획] 영 patrol 중 xún 일 ジュン(めぐる)	巡警(순경) 巡邏(순라)
□ **肫** 광대뼈**순**	[6 肉4 총8획] 영 cheekbone 중 肫 zhūn 일 ジュン	肫脾(순비)
□ **徇** 주창할**순**	[3 彳6 총9획] 영 advocate 중 xùn 일 ジュン(となえる)	徇國(순국) 徇難(순난)
■ **洵** 참으로**순**	2급 [4 水6 총9획] 영 truly 중 xún 일 ジュン(まこと)	洵涕(순체)

□ **恂** 진실할 순	[4心 6 총9획] 영 truth 중 xún 일 シュン(まこと)	恂懼(순구) 恂目(순목)
■ **盾** 방패 순	3급 [5目 4 총9획] 영 shield 중 dùn 일 ジュン(たて)	盾戈(순과) 戟盾(극순)
□ **栒** 경쇠걸이 순	[4木 6 총10획] 영 tree 중 xún 일 シュン(きのな)	栒虡(순거)
■ **殉** 따라죽을 순	高3급 [4歹 6 총10획] 영 self immolation 중 xùn 일 ジュン(おいじに)	殉敎(순교) 殉死(순사)
■ **珣** 옥 그릇 순	2급 [5玉 6 총10획] 영 jade vessel 중 xún 일 シュン(たまうつわ)	
■ **荀** 풀 이름 순	2급 [6艸 6 총10획] 영 herb 중 xún 일 ジュン(くさ)	荀子(순자) 荀況(순황)
■ **純** 생사 순	中4급 [6糸 4 총10획] 영 raw silk 중 純 chún 일 (まじりけない)	純絹(순견) 純潔(순결)
■ **淳** 순박할 순	2급 [4水 8 총11획] 영 pure 중 chún 일 ジュン(すなお)	淳良(순량) 淳朴(순박)
■ **脣** 입술 순	高3급 [6齒 7 총11획] 영 lip 중 唇 chún 일 シュン(くちびる)	脣亡齒寒(순망치한) 脣吻(순문)
■ **循** 좇을 순	高3급 [3彳 9 총12획] 영 circulate 중 xún 일 ジュン(めぐる)	循行(순행) 循環(순환)
■ **筍** 죽순 순	1급 [6竹 6 총12획] 영 bamboo shoot 중 筍 sǔn 일 (たけのこ)	筍席(순석) 筍湖(순호)
■ **舜** 순임금 순	2급 [6舛 6 총12획] 영 Shun 중 shùn 일 シュン(むくげ)	舜典(순전) 舜華(순화)
■ **順** 순할 순	中5급 [9頁 3 총12획] 영 docile 중 順 shùn 일 ジュン(したがう)	順境(순경) 順德(순덕)
□ **楯** 난간 순	[4木 9 총13획] 영 banister 중 dùn, shǔn 일 ジュン(たて)	楯矛(순모)

詢 물을 순	[7言6 총13획] 영 ask 중 询 xún 일 ジュン(はかる)	詢訪(순방) 下詢(하순)
■ 馴 길들일 순	1급 [10馬3 총13획] 영 tame 중 驯 xún 일 ジュン(ならす)	馴鹿(순록) 馴服(순복)
蓴 순나물 순	[6艹11 총15획] 영 water-shield 중 chún 일 ジュン(ぬなは)	蓴菜(순채) 蓴菜茶(순채다)
諄 타이를 순	[7言8 총15획] 영 warmly 중 谆 zhūn 일 ジュン(ねんごろ)	諄諄(순순)
■ 醇 전국술 순	1급 [7酉8 총15획] 영 raw spirits 중 chún 일 ジュン(まじりない)	醇醪(순료) 醇味(순미)
蕣 무궁화 순	[6艹12 총16획] 영 rose of Sharon 중 shùn 일 シュン(むくげ)	蕣英(순영) 蕣華(순화)
輴 상여 순	[7車9 총16획] 영 bier 중 chūn 일 ジュン(ひつぎぐるま)	泥乘輴(이승순)
錞 악기이름 순	[8金8 총16획] 영 name of musical instrument 중 錞 chún 일 ジュン(いしづき)	金錞(금순)
■ 瞬 눈깜짝일 순	高3급 [5目12 총17획] 영 wink 중 일 シュン(またたく)	瞬間(순간) 瞬息間(순식간)
鶉 메추라기 순	[11鳥8 총19획] 영 quail 중 鹑 chún 일 ジュン(うずら)	鶉居(순거) 鶉火(순화)
■ 戌 개 술	中3급 [4戈2 총6획] 영 dog 중 xū, qu 일 ジュツ(いぬ)	戌時(술시) 戌座辰向(술좌진향)
卹 걱정할 술	[2卩6 총8획] 영 anxiety 중 xù 일 シュツ(うれえる)	卹金(술금) 卹削(술삭)
■ 述 지을 술	高3급 [7辵5 총9획] 영 write 중 述 shù 일 ジュツ(のべる)	述語(술어) 述義(술의)
■ 術 꾀 술	高6급 [6行5 총11획] 영 wit 중 术 shù 일 ジュツ(わざ)	術家(술가) 術策(술책)

□ 鉥 돗바늘 **술**	[8金5 총13획] 영 needle 중 鉥 shù 일 ジュツ(おおばり)	
■ 崇 높을 **숭**	中4급 [3山8 총11획] 영 high 중 chóng 일 シュウ(たかい)	崇高(숭고) 崇古(숭고)
□ 崧 우뚝솟을 **숭**	[3山8 총11획] 영 stands high 중 sōng 일 スウ(そばだつ)	崧高(숭고) 崧陽(숭양)
□ 菘 배추 **숭**	[6艹8 총12획] 영 cabbage 중 sōng 일 スウ(とうな)	菘菜(숭채)
□ 嵩 높을 **숭**	[3山10 총13획] 영 high 중 sōng 일 スウ(とうとぶ)	嵩高(숭고)
□ 倅 버금 **쉬**	[2人8 총10획] 영 next 중 cuì 일 サイ(そえ)	本倅(본쉬)
□ 晬 돌 **쉬**	[4日8 총12획] 영 first birthday 중 zuì 일 サイ(ひとまわり)	晬盤(쉬반) 晬宴(쉬연)
■ 瑟 거문고 **슬**	2급 [5玉9 총13획] 영 Korean-harp 중 sè 일 シツ(おおごと)	瑟瑟(슬슬) 瑟韻(슬운)
□ 蝨 이 **슬**	[6虫9 총15획] 영 louse 중 蝨 shī 일 シツ(しらみ)	蝨官(슬관) 蝨處褌中(슬처곤중)
■ 膝 무릎 **슬**	1급 [6肉11 총15획] 영 knee 중 xī 일 シツ(ひざ)	膝關節(슬관절) 膝頭(슬두)
■ 拾 주울 **습**	中3급 [4手6 총9획] 영 pick up 중 shí 일 シュウ(ひろう)	拾得(습득) 拾遺(습유)
■ 習 익힐 **습**	中6급 [6羽5 총11획] 영 exercise 중 习 xí 일 シュウ(ならう)	習慣(습관) 習讀(습독)
□ 褶 주름 **습**	[6衣11 총16획] 영 crease 중 褶 zhě 일 (あわせ)	褶曲(습곡) 褶曲山脈(습곡산맥)
■ 濕 젖을 **습**	高3급 [4水14 총17획] 영 wet 중 湿 shī 일 湿シツ(うるおす)	濕疹(습진) 濕度(습도)

☐ **隰** 진펄 습	[8阜 14 총17획] 영 marshes 중 隰 xí 일 シュウ(さわ)	隰垌(습경) 隰畔(습반)
☐ **襲** 엄습할 습	[6衣 16 총22획] 영 come over 중 袭 xí 일 シュウ(おそう)	襲擊(습격) 襲踏(습답)
■ **升** 되 승	中3급 [2十 2 총4획] 영 measure 중 shēng 일 ショウ(のぼる)	升降(승강) 升堂入室(승당입실)
■ **丞** 정승 승	1급 [1一 4 총5획] 영 minister 중 chéng 일 ジョウ(たすける)	丞相(승상) 丞丞(승승)
■ **昇** 오를 승	高3급 [4日 4 총8획] 영 rise 중 升 shēng 일 ショウ(のぼる)	昇降機(승강기) 昇格(승격)
■ **承** 이을 승	中4급 [4手 4 총8획] 영 inherit 중 chéng 일 ショウ(うける)	承繼(승계) 承諾(승낙)
■ **乘** 탈 승	中3급 [1丿 9 총10획] 영 ride 중 chéng 일 ジョウ(のる)	乘間(승간) 乘客(승객)
☐ **脀** 어리석을 승	[6肉 6 총10획] 영 foolish 중 脀 chéng 일 ショウ(おろか)	有脀(유승)
☐ **陞** 오를 승	[8阜 7 총10획] 영 rise 중 陞 shēng 일 ショウ(のぼる)	陞降(승강) 陞階(승계)
■ **勝** 이길 승	中6급 [2力 10 총12획] 영 win 중 胜 shèng 일 ショウ(かつ)	勝率(승률) 勝利(승리)
■ **僧** 중 승	高3급 [2人 12 총14획] 영 monk 중 僧 sēng 일 ソウ(ぼうず)	僧家(승가) 僧綱(승강)
☐ **賸** 남을 승	[7貝 10 총17획] 영 surplus 중 賸 shèng 일 ヨウ(あまる)	賸馥(승복) 賸語(승어)
■ **繩** 노끈 승	2급 [6糸 12 총18획] 영 rope 중 绳 shéng 일 ジョウ(なわ)	繩繫(승계) 繩矩(승구)
☐ **蠅** 파리 승	[6虫 13 총19획] 영 fly 중 蝇 yíng 일 ヨウ(はえ)	蠅虎(승호) 蠅頭(승두)

□ 髶 더부룩할 승	[10彡12 총22획] 영 shaggy 중 髶 sēng 일 ソウ(みだれる)	髶髶(승승)	
■ 尸 주검 시	高2급 [3尸0 총3획] 영 dead body 중 shī 일 シ(しかばね)	尸毘王(시비왕) 傳尸(전시)	
■ 市 저자 시	中7급 [3巾2 총5획] 영 market, city 중 fú 일 シ(いち)	市價(시가) 市街(시가)	
■ 矢 화살 시	高3급 [5矢0 총5획] 영 arrow 중 shǐ 일 シ(や)	矢句(시구) 矢心(시심)	
■ 示 보일 시	中5급 [5示0 총5획] 영 show 중 shì 일 シ(しめす)	示達(시달) 示範(시범)	
□ 豕 돼지 시	[7豕0 총7획] 영 pig 중 shǐ 일 シ(いのこ)	豕牢(시뢰) 豕心(시심)	
□ 兕 외뿔소 시	[2儿6 총8획] 영 rhinoceros 중 sì 일 ジ(けもの)	兕甲(시갑) 兕觥(시굉)	
■ 侍 모실 시	高3급 [2亻6 총8획] 영 attend 중 shì 일 シ(はべる)	侍女(시녀) 侍立(시립)	
■ 始 비로소 시	中6급 [3女5 총8획] 영 beginning 중 shǐ 일 シ(はじめ)	始動(시동) 始末(시말)	
■ 屍 주검 시	1급 [3尸6 총9획] 영 dead body 중 shī 일 シ(かばね)	屍身(시신) 屍體(시체)	
■ 柹 감나무 시	1급 [4木5 총9획] 영 persimmon 중 柿 shì 일 シ(かき)	柹餠(시병) 柹雪(시설)	
■ 是 옳을 시	中4급 [4日5 총9획] 영 right, this 중 shì 일 シ(これ)	是非(시비) 是非曲直(시비곡직)	
□ 恃 믿을 시	[4忄6 총9획] 영 believe 중 shì 일 ジ(たのむ)	恃賴(시뢰) 恃惡(시악)	
□ 柿 감 시	[4木5 총9획] 영 persimmons 중 shì 일 シ(かき)	柿葉(시엽)	

한자	훈음	정보	예시
■ 施	베풀 시	중4급 [4方5 총9획] 영 bestow 중 shī 일 シ(ほどこす)	施療(시료) 施肥(시비)
□ 枲	모시풀 시	[4木5 총9획] 영 ramie 중 xǐ 일 シ(からむし)	枲著(시착)
■ 柴	섶 시	2급 [4木5 총9획] 영 brushwood 중 chái, cī 일 シ(しば)	柴糧(시량) 柴木(시목)
□ 屎	똥 시	[3尸6 총9획] 영 dung 중 shǐ 일 シ(くそ)	屎尿(시뇨)
■ 時	때 시	중7급 [4日6 총10획] 영 time, period 중 时 shí 일 ジ(これ)	時價(시가) 時刻(시각)
□ 翅	날개 시	[6羽4 총10획] 영 wing 중 翅 chì 일 シ(つばさ)	翅股(시고) 翅果(시과)
■ 豺	승량이 시	1급 [7豸3 총10획] 영 jackal 중 diāo 일 サイ(やまいぬ)	豺狼(시랑) 豺狐窟(시호굴)
■ 匙	숟가락 시	1급 [2匕9 총11획] 영 spoon 중 chí, shi 일 シ(さじ)	匙箸(시저) 匙楪(시접)
□ 偲	책망할 시	[2人9 총11획] 영 blame 중 sī 일 シ(しのぶ)	偲偲(시시)
■ 猜	시기할 시	1급 [4犬8 총11획] 영 begrudge 중 猜 cāi 일 サイ	猜懼(시구) 猜忌(시기)
■ 弑	죽일 시	1급 [3弋9 총12획] 영 regicide 중 shì 일 シ(ころす)	弑殺(시살) 弑逆(시역)
■ 媤	시집 시	1급 [3女9 총12획] 영 husband's home 중 shì 일 (おっとのいえ)	媤家(시가) 媤宅(시댁)
■ 視	볼 시	중4급 [7見5 총12획] 영 look at 중 视 shì 일 シ(みる)	視界(시계) 視察(시찰)
□ 塒	홰 시	[3土10 총13획] 영 perch 중 shí 일 シ(ねぐら)	塒鷄(시계) 塒圈(시권)

■ 試 시험할 시	中4급 [7言6 총13획] 영 test 중 试 shì 일 シ(こころみる)	試掘(시굴) 試補(시보)
■ 詩 시 시	中4급 [7言6 총13획] 영 poetry 중 诗 shī 일 シ(し)	詩歌(시가) 詩客(시객)
□ 蓍 톱풀 시	[6艸10 총14획] 영 yarrow 중 shī 일 シ(めどはぎ)	蓍蔡(시채) 蓍草(시초)
□ 蒔 모종낼 시	[6艸10 총14획] 영 plant 중 蒔 shí 일 シ(いしよく)	蒔植(시식)
□ 鳲 뻐꾸기 시	[11鳥3 총14획] 영 common cuckoo 중 shī 일 シ(ふふどり)	鳲鳩(시구) 두견 잇과에 속한 철새
□ 嘶 말 울 시	[3口12 총15획] 영 whinny 중]sī 일 セイ(いななく)	嘶馬(시마) 嘶酸(시산)
□ 廝 부릴 시	[3广12 총15획] 영 servant 중 sī 일 シ(めしつかい)	廝薹(시대) 廝徒(시도)
□ 撕 끌 시	[4手12 총15획] 영 drag 중 sī 일 セイ(ひつさげる)	撕捱(시애)
□ 漦 흐를 시	[4水11 총15획] 영 flow 중 chí 일 シ(よだれ)	卜藏其漦 (복장기시)
□ 翨 억센 깃 시	[6羽9 총15획] 영 feather 중 翨 shì, jì 일 シ(おやばね)	
□ 緦 삼베 시	[6糸9 총15획] 영 hemp cloth 중 缌 sī 일 シ(あさぬの)	緦服(시복) 緦冠(시관)
■ 諡 시호 시	1급 [7言9 총16획] 영 posthumous name 중 谥 shì 일 シ(おくりな)	諡號(시호)
□ 諟 이 시	[7言9 총16획] 영 this 중 shì 일 シ(ただす)	諟正文字 (시정문자)
□ 鰣 준치 시	[11魚10 총21획] 영 Ilisha elongata 중 鲥 shí 일 シ(ひらこのしろ)	鰣魚(시어) 鰣魚多骨(시어다골)

■ 式 법 식	中6급 [3弋 3 총6획]	영 system, ceremony 중 shì 일 シキ(のり)	式辭(식사) 式順(식순)
■ 食 밥 식	中7급 [9食 0 총9획]	영 meal 중 食 shí 일 ショク(くう)	食困症(식곤증) 食口(식구)
■ 拭 닦을 식	1급 [4扌6 총9획]	영 wipe 중 shì 일 ショク(ぬぐう)	拭目(식목) 拭拂(식불)
■ 息 숨쉴 식	高4I급 [4心 6 총10획]	영 breath, son 중 xī 일 ソク(むすこ)	息婦(식부) 息子(식자)
□ 埴 찰흙 식	[3土 8 총11획]	영 clay 중 zhí 일 ショク(ねばつち)	埏埴(연식) 粘埴(점식)
□ 寔 이 식	[3宀 9 총12획]	영 this 중 shí 일 ショク(まこと)	寔景(식경)
■ 殖 번성할 식	2급 [4歹 8 총12획]	영 prosper 중 殖 zhí 일 ショク(ふやす)	殖利(식리) 殖耕(식경)
■ 植 심을 식	中7급 [4木 8 총12획]	영 plant 중 植 zhí 일 ショク(うえる)	植林(식림) 植物(식물)
■ 湜 맑을 식	2급 [4氵 9 총12획]	영 clear 중 shí 일 ショク(きよい)	淸湜(청식) 金廷湜(김정식)
□ 媳 며느리 식	[3女 10 총13획]	영 daughter in law 중 xí 일 セキ(よめ)	媳婦(식부)
■ 軾 수레 앞 식	2급 [7車 6 총13획]	영 stretcher 중 軾 shì 일 シキ(しょく)	金富軾(김부식) 消息(소식)
■ 熄 불꺼질 식	1급 [4火 10 총14획]	영 extinguish 중 xī 일 ソク(きえる)	熄滅(식멸) 終熄(종식)
■ 飾 꾸밀 식	高3I급 [9食 5 총14획]	영 ornament 중 饰 shì 일 ショク(かざる)	飾辯(식변) 飾說(식설)
■ 蝕 좀먹을 식	1급 [6虫 9 총15획]	영 worm-eaten 중 蚀 shí 일 ショク(むしばむ)	蝕旣(식기) 蝕甚(식심)

■ 識 알 식	中5급 [7 言12 총19획]	영 know 중 识 shí 일 シキ(しる)	識野(식야) 識藝(식예)
■ 申 펼 신	中4Ⅱ급 [5 田0 총5획]	영 stretch 중 shēn 일 シン(もうす)	申告(신고) 申込(신립)
■ 臣 신하 신	中5급 [6 臣0 총6획]	영 vassal 중 chén 일 ジン(けらい)	臣民(신민) 臣下(신하)
■ 伸 펼 신	高3급 [2 人5 총7획]	영 straighten 중 shēn 일 シン(のびる)	伸縮(신축) 伸長(신장)
■ 迅 빠를 신	1급 [7 辵3 총7획]	영 rapid 중 xùn 일 ジン(はやい)	迅擊(신격) 迅急(신급)
■ 身 몸 신	中6급 [7 身0 총7획]	영 body 중 shēn 일 シン(み)	身老心不老(신로심불로) 身命(신명)
■ 辛 매울 신	中3급 [7 辛0 총7획]	영 hot 중 xīn 일 シン(からい)	辛艱(신간) 辛苦(신고)
□ 侁 떼지어 갈 신	[2 人6 총8획]	영 gather 중 shēn 일 シン(むれゆく)	侁侁(신신)
■ 呻 읊조릴 신	1급 [3 口5 총8획]	영 moaning 중 shēn 일 シン(うめく)	呻吟(신음) 呻畢(신필)
■ 信 믿을 신	中6급 [2 人7 총9획]	영 believe 중 xìn 일 シン(まこと)	信念(신념) 信德(신덕)
□ 矧 하물며 신	[5 矢4 총9획]	영 still more 중 shěn 일 シン(いわんや)	矧笑(신소)
■ 娠 애 밸 신	1급 [3 女7 총10획]	영 pregnancy 중 shēn 일 シン(はらむ)	姙娠(임신) 有娠(유신)
■ 宸 집 신	1급 [3 宀7 총10획]	영 eaves 중 chén 일 シン(のき)	宸襟(신금) 宸翰(신한)
■ 神 귀신 신	中6급 [5 示5 총10획]	영 god, spirit 중 神 shén 일 シン(かみ)	神京(신경) 神經(신경)

訊 물을 신	[7言3 총10획] 영 question 중 讯 xùn 일 ジン(とう)	訊檢(신검) 訊問(신문)
晨 새벽 신	[高3급] [4日7 총11획] 영 dawn 중 chén 일 シン(あさ)	晨鷄(신계) 晨光(신광)
紳 큰 띠 신	[1급] [6糸5 총11획] 영 girdle 중 紳 shēn 일 シン(おおおび)	紳士(신사) 紳士道(신사도)
莘 족두리풀 신	[6艸7 총11획] 영 wild-ginger plant 중 shēn 일 シン(ながい)	莘莘(신신)
腎 콩팥 신	[1급] [6肉8 총12획] 영 kidney 중 肾 shèn 일 ジン(むらと)	腎怯(신겁) 腎氣(신기)
愼 삼갈 신	[高3급] [4心10 총13획] 영 discreet 중 慎 shèn 일 シン(つつしむ)	愼謹(신근) 愼慮(신려)
新 새 신	[中6급] [4斤9 총13획] 영 new, fresh 중 xīn 일 シン(あたらしい)	新刊(신간) 新穀(신곡)
蜃 큰 조개 신	[1급] [6虫7 총13획] 영 clam 중 일 シン(おおがい)	蜃車(신거) 蜃蛤(신합)
蜄 움직일 신	[6虫7 총13획] 영 move 중 zhèn 일 シン(うごく)	萬物之蜄 (만물지신)
頣 눈 들고 볼 신	[9頁6 총15획] 영 lift up eyes 중 shěn 일 (まゆあげてみる)	期頣(기신)
薪 섶 신	[1급] [6艸13 총17획] 영 brushwood 중 xīn 일 シン(たきぎ)	薪樵(신초) 薪炭(신탄)
燼 불탄끝 신	[1급] [4火14 총18획] 영 ember 중 烬 jìn 일 ジン(もえのこり)	燼滅(신멸) 灰燼(회신)
藎 조개풀 신	[6艸14 총18획] 영 Arthraxon hispidus 중 荩 jìn 일 シン(かりやす)	藎臣(신신)
贐 전별할 신	[7貝14 총21획] 영 farewell 중 赆 jìn 일 (はなむけ)	贐物(신물) 贐送(신송)

■ 失 잃을 실	中6급 [3大2 총5획] 영 miss, forget 중 shī 일 シツ(うしなう)		失脚(실각) 失格(실격)
■ 室 집 실	中8급 [3宀6 총9획] 영 house 중 shì 일 シツ(へや)		室內(실내) 室外(실외)
■ 悉 다 실	1급 [4心7 총11획] 영 all 중 xī 일 シツ(ことごとく)		悉皆(실개) 悉達(실달)
■ 實 열매 실	中5급 [3宀11 총14획] 영 real, fruit 중 实 shí 일 実 ジツ(みのる)		實感(실감) 實力(실력)
□ 蟋 귀뚜라미 실	[6虫11 총17획] 영 cricket 중 xī 일 シツ(こおろぎ)		蟋蟀(실솔)
■ 心 마음 심	中7급 [4心0 총4획] 영 mind 중 xīn 일 シン(こころ)		心氣(심기) 心理(심리)
■ 甚 심할 심	中3급 [5甘4 총9획] 영 heavy 중 (甚) shèn 일 ジン(はなはだしい)		甚口(심구) 甚急(심급)
■ 深 깊을 심	中4Ⅱ급 [4水8 총11획] 영 deep 중 shēn 일 シン(ふかい)		深刻(심각) 深海(심해)
■ 尋 찾을 심	高3급 [3寸9 총12획] 영 look for 중 寻 xún 일 尋 ジン(たずねる)		尋問(심문) 尋訪(심방)
■ 審 살필 심	高3Ⅱ급 [3宀12 총15획] 영 examine 중 审 shěn 일 シン(つまびらか)		審決(심결) 審問(심문)
□ 諗 고할 심	[7言8 총15획] 영 tell 중 谂 shěn 일 シン(いさめる)		將母來諗 (장모래심)
□ 蕈 버섯 심	[6艹12 총16획] 영 mushroom 중 xùn 일 シン(きのこ)		香蕈(향심) 松蕈(송심)
□ 諶 믿을 심	[7言9 총16획] 영 believe 중 谌 chén 일 ジン(しんずる)		匪諶(비심)
□ 嬸 숙모 심	[3女15 총18획] 영 aunt 중 婶 shěn 일 シン(おば)	

瀋 즙낼 **심**	2급 [4 水15 총18획] 영 juice 중 瀋 shěn 일 シン(しる)	瀋陽(심양) 瀋脣(심순)
鬵 용가마 **심**	[10 鬲8 총18획] 영 cauldron 중 qiān 일 セン(かま)	誰能亨魚溉之釜鬵 (수능형어 개지부심)
十 열 **십**	中8급 [2 十0 총2획] 영 ten 중 shí 일 ジュウ(とお)	十年減壽(십년감수) 十年知己(십년지기)
什 열사람 **십**	1급 [2 人2 총4획] 영 10 people 중 什 shén 일 ジュウ	什長(십장) 喀什(객십)
雙 둘 **쌍**	高3급 [8 隹10 총18획] 영 pair 중 双 shuāng 일 双 ソウ(そろい)	雙劍(쌍검) 雙肩(쌍견)
氏 성씨 **씨**	中4급 [4 氏0 총4획] 영 name of family 중 shì 일 シ(うじ)	氏族(씨족) 某氏(모씨)

丫	가닥 아	[1丨2 총3획]	영 strand 중 yā 일 ア(ふたまた)	丫鬟(아환)
牙	어금니 아	高3급 [4牙0 총4획]	영 molar 중 yá 일 ガ(きば)	牙旗(아기) 牙城(아성)
我	나 아	高3급 [4戈3 총7획]	영 I 중 wǒ 일 ガ(わが)	我慢(아만) 我田引水(아전인수)
亞	버금 아	中3급 [2二6 총8획]	영 next 중 亚 yà 일 亜ア(つぐ)	亞流(아류) 亞流主義(아류주의)
兒	아이 아	中5급 [2儿6 총8획]	영 child 중 儿 ér 일 児ニ(こども)	兒女子(아녀자) 兒童(아동)
枒	종려나무 아	[4木4 총8획]	영 hemp-palm 중 枒 yā 일 ガ(やし)	杈枒(차아)
芽	싹 아	高3급 [6艸4 총8획]	영 sprout 중 yá 일 ガ(め)	芽甲(아갑) 芽椄(아접)
阿	언덕 아	31급 [8阜5 총8획]	영 slope 중 ā 일 ア(きし)	阿膠(아교) 阿羅漢(아라한)
俄	아까 아	1급 [2人7 총9획]	영 a while ago 중 é 일 ガ(にわか)	俄頃(아경) 俄然(아연)
娥	어여쁠 아	[3女7 총10획]	영 beautiful 중 é 일 ガ(みめよい)	娥皇(아황) 仙娥(선아)
哦	읊조릴 아	[3口7 총10획]	영 chant 중 ó, ǒ, ò, é 일 カ(うたう)	哦松(아송)
峨	높을 아	[3山7 총10획]	영 high 중 é 일 ガ(たかい)	峨冠(아관) 峨峨(아아)
啞	벙어리 아	1급 [3口8 총11획]	영 mute 중 yā 일 アク(おし)	啞鈴(아령) 啞然(아연)

漢字	정보	뜻풀이	예시
☐ 莪 다북쑥 아	[6艹7 총11획]	영 sage-brush 중 é 일 ガ(きつねあざみ)	莪朮(아출) 菁莪(청아)
■ 訝 의심할 아	1급 [7言4 총11획]	영 suspicious 중 訝 yà 일 カ(いぶかる)	訝賓(아빈) 訝士(아사)
■ 雅 바를 아	高3급 [8隹4 총12획]	영 straight 중 yǎ 일 ア(ただしい)	雅客(아객) 雅潔(아결)
☐ 瘂 벙어리 아	[5疒8 총13획]	영 dumb 중 瘂 yǎ 일 ア(おし)	瘂門(아문) 瘖瘂(음아)
■ 衙 마을 아	1급 [6行7 총13획]	영 town 중 yá 일 ガ(やくしょ)	衙客(아객) 衙官(아관)
☐ 蛾 누에나비 아	[6虫7 총13획]	영 silk moth 중 é 일 ガ(ひむし)	蛾眉(아미)
☐ 鴉 갈까마귀 아	[11鳥4 총15획]	영 jackdaw 중 鴉 yā 일 ア(からす)	鴉陣(아진) 鴉片(아편)
■ 餓 주릴 아	高3급 [9食7 총16획]	영 hungry 중 饿 è 일 ガ(うえる)	餓鬼(아귀) 餓狼(아랑)
☐ 鵝 거위 아	[11鳥7 총18획]	영 goose 중 鹅 é 일 ガ(がちょう)	鵝鳥(아조) 鵝眼(아안)
☐ 齖 뻐드렁니 아	[15齒4 총19획]	영 buck teeth 중 yá 일 ガ(でば)	齖齲(아우) 齰齖(색아)
■ 岳 큰 산 악	高3급 [3山5 총8획]	영 mountain 중 嶽 yuè 일 ガク(たけ)	岳頭(악두) 岳母(악모)
☐ 咢 놀랄 악	[3口6 총9획]	영 be startled 중 è 일 ガク(おどろく)	咢咢(악악)
■ 堊 백토 악	1급 [3土8 총11획]	영 white soil 중 è 일 アク(しろつち)	堊塗(악도) 素堊(소악)
☐ 喔 닭이 울 악	[3口9 총12획]	영 cock crows 중 wō 일 アク(にわとりのこえ)	喔喔(악악) 喔咿(악이)

한자	훈음	정보	용례
幄	장막 악	[3巾9 총12획] 영 curtain 중 wò 일 アク(とばり)	幄幕(악막) 幄帷(악유)
渥	비 젖을 악	[4水9 총12획] 영 get wet 중 wò 일 アク(うるおす)	渥恩(악은) 渥澤(악택)
握	쥘 악	2급 [4手9 총12획] 영 grasp 중 wò 일 アク(にぎる)	握力(악력) 握手(악수)
愕	놀랄 악	1급 [4心9 총12획] 영 frighten 중 è 일 ガク(おどろく)	驚愕(경악) 惋愕(완악)
惡	악할 악	中5급 [4心8 총12획] 영 bad 중 恶 è, ě 일 悪アク(わるい)	惡感情(악감정) 惡口(악구)
萼	꽃받침 악	[6艸9 총13획] 영 calyx 중 è 일 ガク(はなぶさ)	萼片(악편) 花萼(화악)
樂	풍류 악	高6급 [4木11 총15획] 영 music 중 樂 lè 일 ガク(おんがく)	樂團(악단) 音樂(음악)
噩	놀랄 악	[3口13 총16획] 영 be surprised 중 è 일 ガク(おどろく)	噩耗(악모) 噩夢(악몽)
諤	곧은 말 악	[7言9 총16획] 영 speak plainly to 중 谔 è 일 ガク	諤諤(악악)
嶽	큰 산 악	[3山14 총17획] 영 great mountain 중 岳 yuè 일 ガク(たけ)	嶽崇海豁 (악숭해활)
鍔	칼날 악	[8金9 총17획] 영 sword 중 锷 è 일 ガク(やいば)	鍔鍔(악악)
顎	턱 악	1급 [9頁9 총18획] 영 jaw 중 颚 è 일 ガク(あご)	顎骨(악골) 下顎(하악)
鰐	악어 악	[11魚9 총20획] 영 crocodile 중 鳄 è 일 ガク(わに)	鰐魚(악어) 鰐皮(악피)
鶚	독수리 악	[11鳥9 총20획] 영 vulture 중 鹗 è 일 ガク(みさご)	鶚視(악시)

齷 악착할 **악**	[15齒9 총24획] 영 tenacity 중 齷 wò 일 アク(こせつく)	齷齪(악착) 齷齪熱(악착열)
齶 잇몸 **악**	[15齒9 총24획] 영 gum 중 齶 è 일 ガク(はぐき)	
安 편안할 **안**	中7급 [3宀3 총6획] 영 peaceful 중 ān 일 アン(やすい)	安價(안가) 安康(안강)
犴 들개 **안**	[4犬3 총6획] 영 stray dog 중 àn 일 カン(のいぬ)	犴狴(안폐) 犴戶(안호)
岸 언덕 **안**	高3급 [3山5 총8획] 영 slope 중 àn 일 ガン(ぎし)	岸畔(안반) 岸壁(안벽)
按 누를 **안**	1급 [4手6 총9획] 영 press 중 àn 일 アン(おさえる)	按檢(안검) 按堵(안도)
案 책상 **안**	中5급 [4木6 총10획] 영 table, plan 중 àn 일 アン(あん)	案件(안건) 案內(안내)
晏 늦을 **안**	1급 [4日6 총10획] 영 late 중 yàn 일 アン(はれる)	晏起(안기) 晏眠(안면)
眼 눈 **안**	中4급 [5目6 총11획] 영 eye, see 중 yǎn 일 ガン(まなこ)	眼鏡(안경) 眼界(안계)
雁 기러기 **안**	[8隹4 총12획] 영 wild goose 중 yàn 일 ガン(かり)	雁足(안족)
鞍 안장 **안**	1급 [9革6 총15획] 영 saddle 중 ān 일 アン(くら)	鞍匣(안갑) 鞍具(안구)
鴈 기러기 **안**	[11鳥4 총15획] 영 wild goose 중 yàn 일 ガン(かん)	鴈行(안행) 家鴈(가안)
鮟 아귀 **안**	[11魚6 총17획] 영 anglerfish 중 鮟 ān 일 アン(あんこう)	鮟鱇(안강)
鵪 세가락메추라기 **안**	[11鳥6 총17획] 영 burmese button-quail 중 yàn 일 アン(ふなしうずら)	名曰幽鵪 (명왈유안)

■ 顔 얼굴 **안**	중3급 [9頁9 총18획]	영 face 중 颜 일 ガン(かお)	顔料(안료) 顔面(안면)
□ 贋 거짓 **안**	[7貝15 총22획]	영 forgery 중 赝 yàn 일 ガン(にせもの)	眞贋(진안)
■ 軋 삐걱거릴 **알**	1급 [7車1 총8획]	영 creak 중 轧 yà 일 アツ(きしる)	軋轢(알력)
□ 訐 들춰낼 **알**	[7言3 총10획]	영 expose 중 讦 jié 일 ケツ(あばく)	訐訴(알소) 訐揚(알양)
□ 戛 창 **알**	[4戈8 총12획]	영 spear 중 jiá 일 カツ(ほこ)	戛擊(알격) 戛戛(알알)
□ 揠 뽑을 **알**	[4手9 총12획]	영 pull out 중 yà 일 アツ(ぬく)	揠苗(알묘)
□ 遏 막을 **알**	[7辵9 총13획]	영 stop 중 遏 è 일 アツ(とめる)	遏密(알밀) 遏雲(알운)
■ 斡 돌 **알**	1급 [4斗10 총14획]	영 turn 중 wò 일 アツ(めぐる)	斡流(알류) 斡旋(알선)
□ 嘎 새소리 **알**	[3口11 총14획]	영 cry 중 gā, gá, gǎ 일 カツ(なきごえ)	嘎嘎(알알)
■ 謁 뵐 **알**	준3급 [7言9 총16획]	영 visit 중 谒 yè 일 エツ(もうす)	謁見(알현) 謁告(알고)
■ 閼 막을 **알**	2급 [8門8 총16획]	영 block 중 阏 è 일 エン(ふさぐ)	閼伽(알가) 閼塞(알색)
□ 鴶 뻐꾹새 **알**	[11鳥6 총17획]	영 cuckoo 중 jī 일 カツ(ふふどり)	鴶鵴(길국)
■ 庵 암자 **암**	1급 [3广8 총11획]	영 hermitage 중 ān 일 アン(いおり)	庵子(암자) 庵主(암주)
□ 嵒 바위 **암**	[3山9 총12획]	영 rock 중 yán 일 ガン(いわお)	嵒崿(암악)

□ 菴 진주풀 암	[6艹8 총12획] 영 hermitage 중 ān 일 アン(いおり)	菴□(암려)
■ 暗 어두울 암	中4급 [4日9 총13획] 영 dark 중 àn 일 アン(くらい)	暗算(암산) 暗記(암기)
□ 羬 큰 양 암	[6羊7 총13획] 영 sheep 중 qián 일 カン(ひつじ)	羬□(겸여)
□ 諳 외울 암	[7言9 총16획] 영 memorize 중 谙 ān 일 アン(そらんずる)	諳記(암기) 諳誦(암송)
□ 頷 끄덕거릴 암	[9頁7 총16획] 영 nod 중 颔 hàn 일 ガン(うなずく)	頷可(암가) 頷首(암수)
■ 癌 암 암	2급 [5疒12 총17획] 영 cancer 중 yán 일 ガン(がん)	癌腫(암종) 癌性(암성)
■ 闇 어두울 암	1급 [8門9 총17획] 영 dark 중 闇 àn 일 アン(くらい)	闇鈍(암둔) 闇昧(암매)
□ 韽 가는 청 암	[9音11 총20획] 영 thin voice 중 yàn 일 アン(ちいさい)	微聲韽(미성암) 韽韽(암암)
□ 黯 시꺼멀 암	[12黑9 총21획] 영 jet-black 중 àn 일 アン(くろい)	黯淡(암담) 黯湛(암심)
■ 巖 바위 암	中3급 [3山20 총23획] 영 rock 중 岩 yán 일 巖 ガン(いわお)	巖窟(암굴) 巖壁(암벽)
■ 押 누를 압	高2급 [4手5 총8획] 영 press 중 yà 일 オウ(おす)	押領(압령) 押留(압류)
□ 狎 익숙할 압	[4犬5 총8획] 영 be familar 중 xiá 일 コウ(なれる)	狎近(압근) 狎逼(압핍)
■ 鴨 오리 압	2급 [11鳥5 총16획] 영 duck 중 鸭 yā 일 オウ(あひる)	鴨脚樹(압각수) 鴨尿草(압뇨초)
□ 壓 누를 압	高4급 [3土14 총17획] 영 press 중 压 yā, yà 일 圧 アツ(おす)	壓倒(압도) 壓力(압력)

한자	훈음	정보	예시
□ 卬	나 앙	[2卩2 총4획] 영 myself 중 áng, yǎng 일 ゴウ(われ)	卬貴(앙귀) 卬望(앙망)
■ 央	가운데 앙	鳥3급 [3大2 총5획] 영 center 중 yāng 일 オウ(なかば)	震央(진앙) 中央部(중앙부)
■ 仰	우러를 앙	준3급 [2人4 총6획] 영 respect 중 yǎng 일 ギョウ(あおぐ)	仰角(앙각) 仰望(앙망)
□ 泱	깊을 앙	[4水5 총8획] 영 broad and deep 중 yāng 일 オウ(ひろい)	泱泱(앙앙)
■ 怏	원망할 앙	1급 [4心5 총8획] 영 vengeance 중 yàng 일 オウ(うらむ)	怏忿(앙분) 怏宿(앙숙)
■ 昂	밝을 앙	1급 [4日4 총8획] 영 bright, high 중 昂 áng 일 コウ(あがる)	昂貴(앙귀) 昂騰(앙등)
□ 殃	재앙 앙	[4歹5 총9획] 영 misfortune 중 yāng 일 (わざわい)	殃禍(앙화) 災殃(재앙)
□ 胦	배꼽 앙	[6肉5 총9획] 영 navel 중 胦 yāng 일 オウ(へそ)	
□ 盎	동이 앙	[5皿5 총10획] 영 jar 중 àng 일 オウ(はち)	盎面盎背 (수면앙배)
■ 秧	모 앙	1급 [5禾5 총10획] 영 rice-sprouts 중 yāng 일 オウ(なえ)	秧歌(앙가) 秧稻(앙도)
□ 鞅	가슴걸이 앙	[9革5 총14획] 영 cinch 중 yāng 일 オウ(むながい)	鞅罔(앙망) 鞅掌(앙장)
■ 鴦	원앙 앙	1급 [11鳥5 총16획] 영 mandarin duck 중 鴦 yāng 일 オウ	鴛鴦(원앙) 鴛鴦衾(원앙금)
■ 艾	쑥 애	2급 [6艸2 총6획] 영 mug wort 중 ài 일 ガイ(よもぎ)	艾年(애년) 艾老(애로)
□ 厓	언덕 애	[2厂6 총8획] 영 cliff 중 yá 일 ガイ(がけ)	厓略(애략) 厓眥(애자)

- **哀** 슬플 애   중3급 [3口6 총9획]   哀歌(애가)
  영 sad 중 āi 일 アイ(あわれむ)   哀乞(애걸)

- **唉** 물을 애   [3口7 총10획]   唉唉(애애)
  영 ask 중 āi, ài 일 アイ(おお)   唉姐(애저)

- **埃** 티끌 애   2급 [3土7 총10획]   埃及(애급)
  영 dust 중 āi 일 アイ(ほこり)   埃滅(애멸)

- **挨** 등칠 애   [4手7 총10획]
  영 push away 중 āi, ái 일 アイ(おす)

- **崖** 언덕 애   1급 [3山8 총11획]   崖壁(애벽)
  영 cliff 중 yá 일 ガイ(がけ)   崖錐(애추)

- **欸** 한숨 쉴 애   [4欠7 총11획]   欸乃聲(애내성)
  영 sigh 중 āi, ē, é, ě, è 일 アイ(なげく)   欸乃(애내)

- **涯** 물가 애   高3급 [4水8 총11획]   涯角(애각)
  영 shore 중 yá 일 ガイ(みぎわ)   境涯(경애)

- **捱** 막을 애   [4手8 총11획]   捱過(애과)
  영 intercept 중 ái 일 ガイ(ふせぐ)   捱到(애도)

- **愛** 사랑 애   중6급 [4心9 총13획]   愛敬(애경)
  영 love 중 爱 ài 일 アイ(あいする)   愛嬌(애교)

- **碍** 거리낄 애   [5石8 총13획]   碍子(애자)
  영 hesitate 중 ài 일 ガイ(さえぎる)

- **隘** 좁을 애   1급 [8阜10 총13획]   隘路(애로)
  영 narrow 중 隘 ài 일 アイ(せまい)   隘陋(애루)

- **閡** 닫힐 애   [8門6 총14획]
  영 close 중 阂 hé 일 ガイ(とじる)

- **僾** 방불할 애   [2人13 총15획]   僾然(애연)
  영 close resemblance 중 ài, yǐ 일 アイ(ほのか)

- **磑** 맷돌 애   [5石10 총15획]   碾磑(연애)
  영 mill-stone 중 wèi 일 ガイ(いしうす)   碾磑(연개)

皑 흴 애	[5白10 총15획] 영 white 중 皑 ái 일 カイ(しろい)		皑皑(애애) 皑然(애연)
曖 희미할 애	1급 [4日13 총17획] 영 dim 중 暧 ài 일 アイ(かげる)		曖昧(애매) 曖昧度(애매도)
薆 우거질 애	[6艸13 총17획] 영 grow thick 중 薆 ài 일 アイ(しげる)		薆對(애대) 薆薆(애애)
礙 거리낄 애	2급 [5石13 총18획] 영 hesitate 중 碍 ài 일 ガイ(さえぎる)		礙管(애관) 礙子(애자)
餲 밥 쉴 애	[9食9 총18획] 영 spoil 중 餲 ài 일 エイ(すえる)		食饐而餲 (식의이애)
藹 수두룩할 애	[6艸16 총20획] 영 grow thick 중 蔼 ǎi 일 アイ(しげる)		藹蔚(애위) 藹彩(애채)
靄 아지랑이 애	1급 [8雨16 총24획] 영 haze 중 霭 ǎi 일 アイ(もや)		靄靄(애애) 靄然(애연)
厄 재앙 액	高3급 [2厂2 총4획] 영 misfortune 중 厄 è 일 ヤク(わざわい)		厄難(액난) 厄年(액년)
戹 좁을 액	[4戶1 총5획] 영 narrow 중 戹 è 일 ヤク(せまい)		戹窮(액궁) 戹運(액운)
扼 잡을 액	[4手4 총7획] 영 grasp 중 扼 è 일 アク(にぎる)		扼守(액수) 扼腕(액완)
阨 막힐 액	[8阜4 총7획] 영 blocked 중 阨 è 일 ヤク(ふさがる)		阨困(액곤) 阨窮(액궁)
液 진 액	中4급 [4水8 총11획] 영 liquid 중 液 yè 일 エキ(しる)		液果(액과) 液化(액화)
掖 낄 액	[4手8 총11획] 영 join 중 掖 yè, yē 일 エキ(わきばさむ)		掖庭(액정) 掖垣(액원)
軛 멍에 액	[7車4 총11획] 영 yoke 중 轭 è 일 ヤク(くびき)		共軛(공액)

■ **腋** 겨드랑이 **액**	1급 [6肉8 총12획] 영 armpit 중 yè 일 エキ(わき)		腋毛(액모) 腋臭(액취)
■ **縊** 목맬 **액**	1급 [6糸10 총16획] 영 hang 중 縊 yì 일 イ(くびくくる)		縊死(액사) 縊殺(액살)
■ **額** 이마 **액**	高4급 [9頁9 총18획] 영 forehead 중 额 é 일 ガク(ひたい)		額面(액면) 額數(액수)
□ **罃** 양병 **앵**	[6缶4 총10획] 영 pot, pitcher 중 yīng 일 オウ(みずがめ)		罃甀(앵게)
□ **罌** 물동이 **앵**	[6缶13 총19획] 영 pot, pitcher 중 罂 yīng 일 オウ(もたい)		罌粟(앵속) 罌粟子(앵속자)
■ **櫻** 앵두 **앵**	1급 [4木17 총21획] 영 cherry 중 樱 yīng 일 オウ(さくら)		櫻桃(앵도) 櫻草(앵초)
■ **鶯** 꾀꼬리 **앵**	1급 [11鳥10 총21획] 영 nightingale 중 莺 yīng 일 (うぐいす)		鶯谷(앵곡) 鶯梭(앵사)
□ **鸚** 앵무새 **앵**	[11鳥17 총28획] 영 parrot 중 鹦 yīng 일 オウ(おうむ)		鸚鵡(앵무) 鸚鵡歌(앵무가)
■ **也** 잇기 **야**	中3급 [1乙2 총3획] 영 also 중 yě 일 ヤ(なり)		也無妨(야무방) 也耶(야야)
■ **耶** 어조사 **야**	高3급 [6耳3 총9획] 영 particle 중 yé, yē 일 ヤ(や)		耶蘇敎(야소교) 耶華和(야화화)
■ **冶** 불릴 **야**	1급 [2冫5 총7획] 영 liquefy 중 yě 일 ヤ(いる)		冶金(야금) 冶爐(야로)
■ **夜** 밤 **야**	中6급 [3夕5 총8획] 영 night 중 yè 일 ヤ(よる)		夜景(야경) 夜半無禮(야반무례)
■ **倻** 땅이름 **야**	2급 [2人9 총11획] 영 nation name 중 倻 yē 일 ヤ		伽倻琴(가야금) 大伽倻(대가야)
□ **椰** 야자나무 **야**	[4木7 총11획] 영 coconut 중 椰 yē 일 ヤ(やし)		

野 들 야	中6급 [7里4 총11획] 영 field 중 yě 일 ヤ(いなか)		野景(야경) 野菊(야국)
揶 야유할 야	1급 [4手9 총12획] 영 mockery 중 yé, yú 일 ヤ(からかう)		揶揄(야유) 揶揄的(야유적)
椰 야자나무 야	[4木9 총13획] 영 coconut 중 yē 일 ヤ(やし)		椰杯(야배)
惹 이끌 야	2급 [4心9 총13획] 영 lead 중 rě 일 ジャ(ひく)		惹起(야기) 惹端(야단)
爺 아비 야	1급 [4父9 총13획] 영 father 중 爷 yé 일 ヤ(ちち)		爺爺(야야) 老爺(노야)
礿 봄 제사 약	[5示3 총8획] 영 fastival in spring 중 礿 yào 일 ヤク		
弱 약할 약	中6급 [3弓7 총10획] 영 weak 중 弱 ruò 일 ジャク(よわい)		弱骨(약골) 弱冠(약관)
葯 구리때잎 약	1급 [6艸9 총13획] 영 Angelice 중 葯 yào 일 ヤク(よろいぐさ)		葯胞(약포) 側生葯(측생약)
蒻 부들속 약	[6艸10 총14획] 영 cattail 중 ruò 일 ジャク(がまのめ)		蒻席(약석)
龠 피리 약	[17龠0 총17획] 영 flute 중 yuè 일 ヤク(ふえ)		左手執籥 (좌수집약)
藥 약 약	中6급 [6艸15 총19획] 영 medicine 중 药 yào 일 薬ヤク(くすり)		藥價(약가) 藥匣(약갑)
瀹 적실 약	[4水17 총20획] 영 wash 중 yuè, yào 일 セク(あらう)		皆可瀹茹 (개가약여)
躍 뛸 약	高2급 [7足14 총21획] 영 leap 중 跃 yuè 일 ヤク(おどる)		躍動(약동) 躍如(약여)
禴 봄 제사 약	[5示17 총22획] 영 spring sacrifice 중 禴 yuē 일 (まつり)		禴祠烝嘗(약사증상) 禴祭(약제)

□ 籥 피리 **약**	[6竹17 총23획] 영 flute 중 籥 yuè 일 ヤク(ふえ)	籥口(약구) 籥師(약사)	
□ 鑰 열쇠 **약**	[8金17 총25획] 영 key 중 鑰 yào 일 ヤク(じょう)	鑰鍵(약건) 鑰匙(약시)	
■ 若 같을 **약**	中3급 [6艹5 총9획] 영 same 중 若 rě 일 ジャク(ごとし)	若干(약간) 若年(약년)	
□ 佯 거짓 **양**	[2人6 총8획] 영 falsehood 중 佯 yáng 일 ヨウ(いつわる)	佯驚(양경) 佯狂(양광)	
■ 洋 바다 **양**	中6급 [4水6 총9획] 영 ocean, wide 중 洋 yáng 일 ヨウ(ひろい)	洋襪(양말) 洋酒(양주)	
■ 恙 근심할 **양**	1급 [4心6 총10획] 영 worry 중 恙 yàng 일 ヨウ(つつが)	恙憂(양우) 恙蟲(양충)	
□ 烊 구울 **양**	[4火6 총10획] 영 roast 중 烊 yáng, yàng 일 ヨウ(あぶる)	烊金(양금)	
□ 痒 옴 **양**	[5疒6 총11획] 영 itch 중 痒 yǎng 일 ヨウ(かさ)	痒疹(양진)	
■ 揚 드날릴 **양**	中3급 [4手9 총12획] 영 raise 중 扬 yáng 일 ヨウ(あげる)	揚力(양력) 揚陸(양륙)	
■ 陽 볕 **양**	中6급 [8阜9 총12획] 영 sunlight 중 阳 yáng 일 ヨウ(ひ)	陽刻(양각) 陽極(양극)	
■ 楊 버드나무 **양**	高3급 [4木9 총13획] 영 willow 중 杨 yáng 일 ヨウ(やなぎ)	楊貴妃(양귀비)	
□ 暘 해돋이 **양**	[4日9 총13획] 영 rising sun 중 暘 yáng 일 ヨウ(ひので)	暘烏(양오) 雨暘(우양)	
□ 敭 밝을 **양**	[4攴9 총13획] 영 bright 중 敭 yáng 일 ヨウ(あきらか)	歷敭(역양)	
□ 煬 녹을 **양**	[4火9 총13획] 영 melt 중 煬 yáng 일 ヨウ(あぶる)	煬突(양돌)	

漾 출렁거릴 양	[4水11 총14획] 영 waves 중 yàng 일 ヨウ(ただよう)	漾碧(양벽)
瘍 헐 양	1급 [5疒9 총14획] 영 swelling 중 疡 yáng 일 ヨウ(きず)	潰瘍(궤양) 腫瘍(종양)
樣 모양 양	高4급 [4木11 총15획] 영 style 중 样 yàng 일 様 ヨウ(さま)	樣態(양태) 樣式(양식)
養 기를 양	中5급 [9食6 총15획] 영 nourish 중 养 yǎng 일 ヨウ(やしなう)	養鷄場(양계장) 養德(양덕)
瀁 망망할 양	[4水14 총17획] 영 vast 중 yàng 일 ヨウ(ひろい)	瀁水(양수) 混瀁(황양)
襄 도울 양	2급 [6衣11 총17획] 영 help 중 xiāng 일 ジョウ(のぼる)	襄禮(양례) 襄奉(양봉)
颺 날릴 양	[9風9 총18획] 영 fly 중 飏 yáng 일 ヨウ(あがる)	颺去(양거)
壤 흙 양	高3급 [3土17 총20획] 영 soil 중 rǎng 일 ジョウ(つち)	壤地(양지) 壤土(양토)
攘 물리칠 양	1급 [4手17 총20획] 영 repel 중 rǎng 일 ジョウ(しりぞく)	攘伐(양벌) 攘災(양재)
癢 가려울 양	1급 [5疒15 총20획] 영 itchy 중 痒 yǎng 일 ヨウ(かゆい)	癢痛(양통) 技癢(기양)
穰 볏줄기 양	[5禾17 총20획] 영 straw 중 ráng 일 ジョウ(わら)	穰歲(양세) 穰穰(양양)
禳 빌 양	[5示17 총22획] 영 pray 중 禳 ráng 일 ジョウ(はらう)	禳禱(양도) 禳辟符(양벽부)
羊 양 양	中4급 [6羊0 총6획] 영 sheep 중 yáng 일 ヨウ(ひつじ)	羊角(양각) 羊角風(양각풍)
讓 사양 양	中3급 [7言17 총24획] 영 concede 중 让 ràng 일 ジョウ(ゆずる)	讓渡(양도) 讓步(양보)

■ 釀 빚을 양	1급 [7酉17 총24획] 영 brew 중 釀 niàng 일 ジョウ(かもす)		釀蜜(양밀) 釀酒(양주)
□ 鑲 쇠갈고리 양	[8金17 총25획] 영 iron hook 중 鑲 xiāng 일 ジョウ(かぎ)		鉤鑲(구양)
□ 驤 머리들 양	[10馬17 총27획] 영 raise one's head 중 驤 xiāng 일 ジョウ(おどる)		驤首(양수)
■ 於 어조사 어	중3급 [4方4 총8획] 영 particle 중 yú, wú 일 オ(よる)		於焉間(어언간) 於音(어음)
■ 圄 옥 어	1급 [3囗7 총10획] 영 prison 중 yǔ 일 ギョ(ろうや)		囹圄(어령) 囹圄(영어)
□ 圉 마부 어	[3囗8 총11획] 영 horseman 중 yǔ 일 ギョ(うまかい)		圉絆(어반) 圉圉(어어)
■ 御 어거할 어	高3급 [3彳8 총11획] 영 drive 중 yù 일 ギョ(おさめる)		御駕(어가) 御命(어명)
□ 敔 금할 어	[4攴7 총11획] 영 forbid 중 yǔ 일 ギョ(とめる)		柷敔(축어)
□ 淤 진흙 어	[4水8 총11획] 영 dregs, mud 중 yū 일 ヨ(どろ)		淤泥(어니)
■ 魚 물고기 어	중5급 [11魚0 총11획] 영 fish 중 鱼 yú 일 ギョ(うお)		魚肝油(어간유) 魚群(어군)
□ 馭 말부릴 어	[10馬2 총12획] 영 take horses 중 馭 yù 일 ギョ(つかう)		馭極(어극) 馭馬(어마)
□ 瘀 어혈질 어	[5疒8 총13획] 영 clot of blood 중 淤 yù 일 ヨ(やまい)		瘀傷(어상) 瘀血(어혈)
□ 飫 먹기 싫을 어	[9食4 총13획] 영 be fed up 중 飫 yù 일 ヨ(あきる)		飫歌(어가) 飫聞(어문)
■ 漁 물고기잡을 어	중5급 [4水11 총14획] 영 fishing 중 渔 yú 일 ギョ(いさり)		漁家(어가) 漁具(어구)

■ 語 말씀 어	中7급 [7言7 총14획]	영 words 중 语 yǔ 일 ゴ(ことば)	語系(어계) 語頭(어두)
■ 禦 막을 어	1급 [5示11 총16획]	영 resist 중 禦 yù 일 ギョ(ふせぐ)	禦冬(어동) 禦侮(어모)
□ 齬 어긋날 어	[15齒7 총22획]	영 discrepant 중 齬 yǔ 일 ギョ(くいちがう)	齟齬(저어)
■ 抑 누를 억	高3급 [4手4 총7획]	영 oppress 중 抑 yì 일 ヨク(おさえる)	抑留(억류)
■ 億 억 억	中5급 [2人13 총15획]	영 hundred million 중 亿 yì 일 オク(おく)	億劫(억겁) 無量億劫(무량억겁)
■ 憶 생각 억	中3급 [4心13 총16획]	영 memory 중 忆 yì 일 オク(おぼえる)	憶念(억념) 憶想(억상)
□ 檍 참죽나무 억	[4木13 총17획]	영 Cedrela sinensis 중 yì 일 ヨク(もちのき)	南宮檍(남궁억)
■ 臆 가슴 억	1급 [6肉13 총17획]	영 breast 중 yì 일 オク(むね)	臆斷(억단) 臆說(억설)
□ 繶 끈 억	[6糸13 총19획]	영 string 중 yì 일 オク(ひも)	赤繶黃繶(적억황억) 繶爵(억작)
□ 菸 시들 언	[6艸8 총12획]	영 wither 중 yú 일 ヨ(しおれる)	菸邑(어읍)
■ 言 말씀 언	中6급 [7言0 총7획]	영 speech 중 yán 일 ゲン(いう)	言動(언동) 言辯(언변)
■ 彦 선비 언	2급 [3彡6 총9획]	영 meek scholar 중 彦 yán 일 ゲン(ひこ)	彦士(언사) 彦聖(언성)
□ 偃 자빠질 언	[2人9 총11획]	영 fall down 중 yǎn 일 エン(ふせる)	偃蹇(언건) 偃息(언식)
■ 焉 어찌 언	高3급 [4火7 총11획]	영 how, why 중 yān 일 エン(いずくんぞ)	焉敢(언감) 於焉(어언)

■ 堰 방죽 언	**1급** [3土9 총12획] 영 bank 중 yàn 일 エン(せき)	堰堤(언제) 堰層(언층)
□ 嫣 웃을 언	[3女11 총14획] 영 smilingly 중 yān 일 エン(にこやか)	嫣然(언연) 嫣紅(언홍)
■ 諺 언문 언	**1급** [7言9 총16획] 영 proverb 중 谚 yàn 일 ゲン(ことわざ)	諺簡(언간) 諺文(언문)
□ 鰋 메기 언	[11魚9 총20획] 영 catfish 중 yǎn 일 エン(なまず)	鰋魚(언어)
□ 鼴 두더지 언	[13鼠9 총21획] 영 mole 중 yǎn 일 エン(むぐらもち)	鼴鼠(언서)
□ 臬 말뚝 얼	[6自4 총10획] 영 post 중 niè 일 ケツ(もんぐい)	闡臬(곤얼)
□ 槷 과녁 얼	[4木11 총15획] 영 target 중 niè 일 ゲツ(まと)	槷刖(얼월)
□ 孼 서자 얼	[3子16 총19획] 영 child of a concubine 중 niè 일 ゲツ(わきばら)	孼孫(얼손)
□ 蘖 싹 얼	[6艸17 총21획] 영 sprout 중 niè 일 ゲツ(きりかぶ)	麴蘖(국얼) 麥蘖(맥얼)
□ 广 집 엄	[3广0 총3획] 영 house 중 ān, yǎn 일 ゲン(いわや)	广戶(엄호) 病疾广(병질엄)
■ 奄 문득 엄	**1급** [3大5 총8획] 영 suddenly 중 yān 일 エン(おおう)	奄忽(엄홀) 奄然(엄연)
□ 弇 덮을 엄	[3廾6 총9획] 영 cover 중 yǎn 일 エン(おおう)	弇蓋(엄개) 處必弇(처필엄)
□ 俺 나 엄	[2人8 총10획] 영 myself 중 ǎn 일 エン(われ)	俺拔(엄발)
□ 淹 담글 엄	[4水8 총11획] 영 dip, drown 중 yān 일 エン(ひたす)	淹留(엄류)

■ 掩 가릴 엄	1급 [4手8 총11획]	영 screen 중 yǎn 일 エン(おおう)	掩卷輒忘(엄권첩망) 掩蔽(엄폐)
□ 揜 가릴 엄	[4手9 총12획]	영 shield 중 yǎn 일 エン(おおう)	博揜(박엄) 揜禽旅(엄금려)
□ 浥 훈증할 엄	[4水9 총12획]	영 sultry 중 yǎn 일 エン(むす)	浥死(엄사)
□ 醃 절일 엄	[7酉8 총15획]	영 pickle 중 醃 yān 일 エン(つけもの)	醃藏(엄장) 醃菹(엄저)
■ 嚴 굳셀 엄	中4급 [3口17 총20획]	영 strict 중 严 yán 일 厳ケン(きびしい)	嚴格(엄격) 嚴禁(엄금)
■ 儼 엄연할 엄	1급 [2人20 총22획]	영 severe 중 严 yán 일 ン(きびしい)	儼然(엄연) 儼存(엄존)
■ 業 일 업	中6급 [4木9 총13획]	영 work, business 중 业 yè 일 ギョウ(わざ)	業界(업계) 業務(업무)
□ 嶪 험할 업	[3山13 총16획]	영 steep 중 yè 일 ギョウ(けわしい)	嶪岌(업급) 嶪峨(업아)
□ 恚 성낼 에	[4心6 총10획]	영 angry 중 huì 일 イ(いがる)	恚忿(에분)
□ 殪 쓰러질 에	[4歹12 총16획]	영 fall 중 yì 일 エイ(たおれる)	殪殲(에부)
□ 瞖 음산할 에	[4日12 총16획]	영 cloudy and gloomy 중 yì 일 エイ(くもる)	瞖瞖(에에)
■ 汝 너 여	中3급 [4水3 총6획]	영 you 중 rǔ 일 ジョ(なんじ)	汝等(여등) 汝曹(여조)
■ 予 나 여	高3급 [1亅3 총4획]	영 myself 중 yú 일 ヨ(われ)	予寧(여녕) 予曰(여왈)
■ 如 같을 여	中4급 [3女3 총6획]	영 same 중 rú 일 ニョ(ごとし)	如來(여래) 如反掌(여반장)

■ 余 나 여	中3급 [2人5 총7획] 영 I, remainder 중 yú 일 ヨ(あまる)		余等(여등) 余輩(여배)
□ 茹 먹을 여	[6艸6 총10획] 영 eat 중 rú 일 ジョ(はかる)		茹淡(여담) 茹菽(여숙)
□ 畬 새 밭 여	[5田7 총12획] 영 new field 중 yú 일 ヨ(あらた)		如何新畬 (여하신여)
□ 絮 솜 여	[6糸6 총12획] 영 cotton 중 xù 일 ジョ(わた)		絮纊(서광) 絮縷(서루)
■ 與 줄 여	中4급 [6臼7 총14획] 영 give 중 与 yǔ 일 与ヨ(あたえる)		與件(여건) 與黨(여당)
■ 餘 남을 여	中4급 [9食7 총16획] 영 remain 중 馀 yú 일 余ヨ(あまり)		餘暇(여가) 餘慶(여경)
■ 輿 수레 여	高3급 [7車10 총17획] 영 wagon 중 舆 yú 일 ヨ(こし)		輿駕(여가) 輿論(여론)
□ 歟 어조사 여	[4欠14 총18획] 영 particle 중 欤 yú 일 ヨ(や)		也歟(야여)
□ 旟 기 여	[4方16 총20획] 영 banner 중 yú 일 ヨ(はた)		旟旝(여괴)
□ 鸒 갈가마귀 여	[11鳥14 총25획] 영 jackdaw 중 yú 일 ヨ(やまがらす)		鸒斯(여사) 까마귓과의 검은 새
■ 亦 또 역	中3급 [2亠4 총6획] 영 too, also 중 yì 일 エキ(また)		亦各(역각) 亦是(역시)
■ 役 부릴 역	高3급 [3彳4 총7획] 영 handle 중 yì 일 エキ(つかう)		役軍(역군) 役徒(역도)
■ 疫 염병 역	高3급 [5疒4 총9획] 영 pestilence 중 yì 일 エキ(えきびよう)		疫鬼(역귀) 疫病(역병)
■ 逆 거스를 역	中4급 [7辵6 총10획] 영 disobey 중 逆 nì 일 ゲキ(さからう)		逆境(역경) 逆徒(역도)

■ 域 지경 **역**	高4급 [3土8 총11획] 영 boundary 중 yù 일 イキ(さかい)	地域(지역) 聖域(성역)
□ 緎 솔기 **역**	[6糸8 총14획] 영 seam 중 xù, yù 일 ヨク(ぬいめ)	
□ 嶧 산 이름 **역**	[3山13 총16획] 영 name of a mountain 중 yì 일 エキ(つらなるみね)	嶧山刻石 (역산각석)
□ 懌 기뻐할 **역**	[4心13 총16획] 영 be glad 중 怿 yì 일 エキ(よろこぶ)	懌懷(역회)
□ 閾 문지방 **역**	[8門8 총16획] 영 threshold 중 阈 yù 일 イキ(しきみ)	閾値(역치) 閾内(역내)
■ 繹 풀 **역**	1급 [6糸13 총19획] 영 get the clue 중 繹 yì 일 エキ(つらねる)	繹騷(역소) 繹史(역사)
□ 鯣 뱀장어 **역**	[11魚8 총19획] 영 eel 중 일 エキ(うなぎ)	鯣烏賊(역오적)
■ 譯 통변할 **역**	高3급 [7言13 총20획] 영 translate 중 译 yì 일 エキ(つたえる)	譯本(역본) 譯書(역서)
■ 驛 역 **역**	高3급 [10馬13 총23획] 영 station 중 驿 yì 일 エキ(しゅくば)	驛頭(역두) 驛馬(역마)
■ 延 늘일 **연**	高4급 [3廴4 총7획] 영 extend 중 yán 일 エン(のばす)	延期(연기) 延命(연명)
□ 沇 물 흐를 **연**	[4水4 총7획] 영 flow 중 yǎn 일 エン(ながれゆく)	沇沇(연연)
□ 兗 바를 **연**	[2儿6 총8획] 영 straight 중 yǎn 일 エン(まこと)	兗州(연주)
■ 沿 따를 **연**	高3급 [4水5 총8획] 영 along the water 중 yán 일 エン(そう)	沿道(연도)
■ 姸 예쁠 **연**	2급 [3女6 총9획] 영 pretty 중 妍 yán 일 ケン(うつくしい)	姸麗(연려) 姸芳(연방)

衍 넘칠 연	2급 [6 行3 총9획] 영 overflow 중 yǎn 일 エン(あふれる)	衍繹(연역) 衍義(연의)
耎 연약할 연	[6 而3 총9획] 영 weak, feeble 중 ruǎn 일 ゼン(よわい)	
娟 어여쁠 연	[3 女7 총10획] 영 pretty 중 juān 일 ケン(うつくしい)	便娟(변연) 花妒娟(화투연)
宴 잔치 연	高3Ⅱ급 [3 宀7 총10획] 영 banquet 중 yàn 일 エン(さかもり)	宴席(연석) 宴會(연회)
悁 분할 연	[4 心7 총10획] 영 angry 중 yuān 일 エン(いかる)	悁念(연분) 悁悁(연연)
涓 물방울 연	[4 水7 총10획] 영 drop of water 중 juān 일 ケン(しずく)	涓潔(연결)
涎 침 연	[4 水7 총10획] 영 spittle 중 xián 일 エン(よだれ)	涎沫(연말) 龍涎(용연)
捐 버릴 연	1급 [4 手7 총10획] 영 throw away 중 juān 일 エン(すてる)	捐金(연금) 捐納(연납)
淵 못 연	2급 [4 水8 총11획] 영 pond 중 淵 yuān 일 淵 エン(ふち)	淵源(연원) 淵叢(연총)
硏 갈 연	中4Ⅱ급 [5 石6 총11획] 영 grind 중 yán, yàn 일 ケン(みがく)	硏考(연고) 硏求(연구)
軟 연할 연	高3Ⅱ급 [7 車4 총11획] 영 soft 중 软 ruǎn 일 ゼン(やわらか)	軟膏(연고) 軟骨(연골)
堧 빈터 연	[3 土9 총12획] 영 vacant land 중 ruán 일 ゼン(ほとり)	朴堧(박연)
然 그러할 연	中7급 [4 火8 총12획] 영 yes 중 rán 일 ネン(しかり)	然而(연이) 然後(연후)
硯 벼루 연	3급 [5 石7 총12획] 영 ink-slab 중 硯 yàn 일 ケン(すずり)	硯匣(연갑) 硯滴(연적)

■ 橡 서까래 연	1급 [4木9 총13획]	영 rafter 중 chuán 일 テン(たるき)	橡角(연각) 橡木(연목)
■ 煙 연기 연	中4급 [4火9 총13획]	영 smoke 중 烟 yān 일 エン(けむり)	煙毒(연독) 煙霧(연무)
□ 蜎 굼틀거릴 연	[6虫7 총13획]	영 wriggle 중 yuān 일 ケン(ぼうふり)	蜎蠉(연현)
■ 筵 대자리 연	1급 [6竹7 총13획]	영 bamboo mat 중 yán 일 エン(むしろ)	筵敎(연교) 筵席(연석)
■ 鉛 납 연	高4급 [8金5 총13획]	영 lead 중 铅 qiān 일 エン(なまり)	鉛管(연관) 鉛毒(연독)
■ 演 흐를 연	高4I급 [4水11 총14획]	영 flow 중 yǎn 일 エン(のべる)	演劇(연극) 演劇(연극)
■ 鳶 솔개 연	1급 [11鳥3 총14획]	영 kite 중 鸢 yuān 일 エン(たこ)	鳶尾(연미) 鳶鱝(연분)
■ 燃 사를 연	高4급 [4火12 총16획]	영 burn 중 rán 일 ネン(もえる)	燃料(연료) 燃費(연비)
■ 燕 제비 연	高3급 [4火12 총16획]	영 swallow 중 yàn 일 エン(つばめ)	燕居(연거) 燕賀(연하)
■ 緣 인연 연	高4급 [6糸9 총15획]	영 connection 중 缘 yuán 일 タン(ちなみ)	緣覺(연각) 緣故(연고)
□ 縯 길 연	[6糸11 총17획]	영 long 중 縯 yǎn 일 エン(ながい)	
□ 嚥 침 삼킬 연	[3口16 총19획]	영 swallow 중 yàn, yān 일 エン(のむ)	嚥日(연일) 嚥喋(연잡)
□ 臙 연지 연	[6肉16 총20획]	영 rouge 중 yīn 일 エン(べに)	臙脂(연지)
□ 讌 이야기할 연	[7言16 총23획]	영 talk 중 yàn 일 エン(さかもり)	讌飮(연음) 讌坐(연좌)

한자	훈음	정보	예시
鷰	제비 연	[11鳥12 총23획] 영 swallow 중 yàn 일 エン(つばめ)	鷰鴥(연을) 拙鷰(졸연)
■ 悅	기쁠 열	중3급 [4心7 총10획] 영 glad 중 yuè 일 エツ(よろこぶ)	悅口(열구) 悅口子(열구자)
噎	목 멜 열	[3口12 총15획] 영 one's throat is chocked 중 yē 일 イツ(むせぶ)	噎膈症(열격증) 噎嘔(열구)
■ 熱	더울 열	중5급 [4火11 총15획] 영 hot, heat 중 热 rè 일 ネツ(あつい)	熱狂(열광) 熱心(열심)
閱	검열할 열	[8門7 총15획] 영 inspect 중 阅 yuè 일 エツ(あらため)	閱讀(열독) 閱覽(열람)
蠮	나나니벌 열	[6虫17 총23획] 영 wasp 중 yiē 일 エツ(じがばち)	蠮螉(열옹)
冉	나아갈 염	[2冂3 총5획] 영 go 중 rǎn 일 ゼン(ゆく)	冉鎌(염겸) 冉若(염약)
■ 炎	불꽃 염	중3급 [4火4 총8획] 영 flame, burn 중 yán 일 エン(もえる)	炎毒(염독) 肝炎(간염)
■ 染	물들임 염	준3급 [4木5 총9획] 영 dye 중 rǎn 일 セン(そめる)	染料(염료) 汚染(오염)
苒	우거질 염	[6艸5 총9획] 영 luxuriant 중 苒 rǎn 일 ゼン(しげる)	苒苒(염염) 苒荏(염임)
剡	날카로울 염	[2刀8 총10획] 영 sharp 중 yǎn 일 コン(するどい)	剡手(염수)
蚦	쐐기 염	[6虫5 총11획] 영 caterpillar 중 zhān 일 セン(けむし)	蚦蜥(염사)
■ 焰	불꽃 염	1급 [4火8 총12획] 영 flame 중 yàn 일 エン(ほのお)	焰硝(염초) 焰硝酸(염초산)
琰	옥홀 염	[5玉8 총12획] 영 gem 중 yǎn 일 エン(しるしたま)	琬琰(완염) 琬琰(원염)

□ 厭 싫을 염	2급 [2厂12 총14획] 영 dislike 중 厌 yàn 일 エン(あきる)	厭忌(염기) 厭世(염세)	
□ 髯 구레나룻 염	[10髟4 총14획] 영 whiskers 중 髯 rán 일 ゼン(ほおひげ)	髯口(염구) 髯主簿(염주부)	
□ 燄 불 당길 염	[4火12 총16획] 영 flame 중 燄 yàn 일 エン(ほのお)	燄燄(염염)	
■ 閻 마을 염	2급 [8門8 총16획] 영 village 중 阎 yán 일 エン(ちまた)	閻王(염왕) 閻浮(염부)	
□ 檿 산뽕나무 염	[4木14 총18획] 영 mulberry 중 檿 yǎn 일 エン(やまぐわ)	檿桑(염상)	
□ 懕 편안할 염	[4心14 총18획] 영 peaceful 중 懕 yān 일 エン(やすらか)	懕懕(염염)	
□ 艶 고울 염	[6色13 총19획] 영 pretty 중 艳 yàn 일 エン(なまめかしい)	艶聞(염문) 艶福(염복)	
□ 饜 포식할 염	[9食14 총23획] 영 satiated 중 餍 yàn 일 エン(あきる)	饜飫(염어) 饜足(염족)	
□ 魘 잠꼬대할 염	[10鬼14 총24획] 영 sleep talking 중 魇 yàn 일 エン(うなされる)	魘夢(염몽)	
■ 鹽 소금 염	高3급 [11鹵13 총24획] 영 salt 중 盐 yán 일 塩 エン(しお)	鹽氣(염기) 鹽類(염류)	
□ 黶 검은 사마귀 염	[12黑14 총26획] 영 black mole 중 黡 yǎn 일 エン(ほくろ)	黶然(암연) 黶翳(암예)	
■ 艷 고울 염	1급 [7豆21 총28획] 영 pretty 중 艳 yàn 일 エン(あでやか)	艷聞(염문) 艷福(염복)	
■ 葉 잎 엽	中5급 [6艸9 총13획] 영 leaf 중 叶 yè 일 は)	葉綠素(엽록소) 葉書(엽서)	
■ 燁 빛날 엽	2급 [4火12 총16획] 영 shine 중 烨 yè 일 ヨウ(かがやく)		

☐ 曄 빛날 엽	[4日12 총16획] 영 bright 중 曄 yè 일 ヨウ(かがやく)	曄曄(엽엽)
☐ 饁 들밥 엽	[9食10 총19획] 영 chip-box 중 饁 yiè 일 ヨウ(かれいい)	有饁其饁(유탐기엽)
☐ 靨 보조개 엽	[9面14 총23획] 영 dimple 중 靨 yiè 일 ヨウ(えくぼ)	靨䩉(엽부) 靨笑(엽소)
■ 永 길 영	中6급 [4水1 총5획] 영 eternal, long 중 yǒng 일 エイ(ながい)	永劫(영겁) 永世(영세)
☐ 咏 노래할 영	[3口5 총8획] 영 chant 중 yǒng 일 エイ(うたう)	咏唱(영창)
■ 泳 헤엄칠 영	高3급 [4水5 총8획] 영 swim 중 yǒng 일 エイ(およぐ)	水泳(수영) 泳法(영법)
■ 迎 맞을 영	中4급 [7辶4 총8획] 영 welcome 중 迎 yíng 일 ゲイ(むかえる)	迎賓(영빈) 迎聘(영빙)
■ 映 비칠 영	高4급 [4日5 총9획] 영 reflect 중 yìng 일 エイ(うつす)	映寫(영사) 映像(영상)
■ 盈 찰 영	2급 [5皿4 총9획] 영 full, fill 중 yíng 일 エイ(みちる)	盈滿(영만) 盈羨(영선)
■ 英 꽃부리 영	中6급 [6艹5 총9획] 영 corolla 중 yīng 일 エイ(すぐれる)	英文(영문) 英敏(영민)
■ 詠 읊을 영	高3급 [7言5 총12획] 영 recite 중 咏 yǒng 일 エイ(うたう)	詠歌(영가) 詠懷(영회)
☐ 塋 무덤 영	[3土10 총13획] 영 grave 중 茔 yíng 일 エイ(はか)	塋墓(영묘) 塋樹(영수)
☐ 楹 기둥 영	[4木9 총13획] 영 pillar 중 yíng 일 エイ(はしら)	楹聯(영련) 楹外(영외)
☐ 暎 비칠 영	[4日9 총13획] 영 reflect 중 暎 yìng 일 エイ(うつす)	暎發(영발) 暎畵幕(영화막)

■ 瑛 옥빛 **영**	2급 [5玉9 총13획] 영 gem 중 yīng 일 エイ(すいしょう)		瑛琚(영거) 瑛瑤(영요)
■ 榮 영화 **영**	中4급 [4木10 총14획] 영 glory 중 荣 róng 일 エイ(さかえる)		榮枯(영고) 榮進(영진)
■ 影 그림자 **영**	高3I급 [3彡12 총15획] 영 shadow 중 yǐng 일 エイ(かげ)		影寫(영사) 影像(영상)
□ 潁 물 이름 **영**	[4水11 총15획] 영 river 중 颍 yǐng 일 エイ(かわ)		潁水隱士 (영수은사)
■ 瑩 밝을 **영**	2급 [5玉10 총15획] 영 bright 중 莹 yíng 일 エイ(あきらか)		瑩鏡(영경) 瑩徹(영철)
□ 縈 얽힐 **영**	[6糸9 총15획] 영 coil 중 萦 yíng 일 エイ(からむ)		縈結(영결)
□ 嬴 성 **영**	[3女13 총16획] 영 full 중 yíng 일 エイ(みちる)		嬴鏤(영루)
□ 穎 이삭 **영**	[5禾11 총16획] 영 ear 중 颖 yǐng 일 エイ(ほさき)		穎敏(영민) 穎悟(영오)
■ 嬰 갓난이 **영**	1급 [3女14 총17획] 영 young 중 婴 yīng 일 エイ(あかご)		嬰兒(영아) 嬰孺(영유)
■ 營 경영할 **영**	高4급 [4火13 총17획] 영 manage 중 营 yíng 일 エイ(いとなむ)		營內(영내) 營業(영업)
□ 譻 속살거릴 **영**	[7言10 총17획] 영 whisper 중 hōng 일 エイ(ささやく)		譻嗃(영학)
□ 鍈 방울소리 **영**	[8金9 총17획] 영 tinkling 중 鍈 yīng 일 エイ(すずのね)	
□ 瀛 큰 바다 **영**	[4水16 총19획] 영 ocean 중 yíng 일 エイ(うみ)		瀛洲(영주)
□ 濚 물소리 **영**	[4水17 총20획] 영 sound of water 중 yíng 일 エイ(みずおと)		濚濚(영영)

蠑 도마뱀 영	[6虫14 총20획] 영 lizard 중 蠑 róng 일 エイ(いもり)		蠑蚖(영원)
贏 남을 영	[7貝13 총20획] 영 remain 중 yíng 일 エイ(とく)		贏得(영득) 贏利(영리)
瓔 옥돌 영	[5玉17 총21획] 영 gem 중 瓔 yīng 일 エイ(くびかざり)		瓔珞(영락) 瓔琅(영랑)
纓 갓끈 영	[6糸15 총21획] 영 chin-strip 중 纓 yīng 일 エイ		纓絡(영락) 纓紳(영신)
籯 바구니 영	[6竹19 총25획] 영 bamboo vessel 중 yíng 일 エイ(かご)		籯金所過 (영금소과)
乂 풀 벨 예	[1丿1 총2획] 영 mow, rule 중 yì 일 ガイ(かる)		乂安(예안) 乂淸(예청)
刈 풀 벨 예	[2刀2 총4획] 영 cut grass 중 yì 일 ガイ(かる)		刈刀(예도) 刈穫(예확)
■ 曳 끌 예	1급 [4曰2 총6획] 영 drag 중 yè 일 エイ(ひく)		曳光彈(예광탄) 曳尾塗中(예미도중)
汭 물굽이 예	[4水4 총7획] 영 meander 중 ruì 일 ゼイ(みずあい)		溳屬渭汭 (경속위예)
■ 例 법식 예	6급 [2人6 총8획] 영 form 중 例 lì 일 レイ(たとえる)		例外(예외) 例文(예문)
■ 芮 성 예	2급 [6艸2 총8획] 영 family name 중 芮 ruì 일 ゼイ(みずぎわ)		芮芮(예예) 瞥芮(무예)
拽 당길 예	[4手6 총9획] 영 draw 중 zhuài 일 エイ(ひく)		拽筑(예공) 拽白(예백)
倪 어릴 예	[2人8 총10획] 영 very young 중 ní 일 ゲイ(おさない)		倪倪(예예)
猊 사자 예	[4犬8 총11획] 영 lion 중 ní 일 ゲイ(しし)		猊座(예좌) 猊下(예하)

한자	훈음	정보	예시
睨	흘겨볼 예	[5目8 총13획] 영 stare sidelong 중 nì 일 ゲイ(にらむ)	睨視(예시)
裔	후손 예	1급 [6衣7 총13획] 영 descendant 중 yì 일 エイ(すそ)	裔孫(예손) 裔胄(예주)
詣	이를 예	1급 [7言6 총13획] 영 reach 중 诣 yì 일 ケイ(いたる)	造詣(조예) 參詣(참예)
預	미리 예	2급 [9頁4 총13획] 영 beforehand 중 预 yù 일 ヨ(あらかじめ)	預金(예금) 預備(예비)
嬰	갓난아이 예	[3女11 총14획] 영 baby 중 yī 일 エイ(あかご)	嬰彌(예미) 嬰嬰(예예)
睿	슬기 예	2급 [5目9 총14획] 영 wisdom 중 ruì 일 エイ(かしこい)	睿感(예감) 睿達(예달)
蜹	바구미 예	[6虫8 총14획] 영 rice-weevil 중 ruì 일 ゼイ(ぶと)	醯酸而蜹聚焉 (혜산이예취언)
瘞	묻을 예	[5疒10 총15획] 영 bury 중 瘞 yì 일 エイ(うずめる)	瘞安(예안) 望瘞(망예)
藝	심을 예	[6艸11 총15획] 영 plant 중 yì 일 ゲイ(うえる)	以敎稼穡樹蓺 (이교가색수예)
銳	날카로울 예	高3급 [8金7 총15획] 영 sharp 중 锐 ruì 일 エイ(するどい)	銳角(예각) 銳氣(예기)
叡	밝을 예	[2又14 총16획] 영 bright 중 睿 ruì 일 エイ(あきらか)	叡智(예지) 叡哲(예철)
翳	깃일산 예	[6羽10 총16획] 영 parasol 중 翳 yì 일 エイ(かくれる)	翳昧(예매) 翳桑(예상)
蕊	꽃술 예	[6艸12 총16획] 영 flower-centre 중 ruǐ 일 ズイ(しべ)	蕊粉(예분) 蕊宮(예궁)
豫	미리 예	高4급 [7豕9 총16획] 영 beforehand 중 yù 일 ヨ(あらかじめ)	豫探(예탐) 豫行(예행)

☐ 霓 무지개 예	[8雨8 총16획] 영 rainbow 중 ní 일 ゲイ(にじ)	霓裳(예상) 霓旌(예정)
☐ 薉 더러울 예	[6艸13 총17획] 영 dirty 중 wèi 일 ワイ(けがれ)	薉貊(예맥)
■ 穢 더러울 예	1급 [5禾13 총18획] 영 dirty 중 穢 huì 일 ワイ(けがれる)	穢氣(예기) 穢德(예덕)
■ 藝 재주 예	中4급 [6艸15 총19획] 영 talent 중 艺 yì 일 芸 ゲイ(わざ)	藝技(예기) 藝能(예능)
☐ 鯢 암고래 예	[11魚8 총19획] 영 female whale 중 鯢 ní 일 ゲイ(めくじら)	鯢齒(예치)
☐ 麑 사자 예	[11鹿8 총19획] 영 lion 중 ní 일 ゲイ(しし)	麑裘(예구) 麑鹿(예록)
☐ 蕊 꽃술 예	[6艸16 총20획] 영 stamen 중 蕊 ruǐ 일 ズイ(しべ)	蓮花蕊(연화예) 多體雄蕊(다체웅예)
■ 譽 기릴 예	高3급 [7言14 총21획] 영 honour 중 誉 yù 일 誉 ヨ(ほまれ)	譽聞(예문) 榮譽(영예)
☐ 鷖 갈매기 예	[11鳥11 총22획] 영 sea-gull 중 yī 일 エイ(かもめ)	鳧鷖在涇(부예 재경)
☐ 齯 다시 난이 예	[15齒8 총23획] 영 old man's teeth 중 ní 일 ゲイ(みずは)	齯齒(예치) 늙은이의 이가 빠지고 난 이
■ 午 낮 오	中7급 [2十2 총4획] 영 noon 중 wǔ 일 ゴ(うま)	午睡(오수) 午時(오시)
■ 五 다섯 오	中8급 [2二2 총4획] 영 five 중 wǔ 일 ゴ(いつつ)	五感(오감) 五色(오색)
■ 伍 다섯사람 오	1급 [2人4 총6획] 영 five men 중 wǔ 일 コ(なかま)	伍伴(오반) 伍伯(오백)
☐ 圬 흙손 오	[3土3 총6획] 영 trowel 중 wū 일 オ(にて)	圬墁(오만) 圬人(오인)

■ 汚 더러울 오	高3급 [4水3 총6획] 영 dirty 중 汚 wū 일 オ(みずたまり)	汚染(오염) 汚辱(오욕)
■ 吾 나 오	中3급 [3口4 총7획] 영 I 중 wú 일 ゴ(われ)	吾等(오등) 吾不關焉(오불관언)
■ 吳 성씨 오	2급 [3口4 총7획] 영 family name 중 吴 wú 일 ゴ(くれ)	吳越同舟(오월동주) 吳下阿蒙(오하아몽)
□ 忤 거스릴 오	[4心4 총7획] 영 oppose 중 wǔ 일 ゴ(さからう)	忤物(오물) 忤視(오시)
□ 杇 흙손 오	[4木3 총7획] 영 trowel 중 杇 wū 일 オ(にて)	
□ 洿 웅덩이 오	[4水6 총9획] 영 swamp 중 wū 일 オ(たまりみず)	洿濘(오녕)
□ 唔 읽는 소리 오	[3口7 총10획] 영 reading sound 중 wú 일 ゴ(よみこえ)	咿唔(이오)
■ 娛 즐길 오	高3급 [3女7 총10획] 영 amuse 중 娱 yú 일 ゴ(たのしむ)	娛樂(오락) 娛遊(오유)
■ 烏 까마귀 오	中3급 [4火6 총10획] 영 crow 중 乌 wū, wù 일 ウ(からす)	烏鷄(오계) 烏梅(오매)
□ 捂 거스를 오	[4手7 총10획] 영 conflict 중 wǔ, wú 일 ゴ(さわる)	或有抵捂 (혹유저오)
■ 悟 깨달을 오	中3급 [4心7 총10획] 영 realize 중 wù 일 ゴ(さとる)	悟覺(오각) 悟空(오공)
□ 敖 거만할 오	[4女7 총11획] 영 arrogant 중 áo 일 ゴウ(おごる)	敖蔑(오멸) 敖民(오민)
□ 晤 총명할 오	[4日7 총11획] 영 bright 중 wù 일 ゴ(あう)	晤面(오면) 晤語(오어)
■ 梧 오동나무 오	3급 [4木7 총11획] 영 Paulownia 중 wú 일 ゴ(あおぎり)	梧桐(오동) 梧月(오월)

傲 거만할 오	高3급 [2人11 총13획]	영 arrogance 중 ào 일 オウ(おごる)	傲骨(오골) 傲慢(오만)
嫗 할미 오	[3女10 총13획]	영 old woman 중 嫗 ǎo 일 オウ(ばば)	嫗嫗(오구) 嫗神(오신)
嗚 탄식할 오	高3급 [3口10 총13획]	영 sigh 중 呜 wū 일 オ(ああ)	嗚呼(오호) 嗚泣(오읍)
塢 산언덕 오	[3土10 총13획]	영 bank 중 坞 wù 일 オ(むら)	塢壁(오벽)
奧 깊을 오	1급 [3大10 총13획]	영 profundity 중 奥 ào 일 奥 オウ(おく)	奧妙(오묘) 奧密稠密(오밀조밀)
蜈 지네 오	[6虫7 총13획]	영 centipede 중 wú 일 コ(むかで)	蜈蚣鷄(오공계) 蜈蚣船(오공선)
寤 깰 오	1급 [3宀11 총14획]	영 awake 중 wù 일 ゴ(さめる)	寤寐(오매) 寤寐不忘(오매불망)
嫯 업신 여길 오	[3女11 총14획]	영 be haughty 중 일 ゴウ(おごる)	嫯婷(오만)
慠 거만할 오	[4心11 총14획]	영 arrogant 중 ào 일 ゴウ(おごる)	慠慢(오만)
誤 그릇할 오	中4I급 [7言7 총14획]	영 error 중 误 wù 일 ゴ(あやまる)	誤審(오심) 誤譯(오역)
墺 물가 오	2급 [3土12 총15획]	영 beach 중 ào 일 オウ(きし)	墺地利(오지리) 普墺戰爭(보오전쟁)
熬 볶을 오	[4火11 총15획]	영 roast 중 āo, áo 일 ゴウ(いる)	熬穀(오곡)
遨 노닐 오	[7辵11 총15획]	영 play 중 遨 áo 일 ゴウ(あそぶ)	遨遊(오유)
懊 한할 오	1급 [4心13 총16획]	영 deplore 중 懊 ào 일 オウ(うらむ)	懊惱(오뇌) 懊恨(오한)

澳 깊을 오	[4水13 총16획] 영 deep 중 ào 일 オウ(ふかい)	澳溟(오명)
磝 성이름 오	[5石11 총16획] 영 castle 중 áo, qiāo 일 ゴウ(かたい)	磝磝(오오)
遻 만날 오	[7辵12 총16획] 영 meet by chance 중 è 일 ゴ(あう)	幸二八遻虞兮 (행이팔오우혜)
隩 감출 오	[8阜13 총16획] 영 hide 중 ào 일 オウ(かくす)	隩區(오구)
聱 못 들은체 할 오	[6耳11 총17획] 영 perverse 중 聱 áo 일 ゴウ(きかない)	聱叟(오수) 聱牙(오아)
螯 차오	[6虫11 총17획] 영 clam 중 áo 일 ゴウ(はさみ)	螯膌(오전)
鴮 사다새 오	[11鳥6 총17획] 영 palican 중 wū 일 オ(がらんちょう)	鴮澤(오택)
襖 도포 오	[6衣13 총18획] 영 robe 중 襖 ǎo 일 オウ(うわぎ)	大襖子(대오자)
鍑 옹솥 오	[8金10 총18획] 영 small pot 중 鍑 wù 일 オ(かま)	鍑鋿(오육)
鏖 무찌를 오	[8金11 총19획] 영 slaughter 중 áo 일 オウ(みなごろし)	鏖殺(오살) 鏖戰(오전)
鼯 박쥐 오	[13鼠7 총20획] 영 bat 중 wú 일 ゴ(むささび)	鼯鼠(오서) 鼯鼠之技(오서지기)
驁 준마 오	[10馬11 총21획] 영 swift horse 중 驁 ào 일 ゴウ(よいうま)	驁蹇(오건) 驁放(오방)
鰲 자라 오	[11魚11 총22획] 영 terrapin 중 鰲 áo 일 ゴウ(すっぽん)	金鰲新話 (금오신화)
鼇 큰 자라 오	[13黽11 총24획] 영 tortoise 중 鼇 áo 일 ゴウ(おおすっぽん)	鼇足(오족)

- **玉** 구슬 **옥**　[中4급] [5玉0 총5획]　영 jewel　중 yù　일 ギョク(たま)　玉稿(옥고)　玉高粱(옥고량)

- **沃** 기름질 **옥**　[2급] [4水4 총7획]　영 fertile　중 wò　일 ヨク(こえる)　沃畓(옥답)　沃土(옥토)

- **屋** 집 **옥**　[中5급] [3尸6 총9획]　영 house　중 wū　일 オク(や)　屋內(옥내)　屋上(옥상)

- **鈺** 보배 **옥**　[2급] [8金5 총13획]　영 jewel　중 鈺 yù　일 キョク(たから)　崔鈺(최옥)

- **獄** 옥 **옥**　[高3급] [4犬11 총14획]　영 prison　중 狱 yù　일 ゴク(ひとや)　獄具(옥구)　獄牢(옥뢰)

- **溫** 따뜻할 **온**　[中6급] [4水10 총13획]　영 warm　중 温 wēn　일 オン(あたたかい)　溫情(온정)　溫氣(온기)

- □ **慍** 성낼 **온**　[4心10 총13획]　영 get angry　중 愠 wèn　일 ウン(いかる)　慍見(온견)　慍怒(온노)

- □ **熅** 숯불 **온**　[4火10 총14획]　영 charcoal fire　중 yūn　일 ウン(あたたか)　熅火(온화)

- □ **氳** 기운 어릴 **온**　[4气10 총14획]　영 vigous　중 氲 yūn　일 ウン(さかんなき)　氤氳(온온)

- □ **瘟** 염병 **온**　[5疒10 총15획]　영 plague　중 瘟 wēn　일 オン(えやみ)　瘟黃(온황)

- □ **縕** 모시 **온**　[6糸10 총16획]　영 ramie　중 缊 yùn, yūn　일 ウン(くずあさ)　縕巡(온순)　縕袍(온포)

- □ **醞** 술 빚을 **온**　[7酉10 총17획]　영 brew　중 醞 yùn　일 ウン(かもす)　醞釀(온양)　醞藉(온자)

- **穩** 편안할 **온**　[2급] [5禾14 총19획]　영 quiet　중 稳 wěn　일 穩オン(おだやか)　穩健(온건)　穩當(온당)

- **蘊** 쌓을 **온**　[1급] [6艸16 총20획]　영 pile up　중 蕴 yùn　일 ウン(つもる)　蘊憤(온분)　蘊奧(온오)

한자	훈음	정보	예시
兀	우뚝할 올	[2儿1 총3획] 영 aloft 중 wù, wū 일 コツ(たかい)	兀立(올립) 兀山(올산)
杌	나무 그루터기 올	[4木3 총7획] 영 stump 중 wù 일 ゴツ(きりかぶ)	杌陧(올얼)
翁	늙은이 옹	준3급 [6羽0 총6획] 영 old man 중 翁 wēng 일 オウ(おきな)	翁姑(옹고) 翁壻(옹서)
甕	독 옹	[5瓦4 총9획] 영 jar 중 wèng 일 オウ(かめ)	鐵甕(철옹) 黃甕(황옹)
邕	막힐 옹	2급 [7邑3 총10획] 영 be blocked 중 yōng 일 ヨウ(ふさがる)	邕穆(옹목) 邕邕(옹옹)
雍	화할 옹	2급 [8隹5 총13획] 영 harmony 중 yōng 일 ヨウ(やわらぐ)	雍氏(옹씨) 雍閼(옹알)
壅	막을 옹	1급 [3土13 총16획] 영 be closed 중 yōng 일 ヨウ(ふさぐ)	壅隔(옹격) 壅固執(옹고집)
擁	안을 옹	준2급 [4手13 총16획] 영 embrace 중 拥 yōng 일 ヨウ(いだく)	擁立(옹립) 擁衛(옹위)
臃	부스럼 옹	[6肉13 총17획] 영 tumor 중 yǒng 일 ヨウ(はれもの)	臃腫(옹종)
甕	항아리 옹	2급 [5瓦13 총18획] 영 earthen jar 중 瓮 wèng 일 オウ(かめ)	甕器(옹기) 甕裏醯雞(옹리혜계)
雝	화할 옹	[8隹10 총18획] 영 harmony 중 yōng 일 ヨウ(やわらぐ)	雝渠(옹거) 雝雝(옹옹)
顒	우러를 옹	[9頁9 총18획] 영 polite 중 yóng 일 ギョク(おだやか)	顒望(옹망) 顒若(옹약)
廱	학교 옹	[3广18 총21획] 영 school 중 yōng 일 ヨウ(やわらぐ)	廱雁(옹응)
饔	아침밥 옹	[9食13 총22획] 영 breakfast 중 yōng 일 ヨウ(あさめし)	饔膳(옹선) 饔飧(옹손)

癰 등창 옹	[5疒18 총23획] 영 swelling 중 癰 yōng 일 ヨウ(ようそ)	癰疽(옹저)
■ 瓦 기와 와	中3급 [5瓦0 총5획] 영 root tile 중 瓦 wǎ, wà 일 ガ(かわら)	瓦家(와가) 瓦溝(와구)
■ 臥 누울 와	中3급 [6臣2 총8획] 영 lie down 중 臥 wò 일 ガ(ふせる)	臥具(와구) 臥龍(와룡)
■ 訛 잘못될 와	1급 [7言4 총11획] 영 error 중 訛 é 일 カ(あやまる)	訛言(와언) 訛傳(와전)
■ 渦 소용돌이 와	1급 [4水9 총12획] 영 whirlpool 중 渦 wō 일 ワ(うずまく)	渦狀(와상) 渦動(와동)
□ 蛙 개구리 와	[6虫6 총12획] 영 frog 중 蛙 wā 일 ワ(かえる)	蛙市(와시) 蛙吠(와폐)
□ 萵 상추 와	[6艹9 총13획] 영 lettuce 중 萵 wō 일 ワ(ちさ)	萵苣(와거) 萵苣子(와거자)
□ 窩 굴 와	[5穴9 총14획] 영 cave, hole 중 窩 wō 일 カ(むろ)	窩窟(와굴) 窩刀(와도)
■ 蝸 달팽이 와	1급 [6虫9 총15획] 영 snail 중 蝸 wō 일 カ(かたつむり)	蝸角(와각) 蝸角之勢(와각지세)
□ 窪 웅덩이 와	[5穴9 총14획] 영 puddle 중 窪 wā 일 ワ(くぼむ)	窪目(와목) 窪則盈(와즉영)
□ 譌 그릇 와	[7言12 총19획] 영 false 중 é 일 ガ(いつわる)	譌言(와언)
□ 刓 깎을 완	[2刀4 총6획] 영 carve 중 刓 wán 일 ガン(けずる)	刓缺(완결) 刓困(완곤)
■ 完 완전할 완	中5급 [3宀4 총7획] 영 perfect 중 完 wán 일 カン(まったし)	完決(완결) 完結(완결)
■ 阮 성씨 완	1급 [8阝4 총7획] 영 surname 중 阮 ruǎn 일 カン	阮堂集(완당집) 阮丈(완장)

□ 忨 탐할 완	[4心4 총7획] 영 covet 중 wàn 일 カン(むさぼる)	忨愒(완개) 忨日(완일)	
■ 宛 완연할 완	1급 [3宀5 총8획] 영 clear 중 wǎn 일 エン(あたかも)	宛然(완연) 大宛(대원)	
■ 玩 희롱할 완	1급 [5玉4 총8획] 영 taunt 중 wán 일 カン(もてあそぶ)	玩具(완구) 玩讀(완독)	
□ 垸 바를 완	[3土7 총10획] 영 plaster 중 yuàn 일 カン(はいをまぜる)	香垸(향완) 향을 피우는 조그마한 향로	
□ 浣 옷빨 완	[4水7 총10획] 영 clean 중 huàn 일 カン(あらう)	浣雪(완설)	
■ 婉 순할 완	1급 [3女8 총11획] 영 obedient 중 wǎn 일 エン(しなやか)	婉曲(완곡) 婉容(완용)	
□ 梡 네발도마 완	[4木7 총11획] 영 board 중 kuǎn 일 カン(まないた)	梡革(완혁)	
□ 脘 밥통 완	[6肉7 총11획] 영 stomach 중 脘 wǎn 일 カン(いぶくろ)	下脘(하완) 中脘(중완)	
□ 掔 당길 완	[4手8 총12획] 영 draw 중 qiān 일 ケン(ひく)	肉袒掔羊以迎 (육단견양이영)	
□ 椏 나무토막 완	[4木8 총12획] 영 cut of wood 중 kē 일 カン(きぎれ)		
□ 椀 주발 완	[4木8 총12획] 영 bowl 중 椀 wǎn 일 ワン(わん)	椀器(완기)	
□ 琬 홀 완	[5玉8 총12획] 영 jade tablet 중 wǎn 일 エン(しるしたま)	琬琰(완염) 琬琰(원염)	
■ 腕 팔 완	1급 [6肉8 총12획] 영 arm 중 wàn 일 ワン(うで)	腕力(완력) 腕力(완력)	
□ 碗 그릇 완	[5石8 총13획] 영 vessel 중 wǎn 일 ワン(はち)	碗琴(완금) 茶碗(차완)	

■ 頑 완고할 완	1급 [9頁4 총13획]	영 obstinate 중 頑 wán 일 ガン(かたくな)	頑强(완강) 頑固(완고)
■ 緩 느릴 완	高3급 [6糸9 총15획]	영 loose 중 缓 huǎn 일 カン(ゆるむ)	緩曲(완곡) 緩急(완급)
□ 羱 들양 완	[6羊9 총15획]	영 wild sheep 중 yuán 일 ガン(のひつじ)	羱鹿(완록) 羱羊(완양)
□ 翫 희롱할 완	[6羽9 총15획]	영 play with 중 wán 일 ガン(もてあそぶ)	翫愒(완개) 翫瀆(완독)
□ 豌 동부 완	[7豆8 총15획]	영 pea 중 wān 일 ワン(えんどう)	豌豆(완두) 豌豆瘡(완두창)
□ 薍 물억새 완	[6艸13 총17획]	영 reed 중 wàn 일 カン(おぎ)	薍簾(난렴) 달풀 로 엮어 만든 발
■ 曰 가로 왈	3급 [4曰0 총4획]	영 speak 중 曰 yuē 일 エツ(いわく)	曰若(왈약) 曰牌(왈패)
■ 王 임금 왕	中8급 [5王0 총4획]	영 king 중 wáng 일 オウ(きみ)	王家(왕가) 王冠(왕관)
■ 汪 넓을 왕	2급 [4水4 총7획]	영 deep and wide 중 wāng 일 オウ(ひろい)	汪浪(왕랑) 汪茫(왕망)
■ 往 갈 왕	中4급 [3彳5 총8획]	영 go 중 wǎng 일 オウ(ゆく)	往年(왕년) 往來(왕래)
■ 枉 굽을 왕	1급 [4木4 총8획]	영 curve 중 wǎng 일 オウ(まがる)	枉道(왕도) 枉臨(왕림)
■ 旺 왕성할 왕	2급 [4日4 총8획]	영 prosper 중 wàng 일 オウ(さかん)	旺氣(왕기) 旺盛(왕성)
■ 倭 왜나라 왜	2급 [2人8 총10획]	영 japan 중 wō 일 イ(やまと)	倭寇(왜구)
□ 媧 사람 이름 왜	3급 [3女9 총12획]	영 name 중 媧 wā 일 カイ(めかみ)	媧皇(왜황)

■ 矮	난쟁이 왜	1급 [5矢8 총13획] 영 dwarfish 중 ǎi 일 ワイ(ちじむ)	矮小(왜소) 矮人(왜인)
■ 外	바깥 외	중8급 [3夕2 총5획] 영 outside 중 wài 일 ガイ(そと)	外家(외가) 外間男子(외간남자)
■ 畏	두려워할 외	초3급 [5田4 총9획] 영 dread, fear 중 wèi 일 イ(おそれる)	畏怯(외겁) 畏敬(외경)
□ 偎	가까이 할 외	[2人9 총11획] 영 be fond of 중 wēi 일 ワイ(したしむ)	偎愛(외애) 偎人(외인)
■ 歪	기울 왜	2급 [4止5 총9획] 영 aslant 중 wāi, wǎi 일 ワイ(ゆがむ)	歪曲(왜곡) 歪力(왜력)
■ 猥	외람할 외	1급 [4犬9 총12획] 영 impudent 중 wěi 일 ワイ(みだら)	猥多(외다) 猥濫(외람)
□ 隈	모퉁이 외	[8阜9 총12획] 영 curve 중 wēi 일 ワイ(くま)	隈曲(외곡)
□ 嵬	높을 외	[3山10 총13획] 영 aloft 중 wéi 일 カイ(けわしい)	嵬崛(외굴) 嵬岌(외급)
□ 楲	지도리 외	[4木9 총13획] 영 hinge 중 wēi 일 ワイ(とのちく)	縱楲(종외)
□ 隗	높을 외	[8阜10 총13획] 영 lofty 중 kuí 일 カイ(たかい)	又有隗山 (우유외산)
□ 瘣	병들 외	[5疒10 총15획] 영 be ill 중 huì 일 カイ(やむ)	瘣木(외목)
□ 聵	귀머거리 외	[6耳12 총18획] 영 deaf 중 聵 kuì 일 カイ(つんぼ)	聵眊(외모) 聵聵(외외)
■ 巍	높을 외	1급 [3山18 총21획] 영 high 중 wēi 일 ギ(たかい)	巍峨(외아) 巍勳(외훈)
□ 幺	작을 요	[3幺0 총3획] 영 small 중 yāo 일 ヨウ(ちいさい)	幺麽(요마) 幺弱(요약)

■ **夭** 일찍죽을 요	1급 [3大1 총4획] 영 early death 중 yāo 일 ヨウ(わかじに)	夭逝(요서) 夭折(요절)
■ **凹** 오목할 요	1급 [2凵3 총5획] 영 concave 중 āo, wā 일 オウ(なかくぼ)	凹鏡(요경) 凹面(요면)
■ **妖** 요사할 요	2급 [女4 총7획] 영 early death 중 yāo 일 ヨウ(あやしい)	妖怪(요괴) 妖鬼(요귀)
□ **殀** 단명할 요	[歹4 총8획] 영 early death 중 殀 yǎo 일 (わかじに)	殀壽(요수)
■ **拗** 꺾을 요	1급 [手5 총8획] 영 break 중 niù 일 ヨウ(くじく)	拗强(요강) 拗怒(요노)
■ **姚** 예쁠 요	2급 [女6 총9획] 영 beautiful 중 yáo 일 ヨウ(うつくしい)	姚冶(요야) 姚姚(요요)
■ **要** 구할 요	中5급 [襾3 총9획] 영 request 중 要 yāo 일 ヨウ(もとめる)	要綱(요강) 必要(필요)
■ **約** 약속할 요	中5급 [糸3 총9획] 영 promise 중 约 yāo 일 ヤク(ちぎり)	約款(약관) 約略(약략)
■ **窈** 고요할 요	1급 [穴5 총10획] 영 secluded 중 yǎo 일 ヨウ(ふかい)	窈糾(요규) 窈渺(요묘)
□ **窅** 움펑눈 요	[穴5 총10획] 영 sunken eyes 중 yǎo 일 ヨウ(くぼみめ)	窅眇(요묘) 窅然(요연)
□ **臼** 절구 요	[臼4 총10획] 영 mortar 중 臽 yǎo 일 ヨウ(うす)	
□ **訞** 요사할 요	[言4 총11획] 영 wickedness 중 yāo 일 ヨウ(わざわい)	訞怪(요괴) 訞言(요언)
■ **堯** 요임금 요	2급 [土9 총12획] 영 Emperor Yao 중 尧 yáo 일 ギョウ(たかい)	堯桀(요걸) 堯舜(요순)
□ **徭** 부역 요	[彳10 총13획] 영 labour 중 yáo 일 ヨウ(ぶやく)	徭賦(요부) 徭稅(요세)

■ 搖 흔들 요	[高3급] [4扌 10 총13획]	영 shake 중 摇 yáo 일 ヨウ(ゆるがす)	搖動(요동) 搖籃(요람)
■ 腰 허리 요	[高3급] [6肉 9 총13획]	영 waist 중 腰 yāo 일 ヨウ(こし)	腰骨(요골) 腰帶(요대)
□ 蘋 풀이름 요	[6艹 9 총13획]	영 grass 중 蘋 yáo 일 ヨウ(さかん)	豊草蘋(풍초요)
■ 僥 요행 요	[1급] [2人 12 총14획]	영 fortunate 중 僥 jiǎo 일 ギョウ(さいわい)	僥覦(요기) 僥人(요인)
□ 瑤 옥 요	[5玉 10 총14획]	영 jade 중 瑤 yáo 일 ヨウ(たま)	瑤顔(요안) 瑤池鏡(요지경)
■ 遙 멀 요	[高3급] [7辶 10 총14획]	영 far 중 遙 yáo 일 ヨウ(はるか)	遙遠(요원) 遙昔(요석)
□ 澆 물댈 요	[4水 12 총15획]	영 flow in 중 澆 jiāo 일 ギョウ(そそぐ)	澆漑(요개)
■ 窯 가마 요	[1급] [5穴 10 총15획]	영 kiln 중 窯 yáo 일 ヨウ(かま)	窯業(요업) 窯址(요지)
□ 徼 돌아다닐 요	[3彳 13 총16획]	영 patrol 중 徼 jiǎo 일 ギョウ(みまわり)	徼幸(요행)
□ 橈 굽을 요	[4木 12 총16획]	영 bend 중 橈 ráo 일 ドウ(たわむ)	橈敗(요패)
□ 憿 요행 요	[4心 13 총16획]	영 luck 중 憿 jiāo, jiǎo 일 ギョウ(さいわい)	憿憭(요료) 憿邀(요적)
□ 繇 무성할 요	[6糸 11 총17획]	영 dense 중 繇 yáo 일 ヨウ(しげる)	繇賦(요부) 繇俗(요속)
■ 邀 맞을 요	[1급] [7辶 13 총17획]	영 greet 중 邀 yāo 일 ヨウ(むかえる)	邀撃(요격) 邀來(요래)
■ 謠 노래 요	[高4급] [7言 10 총17획]	영 song 중 谣 yáo 일 ヨウ(うたう)	謠歌(요가) 謠言(요언)

燿	빛날 요	[4 火14 총18획] 영 shine 중 燿 yào 일 ヨウ(かがやく)	燿燿(요요)
曜	빛날 요	中5급 [4 日14 총18획] 영 glorious 중 曜 yào 일 ヨウ(かがやく)	曜靈(요령) 九曜(구요)
擾	어지러울 요	1급 [4 手15 총18획] 영 dizzy 중 扰 rǎo 일 ジョウ(みだれる)	擾亂(요란) 騷擾(소요)
繞	두를 요	[6 糸12 총18획] 영 tie up 중 繞 rào 일 ジョウ(まとう)	繞帶(요대) 繞梁(요량)
燿	빛날 요	2급 [6 犭12 총18획] 영 bright 중 耀 yào 일 ヨウ(かがやく)	耀德(요덕) 耀電(요전)
蟯	기생충 요	[6 虫12 총18획] 영 tapeworm 중 蛲 náo 일 はらのむし	蟯蟲(요충) 蟯瘕(요하)
饒	넉넉할 요	1급 [9 食12 총21획] 영 enough 중 饶 ráo 일 ジョウ(ゆたか)	饒貸(요대) 饒命(요명)
鷂	장끼 요	[11 鳥10 총21획] 영 pheasant 중 鹞 yào 일 ヨウ(はしたか)	
浴	목욕할 욕	[4 水7 총10획] 영 bath 중 yù 일 ヨク(あびる)	浴室(욕실) 浴槽(욕조)
辱	욕될 욕	高3급 [7 辰3 총10획] 영 disgrace 중 rǔ 일 ジョク(はずかしめる)	辱交(욕교) 辱及父兄(욕급부형)
欲	하고자할 욕	中3급 [4 欠7 총11획] 영 want, desire 중 yù 일 ヨク(ほっする)	欲界(욕계) 欲求(욕구)
溽	젖을 욕	[4 水10 총13획] 영 get wet 중 rù 일 ジョク(むしあつい)	溽露(욕로)
蓐	깔개 욕	[6 艸10 총14획] 영 hay for seat 중 rù 일 ジョク(しとね)	蓐母(욕모) 蓐食(욕식)
慾	욕심 욕	高3급 [4 心11 총15획] 영 desire 중 欲 yù 일 ヨク(ほしがる)	慾界(욕계) 慾望(욕망)

褥	요 욕	[6 衣0 총15획] 영 mattress 중 rù 일 ジョク(しとね)	褥席(욕석)
縟	화문 놓을 욕	[6 糸0 총16획] 영 floral design 중 縟 rù 일 (いろどり)	縟禮(욕례) 縟繡(욕수)
■用	쓸 용	중6급 [5 用0 총5획] 영 use, consume 중 yòng 일 ヨウ(もちいる)	用達(용달) 用途(용도)
甬	길 용	[5 用2 총7획] 영 alley 중 yǒng 일 ヨウ(ねち)	甬筒(용통) 종의 음향을 조절하는 통
■勇	날랠 용	중6급 [2 力7 총9획] 영 quick 중 yǒng 일 ユウ(いさましい)	勇敢(용감) 勇敢無雙(용감무쌍)
俑	허수아비 용	[2 人7 총9획] 영 scarecrow 중 yǒng 일 ヨウ(ひとがた)	土俑(토용) 陶俑(도용)
■容	얼굴 용	중4급 [3 宀7 총10획] 영 face 중 róng 일 ヨウ(かたち)	容共(용공) 容器(용기)
■涌	물솟을 용	1급 [4 水7 총10획] 영 spout 중 yǒng, chōng 일 ヨウ(わく)	涌起(용기) 涌沫(용말)
■茸	무성할 용	1급 [6 艸6 총10획] 영 overgrown 중 róng 일 ジョウ(しげる)	鹿茸(녹용) 蒙茸(몽용)
■庸	쓸 용	특3급 [3 广8 총11획] 영 always, use 중 yōng 일 ヨウ(もちいる)	庸劣(용렬) 庸弱(용약)
舂	방아찧을 용	[6 臼5 총11획] 영 pestle 중 chōng 일 ショウ(うすづく)	舂碓(용대) 舂鋤(용서)
湧	물솟을 용	[4 水9 총12획] 영 gush 중 涌 yǒng 일 ヨウ(わく)	湧出(용출)
■傭	품팔이 용	2급 [2 人11 총13획] 영 labor 중 yōng 일 ヨウ(やとう)	傭耕(용경) 傭兵(용병)
■溶	녹을 용	2급 [4 水10 총13획] 영 melt 중 róng 일 ヨウ(とける)	溶媒(용매) 溶液(용액)

□ 蛹 번데기 용	[6虫 7 총13획] 영 pupa 중 yǒng 일 ヨウ(さなぎ)	蛹臥(용와)
□ 墉 담 용	[3土 11 총14획] 영 wall 중 yōng 일 ヨウ(かき)	墉基(용기) 墉屋(용옥)
□ 慵 게으를 용	[4心 11 총14획] 영 lazy 중 yōng 일 ヨウ(ものうい)	慵起(용기) 慵懶(용란)
□ 慂 권할 용	[4心 10 총14획] 영 persuasion 중 yǒng 일 (ときすすめる)	慫慂(종용) 强慂(강용)
■ 熔 녹일 용	2급 [4火 10 총14획] 영 melt 중 熔 róng 일 ヨウ(とかす)	熔巖(용암) 熔 球(용구)
□ 榕 용나무 용	[4木 10 총14획] 영 banyan tree 중 róng 일 ヨウ(あこう)	榕逕(용경)
■ 瑢 패옥소리 용	2급 [5玉 9 총14획] 영 voice 중 瑢 róng 일 ヨウ	
■ 蓉 연꽃 용	1급 [6艸 10 총14획] 영 lotus 중 róng 일 ヨウ(はす)	芙蓉(부용) 阿芙蓉(아부용)
■ 踊 뛸 용	1급 [7足 7 총14획] 영 run 중 yǒng 일 ヨウ(おどる)	踊貴(용귀) 踊躍(용약)
□ 氄 솜털 용	[4毛 12 총16획] 영 downy hair 중 rǒng 일 ショウ(わたげ)	氄毛(용모) 부 드럽고 가는 털
□ 踴 뛸 용	[7足 9 총16획] 영 jump 중 踴 yǒng 일 ヨウ(おどる)	韓國舞踴 (한국 무용)
■ 聳 솟을 용	1급 [6耳 11 총17획] 영 raise up 중 聳 sǒng 일 ショウ(そびえる)	聳立(용립) 聳秀(용수)
■ 鎔 쇠녹일 용	1급 [8金 10 총18획] 영 melt 중 鎔 róng 일 ヨウ(いる)	鎔鑛爐(용광로) 鎔巖(용암)
■ 鏞 쇠북 용	2급 [8金 11 총19획] 영 large bell 중 鏞 yōng 일 ヨウ(おおがね)	鏞鼓(용고)

■ 又 또 우	중3급 [2又0 총2획] 영 again 중 yòu 일 ユウ(また)	又況(우황) 又賴(우뢰)
■ 于 어조사 우	중3급 [2一1 총3획] 영 particle 중 yú 일 ウ(ここに)	千思(우사) 千山(우산)
■ 友 벗 우	중5급 [2又2 총4획] 영 friend 중 yǒu 일 ユウ(とも)	友邦(우방) 友情(우정)
■ 尤 더욱 우	중3급 [3尢1 총4획] 영 more over 중 yóu 일 ユウ(もっとも)	尤甚(우심) 尤物(우물)
■ 牛 소 우	중5급 [4牛0 총4획] 영 ox, cow 중 niú 일 ギュウ(うし)	牛耕(우경) 牛乳(우유)
■ 右 오른쪽 우	중7급 [3口2 총5획] 영 right 중 yòu 일 ユウ(みぎ)	右傾(우경) 右道(우도)
■ 宇 집 우	중3급 [3宀3 총6획] 영 house 중 yǔ 일 ウ(いえ)	宇宙(우주) 宇下(우하)
□ 吁 탄식할 우	[3口3 총6획] 영 sigh 중 xū, yū, yù 일 ク(ああ)	吁咈(우불)
■ 羽 깃 우	고3급 [6羽0 총6획] 영 feather, wing 중 yǔ 일 ウ(はね)	羽鱗(우린) 羽毛(우모)
■ 佑 도울 우	2급 [2人5 총7획] 영 help 중 yòu 일 ユウ(たすける)	佑啓(우계) 佑命(우명)
□ 芋 토란 우	[6艸3 총7획] 영 taro 중 cǎo 일 ク(さといも)	芋魁(우괴) 芋菽(우숙)
■ 迂 굽을 우	1급 [7辵3 총7획] 영 circuitous 중 yū 일 ウ(まがる)	迂曲(우곡) 迂鈍(우둔)
□ 盱 쳐다볼 우	[5目3 총8획] 영 stare 중 xū 일 ク(みはる)	盱衡(우형)
□ 盂 바리 우	[5皿3 총8획] 영 bowl 중 yú 일 ウ(わん)	盂蘭盆(우란분) 盂方水方(우방수방)

■ 雨 비 우	中5급 [8雨0 총8획] 영 rain 중 yǔ 일 ウ(あめ)		雨過天晴(우과천청) 雨量計(우량계)
■ 禹 성씨 우	2급 [5内4 총9획] 영 family name 중 yǔ 일 ウ(ゆるむ)		禹步(우보) 禹池洞(우지동)
□ 疣 혹 우	[5疒4 총9획] 영 wen, hump 중 yóu 일 ユウ(いぼ)		疣贅(우췌) 疣目(우목)
□ 竽 피리 우	[6竹3 총9획] 영 flute 중 yú 일 ウ(ふえ)		竽籟(우뢰) 竽笙(우생)
□ 紆 굽을 우	[6糸3 총9획] 영 curve 중 紆 yū 일 ウ(めぐる)		紆結(우결) 紆曲(우곡)
□ 禺 원숭이 우	[5内4 총9획] 영 monkey 중 yú 일 グ(おながざる)		禺淵(우연)
■ 祐 복 우	2급 [5示5 총10획] 영 god's help 중 祐 yòu 일 ユウ(たすける)		祐助(우조) 幸祐(행우)
□ 訏 클 우	[7言3 총10획] 영 great 중 xū 일 ク(おおきい)		訏謨(우모)
■ 偶 짝 우	高3급 [2人9 총11획] 영 pair 중 ǒu 일 グウ(たまたま)		偶對(우대) 偶發(우발)
■ 郵 우편 우	高4급 [7邑8 총11획] 영 post 중 邮 yóu 일 ユウ(しゅくば)		郵送(우송) 郵遞局(우체국)
□ 釪 요령 우	[8金3 총11획] 영 handbell 중 yú 일 ウ(いしづき)		錞釪(순우) 악기의 이름
□ 雩 기우제 우	[8雨3 총11획] 영 prayers for rain 중 yú 일 ウ(あまごい)		雩祀壇(우사단) 雩祭(우제)
■ 嵎 산굽이 우	1급 [3山9 총12획] 영 mountain bend 중 yú 일 グ(すみ)		嵎嵎(우우) 嵎夷(우이)
■ 寓 머무를 우	1급 [3宀9 총12획] 영 stay 중 yù 일 グウ(やど)		寓居(우거) 寓舍(우사)

■ 隅 모퉁이 우	1급 [8阜9 총12획]	영 corner 중 yú 일 グウ(すみ)	隅角(우각) 隅坐(우좌)
■ 愚 어리석을 우	高3급 [4心9 총13획]	영 foolish 중 yú 일 グ(おろか)	愚鈍(우둔) 愚弄(우롱)
□ 瑀 옥돌 우	[5玉9 총13획]	영 jade ornaments 중 yǔ 일 ウ(おびたま)	崔瑀(최우)
■ 虞 염려할 우	1급 [6虍7 총13획]	영 anxious 중 虞 yú 일 グ(うれえる)	虞犯(우범) 虞祭(우제)
■ 遇 만날 우	中4급 [7辵9 총13획]	영 meet 중 遇 yù 일 グ(あう)	禮遇(예우) 遇待(우대)
□ 麀 암사슴 우	[11鹿2 총13획]	영 female deer 중 yōu 일 ユウ(めじか)	麀鹿(우록) 암컷인 사슴
□ 耦 나란히 갈 우	[6耒9 총15획]	영 side by side 중 ǒu 일 グウ(たぐい)	耦耕(우경) 耦數(우수)
■ 憂 근심 우	中3급 [4心11 총15획]	영 anxious 중 忧 yōu 일 ユウ(うれえる)	憂慨(우개) 憂國(우국)
■ 優 부드러울 우	高4급 [2人15 총17획]	영 gentle 중 优 yōu 일 ユウ(まさる)	優待(우대) 優等(우등)
□ 優 느릿할 우	[4心15 총18획]	영 without hurry 중 yōu 일 ユウ(ゆるやか)	優慄(우율) 優優(우우)
□ 麌 수사슴 우	[11鹿7 총18획]	영 male deer 중 wú 일 ゴ(おじか)	麌麌顧其子 (우우고기자)
□ 藕 연뿌리 우	[6艸15 총19획]	영 lotus rhizome 중 ǒu 일 グ(はすのね)	藕根(우근) 藕花(우화)
□ 齲 충치 우	[15齒9 총24획]	영 decayed tooth 중 龋 qǔ 일 ク(むしば)	齲齒(우치)
□ 齵 덧니 날 우	[15齒9 총24획]	영 double tooth 중 yú 일 ゴウ(やえば)	齵差(우차) 齵齒(우치)

■ 旭 아침해 **욱**	2급 [4日2 총6획] 영 sun 중 xù 일 キョク(あきらか)	旭光(욱광) 旭日(욱일)	
■ 昱 햇빛 밝을 **욱**	2급 [4日5 총9획] 영 sun light 중 yù 일 イク(あきらか)	昱燿(욱요) 昱昱(욱욱)	
■ 郁 성할 **욱**	2급 [7邑6 총9획] 영 prosperous 중 yù 일 イク(さかん)	馥郁(복욱) 郁金香(욱금향)	
□ 彧 문채 **욱**	[3彡7 총10획] 영 lovely sheen 중 yù 일 イク(あや)	彧彧(욱욱)	
■ 煜 빛날 **욱**	2급 [4火9 총13획] 영 bright 중 yù 일 イク(ひかる)	煜燿(욱요)	
■ 頊 삼갈 **욱**	[9頁4 총13획] 영 abstain 중 頊 xū 일 ギョク(つつしむ)	頊頊(욱욱) 顓頊(전욱)	
□ 燠 따뜻할 **욱**	[4火13 총17획] 영 warm 중 ào 일 イク(あたたかい)	燠館(욱관)	
■ 云 이를 **운**	3급 [2二2 총4획] 영 say 중 云 yún 일 ウン(いう)	云爲(운위) 云云(운운)	
□ 沄 물 흐를 **운**	[4水4 총7획] 영 flow 중 yún 일 ウン(ながれる)	沄沄(운운)	
■ 芸 향풀 **운**	2급 [6艸4 총8획] 영 fragrant grass 중 yún 일 (くさのかおり)	芸夫(운부) 芸芸(운운)	
□ 紜 어지러질 **운**	[6糸4 총10획] 영 confused 중 紜 yún 일 ウン(みだれる)	紜紜(운운)	
■ 耘 김맬 **운**	1급 [6耒4 총10획] 영 weed out 중 yún 일 ウン(くさぎる)	耘鋤(운서) 耘藝(운예)	
■ 雲 구름 **운**	중5급 [8雨4 총12획] 영 cloud 중 雲 yún 일 ウン(くも)	雲客(운객) 雲捲天晴(운권천청)	
■ 運 돌 **운**	중6급 [7辵9 총13획] 영 go round 중 运 yùn 일 ウン(めぐる)	運樞(운구) 運動(운동)	

■ 隕 떨어질 운	1급 [8 阜10 총13획]	영 fall down 중 隕 yǔn 일 イン(おちる)	隕命(운명) 隕石(운석)
■ 殞 죽을 운	1급 [4 歹10 총14획]	영 die 중 殞 yǔn 일 イン(しぬ)	殞命(운명) 殞感(운감)
□ 澐 큰 물결 운	[4 水12 총15획]	영 billow 중 澐 yún 일 ウン(おおなみ)	澐澐(운운)
□ 蕓 유채 운	[6 艸12 총16획]	영 rape 중 蕓 yún 일 ウン(あぶらな)	蕓薹(운대)
□ 霣 떨어질 운	[8 雨10 총18획]	영 fall down 중 yún 일 イン(おちる)	霣隊(운대) 霣零(운령)
□ 韗 가죽 다룰 운	[9 韋9 총18획]	영 dress leather 중 yún 일 ウン(かわづくり)	韗人(운인)
■ 韻 울림 운	高3급 [9 音10 총19획]	영 rhyme 중 韵 yùn 일 イン(ひびき)	韻文(운문) 韻律(운율)
■ 鬱 답답할 울	2급 [10 鬯19 총29획]	영 thick 중 鬱 yù 일 ウツ(むらがりしける)	鬱氣(울기) 鬱念(울념)
■ 雄 수컷 웅	中5급 [8 隹4 총12획]	영 male 중 xióng 일 ユウ(おす)	雄據(웅거) 雄大(웅대)
■ 熊 곰 웅	2급 [4 火10 총14획]	영 bear 중 xióng 일 ユウ(くま)	熊膽(웅담) 熊膽(웅담)
■ 元 으뜸 원	中5급 [2 儿2 총4획]	영 best 중 yuán 일 ゲン(もと)	元金(원금) 元氣(원기)
□ 沅 물 이름 원	[4 水4 총7획]	영 river 중 yuán 일 ゲン)	沅湘(원상)
□ 芫 팥꽃나무 원	[6 艸4 총8획]	영 lilac daphne 중 yuán 일 ゲン(ふじもどき)	芫青(원청) 芫花(원화)
□ 垣 낮은 담 원	[3 土6 총9획]	영 wall 중 yuán 일 エン(かき)	垣牆(원장)

怨 원망 원	中4급 [4心5 총9획] 명 grudge 중 yuàn 일 エン(うらむ)	怨仇(원구) 怨咎(원구)
爰 이에 원	2급 [4爪5 총9획] 명 therefore 중 爰 yuán 일 エン(ここに)	爰爰(원원) 爰書(원서)
洹 흐를 원	[4水6 총9획] 명 flow 중 huán 일 エン(ながれる)	洹洹(원원)
苑 동산 원	2급 [6艹5 총9획] 명 garden 중 yuàn 일 エン(その)	苑池(원지) 苑花(원화)
冤 원통할 원	1급 [2冖8 총10획] 명 resentment 중 yuān 일 エン(うらみ)	冤鬼(원귀) 冤淚(원루)
原 근원 원	中5급 [2厂8 총10획] 명 field, original 중 yuán 일 ゲン(もと)	原價(원가) 原刊(원간)
員 수효 원	高4급 [3口7 총10획] 명 number of people 중 员 yuán 일 イン(かず)	員數(원수) 員外(원외)
蚖 도롱뇽 원	[6虫4 총10획] 명 salamander 중 yuán 일 ゲン(いもり)	蠑蚖(영원)
袁 성씨 원	2급 [6衣4 총10획] 명 family name 중 yuán 일 エン(ながいころも)	袁紹(원소) 袁世凱(원세개)
院 집 원	高5급 [8阜7 총10획] 명 house 중 yuàn 일 エン(つかさ)	院內(원내) 院外(원외)
寃 원통할 원	[3宀8 총11획] 명 grudge 중 yuān 일 エン(うらみ)	寃魂(원혼) 寃鬼(원귀)
媛 미인 원	2급 [女9 총12획] 명 pretty girl 중 yuán 일 エン(みめよい)	媛妃(원비) 才媛(재원)
湲 물소리 원	[4水9 총12획] 명 sound of water 중 溪 yuán 일 エン(みずおと)	流湲湲些 (유잔원사)
援 도울 원	高4급 [4手9 총12획] 명 help 중 援 yuán 일 エン(たすける)	援救(원구) 援軍(원군)

한자	훈음	급수/획수	영/중/일	예
菀	자완 원	[6艸8 총12획]	aster / wǎn / エン(しげる)	棘菀(극원)
圓	둥글 원	中4급 [3囗10 총13획]	round / 圆 yuán / エン(まるい)	圓滿(원만) 圓舞(원무)
園	동산 원	中6급 [3囗10 총13획]	garden / 园 yuán / エン(その)	園頭幕(원두막) 園兒(원아)
猿	원숭이 원	1급 [4犬10 총13획]	monkey / yuán / エン(さる)	猿臂(원비) 猿臂之勢(원비지세)
源	근원 원	高4급 [4水10 총13획]	source / yuán / ゲン(みなもと)	源究(원구) 源泉(원천)
瑗	구슬 원	2급 [5玉9 총13획]	round jade / 瑗 yuàn / エン(たま)	
愿	정성 원	[4心10 총14획]	sincerity / yuàn / ゲン(つつしむ)	愿慤(원각) 愿恭(원공)
蜿	굼틀거릴 원	[6虫8 총14획]	wriggle / wān / エン(うねりゆく)	蜿蟬(원선) 蜿蜒(원연)
遠	멀 원	中6급 [7辵10 총14획]	far / 远 yuǎn / エン(とおい)	遠客(원객) 遠距離(원거리)
蝯	원숭이 원	[6虫9 총15획]	monkey / yuán / エン(てながざる)	蝯眩(원현)
圜	둥글 원	[3囗13 총16획]	be surrounded / yuán / エン(めぐる)	圜冠(원관) 圜丘(원구)
鴛	원앙 원	1급 [11鳥5 총16획]	mandarin / 鴛 yuān / エン(おしどり)	鴛鴦(원앙) 鴛鴦衾(원앙금)
轅	끌채 원	[7車10 총17획]	thill / 轅 yuán / エン(ながえ)	轅駒(원구) 轅門(원문)
黿	큰 자라 원	[13黽4 총17획]	terrapin / 鼋 yuán / ゲン(あおうみがめ)	乘白黿兮 (승백원혜)

■ 願 원할 **원**	中5급 [9頁10 총19획]	영 desirer 중 愿 yuàn 일 ガン(ねがう)	願力(원력) 願望(원망)
□ 騵 절따말 **원**	[10馬10 총20획]	영 red horse 중 yuán 일 ゲン(しかげうま)	騵馬(원마)
■ 月 달 **월**	中8급 [4月0 총4획]	영 moon, month 중 yuè 일 ゲツ(つき)	月刊(월간) 月光(월광)
□ 刖 벨 **월**	[2刀4 총6획]	영 cut heel 중 yuè 일 ゲツ(あしきる)	刖刑(월형) 刖足(월족)
■ 越 넘을 **월**	高3급 [7走5 총12획]	영 overpass 중 yuè 일 エツ(こえる)	越江(월강) 越境(월경)
□ 鉞 도끼 **월**	[8金5 총13획]	영 broad axe 중 钺 yuè 일 エツ(まさかり)	斧鉞(부월) 節斧鉞(절부월)
■ 危 위태할 **위**	中4급 [2卩4 총6획]	영 danger 중 wēi 일 キ(あやうい)	危局(위국) 危急(위급)
■ 位 자리 **위**	中5급 [2人5 총7획]	영 position 중 wèi 일 イ(くらい)	位階(위계) 位畓(위답)
■ 委 맡길 **위**	高4급 [3女5 총8획]	영 entrust 중 wěi 일 イ(ゆだねる)	委付(위부) 委任(위임)
■ 威 위엄 **위**	中4급 [3女6 총9획]	영 dignity 중 wēi 일 イ(たけしい)	威力(위력) 威勢(위세)
■ 胃 밥통 **위**	高3급 [6肉5 총9획]	영 stomach 중 胃 wèi 일 イ(いぶくろ)	胃結核(위결핵) 胃鏡(위경)
■ 韋 가죽 **위**	2급 [9韋0 총9획]	영 leather 중 韋 wéi 일 イ(なめしがわ)	韋編(위편) 韋編三絶(위편삼절)
■ 偉 클 **위**	中5급 [2人9 총11획]	영 great 중 伟 wěi 일 ウ(すぐれる)	偉功(위공) 偉大(위대)
■ 尉 벼슬 이름 **위**	2급 [3寸8 총11획]	영 government post 중 wèi 일 イ(やすんじる)	尉官(위관) 慰藉(위자)

喟	한숨쉴 위	[3口9 총12획] 영 sigh 중 kuì 일 キ(なけく)	喟然(위연) 喟然歎息(위연탄)
圍	둘레 위	高4급 [3囗9 총12획] 영 surround 중 围 wéi 일 イ(かこむ)	圍徑(위경) 圍碁(위기)
渭	물 이름 위	2급 [4水9 총12획] 영 river 중 wèi 일 イ(かわ)	涇渭(경위) 渭川(위천)
爲	할 위	中4급 [4爪8 총12획] 영 do, act, for 중 为 wéi 일 為 イ(なす)	爲國(위국) 爲己(위기)
萎	시들 위	1급 [6艸8 총12획] 영 wither 중 wěi 일 イ(しおれる)	萎落(위락) 萎絶(위절)
暐	햇빛 위	[4日9 총13획] 영 sun shine 중 暐 wěi 일 イ(ひかる)	暐暐(위위)
痿	저릴 위	[5疒8 총13획] 영 numb 중 wěi 일 イ(しびれる)	痿蹶(위궐) 痿痺(위비)
瑋	옥 위	[5玉9 총13획] 영 jade 중 瑋 wěi 일 イ(めずらしい)	瑋寶(위보) 瑋術(위술)
葦	갈대 위	[6艸9 총13획] 영 reed 중 葦 wěi 일 イ(あし)	葦車(위거) 葦席(위석)
蔿	초목 성할 위	[6艸9 총13획] 영 over grow 중 wěi 일 イ(しける)	蔿蕤(위유)
違	어길 위	高3급 [7辵9 총13획] 영 be dislocated 중 违 wéi 일 イ(たがう)	違格(위격) 違反(위반)
僞	거짓 위	高3급 [2人12 총14획] 영 falsehood 중 伪 wěi 일 ギ(いつわる)	僞計(위계) 僞哭(위곡)
禕	아름다울 위	[6衣9 총14획] 영 beautiful 중 禕 huī 일 イ(うつくしい)	
熨	다리미 위	[4火11 총15획] 영 iron 중 yùn 일 イ(ひのし)	熨斗(울두)

■ 慰 위로할 위	高4급 [4心11 총15획] 영 comfort 중 wèi 일 イ(なぐさめる)	慰靈祭(위령제) 慰勞(위로)
蝟 고슴도치 위	[6虫9 총15획] 영 hedgehog 중 蝟 wèi 일 イ(はりねずみ)	蝟起(위기) 蝟毛(위모)
■ 緯 씨 위	高3급 [6糸9 총15획] 영 woof, latitude 중 纬 wěi 일 イ(よこ)	緯經(위경) 緯度(위도)
■ 蔚 제비쑥 위	2급 [6艸11 총15획] 영 Artemisia japonica 중 wèi 일 イ(くさむら)	蔚起(위기) 蔚嶼(위서)
諉 번거롭게할 위	[7言8 총15획] 영 cumbersome 중 诿 wěi 일 イ(ゆだねる)	諉託(위탁)
頠 조용할 위	[9頁6 총15획] 영 quiet 중 wěi 일 キ(しずか)	頠靜也(위정야)
■ 衛 지킬 위	4I급 [6行10 총16획] 영 keep 중 卫 wèi 일 ユイ(まもる·ふせぐ)	衛星(위성) 衛生(위생)
衞 막을 위	[6行10 총16획] 영 guard 중 衛 wèi 일 エイ(まもる)	衛星(위성) 衛從(위종)
罻 새그물 위	[6网11 총16획] 영 net 중 wèi 일 イ(にあみ)	罻蒙(위몽) 罻羅(울라)
蒍 애기풀 위	[6艸12 총16획] 영 poly gala 중 蒍 wěi 일 イ(くさ)	
■ 謂 이를 위	高3I급 [7言9 총16획] 영 tell 중 谓 wèi 일 イ(いう)	可謂(가위) 或謂(혹위)
闈 중문 위	[8門9 총17획] 영 inner gate 중 闱 wéi 일 イ(にもん)	闈闥(위달) 闈墨(위묵)
餧 먹일 위	[9食8 총17획] 영 feed to 중 wèi 일 イ(くわせる)	餧馬(뇌마) 餧死(뇌사)
■ 魏 위나라 위	2급 [10鬼8 총18획] 영 Wei 중 wèi 일 ギ(たかい)	魏闕(위궐) 魏志(위지)

■ 幼 어릴 유	中3급 [3幺 2 총5획]	영 very young 중 yòu 일 ヨウ(おさない)	幼年(유년) 幼兒(유아)
■ 由 말미암을 유	中6급 [5田 0 총5획]	영 motive 중 yóu 일 ユウ(わけ)	由來(유래) 由緒(유서)
■ 有 있을 유	中7급 [4月 2 총6획]	영 exist 중 yǒu 일 ユウ(ある)	有無(유무) 有給(유급)
□ 攸 곳 유	[4攵 3 총7획]	영 place 중 yōu 일 ユウ(ところ)	攸然(유연) 攸攸(유유)
■ 酉 닭 유	中3급 [7酉 0 총7획]	영 chicken 중 yǒu 일 ユウ(とり)	酉方(유방) 酉時(유시)
■ 乳 젖 유	中4급 [1乙 7 총8획]	영 milk 중 rǔ 일 ニュウ(ちち)	乳氣(유기) 乳糖(유당)
□ 侑 권할 유	[2人 6 총8획]	영 advise 중 yòu 일 ユウ(たすける)	侑觴(유상) 侑食(유식)
□ 呦 울 유	[3口 5 총8획]	영 cry 중 yōu 일 ユウ(なきごえ)	呦咽(유연)
■ 油 기름 유	中6급 [4水 5 총8획]	영 oil 중 yóu 일 ユ(あぶら)	油性(유성) 油田(유전)
■ 兪 그러할 유	2급 [2入 7 총9획]	영 such 중 yú 일 ユ(しかり)	兪兪(유유) 兪允(유윤)
■ 宥 용서할 유	1급 [3宀 6 총9획]	영 lenient 중 yòu 일 ユウ(なだめる)	宥密(유밀) 宥恕(유서)
■ 幽 그윽할 유	高3급 [3幺 6 총9획]	영 hushed 중 yōu 일 ユウ(ふかくしずか)	幽居(유거) 幽昧(유매)
□ 斿 깃발 유	[4方 5 총9획]	영 flag 중 yóu 일 ユウ(はたあし)	斿旗(유조) 斿旆(유패)
■ 柚 유자 유	1급 [4木 5 총9획]	영 citron 중 yòu 일 ユ(ゆず)	柚子(유자) 柚酒(유주)

한자	급수/획수	뜻/음/중/일	예시
■ 柔 부드러울 유	中3급 [4木5 총9획]	영 soft 중 róu 일 ジュウ(やわらか)	柔强(유강) 柔道(유도)
□ 羑 인도할 유	[6羊3 총9획]	영 guide 중 yǒu 일 ユウ(みちびく)	羑里(유리)
□ 浟 물 흐를 유	[4水7 총10획]	영 over flowing 중 yóu 일 ユウ(ながれる)	浟浟(유유)
■ 唯 오직 유	中3급 [3口8 총11획]	영 only 중 wéi 일 イ(ただ)	唯唯(유유) 唯一(유일)
□ 帷 휘장 유	[3巾8 총11획]	영 curtain 중 wéi 일 イ(とばり)	帷幕(유막) 帷幔(유만)
■ 惟 생각할 유	高3급 [4心8 총11획]	영 think 중 wéi 일 イ(ただ)	惟獨(유독) 惟一(유일)
■ 悠 멀 유	高3급 [4心7 총11획]	영 far 중 yōu 일 ユウ(はるか)	悠曠(유광) 悠久(유구)
□ 莠 가라지 유	[6艸7 총11획]	영 foxtail 중 yǒu 일 ユウ(はぐさ)	莠言(유언)
□ 蚰 땅지네 유	[6虫5 총11획]	영 millipede 중 yóu 일 ユウ(げじげじ)	蚰蜒(유연)
■ 庾 노적 유	2급 [3广9 총12획]	영 stack of grain 중 yǔ 일 ユ(くら)	庾廩(유름) 庾積(유적)
■ 喩 깨우칠 유	1급 [3口9 총12획]	영 realize 중 yù 일 ユ(たとえる)	喩林(유림) 隱喩(은유)
□ 游 헤엄칠 유	[4水9 총12획]	영 swim, float 중 yóu 일 ユウ(うかぶ)	游擊(유격) 游泳(유영)
■ 猶 오히려 유	中3급 [4犬9 총12획]	영 rather 중 yóu 일 ユウ(さる)	猶女(유녀) 猶父猶子(유부유자)
■ 揄 야유할 유	1급 [4手9 총12획]	영 jeer 중 yú 일 ユ(ひく)	揄揚(유양) 揄狄(유적)

한자	급수/부수/획수	영/중/일	예시
■ 愉 기뻐할 유	1급 [4心9 총12획]	pleasant 愉 yú ユ(よろこぶ)	愉快(유쾌) 愉樂(유락)
■ 裕 넉넉할 유	高3급 [6衣7 총12획]	wealthy 裕 yù ユウ(ゆたか)	裕福(유복) 富裕(부유)
□ 釉 광택 유	[7采5 총12획]	light 釉 yòu ユウ(ひかり)	釉藥(유약) 贊釉(찬유)
□ 隃 넘을 유	[8阜9 총12획]	go over 隃 yú ユ(こえる)	卑不隃尊(비불유존) 隃糜(유미)
■ 楡 느릅나무 유	2급 [4木9 총13획]	elm tree 楡 yú ユ(にれ)	楡柳(유류) 枌楡(분유)
■ 愈 나을 유	高3급 [4心9 총13획]	get well 愈 yù ユ(まさる)	韓愈(한유) 痊愈(전유)
□ 楰 광나무 유	[4木9 총13획]	privet 楰 yú ユ(ねずみもち)	楰木(유목)
□ 瑜 아름다운 옥 유	[5玉9 총13획]	lustre of gem 瑜 yú ユ(たま)	瑜伽(유가)
■ 遊 놀 유	中4급 [7辵9 총13획]	play 遊 yóu ユウ(あそぶ)	遊客(유객) 遊擊(유격)
□ 逾 갈 유	[7辵9 총13획]	pass over 逾 yú ユ(こえる)	逾邁(유매) 逾月(유월)
□ 瘐 병들 유	[5疒9 총14획]	get sick 瘐 ユ(やむ)	瘐死(유사)
■ 維 포승 유	高3급 [6糸8 총14획]	rope 維 wéi イ(つなぐ)	維綱(유강) 維歲次(유세차)
□ 緌 갓끈 유	[6糸8 총14획]	hat string 緌 ruí ズイ(かんむりひも)	緌纓(유영) 緌緌(유유)
■ 誘 꾀일 유	高3급 [7言7 총14획]	tempt 诱 yòu コウ(さそう)	誘引(유인) 誘因(유인)

牖 들창 유	[4片 11 총15획] 영 push-up window 중 yǒu 일 ユウ(まど)	牖民(유민) 牖迷(유미)
楢 태울 유	[4木 11 총15획] 영 make a fire 중 yóu 일 ユウ(たく)	薪之楢之 (신지유지)
蝓 달팽이 유	[6虫 9 총15획] 영 slug 중 yú 일 ユ(なめくじ)	蛞蝓(활유)
蝣 하루살이 유	[6虫 9 총15획] 영 dayfly 중 yóu 일 ユウ(かげろう)	蜉蝣(부유) 草蜉蝣(초부유)
羭 검은 암양 유	[6羊 9 총15획] 영 black ewe 중 yú, yù 일 ユ(うつくしい)	老羭之爲援也 (노유지위원야)
蝤 큰 게 유	[6虫 9 총15획] 영 crab 중 蝤 qiú 일 ユウ(かざみ)	蝤蠐(추제) 蝤蛑(유모)
儒 선비 유	高4급 [2人 14 총16획] 영 scholar 중 rú 일 ジュ(がくしゃ)	儒家(유가) 儒敎(유교)
諛 아첨할 유	1급 [5言 9 총16획] 영 flattery 중 谀 yú 일 ユウ	諛佞(유녕) 諛魚(유어)
覦 넘겨다 볼 유	[7見 9 총16획] 영 aspire 중 覦 yú 일 ユ(ねがう)	凱覦(개유)
踰 넘을 유	2급 [7足 9 총16획] 영 overpass 중 踰 yú 일 ユ(こえる)	踰年(유년) 踰嶺(유령)
遺 남길 유	中4급 [7辵 12 총16획] 영 bequeath 중 遗 yí 일 ユイ(のこす)	遺家族(유가족) 遺憾(유감)
輏 가벼울 유	[7車 9 총16획] 영 light 중 yóu 일 ユウ(かるい)	輏車(유거) 輏軒(유헌)
蹂 밟을 유	1급 [7足 9 총16획] 영 trample down 중 róu 일 ジュウ(ふむ)	蹂躪(유린) 蹂踐(유천)
諭 타이를 유	1급 [7言 9 총16획] 영 persuade 중 谕 yù 일 ユ(さとす)	諭告(유고) 諭示(유시)

□ 孺 젖먹이 유	[3子 14 총17획] 영 infant 중 rú 일 ジュ(ちのみご)	孺人(유인) 孺嬰(유영)
□ 擩 물들일 유	[4手 14 총17획] 영 dye 중 rǔ 일 ジュ(ひたす)	擩祭(유제)
□ 濡 적실 유	[4水 14 총17획] 영 moisten 중 rú 일 ジュ(うるおう)	濡桑(유상) 濡泄(유설)
□ 濰 강이름 유	[4水 14 총17획] 영 river 중 濰 wéi 일 イ(かわ)	
■ 鍮 놋쇠 유	1급 [8金 9 총17획] 영 brass 중 鍮 yù 일 トウ(しんちゅう)	鍮器(유기) 鍮檠(유경)
□ 鮪 참다랑어 유	[11魚 6 총17획] 영 tuna 중 鮪 yǒu 일 イ(まぐろ)	鮪水(유수)
□ 黝 검푸를 유	[12黑 5 총17획] 영 dark blue 중 yào 일 ユウ(あおぐろ)	黝綠(유록) 黝藹(유애)
■ 癒 병 나을 유	1급 [5疒 13 총18획] 영 cure 중 愈 yù 일 ユ(いえる)	癒著(유착) 癒合(유합)
□ 鼬 족제비 유	[13鼠 5 총18획] 영 weasel 중 yòu 일 ユウ(いたち)	鼬鼠(유서) 鼬鼠道切(유서도절)
□ 蠕 꿈틀거릴 유	[6虫 14 총20획] 영 wriggle 중 rú 일 ジュ(うごめく)	蠕動(연동) 蠕形動物(연형동물)
□ 籲 부를 유	[6竹 20 총26획] 영 call 중 籲 yù, yuè 일 ユ(よぶ)	籲俊(유준) 籲天(유천)
■ 肉 고기 육	中4급 [6肉 0 총6획] 영 meat 중 肉 ròu 일 ニク(にく)	肉間(육간) 肉感(육감)
■ 育 기를 육	中7급 [6肉 4 총8획] 영 rear 중 育 yù 일 イク(そだつ)	育苗(육묘) 育成(육성)
□ 毓 기를 육	[4毋 10 총14획] 영 breed 중 yù 일 イク(そだつ)	毓精(육정) 정기를 받음

한자	훈음	급수/획수	영/중/일	예시
債	팔 육	[2人15 총17획]	sell 中 dú, yù 日 イク(うる)	債慝(육특)
允	맏이 윤	2급 [2儿2 총4획]	firstborn 中 yǔn 日 イン(まこと)	允許(윤허), 允可(윤가)
尹	성씨 윤	2급 [3尸1 총4획]	family name 中 yǐn 日 イン(おさめる)	尹司(윤사), 尹善道(윤선도)
狁	오랑캐 윤	[4犬4 총7획]	barbarian 中 yǔn 日 イン(えびす)	獫狁(험윤) 중국 주나라 때 흉노
胤	자손 윤	2급 [6肉5 총9획]	descendant 中 胤 yìn 日 イン(たね)	胤裔(윤예), 胤子(윤자)
閏	윤달 윤	高3급 [8門4 총12획]	leap month 中 闰 rùn 日 ジュン(うるう)	閏年(윤년), 閏餘(윤여)
鈗	병기 윤	2급 [8金4 총12획]	weapon 中 鈗 ruì 日 イン(やり)	
淪	물 깊을 윤	[3大11 총14획]	profundity 中 yūn 日 イン(ふかい)	奫淪(윤륜), 奫瀇(윤만)
潤	젖을 윤	高3급 [4水12 총15획]	moisten 中 潤 rùn 日 ジュン(うるおう)	潤氣(윤기), 潤文(윤문)
聿	붓 율	[6聿0 총6획]	brush 中 聿 yù 日 イツ(のべる)	聿修(율수), 聿遵(율준)
潏	사주 율	[4水12 총15획]	sand-bank 中 yù 日 ケツ(す)	潏潏(율률)
戎	병장기 융	1급 [4戈2 총6획]	weapons 中 róng 日 ジュウ(いくさどうぐ)	戎功(융공), 戎器(융기)
肜	융제사 융	[6肉3 총7획]	sacrifice 中 肜 róng 日 ユウ(またのまつり)	
絨	가는베 융	1급 [6糸6 총12획]	cotton flannel 中 絨 róng 日 ジュウ(けおりもの)	絨緞(융단)

■ 融 화할 융	2급 [6虫10 총16획] 영 melting 중 róng 일 ユウ(やわらぐ)	融資(융자) 融通(융통)	
□ 听 웃을 은	[3口4 총7획] 영 smile 중 yín 일 ギン(わらう)	听然(은연)	
■ 垠 지경 은	2급 [3土6 총9획] 영 boundary 중 yín 일 ギン(きし)	垠界(은계) 垠際(은제)	
□ 狺 으르렁거릴 은	[4犬7 총10획] 영 roar 중 yín 일 ギン(かみあう)	狺然(은연) 狺狺(은은)	
■ 恩 은혜 은	中4급 [4心6 총10획] 영 benefit 중 ēn 일 オン(めぐみ)	恩暇(은가) 恩功(은공)	
■ 殷 성할 은	2급 [4殳6 총10획] 영 abundant 중 yīn 일 イン(さかん)	殷鑑不遠(은감불원) 殷墟(은허)	
□ 訔 언쟁할 은	[7言3 총10획] 영 quarrel with 중 yín 일 ギン(あらそう)	訔訔(은은)	
□ 慇 괴로워할 은	[4心10 총14획] 영 be torment 중 慇 yīn 일 イン(ねんごろ)	慇懃(은근)	
■ 銀 은 은	中6급 [8金6 총14획] 영 silver 중 银 yín 일 ギン(しろがね)	銀金寶貝(은금보패) 銀金寶貨(은금보화)	
■ 誾 화평할 은	2급 [7言8 총15획] 영 peace 중 訚 yín 일 ギン(やわらぐ)	誾誾(은은)	
■ 隱 숨을 은	高4급 [8阜14 총17획] 영 hide 중 隐 yǐn 일 隠 イン(かくれる)	隱居(은거) 隱匿(은닉)	
□ 嚚 어리석을 은	[3口15 총18획] 영 foolish 중 yín 일 ギン(おろか)	嚚訟(은송) 嚚瘖(은음)	
□ 齦 잇몸 은	[15齒4 총19획] 영 gum 중 yín 일 ギン(はぐき)	齦齶(은악) 齦齦(은은)	
□ 癮 두드러기 은	[5疒17 총22획] 영 urticaria 중 yǐn 일 イン(いんしん)	癮疹(은진)	

■ 乙 새 을	中3급 [乙 0 총1획] 영 bird 중 yǐ 일 イツ(きのと)	乙覽(을람) 乙巳(을사)
□ 鳦 제비 을	[11鳥 1 총12획] 영 swallow 중 yǐ 일 イツ(つばめ)	鷰鳦(연을)
■ 吟 읊을 음	中3급 [3口 4 총7획] 영 recite 중 yín 일 ギン(うたう)	吟客(음객) 吟味(음미)
■ 音 소리 음	中6급 [9音 0 총9획] 영 sound 중 yīn 일 イン(おと)	音感(음감) 音律(음률)
■ 淫 음란할 음	高3급 [4水 8 총11획] 영 obscene 중 淫 yín 일 イン(みだら)	淫女(음녀) 淫慾(음욕)
■ 陰 응달 음	4I급 [8阜 3 총11획] 영 shade 중 阴 yīn 일 イン(かげ)	陰散(음산) 陰地(음지)
■ 飮 마실 음	中6급 [9食 4 총13획] 영 drink 중 饮 yǐn 일 イン(のむ)	飮料水(음료수) 飮福(음복)
□ 廕 덮을 음	[3广 11 총14획] 영 cover 중 yìn 일 イン(おおう)	廕庇(음비) 廕生(음생)
■ 蔭 그늘 음	1급 [6艸 11 총15획] 영 shade 중 蔭 yìn 일 イン(かげ)	蔭官(음관) 蔭德(음덕)
■ 邑 고을 읍	中7급 [7邑 0 총7획] 영 district city 중 yì 일 ユウ(みやこ)	邑內(읍내) 邑事務所(읍사무소)
■ 泣 울 읍	中3급 [4水 5 총8획] 영 weep 중 qì 일 キュウ(なく)	泣諫(읍간) 泣訴(읍소)
□ 挹 읍할 읍	[4手 7 총10획] 영 bow 중 yì 일 ユウ(くむ)	挹掬(읍국) 挹損(읍손)
□ 浥 젖을 읍	[4水 7 총10획] 영 damp 중 yì 일 ユウ(ひたる)	浥塵(읍진)
□ 悒 근심할 읍	[4心 7 총10획] 영 anxious 중 yì 일 ユウ(うれえる)	悒憤(읍분) 悒怏(읍앙)

■ 揖 읍할 **읍**	[1급] [4手9 총12획]	영 bow 중 yī 일 ユウ(えしやく)	揖禮(읍례) 揖讓(읍양)
■ 凝 엉길 **응**	[高2급] [2冫14 총16획]	영 congeal 중 níng 일 ギョウ(こる)	凝結(응결) 凝固(응고)
■ 應 응할 **응**	[中4급] [4心13 총17획]	영 answer 중 应 yīng 일 応オウ(こたえる)	應急(응급) 應諾(응낙)
■ 膺 가슴 **응**	[1급] [6肉13 총17획]	영 breast 중 yīng 일 ヨウ(むね)	膺懲(응징) 懲膺(징응)
■ 鷹 매 **응**	[2급] [11鳥13 총24획]	영 hawk 중 鹰 yīng 일 ヨウ(たか)	鷹視(응시) 鷹準(응절)
■ 衣 옷 **의**	[中6급] [6衣0 총6획]	영 clothes 중 yī 일 イ(ころも)	衣架(의가) 衣類(의류)
■ 矣 어조사 **의**	[中3급] [5矢2 총7획]	영 particle 중 yǐ 일 イ	矣夫(의부) 矣哥(의가)
■ 依 의지할 **의**	[中4급] [2人6 총8획]	영 depend 중 yī 일 イ(よる)	依據(의거) 依舊(의구)
■ 宜 마땅 **의**	[高3급] [3宀5 총8획]	영 suitable 중 yí 일 ギ(よろしい)	宜當(의당) 宜合(의합)
□ 倚 기댈 **의**	[2人8 총10획]	영 depend 중 yǐ 일 イ(よる)	倚傾(의경) 倚靠(의고)
□ 扆 병풍 **의**	[4戶6 총10획]	영 screen 중 yǐ 일 イ(ついたて)	負扆(부의) 천자의 지위에 오름을 이르는 말
□ 猗 불깐 개 **의**	[4犬8 총11획]	영 castrated dog 중 yī, yǐ, yì 일 ア(ながい)	猗儺(의나) 猗狔(의니)
■ 椅 의자 **의**	[1급] [4木8 총12획]	영 chair 중 yǐ 일 イ(いす)	椅几(의궤) 椅子(의자)
□ 欹 아 **의**	[4欠8 총12획]	영 oh, ah 중 yī, qī 일 イ(ああ)	欹傾(의경)

■ 意 뜻 의	中6급 [4心9 총13획] 영 intention, mean 중 yì 일 イ(こころ)		意見(의견) 意氣(의기)
■ 義 옳을 의	中4급 [6羊7 총13획] 영 right 중 义 yì 일 ギ(よろしい)		義擧(의거) 義軍(의군)
漪 잔물결 의	[4水11 총14획] 영 ripples on water 중 yī 일 イ(さざなみ)		漪瀾(의란) 漣漪(연의)
旖 기 나부낄 의	[4方10 총14획] 영 flags float from 중 yǐ 일 イ(なびく)		旖旎(의니)
■ 疑 의심할 의	高4급 [5疋9 총14획] 영 doubt 중 yí 일 ギ(うたがう)		疑懼(의구) 疑團(의단)
■ 儀 거동 의	高4급 [2人13 총15획] 영 behavior 중 仪 yí 일 ギ(のっとる)		儀觀(의관) 儀禮(의례)
毅 굳셀 의	[4殳11 총15획] 영 firm 중 yì 일 キ(つよい)		毅武(의무) 毅然(의연)
■ 誼 옳을 의	1급 [7言8 총15획] 영 right 중 谊 yì 일 ギ(よしみ)		好誼(호의) 情誼(정의)
儗 참람할 의	[2人14 총16획] 영 presumptuous 중 nǐ 일 ギ(なぞらえる)		儗怹(의작)
劓 코 벨 의	[2刀14 총16획] 영 cut nose 중 yì 일 ギ(はなきり)		劓罰(의벌)
螘 개미 의	[6虫10 총16획] 영 ant 중 yǐ 일 ギ(あり)		螘動(의동) 螘垤(의질)
蟻 도롱이벌레 의	[6虫10 총16획] 영 bagworm 중 yì 일 イ(みのむし)		蟻蟲動物 (의충동물)
■ 擬 헤아릴 의	1급 [4手14 총17획] 영 estimate 중 拟 nǐ 일 ギ(はかる)		擬似(의사) 擬聲(의성)
薏 율무 의	[6艸13 총17획] 영 adlay 중 yì 일 イ(はすのみ)		薏苡(의이) 薏苡仁(의이인)

한자	급수/획수	영/중/일	용례
■ 醫 의원 의	中6급 [7酉11 총18획]	영 doctor 중 医 yī 일 医イ(いやす)	醫科(의과) 醫療(의료)
□ 蟻 개미 의	[6虫13 총19획]	영 ant 중 蟻 yǐ 일 ギ(あり)	蟻孔(의공) 蟻集(의집)
□ 顗 근엄할 의	[9頁10 총19획]	영 serious 중 yǐ 일 ギ(たのしい)	智顗(지의)
□ 轙 고삐 고리 의	[7車13 총20획]	영 link for rein 중 yí 일 ギ(くびきのわ)	靈禩象輿轙 (영사상상여의)
■ 議 의논할 의	中4급 [7言13 총20획]	영 discuss 중 议 yì 일 ギ(はかる)	議決(의결) 議事錄(의사록)
□ 饐 쉴 의	[9食12 총21획]	영 turn sour 중 yì 일 イ(すえる)	饐結(의결)
□ 懿 아름다울 의	[4心18 총22획]	영 beautiful 중 yì 일 イ(うるわしい)	懿風(의풍) 懿戚(의척)
■ 二 두 이	中8급 [2一0 총2획]	영 two 중 èr 일 ジ(ふた)	二乘(이승) 二重(이중)
■ 已 이미 이	中3급 [3己0 총3획]	영 already 중 yǐ 일 イ(すでに)	已決(이결) 已過之事(이과지사)
■ 以 써 이	中5급 [2人3 총5획]	영 with 중 yǐ 일 イ(もって)	以卵投石(이란투석) 以民爲天(이민위천)
■ 伊 저 이	2급 [2人4 총6획]	영 this 중 yī 일 イ(にれ)	伊太利(이태리) 伊湌(이찬)
■ 弛 늦출 이	1급 [3弓3 총6획]	영 loosen 중 chí 일 シ(ゆるむ)	弛緩(이완) 弛解(이해)
□ 圯 흙다리 이	[3土3 총6획]	영 earthen bridge 중 yí 일 イ(つちばし)	圯橋(이교) 圯下(이하)
□ 异 그만둘 이	[3廾3 총6획]	영 retire 중 yì, yí 일 イ(やめる)	异哉(이재)

초간편 실용한자 7000 | 303

■ 夷 오랑캐 이	高3금 [3大3 총6획] 영 barbarian 중 yí 일 イ(えびす)	夷狄(이적) 夷則(이칙)
□ 頤 턱 이	[6臣0 총6획] 영 jaw 중 颐 yí 일 イ(おとがい)	頤養(이양) 滯頤症(체이증)
□ 迤 비스듬할 이	[7辵3 총7획] 영 walk diagonally 중 迤 yǐ 일 イ(ゆく)	迤邐(이리)
□ 佴 버금 이	[2人6 총8획] 영 second 중 nài, èr 일 ジ(つぐ)	僕又佴之蠶室 (복우이지잠실)
□ 刵 귀 벨 이	[2刀6 총8획] 영 cut ear 중 èr 일 ジ(みみきる)	刵刑(이형)
□ 咡 입어귀 이	[3口6 총8획] 영 about one's lips 중 ér, èr 일 ジ(くちもと)	循咡覆手 (순이복수)
■ 怡 기쁠 이	2급 [4心5 총8획] 영 be pleased 중 yí 일 イ(よろこぶ)	怡顔(이안) 怡色(이색)
■ 易 쉬울 이	中4급 [4日4 총8획] 영 easy 중 yì 일 イ(やすい)	易行(이행) 安易(안이)
■ 姨 이모 이	1급 [3女6 총9획] 영 maternal ant 중 yí 일 イ(はらから)	姨母(이모) 姨從(이종)
□ 洟 콧물 이	[4水6 총9획] 영 snivel 중 tì 일 イ(はなしる)	待千廟垂涕洟 (대우묘수체이)
□ 洏 삶을 이	[4水6 총9획] 영 boil 중 ér 일 ジ(なみだ)	洏 一日煮孰也 (이 일왈자숙야)
□ 苡 질경이 이	[6艸5 총9획] 영 plantain 중 yǐ 일 イ(おおばこ)	苯苡(부이) 薏苡(의이)
□ 耏 구레나룻 이	[6而3 총9획] 영 whiskers 중 일 ジ(ほおひげ)	
□ 苢 질경이 이	[6艸5 총9획] 영 plantain 중 yǐ 일 イ(おおばこ)	苯苢(부이)

304 | 초간편 실용한자 7000

한자	훈음	자원 정보	예시
陑	땅 이름 이	[8阜6 총9획] 영 place name 중 ér 일 ジ(くにのな)	陑山(이산)
栭	산밤나무 이	[4木6 총10획] 영 chestnut tree 중 ér 일 ジ(ささぐり)	繡栭雲楣 (수이운미)
栮	목이버섯 이	[4木6 총10획] 영 black tree fungus 중 ěr 일 ジ(きくらげ)	椎栮(추이) 能栮(능이)
■ 珥	귀고리 이	2급 [5玉6 총10획] 영 ear ornaments 중 ěr 일 ジ(みみたま)	珥笄(이계) 珥璫(이당)
荑	벨 이	[6艸6 총10획] 영 cut 중 yí 일 イ(いぬびえ)	無荑仁(무이인)
袘	길 이	[6衣5 총10획] 영 long 중 yí 일 イ(ふち)	繡裳緇袘 (훈상치이)
酏	기장술 이	[7酉3 총10획] 영 proso milet wine 중 yǐ 일 イ(うすがゆ)	酏食(이식)
■ 痍	상처 이	1급 [5疒6 총11획] 영 wound, injury 중 yí 일 イ(きず)	傷痍(상이) 瘡痍(창이)
■ 移	옮길 이	中4급 [5禾6 총11획] 영 remove 중 yí 일 イ(うつる)	移監(이감) 移居(이거)
異	다를 이	[5田7 총12획] 영 different 중 异 yì 일 イ(ことなる)	異見(이견) 異敎(이교)
■ 而	말이을 이	中3급 [6而0 총6획] 영 and 중 ér 일 ジ(しかして)	而今以後(이금이후) 而立(이립)
蛜	쥐며느리 이	[6虫6 총12획] 영 sow-bug 중 yī 일 イ(わらじむし)	蛜蝛(이위)
詒	줄 이	[7言5 총12획] 영 give 중 诒 yí 일 イ(おくる)	詥詒爲病數日 (희이위병수일)
貽	끼칠 이	[7貝5 총12획] 영 give 중 贻 yí 일 イ(のこす)	貽弊(이폐) 貽害(이해)

漢字	급수/획수	뜻/음	예시
■ 貳 두 이	3급 [7貝5 총12획] 영 two 중 贰 èr 일 ニ(ふた)		貳衙(이아) 携貳(휴이)
□ 頤 기를 이	[9頁3 총12획] 영 bring up 중 yí 일 イ(やしなう)		
□ 椸 횃대 이	[4木9 총13획] 영 clothes-rack 중 yí 일 イ(ころもかけ)		椸架(이가)
□ 肄 익힐 이	[6聿7 총13획] 영 practice 중 肄 yì 일 イ(ならう)		肄武(이무) 肄習(이습)
■ 爾 너 이	1급 [4爻10 총14획] 영 you, so 중 爾 ěr 일 ジ(なんじ)		爾今(이금) 爾雅(이아)
□ 飴 엿 이	[9食5 총14획] 영 wheat-gluten 중 饴 yí 일 イ(あめ)		水飴(수이) 餃飴(교이)
□ 頤 턱 이	[9頁6 총15획] 영 jaw 중 颐 yí 일 イ(あご)		頤使(이사) 頤神養性(이신양성)
■ 餌 미끼 이	1급 [9食6 총15획] 영 bait 중 饵 ěr 일 ジ(えじき)		餌食(이사) 餌藥(이약)
■ 耳 귀 이	中5급 [6耳0 총6획] 영 ear 중 ěr 일 ジ(みみ)		耳力(이력) 耳聾(이롱)
□ 簃 누각 곁채 이	[6竹11 총17획] 영 detached house 중 yí 일 イ(わきべや)		簃臺(이대)
□ 彝 떳떳할 이	[3彐15 총18획] 영 honorable 중 yí 일 イ(つね)		彝倫(이륜) 彝儀(이의)
□ 邇 가까울 이	[7辵14 총18획] 영 near 중 迩 ěr 일 ジ(ちかい)		邇言(이언)
□ 弋 주살 익	[3弋0 총3획] 영 arrow 중 yì 일 ヨク(いぐるみ)		弋羅(익라) 弋獵(익렵)
■ 益 더할 익	中4급 [5皿5 총10획] 영 increase 중 益 yì 일 エキ(ます)		益壽(익수) 益友(익우)

306 | 초간편 실용한자 7000

漢字	급수/부수획수	뜻/음	예시
■ 翌 다음날 익	2급 [6羽5 총11획] 영 next day 중 翌 yì 일 ヨク(あくるひ)		翌日(익일) 翌年(익년)
□ 翊 도울 익	[6羽5 총11획] 영 help 중 翊 yì 일 ヨク(たすける)		翊成(익성) 翊衛司(익위사)
□ 謚 웃을 익	[7言10 총17획] 영 beaming 중 谥 shì 일 エキ(わらう)		
■ 翼 날개 익	3급Ⅱ [6羽12 총18획] 영 wing 중 翼 yì 일 ヨク(つばさ)		翼戴(익대) 翼亮(익량)
□ 瀷 강이름 익	[4水17 총20획] 영 river names 중 瀷 yì 일 ヨク(ひそみながれる)		李瀷(이익)
□ 鷁 익새 익	[11鳥10 총21획] 영 beneficial bird 중 鹢 nì 일 ゲキ(みずどり)		鷁首(익수)
■ 人 사람 인	中8급 [2人0 총2획] 영 man, people 중 rén 일 ジン(ひと)		人間(인간) 人氣(인기)
■ 刃 칼날 인	3급 [2刀1 총3획] 영 sword 중 刃 rèn 일 ジン(やいば)		刃迎縷解(인영루해) 刃割(인할)
■ 仁 어질 인	中4급 [2人2 총4획] 영 humane 중 rén 일 ジン(いつくしむ)		仁德(인덕) 仁道(인도)
■ 引 당길 인	中4급Ⅱ [3弓1 총4획] 영 pull 중 yǐn 일 イン(ひく)		引據(인거) 引繼(인계)
□ 仞 길 인	[2人3 총5획] 영 long 중 rèn 일 ジン(はかる)		千仞(천인) 萬仞(만인)
■ 印 도장 인	中4급Ⅱ [2卩4 총6획] 영 seal 중 yìn 일 イン(いん)		印鑑(인감) 印紙(인지)
■ 因 인할 인	中5급 [3囗3 총6획] 영 be due to 중 yīn 일 イン(よる)		因果(인과) 因果法則(인과법칙)
■ 忍 참을 인	中3급Ⅱ [4心3 총7획] 영 bear 중 rěn 일 ジン(しのぶ)		忍苦(인고) 忍耐(인내)

초간편 실용한자 7000 | **307**

■ 姻	혼인할 인	[高3급] [3女6 총9획]	영 marry 중 yīn 일 イン(よめいり)	姻家(인가) 姻族(인족)
■ 咽	목구멍 인	[1급] [3口6 총9획]	영 throat 중 yān 일 エン(のど)	咽頭(인두) 咽喉(인후)
□ 紉	새끼 인	[6糸3 총9획]	영 string 중 紉 rèn 일 ジン(なわ)	紉緝(인집) 紉佩(인패)
□ 氤	기운 인	[4气6 총10획]	영 forces 일 メン(いきおい)	氤氳(인온)
□ 茵	자리 인	[6艸6 총10획]	영 mattress 중 yīn 일 イン(しとね)	茵毯(인담) 茵席(인석)
■ 蚓	지렁이 인	[1급] [6虫4 총10획]	영 earthworm 중 yǐn 일 イン(みみず)	蚓曲(인곡) 蚓操(인조)
□ 靭	쐐기 인	[7車3 총10획]	영 wedge 중 靭 rèn 일 ジン(とめぎ)	靭車(인차)
■ 寅	셋째지지 인	[中3급] [3宀8 총11획]	영 tiger, celestial stem 중 yín 일 イン(つつしむ)	寅方(인방) 寅時(인시)
忍	참을 인	[中3급] [6心7 총11획]	영 endure 중 rěn 일 ニン(しのぶ)	忍冬(인동) 不忍(불인)
□ 湮	묻힐 인	[4水9 총12획]	영 fall into 중 yān, yīn 일 イン(しずむ)	湮滅(인멸) 湮淪(인륜)
□ 絪	기운 인	[6糸6 총12획]	영 vigor 중 絪 yīn 일 イン(しとね)	絪縕(인온)
□ 陻	막을 인	[8阜9 총12획]	영 intercept 중 堙 yīn 일 イン(ふさぐ)	
□ 靭	질길 인	[9革3 총12획]	영 durable 중 靭 rèn 일 ジン(しなやか)	靭帶(인대) 靭皮(인피)
□ 靷	가슴걸이 인	[9革4 총13획]	영 breastband 중 yǐn 일 イン(ひきづな)	靷性(인성)

禋 제 지낼 인	[5示9 총14획] 영 sacrifice 중 禋 yīn 일 イン(まつる)	禋祀(인사) 禋祠(인사)
酳 입가실 인	[7酉7 총14획] 영 rinse 중 yù 일 イン(くちすすぐ)	
認 알 인	中4급 [7言7 총14획] 영 recognize 중 认 rèn 일 ニン(みとめる)	認可(인가) 認准(인준)
螾 지렁이 인	[6虫11 총17획] 영 earthworm 중 yǐn 일 イン(みみず)	螾螾(인인)
闉 성곽문 인	[8門9 총17획] 영 castle gate 중 yīn 일 イン(ふさぐ)	闉闍(인도)
一 한 일	中8급 [1一0 총1획] 영 one, only 중 yī 일 イチ(ひとつ)	一家(일가) 一家見(일가견)
日 날 일	中8급 [4日0 총4획] 영 sun, day 중 rì 일 ジツ(ひる)	日加月增(일가월증) 日刊(일간)
佚 편할 일	1급 [2人5 총7획] 영 comfortable 중 yì 일 イツ(やすんじる)	佚女(일녀) 佚道(일도)
佾 춤출 일	2급 [2人6 총8획] 영 dance 중 佾 yì 일 ニチ	佾舞(일무)
泆 음탕할 일	[4水5 총8획] 영 lustful 중 yì 일 イツ(あふれる)	泆陽(일양)
壹 한 일	3급 [3士9 총12획] 영 one 중 yī 일 イツ(ひとつ)	均壹(균일) 壹意(일의)
逸 벗어날 일	高3급 [7辵8 총12획] 영 escape 중 逸 yì 일 イチ(それる)	逸居(일거) 逸事(일사)
溢 넘칠 일	1급 [4水10 총13획] 영 overflow 중 溢 yì 일 イツ(あふれる)	溢流(일류) 海溢(해일)
馹 역말 일	[10馬4 총14획] 영 post-horse 중 馹 rì 일 ジツ(はやうま)	馹召(일소) 乘馹(승일)

- **壬** 북방 임   [3士1 총4획]   영 north 중 rén 일 ジン(みずのえ)   壬午軍亂(임오군란) / 壬辰倭亂(임진왜란)

- **任** 맡길 임   [2人4 총6획]   영 entrust 중 rèn 일 エン(まかせる)   任官(임관) / 任期(임기)

- **妊** 아이 밸 임   [3女4 총7획]   영 pregnancy 중 rèn 일 ジン(はらむ)   妊婦(임부) / 妊産(임산)

- 衽 옷섶 임   [6衣4 총9획]   영 lapels 중 rèn 일 ジン(おくみ)   衽席(임석) / 衽席間(임석간)

- 恁 생각할 임   [4心6 총10획]   영 think 중 nèn 일 ニン(おもう)   恁麼(임마) / 恁生(임생)

- 荏 들깨 임   [6艸6 총10획]   영 Perilla 중 rěn 일 ニン(えごま)   荏弱(임약) / 荏染(임염)

- 賃 품팔이 임   [7貝6 총13획]   영 do odd jobs 중 赁 lìn 일 チン(やとう)   賃金(임금) / 賃貸(임대)

- 稔 풍년들 임   [5禾8 총13획]   영 have a rich year 중 rěn 일 ジン(みのる)   稔聞(임문) / 稔熟(임숙)

- 飪 익힐 임   [9食4 총13획]   영 boil 중 飪 rèn 일 ジン(にる)   飪熟(임숙)

- 鵀 오디새 임   [11鳥6 총17획]   영 hoopoe 중 rén 일 ジン(やつがしら)   戴鵀(대임)

- **入** 들 입   [2入0 총2획]   영 enter 중 rù 일 ニュウ(はいる)   入閣(입각) / 入庫(입고)

- 仍 인할 잉   [2人2 총4획]   영 be due to 중 réng 일 ジョウ(よる)   仍舊(잉구) / 仍世(잉세)

- **孕** 아이 밸 잉   [3子2 총5획]   영 pregnancy 중 yùn 일 ヨウ(はらむ)   孕母(잉모) / 孕胎(잉태)

- 扔 당길 잉   [4手2 총5획]   영 draw 중 rēng 일 ジョウ(ひく)   攮臂而扔之(낭비이잉지)

- 芿 풀싹 잉   [6艸4 총8획]   영 shoot of grass 중 réng 일 ジョウ(くさ)   芿任(잉임)
- **剩** 남을 잉   1급 [2刀10 총12획]   영 remain 중 shèng 일 ジョウ(あまる)   剩額(잉액) 剩語(잉어)
- 媵 줄 잉   [3女10 총13획]   영 give 중 yìng 일 ヨウ(こしもと)   媵母(잉모) 媵侍(잉시)

子

- **子** 아들 **자**
  - 中 7급 [3子0 총3획]
  - 영 son 중 zǐ, zi 일 シ(むすこ)
  - 子宮(자궁)
  - 子規(자규)

- **仔** 자세할 **자**
  - 1급 [2人3 총5획]
  - 영 detailed 중 zǐ 일 シ(こまかに)
  - 仔詳(자상)
  - 仔細(자세)

- **字** 글자 **자**
  - 中 7급 [3子3 총6획]
  - 영 letter 중 zì 일 ジ(もじ)
  - 字句(자구)
  - 字幕(자막)

- □ **耔** 북돋울 **자**
  - [6耒0 총6획]
  - 영 earth up 중 zǐ, zī 일 シ(つちかう)
  - 耘耔(운자) 논밭을 김매고 북돋움

- **自** 몸소 **자**
  - 中 7급 [6自0 총6획]
  - 영 oneself 중 zì 일 ジ(おのずから)
  - 自家(자가)
  - 自家撞着(자가당착)

- □ **孜** 부지런할 **자**
  - [3子4 총7획]
  - 영 diligent 중 zī 일 シ(つとむ)
  - 孜孜(자자)

- **刺** 찌를 **자**
  - 高 3급 [2刀6 총8획]
  - 영 pierce 중 cì 일 シ(さす)
  - 刺殺(자살)
  - 刺激(자격)

- □ **呰** 흠 **자**
  - [3口5 총8획]
  - 영 flaw 중 zǐ 일 シ(まずしい)
  - 呰窳(자유)
  - 呰呰(자자)

- **姉** 손위누이 **자**
  - 中 4급 [3女5 총8획]
  - 영 elder sister 중 姊 zǐ 일 シ(あね)
  - 姉妹(자매)
  - 姉夫(자부)

- □ **泚** 강이름 **자**
  - [4水5 총8획]
  - 영 river names 중 cǐ 일 シ(きよい)
  - 泗泚水(사자수)

- **姿** 모양 **자**
  - 高 4급 [3女6 총9획]
  - 영 figure 중 zī 일 シ(すがた)
  - 姿貌(자모)
  - 姿媚(자미)

- □ **咨** 물을 **자**
  - [3口6 총9획]
  - 영 ask 중 zī 일 シ(なげく)
  - 咨周(자주)
  - 咨嗟(자차)

- □ **柘** 산뽕나무 **자**
  - [4木5 총9획]
  - 영 mulberry tree 중 zhè 일 シャ(やまぐわ)
  - 柘榴(자류)
  - 桑柘(상자)

玼	흠 자	[5玉5 총9획] 영 scar 중 cǐ 일 セイ(きず)	玼玼(자자) 玼吝(차린)
茈	올매 자	[6艸5 총9획] 영 gromwell 중 chái 일 シ(むらさき)	茈萁(자기) 茈蔵(자위)
恣	방자할 자	高3급 [4心6 총10획] 영 self-indulgent 중 zì 일 シ(ほしいまま)	恣樂(자락) 恣放(자방)
眥	흘겨 볼 자	[5目5 총10획] 영 corner of the eye 중 zì 일 シ(まなじり)	目眥(목자) 內眥(내자)
疵	허물 자	1급 [5疒5 총10획] 영 flaw, blemish 중 cī 일 シ(きず)	疵國(자국) 疵病(자병)
玆	이 자	3급 [5玄5 총10획] 영 this 중 玆 zī 일 シ·ジ(ここ)	今玆(금자) 玆宮(자궁)
秭	부피이름 자	[5禾5 총10획] 영 hundred billion 중 zǐ 일 シ(つむ)	
茨	풀 이름 자	[6艸6 총10획] 영 thorn 중 茨 cí 일 シ(いばら)	茨棘(자극) 茨草(자초)
者	놈 자	中6급 [4耂5 총9획] 영 this 중 zhě 일 シャ(もの)	記者(기자) 强者(강자)
做	지을 자	1급 [2人9 총11획] 영 make 중 zuò 일 サ(つくる)	做工(주공) 做恭(주공)
瓷	사기그릇 자	1급 [5瓦6 총11획] 영 china crockery 중 cí 일 シ(やきもの)	瓷器(자기) 瓷土(자토)
笫	평상 자	[6竹5 총11획] 영 flat bed 중 zǐ, zì, zhěn 일 シ(すのこ)	牀笫(상자)
胾	짐승의 뼈 자	[6肉5 총11획] 영 bone 중 胾 zì 일 シ(ほね)	掩骼埋胾(엄격매자)
紫	자줏빛 자	高3급 [6糸5 총11획] 영 purple 중 zǐ 일 シ(むらさき)	紫葛色(자갈색) 紫色(자색)

粢 기장 자	[6米 6 총12획] 영 barnyard grass 중 zī, jì 일 シ(きび)	粢糲(자려) 粢盛(자성)
胾 산적점 자	[6肉 6 총12획] 영 skewered meat 중 zì 일 シ(きりみ)	
訾 헐뜯을 자	[7言 5 총12획] 영 slander 중 zī 일 シ(はかる)	訾短(자단) 訾謗(자방)
觜 별이름 자	[7角 5 총12획] 영 star names 중 zī 일 シ(つのうつわ)	觜星(자성) 觜宿(자숙)
貲 재물 자	[7貝 5 총12획] 영 wealth 중 zī 일 シ(たから)	貲産(자산)
孳 부지런할 자	[3子 10 총13획] 영 diligent 중 zī 일 ジ(つとめる)	孳蔓(자만) 孳尾(자미)
煮 삶을 자	1급 [4火 9 총13획] 영 boil, cook 중 zhǔ 일 ショ(にる)	煮醬(자장) 煮鹽(자염)
滋 불을 자	2급 [4水 10 총13획] 영 increase 중 zī 일 シ(おおい)	滋味(자미) 滋養(자양)
趑 머뭇거릴 자	[7走 6 총13획] 영 hesitate 중 zī 일 シ(たちもとほる)	趑趄(자저)
資 재물 자	준4급 [7貝 6 총13획] 영 wealth 중 zī 일 シ(もとで)	資格(자격) 資金(자금)
雌 암컷 자	3급 [8隹 5 총13획] 영 female 중 cí 일 シ(めす)	雌雄(자웅) 雌雄同株(자웅동주)
慈 사랑 자	중3급 [4心 10 총14획] 영 humane, love 중 cí 일 ジ(いつくしむ)	慈堂(자당) 慈母(자모)
髭 윗수염 자	[10髟 5 총15획] 영 moustache 중 zī 일 シ(くちひげ)	髭鬚(자수) 髭歲(자세)
骴 삭은 뼈 자	[10骨 5 총15획] 영 decayed bone 중 zì 일 シ(くちたほね)	骴禁(자금)

■ 磁 지남석 자	2급 [5石10 총15획] 영 magnet 중 cí 일 ジ(じしゃく)		磁界(자계) 磁極(자극)
■ 蔗 사탕수수 자	1급 [6艹11 총15획] 영 sugar cane 중 zhè 일 ショ(さとうきび)		蔗境(자경) 蔗糖(자당)
■ 諮 물을 자	2급 [7言9 총16획] 영 ask 중 zī 일 シ(といはかる)		諮問(자문) 諮議(자의)
□ 赭 붉은 흙 자	[7赤9 총16획] 영 red earth 중 zhě 일 シャ(あかつち)		赭面(자면) 赭山(자산)
□ 藉 깔개 자	[6艹14 총18획] 영 spread 중 jiè 일 シャ(しく)		藉甚(자심) 藉藉(자자)
□ 齋 서직그릇 자	[14齊5 총19획] 영 vessel for memorial service 중 zá 일 シ(うつわ)		齋號(자호)
□ 鷲 가마우지 자	[11鳥10 총21획] 영 Korean cormorant 중 鷲 zē 일 ジ		鷲鷥杓(노자작) 鷲鷥(노자)
■ 勺 구기 작	1급 [2勹1 총3획] 영 ladle 중 sháo 일 シャク(ひしゃく)		勺水不入 (작수불입)
□ 汋 샘솟을 작	[4水3 총6획] 영 surge up 중 汋 zhuó 일 シャク(くむ)		汋汋(작작)
□ 彴 외나무다리 작	[3彳3 총6획] 영 single log bridge 중 bó 일 シャク(まるきばし)		彴橋(작교)
■ 作 지을 작	中6급 [2人5 총7획] 영 make 중 zuò 일 サク(つくる)		作家(작가) 作故(작고)
■ 灼 불사를 작	1급 [4火3 총7획] 영 burn 중 灼 zhuó 일 シャク(やく)		灼熱(작열) 灼鐵(작철)
■ 芍 함박꽃 작	1급 [6艹3 총7획] 영 peony 중 芍 sháo 일 シャク		芍藥(작약) 芍藥花(작약화)
□ 怍 부끄러울 작	[4心5 총8획] 영 shame 중 zuò 일 サク(はじる)		怍色(작색) 怍愠(작온)

한자	급수/부수	영/중/일	예시
■ 炸 터질 작	1급 [4火5 총9획]	영 explosion 중 zhà 일 サク(さく)	炸裂(작렬) 炸藥(작약)
□ 柞 떡갈나무 작	[4木5 총9획]	영 oak 중 zuò 일 サク(くぬぎ)	柞繭(작견)
■ 昨 어제 작	高6급 [4日5 총9획]	영 yesterday, last 중 zuó 일 サク(きのう)	昨今(작금) 昨年(작년)
□ 斫 벨 작	[4斤5 총9획]	영 cut 중 zhuó 일 シャク(きる)	斫刀(작도) 斫伐(작벌)
■ 酌 따를 작	高3급 [7酉3 총10획]	영 fill a cup with wine 중 zhuó 일 シャク(くむ)	酌婦(작부) 酌水成禮(작수성례)
■ 雀 참새 작	1급 [8隹3 총11획]	영 sparrow 중 què 일 ジャク(すずめ)	雀舌(작설) 雀舌茶(작설차)
■ 綽 너그러울 작	1급 [6糸8 총14획]	영 generous 중 綽 chuò 일 シャク(ゆるやか)	綽楔(작설) 綽約(작약)
■ 爵 벼슬 작	高3급 [4爪14 총18획]	영 peerage 중 爵 jué 일 シャク(くらい)	爵祿(작록) 爵位(작위)
■ 鵲 까치 작	1급 [11鳥8 총19획]	영 magpie 중 鵲 què 일 ジャク(かささぎ)	鵲豆(작두) 鵲橋(작교)
□ 嚼 씹을 작	[3口18 총21획]	영 chew 중 jiáo, jué 일 シャク(かむ)	嚼口(작구) 嚼蠟(작랍)
□ 孱 약할 잔	[3子9 총12획]	영 frail 중 càn 일 セン(よわい)	孱骨(잔골) 孱羸(잔리)
□ 棧 사다리 잔	1급 [4木8 총12획]	영 ladder 중 棧 zhàn 일 サン(かけはし)	棧橋(잔교) 棧道(잔도)
■ 殘 남을 잔	高4급 [4歹8 총12획]	영 remainder 중 殘 cán 일 ザン(のこる)	殘高(잔고) 殘滓(잔재)
■ 盞 잔 잔	1급 [5皿8 총13획]	영 wine-cup 중 盞 zhǎn 일 サン(さかずき)	盞臺(잔대) 燈盞(등잔)

한자	훈음	상세	예시
孱	몹시 욕할 잔	[2人12 총14획] 영 curse 중 chán 일 セン(あらわす)	孱功(잔공)
潺	물 흐를 잔	[4水12 총15획] 영 flowing 중 chán 일 サン(ながれるwater)	潺湲(잔원)
輚	와거 잔	[7車8 총15획] 영 berth carriage 중 zhàn 일 サン(ねぐるま)	乘輚路(승잔로)
啐	떠들썩할 잘	[3口8 총11획] 영 noisy 중 cuì 일 サイ(おどろく)	
岑	봉우리 잠	[3山4 총7획] 영 peak 중 cén 일 シン(みね)	岑莖(잠경) 岑樓(잠루)
涔	적실 잠	[4水7 총10획] 영 dip 중 cén 일 シン(ひたす)	涔涙(잠루)
■ 潜	잠길 잠	3급 [4水12 총15획] 영 dive 중 潜 qián 일 セン(もぐる)	潜居(잠거) 潜水(잠수)
■ 暫	잠깐 잠	고3급 [4日11 총15획] 영 moment 중 暂 zàn 일 ザン(しばらく)	暫間(잠간) 暫時(잠시)
■ 箴	경계할 잠	1급 [6竹9 총15획] 영 guard 중 zhēn 일 シン(はり)	箴誠(잠계) 箴規(잠규)
賺	속일 잠	[7貝10 총17획] 영 cheat 중 赚 zhuàn 일 タン(すかす)	
■ 簪	비녀 잠	1급 [6竹12 총18획] 영 ornamental hairpin 중 zān 일 (かんざし)	簪裾(잠거) 簪花(잠화)
■ 蠶	누에 잠	고3급 [6虫18 총24획] 영 silkworm 중 蚕 cán 일 蚕 サン(かいこ)	蠶架(잠가) 蠶農(잠농)
卡	지킬 잡	[2卜3 총5획] 영 guard 중 kǎ 일 ノウ(まもり)	卡錢(잡전) 卡片(잡편)
眨	눈 꿈적일 잡	[5目5 총10획] 영 blank one's eyes 중 zhǎ 일 ソウ(まじろく)	眨眼(잡안)

雜 섞일 잡	[8隹10 총18획] 영 mixed 중 杂 zá 일 雜ザツ(まじる)	雜歌(잡가) 雜客(잡객)
丈 길 장	中3급 [1一2 총3획] 영 length 중 zhàng 일 ジョウ(たけ)	丈母(장모) 億丈(억장)
仗 의장 장	1급 [2人3 총5획] 영 guard 중 zhàng 일 ジョウ(つわもの)	仗隊(장대) 仗馬(장마)
匠 장인 장	1급 [2匚4 총6획] 영 artisan 중 jiàng 일 シウ(たくみ)	匠色(장색) 匠意(장의)
庄 농막 장	2급 [3广3 총6획] 영 farmhouse 중 zhuāng 일 ソウ(むらさと)	村庄(촌장) 外庄(외장)
妝 단장할 장	[3女4 총7획] 영 toilet 중 zhuāng 일 ソウ(よそおう)	妝匣(장갑) 妝扮(장분)
壯 장할 장	高4급 [3士4 총7획] 영 vigorous 중 壮 zhuàng 일 壮 ソウ(さかん)	壯觀(장관) 壯年(장년)
杖 지팡이 장	1급 [4木3 총7획] 영 stick 중 zhàng 일 ジョウ(つえ)	杖鼓(장고) 杖竹(장죽)
戕 찌를 장	[4戈4 총8획] 영 kill 중 qiāng 일 ショウ(ころす)	戕殺(장살) 戕賊(장적)
狀 모양 장	高4급 [4犬4 총8획] 영 form shape 중 zhuàng 일 ジョウ(さま)	狀啓(장계) 狀元(장원)
長 긴 장	高8급 [8長0 총8획] 영 long 중 长 cháng 일 チョウ(ながい)	長距離(장거리)
奘 클 장	[3大7 총10획] 영 big 중 zàng 일 ソウ(おおいなり)	玄奘(현장)
牂 암양 장	[4爿6 총10획] 영 ewe 중 zāng 일 ショウ(めひつじ)	牂牁(장가)
張 베풀 장	高4급 [3弓8 총11획] 영 widen 중 张 zhāng 일 チョウ(はる)	張冠李戴(장관이대) 張大(장대)

■ 帳 휘장 장	高4급 [3巾8 총11획] 영 curtain 중 帐 zhàng 일 チョウ(とばり)		帳記(장기) 帳簿(장부)
■ 將 장수 장	中4급 [3寸8 총11획] 영 general 중 将 jiāng 일 将ショウ(まさに)		將器(장기) 將校(장교)
■ 章 글 장	中6급 [5立6 총11획] 영 sentence 중 zhāng 일 ショウ(ふみ)		章句(장구) 章法(장법)
■ 莊 씩씩할 장	高3급 [6艸7 총11획] 영 manly 중 庄 zhuāng 일 荘(おごそか)		莊潔(장결) 莊園(장원)
■ 場 마당 장	中7급 [3土9 총12획] 영 garden 중 场 cháng 일 ジョウ(ば)		場內(장내) 場所(장소)
■ 掌 손바닥 장	高3급 [4手8 총12획] 영 palm 중 zhǎng 일 ショウ(てのひら)		掌匣(장갑) 掌上(장상)
□ 萇 보리수 장	[6艸8 총12획] 영 herb 중 苌 cháng 일 チョウ(いららぐさ)		萇楚(장초)
■ 粧 단장할 장	高3급 [6米6 총12획] 영 embellish 중 粧 zhuāng 일 (よそおい)		粧鏡(장경) 粧飾(장식)
■ 腸 창자 장	高4급 [6肉9 총13획] 영 intestines 중 肠 cháng 일 チョウ(はらわた)		胃腸(위장) 腸內(장내)
■ 葬 묻을 장	高3급 [6艸9 총13획] 영 hold a funeral 중 zàng 일 ソウ(ほうむる)		葬禮(장례) 葬事(장사)
■ 裝 행장 장	高4급 [6衣7 총13획] 영 fill up 중 装 zhuāng 일 ショウ(よそおう)		裝置(장치) 裝彈(장탄)
■ 獐 노루 장	2급 [4犬11 총14획] 영 deer 중 獐 zhāng 일 ショウ(のろ)		獐角(장각) 獐腋筆(장액필)
□ 粻 양식 장	[6米8 총14획] 영 food 중 粻 zhāng, zhàng 일 チョウ(かて)		五十異粻 (오십이장)
□ 臧 착할 장	[6臣8 총14획] 영 good 중 zāng 일 ソウ(よい)		臧否(장부) 臧獲(장획)

초간편 실용한자 7000 | **319**

■ 障 막을 장	中4급 [8阜11 총14획]	영 obstruct 중 zhàng 일 ショウ(さえぎる)	障壁(장벽) 障礙(장애)
□ 駔 준마 장	[10馬5 총15획]	영 swift horse 중 駔 zǎng 일 ソウ(すあい)	駔琮(장종)
□ 樟 녹나무 장	[4木11 총15획]	영 camphor 중 zhāng 일 ショウ(くすのき)	樟腦(장뇌)
□ 槳 상앗대 장	[4木11 총15획]	영 role pole 중 槳 jiǎng 일 ショウ(かい)	桂槳(계장)
□ 樁 말뚝 장	[4木11 총15획]	영 stake 중 zhuāng 일 トウ(くい)	斬拔枘與樁 (참발열여장)
■ 漿 미음 장	1급 [4木11 총15획]	영 rice water 중 漿 jiāng 일 ショウ(しる)	漿果(장과) 漿水(장수)
□ 奬 권면할 장	[4大11 총15획]	영 encourage 중 奖 jiǎng 일 (すすめる)	奬勸(장권) 奬勵(장려)
■ 璋 홀 장	2급 [5玉11 총15획]	영 ritual baton 중 璋 zhāng 일 チョウ	弄璋(농장) 朱元璋(주원장)
■ 蔣 성씨 장	2급 [6艸11 총15획]	영 family name 중 蔣 jiǎng 일 ショウ(まこも)	蔣席(장석) 蔣蔣(장장)
□ 賬 휘장 장	[7貝8 총15획]	영 badge 중 賬 zhàng 일 チョウ(てちょう)	
■ 墻 담장 장	3급 [3土13 총16획]	영 wall 중 墙 qiáng 일 ショウ	墻壁(장벽) 岩墻(암장)
□ 瘴 장기 장	[5疒11 총16획]	영 poisonous fumes 중 zhàng 일 ショウ(ねつびょう)	瘴氣(장기) 瘴毒(장독)
■ 牆 담 장	高3급 [4爿13 총17획]	영 fence 중 牆 qiáng 일 ショウ(かき)	牆內(장내) 牆籬(장리)
■ 檣 돛대 장	1급 [4木13 총17획]	영 mast 중 檣 qiáng 일 ショウ(ほばしら)	檣竿(장간) 檣樓(장루)

■ 薔 장미 **장**	1급 [6 艸3 총17획] 영 rose 중 薔 qiáng 일 ショク(ばら)	薔薇(장미) 薔薇園(장미원)
■ 藏 감출 **장**	高3급 [6 艸14 총18획] 영 hide 중 cáng 일 ゾウ(おさめる)	藏經(장경) 藏府(장부)
■ 醬 장 **장**	1급 [7 酉11 총18획] 영 bean paste 중 酱 jiàng 일 ショウ(みそ)	醬菹(장저) 醬蟹(장해)
□ 檣 돛대 **장**	[6 舟13 총19획] 영 mast 중 qiáng 일 ショウ(ふね)	艦艢(함장)
□ 鎗 옥소리 **장**	[8 金11 총19획] 영 sound of jade 중 鎗 chēng 일 (たまのおと)	鎗鎗(장장)
□ 贓 장물 **장**	[7 貝14 총21획] 영 stolen goods 중 赃 zāng 일 ソウ(まいないもの)	贓吏(장리) 贓物(장물)
□ 欌 옷장 **장**	[4 木18 총22획] 영 wardrobe 중 欌 zhuāng 일 (たんす)	欌籠(장롱)
■ 臟 오장 **장**	高3급 [6 肉18 총22획] 영 entrails 중 脏 zāng 일 臓 ゾウ(はらわた)	臟器(장기) 臟腑(장부)
□ 髒 몸뚱뚱할 **장**	[10 骨13 총23획] 영 fat 중 髒 zāng 일 ソウ(かたくな)	骯髒(항장)
■ 才 재주 **재**	中6급 [4 手0 총3획] 영 talent 중 cái 일 サイ(わざ)	才幹(재간) 才器(재기)
■ 再 두 번 **재**	中5급 [2 冂4 총6획] 영 again 중 zài 일 サイ(ふたたび)	再嫁(재가) 再建(재건)
■ 在 있을 **재**	中6급 [3 土3 총6획] 영 be 중 zài 일 ザイ(ある)	在庫品(재고품) 在來種(재래종)
■ 災 재앙 **재**	高5급 [4 火3 총7획] 영 calamity 중 灾 zāi 일 サイ(わざわい)	災難(재난) 災殃(재앙)
■ 材 재목 **재**	中5급 [4 木3 총7획] 영 lumber 중 cái 일 ザイ(まるた)	材器(재기) 材木(재목)

■ 哉 어조사 재	中3급 [3口6 총9획] particle 중 zāi 일 サイ(はじめ)		哉生明(재생명) 哉生魄(재생백)
■ 宰 재상 재	高3급 [3宀7 총10획] minister 중 zǎi 일 サイ(つかさ)		宰殺(재살) 宰相(재상)
■ 栽 심을 재	中3급 [4木6 총10획] plant 중 zāi 일 サイ(うえる)		栽培(재배) 盆栽(분재)
■ 財 재물 재	中5급 [7貝3 총10획] finance 중 財 cái 일 サイ(たから)		財數(재수) 財欲(재욕)
□ 梓 가래나무 재	[4木7 총11획] wild walnut tree 중 zǐ 일 シ(あずさ)		梓材(재재)
■ 裁 마를 재	高3급 [6衣6 총12획] cut 중 cái 일 サイ(したて)		裁決(재결) 裁量(재량)
■ 滓 찌끼 재	1급 [4水10 총13획] sediment 중 zǐ 일 シ(かす)		滓濁(재탁) 殘滓(잔재)
■ 載 실을 재	高3급 [7車6 총13획] load 중 載 zǎi 일 サイ(のせる)		載積(재적) 載貨(재화)
■ 齋 재계할 재	1급 [14齊3 총17획] purify oneself 중 斋 zhāi 일 サイ(ものいみ)		齋家(재가) 齋潔(재결)
□ 齎 가져올 재	[14齊7 총21획] bring 중 齎 jī 일 サイ(もたらす)		齎貸(재대)
□ 纔 재주 재	[6糸17 총23획] talent 중 纔 cái 일 サイ(わずかに)		七步之纔(칠보지재) 今纔(금재)
□ 玎 옥 소리 쟁	[5玉2 총6획] sound of jade 중 dīng 일 (たまのおと)		玎璫(정당) 玎玲(정령)
■ 爭 다툴 쟁	中5급 [4爪4 총8획] fight 중 争 zhēng 일 ソウ(あらそう)		爭議(쟁의) 爭點(쟁점)
□ 崢 가파를 쟁	[3山8 총11획] steep 중 崢 zhēng 일 ソウ(たかい)		崢嶸(쟁영) 崢嶸(쟁영)

□ 拶 찌를 쟁	[4手8 총11획] 영 pierce 중 拶 zhēng, chēng 일 ソウ(さす)	
□ 猙 짐승 이름 쟁	[4犬8 총11획] 영 animal names 중 猙 zhēng 일 ソウ(あらい)	猙獰(쟁녕)
□ 琤 옥소리 쟁	[5玉8 총12획] 영 sound of gem 중 chēng 일 ソウ(たまおと)	琤琤(쟁쟁) 琤瑽(쟁종)
□ 箏 쟁 쟁	[6竹8 총14획] 영 harp 중 箏 zhēng 일 ソウ(そうのこと)	箏箏然(쟁쟁연)
■ 諍 간할 쟁	[7言8 총15획] 영 remonstrate 중 諍 zhèng 일 (いさめる)	諍氣(쟁기) 諍訟(쟁송)
■ 錚 쇳소리 쟁	1급 [8金8 총16획] 영 metallic sound 중 錚 zhèng 일 ソウ(かね)	錚盤(쟁반) 錚手(쟁수)
□ 宁 우두커니 설 저	[3宀2 총5획] 영 standing still 중 zhù 일 チョ(たたずむ)	宁立(저립)
□ 氐 근본 저	[4氏1 총5획] 영 foundation 중 氐 dī 일 テイ(もと)	氐首(저수)
□ 佇 오래 설 저	[2人5 총7획] 영 standing still 중 zhù 일 チョ(たたずむ)	佇見(저견) 佇眷(저권)
■ 低 낮을 저	中4급 [2人5 총7획] 영 low 중 dī 일 テイ(ひくい)	低價(저가) 低減(저감)
■ 底 밑 저	高4급 [3广5 총8획] 영 bottom 중 dǐ 일 テイ(そこ)	底稿(저고) 底力(저력)
■ 咀 씹을 저	1급 [3口5 총8획] 영 chew 중 jǔ, zuǐ 일 ショ(かむ)	咀嚼(저작) 咀嚅(저초)
□ 姐 맏누이 저	[3女5 총8획] 영 eldest sister 중 jiě 일 シャ(あね)	姐姐(저저) 小姐(소저)
□ 杵 공이 저	[4木4 총8획] 영 pestle 중 chǔ 일 ショ(つち)	杵臼(저구)

■ 抵 막을 저	고3급 [4 手5 총8획]	영 resist 중 抵 dǐ 일 テイ(ふれる)	抵當(저당) 抵觸(저촉)
□ 杼 북 저	[4 木4 총8획]	영 spindle 중 杼 zhù 일 チョ(ひ)	杼機(저기)
■ 狙 원숭이 저	1급 [4 犬5 총8획]	영 monkey 중 jū 일 ショ(さる)	狙擊(저격) 狙害(저해)
■ 沮 그칠 저	2급 [4 水5 총8획]	영 stop 중 일 ショ(やむ)	沮止(저지) 沮害(저해)
■ 邸 집 저	1급 [7 邑5 총8획]	영 mansion 중 邸 dǐ 일 テイ(やしき)	邸宅(저택) 邸下(저하)
□ 柢 뿌리 저	[4 木5 총9획]	영 root 중 柢 dǐ 일 テイ(ね)	深根固柢 (심근고저)
□ 牴 찌를 저	[4 牛5 총9획]	영 gore 중 dǐ 일 テイ(ふれる)	牴牾(저오)
□ 苧 모시 저	[6 艸5 총9획]	영 ramie 중 苧 zhù 일 チョ(からむし)	苧麻(저마) 苧環(저환)
□ 苴 암삼 저	[6 艸5 총9획]	영 hemp 중 jū 일 ショ(あさ)	苴草(저초) 苴布(저포)
□ 疽 등창 저	[5 疒5 총10획]	영 swell ulcer 중 jū 일 ショ(はれもの)	疔疽(정저) 鼻疽(비저)
□ 罝 짐승 그물 저	[6 网5 총10획]	영 net for beast 중 ju 일 シャ(けものあみ)	罝罘(저부) 罝罳(저부)
□ 蛆 구더기 저	[6 虫5 총11획]	영 maggot 중 jū 일 ショ(うじ)	蛆病(저병) 響蛆(향저)
□ 紵 모시 저	[6 糸5 총11획]	영 ramie cloth 중 紵 zhù 일 チョ(あさぬの)	紵麻(저마) 紵衣(저의)
□ 這 맞을 저	[7 辵7 총11획]	영 receive 중 這 zhè 일 シャ(むかえる)	這間(저간) 這般(저반)

□ 猪 돼지 저	[4犬 9 총12획] 영 boar, pig 중 zhū 일 チョ(いのしし)	猪肝(저간) 猪膽(저담)
□ 渚 물가 저	[4水 9 총12획] 영 islet, bank 중 zhǔ 일 ショ(みぎわ)	渚畔(저반)
■ 貯 쌓을 저	中5급 [7貝 5 총12획] 영 saving 중 贮 zhù 일 チョ(たくわえる)	貯金(저금) 貯蓄(저축)
□ 趄 머뭇거릴 저	[7走 5 총12획] 영 stroll about 중 jū 일 ショ(たちもとる)	趑趄(자저) 煦煦趄趄(후후저저)
□ 詆 꾸짖을 저	[7言 5 총12획] 영 slander 중 诋 dǐ 일 テイ(そしる)	詆訶(저하) 詆毀(저훼)
■ 觝 닥뜨릴 저	1급 [7角 5 총12획] 영 come upon 중 dǐ 일 テイ(ふれる)	觝排(저배) 觝觸(저촉)
□ 陼 모래섬 저	[8阜 9 총12획] 영 sand hill 중 sǔ 일 ショ(しま)	陼丘(저구) 陼隄(저제)
□ 楮 닥나무 저	[4木 9 총13획] 영 paper-mulberry 중 chǔ 일 チョ(こうぞ)	楮墨(저묵)
□ 筯 젓가락 저	[6竹 7 총13획] 영 chopstick 중 zhù 일 チョ(はし)	玉筯(옥저)
■ 著 무녀 저	中3급 [6艸 9 총13획] 영 appear 중 zhu 일 チョ(あらわす)	著述(저술) 著書(저서)
□ 翥 높이 날 저	[6羽 8 총14획] 영 soar 중 翥 zhù 일 ショ(あがる)	
□ 褚 솜옷 저	[6衣 9 총14획] 영 wadding 중 chǔ 일 チョ(わたいれ)	褚師(저사)
□ 樗 가죽나무 저	[4木 11 총15획] 영 tree of heaven 중 chū 일 ごんずい)	樗雞(저계)
□ 箸 젓가락 저	1급[6竹 9 총15획] 영 chopstick 중 zhù 일 チョ(はし)	箸臺(저대) 箸箱(저상)

鵙	징경이 저	[11鳥5 총16획]	영 mandarin duck 중 qū 일 ショ(みさご)	鵙鳩(저구)
篨	대자리 저	[6竹10 총16획]	영 bamboo mat 중 chú 일 チョ(たけむしろ)	籧篨(거저)
豬	돼지 저	1급 [7豕9 총16획]	영 wild boar 중 豬 zhū 일 チョ(いのしし)	豬突(저돌) 豬膏(저고)
儲	쌓을 저	[2人16 총18획]	영 saving 중 储 chǔ 일 チョ(たくわえる)	儲兩(저량)
齟	이 어긋날 저	[15齒5 총20획]	영 discrepant 중 龃 jǔ 일 ショ(くいちがう)	齟齬(저어) 齟□(저작)
藷	마 저	[6艸16 총20획]	영 white potato 중 薯 shǔ 일 ショ(いも)	藷芋(저우) 藷類(저류)
躇	머뭇거릴 저	1급 [7足13 총20획]	영 hesitate 중 躇 chú 일 チョ	躇躇(주저) 躇躇躇躇(주저주저)
狄	오랑캐 적	1급 [4犬4 총7획]	영 northen barbarians 중 dí 일 えびす	狄成(적성) 狄人(적인)
赤	붉을 적	中5급 [7赤0 총7획]	영 red 중 chì 일 セキ(あか)	赤褐色(적갈색) 赤狗(적구)
炙	고기구울 적	1급 [4火4 총8획]	영 roast 중 炙 zhì 일 ジャ(あぶる)	散炙(산적) 炙子(적자)
的	밝을 적	中5급 [5白3 총8획]	영 target, of 중 de, dí, dì 일 テキ(まと)	的當(적당) 的例(적례)
迪	나아갈 적	[7辵5 총9획]	영 advance 중 迪 dí 일 テキ(すすむ)	啓迪(계적) 李彦迪(이언적)
迹	자취 적	1급 [7辵6 총10획]	영 traces 중 迹 jì 일 セキ(あと)	踪迹(종적) 表迹(표적)
寂	고요할 적	高3급 [3宀8 총11획]	영 desolate 중 jì 일 セキ(さびしい())	寂寥(적료) 寂寞(적막)

□ 商 나무뿌리 적	[3口8 총11획] 영 root 중 dī 일 テキ(ねもと)	三商而眠 (삼적이면)
■ 笛 피리 적	3급 [6竹5 총11획] 영 flute 중 dí 일 テキ(ふえ)	笛聲(적성) 胡笛(호적)
□ 荻 갈대 적	[6艸7 총11획] 영 reed 중 dí 일 テキ(おぎ)	荻蘆(적로) 荻笋(적순)
□ 逖 멀 적	[7辵7 총11획] 영 distant 중 逖 tì 일 テキ(はるか)	逖逖(적적)
□ 翟 꿩 깃 적	[6羽6 총12획] 영 pheasant 중 翟 dí 일 テキ(きじ)	翟輅(적로) 翟衣(적의)
■ 跡 자취 적	高3급 [7足6 총13획] 영 footstep 중 跡 jī 일 セキ(あと)	跡捕(적포) 史跡(사적)
■ 賊 도적 적	高4급 [7貝6 총13획] 영 thief 중 贼 éi 일 ゾク(そこなう)	賊魁(적괴) 賊窟(적굴)
■ 嫡 정실 적	1급 [3女11 총14획] 영 legal wife 중 dí 일 テキ(よつぎ)	嫡子(적자) 嫡妻(적처)
■ 摘 딸 적	高3급 [4手11 총14획] 영 pick 중 zhāi 일 テキ(つむ)	摘發(적발) 摘要(적요)
□ 滴 물방울 적	[4水11 총14획] 영 drop of water 중 滴 dī 일 (したたる)	滴瀝(적력) 硯滴(연적)
■ 敵 원수 적	中4급 [4攴11 총15획] 영 enemy 중 敌 dí 일 テキ(かたき)	敵愾(적개) 敵境(적경)
■ 適 갈 적	中4급 [7辵11 총15획] 영 fit 중 适 shì 일 テキ(かなう)	適格者(적격자) 適口之餠(적구지병)
□ 踏 밟을 적	[7足8 총15획] 영 tread upon 중 jí 일 セキ(ふむ)	踏踏(적적)
■ 積 쌓을 적	高4급 [5禾11 총16획] 영 pile 중 积 jī 일 セキ(つむ)	積慶(적경) 積穀(적곡)

績 길쌈 적	高4급 [6糸 11 총17획]	영 spin, merits 중 绩 jī 일 セキ(いさお)	績女(적녀) 績紡(적방)
謫 귀양갈 적	1급 [7言 11 총18획]	영 exile 중 谪 zhé 일 タク(とがめ)	謫降(적강) 謫居(적거)
蹟 자취 적	3급 [7足 11 총18획]	영 traces 중 蹟 jī 일 セキ(あと)	遺蹟(유적) 奇蹟(기적)
鏑 살촉 적	[8金 11 총19획]	영 arrow head 중 鏑 dī 일 テキ(やじり)	鏑矢(적시) 鏑銜(적함)
籍 문서 적	高4급 [6竹 14 총20획]	영 papers 중 ji 일 セキ(ふみ)	籍籍(적적) 籍田(적전)
糴 쌀살 적	[6米 16 총22획]	영 buy grain 중 糴 dí 일 テキ(かいよね)	糴價(적가) 糴買(적매)
覿 볼 적	[7見 15 총22획]	영 see 중 觌 dí 일 テキ(みる)	覿面(적면)
田 밭 전	中4II급 [5田 0 총5획]	영 field, farm 중 tián 일 デン(はたけ)	田穀(전곡) 田畓(전답)
全 온전 전	中7급 [2入 4 총6획]	영 perfect, all 중 quán 일 ゼン(まったく)	全景(전경) 全局(전국)
佃 밭맬 전	[2人 5 총7획]	영 plow a field 중 tián 일 テン(たがやす)	佃客(전객) 佃具(전구)
吮 빨 전	[3口 4 총7획]	영 lick 중 shǔn 일 セン(なめる)	吮犢之情 (연독지정)
甸 경기 전	2급 [5田 2 총7획]	영 Gyeonggi 중 diàn 일 テン(さかい)	甸服(전복) 甸役(전역)
典 법 전	中5급 [2八 6 총8획]	영 regulations 중 diǎn 일 テン(みち)	盛典(성전) 事典(사전)
前 앞 전	中7급 [2刀 7 총9획]	영 front, previous 중 qián 일 ゼン(まえ)	前鑑(전감) 前功(전공)

畋	밭갈 전	[5田4 총9획] 영 plow a field 중 tián 일 デン(かり)	畋獵(전렵), 畋食(전식)
■ 展	펼 전	中5급 [3尸7 총10획] 영 unfold 중 zhǎn 일 テン(のべる)	展開(전개), 展覽(전람)
牷	희생 전	[4牛6 총10획] 영 sacrifice 중 quán 일 セン(いけにえ)	牷犧(전희)
■ 栓	마개 전	1급 [4木6 총10획] 영 cork 중 shuān 일 セン(きくぎ)	栓塞(전색), 栓木(전목)
旃	기 전	[4方6 총10획] 영 banner 중 zhān 일 セン(はた)	旃毛(전모)
荃	향풀 전	[6艸6 총10획] 영 fragrant grass 중 quán 일 (かおりぐさ)	荃宰(전재), 荃蕙(전혜)
■ 剪	자를 전	1급 [2刀9 총11획] 영 scissoring 중 jiǎn 일 セン(きる)	剪刀(전도), 剪裁(전재)
■ 專	오로지 전	高4급 [3寸8 총11획] 영 only 중 专 zhuān 일 セン(もっぱら)	專決(전결), 專攻(전공)
痊	병 나을 전	[5疒6 총11획] 영 heal, cure 중 quán 일 セン(いやす)	痊可(전가), 痊愈(전유)
■ 奠	제사 전	1급 [3大9 총12획] 영 sacrifice 중 奠 diàn 일 テン(さだめる)	奠居(전거), 奠雁(전안)
湔	빨 전	[4水9 총12획] 영 wash 중 jiān 일 セン(あらう)	湔祓(전불)
牋	종이 전	[4片8 총12획] 영 paper 중 jiān 일 セン(ふだ)	牋啓(전계)
腆	두터울 전	[6肉8 총12획] 영 warm 중 tiǎn 일 テン(あつい)	腆贈(전증), 腆厚(전후)
筌	통발 전	[6竹6 총12획] 영 weir 중 quán 일 セン(ふせご)	筌緒(전서), 筌蹄(전제)

■ 塡 메울 전	1급 [3土10 총13획]	영 fill up 중 填 tián 일 テン(うずめる)	塡補(전보) 塡充(전충)
■ 傳 전할 전	중5급 [2人11 총13획]	영 transmit 중 传 chuán 일 テン(つたう)	傳家(전가) 傳家之寶(전가지보)
■ 殿 대궐 전	高3급 [4殳9 총13획]	영 palace 중 diàn 일 ラン(との)	殿閣(전각) 殿堂(전당)
■ 煎 달일 전	1급 [4火9 총13획]	영 boil down 중 jiān 일 セン(いる)	煎果(전과) 煎餅(전병)
□ 詮 설명할 전	[7言6 총13획]	영 explain 중 詮 quán 일 セン(さとす)	詮議(전의) 詮次(전차)
□ 鈿 비녀 전	[8金5 총13획]	영 hairpin 중 鈿 diàn 일 テン(かんざし)	鈿箜篌(전공후) 鈿螺(전라)
■ 電 번개 전	중7급 [8雨5 총13획]	영 lightning 중 电 diàn 일 テン(いなびかり)	電擊(전격) 電光石火(전광석화)
□ 雋 영특할 전	[8隹5 총13획]	영 smart 중 雋 jùn 일 シュン(こえる)	
□ 塼 벽돌 전	[3土11 총14획]	영 brick 중 zhuān 일 セン(かわら)	塼甓(전벽)
□ 瑱 귀장식 전	[5玉10 총14획]	영 ornament of ear 중 tiàn 일 (みみだま)	
■ 箋 기록할 전	1급 [6竹8 총14획]	영 record 중 箋 jiān 일 セン(はりふだ)	箋注(전주) 箋註(전주)
■ 銓 사람 가릴 전	1급 [8金6 총14획]	영 select 중 銓 quán 일 セン(えらぶ)	銓考(전고) 銓衡(전형)
■ 廛 가게 전	1급 [3广12 총15획]	영 shop 중 chán 일 テン(みせ)	廛房(전방) 廛市(전시)
■ 篆 전자 전	1급 [6竹9 총15획]	영 typeface(Chinese charater) 중 zhuàn 일 テン(かきかた)	篆刻(전각) 篆隸(전례)

翦	자를 전	[6羽9 총15획] 영 cut, shear 중 翦 jiǎn 일 セン(きる)	翦夷(전이) 翦翦(전전)
箭	화살 전	1급 [6竹9 총15획] 영 arrow 중 箭 jiàn 일 セン(や)	箭書(전서) 箭鏃(전촉)
膞	저민고기 전	[6肉11 총15획] 영 cut meat 중 膞 zhuān 일 セン(きりにく)	器中膞(기중전)
戰	싸움 전	中6급 [4戈12 총16획] 영 fight, battle 중 战 zhàn 일 戦 セン(たたかう)	戰國(전국) 戰略(전략)
澱	앙금 전	1급 [4水13 총16획] 영 stagnate 중 澱 diàn 일 テン(よどむ)	澱物(전물) 澱粉(전분)
磚	벽돌 전	[5石11 총16획] 영 tile 중 砖 zhuān 일 セン(かわら)	磚壁(전벽)
縓	분홍빛 전	[6糸10 총16획] 영 pink 중 縓 quán 일 セン(うすあか)	黃裏縓緣(황리전연)
靛	청대 전	[8靑8 총16획] 영 indigo paints 중 靛 diàn 일 (あい)	靛墨(전묵) 靛子(전자)
錢	돈 전	中4급 [8金8 총16획] 영 money 중 钱 qián 일 セン(かね)	錢穀(전곡) 錢糧(전량)
靦	무안할 전	[9面7 총16획] 영 be ashamed 중 靦 tiǎn 일 テン(はじる)	靦愧(전괴) 靦然(전연)
氈	모전 전	[4毛13 총17획] 영 rug 중 氈 zhān 일 セン(けむしろ)	氈帽(전모) 氈笠(전립)
輾	돌아누울 전	1급 [7車10 총17획] 영 turn on one's side 중 辗 zhǎn 일 テン(まろぶ)	輾轉(전전) 輾轉反側(전전반측)
餞	보낼 전	1급 [9食8 총17획] 영 send off 중 饯 jiàn 일 セン(はなむけ)	餞杯(전배) 餞別(전별)
羶	노린내 날 전	[6羊12 총18획] 영 stink 중 羶 shān 일 セン(なまぐさい)	羶臭(전취) 羶行(전행)

■ 轉 구를 전	高4급 [7車 11 총18획] 영 roll over 중 转 zhuǎn 일 テン(ころぶ)	轉嫁(전가) 轉落(전락)
□ 廛 가게 전	[7广 15 총18획] 영 shop 중 일 テン(みせ)	廛郭(전곽) 廛里(전리)
□ 闐 성할 전	[8門 10 총18획] 영 healthy 중 闐 tián 일 テン(みちる)	闐闐(전전)
□ 顓 오로지 전	[9頁 9 총18획] 영 ignorant 중 颛 zhuān 일 セン(おろか)	顓門(전문) 顓民(전민)
□ 鬋 드리울 전	[10髟 9 총19획] 영 shave 중 jiǎn 일 セン(ひげをそる)	鬋茅(전모)
□ 旜 자루 굽은 기 전	[4方 15 총19획] 영 banner 중 zhēn 일 セン(はた)	通帛爲旜 (통백위전)
□ 襢 홑옷 전	[6糸 13 총19획] 영 unlined clothes 중 tán 일 デン(ひとえ)	
■ 顚 이마 전	1급 [9頁 10 총19획] 영 brow 중 颠 diān 일 テン(ひたい)	顚倒(전도) 顚落(전락)
□ 纏 얽을 전	[6糸 15 총21획] 영 bind up 중 缠 chán 일 テン(からむ)	纏帶(전대) 纏足(전족)
□ 鱄 전어 전	[11魚 11 총22획] 영 hickory shad 중 zhu-ān 일 セン(このしろ)	
□ 躔 궤도 전	[7足 15 총22획] 영 orbit 중 chán 일 テン(めぐる)	躔次(전차)
■ 顫 떨릴 전	1급 [9頁 13 총22획] 영 shake 중 颤 chàn 일 セン(ふるえる)	顫動(전동) 手顫(수전)
□ 饘 죽 전	[9食 13 총22획] 영 rice-gruel 중 zhān 일 セン(かゆ)	饘酏(전이)
□ 鱣 잉어 전	[11魚 13 총24획] 영 carp 중 zhān 일 テン(はや)	鱣堂(전당) 鱣序(전서)

鸇	송골매 전	[11 鳥13 총24획] 영 peregrine 중 zhān 일 セン(はやぶさ)	鸇視(전시) 鸇雀(전작)
癲	미칠 전	1급 [5疒19 총24획] 영 mad 중 癫 diān 일 テン(くるう)	癲疾(전질) 癲癇(전간)
切	끊을 절	高5급 [2刀2 총4획] 영 cut 중 qiē 일 セツ(きる)	切感(절감) 切斷(절단)
折	꺾을 절	高4급 [4手4 총7획] 영 break 중 zhé 일 セツ(おる)	折價(절가) 折半(절반)
浙	강이름 절	[4水7 총10획] 영 river names 중 zhè 일 セツ(よなぐ)	浙派(절파) 浙江省(절강성)
棁	동자기둥 절	[4木7 총11획] 영 post 중 ruì, tuō 일 セツ(うだち)	棁杖(탈장)
晢	밝을 절	[4日7 총11획] 영 shine 중 zhé 일 セツ(あきらか)	晢晢(절절)
絕	끊을 절	中4급 [6糸6 총12획] 영 cut, break off 중 绝 일 ゼツ(たえる)	絕景(절경) 絕穀(절곡)
截	끊을 절	1급 [4戈10 총14획] 영 cut 중 jié 일 セツ(たつ)	截斷(절단) 截取(절취)
節	마디 절	中5급 [6竹9 총15획] 영 joint 중 节 jié, jiē 일 節セツ(ふし)	節減(절감) 節儉(절검)
癤	부스럼 절	[5疒15 총20획] 영 abscess 중 疖 jiē 일 セツ(ねぶと)	癤瘍(절양) 癤腫(절종)
竊	훔칠 절	高2급 [5穴17 총22획] 영 steal 중 窃 qiè 일 セツ(ぬすむ)	竊盜(절도) 竊名(절명)
占	점칠 점	高4급 [2卜3 총5획] 영 fortunetelling 중 zhàn 일 セン(うらない)	占據(점거) 占卦(점괘)
佔	엿볼 점	[2人5 총7획] 영 glance 중 zhàn 일 テン(うかがう)	佔畢(점필) 呻其佔畢(신기점필)

■ 店 가게 점	中5급 [3广5 총8획]	영 shop 중 diàn 일 テン(みせ)	店頭(점두) 店幕(점막)
□ 玷 이지러질 점	[5玉5 총9획]	영 wane 중 diàn 일 テン(きず)	玷缺(점결) 玷漏(점루)
□ 苫 이엉 점	[6艸5 총9획]	영 straw thatch 중 shàn 일 セン(こも)	苫蓋(점개) 苫塊(점괴)
■ 粘 붙을 점	1급 [6米5 총11획]	영 glutinous 중 zhān, nián 일 ネン(つく)	粘力(점력) 粘膜(점막)
□ 墊 빠질 점	[3土11 총14획]	영 fall into 중 墊 diàn 일 テン(くだる)	墊溺(점닉) 墊沒(점몰)
■ 漸 점점 점	高3급 [4水11 총14획]	영 gradually 중 漸 jiàn 일 ゼン(ようやく)	漸加(점가) 漸減(점멸)
□ 蔪 보리 팰 점	[6艸11 총15획]	영 thresh 중 shān 일 ゼン(かる)	蔪去(점거) 蔪蔪(점점)
□ 鮎 메기 점	[11魚5 총16획]	영 catfish 중 鮎 nián 일 デン(なまず)	鮎魚(점어) 鮎魚上竹(점어상죽)
■ 霑 젖을 점	1급 [8雨8 총16획]	영 get wet 중 霑 zhān 일 テン(うるおう)	霑潤(점윤) 霑被(점피)
□ 黏 찰질 점	[12黍5 총17획]	영 sticky 중 niān 일 デン(ねばる)	黏連(점련) 黏膜(점막)
■ 點 점 점	高4급 [12黑5 총17획]	영 dot 중 点 diǎn 일 点テン(てん)	點檢(점검) 點景(점경)
■ 接 사귈 접	中4II급 [4手8 총11획]	영 associate 중 jiē 일 セツ(まじわる)	接客(접객) 接見(접견)
□ 楘 접붙일 접	[4木8 총12획]	영 graft 중 jiē 일 セツ(つぎき)	楘木(접목)
□ 楪 마루 접	[4木9 총13획]	영 floor 중 dié 일 チョウ(すのこ)	楪子(접자) 匙楪(시접)

한자	훈음	급수/부수/획수	영/중/일	예시
慴	두려울 접	[4心11 총14획]	영 afraid 중 shè 일 シュウ(おそれる)	慴悸(접계) 慴懾(접췌)
蝶	나비 접	3급 [6虫9 총15획]	영 butterfly 중 蝶 dié 일 チョウ	蝶夢(접몽) 蝶泳(접영)
丁	사나이 정	中4급 [1一1 총2획]	영 strong young man 중 dīng 일 テイ(ひのと)	丁艱(정간) 丁男(정남)
井	우물 정	中3급 [2二2 총4획]	영 well 중 jǐng 일 セイ(いど)	井間(정간) 井間紙(정간지)
叮	부탁할 정	[3口2 총5획]	영 request 중 dīng 일 テイ(ねんごろ)	叮嚀(정녕)
正	바를 정	中7급 [4止1 총5획]	영 straight 중 zhèng 일 セイ(ただしい)	正價(정가) 正答(정답)
汀	물가 정	2급 [4水2 총5획]	영 beach 중 tīng 일 テイ(なぎさ)	汀岸(정안) 汀洲(정주)
朾	칠 정	[4木2 총6획]	영 beat 중 chéng 일 テイ(はたざお)	虛朾(허정)
呈	보일 정	2급 [3口4 총7획]	영 show 중 chéng 일 テイ(あらわす)	呈納(정납) 呈露(정로)
廷	조정 정	高3급 [3廴4 총7획]	영 imperial court 중 tíng 일 テイ(つかさ)	廷臣(정신) 開廷(개정)
町	밭두덕 정	1급 [5田2 총7획]	영 ridge 중 tǐng, dīng 일 テイ(あぜ)	町步(정보) 町畦(정휴)
阱	함정 정	[8阜4 총7획]	영 trap pit 중 阱 jǐng 일 セイ(おとしあな)	
征	갈 정	中3급 [3彳5 총8획]	영 go 중 zhēng 일 セイ(うつ)	征途(정도) 征伐(정벌)
定	정할 정	中6급 [3宀5 총8획]	영 decide, fix 중 dìng 일 テイ(さだめる)	定價(정가) 定刻(정각)

■ **政** 정사 정	中4급 [4 攴4 총8획] 영 political affairs 중 zhèng 일 セイ(まつりごと)	政綱(정강) 政客(정객)
□ **怔** 황겁할 정	[4 心5 총8획] 영 fear 중 zhēng 일 セイ(おそれる)	怔營(정영)
■ **穽** 함정 정	1급 [5 穴4 총9획] 영 pit 중 阱 jǐng 일 セイ(おとしあな)	穽井(정정) 穽陷(정함)
■ **訂** 바로잡을 정	高3급 [7 言2 총9획] 영 correct 중 订 dìng 일 テイ(ただす)	訂訛(정와) 訂正(정정)
■ **貞** 곧을 정	中3급 [7 貝2 총9획] 영 straight 중 贞 zhēn 일 テイ(ただしい)	貞潔(정결) 貞男(정남)
■ **酊** 술취할 정	1급 [7 酉2 총9획] 영 intoxicated 중 dǐng 일 テイ(よう)	酒酊(주정) 酩酊(명정)
□ **淨** 찰 정	[2 冫8 총10획] 영 cold 중 净 jìng 일 ソウ(ひややか)	
■ **庭** 뜰 정	中6급 [3 广7 총10획] 영 yard 중 tíng 일 テイ(にわ)	庭園(정원) 家庭(가정)
■ **挺** 빼어날 정	1급 [4 手7 총10획] 영 outstanding 중 tǐng 일 テイ(ぬく)	挺身(정신) 挺然(정연)
■ **釘** 못 정	1급 [8 金2 총10획] 영 nail 중 钉 dīng 일 テイ(くぎ)	釘頭(정두) 押釘(압정)
■ **偵** 정탐군 정	2급 [2 人9 총11획] 영 detective 중 侦 zhēn 일 テイ(うかがう)	偵察(정찰) 偵探(정탐)
■ **停** 머무를 정	中5급 [2 人9 총11획] 영 stay, stop 중 tíng 일 テイ(とどまる)	停刊(정간) 停年(정년)
□ **桯** 기둥 정	[4 木7 총11획] 영 pillar 중 tíng 일 テイ(よりかかり)	桯桯(정정) 桯圍倍之(정위배지)
■ **情** 뜻 정	中5급 [4 心8 총11획] 영 feeling 중 qíng 일 セイ(なさけ)	情歌(정가) 情感(정감)

■ 淨 깨끗할 정	중3급 [4水8 총11획]	clear 중 净 jìng 일 セイ(きよい)	淨潔(정결) 淨化(정화)
■ 旌 장목기 정	2급 [4方7 총11획]	signal 중 旌 jīng 일 セイ(しるし)	旌竿(정간) 旌鼓(정고)
■ 珽 옥 이름 정	2급 [5玉7 총11획]	jade tablet 중 珽 tǐng 일 テイ(たまのしゃく)	玉珽(옥정) 珽水植物(정수식물)
□ 脡 포 정	[6肉7 총11획]	jerked beef 중 脡 tǐng 일 テイ(ほじし)	脡脡(정정) 脡脯(정포)
■ 頂 이마 정	중3급 [9頁2 총11획]	top 중 顶 dǐng 일 テイ(いただき)	頂門(정문) 頂門一針(정문일침)
■ 幀 그림족자 정	1급 [3巾9 총12획]	picture scroll 중 帧 zhēn 일 テイ(きぬえ)	影幀(영정) 裝幀(장정)
□ 根 문설주 정	[4木8 총12획]	gatepost 중 根 chéng 일 (ぼうだて)	根撥(정발) 根棖(정정)
□ 渟 물 고일 정	[4水9 총12획]	stop, ditch 중 渟 tíng 일 テイ(とどまる)	渟泊(정박)
□ 湞 물 이름 정	[4水9 총12획]	waters 중 浈 zhēn 일 テイ(かわのな)	
■ 晶 맑을 정	2급 [4日8 총12획]	clear 중 晶 jīng 일 ショウ(すいしょう)	結晶(결정) 晶質(정질)
■ 程 법 정	고4II급 [5禾7 총12획]	degree, way 중 程 chéng 일 テイ(みち)	程道(정도) 程度(정도)
□ 菁 순무 정	[6艸8 총12획]	turnip 중 菁 jīng 일 セイ(かぶら)	菁華(정화)
□ 裎 벌거벗을 정	[6衣7 총12획]	strip 중 裎 chéng 일 テイ(はだか)	裎袒(정단)
□ 証 간할 정	[7言5 총12획]	admonish 중 证 zhèng 일 (いさめる)	皆有典証 (개유전증)

■ 鼎 솥 정	2급 [13鼎0 총13획] 영 iron pot 중 dǐng 일 テイ(かなえ)		鼎甲(정갑) 鼎談(정담)
■ 楨 광나무 정	2급 [4木9 총13획] 영 privet 중 楨 zhēn 일 テイ(ねずみもち)		楨幹(정간) 女楨木(여정목)
□ 睜 노리고볼 정	[5目8 총13획] 영 glare at 중 睜 zhēng 일 セイ(みつめる)		睜睜(정정)
□ 竫 머무를 정	[5立8 총13획] 영 quiet 중 jìng 일 セイ(しずか)		竫立安坐 (정립안좌)
■ 睛 눈동자 정	1급 [5目8 총13획] 영 pupil 중 睛 jīng 일 セイ(ひとみ)		眼睛(안정) 點睛(점정)
■ 碇 닻 정	1급 [5石8 총13획] 영 anchor 중 dìng 일 テイ(いかり)		碇泊(정박) 擧碇(거정)
□ 筵 대쪽 정	[6竹7 총13획] 영 bamboo 중 tíng 일 テイ(かずとり)		筵子(정자)
■ 艇 거룻배 정	2급 [6舟7 총13획] 영 boat 중 tǐng 일 テイ(こぶね)		艇身(정신) 艇長(정장)
■ 靖 편안할 정	1급 [8靑5 총13획] 영 comfortable 중 靖 jìng 일 セイ(やすらか)		靖匡(정광) 靖國(정국)
□ 鉦 징 정	[8金5 총13획] 영 gong 중 鉦 zhēng 일 ショウ(どら)		鉦鼓(정고)
■ 禎 상서 정	2급 [5示9 총14획] 영 lucky 중 禎 zhēn 일 テイ(さいわい)		禎祥(정상) 禎瑞(정서)
■ 精 찧을 정	중4I급 [6米8 총14획] 영 polished rice 중 精 jīng 일 セイ(くわしい)		精强(정강) 精潔(정결)
■ 鄭 나라 이름 정	2급 [7邑12 총15획] 영 name of state 중 郑 zhèng 일 テイ(ジョウ)		鄭重(정중) 鄭瓜亭(정과정)
□ 鋌 쇳덩이 정	[8金7 총15획] 영 lump of iron 중 鋌 dìng 일 ライ(にみ)		鐵鋌(철정)

한자	훈음	정보	예시
霆	천둥소리 정	[8雨7 총15획] 영 roll of thunder 중 tíng 일 テイ(いなずま)	霆激(정격) 霆擊(정격)
靚	단장할 정	[8靑7 총15획] 영 dress up 중 jìng 일 セイ(よそおう)	靚飾(정식) 靚衣(정의)
整	가지런할 정	高4급 [4攴14 총16획] 영 arrange 중 zhěng 일 セイ(ととのえる)	整頓(정돈) 整列(정렬)
赬	붉을 정	[7赤9 총16획] 영 red 중 chēng 일 テイ(あか)	赬尾(정미)
靜	고요할 정	中4급 [8靑8 총16획] 영 quiet 중 jìng 일 セイ(しずか)	靜觀(정관) 靜脈(정맥)
錠	덩어리 정	1급 [8金8 총16획] 영 lump 중 dìng 일 テイ(たかつき)	錠子藥(정자약) 錠劑(정제)
鞓	가죽 띠 정	[9革7 총16획] 영 strap 중 tīng 일 テイ(かわおび)	紅鞓(홍정) 붉은 가죽띠
檉	능수버들 정	[4木13 총17획] 영 tamarisk 중 檉 chēng 일 テイ(ぎょりゅう)	檉柳(정류)
頔	이마 정	[9頁8 총17획] 영 forehead 중 dìng 일 テイ(ひたい)	頔題(정제)
瀞	깨끗할 정	[4水16 총19획] 영 clear 중 瀞 jìng 일 セイ(きよい)	
齊	가지런할 제	高3급 [14齊0 총14획] 영 symmetry 중 齊 qí 일 斉 シ(ひとしい)	齊唱(제창) 齊家(제가)
弟	아우 제	中8급 [3弓4 총7획] 영 younger brother 중 dì 일 テイ(おとうと)	弟妹(제매) 弟嫂(제수)
制	마를 제	高4급 [2刀6 총8획] 영 cut 중 zhì 일 セイ(さだめる)	制空權(제공권) 制度(제도)
帝	임금 제	中4급 [3巾6 총9획] 영 emperor 중 dì 일 テイ(みかど)	帝王(제왕) 天帝(천제)

한자	훈음	정보	예시
娣	손아랫누이 **제**	[3女7 총10획] 영 young sister 중 dì 일 テイ(いもうと)	娣婦(제부) 娣姒(제사)
悌	공경할 **제**	1급 [4心7 총10획] 영 polite 중 tì 일 テイ(すなお)	悌友(제우) 孝悌(효제)
除	덜 **제**	中4급 [8阜7 총10획] 영 subtract 중 chú 일 ジョ(のぞく)	除減(제감) 除去(제거)
梯	사다리 **제**	1급 [4木7 총11획] 영 ladder 중 tī 일 テイ(はしご)	梯階(제계) 梯隊(제대)
祭	제사 **제**	中4급 [5示6 총11획] 영 sacrifice service 중 jì 일 セイ(まつる)	祭官(제관) 祭壇(제단)
第	차례 **제**	中6급 [6竹5 총11획] 영 order, time 중 dì 일 テイ(ついで)	第次(제차) 第一(제일)
堤	방죽 **제**	高3급 [3土9 총12획] 영 dike 중 dī 일 テイ(つつみ)	堤塘(제당) 堤防(제방)
媞	안존할 **제**	[3女9 총12획] 영 pretty 중 tí 일 デイ(うつくしい)	媞媞(제제)
提	끌 **제**	高4급 [4手9 총12획] 영 draw 중 tí 일 テイ(ひっさげる)	提高(제고) 提供(제공)
隄	방죽둑 **제**	[8阜9 총12획] 영 dike 중 隄 dī 일 テイ(つつみ)	隄塘(제당) 隄防(제방)
製	만들 **제**	中4급 [6衣8 총14획] 영 make 중 制 zhì 일 セイ(つくる)	製鋼(제강) 製菓(제과)
際	사이 **제**	高4급 [8阜11 총14획] 영 gab 중 际 jì 일 サイ(まじわり)	際涯(제애) 際會(제회)
緹	붉은 비단 **제**	[6糸9 총15획] 영 red silk 중 缇 tí 일 テイ(あかぎぬ)	緹騎(제기) 緹齊(제제)
鮆	갈치 **제**	[11魚5 총16획] 영 hairtail 중 cǐ 일 セイ(えつ)	鮆魚(제어)

■ 蹄 굽 제	1급 [7足9 총16획]	영 hoof 중 tí 일 テイ(ひづめ)	蹄涔(제잠) 蹄形(제형)
■ 劑 약제 제	2급 [2刀14 총16획]	영 medicine 중 剂 jì 일 ザイ	劑熟(제숙) 劑錢(제전)
■ 諸 모을 제	중3급 [7言9 총16획]	영 over all 중 zhū 일 ショ(もろもろ)	諸氏(제씨) 諸位(제위)
□ 醍 붉은 술 제	[7酉9 총16획]	영 reddish wine 중 dì 일 テイ(あかざけ)	醍醐(제호) 醍醐灌頂(제호관정)
■ 濟 건널 제	특4급 [4水14 총14획]	영 cross a stream 중 济 jì 일 セイ(わたる)	濟度(제도) 濟衆(제중)
□ 擠 물리칠 제	[4手14 총17획]	영 repulse 중 挤 jǐ 일 セイ(おす)	擠排(제배) 擠抑(제억)
□ 礗 검은돌 제	[5石12 총17획]	영 black stone 중 dī 일 テイ(くろいし)	日礗奏厠心動 (일제주측심동)
□ 隮 오를 제	[8阜14 총17획]	영 go up 중 jī 일 セイ(のぼる)	由賓階隮 (유빈계제)
□ 鵜 사다새 제	[11鳥7 총18획]	영 pelican 중 鹈 tí 일 テイ(がらんちょう)	鵜鶘(제호) 鵜鶘油(제호유)
□ 臍 배꼽 제	[6肉14 총18획]	영 navel 중 脐 qí 일 セイ(へそ)	臍動脈(제동맥) 臍帶(제대)
□ 薺 냉이 제	[6艸14 총18획]	영 shephard's purse 중 荠 jì 일 セイ(なずな)	薺菜(제채)
□ 鞮 가죽신 제	[9革9 총18획]	영 leather shoes 중 dī 일 テイ(かわぐつ)	鞮鍪(제무) 鞮鍪(제무)
■ 題 이마 제	중6급 [9頁9 총18획]	영 title 중 题 tí 일 テイ(しるし)	題名(제명) 題目(제목)
□ 穧 곡식 거둘 제	[5禾14 총19획]	영 harvest 중 jī 일 セイ(かりいね)	此有不斂穧 (차유불렴제)

■ **啼** 울 제	1급 [3口 9 총12획] 영 weep 중 tí 일 テイ(なく)	啼眉(제미) 啼血(제혈)
□ **鯷** 메기 제	[11魚 9 총20획] 영 sheatfish 중 tí 일 テイ(なまず)	鯷冠(제관) 鯷冠秫縫(제관출봉)
□ **蠐** 굼벵이 제	[6虫 14 총20획] 영 maggot 중 蛴 qí 일 セイ(すくもむし)	蠐螬(제조) 蠐螬(추제)
□ **鷈** 논병아리 제	[11鳥 10 총21획] 영 little grebe 중 tī 일 テイ(かいつぶり)	鷿鷈(벽체)
□ **躋** 오를 제	[7足 14 총21획] 영 ascend 중 跻 jī 일 セイ(のぼる)	躋攀(제반) 躋升(제승)
□ **霽** 개일 제	[8雨 14 총22획] 영 clear up 중 霁 jì 일 セイ(はれる)	霽月(제월) 霽月光風(제월광풍)
□ **齏** 회 제	[14齊 9 총23획] 영 sliced raw fish 중 齑 jī 일 セイ(あえもの)	齏鹽(제염)
□ **刁** 조두 조	[2刀 0 총2획] 영 copper gong 중 diāo 일 チョウ(どうなべ)	刁姦(조간) 刁棍(조곤)
■ **弔** 조상할 조	고3급 [3弓 1 총4획] 영 mourn 중 吊 diào 일 チョウ(とむらう)	弔歌(조가) 弔客(조객)
■ **爪** 손톱 조	1급 [4爪 0 총4획] 영 nail 중 zhǎo, zhuǎ 일 ソウ(つめ)	爪甲(조갑) 爪紋(조문)
■ **兆** 조짐 조	中3급 [2儿 4 총6획] 영 symptoms 중 zhào 일 チョウ(きざし)	兆京(조경) 兆物(조물)
■ **早** 일찍 조	中4급 [4日 2 총6획] 영 early 중 zǎo 일 ソウ(はやい)	早急(조급) 早起(조기)
■ **助** 도울 조	中4급 [2力 5 총7획] 영 help 중 zhù 일 ジョ(たすける)	助敎(조교) 助敎授(조교수)
□ **找** 채울 조	[4手 4 총7획] 영 fill 중 zhǎo 일 カ(さお)	舟進竿 謂之找 (주진간 위지조)

한자	획수 정보	예시
皁 검을 조	[5白 2 총7획] 영 black 중 zào 일 ソウ(くろい)	皁白(조백) 皁色(조색)
佻 경박할 조	[2人 6 총8획] 영 frivolous 중 tiāo 일 チョウ(かるい)	輕佻(경조)
徂 갈 조	[3彳 5 총8획] 영 go 중 cú 일 ソ(ゆく)	徂擊(조격)
阻 막힐 조	1급 [8阜 5 총8획] 영 interrupt 중 zǔ 일 ソ(へだたる)	阻隔(조격) 阻面(조면)
阼 동편섬돌 조	[8阜 5 총8획] 영 stone step 중 zuò 일 ソ(きざはし)	阼年(조년) 阼謝(조사)
俎 도마 조	[2人 7 총9획] 영 chopping board 중 zǔ 일 ソ(まないた)	俎刀(조도) 俎豆(조두)
殂 죽을 조	[4歹 5 총9획] 영 die 중 cú 일 ソ(しぬ)	殂落(조락)
洮 씻을 조	[4水 6 총9획] 영 wash 중 táo 일 チョウ(あらう)	洮汰(조태)
胙 제육 조	[6肉 5 총9획] 영 partake of sacrificial meats 중 zuò 일 ソ(さいわい)	胙俎(조조)
凋 시들 조	1급 [2冫 8 총10획] 영 weary, fade 중 diāo 일 チョウ(しぼむ)	凋枯(조고) 凋落(조락)
厝 둘 조	[2厂 8 총10획] 영 put 중 cuò 일 ソ(おく)	權厝(권조)
曹 성 조	2급 [4曰 6 총10획] 영 surname 중 曹 cáo 일 チョウ	曹衣描(조의묘) 曹晩植(조만식)
晁 아침 조	[4日 6 총10획] 영 morning 중 cháo 일 チョウ(あさ)	
祖 할아비 조	중7급 [5示 5 총10획] 영 grandfather 중 祖 zǔ 일 ソ(とおつおや)	祖考(조고) 祖國(조국)

초간편 실용한자 7000 | 343

■ 租 조세 조	高3급 [5禾5 총10획] 영 tax, rant 중 zū 일 ソ(みつぎ)		租稅(조세) 租借(조차)
■ 祚 복 조	2급 [5示5 총10획] 영 bless 중 祚 zhà, zuò 일 ソ(さいわい)		祚胤(조윤) 祚業(조업)
□ 笊 조리 조	[6竹4 총10획] 영 bamboo ladle 중 zhào 일 ソウ(ざる)		笊籬(조리)
□ 蚤 벼룩 조	[6虫4 총10획] 영 flea 중 蚤 zǎo 일 ソウ(のみ)		蚤起(조기) 蚤莫(조모)
■ 粗 거칠 조	1급 [6米5 총11획] 영 rough 중 cū 일 ソ(あらい)		粗米(조미) 粗放(조방)
■ 鳥 새 조	中4급 [11鳥0 총11획] 영 bird 중 鸟 niǎo 일 チョウ(とり)		鳥瞰圖(조감도) 鳥窮則啄(조궁즉탁)
■ 彫 새길 조	2급 [3彡8 총11획] 영 carve 중 彫 diāo 일 チョウ(ほる)		彫刻(조각) 彫像(조상)
□ 措 둘 조	[4手8 총11획] 영 put 중 cuò 일 ソ(おく)		措處(조처) 措置(조치)
■ 曹 마을 조	1급 [4日7 총11획] 영 village 중 cáo 일 ソウ(つかさ)		曹操(조조) 曹洞(조동)
■ 條 곁가지 조	高4급 [4木7 총11획] 영 branch 중 条 tiáo 일 条ジョウ(すじ)		條項(조항) 條目(조목)
■ 租 구실 조	高3급 [5禾6 총11획] 영 tax 중 일 ト(ひずちばえ)		租稅(조세) 租界(조계)
□ 祧 천묘 조	[5示6 총11획] 영 ancestral hall 중 祧 tiāo 일 (みたまや)		祧廟(조묘) 祧遷(조천)
■ 眺 바라볼 조	1급 [5目6 총11획] 영 gaze at 중 tiào 일 チョウ(ながめる)		眺望(조망) 眺覽(조람)
□ 窕 으늑할 조	[5穴6 총11획] 영 peaceful 중 tiǎo 일 チョウ(しとやか)		哀窈窕(애요조)

■ 組 끈조	高4급 [6 糸5 총11획] 영 string 중 组 zǔ 일 ソ(くむ)	組閣(조각) 組紋(조불)
■ 造 지을조	中4급 [7 辶7 총11획] 영 make 중 造 zào 일 ゾウ(つくる)	造林(조림) 造物主(조물주)
■ 釣 낚시조	2급 [8 金3 총11획] 영 fishing 중 钓 diào 일 チョウ(つる)	釣竿(조간) 釣橋(조교)
□ 旐 기조	[4 方8 총12획] 영 banner 중 旐 zhào 일 チョウ(はた)	調練設旐 (조련설조)
■ 棗 대추조	1급 [4 木8 총12획] 영 jujube 중 枣 zǎo 일 ソウ(なつめ)	棗木(조목) 棗玉(조옥)
■ 朝 아침조	中6급 [4 月8 총12획] 영 morning 중 朝 zhāo 일 チョウ(あさ)	朝飯(조반) 朝貢(조공)
□ 絛 끈조	[6 糸7 총13획] 영 rope 중 绠 gěng 일 コウ(なわ)	絞橋(긍교) 絞殺(교살)
□ 耡 호미조	[6 耒7 총13획] 영 weeding hoe 중 耡 chú 일 ジョ(ほみ)	耡粟(조속)
■ 詔 조서조	1급 [7 言5 총12획] 영 imperial rescript 중 诏 zhào 일 (つげる)	詔使(조사) 詔書(조서)
■ 詛 저주할조	1급 [7 言5 총12획] 영 curse 중 诅 zǔ 일 ショ(のろう)	詛盟(조맹) 詛呪(조주)
■ 稠 빽빽할조	1급 [5 禾8 총13획] 영 thick 중 稠 chóu 일 チュウ(しげる)	稠林(조림) 稠人(조인)
■ 照 비칠조	高3급 [4 火9 총13획] 영 shine 중 照 zhào 일 ショウ(てらす)	照明(조명) 照準(조준)
□ 嘈 지껄일조	[3 口11 총14획] 영 chatter 중 嘈 cáo 일 ソウ(さわがしい)	嘈嘈(조조)
■ 漕 배저을조	1급 [4 水11 총14획] 영 row 중 漕 cáo 일 ソウ(こぐ)	漕度(조도) 漕渠(조거)

□ 懆 근심할 조	[4心 11 총14획] 영 severity 중 懆 cǎo 일 サン(むごい)	
□ 蜩 말매미 조	[6虫 8 총14획] 영 cicada 중 蜩 tiáo 일 チョウ(せみ)	蜩螓(조진) 馬蜩(마조)
□ 菆 띠자리 조	[6艸 10 총14획] 영 reed-mat 중 菆 zōu 일 ソ(あらごも)	芘其藝菆 (비기예조)
□ 肇 비롯할 조	[6聿 8 총14획] 영 begin 중 肇 zhào 일 チョウ(はじめる)	肇基(조기) 肇冬(조동)
■ 趙 찌를 조	2급 [7走 7 총14획] 영 pierce 중 趙 zhào 일 チョウ(さす)	趙子龍(조자룡) 趙大妃(조대비)
□ 銚 가래 조	[8金 6 총14획] 영 spade 중 銚 diào 일 チョウ(なべ)	銚鐵(조철)
■ 嘲 조롱할 조	1급 [3口 12 총15획] 영 mockery 중 嘲 cháo 일 チョウ(あさける)	嘲弄(조롱) 嘲罵(조매)
■ 槽 구유 조	1급 [4木 11 총15획] 영 manger 중 槽 cáo 일 ソウ(かいおけ)	槽櫪(조력) 溜槽(유조)
□ 潮 조수 조	[4水 12 총15획] 영 tide 중 潮 cháo 일 チョウ(うしお)	潮流(조류) 潮水(조수)
□ 蓨 싹 조	[6艸 11 총15획] 영 sprout 중 蓨 xiū 일 シュウ(たのしむ)	蓨酸(수산)
□ 篠 삼태 조	[6艸 11 총15획] 영 basket 중 篠 diào 일 チョウ(あじか)	以杖荷篠 (이장하조)
■ 調 고를 조	中 5급 [7言 8 총15획] 영 select 중 调 tiáo 일 (ととのう)	調經(조경) 調達(조달)
■ 遭 만날 조	1급 [7辵 11 총15획] 영 meet 중 遭 zāo 일 ソウ(あう)	遭故(조고) 遭難(조난)
□ 麆 노루 새끼 조	[11鹿 5 총16획] 영 young deer 중 麆 zù 일 ショ(にじか)	麆沆(조항)

한자	훈음	정보	용례
噪	떠들썩할 조	[3口13 총16획] 영 chirp 중 zào 일 ソウ(さわぐ)	噪聒(조괄) 噪蟬(조선)
■ 操	잡을 조	高5급 [4手13 총16획] 영 grasp 중 cāo 일 ソウ(もつ)	操弄(조롱) 操身(조신)
慅	근심할 조	[4心13 총16획] 영 anxious 중 cǎo 일 ソウ(うれえる)	慅慅(조조)
澡	씻을 조	[4水13 총16획] 영 wash 중 zǎo 일 ソウ(あらう)	澡雪(조설)
罺	산대 조	[6网11 총16획] 영 net 중 chāo 일 ソウ(すくいあみ)	罺網(조망) 물고기를 잡는 그물
糙	매조미쌀 조	[6米11 총17획] 영 unpolished rice 중 cāo 일 ゾウ(くろごめ)	糙味(조미)
雕	수리 조	[8隹8 총16획] 영 eagle 중 diāo 일 チョウ(わし)	雕刻(조각) 雕巧(조교)
嬥	날씬할 조	[3女14 총17획] 영 slim 중 tiǎo 일 (ゆきかう)	或明發而嬥歌 (혹명발이조가)
■ 燥	마를 조	高3급 [4火13 총17획] 영 dry 중 zào 일 ソウ(かわく)	燥渴(조갈) 燥涸(조학)
■ 糟	지게미 조	1급 [6米11 총17획] 영 lees 중 zāo 일 ソウ(かす)	糟糠(조강) 糟甕(조옹)
螬	굼벵이 조	[6虫11 총17획] 영 maggot 중 cáo 일 ソウ(じむし)	蠐螬(제조) '굼벵이'를 달리 이르는 말
朝	아침 조	[13黽5 총18획] 영 morning 중 zāo 일 チョウ(あさ)	朝不及夕(조불급석) 朝飽(조포)
鰷	피라미 조	[11魚7 총18획] 영 dace 중 chóu 일 チュウ(はえ)	鰷魚(조어) 流日翫鰷魚(유목완조어)
藋	명아주 조	[6艸14 총18획] 영 goose-foot 중 zhuó 일 チョウ(あかざ)	蒴藋(삭조) 인동과에 속한 낙엽 활엽 관목

藻 마름 조	[1급] [6艹16 총20획] 영 water-caltrop 중 zǎo 일 ソウ(も)	藻翹(조교) 藻類(조류)
趮 조급할 조	[7走13 총20획] 영 impetient 중 zào 일 ソウ(すばやい)	用兵靜 趮凶 (용병정 조흉)
躁 조급할 조	[1급] [7足13 총20획] 영 impetient 중 zào 일 ソウ(さわぐ)	躁狂(조광) 躁急(조급)
澡 옻칠할 조	[4水18 총21획] 영 apply lacquer 중 jiào 일 ショウ(うるしぬり)	
竈 부엌 조	[5穴16 총21획] 영 kitchen 중 竈 zaó 일 ソウ(かまど)	竈神(조신) 竈馬(조마)
糶 쌀 팔 조	[6米17 총23획] 영 sell grain 중 糶 chàn 일 チウ(うりよね)	糶賣(조매) 糶米(조미)
足 발 족	[中7급] [7足0 총7획] 영 foot 중 zú 일 ショク(あし)	足鎖(족쇄) 足跡(족적)
族 무리 족	[中6급] [4方7 총11획] 영 family 중 zú 일 ゾク(みうち)	族譜(족보) 族屬(족속)
簇 조릿대 족	[1급] [6竹11 총17획] 영 thin stem 중 cù 일 ソク(たけ)	簇子(족자)
存 있을 존	[中4급] [3子3 총6획] 영 exist 중 cún 일 ゾン(ある)	存立(존립) 存亡(존망)
尊 높을 존	[中4급] [3寸9 총12획] 영 high 중 尊 zūn 일 ソン(たっとぶ)	尊敬(존경) 尊貴(존귀)
卒 군사 졸	[中5급] [2十6 총8획] 영 soldier 중 zú 일 ソツ(しもべ)	卒哭(졸곡) 卒年(졸년)
拙 못날 졸	[高3급] [4手5 총8획] 영 silly 중 zhuō 일 セツ(つたない)	拙稿(졸고) 拙技(졸기)
猝 갑자기 졸	[1급] [4犬8 총11획] 영 suddenly 중 cù 일 ソツ(たわか)	猝難變通(졸난변통) 猝富(졸부)

■ 宗 마루 종	中4급 [3宀5 총8획] 영 ancestral 중 zōng 일 ソウ(もと)	宗家(종가) 宗系(종계)
□ 倧 상고신인 종	[2人8 총10획] 중 zōng 일 ソウ	大倧教(대종교) 元倧教(원종교)
■ 從 따를 종	中4급 [3彳8 총11획] 영 obey 중 从 cóng 일 從ショウ(したがう)	從姑母(종고모) 從軍(종군)
□ 悰 즐거울 종	[4心8 총11획] 영 be joyful 중 cóng 일 ソウ(よろこぶ)	戚戚苦無悰 (척척고무종)
□ 淙 물소리 종	[4水8 총11획] 영 noise of water 중 cóng 일 ソウ(そそぐ)	淙然(종연)
■ 終 마지막 종	中5급 [6糸5 총11획] 영 end 중 终 zhōng 일 シュウ(おわる)	終講(종강) 終結(종결)
□ 尰 수중다리 종	[3尢9 총12획] 영 dropsical legs 중 zhòng 일 ショウ(はれる)	旣微且尰 (기미차종)
■ 琮 옥홀 종	2급 [5玉8 총12획] 영 octagonal jade 중 cóng 일 (しるしたま)	琮琤(종쟁) 琮以發岳(종이발악)
□ 椶 종려나무 종	[4木9 총13획] 영 hemp palm 중 zōng 일 ソウ(りょう)	椶櫚(종려) 椶括(종괄)
■ 綜 잉아 종	2급 [6糸7 총13획] 영 heddles 중 综 zōng 일 ソウ(すべる)	綜合(종합)
■ 腫 종기 종	1급 [6肉9 총13획] 영 swell 중 肿 zhǒng 일 ショウ(はれもの)	腫氣(종기) 子宮筋腫(자궁근종)
■ 種 씨 종	中5급 [5禾9 총14획] 영 seed 중 种 zhòng 일 シュ(たね)	種類(종류) 種豚(종돈)
□ 稷 볏단 종	[5禾9 총14획] 영 rice-sheaf 중 zōng 일 ソウ(いねたば)	令徒隷衣七稷布 (영도례의칠종포)
■ 慫 권할 종	1급 [4心11 총15획] 영 advise 중 怂 sǒng 일 ショウ(おどろく)	慫慂(종용) 慫搖(종요)

□ 樅 전나무 종	[4木11 총15획] 영 fir 중 樅 cōng, zōng 일 ショウ(もみ)	樅木(종목)
□ 緵 베올 종	[6糸9 총15획] 영 texture, net 중 zōng 일 ソウ(あみ)	衣七緵布(의칠종포)
■ 踪 자취 종	1급 [7足8 총15획] 영 trace 중 踪 zōng 일 ソウ(あしあと)	踪迹(종적) 失踪(실종)
■ 踵 발꿈치 종	1급 [7足9 총16획] 영 heel 중 zhǒng 일 ショウ(かかと)	踵決肘見(종결주견) 踵武(종무)
■ 縱 세로 종	高3급 [6糸11 총17획] 영 vertical 중 縱 zòng 일 ショウ(たこ)	縱貫(종관) 縱觀(종관)
□ 螽 메뚜기 종	[6虫11 총17획] 영 locust 중 zhōng 일 シュウ(いなご)	螽斯(종사)
■ 鍾 술병 종	1급 [8金9 총17획] 영 bottle 중 钟 zhōng 일 ショウ(さかつぼ)	鍾氣(종기) 鍾念(종념)
□ 鬃 높은 상투 종	[10髟8 총18획] 영 topknot 중 zōng 일 ソウ(もとどり)	鬃笠(종립) 鬃帽(종모)
□ 豵 돼지새끼 종	[7豕11 총18획] 영 young pig 중 tóng 일 ソウ(こぶた)	壹發五豵(일발오종)
□ 蹤 자취 종	[7足11 총18획] 영 trace 중 蹤 zōng 일 ジョウ(あと)	蹤跡(종적) 蹤跡不知(종적부지)
□ 鬷 가마솥 종	[10鬲9 총19획] 영 cauldron 중 zōng 일 ソウ(かま)	鬷假(종가)
■ 鐘 쇠북 종	中4급 [8金12 총20획] 영 bell 중 钟 hōng 일 ショウ(かね)	鐘閣(종각) 鐘磬(종경)
■ 左 왼 좌	中7급 [3工2 총5획] 영 left 중 zuǒ 일 サ(ひだり)	左傾(좌경) 左旋(좌선)
■ 佐 도울 좌	高3급 [2人5 총7획] 영 help 중 zuǒ 일 サ(たすける)	佐戴(좌대)

■ 坐 앉을 좌	中3급 [3土4 총7획] 영 sit 중 zuò 일 ザ(すわる)		坐高(좌고) 坐骨(좌골)
■ 座 자리 좌	高4급 [3广7 총10획] 영 seat 중 zuò 일 ザ(しきもの)		座談(좌담) 座上(좌상)
■ 挫 꺾을 좌	1급 [4手7 총10획] 영 break 중 cuò 일 ザ(くじく)		挫折(좌절) 挫頓(좌돈)
■ 脞 잘 좌	1급 [6肉7 총11획] 영 fine 중 脞 cuó 일 ザ(こまかい)		元首叢脞哉 (원수총좌재)
□ 痤 부스럼 좌	[5疒7 총12획] 영 boil 중 cuó 일 ザ(はれもの)		痤接(좌접) 痤瘡(좌창)
□ 蓌 꾸벅할 좌	[6艸10 총14획] 영 bow and bow 중 cuò 일 サ(いつわる)		爲其拜而蓌拜 (위기배이좌배)
□ 銼 가마 좌	[8金7 총15획] 영 caudron 중 銼 cuò 일 ザ(かま)		銼刀(좌도)
■ 罪 허물 죄	中5급 [6网7 총12획] 영 crime, sin 중 zuì 일 ザイ(とが)		罪科(죄과) 罪過(죄과)
■ 主 주인 주	中7급 [1丶4 총5획] 영 host, lord 중 zhǔ 일 シュ(つかさ)		主幹(주간) 主觀(주관)
■ 州 고을 주	高5급 [3巛3 총6획] 영 country 중 zhōu 일 シュウ(さと())		州閭(주려) 州里(주리)
■ 朱 붉을 주	中4급 [4木2 총6획] 영 red 중 zhū 일 シュ(あか)		朱明(주명) 朱木(주목)
□ 舟 배 주	[6舟0 총6획] 영 ship 중 舟 zhōu 일 シュウ(ふね)		舟橋(주교) 舟梁回甲(주량회갑)
■ 住 살 주	中7급 [2人5 총7획] 영 dwell 중 zhù 일 チュ(すむ)		住居(주거) 住民(주민)
□ 肘 팔꿈치 주	[6肉3 총7획] 영 elbow 중 肘 zhǒu 일 チュウ(ひじ)		肘胯(주과) 肘臂(주비)

■ 走 달릴 주	中4급 [7走0 총7획]	영 run hurry 중 zǒu 일 ソウ(はしる)	走狗(주구) 走力(주력)
□ 侏 난쟁이 주	[2人6 총8획]	영 dwarf 중 zhū 일 シュ(こびと)	侏羅紀(주라기) 侏儒(주유)
■ 宙 집 주	中3급 [3宀5 총8획]	영 house 중 zhòu 일 チュウ(そら)	宇宙游泳(우주유영) 宇宙船(우주선)
■ 呪 빌 주	1급 [3口5 총8획]	영 pray 중 zhòu 일 ジュ(のろう)	呪文(주문) 呪物(주물)
■ 周 두루 주	高4급 [3口5 총8획]	영 all around 중 zhōu 일 シュウ(めぐる)	周年(주년) 周邊(주변)
□ 拄 버틸 주	[4手5 총8획]	영 bear 중 zhǔ 일 チュ(ささえる)	拄杖(주장) 拄張(주장)
■ 注 물댈 주	中6급 [4水5 총8획]	영 irrigate 중 zhù 일 チュウ(そそぐ)	注脚(주각) 注書(주서)
□ 枓 구기 주	[4木4 총8획]	영 ladle 중 dǒu 일 シュ(ひしゃく)	柱枓(주두)
■ 胄 자손 주	1급 [2冂7 총9획]	영 posterity 중 zhòu 일 チュウ(かぶと)	胄題(주제) 甲胄(갑주)
□ 姝 어여쁠 주	[3女6 총9획]	영 pretty 중 shū 일 シュ(うつくしい)	姝麗(주려) 姝姝(주주)
■ 奏 아뢸 주	高2급 [3大6 총9획]	영 inform 중 zòu 일 ソウ(もうしあげる)	奏達(주달) 奏樂(주악)
□ 咮 새 부리 주	[3口6 총9획]	영 bill 중 zhòu 일 ジュ(くちばし)	不濡其咮 (불유기주)
■ 洲 섬 주	高3급 [4水6 총9획]	영 island 중 zhōu 일 シュウ(しま)	洲島(주도) 洲嶼(주서)
□ 洀 파문 주	[4水6 총9획]	영 ripple 중 zhōu 일 シュウ(なみうつ)	洀水文也 (주수문야)

炷	심지 주	[4火5 총9획] 영 candle wick 중 zhǔ 일 シュ(とうしん)	炷香(주향) 燈炷(등주)
柱	기둥 주	高3급 [4木5 총9획] 영 pillar 중 zhù 일 チュウ(はしら)	柱幹(주간) 角柱(각주)
胄	자손 주	[6肉5 총9획] 영 heir 중 胄 zhòu 일 チユウ(よつぎ)	胄孫(주손) 胄筵(주연)
紂	주임금 주	1급 [6糸3 총9획] 영 Zhou 중 紂 zhòu 일 チユウ(しりがい)	紂王(주왕) 桀紂(걸주)
株	그루 주	高3급 [4木6 총10획] 영 stump 중 zhū 일 シュ(かぶ)	株價(주가) 株券(주권)
珠	구슬 주	高2급 [5玉6 총10획] 영 pearl, bead 중 zhū 일 シュ(たま)	珠璣(주기) 珠簾(주렴)
酒	술 주	中4급 [7酉3 총10획] 영 wine 중 jiǔ 일 シュ(さけ)	酒家(주가) 酒客(주객)
酎	전국 술 주	[7酉3 총10획] 영 strong wine 중 zhòu 일 イ(うすがゆ)	酎金(주금)
晝	낮 주	中6급 [4日7 총11획] 영 daytime 중 昼 zhòu 일 昼チュウ(ひる)	晝間(주간) 晝耕夜讀(주경야독)
昼	낮 주	6급 [4日7 총11획] 영 daytime 중 昼 zhòu 일 チュウ(ひる)	昼食(주식) 昼夜(주야)
硃	주사 주	[5石6 총11획] 영 vermilion 중 硃 zhū 일 シュ(しゅしゃ)	硃批(주비) 硃汞(주홍)
紬	명주 주	1급 [6糸5 총11획] 영 silk 중 紬 chóu 일 チュウ(つむぎ)	紬緞(주단) 紬絲(주사)
蛀	나무좀 주	[6虫5 총11획] 영 wood border 중 zhù 일 ジュ(きくいむし)	蛀齒(주치)
湊	물 모일 주	[4水9 총12획] 영 water gathering 중 còu 일 ソウ(みなと)	湊懣(주만)

한자	훈음	정보	용례
蛛	거미 주	[6虫6 총12획] 영 spider 중 zhū 일 チュ(くも)	蛛網(주망) 蛛絲(주사)
註	글뜻풀 주	1급 [7言5 총12획] 영 note 중 註 zhù 일 チュウ(しるす)	註釋(주석) 註解(주해)
週	돌 주	중5급 [7辵8 총12획] 영 circuit 중 週 zhōu 일 シュウ(めぐる)	週間(주간) 週刊(주간)
遒	굳셀 주	[7辵9 총13획] 영 strong 중 遒 qiú 일 シュウ(あつまる)	遒麗(주려) 遒放(주방)
輈	끌채 주	[7車6 총13획] 영 thill 중 zhōu 일 チュウ(ながえ)	輈張(주장)
誅	벨 주	1급 [7言6 총13획] 영 cut 중 诛 zhū 일 チュ,チュウ(ころす)	誅罰(주벌) 誅責(주책)
鉒	쇳돌 주	[8金5 총13획] 영 ore 중 zhù 일 チュ(あらかね)	其下有鉒銀(기하유주은)
綢	얽을 주	1급 [6糸8 총14획] 영 fasten 중 綢 chóu 일 チュ(まとう)	綢密(주밀) 綢直(주직)
駐	머무를 주	2급 [10馬5 총15획] 영 stay 중 驻 zhù 일 チュウ(とどまる)	駐屯(주둔) 駐兵(주병)
廚	부엌 주	1급 [3广12 총15획] 영 kitchen 중 厨 chú 일 チュウ(くりや)	廚房(주방) 廚庖(주포)
澍	단비 주	[4水12 총15획] 영 good rain 중 zhù 일 ジュ(うるおす)	澍雨(주우)
蔟	대주 주	[6艸11 총15획] 영 gather 중 일 ソウ(むらがる)	太蔟(태주) 大蔟(대주)
賙	진휼할 주	[7貝8 총15획] 영 relief 중 zhōu 일 シュウ(あたえる)	賙窮恤貧(주궁휼빈)
麈	사슴 주	[11鹿5 총16획] 영 deer 중 zhǔ 일 シュ(おおじか)	麈談(주담) 麈尾(주미)

한자	훈음	정보	예
嘴	부리 주	[3口 13 총16획] 영 bill 중 嘴 zhòu 일 チュウ(くちばし)	嘴鳥(주조)
■ 輳	모일 주	1급 [7車 9 총16획] 영 crowd 중 辏 còu 일 ソウ(あつまる)	輻輳(폭주) 輻輳論(폭주론)
黈	누를 주	[12黃 5 총17획] 영 yellow 중 黈 zhū 일 チュウ(きいろ)	黈纊(주광)
幬	휘장 주	[3巾 14 총17획] 영 curtain 중 帱 chóu 일 チュウ(とばり)	幬帳(주장)
■ 疇	밭 주	2급 [5田 14 총19획] 영 farmland 중 畴 chóu 일 チュウ(たはた)	疇輩(주배) 疇生(주생)
籌	살 주	[6竹 14 총20획] 영 Tuho arrow 중 筹 chóu 일 チュウ(かずとり)	籌決(주결) 籌備(주비)
籀	주문 주	[6竹 15 총21획] 영 Chinese character 중 籀 zhòu 일 (かきかた)	籀文(주문) 籀書(주서)
■ 躊	머뭇거릴 주	1급 [7足 14 총21획] 영 hesitate 중 踌 chóu 일 チュウ(ためらう)	躊躇(주저) 躊躇躊躇(주저주저)
譸	저주할 주	[7言 14 총21획] 영 curse 중 诪 chóu 일 チュウ(あざむく)	譸張(주장)
■ 鑄	불릴 주	고2급 [8金 14 총22획] 영 temper iron 중 铸 zhù 일 シュ(いる)	鑄物(주물) 鑄字(주자)
■ 竹	대 죽	中4.1급 [6竹 0 총6획] 영 bamboo 중 竹 zhú 일 チク(たけ)	竹簡(죽간) 竹工(죽공)
粥	죽 죽	[6米 6 총12획] 영 gruel 중 粥 zhōu 일 シュク(かゆ)	生鮮粥(생선죽)
■ 俊	준걸할 준	고3급 [2人 7 총9획] 영 outstand 중 俊 jùn 일 シュン(すぐれる)	俊骨(준골) 俊傑(준걸)
■ 准	준할 준	2급 [2冫 8 총10획] 영 standard 중 准 zhǔn 일 ジュン(なぞらえる)	准可(준가) 准教師(준교사)

초간편 실용한자 7000 | **355**

한자	뜻·음	급수/부수/획수	영어/중국어/일본어	예시
■ 峻	높을 준	2급 [3 山7 총10획]	high / jùn / シュン(けわしい)	峻德(준덕) 峻嶺(준령)
■ 埈	높을 준	2급 [3 土7 총10획]	lofty / 埈 jùn / シュン(たかい)	
■ 浚	깊을 준	2급 [4 水7 총10획]	deep / jùn, xùn / シュン(ふかい)	浚渫(준설) 攪浚(확준)
□ 陖	가파를 준	[8 阜7 총10획]	steep / xuàn / シュン(けわしい)	陖翟(준적)
□ 隼	새매 준	[8 隹2 총10획]	falcon / zhǔn / シュン(はやぶさ)	隼鷹(준응)
□ 焌	불 땔 준	[4 火7 총11획]	make a fire / qū, jùn / シュン(やく)	焌契(준계)
■ 晙	밝을 준	2급 [4 日7 총11획]	bright / jùn / シュン(あきらか)	安東晙(안동준)
□ 逡	뒷걸음칠 준	[7 辵7 총11획]	step back / 逡 qūn / シュン(たのらう)	逡遁(준둔) 浚巡(준순)
□ 皴	주름잡힐 준	[5 皮7 총12획]	wrinkles / cūn / シュン(しわ)	皴皺(준추) 피부의 주름
□ 畯	농부 준	[5 田7 총12획]	peasant / jùn / シュン(たびと)	寒畯(한준)
■ 竣	마칠 준	1급 [5 立7 총12획]	finish / jùn / シュン(おわる)	竣工(준공) 竣事(준사)
■ 準	수준기 준	高4급 [4 水10 총13획]	level / 准 zhǔn / ジュン(たいらか)	準據(준거) 準備(준비)
□ 惷	어수선할 준	[4 心9 총13획]	disorderly / chǔn / シュン(みだれる)	惷愚(준우) 惷惷(준준)
□ 儁	준걸 준	[2 人13 총15획]	outstand / 俊 jùn / シュン(すぐれる)	儁傑(준걸) 儁才(준재)

□ 撙 누를 준	[4手 12 총15획] 영 press 중 撙 zǔn 일 ソン(くじく)	撙節(준절)
□ 寯 모일 준	[3宀 13 총16획] 영 gather 중 寯 jùn 일 シュン(あつまる)	
■ 樽 술통 준	1급 [4木 12 총16획] 영 wine-jar 중 樽 zūn 일 ソン(たる)	樽罍(준뢰) 樽石(준석)
■ 遵 좇을 준	高3급 [7辶 12 총16획] 영 obey 중 遵 zūn 일 ジュン(したがう)	遵據(준거) 遵法(준법)
□ 餕 대궁 준	[9食 7 총16획] 영 leftover food 중 jùn 일 〈いあまり〉	餕餘(준여)
■ 駿 준마 준	2급 [10馬 7 총17획] 영 swift horse 중 駿 jùn 일 シュン	駿骨(준골) 駿驥(준기)
■ 濬 깊을 준	2급 [4水 14 총17획] 영 deep 중 濬 jùn 일 シュン(ふかい)	濬川(준천) 濬哲(준철)
□ 罇 술두루미 준	[6缶 12 총18획] 영 wine pot 중 zūn 일 ソン(さけかめ)	罇罍(준뢰)
□ 蹲 웅크릴 준	[7足 12 총19획] 영 crouch 중 蹲 dūn 일 シュン(うずくまる)	蹲踞(준거) 蹲循(준순)
■ 蠢 꿈틀거릴 준	1급 [6虫 15 총21획] 영 wriggle 중 蠢 chǔn 일 シュン(うごめく)	蠢動(준동) 蠢爾(준이)
□ 鱒 송어 준	[11魚 12 총23획] 영 trout 중 鱒 zūn 일 ソン(ます)	鮇鱒(이준)
□ 茁 풀싹 줄	[6艸 5 총9획] 영 sprout 중 zhuó 일 セツ(めばえ)	茁長(줄장) 茁茁(줄줄)
□ 崒 산 높을 줄	[3山 8 총11획] 영 high 중 cuì, zú 일 シュツ(けわしい)	異物來崒 (이물래줄)
■ 中 가운데 중	중8급 [1丨 3 총4획] 영 midst, in 중 中 zhōng 일 チュウ(なか)	中間(중간) 中堅(중견)

仲 버금 중	高3급 [2人4 총6획]	영 next 중 zhòng 일 チュウ(なか)	仲介(중개) 仲媒(중매)
重 무거울 중	中7급 [7里2 총9획]	영 heavy 중 zhòng 일 ジュウ(おもい)	重刊(중간) 重工業(중공업)
眾 무리 중	[5目6 총11획]	영 group 중 众 일 シュウ(おおい)	眾口(중구) 眾甫(중보)
衆 무리 중	中4급 [6血6 총12획]	영 crowd 중 众 zhòng 일 シュウ(もろもろ)	衆寡不敵(중과부적) 衆口難防(중구난방)
卽 곧 즉	中3급 [2卩7 총9획]	영 directly 중 即 jí 일 ソク(すなわち)	卽刻(즉각) 卽決(즉결)
喞 두런거릴 즉	[3口9 총12획]	영 mutter 중 jī 일 ショク(そそぐ)	喞噥(즉농) 喞筒(즉통)
蝍 지네 즉	[6虫9 총15획]	영 centi pede 중 jié 일 ショク(むかで)	蝍蛆(즉저)
鯽 도미 즉	[11魚9 총20획]	영 crucian carp 중 鲫 jì 일 セキ(ふな)	鯽魚(즉어) 海鯽(해즉)
濈 물 흐를 즐	[4水15 총18획]	영 flow 중 jié 일 シツ(みずのながれ)	濈沺澎湃 (즐골팽배)
櫛 빗 즐	1급 [4木15 총19획]	영 comb 중 栉 zhì 일 シツ(くし)	櫛沐(즐목) 櫛比(즐비)
騭 수말 즐	[10馬10 총20획]	영 stallion 중 骘 zhì 일 シツ(おうま)	陰騭(음즐) 陰騭文(음즐문)
汁 즙 즙	1급 [4水2 총5획]	영 juice 중 zhī 일 シュウ(しる)	汁液(즙액)
楫 노 즙	[4木9 총13획]	영 oar 중 jí 일 シュウ(かい)	楫師(즙사)
葺 기울 즙	1급 [6艸9 총13획]	영 sew 중 qì 일 シュウ(ふく)	葺茅(즙모) 葺繕(즙선)

拯	건질 증	[扌手6 총9획] 영 pull up 중 zhěng 일 ショウ(たすける)	拯濟(증제) 拯恤(증휼)
烝	김 오를 증	[火6 총10획] 영 steam 중 zhēng 일 ジョウ(むす)	烝庶(증서) 烝冬(증동)
■ 症 병 증세 증	高3급	[疒5 총10획] 영 symptoms 중 zhèng 일 ショウ(しるし)	症勢(증세) 症候(증후)
■ 曾 일찍 증	中3급	[日8 총12획] 영 early 중 曾 zēng 일 ソウ(かつて)	曾思(증사) 曾孫(증손)
■ 蒸 찔 증	高3급	[艹艸10 총14획] 영 steam 중 zhēng 일 ジョウ(むす)	蒸氣(증기) 蒸發(증발)
■ 增 더할 증	中4급	[土12 총15획] 영 increase 중 增 zēng 일 ソウ(ます)	增加(증가) 增刊(증간)
■ 憎 미울 증	高3급	[忄心12 총15획] 영 hate 중 憎 zēng 일 ゾウ(にくむ)	憎惡(증오) 憎嫉(증질)
甑	시루 증	[瓦12 총17획] 영 steamer 중 甑 zèng 일 ソウ(こしき)	甑餠(증병) 甑已破矣(증이파의)
矰	주살 증	[矢12 총17획] 영 arrow 중 矰 zēng 일 ソウ(いぐるみ)	矰繳(증격) 矰繳之說(증격지설)
繒	비단 증	[糸12 총18획] 영 silk 중 繒 zēng, zèng 일 ソウ(きぬ)	繒繳(증격)
■ 證 증거 증	中4급	[言12 총19획] 영 proof 중 证 zhèng 일 証 ショウ(あかし)	證據(증거) 證券(증권)
■ 贈 보낼 증	高3급	[貝12 총19획] 영 send 중 赠 zèng 일 ゾウ(おくる)	贈寄(증기) 贈答(증답)
■ 之 갈 지	中3급	[丿3 총4획] 영 go 중 zhī 일 シ(これ)	之東之西(지동지서) 之字路(지자로)
■ 支 버틸 지	中4급	[支0 총4획] 영 support 중 zhī 일 シ(ささえる)	支干(지간) 支局(지국)

- **止** 그칠 **지**   5급 [4止 0 총4획]   영 stop 중 止 zhǐ 일 シ(とめる)   止揚(지양) / 防止(방지)

- **只** 다만 **지**   中3급 [3口 2 총5획]   영 only 중 只 zhǐ, zhī 일 シ(ただ)   但只(단지) / 只管(지관)

- **地** 땅 **지**   中7급 [3土 3 총6획]   영 earth 중 地 dì, de 일 チ(つち)   地價(지가) / 地殼(지각)

- **池** 못 **지**   [4水 3 총6획]   영 pond 중 chí 일 チ(いけ)   池塘(지당) / 池上(지상)

- **旨** 뜻 **지**   2급 [4日 2 총6획]   영 meaning 중 zhǐ 일 シ(むね)   旨趣(지취) / 趣旨(취지)

- **至** 이를 **지**   中4급 [6至 0 총6획]   영 reach 중 zhì 일 シ(いたる)   至高(지고) / 至恭(지공)

- **底** 숫돌 **지**   [2 5 총7획]   영 whetstone 중 dī, zhǐ 일 シ(といし)   底厲(지려) / 底石(지석)

- **址** 터 **지**   2급 [3土 4 총7획]   영 site 중 zhǐ 일 シ(もとい)   址臺(지대) / 址臺石(지대석)

- **沚** 물가 **지**   [4水 4 총7획]   영 beach 중 zhǐ 일 シ(なぎさ)   小渚曰沚(소저왈지)

- **志** 뜻 **지**   中4급 [4心 3 총7획]   영 meaning 중 zhì 일 シ(こころざし)   志望(지망) / 志士(지사)

- **坻** 모래톱 **지**   [3土 5 총8획]   영 sandbar 중 chí 일 テイ(しま)   坻伏(지복)

- **枝** 가지 **지**   中3급 [4木 4 총8획]   영 branch 중 zhī, qí 일 シ(えだ)   枝幹(지간) / 枝葉(지엽)

- **知** 알 **지**   中5급 [5矢 3 총8획]   영 know 중 zhī 일 チ(しる)   知覺(지각) / 知舊(지구)

- **肢** 팔다리 **지**   1급 [6肉 4 총8획]   영 arm and legs 중 肢 zhī 일 シ(てあし)   肢幹(지간) / 肢體(지체)

☐ 芷 구리때 지	[6艸 4 총8획] 영 Angelica 중 zhǐ 일 シ(よろいぐさ)	芷蘭(지란) 芷香(지향)	
■ 芝 지초 지	2급 [6艸 4 총8획] 영 ganoderma 중 zhī 일 シ(ひじりだけ)	芝宇(지우) 芝草(지초)	
■ 咫 길이 지	1급 [3口 6 총9획] 영 length 중 zhǐ 일 シ(すこし)	咫尺(지척) 咫尺不辨(지척불변)	
■ 指 손가락 지	中4급 [4手 6 총9획] 영 fingers, point 중 zhǐ 일 シ(さす)	指南(지남) 指導(지도)	
■ 枳 탱자 지	1급 [4木 5 총9획] 영 hardy orange 중 zhǐ 일 キ(からたち)	枳椇(지구) 枳實(지실)	
■ 持 가질 지	中4급 [4手 6 총9획] 영 hold 중 chí 일 チ(もつ)	持久(지구) 持難(지난)	
■ 祉 복 지	1급 [5示 4 총9획] 영 happiness 중 祉 zhǐ 일 チ(さいわい)	祉福(지복) 新祉(신지)	
☐ 祇 공경할 지	[5示 5 총10획] 영 respect 중 祇 zhī 일 シ(つつしむ)	祇敬(지경)	
☐ 砥 숫돌 지	[5石 5 총10획] 영 whetstone 중 砥 dǐ 일 シ(といし)	砥磨(지마) 砥石(지석)	
■ 紙 종이 지	中7급 [6糸 4 총10획] 영 paper 중 纸 zhǐ 일 シ(かみ)	紙價(지가) 紙類(지류)	
■ 脂 기름 지	2급 [6肉 6 총10획] 영 fat 중 脂 zhī 일 シ(あぶら)	脂肪(지방) 脂質(지질)	
☐ 舐 핥을 지	[6舌 4 총10획] 영 lick 중 shì 일 シ(なめる)	舐痔(지치) 舐犢之愛(지독지애)	
☐ 趾 발 지	[7足 4 총11획] 영 foot 중 zhǐ 일 シ(あし)	趾高氣揚(지고기양) 趾骨(지골)	
■ 智 슬기 지	高4급 [4日 8 총12획] 영 wisdom 중 zhì 일 チ(ちえ)	智能(지능) 智能犯(지능범)	

□ 軹 굴대 끝 지	[7車5 총12획] 영 axle 중 軹 zhǐ 일 シ(じくがしら)	軹崇三尺有三寸也 (지숭삼척유삼촌야)
□ 輊 수레 지	[7車6 총13획] 영 wagon 중 轾 zhì 일 チ(くるま)	如輕如輊 (여경여지)
□ 漬 담글 지	[4水11 총14획] 영 soak, steep 중 渍 zì 일 シ(ひたす)	漬墨(지묵)
□ 榰 주춧돌 지	[4木10 총14획] 영 cornerstone 중 榰 zhī 일 シ(どだい)	榰梧(지오)
□ 禔 복 지	[5示9 총14획] 영 happy 중 禔 tí 일 シ(さいわい)	中外禔福 (중외제복)
□ 蜘 거미 지	[6虫8 총14획] 영 spider 중 蜘 zhī 일 チ(くも)	蜘蛛網(지주망) 蜘蛛絲(지주사)
■ 誌 기록할 지	高4급 [7言7 총14획] 영 record 중 志 zhì 일 シ(しるす)	誌面(지면) 誌上(지상)
■ 摯 잡을 지	1급 [4手11 총15획] 영 grasp 중 挚 zhì 일 シ(にえ)	眞摯(진지) 眞摯性(진지성)
□ 篪 피리 지	[6竹10 총16획] 영 flute 중 篪 chí 일 チ(ふえ)	篪韶(지소) 篪竹(지죽)
■ 遲 늦을 지	高3급 [7足12 총16획] 영 late 중 迟 chí 일 チ(おそい)	遲刻(지각) 遲久(지구)
□ 鮨 젓 지	[11魚6 총17획] 영 pickled fish 중 鮨 qí 일 シ(しおから)	鮨詰(지힐)
□ 鷙 맹금 지	[11鳥11 총22획] 영 sparrow 중 鸷 zhì 일 シ(あらどり)	鷙强(지강) 鷙戾(지려)
□ 躓 쓰러질 지	[7足15 총22획] 영 fall down 중 踬 zhí 일 チ(つまずく)	躓頓(지돈) 躓馬(지마)
■ 直 곧을 직	中7급 [5目3 총8획] 영 straight 중 直 zhí 일 チョク(ただしい)	直覺(직각) 直角(직각)

牸	가선 직	[4牛8 총12획] 영 border 중 tè 일 チョク(うし)	
稙	올벼 직	2급 [5禾8 총13획] 영 early rice 중 稙 zhí 일 チョク(はやまき)	稙長(직장) 稙禾(직화)
稷	피 직	2급 [5禾10 총15획] 영 millet 중 jì 일 ショク(きび)	稷神(직신) 稷正(직정)
臌	늘인포 직	[6肉12 총16획] 영 jerked meat 중 zhí 일 ショク(ほじし)	臌長尺二寸 (직장척이촌)
職	벼슬 직	高4II급 [6耳12 총18획] 영 position 중 职 zhí 일 ショク(しごと)	職階(직계) 職工(직공)
織	짤 직	高4급 [6糸12 총18획] 영 weave 중 织 zhī 일 ショク(おる)	織機(직기) 織女(직녀)
辰	별 진	中3II급 [7辰0 총7획] 영 star 중 chén 일 シン(たつ)	辰方(진방) 辰星(진성)
拎	되돌릴 진	[4手5 총8획] 영 return 중 zhěn 일 シン(ねじる)	扶搖拎抱 羊角而上 (부요진포 양각이상)
殄	다할 진	[4歹5 총9획] 영 exhaust 중 tiǎn 일 テン(つきる)	殄戮(진륙)
津	나루 진	2급 [4水6 총9획] 영 ferry 중 jīn 일 シン(わたしば)	津口(진구) 津液(진액)
挋	닦을 진	[4手6 총9획] 영 clean 중 zhèn 일 シン(ぬぐう)	挋用浴衣 (진용욕의)
珍	보배 진	高4급 [5玉5 총9획] 영 treasure, good 중 zhēn 일 チン(たから)	珍客(진객) 珍味(진미)
晉	나아갈 진	[4日6 총10획] 영 advance 중 晋 jìn 일 シン(すすむ)	晉卦(진괘) 晉鼓(진고)
振	떨칠 진	高3I급 [4手7 총10획] 영 shake off 중 zhèn 일 シン(ふるう)	振動(진동) 振子(진자)

■ **晋** 진나라 진	[2급] [4日 6 총10획] 영 Jin Dynasty 중 晋 jìn 일 シン(すすむ)	晋卦(진괘) 晋城(진성)
■ **眞** 참 진	[중4급] [5目 5 총10획] 영 true 중 真 zhēn 일 シン(まこと)	眞價(진가) 眞境(진경)
■ **秦** 나라이름 진	[2급] [5禾 5 총10획] 영 Qin 중 qín 일 シン(はた)	秦始皇(진시황) 秦瓜(진과)
■ **疹** 홍역 진	[1급] [5疒 5 총10획] 영 measles 중 zhěn 일 シン(はしか)	疹粟(진속) 疹恙(진양)
□ **眕** 진중할 진	[5目 5 총10획] 영 prudent 중 zhěn 일 シン(おもおもしい)	能眕者鮮矣 (능진자선의)
□ **畛** 두둑 진	[5田 5 총10획] 영 levee 중 zhěn 일 シン(さかい)	畛崖(진애) 畛域(진역)
□ **紖** 쇠고삐 진	[6糸 4 총10획] 영 halter 중 zhèn 일 シン(はなづな)	牛則執紖 (우칙집진)
□ **袗** 홑옷 진	[6衣 5 총10획] 영 unlined clothes 중 zhěn 일 シン(ひとえ)	袗衣(진의) 袗絺綌(진치격)
■ **陣** 진칠 진	[高4급] [8阝 7 총10획] 영 camp 중 阵 zhèn 일 チン(たむろ)	陣頭(진두) 陣列(진열)
□ **桭** 평고대 진	[4木 7 총11획] 영 laths 중 zhén 일 シン(のき)	日月縷經於桭 (일월재경어영진)
□ **紾** 비틀 진	[6糸 5 총11획] 영 twist 중 zhěn, jǐn, tiǎn 일 シン(めぐる)	紾臂(진비)
■ **陳** 베풀 진	[高3급] [8阝 8 총11획] 영 give 중 阵 chén 일 チン(ならべる)	陳艮醬(진간장) 陳腐(진부)
■ **診** 진찰할 진	[2급] [7言 5 총12획] 영 examine 중 诊 zhěn 일 シン(みる)	診療(진료) 診脈(진맥)
■ **進** 나아갈 진	[중4급] [7辶 8 총12획] 영 advance 중 进 jìn 일 シン(すすむ)	進甲(진갑) 進擊(진격)

364 | 초간편 실용한자 7000

軫	수레 뒤턱 진	[7 車5 총12획] 영 painful 중 軫 zhěn 일 シン(いたむ)	軫念(진념) 軫悼(진도)
趁	쫓을 진	[7 走5 총12획] 영 persue 중 趁 chèn 일 チン(おう)	趁期(진기) 趁社(진사)
嗔	성낼 진	1급 [3 口10 총13획] 영 get angry 중 嗔 chēn 일 シン(いかる)	嗔心(진심) 嗔責(진책)
溱	많을 진	[4 水10 총13획] 영 many 중 溱 zhēn, qín 일 シン(いたる)	室家溱溱 (실가진진)
搢	꽂을 진	[4 手10 총13획] 영 stick 중 搢 jìn 일 ジン(はさむ)	搢紳(진신)
塵	티끌 진	1급 [3 土11 총14획] 영 dust 중 尘 lǜ 일 ジン(ちり)	塵芥(진개) 塵事(진사)
榛	개암나무 진	[4 木10 총14획] 영 hazel 중 榛 zhēn 일 シン(はしばみ)	榛蕪(진무)
盡	다할 진	中4급 [5 皿9 총14획] 영 exhaust 중 尽 jìn 일 尽 ジン(つきる)	盡力(진력) 盡誠(진성)
賑	구휼할 진	[7 貝7 총14획] 영 relieve 중 赈 zhèn 일 シン(にぎわう)	賑救(진구) 賑貸(진대)
瞋	부릅뜰 진	[5 目10 총15획] 영 angry eyes 중 瞋 chēn 일 シン(いかる)	瞋怒(진노) 瞋眸(진모)
稹	빽빽할 진	[5 禾10 총15획] 영 dense 중 稹 zhěn 일 シン(こみいる)	橝杞稹薄 (인기진박)
震	벼락 칠 진	高2급 [8 雨7 총15획] 영 thunder 중 震 zhèn 일 シン(いなずま)	震撼(진감) 震驚(진경)
儘	다할 진	[2 人14 총16획] 영 exhaust 중 尽 jìn, jǐn 일 ジン(つくす)	儘自(진자)
縝	맺을 진	[6 糸10 총16획] 영 closeness 중 縝 zhěn 일 シン(こまか)	縝密(진밀) 縝紛(진분)

한자	급수/부수/획수	뜻/음	용례
縉 분홍빛 진	[6糸10 총16획]	영 pink 중 縉 jìn 일 シン(うすあか)	縉紳(진신)
臻 이를 진	[6至10 총16획]	영 reach 중 zhēn 일 シン(いたる)	臻極(진극) 臻赴(진부)
蜃 설렐 진	[6虫11 총17획]	영 throb 중 chén 일 チン(うごめく)	蜃蜳(진돈) 蜃蛻(진예)
鎭 진정할 진	高3급 [8金10 총18획] 영 repress 중 鎭 zhèn 일 チン(しずめる)		鎭痙劑(진경제) 鎭服(진복)
籈 채 진	[6竹14 총20획]	영 stick 중 jiān, zhēn 일 シン(ささら)	
叱 꾸짖을 질	1급 [3口2 총5획] 영 scold 중 chì 일 シツ(しかる)		叱正(질정) 叱嗟(질차)
侄 어리석을 질	[2人6 총8획]	영 silly 중 zhí 일 シツ(かたい)	侄獸(질수) 侄仡(질흘)
帙 책갑 질	1급 [3巾5 총8획] 영 volume 중 zhì 일 チツ(ふまき)		帙冊(질책) 落帙(낙질)
姪 조카 질	高3급 [3女6 총9획] 영 nephew/niece 중 姪 zhí 일 テツ(めい)		姪女(질녀) 姪婦(질부)
挃 찌를 질	[4手6 총9획]	영 pierce 중 zhì 일 チツ(つく)	穫之挃挃 (확지질질)
迭 갈마들 질	1급 [7辵5 총9획] 영 take turns 중 迭 dié 일 テツ(かわる)		迭起(질기) 迭代(질대)
桎 차꼬 질	1급 [4木6 총10획] 영 fetters 중 zhì 일 シツ(あしかせ)		桎檻(질감) 桎梏(질곡)
胅 북치 질	[5瓜5 총10획]	영 small cucumber 중 dié 일 テツ(こうり)	瓜胅唪唪 (과질봉봉)
疾 병 질	高3급 [5疒5 총10획] 영 disease, sickness 중 jí 일 シツ(やまい)		疾苦(질고) 疾病(질병)

■ 秩 차례 **질**	高3급 [5禾5 총10획] 영 order, rank 중 zhì 일 チツ(ついで)		秩高(질고) 秩滿(질만)
■ 窒 막을 **질**	2급 [5穴6 총11획] 영 shut 중 zhì 일 チツ(ふさがる)		窒死(질사) 窒酸(질산)
□ 耋 늙은이 **질**	[6老6 총12획] 영 old man 중 dié 일 テツ(としより)		耋艾(질애)
□ 蛭 거머리 **질**	[6虫6 총12획] 영 leech 중 zhì 일 チツ(ひる)		蛭螾(질인)
□ 絰 질 **질**	[6糸6 총12획] 영 hemp band 중 dié 일 テツ(あさおび)		絰帶(질대)
■ 跌 넘어질 **질**	1급 [7足5 총12획] 영 fall down 중 diē 일 テツ(つまずく)		跌宕(질탕) 顚跌(전질)
□ 軼 번갈아 **질**	[7車5 총12획] 영 alternately 중 軼 yì 일 イツ(すぎる)		軼倫(질륜) 軼事(질사)
■ 嫉 미워할 **질**	1급 [3女10 총13획] 영 hate 중 jí 일 シツ(ねたむ)		嫉視(질시) 嫉惡(질오)
□ 蒺 남가새 **질**	[6艸10 총14획] 영 briar 중 jí 일 シツ(はまびし)		蒺藜(질려)
□ 銍 낫 **질**	[8金6 총14획] 영 short sickle 중 zhì 일 チツ(いねかりがま)		銍知王(질지왕)
■ 膣 새살돋을 **질**	1급 [6肉11 총15획] 영 granulate 중 zhì 일 チツ		膣炎(질염) 膣口(질구)
■ 質 바탕 **질**	中5급 [7貝8 총15획] 영 quality 중 质 zhì 일 シツ(もと)		質權(질권) 質鈍(질둔)
■ 朕 나 **짐**	1급 [4月6 총10획] 영 me, Emperor 중 朕 zhèn 일 チン(われ)		兆朕(조짐) 地朕(지짐)
■ 斟 짐작할 **짐**	1급 [4斗9 총13획] 영 guess 중 zhēn 일 シン(くむ)		斟量(짐량) 斟酌(짐작)

□ 鴆 짐새 **짐**	[11 鳥4 총15획] 영 bird 중 鴆 zhèn 일 チン(どくちょう)	鴆弑(짐시) 鴆殺(짐살)
■ 執 잡을 **집**	中3급 [3 土8 총11획] 영 catch 중 执 zhí 일 シュウ(とる)	執拘(집구) 執權(집권)
■ 集 모을 **집**	中6급 [8 隹4 총12획] 영 gather 중 jí 일 シュウ(あつまる)	集結(집결) 集計(집계)
□ 戢 거둘 **집**	[4 戈9 총13획] 영 collect 중 jí 일 シュウ(おさむ)	戢橐(집고) 戢羽(집우)
□ 潗 샘솟을 **집**	[4 水12 총15획] 영 gush out 중 jí, qí 일 ショウ(わきでる)	潗潗(집집)
□ 緝 모을 **집**	[6 糸9 총15획] 영 collect 중 缉 jī, qī 일 シュウ(あつめる)	緝穆(집목) 緝捕(집포)
■ 輯 모을 **집**	2급 [7 車9 총16획] 영 gather 중 辑 jí 일 シュウ(あつまる)	輯要(집요) 輯睦(집목)
□ 縶 맬 **집**	[6 糸11 총17획] 영 bind, tie 중 絷 jí 일 チュウ(つらねる)	
■ 徵 부를 **징**	高3급 [3 彳12 총15획] 영 call 중 zhēng 일 チョウ(めす)	徵求(징구) 徵募(징모)
□ 瞪 바로볼 **징**	[5 目12 총17획] 영 gaze at 중 chéng 일 トウ(みつめる)	瞪眸(증모) 瞪矒(증몽)
■ 澄 맑을 **징**	1급 [4 水12 총15획] 영 clear 중 chéng, dèng 일 チョウ(すむ)	澄水(징수) 澄碧(징벽)
■ 懲 징계할 **징**	高3급 [4 心15 총19획] 영 punish 중 惩 chéng 일 チョウ(こらす)	懲戒(징계) 懲罰(징벌)
□ 癥 적취 **징**	[5 疒15 총20획] 영 cancer 중 癥 zhēng 일 (かたまり)	癥瘕(징가) 肉癥(육징)

츠

■ 叉 갈래 **차**	1급 [2又1 총3획] 영 crotched 중 chā 일 サ(ふたまた)	叉路(차로) 叉手(차수)
■ 且 또 **차**	中3급 [1一4 총5획] 영 again 중 qiě 일 シャ(かつ)	且驚且喜(차경차희) 且信且疑(차신차의)
■ 此 이 **차**	中3급 [4止2 총6획] 영 this 중 cǐ 일 シ(この)	此日彼日(차일피일) 此期(차기)
■ 次 버금 **차**	中4급 [4欠2 총6획] 영 next, secondary 중 cì 일 シ(つぎ)	次男(차남) 次官(차관)
□ 佌 작을 **차**	[2人5 총7획] 영 small 중 cǐ 일 シ(ちいさい)	佌諸侯 度百里 (차제후 도백리)
□ 侘 낙망할 **차**	[2人6 총8획] 영 disappointment 중 chà 일 タ(わび)	
□ 奓 펼 **차**	[3大6 총9획] 영 spread 중 zhà, zhā, shē 일 シャ(ほこる)	奓靡(차미) 奓心(차심)
■ 借 빌릴 **차**	中3급 [2人8 총10획] 영 borrow 중 jiè 일 シャ(かりる)	借家(차가) 借款(차관)
■ 差 다를 **차**	4급 [3工7 총10획] 영 difference 중 差 chā 일 サ(さす)	差別(차별) 差度(차도)
■ 嗟 탄식할 **차**	1급 [3口10 총13획] 영 sigh 중 jiē 일 サ(なげく)	嗟惜(차석) 嗟稱(차칭)
□ 嵯 우뚝솟을 **차**	[3山10 총13획] 영 lofty 중 cuó 일 サ(けわしい)	崔嵬嵯峨 (최외차아)
□ 瑳 깨끗할 **차**	[5玉10 총14획] 영 clean 중 cuō 일 サ(あざやか)	瑳瑳(차차)
□ 箚 찌를 **차**	[6竹8 총14획] 영 stab 중 zhā, zhá 일 サ(つく)	箚記(차기) 箚子(차자)

- **磋** 갈 **차** [1급] [5石10 총15획]
  영 grind 중 磋 cuō 일 サ(みがく)
  磋切(차절)

- **遮** 가릴 **차** [2급] [7辵11 총15획]
  영 hide 중 遮 zhē 일 シャ(さえぎる)
  遮擊(차격)
  遮光(차광)

- **蹉** 미끄러질 **차** [1급] [7足10 총17획]
  영 slip 중 蹉 cuō 일 サ(つまずく)
  蹉跌(차질)
  蹉跎(차타)

- ☐ **鹺** 소금 **차** [11鹵10 총21획]
  영 salt 중 鹾 cuó 일 サ(しおからい)

- **捉** 잡을 **착** [고3급] [4手7 총10획]
  영 catch 중 捉 zhuō 일 サク(とる)
  捉去(착거)
  捉來(착래)

- ☐ **浞** 적실 **착** [4水7 총10획]
  영 soak 중 浞 zhuó 일 サク(ひたす)
  浞小濡貌也
  (착소유모야)

- **窄** 좁을 **착** [1급] [5穴5 총10획]
  영 narrow 중 窄 zhǎi 일 サク(せまい)
  窄迫(착박)
  窄衫(착삼)

- **着** 붙을 **착** [5급] [5目7 총12획]
  영 attach 중 着 zháo 일 チャク(きる)
  着服(착복)
  着用(착용)

- **搾** 짤 **착** [1급] [4手10 총13획]
  영 squeeze 중 榨 zhà 일 サク(しぼる)
  搾乳(착유)
  搾取(착취)

- ☐ **斲** 깎을 **착** [4斤10 총14획]
  영 slice off 중 斲 zhuó 일 タク(けずる)
  斲輪(착륜)
  斲木(착목)

- **錯** 어긋날 **착** [고3급] [8金8 총16획]
  영 error 중 错 cuò 일 サク(まじる)
  錯覺(착각)
  錯亂(착란)

- ☐ **簎** 대 작살 **착** [6竹11 총17획]
  영 bamboo harpoon 중 簎 jí, zhà, zhuó 일 セキ(ひし)

- ☐ **齪** 악착할 **착** [15齒7 총22획]
  영 be fussy 중 齪 chuò 일 サク(にせつく)
  齷齪(악착)

- **鑿** 뚫을 **착** [1급] [8金20 총28획]
  영 bore 중 鑿 záo 일 サク(うがつ)
  鑿空(착공)
  鑿掘(착굴)

粲 정미 찬	[6米7 총13획] 영 bright, clear 중 càn 일 サン(あざやか)		粲粲玉食(찬찬옥식)
撰 지을 찬	1급 [4手12 총15획] 영 compose 중 zhuàn 일 サン(そなえる)		撰錄(찬록) 撰文(찬문)
飡 먹을 찬	1급 [9食7 총16획] 영 eat 중 cān 일 サ(そなえもの)		飡食(찬식) 飡錢(찬전)
篡 빼앗을 찬	1급 [6竹10 총16획] 영 usurp 중 篡 cuàn 일 サン(うげう)		篡逆(찬역) 篡位(찬위)
燦 빛날 찬	2급 [4火13 총17획] 영 brilliant 중 燦 càn 일 サン(あきらか)		燦爛(찬란) 燦然(찬연)
璨 옥빛 찬	2급 [5玉13 총17획] 영 lustrous 중 càn 일 サン(ひかる)		璨瑳(찬차)
竄 숨을 찬	[5穴13 총18획] 영 run away 중 竄 cuàn 일 ザン(かくれる)		竄匿(찬닉) 竄伏(찬복)
贊 도울 찬	高3급 [7貝12 총19획] 영 support 중 赞 zàn 일 サン(ほめる)		贊同(찬동) 贊否(찬부)
纂 모을 찬	1급 [6糸14 총20획] 영 collect, edit 중 zuǎn 일 サン(あつまる)		纂錄(찬록) 纂成(찬성)
饌 반찬 찬	1급 [9食12 총21획] 영 side dish 중 馔 zhuàn 일 セン(そなえもの)		饌間(찬간) 饌母(찬모)
酇 마을 찬	[7邑19 총22획] 영 settlement 중 酇 zàn 일 サ(むら)		封爲酇侯(봉위찬후)
欑 모을 찬	[4木19 총23획] 영 pile up 중 cuán, zàn 일 サン(あつめる)		欑宮(찬궁)
瓚 옥잔 찬	2급 [5玉19 총23획] 영 ladle of jade 중 瓒 zàn 일 (たまのさかつき)		圭瓚(규찬) 玉瓚(옥찬)
纘 이을 찬	[6糸17 총23획] 영 continue 중 缵 zuǎn 일 サン(つづける)		纘繼(찬계) 纘緒(찬서)

讚 기릴 **찬**	高4급 [7 言19 총26획]	영 praise 중 zàn 일 サン(ほめる)	讚歌(찬가) 讚賞(찬상)
鑽 뚫을 **찬**	2급 [8 金19 총27획]	영 drill 중 鑽 zuān 일 サン(たがね)	鑽硏(찬연) 鑽石(찬석)
爨 불 땔 **찬**	[4 火25 총29획]	영 make a fire 중 cān 일 サン(かしぐ)	爨婢(찬비)
札 패 **찰**	2급 [4 木1 총5획]	영 letter 중 zhá 일 サツ(ふだ)	札記(찰기) 名札(명찰)
刹 절 **찰**	2급 [2 刀6 총8획]	영 Buddhist temple 중 chà, shā 일 サツ(てら)	刹那(찰나) 刹竿(찰간)
紮 묶을 **찰**	[6 糸5 총11획]	영 bind up 중 zhá 일 サツ(つかねる)	結紮(결찰) 緊紮(긴찰)
察 살필 **찰**	中4급 [3 宀11 총14획]	영 watch 중 chá 일 サツ(しらべる)	察問(찰문) 察色(찰색)
擦 문지를 **찰**	1급 [4 手14 총17획]	영 friction 중 cā 일 サツ(こする)	擦劑(찰제) 擦柱(찰주)
站 역참 **참**	1급 [5 立5 총10획]	영 stage of a journey 중 zhàn 일 タン(しゆくば)	站路(참로) 兵站(병참)
斬 벨 **참**	2급 [4 斤7 총11획]	영 cut 중 斩 zhǎn 일 ザン(きる)	斬死(참사) 斬殺(참살)
參 참여할 **참**	[2 ム10 총12획]	영 join in 중 cān, cēn 일 サン(まじわる)	參禪(참선) 參政權(참정권)
僭 주제넘을 **참**	1급 [2 人12 총14획]	영 presumptuous 중 jiàn 일 セン	僭亂(참란) 僭濫(참람)
塹 구덩이 **참**	1급 [3 土11 총14획]	영 trench 중 qiàn, jiǎn 일 ザン(ほり)	塹壕(참호) 塹壕戰(참호전)
嶄 가파를 **참**	[3 山11 총14획]	영 steep 중 斩 zhǎn 일 ザン(けわしい)	嶄嵌(참감) 嶄新(참신)

한자	급수/획수	뜻/음	예
■ 慚 부끄러울 참	3급 [4心10 총14획]	영 shame 중 惭 cán 일 ザン(はじる)	慚愧(참괴) 駭慚(해참)
□ 憯 아플 참	[4心12 총15획]	영 painful 중 cǎn 일 サン(いたむ)	憯怛(참달) 憯悵(참창)
□ 慙 부끄러울 참	[4心11 총15획]	영 shame 중 惭 cán 일 ザン(はじる)	慙愧(참괴) 慙悔(참회)
□ 儳 어긋날 참	[2人17 총19획]	영 go amiss 중 chàn 일 ザン(はやい)	儳道(참도)
□ 譖 참소할 참	[7言12 총19획]	영 calumniate 중 (譖) jiàn 일 シン(そしる)	譖短(참단) 譖毁(참훼)
□ 攙 찌를 참	[4手17 총20획]	영 pierce 중 chān 일 ザン(さす)	攙越(참월)
■ 懺 뉘우칠 참	1급 [4心17 총20획]	영 repent 중 忏 chàn 일 サン	懺悔(참회) 懺悔滅罪(참회멸죄)
□ 驂 곁마 참	[10馬11 총21획]	영 horses 중 骖 cān 일 サン(そえうま)	驂乘(참승) 劇驂(극참)
■ 讖 예언할 참	1급 [7言17 총24획]	영 prophecy 중 谶 chán 일 シン(しるし)	讖言(참언) 讖文(참문)
■ 讒 참소할 참	1급 [7言17 총24획]	영 slander 중 谗 chán 일 ザン(そしる)	讒言(참언) 讒陷(참함)
□ 饞 탐할 참	[9食17 총26획]	영 covet 중 馋 chán 일 サン(むさぼる)	饞嗜(참기) 饞吻(참문)
□ 刱 처음 창	[2刀6 총8획]	영 begin 중 创 chuàng 일 ソウ(はじめる)	刱意(창의) 刱造(창조)
■ 昌 창성할 창	中31급 [4日4 총8획]	영 prosper 중 chāng 일 ショウ(さかん)	昌盛(창성) 昌運(창운)
■ 昶 해가 길 창	2급 [4日5 총9획]	영 long day 중 chǎng 일 ショウ(ながい)	昶衍(창연) 和昶(화창)

□ **鬯** 술이름 **창**	[10鬯0 총10획] 영 bow case 중 chàng 일 (ゆみぶくろ)	鬯茂(창무) 鬯酒(창주)
■ **倉** 곳집 **창**	高3급 [2人8 총10획] 영 warehouse 중 仓 cāng 일 ソウ(くら)	倉庫(창고) 倉穀(창곡)
■ **倡** 광대 **창**	1급 [2人8 총10획] 영 actress 중 cāng 일 ショウ(わざおぎ)	倡樓(창루) 倡優(창우)
■ **娼** 창녀 **창**	1급 [3女8 총11획] 영 prostitute 중 chāng 일 ショウ(あそびめ)	娼婦(창부) 娼女(창녀)
■ **唱** 부를 **창**	中5급 [3口8 총11획] 영 sing 중 chàng 일 ショウ(うたう)	唱歌(창가) 唱法(창법)
□ **淌** 큰 물결 **창**	[4水8 총11획] 영 billow 중 淌 tǎng 일 ショウ(おおなみ)	
□ **惝** 경황없을 **창**	[4心8 총11획] 영 dispirited 중 chǎng 일 (ほんやりする)	惝然(창연)
□ **悵** 원망할 **창**	[4心8 총11획] 영 mourn 중 怅 chàng 일 チョウ(いたむ)	悵缺(창결) 悵望(창망)
■ **猖** 미쳐날뛸 **창**	1급 [4犬8 총11획] 영 mad 중 chāng 일 ショウ(くるう)	猖獗(창궐) 猖披(창피)
■ **窓** 창 **창**	中6급 [5穴6 총11획] 영 window 중 窗 chuāng 일 ソウ(まど)	窓架(창가) 窓鏡(창경)
□ **滄** 찰 **창**	[2冫10 총12획] 영 cold 중 chuàng 일 ソウ(さむい)	滄熱(창열) 滄滄(창창)
■ **創** 비롯할 **창**	高4급 [2刀10 총12획] 영 begin 중 创 chuàng 일 ソウ(きず)	創刊(창간) 創開(창개)
■ **敞** 높을 **창**	2급 [4攵8 총12획] 영 vast 중 敞 chǎng 일 ショウ(ひろい)	高敞(고창) 敞然(창연)
■ **菖** 창포 **창**	1급 [6艸8 총12획] 영 iris 중 chāng 일 ショウ(あやめ)	菖蒲(창포) 菖蒲湯(창포탕)

■ 脹 부을 **창**	1급 [6肉8 총12획] 영 swell 중 胀 zhàng 일 チョウ(ふくれる)	脹氣(창기) 脹滿(창만)
■ 愴 슬퍼할 **창**	1급 [4心10 총13획] 영 grievous 중 怆 chuàng 일 (かなしむ)	愴然(창연) 愴恨(창한)
□ 搶 부딪칠 **창**	[4手10 총13획] 영 snatch 중 抢 qiàng, qiāng	搶奸(창간)
■ 滄 찰 **창**	3급 [4水10 총13획] 영 cold 중 沧 cāng 일 ソウ(さむい)	滄茫(창망) 滄波(창파)
■ 彰 밝을 **창**	1급 [3彡11 총14획] 영 bright 중 彰 zhāng 일 ショウ(あきらか)	彰德(창덕) 彰明(창명)
■ 暢 펼 **창**	고3급 [4日10 총14획] 영 be understood 중 畅 chàng 일 (のべる)	暢達(창달) 暢懷(창회)
■ 漲 물 많을 **창**	1급 [4水11 총14획] 영 inundate 중 涨 zhǎng 일 (みなぎる)	漲滿(창만) 漲潮(창조)
■ 槍 창 **창**	1급 [4木10 총14획] 영 spear 중 枪 qiāng 일 ソウ(やり)	槍劍(창검) 槍鏃(창촉)
■ 蒼 푸를 **창**	고3급 [6艸10 총14획] 영 blue 중 苍 cāng 일 ソウ(あおい)	蒼古(창고) 蒼空(창공)
■ 廠 헛간 **창**	1급 [3广12 총15획] 영 barn 중 厂 chǎng 일 ショウ(しごとば)	兵器廠(병기창) 船廠(선창)
■ 瘡 부스럼 **창**	1급 [5疒10 총15획] 영 tumor 중 疮 chuāng 일 ソウ(きず)	瘡腫(창종) 瘡疾(창질)
□ 氅 새털 **창**	[4毛12 총16획] 영 cloak 중 氅 chǎng 일 ショウ(はごろも)	氅衣(창의)
■ 艙 선창 **창**	1급 [6舟10 총16획] 영 wharf 중 舱 cāng 일 ソウ(さんばし)	艙間(창간) 艙底(창저)
□ 蹌 추창할 **창**	[7足10 총17획] 영 shift 중 跄 qiāng 일 ソウ(おもむく)	蹌踉(창랑)

□	鯧 병어 **창**	[11魚8 총19획] 영 white bait 중 chāng 일 (まながつお)	鯧魚(창어)
□	鶬 왜가리 **창**	[11鳥10 총21획] 영 heron 중 cāng 일 ソウ(まなつる)	鶬鶊(창경) 鶬鷄(창계)
■	采 풍채 **채**	2급 [7釆1 총8획] 영 appearance 중 采 cài 일 サイ(いろどり)	采緞(채단) 采色(채색)
□	茝 난초 **채**	[6艸6 총10획] 영 orchid 중 chén 일 サイ(よろいぐさ)	茝蘭(채란) 茝若(채약)
■	彩 채색 **채**	高3급 [3彡8 총11획] 영 color 중 cǎi 일 サイ(いろどる)	彩紋(채문) 彩色(채색)
■	埰 무덤 **채**	2급 [3土8 총11획] 영 a tomb 중 埰 cài 일 サイ	
■	採 캘 **채**	中4급 [4手8 총11획] 영 pick up 중 采 cǎi 일 サイ(つみとる)	採光(채광) 採鑛(채광)
□	釵 비녀 **채**	[8金3 총11획] 영 hair-pin 중 釵 chāi 일 サイ(かんざし)	釵梳(채소) 釵釧(채천)
□	棌 참나무 **채**	[4木8 총12획] 영 oak 중 cǎi 일 サイ(かしわ)	棌椽不刮 (채연불괄)
■	菜 나물 **채**	中3급 [6艸8 총12획] 영 vegetable 중 cài 일 サイ(あおものな)	菜甲(채갑) 菜羹(채갱)
■	債 빚 **채**	高3급 [2人11 총13획] 영 debt 중 债 zhài 일 サイ(かり)	債家(채가) 債券(채권)
□	睬 주목할 **채**	[5目8 총13획] 영 take notice of 중 (睬) cǎi 일 (みつめる)	
■	寨 목책 **채**	1급 [3宀11 총14획] 영 wooden fence 중 zhài 일 サイ(とりで)	寨內(채내) 寨外(채외)
□	綵 비단 **채**	[6糸8 총14획] 영 silk 중 綵 cǎi 일 サイ(あやぎぬ)	綵綺(채기) 綵緞(채단)

瘥 병나을 **채**	[5疒10 총15획] 영 recover 중 chài 일 サイ(いゆ)	
■ 蔡 거북 **채**	2급 [6艹11 총15획] 영 big tortoise 중 cài 일 サイ(おおかめ)	蔡萬植(채만식) 蔡倫(채륜)
瘵 앓을 **채**	[5疒11 총16획] 영 disease 중 zhài 일 サイ(やむ)	癆瘵(노채) 말기에 이른 폐결핵
■ 冊 책 **책**	中4급 [2冂3 총5획] 영 book 중 册 cè 일 サク(ほん)	冊價(책가) 冊庫(책고)
■ 柵 우리 **책**	1급 [4木5 총9획] 영 palisade 중 zhà, shān 일 サク(やらい)	柵壘(책루) 柵門(책문)
■ 責 꾸짖을 **책**	中5급 [7貝4 총11획] 영 scold 중 责 zé 일 サク(せめる)	責望(책망) 責任(책임)
■ 策 꾀 **책**	高3급 [6竹6 총12획] 영 wits 중 cè 일 サク(はかりごと)	策動(책동) 策略(책략)
筴 계교 **책**	[6竹7 총13획] 영 plan 중 jiā 일 サク(はかりごと)	籌筴(주책)
嘖 들렐 **책**	[3口11 총14획] 영 clamor 중 啧 zé 일 サク(さけぶ)	嘖室(책실) 嘖嘖(책책)
磔 찢을 **책**	[5石10 총15획] 영 tear to pieces 중 zhé 일 タク(はりつけ)	磔刑(책형) 磔殺(책살)
簀 살평상 **책**	[6竹11 총17획] 영 mat 중 簀 zé 일 サク(すのこ)	簀床(책상) 簀牀(책상)
■ 妻 아내 **처**	中3급 [3女5 총8획] 영 wife 중 qī 일 サイ(つま)	妻家(처가) 妻男(처남)
■ 凄 쓸쓸할 **처**	1급 [2冫8 총10획] 영 gloomy and chilly 중 qī 일 セイ(さびしい)	凄凉(처량) 凄然(처연)
■ 悽 찰 **처**	1급 [4木8 총11획] 영 cold 중 qī 일 セイ(さむい)	悽凉(처량) 悽然(처연)

한자	급수/부수/획수	영/중/일	예시
■ 悽 슬퍼할 처	3급 [4心8 총11획]	영 sad 중 悽 qī 일 セイ(いたむ)	悽悼(처도) 悽憫(처망)
■ 處 곳 처	中4II급 [6虍5 총11획]	영 place 중 处 chǔ 일 処ショ(ところ)	處斷(처단) 處理(처리)
□ 萋 풀 성할 처	[6艸8 총12획]	영 overgrow 중 qī 일 サイ(しげる)	萋斐(처비) 萋萋(처처)
■ 尺 자 척	中3II급 [3尸1 총4획]	영 ruler 중 chǐ 일 シャク(ものさし)	尺貫法(척관법) 尺度(척도)
■ 斥 물리칠 척	高3급 [4斤1 총5획]	영 refuse 중 chì 일 セキ(しりぞける)	斥兵(척병) 斥邪(척사)
■ 拓 넓힐 척	高3II급 [4手5 총8획]	영 expand 중 tuò 일 タク(ひらく)	拓殖(척식)
□ 倜 고상할 척	[2人8 총10획]	영 nobility 중 tì 일 テキ(すぐれる)	倜儻(척당) 倜儻不羈(척당불기)
□ 剔 뼈바를 척	[2刀8 총10획]	영 crack 중 tī 일 テキ(えぐる)	剔抉(척결) 剔歷(척력)
■ 脊 등골뼈 척	1급 [6肉6 총10획]	영 spine 중 脊 jǐ 일 セキ(せぼね)	脊骨(척골) 脊梁(척량)
■ 陟 오를 척	2급 [8阜7 총10획]	영 rise(ascend) 중 陟 zhì 일 チョク(のぼる)	陟罰(척벌) 陟方(척방)
■ 隻 외짝 척	1급 [8隹2 총10획]	영 single 중 隻 zhī 일 セキ(かたわれ)	隻日(척일) 隻眼(척안)
□ 陟 오를 척	[8阜7 총10획]	영 rise 중 zhì 일 チョク(のぼる)	陟罰(척벌) 陟方(척방)
■ 戚 친할 척	高3II급 [4戈7 총11획]	영 intimate 중 qī 일 セキ(みうち)	戚屬(척속) 戚叔(척숙)
□ 摭 주울 척	[4手11 총14획]	영 pick up 중 zhí 일 セキ(ひろう)	摭拾(척습)

■ 滌	씻을 척	1급 [4水11 총14획] 영 wash 중 滌 dí 일 テキ(あらう)	滌洗(척세) 滌淨(척정)
□ 慼	근심할 척	[4心11 총15획] 영 anxious 중 戚 qī 일 セキ(うれえる)	慼憂(척우) 自貽伊慼(자이이척)
□ 槭	단풍나무 척	[4木11 총15획] 영 maple-tree 중 qì 일 セキ(かえで)	
■ 瘠	여윌 척	1급 [5疒10 총15획] 영 haggard 중 瘠 jí 일 セキ(やせる)	瘠瘦(척수) 瘠土(척토)
■ 擲	던질 척	1급 [4手15 총18획] 영 throw 중 掷 zhì 일 テキ(なげうつ)	擲梭(척사) 擲柶(척사)
□ 躑	머뭇거릴 척	[7足11 총18획] 영 hesitate 중 zhuó 일 テキ(ひずめ)	躅口(척촉)
□ 蹠	밟을 척	[7足11 총18획] 영 step on 중 蹠 zhí 일 (あしうら)	蹠骨(척골)
□ 躅	머뭇거릴 척	[7足15 총22획] 영 dither 중 躅 zhí 일 (たたずむ)	躑躅(척촉)
■ 千	일천 천	중7급 [2十1 총3획] 영 thousand 중 qiān 일 セン(せん)	千年(천년) 千秋(천추)
■ 川	내 천	중7급 [3巛0 총3획] 영 stream 중 chuān 일 セン(かわ)	川谷(천곡) 川芎(천궁)
■ 天	하늘 천	중7급 [3大1 총4획] 영 heaven, sky 중 tiān 일 テン(あめ)()	天干(천간) 天啓(천계)
□ 仟	일천 천	[2人3 총5획] 영 one thousand 중 qiān 일 セン	仟眠(천면) 仟仟(천천)
□ 舛	어그러질 천	[6舛0 총6획] 영 be contrary to 중 chuǎn 일 セン(たがう)	舛駁(천박) 舛午(천오)
□ 阡	두렁 천	[8阜3 총6획] 영 path in the field 중 qiān 일 セン(みち)	阡阡(천천)

■ 泉 샘 천	중4급 [4水5 총9획] 영 spring, fountain 중 quán 일 セン(いずみ)	泉脈(천맥) 溫泉(온천)
■ 穿 뚫을 천	1급 [5穴4 총9획] 영 dig 중 chuān 일 セン(うがつ)	穿結(천결) 穿孔(천공)
□ 倩 엄전할 천	[2人8 총10획] 영 modest 중 qiàn 일 セン(ういしい)	倩工(청공) 倩草(천초)
□ 俴 얕을 천	[2人8 총10획] 영 shallow 중 jiān 일 セン(あさい)	俴駟孔群(천사공군) 俴者(천자)
□ 荐 거듭 천	[6艸6 총10획] 영 again 중 chuán 일 セン(ふたたび)	荐居(천거) 荐及(천급)
■ 淺 얕을 천	중3급 [4水8 총11획] 영 shallow 浅 중 qiǎn, jiān 일 セン(あさい)	淺見(천견) 淺薄(천박)
■ 釧 팔찌 천	2급 [8金3 총11획] 영 bracelet 중 釧 chuàn 일 セン(うでわ)	釧臂(천비) 腕釧(완천)
■ 喘 숨찰 천	1급 [3口9 총12획] 영 pant 중 chuǎn 일 ゼン(あえぐ)	喘急(천급) 喘氣(천기)
□ 遄 빠를 천	[7辵9 총13획] 영 rapid 중 遄 zhuán 일 セン(すみやか)	遄急(천급) 遄死(천사)
□ 綪 붉은 비단 천	[6糸8 총14획] 영 red silk 중 qiàn 일 セン(あかねぞめ)	綪繳(쟁교)
■ 踐 밟을 천	고3급 [7足8 총15획] 영 tread upon 践 중 jiàn 일 セン(ふむ)	踐年(천년) 踐踏(천답)
■ 賤 천할 천	고3급 [7貝8 총15획] 영 humble 贱 중 jiàn 일 セン(いやしい)	賤家(천가) 賤價(천가)
■ 擅 멋대로 천	1급 [4手13 총16획] 영 as one pleases 중 shàn 일 セン(ゼ)	擅權(천권) 擅橫(천횡)
□ 燀 밥지을 천	[4火12 총16획] 영 make food 중 chǎn 일 セン(かしぐ)	燀熱(천열)

□ 葴 경계할 **천**	[6艸12 총16획] 영 caution 중 葳 chǎn 일 (いましめる)	葴事(천사)
■ 遷 옮길 **천**	중3급 [7辵12 총16획] 영 move 중 迁 qiān 일 セン(うつる)	遷改(천개) 遷都(천도)
■ 薦 천거할 **천**	중3급 [6艸13 총17획] 영 recommend 중 荐 jiàn 일 すすめる	薦擧(천거) 薦望(천망)
□ 濺 흩뿌릴 **천**	[4水15 총18획] 영 sprinkle 중 溅 jiàn 일 セン(そそぐ)	濺濺(천천)
■ 闡 밝힐 **천**	1급 [8門12 총20획] 영 make clear 중 阐 chǎn 일 セン(ひらく)	闡究(천구) 闡明(천명)
□ 韆 그네 **천**	[9革15 총24획] 영 swing 중 韆 qiān 일 セン(ぶらんこ)	鞦韆(추천)
■ 凸 뾰족할 **철**	1급 [2凵3 총5획] 영 convex 중 凸 tū 일 トツ(でこ)	凸起(철기) 凸凹(철요)
■ 哲 밝을 **철**	중3급 [3口7 총10획] 영 sagacious 중 哲 zhé 일 テツ(あきらか)	哲理(철리) 哲夫(철부)
□ 啜 먹을 **철**	[3口8 총11획] 영 eat 중 chuò, chuāi 일 テツ(すする)	啜羹(철갱) 啜菽飲水(철숙음수)
■ 喆 밝을 **철**	2급 [3口9 총12획] 영 bright 중 zhé 일 テツ(あきらか)	金尙喆(김상철)
■ 徹 통할 **철**	중3급 [3彳12 총15획] 영 penetrate 중 彻 chè 일 テツ(とおる)	徹骨(철골) 徹頭徹尾(철두철미)
■ 澈 맑을 **철**	2급 [4水12 총15획] 영 clear 중 chè 일 テツ(きよい)	澈底(철저) 瑩澈(형철)
■ 撤 걷을 **철**	2급 [4手12 총15획] 영 vacate 중 chè 일 テツ(のぞく)	撤去(철거) 撤兵(철병)
□ 輟 그칠 **철**	[7車8 총15획] 영 stop 중 辍 chuò 일 テツ(とどめる)	輟耕(철경) 輟食(철식)

饕 탐할 철	[9食9 총18획] 영 devour 중 tiè 일 テツ(むさぼる)	饕饕(철도) 饕餮(철철)
歠 들이마실 철	[4欠15 총19획] 영 guzzle 중 tiē 일 セツ(のむ)	歠菽飲水 (철숙음수)
轍 바퀴자국 철	1급 [7車12 총19획] 영 rut 중 轍 zhé 일 テツ(わだち)	轍鮒之急(철부지급) 轍迹(철적)
鐵 쇠 철	中5급 [8金13 총21획] 영 iron 중 铁 tiě 일 鉄テツ(かなもの)	鐵脚(철각) 鐵甲(철갑)
尖 뾰족할 첨	高3급 [3小3 총6획] 영 sharp 중 jiān 일 セン(とがる)	尖端(첨단) 尖利(첨리)
沾 더할 첨	[4水5 총8획] 영 add 중 zhān 일 セン(うるおう)	沾濕(첨습)
忝 더럽힐 첨	[4心4 총8획] 영 shame 중 tiǎn 일 テイ(はずかしめる)	忝累(첨루) 忝顔(첨안)
添 더할 첨	高3급 [4水8 총11획] 영 add, attach 중 tiān 일 テン(そえる)	添加(첨가) 添附(첨부)
甛 달 첨	[5甘6 총11획] 영 sweet 중 甜 tián 일 テン(あまい)	甛瓜(첨과)(植)참외. 甛酒(첨주)
湉 물 흐를 첨	[4水9 총12획] 영 flow 중 tián 일 テン(しずかにながれる)	澶湉漠而無涯 (단첨막이무애)
覘 엿볼 첨	[7見5 총12획] 영 spy 중 觇 hān 일 テン(うかがう)	覘望(첨망) 覘視(첨시)
僉 다 첨	1급 [2人11 총13획] 영 all 중 佥 qiān 일 セン(みな)	僉押(첨압) 僉員(첨원)
襜 휘장 첨	[6衣8 총13획] 영 drip-curtain 중 chān 일 セン(たれぎぬ)	其輔有襜 (기첨유첨)
詹 이를 첨	[7言6 총13획] 영 reach 중 zhān 일 セン(いたる)	詹諸(첨저) 詹詹(첨첨)

舔 핥을 첨	[6舌8 총14획] 영 lick 중 舔 tiǎn 일 テン(なめる)	
■ 諂 아첨할 첨	1급 [7言8 총15획] 영 flatter 중 谄 chǎn 일 テン(へつらう)	諂佞(첨녕) 諂笑(첨소)
幨 휘장 첨	[3巾13 총16획] 영 curtain 중 幨 chān 일 セン(えり)	幨帷(첨유) 幨車(첨거)
檐 처마 첨	[4木13 총17획] 영 eaves 중 yán 일 セン(ひさし)	檐階(첨계)
■ 瞻 볼 첨	2급 [5目13 총18획] 영 look up 중 瞻 zhān 일 セン(みる)	瞻戴(첨대) 瞻望(첨망)
簽 제비 첨	[6竹13 총19획] 영 lot 중 签 qiān 일 セン(かご)	簽記(첨기) 簽名(첨명)
簷 처마 첨	[6竹13 총19획] 영 eaves 중 簷 yán 일 セン(のき)	簷燈(첨등) 簷響(첨향)
瀸 적실 첨	[4水17 총20획] 영 soak, steep 중 jiān 일 セン(ひたす)	瀸漏(첨루)
■ 籤 제비 첨	1급 [6竹17 총23획] 영 lot 중 签 qiān 일 セン(くじ)	籤辭(첨사) 籤捐(첨연)
■ 妾 첩 첩	高3급 [3女5 총8획] 영 concubine 중 qiè 일 ショウ(めかけ)	妾室(첩실) 妾子(첩자)
■ 帖 문서 첩	1급 [3巾5 총8획] 영 document 중 帖 tiě 일 チョウ(かきつけ)	帖息(첩식) 帖耳(첩이)
倢 빠를 첩	[2人8 총10획] 영 quick 중 jié 일 ショウ(はやい)	倢伃(첩서)
■ 捷 빠를 첩	1급 [4手8 총11획] 영 fast 중 jié 일 ショウ(かつ)	捷徑(첩경) 捷路(첩로)
喋 재잘거릴 첩	[3口9 총12획] 영 chatter 중 dié 일 チョウ(しゃべる)	喋囁(첩섭) 喋喋(첩첩)

堞	성가퀴 첩	[3土9 총12획]	영 battlement 중 dié 일 チョウ(ひめがき)	城堞(성첩) 女堞(여첩)
貼	붙을 첩	1급 [7貝5 총12획]	영 stick 중 貼 tiē 일 チョウ(つく)	貼付(첩부) 貼藥(첩약)
牒	편지 첩	1급 [4片9 총13획]	영 letter 중 dié 일 チョウ(かきもの)	牒報(첩보) 移牒(이첩)
睫	속눈썹 첩	[5目8 총13획]	영 eyelashes 중 jié 일 ショウ(まつげ)	睫毛(첩모)
輒	문득 첩	[7車7 총14획]	영 suddenly 중 輒 zhé 일 チョウ(すなわち)	輒然(첩연)
諜	염탐할 첩	2급 [7言9 총16획]	영 spy 중 谍 dié 일 チョウ(しのび)	諜報(첩보) 諜者(첩자)
鰈	건어 첩	[11魚7 총18획]	영 dried fish 중 zhé 일 チョウ(ほしうお)	鰈鮑(첩포)
疊	거듭 첩	1급 [5田17 총22획]	영 pile up 중 叠 dié 일 チョウ(かさなる)	疊峰(첩봉) 疊書(첩서)
靑	푸를 청	중8급 [8靑0 총8획]	영 blue 중 靑 qīng 일 セイ(あおい)	靑果(청과) 靑丘(청구)
淸	맑을 청	중6급 [4水8 총11획]	영 clear, pure 중 淸 qīng 일 セイ(きよい)	淸潔(청결) 淸溪(청계)
晴	갤 청	중3급 [4日8 총12획]	영 fair weather 중 晴 qíng 일 セイ(はれる)	晴耕雨讀(청경우독) 晴曇(청담)
蜻	귀뚜라미 청	[6虫8 총14획]	영 cricket 중 蜻 qīng 일 セイ(とんぼ)	
請	청할 청	중4Ⅱ급 [7言8 총15획]	영 request 중 请 qǐng 일 セイ(こう)	請求書(청구서) 請負(청부)
鯖	청어 청	[11魚8 총19획]	영 herring 중 鯖 qīng 일 セイ(にしん)	鯖車(청거) 鯖鰐(청악)

■ 聽	들을 청	中4급 [6耳16 총22획]	영 listen 중 听 tīng 일 聴 テイ(きく)	聽覺(청각) 聽講(청강)
■ 廳	관청 청	高4급 [3广22 총25획]	영 public office 중 厅 tīng 일 庁 チョウ(やくしょ)	廳長(청장) 市廳(시청)
□ 剃	머리 깎을 체	[2刀7 총9획]	영 tonsure 중 tì 일 テイ(そる)	剃刀(체도) 剃度(체도)
■ 涕	눈물 체	1급 [4水7 총10획]	영 tears 중 tì 일 テイ(なみだ)	涕淚(체루) 涕泣(체읍)
□ 彘	돼지 체	[3彐9 총12획]	영 pig 중 zhì 일 テイ(いのこ)	彘肩(체견)
□ 掣	끌 체	[4手8 총12획]	영 draw 중 chè 일 セツ(ひく)	掣曳(체예) 掣礙(체애)
■ 替	바꿀 체	高3급 [4曰8 총12획]	영 change 중 tì 일 テイ(かえる)	替代(체대) 替直(체직)
■ 逮	잡을 체	高2급 [7辵8 총12획]	영 capture 중 逮 dǎi 일 テイ(とらえる)	逮鞠(체국) 逮捕(체포)
□ 髢	다리 체	[10髟3 총13획]	영 wig 중 dí 일 テイ(かもじ)	髢髻塵(체계진) 加髢(가체)
□ 褅	포대기 체	[6衣8 총13획]	영 baby's quilt 중 tì 일 テイ(むつき)	載衣之褅 (재의지석)
■ 滯	막힐 체	高2급 [4水11 총14획]	영 stuck 중 滞 zhì 일 タイ(とどこおる)	滯納(체납) 滯留(체류)
□ 禘	제사 체	[5示9 총14획]	영 sacrifice 중 禘 dì 일 テイ(おおまつり)	禘嘗(체상) 禘祫(체협)
■ 綴	엮을 철	1급 [6糸8 총14획]	영 baste together 중 缀 zhuì 일 (つづる)	綴字(철자) 綴輯(철집)
■ 遞	갈마들 체	高3급 [7辵10 총14획]	영 replace 중 递 dì 일 逓 テイ(かわる)	遞加(체가) 遞減(체감)

蔕	꼭지 체	[6艸11 총15획] 영 calyx 중 dì 일 テイ(うてな)	蔕芥(체개) 蔕蘍(체계)
締	맺을 체	2급 [6糸9 총15획] 영 fasten 중 締 dì 일 テイ(むすぶ)	締結(체결) 締交(체교)
諦	살필 체	1급 [7言9 총16획] 영 examine 중 谛 dì 일 テイ(つまびらか)	諦念(체념) 諦觀(체관)
鬄	머리깎을 체	[10髟7 총17획] 영 cut hair 중 鬄 tì 일 テイ(ゆいかみ)	
蝃	무지개 체	[6虫11 총17획] 영 rainbow 중 dì 일 テイ(にじ)	蝃蝀(체동)
鬀	머리 깎을 체	[10髟8 총18획] 영 cut hair 중 tì 일 テイ(そる)	鬀剔(체척)
嚔	재채기 체	[3口15 총18획] 영 sneeze 중 tì 일 テイ(くさめ)	嚔噴(체분) 嚔有人說(체유인설)
體	몸 체	중6급 [10骨13 총23획] 영 body 중 体 tǐ 일 体タイ(からだ)	體格(체격) 體鏡(체경)
艸	풀 초	[6艸0 총6획] 영 grass 중 艸 cǎo 일 ソウ(くさ)	黃艸嶺碑 (황초령비)
初	처음 초	중5급 [2刀5 총7획] 영 first 중 chū 일 ショ(はじめ)	初刊(초간) 初更(초경)
抄	뽑을 초	고3급 [4手4 총7획] 영 select 중 chāo 일 ショウ(うつす)	抄錄(초록) 抄本(초본)
招	부를 초	중4급 [4手5 총8획] 영 call 중 zhāo 일 ショ(まねく)	招待(초대) 招來(초래)
怊	슬플 초	[4心5 총8획] 영 sorrow 중 chāo 일 チョウ(かなしむ)	怊悵(초창) 怊怊(초초)
杪	나무끝 초	[4木4 총8획] 영 the point of a tree 중 일 ビョウ(こずえ)	杪冬(초동)

■ 炒 볶을 초	1급 [4火4 총8획] 영 parch, roast 중 chǎo 일 ソウ(いる)	炒麪(초면) 炒醬(초장)
□ 苕 완두 초	[6艸5 총9획] 영 pea 중 tiáo 일 チョウ(のえんどう)	苕苕(초초) 苕箒(초추)
□ 迢 멀 초	[7辵5 총9획] 영 far 중 迢 tiáo 일 チョウ(はるか)	迢遙(초요) 迢遞(초체)
■ 哨 망볼 초	2급 [3口7 총10획] 영 keep watch 중 shào 일 ショウ(みはり)	哨戒(초계) 哨戒艇(초계정)
□ 峭 가파를 초	[3山7 총10획] 영 steep 중 峭 qiào 일 ショウ(けわしい)	峭刻(초각) 峭法(초법)
□ 悄 근심할 초	[4心7 총10획] 영 anxious 중 qiāo 일 ショウ(うれえる)	悄切(초절) 悄愴(초창)
■ 草 풀 초	中7급 [6艸6 총10획] 영 grass 중 cǎo 일 ソウ(くさ)	草家(초가) 草色(초색)
■ 焦 그을릴 초	2급 [4火8 총12획] 영 scorch 중 jiāo 일 ショウ(こがす)	焦眉(초미) 焦點(초점)
□ 愀 근심할 초	[4心9 총12획] 영 worry 중 qiǎo 일 シュウ(あらたまる)	愀如(초여) 愀然(초연)
□ 椒 후추 초	[4木8 총12획] 영 pepper 중 jiāo 일 ショウ(こしょう)	椒蘭(초란)
■ 硝 화약 초	1급 [5石7 총12획] 영 gunpowder 중 硝 xiāo 일 ショウ(しょうせき)	硝酸(초산) 硝煙(초연)
■ 稍 점점 초	1급 [5禾7 총12획] 영 gradually 중 稍 shāo 일 ソウ(やや)	稍成貌樣(초성모양) 稍蠶食之(초잠식지)
□ 酢 초 초	[7酉5 총12획] 영 vinegar 중 zuò 일 ソ(す)	酢酸(초산)
□ 軺 수레이름 초	[7車5 총12획] 영 small wagon 중 軺 yáo 일 (おぐるま)	軺車(초거) 軺傳(초전)

한자	훈음	급수/부수/획수	영/중/일	예시
超	넘을 초	高3급 [7走5 총12획]	영 leap 중 chāo 일 チョウ(おどる)	超過(초과) 超群(초군)
貂	담비 초	1급 [7豸5 총12획]	영 marten 중 diāo 일 チョウ(てん)	貂裘(초구) 貂母筆(초모필)
鈔	노략할 초	[8金4 총12획]	영 plunder 중 鈔 chào 일 ショウ(かきうつす)	鈔本(초본) 鈔寫(초사)
勦	노곤할 초	[2力11 총13획]	영 tired 중 chāo 일 ソウ(かすめとる)	勦剛(초강) 勦滅(초멸)
剿	끊을 초	[2刀11 총13획]	영 cut 중 jiǎo, chāo, chāo 일 ソウ(きる)	剿滅(초멸) 剿襲(초습)
楚	초나라 초	2급 [4木9 총13획]	영 Chu 중 chǔ 일 ソ(むち)	楚歌(초가) 楚撻(초달)
綃	생초 초	[6糸7 총13획]	영 raw silk 중 綃 shāo 일 ショウ(きぬ)	綃紗(초사) 綃匠(초장)
僬	난장이 초	[2人12 총14획]	영 dwarf 중 jiāo 일 ショウ(こびと)	僬僬(초초) 僬僥(초요)
誚	꾸짖을 초	[7言7 총14획]	영 scold 중 诮 qiào 일 ショウ(しかる)	誚讓(초양) 誚責(초책)
醋	식초 초	1급 [7酉8 총15획]	영 vinegar 중 cù 일 ス	醋酸(초산) 醋意(초의)
髫	다박머리 초	[10髟5 총15획]	영 unkempt hair 중 tiáo 일 チョウ(うない)	髫齔(초친)
嫶	야윌 초	[3女12 총15획]	영 emaciated 중 qiáo 일 ショウ(やつれる)	嫶冥(초명) 嫶妍(초연)
憔	파리할 초	1급 [4心12 총15획]	영 emaciated 중 qiáo 일 ショウ(やつれる)	憔慮(초려) 憔悴(초췌)
燋	횃불 초	[4火12 총16획]	영 torch-light 중 jiāo 일 ショウ(たいまつ)	燋頭爛額 (초두란액)

■ 樵 땔나무 초	[1급] [4木 12 총16획] 영 firewood 중 qiáo 일 ショウ(きこり)	樵歌(초가) 樵牧(초목)
■ 蕉 파초 초	[1급] [6艹 12 총16획] 영 plantain 중 jiāo 일 ショウ(ばしょう)	蕉葉(초엽) 蕉萃(초췌)
■ 礁 암초 초	[1급] [5石 12 총17획] 영 rock 중 jiāo 일 ショウ(かくれいわ)	礁石(초석) 礁標(초표)
□ 瞧 곁눈질할 초	[5目 12 총17획] 영 askance 중 qiáo 일 ショウ(みる)	覩文籍則目瞧 (도문적칙목초)
■ 礎 주춧돌 초	[고31급] [5石 13 총18획] 영 foundation stone 중 础 chǔ 일 ソ(いしずえ)	礎石(초석) 礎材(초재)
□ 蟭 사마귀 알 초	[6虫 12 총18획] 영 mantid egg 중 jiāo 일 ショウ(おおじがふぐり)	蟭螟(초명)
□ 醮 제사지낼 초	[7酉 12 총19획] 영 sacrifice 중 jiào 일 ショウ(やつれる)	醮禮(초례) 醮禮廳(초례청)
□ 齠 이갈 초	[15齒 5 총20획] 영 get one's second teeth 중 龆 tiáo 일 チョウ(みそつば)	齠年(초년) 齠髮(초발)
□ 潐 잦을 초	[4水 17 총20획] 영 decrease 일 ショウ(こす)	
□ 鷦 뱁새 초	[11鳥 12 총23획] 영 crow tit 중 鹪 jiāo 일 ショウ(みそさざい)	鷦鷯(초료) 鷦學觀歷欲斷(초학관경욕단)
■ 促 재촉할 촉	[고급] [2人 7 총9획] 영 pressing 중 cù 일 ソク(うながす)	促急(촉급) 促迫(촉박)
■ 蜀 나라이름 촉	[2급] [6虫 7 총13획] 영 Shu 중 shǔ 일 ショク(あおむし)	蜀道(촉도) 蜀魂(촉혼)
■ 燭 촛불 촉	[고3급] [4火 13 총17획] 영 candle 중 烛 zhú 일 燭ショク(ともしび)	燭光(촉광) 燭數(촉수)
□ 鏃 화살 촉	[8金 11 총19획] 영 arrowhead 중 镞 zú 일 ショク(やじり)	鏃身(촉신) 石鏃(석촉)

蜀	나비애벌레 촉	[6虫13 총19획] 영 butterfly larva 중 zhú 일 ショク(あおむし)	小鳥蜀(소오촉)
躅	머뭇거릴 촉	고3급 [7足13 총20획] 영 hesitate 중 zhú 일 ショク(あしぶみ)	躅路(촉로)
觸	닿을 촉	고3급 [7角13 총20획] 영 touch 중 触 chù 일 触 ショク(ふれる)	觸發(촉발) 觸手(촉수)
屬	붙을 촉	고4급 [3尸18 총21획] 영 stick 중 属 zhǔ 일 ショク(つづく)	屬望(촉망) 屬酒(촉주)
囑	부탁할 촉	1급 [3口21 총24획] 영 request 중 嘱 zhǔ 일 ショウ(たのむ)	囑望(촉망) 囑目(촉목)
矗	우거질 촉	[5目19 총24획] 영 dense 중 矗 chù 일 チョク(まっすぐ)	矗立(촉립) 矗石樓(촉석루)
燭	촛불 촉	[4火21 총25획] 영 candle 중 chú, zhú 일 ショク(てらす)	燭房(촉방)
矚	볼 촉	1급 [5目21 총26획] 영 watch 중 瞩 zhǔ 일 ショク(みる)	矚目(촉목) 矚望(촉망)
寸	마디 촌	중8급 [3寸0 총3획] 영 Korean inch 중 cùn 일 スン(ながさ)	寸暇(촌가) 寸刻(촌각)
忖	헤아릴 촌	1급 [4心3 총6획] 영 ponder 중 cùn 일 ソン(はかる)	忖度(촌탁)
村	마을 촌	중7급 [4木3 총7획] 영 village 중 cūn 일 ソン(むら)	村童(촌동) 村落(촌락)
匆	바쁠 총	[2勹3 총5획] 영 busy 중 cōng 일 ソウ(いそがしい)	匆卒(총졸)
冢	무덤 총	[2冖8 총10획] 영 grave 중 zhǒng 일 チョウ(つか)	冢卿(총경) 冢君(총군)
悤	바쁠 총	[4心7 총11획] 영 hasty 중 cōng 일 ソウ(あわただしい)	悤悤(총총) 悤忙之間(총망지간)

■ 塚 무덤 **총**	1급 [3土10 총13획] 영 grave 중 冢 zhǒng 일 チョウ(つか)	石塚(석총) 塚墓(총묘)
□ 葱 파 **총**	[6艹9 총13획] 영 scallion 중 cōng 일 ソウ(しげる)	葱根(총근) 葱蒜(총산)
□ 摠 다 **총**	[4手11 총14획] 영 all 중 zǒng 일 ソウ(すべて)	摠持(총지)
□ 悤 분주할 **총**	[4心11 총14획] 영 distract 중 cōng 일 ソウ(ぼんやりする)	悤悧官府之間 (총통관부지간)
■ 銃 총 **총**	독4급 [8金6 총14획] 영 gun 중 铳 chòng 일 ジュウ(てっぽう)	銃劍(총검) 銃擊(총격)
□ 蓯 우거질 **총**	[6艹11 총15획] 영 grow thick 중 蓯 cōng 일 ショウ(しげる)	肉蓯蓉(육종용-)
□ 緫 다 **총**	[6糸9 총15획] 영 all 중 zǒng 일 ソウ(うすぎぬ)	[總]의 속자
□ 蔥 파 **총**	[6艹11 총15획] 영 welsh onion 중 蔥 cōng 일 ソウ(ねぎ)	蔥韭(총구) 蔥綠(총록)
■ 聰 총명할 **총**	고3급 [6耳11 총17획] 영 clever 중 聪 cōng 일 聡 ソウ(さとい)	聰氣(총기) 聰明(총명)
■ 總 거느릴 **총**	독4I급 [6糸11 총17획] 영 head 중 总 zǒng 일 総 ソウ(すべる)	總角(총각) 總計(총계)
■ 叢 모일 **총**	1급 [2又16 총18획] 영 cluster 중 丛 cóng 일 ソウ(くさむら)	叢論(총론) 叢林(총림)
■ 寵 사랑할 **총**	1급 [3宀16 총19획] 영 care for 중 宠 chǒng 일 チョウ(いつくしむ)	寵臣(총신) 寵兒(총아)
■ 撮 모을 **촬**	1급 [4手12 총15획] 영 gather 중 cuō, zuǒ 일 サツ(つまむ)	撮影(촬영) 撮影機(촬영기)
■ 崔 높을 **최**	2급 [3山8 총11획] 영 aloft 중 cuī 일 サイ(たかい)	崔魏(최위) 崔崒(최줄)

■ 最 가장 최	中5급 [日8 총12획] 영 most, superior 중 zuì 일 サイ(もっとも)		最古(최고) 最貴(최귀)
■ 催 재촉할 최	高3급 [人11 총13획] 영 pressing 중 cuī 일 サイ(うながす)		催督(최독) 催眠(최면)
□ 榱 서까래 최	[木10 총14획] 영 rafter 중 cuī 일 スイ(たるき)		榱桷(최각)
□ 摧 꺾을 최	[手11 총14획] 영 break 중 cuī 일 サイ(くじく)		摧枯拉朽(최고납후) 摧謝(최사)
□ 嘬 물 최	[口12 총15획] 영 bite 중 zuo 일 サイ(かむ)		嘬嘬(최최)
□ 觕 거칠 추	[角4 총11획] 영 coarse 중 cū 일 ソ(あらまし)		觕擧(조거)
□ 帚 비 추	[巾5 총8획] 영 broom 중 zhǒu 일 シュウ(ほうき)		帚星(추성) 帚掃(추소)
□ 妯 두근거릴 추	[女5 총8획] 영 sorrow 중 zhóu 일 チク(かなしむ)		屈己接妯娌 (굴기접축리)
■ 抽 뺄 추	高3급 [手5 총8획] 영 pull out 중 chōu 일 チュウ(ぬく)		抽象(추상) 抽籤(추첨)
□ 隹 새 추	[隹0 총8획] 영 short-tailed bird 중 zhuī 일 スイ(とり)		翩翩者隹 (편편자추)
■ 秋 가을 추	中7급 [禾4 총9획] 영 autumn 중 qiū 일 シュウ(あき)		秋稼(추가) 秋耕(추경)
■ 酋 우두머리 추	1급 [酉2 총9획] 영 chieftain 중 酋 qiú 일 シュウ(おさ)		酋長(추장) 酋矛(추모)
■ 芻 꼴 추	1급 [艸4 총10획] 영 fodder 중 芻 chú 일 スウ(まぐさ)		芻狗(추구) 芻靈(추령)
■ 追 쫓을 추	中3급 [辵6 총10획] 영 pursue 중 zhuī 일 ツイ(おう)		追加(추가) 追擊(추격)

■ 推 옮을 추	中4급 [4手8 총11획] 명 move 중 tuī 일 スイ(おす)	推擧(추거) 推考(추고)
□ 陬 구석 추	[8阜8 총11획] 명 corner 중 zōu 일 シュウ(すみ)	陬僻(추벽) 陬遠(추원)
□ 菆 겨릅대 추	[6艸8 총12획] 명 arrow 중 cuán 일 シュウ(や)	菆位(추위) 菆鷹(추응)
□ 啾 읊조릴 추	[3口9 총12획] 명 chirps 중 jiū 일 シュウ(なく)	啾嘈(추조) 啾啾(추추)
■ 椎 몽치 추	1급 [4木8 총12획] 명 club 중 chuí, zhuī 일 ツイ(つち)	椎擊(추격) 脊椎(척추)
□ 湫 늪 추	[4水9 총12획] 명 pond 중 qiū 일 シュウ(い)	龍湫(용추)
□ 萑 풀 우거질 추	[6艸8 총12획] 명 motherwort 중 huán	
■ 楸 가래 추	2급 [4木9 총13획] 명 spade 중 qiū 일 シュウ(ひさぎ)	楸鄕(추향) 楸木(추목)
□ 硾 누를 추	[5石8 총13획] 명 suppress 중 zhuì 일 ツイ(うつ)	硾之以石 (추지이석)
□ 萩 사철 쑥 추	[6艸9 총13획] 명 mugwort 중 qiū 일 シュウ(よもぎ)	萩室(추실) 萩苴(추저)
■ 鄒 나라이름 추	2급 [7邑10 총13획] 명 Zou(state) 중 邹 zōu 일 スウ	鄒魯(추로) 鄒魯學(추로학)
□ 僦 품삯 추	[2人12 총14획] 명 hire 중 jiù 일 シュウ(やとう)	僦舍(추사) 僦人(추인)
■ 槌 망치 추	1급 [4木10 총14획] 명 mallet 중 chuí 일 ツイ(つち)	槌碎(추쇄)
□ 箒 비 추	[6竹8 총14획] 명 broom 중 zhǒu 일 ソウ(ほうき)	箒掃(추소) 箒刷(추쇄)

한자	[획수 정보] 영/중/일	용례
墜 떨어질 추	1급 [3土12 총15획] 영 fall 중 坠 zhuì 일 ツイ(おちる)	墜落(추락) 墜典(추전)
樞 지도리 추	1급 [4木11 총15획] 영 hinge 중 樞 shū 일 スウ(ねもと)	樞機(추기) 樞軸(추축)
皺 주름 추	[5皮10 총15획] 영 crease 중 皱 zhòu 일 シュウ(しわむ)	皺面(추면) 皺紋(추문)
諏 꾀할 추	[7言8 총15획] 영 counsel 중 诹 zōu 일 シュ(はかる)	諏吉(추길) 諏訪(추방)
諈 핑계할 추	[7言8 총15획] 영 pretext 중 chuí 일 スイ(かこつける)	諈諉(추위)
瘳 병나을 추	[5疒11 총16획] 영 recover 중 chōu 일 チュウ(いえる)	瘳愈(추유)
錘 저울추 추	1급 [8金8 총16획] 영 weight 중 锤 chuí 일 スイ(おもり)	錘鐘(추종) 錘線(추선)
錐 송곳 추	1급 [8金8 총16획] 영 gimlet 중 锥 zhuī 일 スイ(きり)	錐狀體(추상체) 錐體(추체)
醜 추할 추	高3급 [7酉10 총17획] 영 ugly 중 丑 chǒu 일 シュウ(みにくい)	醜女(추녀) 醜談(추담)
趨 달릴 추	2급 [7走10 총17획] 영 run 중 趋 qū 일 シュ(おもむく)	趨勢(추세) 趨性(추성)
魋 몽치머리 추	[10鬼8 총18획] 영 fabulous bear 중 tuí 일 スイ(しゃぐま)	魋結(추결)
騅 오추마 추	[10馬8 총18획] 영 piebald 중 骓 zhuī 일 スイ(あしげ)	騅不逝(추불서)
貙 이리 추	[7豸11 총18획] 영 wolf 중 chū 일 チュ(おおかみ)	貙獌(추만) 貙虎(추호)
鎚 쇠망치 추	1급 [8金10 총18획] 영 iron hammer 중 锤 chuí 일 ツイ(かなづち)	鎚鍛(추단) 鎚殺(추살)

雛	새 새끼 추	[8隹10 총18획] 영 chick 중 雛 chú 일 スウ(ひな)	雛鳳(추봉) 雛孫(추손)
鞦	그네 추	[9革9 총18획] 영 swing 중 鞦 qiū 일 シュウ(ぶらんこ)	鞦韆(추천)
鰍	송사리 추	[11魚8 총19획] 영 killfish 중 鰍 일 シュウ(こざかな)	鰍生(추생)
騶	마부 추	[10馬10 총20획] 영 coachman 중 騶 zōu 일 (うまかい)	騶從(추종)
鰍	미꾸라지 추	1급 [11魚9 총20획] 영 loach 중 鰍 qiū 일 シュウ(どじょう)	鰍魚(추어) 鰍湯(추탕)
鰌	미꾸라지 추	[11魚9 총20획] 영 loach 중 qiū 일 シュウ(どじょう)	鰌之(추지)
麤	거칠 추	[11鹿22 총33획] 영 wild 중 cū 일 ソ(あらい)	麤鹵(추로) 麤惡(추악)
丑	소 축	준3급 [1一3 총4획] 영 cattle 중 丑 chǒu 일 チュウ(うし)	丑末(축말) 丑方(축방)
竺	나라 이름 축	[6竹2 총8획] 영 surname 중 zhú 일 チク	竺乾公(축건공) 竺經(축경)
柷	악기이름 축	[4木5 총9획] 영 instrument 중 zhù 일 シュク(がくき)	柷敔(축어)
祝	빌 축	준3급 [5示5 총10획] 영 pray 중 祝 zhù 일 シュク(いわう)	祝慶(축경) 祝禱(축도)
畜	가축 축	高3급 [5田5 총10획] 영 cattle 중 chù 일 チク(たくわえる)	畜類(축류) 畜牧(축목)
舳	고물 축	[6舟5 총11획] 영 stern 중 zhú 일 ヅク(とも)	舳艫(축로) 배의 고물과 이물
逐	쫓을 축	高3급 [7辵7 총11획] 영 expel 중 zhú 일 チク(おう)	逐客(축객) 逐凉(축량)

筑 쌓을 축	[6竹 6 총12획] 영 build 중 zhù 일 チク	上擊筑(상격축)
軸 굴대 축	2급 [7車 5 총12획] 영 axle 중 軸 zhóu 일 ジク(よこがみ)	軸頭(축두) 軸索(축색)
蓄 모을 축	高4급 [6艸 10 총14획] 영 accumulate 중 xù 일 チク(たくわえる)	蓄積(축적) 蓄妾(축첩)
潚 깊고 맑을 축	[4水 12 총15획] 영 deep 중 cù 일 シュク(ふかくきよい)	
蓫 소루쟁이 축	[6艸 11 총15획] 영 coreanus 중 zhú 일 チク(しぶくさ)	蓫蕩(축탕)
築 다질 축	高4급 [6竹 10 총16획] 영 build 중 筑 zhù 일 チク(きずく)	築堅(축견) 築構(축구)
縮 오그라들 축	高4급 [6糸 11 총17획] 영 shrink 중 缩 suō, sù 일 シュク(ちぢむ)	縮減(축감) 縮氣(축기)
蹙 쭈그러질 축	[7足 11 총18획] 영 frown 중 cù 일 シュク(しかめる)	蹙眉(축미) 蹙迫(축박)
蹴 찰 축	2급 [7足 12 총19획] 영 kick 중 cù 일 シュク(ける)	蹴球(축구) 蹴踏(축답)
鱁 부레 축	[11魚 11 총22획] 영 pickled fish guts 중 zhú 일 (しおから)	鱁鮧(축이)
杶 참죽나무 춘	[4木 4 총8획] 영 Camelia japonica 중 chūn 일 チュン(ちゃんちん)	杶幹(춘간)
春 봄 춘	中7급 [4日 5 총9획] 영 spring 중 chūn 일 シュン(はる)	春江(춘강) 春景(춘경)
椿 참죽나무 춘	2급 [4木 9 총13획] 영 Camelia japonica 중 chūn 일 チュン(たまつばき)	椿堂(춘당) 椿事(춘사)
出 날 출	中7급 [2凵 3 총5획] 영 come out, exit 중 chū 일 シュツ(でる)	出家(출가) 出力(출력)

한자	훈음	급수/획수	영/중/일	예시
朮	삽주 뿌리 출	[4木1 총5획]	영 lyrata 중 朮 zhú, shù 일 ジュツ(おけら)	朮酒(출주)
怵	두려워할 출	[4心5 총8획]	영 sorrow 중 chù 일 チュツ(かなしむ)	怵於禍福(출어화복) 怵然(출연)
秫	차조 출	[5禾5 총10획]	영 glutinous millet 중 shú 일 シュツ	秫稻(출도)
絀	꿰맬 출	[6糸5 총11획]	영 sew 중 絀 chù 일 チュツ(ぬう)	卻冠秫絀 (각관출출)
黜	물리칠 출	1급 [12黑5 총17획] 영 repulse 중 chù 일 チュツ(しりぞける)		黜放(출방) 黜否(출부)
充	찰 충	中5급 [2儿3 총5획] 영 be full 중 chōng 일 ジュウ(みたす)		充耳(충이) 充滿(충만)
沖	화할 충	[2氵4 총6획] 영 mix 중 chōng, chòng 일 チュウ(やわらぐ)		杜沖(두충) 낙엽 교목의 한 가지
冲	화할 충	2급 [4水4 총7획] 영 melting 중 冲 chōng 일 チュウ(ふかい)		冲氣(충기) 冲積(충적)
忡	근심할 충	[4心4 총7획] 영 anxious 중 chōng 일 チュウ(うれえる)		忡怛(충달)
忠	충성 충	中4급 [4心4 총8획] 영 loyal 중 zhōng 일 チュウ(まこと)		忠告(충고) 忠烈(충렬)
衷	속마음 충	2급 [6衣4 총10획] 영 sincerity 중 zhōng 일 チュウ(まごころ)		衷懇(충간) 衷甲(충갑)
衝	찌를 충	高3급 [6行9 총15획] 영 pierce 중 衝 chōng 일 (つきあたる)		衝激(충격) 衝擊(충격)
蟲	벌레 충	中4급 [6虫12 총18획] 영 insect 중 虫 chóng 일 虫チュウ(むし)		蟲類(충류) 蟲齒(충치)
悴	파리할 췌	1급 [4心8 총11획] 영 emaciated 중 cuì 일 スイ(やつれる)		悴薄(췌박) 悴顔(췌안)

萃 모을 췌	1급 [6艹8 총12획] 영 gather 중 cuì 일 スイ(あつめる)	萃然(췌연) 萃蔡(췌채)
瘁 병들 췌	[5疒8 총13획] 영 tired 중 cuì 일 スイ(つかれる)	瘁攝(췌섭) 瘁音(췌음)
膵 췌장 췌	1급 [6肉12 총16획] 영 pancreas 중 cuì 일 スイ(すいぞう)	膵管(췌관) 膵液(췌액)
顇 파리할 췌	[9頁8 총17획] 영 emaciated 중 cuì 일 スイ(やつれる)	顇奴(췌노)
贅 혹 췌	1급 [7貝11 총18획] 영 lump 중 贅 zhuì 일 ゼイ(こぶ)	贅談(췌담) 贅論(췌론)
吹 불 취	중3급 [3口4 총7획] 영 blow, exhale 중 chuī 일 スイ(ふく)	吹毛求疵(취모구자) 吹入(취입)
取 취할 취	중4급 [2又6 총8획] 영 take 중 qǔ 일 シュ(とる)	取得(취득) 取捨選擇(취사선택)
炊 불 땔 취	2급 [4火4 총8획] 영 fire 중 chuī 일 スイ(かしぐ)	炊飯(취반) 炊事(취사)
臭 냄새 취	고3급 [6自4 총10획] 영 smell 중 chòu 일 シュウ(におい)	臭氣(취기) 臭味(취미)
脆 연할 취	1급 [6肉6 총10획] 영 fragile 중 脆 cuì 일 ゼイ(もろい)	脆怯(취겁) 脆弱(취약)
娶 장가들 취	1급 [3女8 총11획] 영 take a wife 중 qǔ 일 シュ(めとる)	娶嫁(취가) 娶禮(취례)
就 이룰 취	중4급 [3尢9 총12획] 영 achieve 중 jiù 일 シュウ(つく)	就業(취업) 就任(취임)
毳 솜털 취	[4毛8 총12획] 영 wool 중 cuì, chuì 일 セイ(にこげ)	毳幕(취막)
揣 잴 취	[4手9 총12획] 영 measure 중 chuāi 일 シ(はかる)	揣摩(취마) 揣知(취지)

■ 聚 모을 **취**	2급 [6耳8 총14획] 영 collect, gather 중 cuì 일 シュ(あつまる)	聚骨(취골)
■ 翠 비취 **취**	1급 [6羽8 총14획] 영 jade 중 翠 cuì 일 スイ(みどり)	翠空(취공) 翠光(취광)
□ 嘴 부리 **취**	[3口12 총15획] 영 bill 중 zuǐ 일 シ(くちばし)	銅嘴(동취) 煙嘴(연취)
■ 趣 뜻 **취**	高4급 [7走8 총15획] 영 object 중 qù 일 シュ(おもむく)	趣向(취향) 趣味(취미)
■ 醉 술 취할 **취**	高3급 [7酉8 총15획] 영 get drunk 중 zuì 일 スイ(よう)	醉客(취객) 醉氣(취기)
□ 竁 팔 **취**	[5穴12 총17획] 영 dig a hole 중 cuì 일 セイ(ほる)	大喪甫竁 (대상보취)
□ 膵 새꽁무니살 **취**	[6肉14 총18획] 영 tail 중 膵 cuì 일 スイ(くるぶし)	
□ 鷲 독수리 **취**	[11鳥12 총23획] 영 vulture 중 鹫 jiù 일 シュウ(わし)	鷲頭(취두) 鷲山(취산)
□ 驟 달릴 **취**	[10馬14 총24획] 영 drive a horse 중 骤 zhòu 일 (はしる)	驟起(취기) 驟凉(취량)
□ 仄 기울 **측**	[2人2 총4획] 영 incline 중 zè 일 ソク(かたむく)	仄起(측기) 仄陋(측루)
□ 昃 기울 **측**	[4日4 총8획] 영 decline 중 zè 일 ショク(かたむく)	日昃(일측)
■ 側 곁 **측**	高3급 [2人9 총11획] 영 side 중 側 cè, zè, zhāi 일 ソク(そば)	側近(측근) 側麗(측려)
■ 測 측량할 **측**	高4급 [4水9 총12획] 영 measure 중 测 cè 일 ソク(はかる)	測量(측량) 測定(측정)
■ 惻 슬플 **측**	1급 [4心9 총12획] 영 lamenting 중 恻 cè 일 ショク(いたむ)	惻隱(측은) 惻隱之心(측은지심)

襯 속옷 츤	[2人16 총18획] 영 underwear 중 chèn 일 シン(はだぎ)	襯錢(츤전)
■ 層 층 층	高4급 [3尸12 총15획] 영 storey 중 层 céng 일 層ソウ(かさなり)	層階(층계) 層臺(층대)
□ 柂 쪼갤 치	[4木3 총7획] 영 split 중 lí 일 チ(さく)	柂棺(치관)
□ 豸 벌레 치	[7豸0 총7획] 영 insect 중 zhì 일 チ(ながむし)	豸史(치사)
■ 侈 사치할 치	1급 [2人6 총8획] 영 luxury 중 chǐ 일 シ(おごる)	侈件(치건) 侈口(치구)
■ 治 다스릴 치	中4급 [4水5 총8획] 영 govern 중 zhì 일 チ(おさめる)	治家(치가) 治療(치료)
■ 峙 언덕 치	2급 [3山6 총9획] 영 slope 중 zhì, shì 일 ジ(そばだつ)	峙立(치립) 峙積(치적)
□ 哆 입 딱 벌릴 치	[3口6 총9획] 영 open a mouth 중 duō 일 シ(はる)	摩哆(마다)
■ 値 값 치	高3급 [2人8 총10획] 영 value 중 值 zhí 일 チ(あたい)	價値(가치) 値遇(치우)
□ 恥 부끄럼 치	[4心6 총10획] 영 shame 중 耻 chǐ 일 チ(はじ)	恥骨(치골) 恥辱(치욕)
■ 致 이를 치	中5급 [6至4 총10획] 영 reach 중 zhì 일 チ(いたす)	致家(치가) 致命(치명)
□ 茬 풀 모양 치	[6艸6 총10획] 영 herb 중 chá 일 シ(くさ)	然猶山不茬蘖 (연유산불치얼)
□ 蚩 어리석을 치	[6虫4 총10획] 영 foolish 중 蚩 chī 일 シ(おろか)	蚩笑(치소) 蚩蚩(치치)
□ 淄 검은빛 치	[4水8 총11획] 영 black 중 zī 일 シ(くろ)	淄黃(치두)

□ 梔 치자 치	[4木7 총11획] 영 cape jasmine 중 梔 zhī 일 シ(くちなし)	梔子(치자)
■ 痔 치질 치	1급 [5疒6 총11획] 영 piles 중 痔 zhì 일 チ(しもがさ)	痔漏(치루) 痔疾(치질)
□ 黹 바느질할 치	[12黹0 총12획] 영 sew 중 黹 zhǐ 일 チ(さす)	
□ 甾 묵정밭 치	[6艸8 총12획] 영 misfortune 중 zī 일 シ(わざわい)	甾畬(치여) 甾害(재해)
□ 馳 달릴 치	1급 [10馬3 총13획] 영 scuttle 중 馳 chí 일 チ(はしる)	馳突(치돌) 馳逐(치축)
□ 寘 둘 치	[3宀10 총13획] 영 put 중 置 zhì 일 シ(おく)	寘耳(치이) 寘酒(치주)
■ 嗤 비웃을 치	1급 [3口10 총13획] 영 sneer 중 chī 일 シ(わらう)	嗤侮(치모) 嗤笑(치소)
■ 稚 어릴 치	3급II [5禾8 총13획] 영 young, infant 중 zhì 일 チ(おさない)	稚氣(치기) 稚老(치로)
■ 置 둘 치	총4급II [6网8 총13획] 영 put 중 置 zhì 일 チ(おく)	置家(치가) 置簿(치부)
□ 絺 칡베 치	[6糸7 총13획] 영 fine linen 중 chī, chǐ 일 チ(くずぬの)	絺纊(치광) 絺帷(치유)
□ 跱 머뭇거릴 치	[7足6 총13획] 영 hesitate 중 zhì 일 チ(とどまる)	跱蹟(치척)
□ 誃 이별할 치	[7言6 총13획] 영 separate 중 chǐ 일 シ(わかれる)	出誃門(출치문)
■ 雉 꿩 치	2급 [8隹5 총13획] 영 pheasant 중 雉 zhì 일 チ(きじ)	雉城(치성) 雉堞(치첩)
□ 疐 굽힐 치	[5疋9 총14획] 영 fall down 중 hì 일 チ(つまずく)	

緇	검을 치	[6糸8 총14획] 영 black 중 緇 zī 일 シ(くろ)	緇素(치소) 緇衣(치의)
齒	이 치	中4급 [15齒0 총15획] 영 teeth 중 齿 chǐ 일 歯シ(は)	齒腔(치강) 齒莖(치경)
幟	기 치	1급 [3巾12 총15획] 영 banner 일 シ(のぼり)	幟竿(치간) 綏幟(수치)
緻	빽빽할 치	1급 [6糸9 총15획] 영 minuteness 중 缁 zhì 일 チ(こまやか)	緻密(치밀) 再緻(재치)
輜	짐수레 치	[7車8 총15획] 영 freight waggon 중 辎 zī 일 シ(にぐるま)	輜車(치거) 輜重(치중)
鴟	솔개 치	[11鳥5 총16획] 영 kite 중 鸱 chī 일 シ(とび)	鴟目虎吻(치목호문) 鴟張(치장)
熾	성할 치	1급 [4火12 총16획] 영 severe 중 炽 chì 일 シ(さかん)	熾結(치결) 熾烈(치열)
恥	부끄러울 치	高3급 [6心10 총16획] 영 shame 중 耻 chǐ 일 チ(いかる)	恥辱(치욕) 廉恥(염치)
錙	저울눈 치	高3급 [8金8 총16획] 영 the notches of a beam 중 锱 zī 일 シ(わずか)	率家(솔가) 率丁(솔정)
薙	풀 깎을 치	[6艸13 총17획] 영 cut down 중 tì 일 チ(なぐ)	薙刀(체도) 薙髮(체발)
懥	성낼 치	[4心15 총18획] 영 angry 중 zhí 일 チ(いかる)	惟有夏之民叨懥日欽 (유유하지민 도치일흠)
癡	어리석을 치	1급 [5疒14 총19획] 영 foolish 중 癡 chī 일 チ(おろか)	癡呆(치매) 癡情(치정)
觶	잔 치	[7角12 총19획] 영 wine cup 중 觯 zhì 일 シ(さかずき)	
則	법칙 칙	中5급 [2刀7 총9획] 영 rule 중 则 zé 일 ソク(のり)	則度(칙도) 則效(칙효)

■ 勅 칙서 **칙**	1급 [2力7 총9획] 영 command 중 chì 일 チョク(みことのり)	勅令(칙령) 勅命(칙명)
□ 飭 경계할 **칙**	[4攴7 총11획] 영 caution 중 chì 일 チョク(いましめる)	飭差(칙차)
□ 飭 신칙할 **칙**	[9食4 총13획] 영 diligent 중 飭 chì 일 チョク(つとめる)	飭躬(칙궁) 飭勵(칙려)
■ 親 친할 **친**	중6급 [7見9 총16획] 영 intimate 중 亲 qīn 일 シン(したしむ)	親家(친가) 親交(친교)
□ 齔 이갈 **친**	[15齒2 총17획] 영 cut teeth 중 龀 chèn 일 シン(かけば)	齔童(친동)
□ 櫬 널 **친**	[4木16 총20획] 영 coffin 중 榇 chèn 일 シン(ひつぎ)	櫬宮(친궁)
□ 襯 속옷 **친**	[6衣16 총21획] 영 underwears 중 衬 chèn 일 (はだぎ)	襯衫(친삼) 襯衣(친의)
■ 七 일곱 **칠**	중8급 [1一 총2획] 영 seven 중 qī 일 シチ(ななつ)	七旬(칠순) 七寶(칠보)
■ 漆 옻칠할 **칠**	고3급 [4水11 총14획] 영 lacquer 중 qī 일 シツ(うるし)	漆工(칠공) 漆器(칠기)
□ 忱 정성 **침**	[4心4 총7획] 영 sincerity 중 chén 일 シン(まこと)	忱辭(침사)
■ 沈 잠길 **침**	고3급 [4水4 총7획] 영 sink 중 chén 일 チン(しずむ)	沈降(침강) 沈澱(침전)
■ 枕 베개 **침**	고3급 [4木4 총8획] 영 pillow 중 zhěn 일 シン(まくら)	枕囊(침낭) 枕席(침석)
■ 侵 침범할 **침**	고4급 [2人7 총9획] 영 invade 중 qīn 일 シン(おかす)	侵境(침경) 侵攻(침공)
■ 浸 적실 **침**	고3급 [4水7 총10획] 영 soak, dip 중 jìn 일 シン(ひたる)	浸肌(침기) 浸透(침투)

■ 砧 방칫돌 침	1급 [5石5 총10획] 영 fullingblock 중 zhēn 일 チン(きぬた)	砧斧(침부) 砧石(침석)	
■ 針 바늘 침	중4급 [8金2 총10획] 영 needle 중 针 zhēn 일 シン(はり)	針工(침공) 針孔(침공)	
□ 琛 보배 침	[5玉8 총12획] 영 treasure 중 琛 chēn 일 チン(たから)	琛貢(침공) 琛麗(침려)	
□ 祲 상서 침	[5示7 총12획] 영 prosperous 중 祲 jìn, jīn 일 シン(さかん)	祲沴(침려) 祲息(침식)	
□ 椹 모탕 침	[4木9 총13획] 영 wooden block 중 zhēn 일 チン(くわのみ)	桑椹(상심)	
□ 蔵 꽈리 침	[6艸9 총13획] 영 ground cherry 중 qián 일 シン(ほほずき)	蔵析苞荔 (침석포려)	
■ 寢 잘 침	고4급 [3宀11 총14획] 영 sleep 중 qǐn 일 寢 シン(ねる)	寢具(침구) 寢臺(침대)	
■ 鍼 바늘 침	1급 [8金9 총17획] 영 needle 중 鍼 zhēn 일 シン(はり)	鍼工(침공) 鍼灸(침구)	
■ 蟄 숨을 칩	1급 [6虫11 총17획] 영 hibernate 중 蟄 zhé 일 チュウ(かくれる)	蟄居(칩거) 蟄蟲(칩충)	
■ 秤 저울 칭	1급 [5禾5 총10획] 영 balance 중 秤 chèn 일 ショウ(はかり)	秤動(칭동) 秤板(칭판)	
■ 稱 일컬을 칭	고4급 [5禾9 총14획] 영 call 중 称 chēng 일 称 ショウ(となえる)	稱道(칭도) 稱名(칭명)	

ㅋ · ㅌ

□ 夬 결단할 쾌	[3大1 총4획] 영 decide 중 guài 일 カイ(きめる)	夬夬(쾌쾌)
■ 快 쾌할 쾌	中4급 [4心4 총7획] 영 cheerful 중 kuài 일 カイ(こころよい)	快感(쾌감) 快擧(쾌거)
■ 他 다를 타	中5급 [2人3 총5획] 영 different 중 tā 일 タ(ほか)	他界(타계) 他故(타고)
□ 它 다를 타	[3宀2 총5획] 영 it 중 tā 일 タ(それ)	
■ 打 칠 타	中5급 [4手2 총5획] 영 strike 중 dǎ 일 ダ(うつ)	打開(타개) 打擊(타격)
□ 朶 늘어질 타	[4木2 총6획] 영 cluster 중 朵 duǒ 일 タ(しだれる)	朶雲(타운)
□ 佗 다를 타	[2人5 총7획] 영 carry 중 tuó 일 タ(になう)	佗負(타부)
■ 妥 편안할 타	高3급 [3女4 총7획] 영 serene 중 tuǒ 일 ダ(やすらか)	妥結(타결) 妥當(타당)
□ 拖 끌 타	[4手5 총8획] 영 draw 중 tuō 일 タ(ひく)	拖過(타과) 拖鉤(타구)
□ 秅 벼 사백 뭇 타	[5禾3 총8획] 영 bundle 중 chá 일 タ(いねたば)	四百秉爲一秅 (사백병위일타)
■ 陀 비탈질 타	1급 [8阜5 총8획] 영 slope 중 tuó 일 タ(さか)	佛陀(불타) 陀佛(타불)
□ 陁 비탈질 타	[8阜5 총8획] 영 hillock 중 tuó 일 タ(さか)	陁堵(타도) 陁靡(타미)
□ 咤 꾸짖을 타	[3口6 총9획] 영 scold 중 zhà, zhā 일 タ(しかる)	咤食(타식) 咤叱(타질)

초간편 실용한자 7000 | 405

柂 키 타	[4木5 총9획] 영 rudder 중 tuó 일 タ(かじ)	柂手(타수)
迤 잇닿을 타	[7辵5 총9획] 영 adjoin 중 迤 yǐ 일 イ(つづく)	
唾 침 타	1급 [3口8 총11획] 영 spittle 중 tuò 일 ダ(つは)	唾具(타구) 唾棄(타기)
舵 키 타	1급 [6舟5 총11획] 영 helm 중 duò 일 タ(かじ)	舵輪(타륜) 舵手(타수)
惰 게으를 타	1급 [4心9 총12획] 영 lazy 중 duò 일 タ(おこたる)	惰性(타성) 惰怠(타태)
隋 떨어질 타	[8阜9 총12획] 영 fall 중 suí 일 ダ(おちる)	隋珠(수주) 隋書(수서)
馱 실을 타	[10馬3 총13획] 영 load 중 馱 tuò 일 タダ(おわせる)	馱價(타가) 馱賃(타임)
楕 길쭉할 타	1급 [4木9 총13획] 영 long 중 楕 tuǒ 일 ダ	楕圓形(타원형) 楕圓銀河(타원은하)
詫 자랑할 타	[7言6 총13획] 영 boast 중 诧 chà 일 タ(ほこる)	詫誇(타과) 詫言(타언)
駝 낙타 타	1급 [10馬5 총15획] 영 camel 중 駝 tuó 일 タ(らくだ)	駝鳥(타조) 駱駝(낙타)
墮 떨어질 타	高3급 [3土12 총15획] 영 fall 중 堕 duò 일 堕タ(おちる)	墮落(타락) 解墮(해타)
鮀 모래무지 타	[11魚5 총16획] 영 goby 중 tuó 일 ダ(はぜ)	鮀魚(타어)
鴕 타조 타	[11鳥5 총16획] 영 ostrich 중 鸵 tuó 일 タ(だちょう)	
橢 길쭉할 타	[4木12 총16획] 영 oval 중 tuǒ 일 ダ(にばんがた)	橢圓(타원)

鼉 악어 타	[13黽 12 총25획] 영 crocodile 중 鼍 tà 일 タ(かめ)	鼉鼓(타고)
■ 托 맡길 탁	高3급 [4手 3 총6획] 영 leave with 중 tuō 일 タク(おす)	托鉢(탁발) 托處(탁처)
■ 卓 높을 탁	高5급 [2十 6 총8획] 영 high, table 중 zhuō 일 タく(つくえ)	卓見(탁견) 卓球(탁구)
坼 터질 탁	[3土 5 총8획] 영 crack 중 chè 일 タク(さける)	坼甲(탁갑) 坼榜(탁방)
拆 터질 탁	[4手 5 총8획] 영 burst 중 chāi 일 タク(さく)	拆裂(탁렬)
柝 딱따기 탁	[4木 5 총9획] 영 watchman's rattle 중 tuò 일 タク	柝字(탁자) 警柝(경탁)
倬 클 탁	[2人 8 총10획] 영 large 중 zhuō 일 タク(いちじるしい)	著倬(저탁)
■ 託 부탁할 탁	2급 [7言 3 총10획] 영 request 중 tuō 일 タク(たのみ)	託故(탁고) 託寄(탁기)
啄 쪼을 탁	[3口 8 총11획] 영 peck 중 zhuó 일 タク(ついばむ)	啄木(탁목) 啄啄(탁탁)
涿 칠 탁	[4水 8 총11획] 영 beat 중 zhuō, zhuó 일 タク(うつ)	
椓 칠 탁	[4木 8 총12획] 영 beat 중 zhuó 일 タク(たたく)	椓杙(탁익)
■ 琢 쪼을 탁	3급 [5玉 8 총12획] 영 carve 중 zhuó, zuó 일 タク(みがく)	琢句(탁귀) 琢磨(탁마)
馲 낙타 탁	[10馬 3 총13획] 영 camel 중 luò 일 タク(らくだ)	馲駝(탁타)
橐 전대 탁	[4木 12 총16획] 영 sack, bag 중 tuó 일 タク(ふくろ)	橐駝(탁타)

濁 흐릴 **탁**	高3급 [4 水13 총16획] 영impure 중浊 zhuó 일ダク(にごる)	濁流(탁류) 濁酒(탁주)
濯 씻을 **탁**	高3급 [4 水14 총17획] 영wash 중濯 zhuó 일タク(あらう)	濯船(탁선) 濯足(탁족)
擢 뽑을 **탁**	1급 [4 手14 총17획] 영select 중擢 zhuó 일タク(ぬきんでる)	擢賞(탁상) 擢秀(탁수)
鐲 징 **탁**	[8 金13 총21획] 영gong 중镯 zhuó 일タク(かね)	鐲鐃(탁요)
鐸 방울 **탁**	[8 金13 총21획] 영hand bell 중铎 duó 일タク(すず)	木鐸(목탁) 鐸鈴(탁령)
呑 삼킬 **탄**	1급 [3 口4 총7획] 영swallow 중吞 tūn 일ドン(のむ)	呑剝(탄박) 呑噬(탄서)
坦 평탄할 **탄**	1급 [3 土5 총8획] 영even, level 중坦 tǎn 일タン(たいらか)	坦道(탄도) 坦路(탄로)
炭 숯 **탄**	高5급 [4 火5 총9획] 영charcoal 중炭 tàn 일タン(すみ)	炭坑(탄갱) 炭鑛(탄광)
僤 도타울 **탄**	[2 人12 총14획] 영hearty 중僤 chǎn, dàn 일タン(あつい)	逢天僤怒 (봉천탄노)
嘆 한숨쉴 **탄**	[3 口11 총14획] 영sigh 중叹 tàn 일タン(なげく)	嘆哭(탄곡) 嘆息(탄식)
綻 터질 **탄**	1급 [6 糸8 총14획] 영rip 중绽 zhàn 일タン(ほころびる)	綻露(탄로) 綻裂(탄열)
誕 태어날 **탄**	高2급 [7 言7 총14획] 영be born 중诞 dàn 일タン(うまれる)	誕降(탄강) 誕生(탄생)
彈 탄알 **탄**	高4급 [3 弓12 총15획] 영bullet 중弹 dàn, tán 일ダン(たま)	彈糾(탄규) 彈琴(탄금)
歎 탄식할 **탄**	高4급 [4 欠11 총15획] 영lament 중歎 tàn 일タン(なげく)	歎感(탄감) 歎聲(탄성)

한자	급수/부수/획수	영/중/일	예
憚 꺼릴 탄	1급 [4 心12 총15획]	영shun 중憚 dān 일タン(はばかる)	憚改(탄개) 憚服(탄복)
殫 다할 탄	[4 歹12 총16획]	영entirely 중殫 dān 일タン(つきる)	殫竭(탄갈)
灘 여울 탄	2급 [4 水19 총22획]	영swift current 중灘 tān 일タン(はやせ)	灘聲(탄성) 沍灘(군탄)
攤 펼 탄	[4 手19 총22획]	영spread 중攤 tān 일タン(ひらく)	攤飯(탄반) 攤書(탄서)
癱 중풍 탄	[5 疒19 총24획]	영paralysis 중瘫 tān 일タン(ちゅうふう)	癱瘓(탄탄)
脫 벗을 탈	中4급 [6 肉7 총11획]	영undress 중脱 tuō 일ダツ(ぬぐ)	脫出(탈출) 脫北者(탈북자)
奪 빼앗을 탈	高3급 [3 大11 총14획]	영rob 중夺 duó 일ダツ(うばう)	奪氣(탈기) 奪略(탈략)
眈 노려볼 탐	1급 [5 目4 총9획]	영glare 중眈 dān 일タン(ねらいみる)	眈眈(탐탐) 眈溺(탐닉)
耽 즐길 탐	2급 [6 耳3 총9획]	영pleasure 중耽 dān 일タン(たのしむ)	耽嗜(탐기) 耽溺(탐닉)
探 찾을 탐	中4급 [4 手8 총11획]	영search 중探 tàn 일タン(さぐる)	探檢(탐검) 探求(탐구)
貪 탐할 탐	高3급 [7 貝4 총11획]	영covet 중贪 tān 일タン(むさぼる)	貪虐(탐학) 貪橫(탐횡)
撢 더듬을 탐	[4 手12 총15획]	영grope 중撢 dǎn 일タン(さぐる)	撢塵(탐진)
塔 탑 탑	高3급 [3 土10 총13획]	영pagoda 중塔 tǎ 일トウ(そとば)	塔影(탑영) 塔尖(탑첨)
搭 붙을 탑	1급 [4 手10 총13획]	영hang 중搭 dā 일トウ(かける)	搭客(탑객) 搭船(탑선)

☐ **搨** 베낄 **탑**	[4手 10 총13획] 영 copy, print 중 搨 tà 일 トウ(うつす)	搨本(탑본)
☐ **榻** 평상 **탑**	[4木 10 총14획] 영 wooden bench 중 榻 tā 일 トウ(にしかけ)	榻本(탑본)
☐ **鰈** 가자미 **탑**	[11魚 9 총20획] 영 flatfish 중 鰈 dié 일 トウ(かれい)	鰈魚(접어) 鰈域(접역)
☐ **鰨** 가재미 **탑**	[11魚 10 총21획] 영 flatfish 중 鰨 tǎ 일 トウ(ひらめ)	
☐ **帑** 금고 **탕**	[3巾 5 총8획] 영 ware house 중 帑 tǎng 일 ド(かねぐら)	帑庫(탕고) 帑藏(탕장)
■ **宕** 방탕할 **탕**	1급 [3宀 5 총8획] 영 dissipated 중 宕 dàng 일 トウ(ほらあな)	宕巾(탕건) 宕氅(탕창)
■ **湯** 물 끓을 **탕**	高3급 [4水 9 총12획] 영 hot water 중 汤 tāng 일 トウ(ゆ)	湯藥(탕약) 湯劑(탕제)
☐ **逿** 거꾸러질 **탕**	[7辶 9 총13획] 영 fall prone 중 逿 dàng 일 トウ(たおれる)	陽醉逿墜(양취탕추)
☐ **燙** 씻을 **탕**	[4火 12 총16획] 영 wash 중 燙 àng 일 トウ(すすぐ)	燙酒(탕주)
■ **蕩** 방탕할 **탕**	1급 [6艸 12 총16획] 영 dissolute 중 蕩 dàng 일 トウ(ひろやか)	蕩兒(탕아) 蕩盡(탕진)
☐ **踼** 미끄러질 **탕**	[7足 9 총16획] 영 slip 중 踼 dàng 일 トウ(つまずく)	跌踼(질탕)
☐ **盪** 씻을 **탕**	[5皿 12 총17획] 영 wash 중 荡 dàng 일 トウ(うごく)	盪滅(탕멸)
☐ **簜** 왕대 **탕**	[6竹 12 총18획] 영 bamboo 중 簜 dāng 일 トウ(おおだけ)	
■ **太** 클 **태**	中6급 [3大 1 총4획] 영 big 중 太 tài 일 タイ(ふとい)	太古(태고) 太極(태극)

台 별이름 태	2급 [3口2 총5획] 영 star name 중 tái 일 タイ(うこな)		台啓(태계)
兌 바꿀 태	2급 [2儿5 총7획] 영 change 중 兑 duì 일 タイ(よろこぶ)		兌方(태방) 兌換(태환)
汰 일 태	1급 [4水4 총7획] 영 rinse 중 tài 일 タイ(あらう)		汰沙(태사) 汰盤(태반)
殆 위태할 태	高3I급 [4歹5 총9획] 영 danger 중 dài 일 タイ(あやうい)		殆無(태무) 殆半(태반)
怠 게으를 태	高3급 [4心5 총9획] 영 lazy 중 dài 일 タイ(おこたる)		怠倦(태권) 怠慢(태만)
苔 이끼 태	1급 [6艸5 총9획] 영 moss 중 tái 일 タイ(こけ)		苔徑(태경) 苔階(태계)
胎 아이 밸 태	2급 [6肉5 총9획] 영 conceive 중 tāi 일 タイ(はらむ)		胎敎(태교) 胎氣(태기)
迨 미칠 태	[7辵5 총9획] 영 reach 중 dài 일 タイ(およぶ)		迨今(태금) 迨吉(태길)
泰 클 태	中3I급 [4水5 총10획] 영 peaceful, huge 중 tài 일 タイ(やすらか)		泰斗(태두) 泰山(태산)
笞 볼기 칠 태	1급 [6竹5 총11획] 영 spank 중 chī 일 チ(むちうつ)		笞擊(태격) 笞罰(태벌)
跆 밟을 태	1급 [7足5 총12획] 영 trample down 중 tái 일 タイ(ふむ)		跆拳(태권) 跆拳舞(태권무)
態 모양 태	高4I급 [4心10 총14획] 영 shape 중 态 tài 일 タイ(ありさま)		態度(태도) 態勢(태세)
颱 태풍 태	2급 [9風5 총14획] 영 typhoon 중 台 tái 일 タイ(たいふう)		颱風(태풍) 颱風目(태풍목)
駘 둔마 태	[10馬5 총15획] 영 dull 중 骀 tái 일 タイ(にぶい)		駘蕩(태탕)

□ 鮐 복어 **태**	[11魚5 총16획] 영 swellfish 중 鮐 tái 일 タイ(ふぐ)	鮐背(태배)
■ 擇 가릴 **택**	高4급 [4手13 총16획] 영 select 중 择 zé, zhái 일 タク(えらぶ)	擇吉(택길) 擇地(택지)
■ 澤 못 **택**	高3급 [4水13 총16획] 영 lake 중 泽 zé 일 タク(さわ)	澤雨(택우) 光澤(광택)
■ 宅 집 **택**	中5급 [3宀3 총6획] 영 house 중 zhái, zhè 일 タク(すまい)	宅居(택거) 宅地(택지)
■ 撑 버틸 **탱**	1급 [4手12 총15획] 영 endure 중 撑 hēng 일 トウ(ささえる)	撑拒(탱거) 撑柱(탱주)
□ 樘 기둥 **탱**	[4木12 총16획] 영 prop 중 chēng 일 トウ(ささえ)	樘刺(탱척)
■ 攄 펼 **터**	1급 [4手15 총18획] 영 spread 중 攄 shū 일 チョ(のべる)	攄得(터득) 攄破(터파)
■ 土 흙 **토**	中8급 [3土0 총3획] 영 earth 중 tǔ 일 ト(つち)	土建(토건) 土窟(토굴)
■ 吐 토할 **토**	高3급 [3口3 총6획] 영 vomit 중 tǔ 일 ト(はく)	吐剛如柔(토강여유) 吐露(토로)
■ 討 칠 **토**	高4급 [7言3 총10획] 영 attack 중 讨 tǎo 일 トウ(うつ)	討伐(토벌) 討索(토색)
□ 菟 새삼 **토**	[6艸8 총12획] 영 love vine 중 tù 일 ト(うさぎ)	菟絲子(토사자) 菟奚(토해)
□ 啍 느릿할 **톤**	[3口8 총11획] 영 breath 중 tuī, tūn 일 トン(いき)	大車啍啍 (대차톤톤)
□ 侗 미련할 **통**	[2人6 총8획] 영 foolish 중 tong/dòng 일 トウ(おろか)	
□ 恫 슬플 **통**	[4心6 총9획] 영 sorrow 중 tōng 일 トウ(いたむ)	恫喝(동갈) 恫疑(동의)

■ 桶 통 통	1급 [4木7 총11획] 영 tub 중 tǒng 일 トウ(おけ)		桶匠(통장) 休紙桶(휴지통)
■ 通 통할 통	中6급 [7辵7 총11획] 영 go through 중 通 tōng 일 トウ(とおる)		通告(통고) 通古今(통고금)
■ 痛 아플 통	高4급 [5疒7 총12획] 영 ache, pain 중 tòng 일 トウ(いたむ)		痛感(통감) 痛哭(통곡)
■ 筒 대통 통	1급 [6竹6 총12획] 영 tube, pipe 중 tǒng 일 トウ(つつ)		算筒(산통)
■ 統 거느릴 통	中4급 [6糸6 총12획] 영 command 중 統 tǒng 일 トウ(すべるのり)		統計(통계) 統括(통괄)
□ 箟 대통 통	[6竹7 총13획] 영 bamboo-tub 중 tǒng 일 トウ(たけつつ)		箟瓦(통와)
■ 慟 서러울 통	1급 [4心11 총14획] 영 grievous 중 恸 tòng 일 トウ(なげく)		慟哭(통곡) 慟絶(통절)
■ 退 물러날 퇴	中4급 [7辵6 총10획] 영 retreat 중 退 tuì 일 タイ(しりぞく)		退却(퇴각) 退去(퇴거)
■ 堆 쌓을 퇴	1급 [3土8 총11획] 영 heap up 중 duī 일 タイ(うずたかい)		堆肥(퇴비) 堆積(퇴적)
■ 腿 넓적다리 퇴	1급 [6肉10 총14획] 영 thigh 중 tuǐ 일 タイ(もも)		腿骨(퇴골) 大腿骨(대퇴골)
■ 褪 바랠 퇴	1급 [6衣10 총15획] 영 fade 중 tuì 일 タイ(あせる)		褪色(퇴색)
■ 頹 무너질 퇴	1급 [9頁7 총16획] 영 crumble 중 頹 tuí 일 タイ(くずれる)		頹落(퇴락) 頹勢(퇴세)
□ 穨 쇠퇴할 퇴	[5禾14 총19획] 영 decay 중 tuí 일 タイ(つむじかぜ)		穨陵(퇴릉)
■ 套 덮개 투	1급 [3大7 총10획] 영 cover 중 tào 일 トウ(かさねる)		套袖(투수) 套語(투어)

☐ 妒	강샘할 투	[3女4 총7획] 영 jealous 중 dù 일 ト(ねたむ)	妒婦(투부) 妒妻(투처)
■ 投	던질 투	中4급 [4手4 총7획] 영 throw 중 tóu 일 トウ(なげる)	投稿(투고) 投戈(투과)
■ 妬	샘낼 투	1급 [3女5 총8획] 영 jealous 중 dù 일 ト(ねたむ)	妬忌(투기) 妬女(투녀)
☐ 偸	훔칠 투	[2人9 총11획] 영 steal 중 偷 tōu 일 トウ(ぬすむ)	偸鷄摸狗(투계모구) 偸桃(투도)
■ 透	통할 투	高3급 [7辵7 총11획] 영 transparent 중 透 tòu 일 トウ(とおる)	透過(투과) 透光(투광)
☐ 渝	변할 투	[4水9 총12획] 영 change 중 渝 yú 일 ユ(かわる)	渝盟(투맹)
☐ 骰	주사위 투	[10骨4 총14획] 영 dice 중 tóu 일 トウ(さい)	骰子(투자) 骰子骨(투자골)
鬪	싸움 투	高4급 [10鬥10 총20획] 영 fight 중 鬪 dòu 일 トウ(たたかう)	鬪犬(투견) 鬪鷄(투계)
☐ 忒	틀릴 특	[4心3 총7획] 영 deviate 중 tuī, tè, tēi 일 トク(たがう)	四時不忒 (사시불특)
■ 特	유다를 특	中6급 [4牛6 총10획] 영 special 중 tè 일 トク(ぬきんでる)	特價(특가) 特級(특급)
■ 慝	간사할 특	1급 [4心11 총15획] 영 wicked 중 tè 일 トク(よこしま)	慝惡(특악) 私慝(사특)
☐ 闖	엿볼 틈	[8門10 총18획] 영 spy out 중 闖 chuǎng 일 チン(うかがう)	闖入(틈입) 闖肆(틈사)

ㅍ

■ **巴** 꼬리 **파**	1급 [3己1 총4획] 영 tail 중 bā 일 ハ(ともえ)	巴只(파지) 巴戟(파극)
□ **叵** 어려울 **파**	[3口2 총5획] 영 impossible 중 pǒ 일 ハ(むずかしい)	叵奈(파내) 叵羅(파라)
■ **把** 잡을 **파**	高2급 [4手4 총7획] 영 catch 중 bǎ, bà 일 ハ(にぎる)	把守兵(파수병) 把握(파악)
■ **坡** 언덕 **파**	2급 [3土5 총8획] 영 hill 중 pō 일 ハ(さか)	坡岸(파안) 坡陀(파타)
□ **帕** 머리띠 **파**	[3巾5 총8획] 영 head-band 중 pà, mò 일 ハ(はちまき)	帕頭(파두) 帕首(파수)
■ **波** 물결 **파**	中4급 [4水5 총8획] 영 wave 중 bō 일 ハ(なみ)	波及(파급) 波高(파고)
■ **爬** 긁을 **파**	1급 [4爪4 총8획] 영 scratch 중 pá 일 ハ(かく)	爬痒(파양) 爬行(파행)
□ **怕** 두려울 **파**	[4心5 총8획] 영 fear 중 pà 일 ハ(おそれる)	怕懼(파구)
□ **杷** 비파나무 **파**	[4木4 총8획] 영 harrow 중 pá 일 ハ(さらい)	杷車(파거)
□ **爸** 아비 **파**	[4父4 총8획] 영 father 중 bà 일 ハ(ちち)	爸爸(파파)
■ **芭** 파초 **파**	1급 [6艸4 총8획] 영 plantain 중 bā 일 ハ(ばしょう)	芭蕉(파초) 芭蕉實(파초실)
□ **陂** 비탈 **파**	[8阜5 총8획] 영 slope 중 pí 일 ヒ(さか)	陂塘(파당)
■ **派** 물갈래 **파**	高4급 [4水6 총9획] 영 branch 중 pài, pā, paī 일 ハ(わける)	派遣(파견) 派生(파생)

疤 흉터 **파**	[5疒4 총9획] 영 scar 중 bā 일 ハ(できものあと)	疤記(파기) 捧疤(봉파)
耙 써래 **파**	[6耒4 총10획] 영 rake 중 bà, pá 일 ハ(まぐわ)	方耙(방파) 秒耙(초파)
破 깨뜨릴 **파**	中4급 [5石5 총10획] 영 break, destroy 중 pò 일 ハ(やぶる)	破格(파격) 破鏡(파경)
婆 할머니 **파**	1급 [3女8 총11획] 영 old woman 중 pó 일 バ(ばば)	婆羅門(파라문:바라문) 婆娑(파사)
琶 비파 **파**	1급 [5玉8 총12획] 영 flute 중 pá 일 ハ(びわ)	琵琶(비파) 鄕琵琶(향비파)
跛 절뚝발이 **파**	1급 [7足5 총12획] 영 lame person 중 bǒ 일 ハ(びっこ)	跛蹇(파건) 跛鼈千里(파별천리)
葩 꽃 **파**	[6艸9 총13획] 영 flower 중 pā 일 ハ(はな)	葩卉(파훼)
頗 자못 **파**	高3급 [9頁5 총14획] 영 very 중 pō 일 ハ(かたよる)	頗僻(파벽) 頗多(파다)
播 뿌릴 **파**	高3급 [4手12 총15획] 영 sow 중 bō 일 ハ(まく)	播殖(파식) 播植(파식)
皤 흴 **파**	[5白12 총17획] 영 white 중 bō, pō, pán 일 ハ(しろい)	皤叟(파수) 皤皤老人(파파노인)
擺 열 **파**	[4手15 총18획] 영 spread 중 擺 bǎi 일 ハイ(ひらく)	擺撥馬(파발마)
壩 방죽 **파**	[3土21 총24획] 영 dike 중 坝 bà 일 ハ(つつみ)	壩臺(파대) 壩齒花(파치화)
判 판단할 **판**	中4급 [2刀5 총7획] 영 split 중 pàn 일 ハン(さばく)	判決(판결) 判別(판별)
坂 언덕 **판**	[3土4 총7획] 영 slope 중 bǎn 일 ハン(さか)	坂路(판로)

■ 阪 비탈 판	2급 [8阜4 총7획] 영 slope 중 bǎn 일 ハン(さか)		阪上走丸(판상주환) 阪田(판전)
■ 板 널빤지 판	高5급 [4木4 총8획] 영 board 중 bǎn 일 ハン(いた)		板刻(판각) 板橋(판교)
■ 版 판목 판	高3급 [4片4 총8획] 영 block 중 bǎn 일 ハン(ふだ)		版局(판국) 版權(판권)
■ 販 팔 판	高3급 [7貝4 총11획] 영 sell 중 贩 fàn 일 ハン(あきなう)		販路(판로) 販賣(판매)
□ 鈑 금박 판	[8金4 총12획] 영 gold leaf 중 鈑 bǎn 일 ハン(いたがね)		
■ 辦 힘들일 판	1급 [7辛9 총16획] 영 make efforts 중 辦 bàn 일 ベン(つとめる)		辦償(판상) 辦理(판리)
■ 瓣 외씨 판	1급 [5瓜14 총19획] 영 cucumber 중 bàn 일 ベン(うりたね)		瓣膜(판막)
■ 八 여덟 팔	中8급 [2八0 총2획] 영 eight 중 bā, bá 일 ハチ(やつ)		八景(팔경) 八角(팔각)
□ 叭 나팔 팔	[3口2 총5획] 영 trumpet 중 bā 일 ハツ		喇叭(나팔)
□ 捌 깨뜨릴 팔	[4手7 총10획] 영 break 중 bā 일 ハツ(やぶる)		捌格(팔격) 捌髪(팔발)
□ 孛 살별 패	[3子4 총7획] 영 comet 중 bó 일 ハイ(ほうきぼし)		
■ 沛 패수 패	1급 [4水4 총7획] 영 cloudburst 중 pèi 일 ハイ(おおあめ)		沛艾(패애) 沛然(패연)
■ 貝 조개 패	中3급 [7貝0 총7획] 영 shellfish 중 贝 bèi 일 バイ(かい)		貝殼(패각) 貝類(패류)
■ 佩 찰 패	1급 [2人6 총8획] 영 wear 중 pèi 일 ハイ(おびる)		佩劍(패검) 佩刀(패도)

■ 唄 염불 소리 패	**1급** [3口7 총10획] 영 prayer to Buddha 중 bài 일 バイ(うた)	唄讚(패찬) 梵唄(범패)
■ 悖 거스를 패	**1급** [4心7 총10획] 영 oppose 중 bèi 일 ハイ(さからう)	悖談(패담) 悖德(패덕)
□ 狽 이리 패	[4犬7 총10획] 영 wolf 중 狽 일 バイ(おおかみ)	狼狽(낭패) 臨時狼狽(임시낭패)
□ 浿 강 이름 패	[4水7 총10획] 영 river 중 bèi, pài, pèi 일 バイ(かわ)	浿水(패수)
□ 珮 찰 패	[5玉6 총10획] 영 put on 중 珮 일 ハイ(おびもの)	珮珂(패가) 珮環(패환)
■ 敗 패할 패	**中5급** [4攴7 총11획] 영 defeat 중 敗 bài 일 ハイ(やぶれる)	敗家亡身(패가망신) 敗局(패국)
■ 牌 패 패	**1급** [4片8 총12획] 영 signboard 중 pái 일 ハイ(ふだ)	牌札(패찰) 牌將(패장)
■ 稗 피 패	**1급** [5禾8 총13획] 영 barnyard grass 중 bài 일 ハイ(ひえ)	稗官(패관) 稗說(패설)
□ 誖 어지러울 패	[7言7 총14획] 영 dizzy 중 bèi 일 ハイ(そむく)	或誖其心 (혹패기심)
□ 霈 비 쏟아질 패	[8雨7 총15획] 영 heavy rain 중 pèi 일 ハイ(おおあめ)	甘霈(감패)
□ 霸 으뜸 패	[8雨13 총21획] 영 best 중 霸 bà 일 ハ(はたがしら)	霸功(패공) 霸權(패권)
□ 伻 부릴 팽	[2人5 총7획] 영 make one do 중 bēng 일 ホウ(つかう)	專伻(전팽) 高伻(고팽)
□ 烹 삶을 팽	[4火7 총11획] 영 boil, cook 중 pēng 일 ホウ(にる)	烹茶(팽다)
■ 彭 성씨 팽	**2급** [3彡9 총12획] 영 family name 중 péng 일 ホウ	彭湃(팽배) 彭殤(팽상)

한자	훈음	급수/획수	영/중/일	용례
■ 澎	물소리 팽	1급 [4水12 총15획]	sound of waves 중 péng 일 ホウ(みずおと)	澎湃(팽배) 澎融性(팽융성)
■ 膨	부풀 팽	1급 [6肉12 총16획]	swell 중 péng 일 ボウ(ふくれる)	膨大(팽대) 膨滿(팽만)
□ 蟛	방게 팽	[6虫12 총18획]	small crab 중 péng 일 ホウ(こがに)	蟛蜞(팽기)
■ 愎	괴팍할 퍅	1급 [4心9 총12획]	wild 중 bì 일 ヒョク(もとる)	愎諫(퍅간) 愎戾(퍅려)
■ 片	조각 편	中3급 [4片0 총4획]	piece, side 중 piàn, piān 일 ヘン(きれ)	片簡(편간) 片紙(편지)
■ 便	편할 편	中7급 [2人7 총9획]	convenience 중 biàn 일 ベン(たやすい)	便近(편근) 便佞(편녕)
■ 扁	작을 편	2급 [4戶5 총9획]	small 중 扁 biǎn 일 ヘン(ひらたい)	扁桃腺(편도선) 扁桃腺炎(편도선염)
■ 偏	치우칠 편	高2급 [2人9 총11획]	lean 중 piān 일 ヘン(かたよる)	偏見(편견) 偏斷(편단)
□ 徧	두루 편	[3彳9 총12획]	all over 중 biàn 일 ヘン(あまねし)	周徧(주편) 모든 면에 두루 미침
□ 惼	편협할 편	[4心9 총12획]	narrow minded 중 biǎn 일 ヘン(せまい)	惼心(편심) 惼狹(편협)
■ 遍	두루 편	高3급 [7辵9 총13획]	all around 중 遍 biàn 일 ヘン(あまねし)	遍歷(편력) 遍在(편재)
□ 褊	좁을 편	[6衣9 총14획]	narrow 중 褊 일 ヘン(せまい)	褊急(편급) 褊陋(편루)
■ 編	엮을 편	高3급 [6糸9 총15획]	weave 중 編 biān 일 ヘン(あむ)	編磬(편경) 編成(편성)
□ 翩	나부낄 편	[6羽9 총15획]	fly, flapping 중 翩 piān 일 ヘン(かける)	翩翩(편편)

■ 篇 책 편	中4급 [6竹9 총15획]	영 book, edit 중 篇 piān 일 ヘン(ふみ)	篇次(편차) 短篇(단편)
□ 蝙 박쥐 편	[6虫9 총15획]	영 bat 중 biān 일 ヘン(こうもり)	蝙蝠(편복) 蝙蝠之役(편복지역)
□ 諞 말잘할 편	[7言9 총16획]	영 be a good speaker 중 谝 piǎn 일 ヘン(うまくいう)	諞言(편언)
■ 鞭 채찍 편	1급 [9革9 총18획]	영 whip 중 biān 일 ベン(むち)	鞭擊(편격) 鞭棍(편곤)
■ 騙 속일 편	1급 [10馬9 총19획]	영 cheat 중 骗 piàn 일 ヘン(かたる)	騙弄(편롱) 騙詞(편사)
□ 鯿 방어 편	[11魚9 총20획]	영 yellow tail 중 鳊 biān 일 (おしきうお)	鯿魚(편어) 병엇과에 속한 바닷물고기
□ 砭 돌침 폄	[5石5 총10획]	영 stone needle 중 biān 일 ヘン(いしばり)	砭灸(폄구) 砭愚(폄우)
□ 窆 하관할 폄	[5穴5 총10획]	영 lowering the coffin 중 biǎn 일 ヘン(ほうむる)	窆器(폄기) 窆石(폄석)
■ 貶 낮출 폄	1급 [7貝5 총12획]	영 disparage 중 贬 biǎn 일 ヘン(おとす)	貶薄(폄박) 貶下(폄하)
■ 平 평평할 평	中7급 [3干2 총5획]	영 flat 중 píng 일 ヘイ(たいらか)	平吉(평길) 平等(평등)
■ 坪 들 평	2급 [3土5 총8획]	영 field 중 píng 일 ヘイ(つぼ)	坪當(평당) 坪數(평수)
□ 抨 탄핵할 평	[4手5 총8획]	영 impeach 중 pēng 일 ヒョウ(しりぞける)	抨擊(평격) 抨劾(평핵)
□ 枰 장기판 평	[4木5 총8획]	영 chessboard 중 枰 píng 일 ヒョウ(にばん)	棋枰(기평)
□ 苹 개구리밥 평	[6艸5 총9획]	영 duckweed 중 苹 píng 일 ヘイ(よもぎ)	苹車(평거) 苹果(평과)

■ 萍 부평초 **평**	1급 [6艸 8 총12획] 영 duckweed 중 萍 píng 일 ヘイ(うきくさ)		萍泊(평박) 萍水相逢(평수상봉)
■ 評 평할 **평**	중4급 [7言 5 총12획] 영 evaluate 중 评 píng 일 (しなさだめ)		評決(평결) 評論(평론)
□ 蓱 부평초 **평**	[6艸 11 총15획] 영 duckweed 중 píng 일 ヒョウ(うきくさ)		蓱浮(평부) 蓱實(평실)
□ 吠 짖을 **폐**	[3口 4 총7획] 영 bark 중 fèi 일 ハイ(ほえる)		吠蛤(폐합) 吠形吠聲(폐형폐성)
■ 肺 허파 **폐**	고3급 [6肉 4 총8획] 영 lung 중 肺 fèi 일 ハイ(こころ)		肺肝(폐간) 肺結核(폐결핵)
■ 陛 대궐 섬돌 **폐**	1급 [8阜 7 총10획] 영 stepping stone 중 bì 일 ヘイ(きざはし)		陛下(폐하) 陛上(폐상)
■ 閉 닫을 **폐**	중4급 [8門 3 총11획] 영 shut 중 闭 bì 일 ヘイ(とじる)		閉幕(폐막) 閉塞(폐색)
□ 敝 해질 **폐**	[4攴 8 총12획] 영 worn out 중 敝 bì 일 ヘイ(やぶれる)		敝國(폐국) 敝社(폐사)
□ 蚌 홍합 **폐**	[6虫 7 총13획] 영 sea mussel 중 bì 일 ヘイ(まてがい)		海蚌(해폐)
■ 弊 해어질 **폐**	고3급 [3廾 12 총15획] 영 wear out 중 bì 일 ヘイ(つかれる)		弊家(폐가) 弊客(폐객)
■ 廢 폐할 **폐**	고3급 [3广 12 총15획] 영 abandon 중 废 fèi 일 ハイ(すたれる)		廢家(폐가) 廢刊(폐간)
■ 幣 화폐 **폐**	고3급 [3巾 12 총15획] 영 money 중 币 bì 일 ヘイ(ぬさ)		幣帛(폐백) 幣邦(폐방)
□ 嬖 사랑할 **폐**	[3女 13 총16획] 영 care for 중 bì 일 ヘイ(かわいがる)		嬖女(폐녀) 嬖色(폐색)
■ 蔽 가릴 **폐**	고3급 [6艸 12 총16획] 영 cover 중 蔽 bì 일 ヘイ(おおう)		蔽塞(폐색) 蔽護(폐호)

□ 癈 폐질 폐	[5疒12 총17획] 영 disablement 중 fèi 일 ハイ(かたわ)	癈人(폐인) 癈疾(폐질)
■ 斃 죽을 폐	1급 [4攴14 총18획] 영 dead 중 斃 bì 일 ヘイ(たおれる)	斃踣(폐복→폐부) 斃死(폐사)
■ 包 쌀 포	高4급 [2勹3 총5획] 영 pack 중 bāo 일 ホウ(つつむ)	包括(포괄) 包攝(포섭)
■ 布 베 포	中4급 [3巾2 총5획] 영 hemp 중 bù 일 フ(しく)	布告(포고) 布敎(포교)
□ 佈 펼 포	[2人5 총7획] 영 spread 중 bù 일 フ(あまねし)	佈景(포경) 佈告(포고)
■ 庖 정육점 포	1급 [3广5 총8획] 영 butcher's shop 중 páo 일 ホウ(くりや)	庖肆(포사) 庖稅(포세)
■ 咆 고함지를 포	1급 [3口5 총8획] 영 roar 중 páo 일 ホウ(ほえる)	咆哮(포효)
■ 泡 거품 포	1급 [4水5 총8획] 영 foam 중 pào, pāo 일 ホウ(あわ)	泡起(포기) 泡影(포영)
□ 拋 던질 포	[4手5 총8획] 영 throw 중 pāo 일 ホウ(なげうつ)	拋棄(포기) 拋物線(포물선)
■ 怖 두려울 포	2급 [4心5 총8획] 영 dread 중 bù 일 フ(おそれる)	怖懼(포구) 怖畏(포외)
■ 抱 안을 포	中3급 [4手5 총8획] 영 embrace 중 bào 일 ホウ(いだく)	抱腹(포복) 抱腹絶倒(포복절도)
■ 抛 던질 포	2급 [4手4 총7획] 영 throw 중 抛 pāo 일 ホウ(なげうつ)	抛棄(포기) 抛撤(포철)
■ 匍 길 포	1급 [2勹7 총9획] 영 crawl 중 pú 일 ホ(はらばう)	匍球(포구) 匍伏(포복)
■ 胞 태보 포	高4급 [6肉5 총9획] 영 placenta 중 bāo 일 ホウ(はらから)	胞胎(포태) 胞子(포자)

□ 苞 그령풀 포	[6艸5 총9획] 영 bush 중 bāo 일 ホウ(むらがる)	苞棘(포극) 苞羅(포라)
■ 圃 채마밭 포	1급 [3囗7 총10획] 영 vegetable garden 중 pǔ 일 ホ(はたけ)	圃師(포사) 圃蔘(포삼)
■ 哺 먹을 포	1급 [3口7 총10획] 영 eat 중 bǔ 일 ホ(くらう)	哺乳(포유) 哺啜客(포철객)
■ 捕 사로잡을 포	高3급 [4手7 총10획] 영 catch 중 bǔ, bù 일 ホ(とらえる)	捕鯨(포경) 捕繫(포계)
■ 浦 개 포	高3급 [4水7 총10획] 영 seacoast 중 pǔ 일 ホ(うら)	浦口(포구) 浦田(포전)
■ 砲 대포 포	中4급 [5石5 총10획] 영 gun 중 砲 pào 일 ホウ(おおつつ)	砲擊(포격) 砲口(포구)
□ 皰 여드름 포	[5皮5 총10획] 영 pimple 중 皰 pào 일 ホウ(にきび)	
■ 疱 물집 포	1급 [5疒5 총10획] 영 blister 중 pào 일 ホウ(もがさ)	疱瘡(포창)
■ 袍 도포 포	1급 [6衣5 총10획] 영 robe 중 páo 일 ホウ(うえのころも)	龍袍(용포) 蟒袍(망포)
□ 匏 박 포	[2勹9 총11획] 영 gourd 중 páo 일 ホウ(ふくべ)	匏繫(포계) 匏蘆(포로)
□ 晡 신시 포	[4日7 총11획] 영 3~5 o'clock p.m. 중 bū 일 ホ(ひぐれ)	晡夕(포석) 晡時(포시)
■ 脯 포 포	1급 [6肉7 총11획] 영 jerked beef 중 pú 일 ホ(ほじし)	脯燔(포번) 脯肉(포육)
■ 逋 달아날 포	1급 [7辵7 총11획] 영 flee 중 逋 bū 일 ホ(のがれる)	逋徒(포도) 逋逃(포도)
■ 葡 포도 포	2급 [6艸9 총13획] 영 grape 중 pú 일 ホ(ぶどう)	葡萄(포도) 葡萄酒(포도주)

■ 蒲 부들 포	1급 [6艸10 총14획] 영 cattail 중 pú 일 ホ(がま)		蒲博(포박) 蒲節(포절)
□ 酺 연회 포	[7酉7 총14획] 영 banquet 중 pú 일 ホ(さかもり)		酺燕(포연)
■ 飽 배부를 포	준3급 [9食5 총14획] 영 satiated 중 饱 bǎo 일 ホウ(あく)		飽滿(포만) 飽腹(포복)
■ 褒 기릴 포	1급 [6衣9 총15획] 영 praise 중 baō 일 ホウ(はめる)		褒賞(포상) 褒揚(포양)
■ 鋪 펼 포	2급 [8金7 총15획] 영 pave 중 鋪 pū 일 ホ(しく)		鋪道(포도) 鋪石(포석)
■ 鮑 절인생선 포	2급 [11魚5 총16획] 영 salted fish 중 鲍 bào 일 ホウ(しおづけ)		鮑石亭(포석정) 鮑叔牙(포숙아)
□ 餔 저녁밥 포	[9食7 총16획] 영 evening meal 중 bù 일 ホ(ゆうめし)		餔時(포시) 餔啜(포철)
□ 嚗 부르짖을 포	[7口10 총17획] 영 cry 중 bào 일 ボウ(さけぶ)		痛甚稱阿嚗 (통심칭아포)
■ 瀑 소나기 포	1급 [4水15 총18획] 영 waterfall 중 pù 일 バク(たき)		瀑布(폭포) 懸瀑(현폭)
■ 曝 볕 쬘 포	1급 [4日15 총19획] 영 expose 중 pù 일 バク(さらす)		曝白(포백) 曝陽(폭양)
■ 暴 사나울 폭	4I급 [4日11 총15획] 영 wild 중 暴 bào 일 ボウ(あばれる)		暴擧(폭거) 暴動(폭동)
■ 幅 폭 폭	준3급 [3巾9 총12획] 영 width 중 fú 일 フク(はば)		幅廣(폭광) 幅員(폭원)
■ 爆 터질 폭	준4급 [4火15 총19획] 영 burst 중 爆 bào 일 バク(さく)		爆擊(폭격) 爆笑(폭소)
■ 杓 자루 표	2급 [4木3 총7획] 영 ladle 중 杓 sháo 일 ヒョウ(ひしゃく)		杓端(표단) 杓雲(작운)

■ 表 겉 표	中6급 [6衣3 총8획] 영 surface 중 biǎo 일 ヒョウ(おもて)	表具(표구) 表面(표면)
□ 俵 나누어줄 표	[2人8 총10획] 영 distribution 중 biào 일 ヒョウ(わかちあたう)	俵分(표분) 俵散(표산)
■ 豹 표범 표	1급 [7豸3 총10획] 영 leopard 중 豹 bào 일 ヒョウ(ひょう)	豹紋(표문) 豹死留皮(표사유피)
□ 彪 범 표	[3彡8 총11획] 영 tiger 중 biāo 일 ヒョウ(まだらとら)	炳彪(병포)
■ 票 표 표	高4급 [5示6 총11획] 영 bill, ticket 중 piào 일 ヒョウ(てがた)	票決(표결) 票然(표연)
□ 猋 개 달아날 표	[4犬8 총12획] 영 whirlwind 중 biāo 일 ヒョウ(つむじかぜ)	猋迅(표신) 猋風(표풍)
■ 剽 사나울 표	1급 [2刀11 총13획] 영 fierce 중 piāo 일 ヒョウ(おびやかす)	剽掠(표략) 剽虜(표로)
□ 嫖 가벼울 표	[3女11 총14획] 영 swift 중 piáo 일 ヒョウ(かるい)	嫖舍(표사) 嫖姚(표요)
■ 慓 급할 표	1급 [4心11 총14획] 영 nimble 중 piāo 일 ヒョウ(すばやい)	慓毒(표독) 慓悍(표한)
■ 漂 떠돌 표	高3급 [4水11 총14획] 영 wander 중 piāo 일 ヒョウ(ただよう)	漂浪(표랑) 漂白(표백)
□ 摽 칠 표	[4手11 총14획] 영 strike 중 biāo 일 ヒョウ(うつ)	摽鎗(표창)
□ 麃 큰사슴 표	[11鹿4 총15획] 영 roe deer 중 biāo 일 ヒョウ(おおしか)	志氣麃麃 (지기포포)
■ 標 표 표	高4급 [4木11 총15획] 영 mark 중 標 biāo 일 ヒョウ(しるし)	標高(표고) 標注(표주)
□ 瓢 바가지 표	[5瓜11 총16획] 영 gourd 중 piáo 일 ヒョウ(ふくべ)	瓢簞(표단) 瓢勺(표작)

☐ 鏢 칼날 표	[8金11 총19획] 영 edge of a sword 중 biāo 일 (きっさき)	鏢局(표국) 鏢師(표사)
■ 飄 나부낄 표	1급 [9風11 총20획] 영 whirlwind 중 飘 piāo 일 (つむじかぜ)	飄散(표산) 飄然(표연)
☐ 驃 누런 말 표	[10馬11 총21획] 영 swift 중 骠 biāo 일 ヒョウ(つよい)	驃馬(표마)
☐ 飆 폭풍 표	[9風12 총21획] 영 whirlwind 중 飙 biāo 일 (つむじかぜ)	飆塵(표진) 飆風(표풍)
☐ 鑣 재갈 표	[8金15 총23획] 영 bit 중 镳 biāo 일 ヒョウ(くつわ)	鑣局(표국) 鑣師(표사)
■ 品 물건 품	중5급 [3口6 총9획] 영 goods 중 pǐn 일 ヒン(がら)	品階(품계) 品名(품명)
☐ 禀 줄 품	[5示8 총13획] 영 give 중 bǐn 일 ヒン(あたえる)	禀帖(품첩)
■ 稟 여쭐 품	1급 [5禾8 총13획] 영 tell, say 중 bǐng 일 ヒン(もうす)	稟決(품결) 稟達(품달)
■ 風 바람 풍	6급 [9風0 총9획] 영 wind 중 风 fēng 일 フウ(かぜ)	風景(풍경) 風琴(풍금)
■ 楓 단풍나무 풍	3급 [4木9 총13획] 영 maple 중 枫 fēng 일 フウ(かえで)	楓嶽(풍악) 楓葉(풍엽)
☐ 葑 순무 풍	[6艸9 총13획] 영 turnip 중 fēng 일 ホウ(かぶら)	葑田(봉전)
☐ 瘋 두풍 풍	[5疒9 총14획] 영 headache 중 疯 fēng 일 フウ(ずつう)	瘋癲(풍전)
■ 諷 풍자할 풍	1급 [7言9 총16획] 영 satirize 중 讽 fěng 일 フウ(ほのめかす)	諷刺(풍자) 諷諭(풍유)
☐ 豐 넉넉할 풍	[7豆11 총18획] 영 abundant 중 豐 fēng 일 豊 (ゆたか)	豐作(풍작) 豐足(풍족)

한자	훈음	정보	예시
灃	강 이름 풍	[4水18 총21획] 영 river 중 灃 fēng 일 ホウ(かわのな)	
皮	가죽 피	中3급 [5皮0 총5획] 영 skin, leather 중 pí 일 ヒ(かわ)	皮甲(피갑) 皮穀(피곡)
彼	저 피	中3급 [3彳5 총8획] 영 he, that 중 bǐ 일 ヒ(あれ)	彼此(피차) 彼岸(피안)
披	헤칠 피	1급 [4手5 총8획] 영 turn up 중 pī 일 ヒ(ひらく)	披瀝(피력) 披露宴(피로연)
疲	피곤할 피	高4급 [5疒5 총10획] 영 tired, weary 중 pí 일 ヒ(つかれる)	疲困(피곤) 疲倦(피권)
被	입을 피	高3급 [6衣5 총10획] 영 wear 중 bèi 일 ヒ(こうむる)	被擊(피격) 被告(피고)
避	피할 피	高4급 [7辵13 총17획] 영 avoid 중 避 bì 일 ヒ(さける)	避難(피난) 避亂(피란)
匹	짝 필	中3급 [2匚2 총4획] 영 partner 중 pǐ 일 ヒツ(ひき)	匹馬(필마) 匹馬單騎(필마단기)
必	반드시 필	中5급 [4心1 총5획] 영 surely 중 bì 일 ヒツ(かならず)	必讀(필독) 必罰(필벌)
邲	땅 이름 필	[7邑5 총8획] 영 pretty 중 bì 일 ヒツ(みめよい)	楚重至于邲 (초중지우필)
苾	향기로울 필	[6艸5 총9획] 영 fragrance 중 bì 일 ヒツ(かおり)	苾芬(필분) 苾苾(필필)
畢	마칠 필	高3급 [5田6 총11획] 영 finish 중 毕 bì 일 ヒツ(おわる)	畢竟(필경) 畢生(필생)
弼	도울 필	2급 [3弓9 총12획] 영 help 중 bì 일 ヒツ(たすける)	輔弼(보필) 弼善(필선)
筆	붓 필	中5급 [6竹6 총12획] 영 writing brush 중 笔 bǐ 일 ヒツ(ふで)	筆匣(필갑) 筆耕(필경)

□ **鉍** 창자루 **필**	[8金5 총13획] 영 spear-shaft 중 鉍 bì 일 ヒ(ほこのえ)	
□ **鉍** 향내 날 **필**	[9香5 총14획] 영 fragrant 중 鉍 bì 일 ヒツ(かんばしい)	鉍刊(필간) 鉍馝(필불)
□ **鮅** 상피리 **필**	[11魚5 총16획] 영 Scombrops boops 중 鮅 bì 일 ヒツ(むつ)	鮅魚(필어)
□ **繹** 그칠 **필**	[6糸10 총16획] 영 stop 중 繹 bì 일 ヒツ(とめる)	冠六升外繹 (관륙승외필)
□ **蹕** 벽제할 **필**	[7足11 총18획] 영 scavenge 중 蹕 bì 일 ヒツ(さきばらい)	蹕路(필로)
□ **鵯** 갈가마귀 **필**	[11鳥8 총19획] 영 jackdaw 중 鵯 bēi 일 ヒツ(ひよどり)	鵯鶋(필거)
□ **韠** 슬갑 **필**	[9韋11 총20획] 영 knee cover 중 韠 bì 일 ヒツ(ひざかけ)	韠帶(필대) 韠冕(필면)
■ **乏** 모자랄 **핍**	1급 [1丿4 총5획] 영 be exhausted 중 fá 일 ボウ(とぼしい)	乏困(핍곤) 缺乏(결핍)
■ **逼** 핍박할 **핍**	1급 [7辶9 총13획] 영 compel 중 逼 bī 일 ヒツ(せまる)	逼迫(핍박) 逼塞(핍색)

ㅎ

- **下** 아래 **하** — 中7급 [1一2 총3획] 영 under 중 xià 일 した(くだる) — 下嫁(하가), 下降(하강)
- **何** 어찌 **하** — 中3급 [2人5 총7획] 영 how 중 hé 일 カ(なに) — 何故(하고), 何關(하관)
- **呀** 입벌릴 **하** — [3口4 총7획] 영 opened 중 yā, ya, xiā 일 カ(あける) — 呀呀(하하), 呀呷(하합)
- **芐** 지황 **하** — [6艸3 총7획] 영 glutinosa 중 xià 일 カ(じおう) — 熟芐(숙하), 乾芐(건하)
- **河** 강 **하** — 中5급 [4水5 총8획] 영 river 중 hé 일 カ(かわ) — 河渠(하거), 河口(하구)
- **夏** 여름 **하** — 中7급 [3夊7 총10획] 영 summer 중 xià 일 ゲ(なつ) — 夏穀(하곡), 夏期休暇(하기휴가)
- **荷** 멜 **하** — 高3급 [6艸7 총11획] 영 load 중 hé 일 カ(になう) — 荷物(하물), 荷重(하중)
- **賀** 하례할 **하** — 中3급 [7貝5 총12획] 영 celebrate 중 賀 hè 일 ガ(よろこぶ) — 賀客(하객), 賀禮(하례)
- **廈** 문간방 **하** — [3广10 총13획] 영 vestibule 중 shà, xià 일 カ(いえ) — 廈屋(하옥), 廈氈(하전)
- **瑕** 허물 **하** — 1급 [5玉9 총13획] 영 blemish 중 xiá 일 カ(きず) — 瑕累(하루), 瑕疵(하자)
- **遐** 멀 **하** — 1급 [7辵9 총13획] 영 far 중 遐 xiá 일 カ(とおい) — 遐擧(하거), 遐觀(하관)
- **嘏** 클 **하** — [3口11 총14획] 영 immense 중 jiǎ 일 カ(おおきい) — 嘏命(하명), 嘏辭(하사)
- **蝦** 두꺼비 **하** — 1급 [6虫9 총15획] 영 toad 중 蝦 xiā 일 カ(がま) — 蝦蟹(하해), 蝦蟆(하마)

☐ 罅 틈 하	[6缶 11 총17획] 영 cleft 중 xià 일 カ(さける)	罅漏(하루)
■ 霞 노을 하	1급 [8雨 9 총17획] 영 glow 중 xiá 일 カ(かすみ)	霞光(하광) 霞彩(하채)
☐ 鰕 새우 하	[11魚 9 총20획] 영 shrimp 중 鰕 xiā 일 カ(えび)	鰕頭盃(하두배) 鰕米(하미)
■ 虐 사나울 학	2급 [6虍 2 총8획] 영 cruel 중 nüè 일 ギャク(しいたげる)	虐待(학대) 虐使(학사)
☐ 涸 마를 학	[4水 8 총11획] 영 dry 중 hé 일 カク(かれる)	涸渴(학갈) 燥涸(조학)
■ 瘧 학질 학	1급 [5疒 9 총14획] 영 malaria 중 疟 nuè 일 ギャク(おこり)	瘧疾(학질) 瘧病(학병)
■ 學 배울 학	中8급 [3子 13 총16획] 영 learn 중 学 xué 일 ガク(まなぶ)	學界(학계) 學科(학과)
■ 壑 골 학	1급 [3土 14 총17획] 영 valley 중 hè 일 ガク(たに)	壑谷(학곡) 巖壑(암학)
☐ 㶅 잦은 샘 학	[4水 13 총17획] 영 dry spring 중 㶅 xué 일 (かれたいずみ)	㶅水(학수)
■ 謔 희롱할 학	1급 [7言 10 총17획] 영 joke 중 xuè 일 ギャク(たわむれる)	謔劇(학극) 謔浪(학랑)
☐ 謞 간특할 학	[7言 10 총17획] 영 wicked 중 hè 일 カク(よこしま)	謞譟(학조)
■ 鶴 학 학	高3급 [11鳥 10 총21획] 영 crane 중 鹤 hè 일 カク(つる)	鶴立(학립) 鶴望(학망)
☐ 蠚 독쏠 학	[6虫 15 총21획] 영 sting 중 일 カク(むしがさす)	蝮蠚手則斬手 (복학수칙참수)
☐ 鷽 비둘기 학	[11鳥 13 총24획] 영 pigeon 중 xué 일 カク(うそ)	鷽鳩(학구) 鷽鳩笑鵬(학구소붕)

□ 扞 막을 한	[4手3 총6획] 영 defend 중 hàn, gǎn 일 カン(ふせぐ)	扞拒(한거) 扞禦(한어)
■ 汗 땀 한	高3급 [4水3 총6획] 영 sweat 중 hán 일 カン(あせ)	汗馬之勞 (한마지로)
■ 旱 가물 한	高3급 [4日3 총7획] 영 drought 중 hàn 일 カン(ひでり)	旱氣(한기) 旱稻(한도)
■ 罕 드물 한	1급 [6网3 총7획] 영 rare, few 중 罕 hǎn 일 カン(まれ)	罕見(한견) 罕古(한고)
■ 邯 땅이름 한	2급 [7邑5 총8획] 영 land name 중 hán 일 カン	邯鄲之夢(한단지몽) 邯鄲學步(한단학보)
■ 恨 한할 한	中4급 [4心6 총9획] 영 deplore 중 hèn 일 コン(うらむ)	恨歎(한탄) 痛恨(통한)
□ 狠 사나울 한	[4犬6 총9획] 영 fierce 중 hěn 일 ガン(もとる)	狠戾(한려) 狠恣(한자)
■ 限 한정 한	中4I급 [8阜6 총9획] 영 limit 중 xiàn 일 カン(かぎり)	限界(한계) 限度(한도)
■ 悍 사나울 한	1급 [4心7 총10획] 영 wild 중 hàn 일 カン(たけだけしい)	悍驕(한교) 悍忌(한기)
■ 寒 추울 한	中5급 [3宀9 총12획] 영 cold 중 hán 일 カン(さむい)	寒家(한가) 寒苦(한고)
□ 閑 막을 한	[8門4 총12획] 영 leisure 중 闲 xián 일 カン(ひま)	閑暇(한가) 閑良(한량)
□ 閒 한가할 한	[8門4 총12획] 영 not busy 중 间 jiān 일 カン(ひま)	閒暇(한가) 閒居(한거)
□ 骭 정강이뼈 한	[10骨3 총13획] 영 shine bone 중 gàn 일 カン(すね)	
□ 僩 굳셀 한	[2人12 총14획] 영 bravery 중 xiàn, jiǎn 일 カン(たけしい)	瑟兮僩兮 (슬혜한혜)

漢 한수 한	中7급 [4水11 총14획] 영 name of a river 중 汉 hàn 일 カン(あまのがわ)	漢文(한문) 漢江(한강)
嫺 우아할 한	[3女12 총15획] 영 elegant 중 xián 일 カン(みやびやか)	嫺都(한도)
憪 즐길 한	[4心12 총15획] 영 calm 중 xián, xiàn 일 カン(しずか)	憪然(한연)
澣 빨래할 한	1급 [4水13 총16획] 영 wash 중 hàn 일 カン(すすぐ)	澣沐(한목) 澣滌(한척)
翰 날개 한	1급 [6羽10 총16획] 영 wing 중 일 カン(ふで)	翰林(한림) 翰林風月(한림풍월)
鼾 코골 한	[14鼻3 총17획] 영 snore 중 hān 일 カン(ねいき)	鼾睡(한수)
韓 나라이름 한	中8급 [9韋8 총17획] 영 Korea 중 韩 hán 일 カン	韓國(한국) 韓紙(한지)
瀚 넓고 큰 한	1급 [4水16 총19획] 영 vast 중 瀚 hàn 일 カン(ひろい)	瀚瀚(한한)
割 나눌 할	高3급 [2刀10 총12획] 영 divide, part 중 gē 일 カツ(わる)	割據(할거)
轄 다스릴 할	1급 [7車10 총17획] 영 control 중 辖 xiá 일 カツ(とりしまる)	管轄(관할) 分轄(분할)
黠 약을 할	[12黑6 총18획] 영 wise 중 xiá 일 カツ(わるがしこい)	黠鼠(할서) 黠智(할지)
猲 사냥개 할	[4犬9 총12획] 영 hound 중 xiē 일 カツ(いぬ)	猲狙(갈서) 猲獢(갈효)
含 머금을 함	高3급 [3口4 총7획] 영 contain 중 hán 일 ガン(ふくむ)	含毒(함독) 含量(함량)
函 함 함	1급[2凵6 총8획] 영 case, box 중 函 hán 일 カン(はこ)	函懇(함간) 函蓋相應(함개상응)

■ 咸 다 함	準3급 [3口6 총9획] 영 all 중 xián 일 カン(みな)	咸營(함영) 咸池(함지)
□ 洽 잠길 함	[4水7 총10획] 영 sink 중 洽 hán 일 カン(しずむ)	
■ 涵 젖을 함	1급 [4水8 총11획] 영 soak 중 hán 일 カン(うるおう)	涵養(함양) 涵泳(함영)
■ 陷 빠질 함	準3급 [8阜8 총11획] 영 fall 중 xiàn 일 カン(おちいる)	陷溺(함닉) 陷落(함락)
■ 喊 소리칠 함	1급 [3口9 총12획] 영 shout 중 hǎn 일 カン(さけぶ)	喊聲(함성) 喊喧酬酢(함훤수작)
□ 菡 꽃봉오리 함	[6艸8 총12획] 영 flower bud 중 hàn 일 カン(つぼみ)	菡萏(함담)
■ 銜 재갈 함	1급 [8金6 총14획] 영 bit 중 銜 xián 일 カン(くつばみ)	銜勒(함륵) 銜泣(함읍)
■ 緘 봉할 함	1급 [6糸9 총15획] 영 close, bind 중 緘 jiān 일 カン(とじる)	緘口(함구) 緘口勿說(함구물설)
□ 諴 화할 함	[7言9 총16획] 영 harmonize 중 xián 일 カン(やわらぐ)	諴雅(함아)
□ 餡 떡소 함	[9食8 총17획] 영 stuffing 중 餡 xiàn 일 カン(あん)	
■ 檻 난간 함	1급 [4木14 총18획] 영 railing, cage 중 檻 jiàn 일 カン(おり)	檻穽(함정) 檻車(함거)
■ 鹹 짤 함	1급 [11鹵9 총20획] 영 salty 중 鹹 xián 일 カン(しおけ)	鹹苦(함고) 鹹味(함미)
■ 艦 싸움배 함	2급 [6舟14 총20획] 영 warship 중 艦 jiàn 일 カン(いくさぶね)	艦隊(함대) 艦船(함선)
□ 闞 범소리 함	[8門12 총20획] 영 roar 중 闞 kàn 일 カン(のぞむ)	闞闞(함함)

■ **合** 합할 **합**	中6급 [3口3 총6획] 영 unite 중 hé 일 ゴウ(あう)	合格(합격) 合計(합계)
□ **哈** 물고기많을 **합**	[3口6 총9획] 영 shoal of fish 중 hā, hǎ 일 ゴウ(すする)	哈喇(합랄) 哈爾濱(합이빈)
□ **盍** 덮을 **합**	[5皿5 총10획] 영 cover 중 hé 일 コウ(おおう)	盍簪(합잠)
ㅍ **盒** 합 **합**	1급 [6皿5 총11획] 영 small brass vessel 중 hé 일 コウ(はちのふた)	香盒(향합) 舌盒(설합)
■ **蛤** 조개 **합**	1급 [6虫6 총12획] 영 clam 중 gé 일 コウ(はまぐり)	大蛤(대합) 蛤殻(합각)
□ **鴿** 집비둘기 **합**	[11鳥6 총17획] 영 dove 중 鴿 gē 일 コウ(いえばこ)	
□ **闔** 문짝 **합**	[8門10 총18획] 영 door leaf 중 闔 hé 일 コウ(とびら)	闔家(합가) 闔門(합문)
■ **亢** 높을 **항**	2급 [2亠2 총4획] 영 neck 중 kàng 일 コウ(くび)	亢答(항답) 亢羅(항라)
□ **伉** 짝 **항**	[2人4 총6획] 영 match 중 kàng 일 コウ(たぐい)	伉健(항건) 伉儷(항려)
■ **缸** 항아리 **항**	1급 [6缶3 총9획] 영 jar, pot 중 gāng 일 コウ(かめ)	缸面酒(항면주) 缸胎(항태)
■ **沆** 넓을 **항**	2급 [4水4 총7획] 영 flow widely 중 hàng 일 コウ(ひろい)	沆茫(항망) 沆瀣(항해)
■ **抗** 막을 **항**	高4급 [4手4 총7획] 영 resist 중 kàng 일 コウ(ふせぐ)	抗拒(항거) 抗告(항고)
■ **肛** 항문 **항**	1급 [6肉3 총7획] 영 anus 중 肛 gāng 일 コウ(しりのあな)	肛門(항문)
□ **杭** 건널 **항**	[4木4 총8획] 영 across 중 háng 일 コウ(わたる)	杭絶(항절)

迒 발자국 항	[7辵4 총8획] 영 footprint 중 háng 일 コウ(うさぎみち)	
■ 巷 거리 항	高3급 [3己6 총9획] 영 street 중 xiàng, hàng 일 コウ(ちまた)	巷間(항간) 巷說(항설)
姮 항아 항	[3女6 총9획] 영 Chang'e 중 héng 일 コウ(つき)	姮宮(항궁)
■ 恒 항상 항	中3급 [4心6 총9획] 영 always 중 héng 일 コウ(つね)	恒久(항구) 恒茶飯(항다반)
■ 降 항복할 항	中4급 [8阜6 총9획] 영 surrender 중 xiáng 일 コウ(くだる)	降旗(항기) 降伏(항복)
桁 차꼬 항	[4木6 총10획] 영 shackles 중 héng 일 コウ(けた)	桁橋(형교) 桁頭(항두)
■ 航 건널 항	高4급 [6舟4 총10획] 영 across 중 háng 일 コウ(わたる)	航空(항공) 航路(항로)
■ 港 항구 항	高4급 [4水9 총12획] 영 port, harbour 중 gǎng 일 コウ(みなと)	港口(항구) 空港(공항)
■ 項 항목 항	高3급 [9頁3 총12획] 영 nape 중 项 xiàng 일 コウ(うなじ)	項目(항목) 項羽(항우)
骯 살찔 항	[10骨4 총14획] 영 grow fat 중 骯 āng 일 コウ(なおい)	骯髒倚門邊 (항장의문변)
嫦 항아 항	[3女11 총14획] 영 court lady 중 cháng 일 コウ(つきのめい)	嫦宮(항궁) 嫦娥(항아)
■ 亥 돼지 해	中3급 [2亠4 총6획] 영 pig 중 hài 일 ガイ(い)	亥年(해년) 亥末(해말)
妎 투기할 해	[3女4 총7획] 영 jealous 중 hài 일 カイ(ねたむ)	妎其讒慝 (해기참특)
佮 이상할 해	[2人6 총8획] 영 abnormal 중 kāi 일 カイ(つねでない)	奇佮(기해) 非常日佮事(비상왈해사)

초간편 실용한자 7000 | **435**

■ 劾 힘쓸 해	1급 [2力6 총8획] 영 strive 중 hé 일 ガイ(きわめる)	
□ 孩 어린 아이 해	[3子6 총9획] 영 child 중 hái 일 ガイ(おさなご)	孩笑(해소) 孩抱(해포)
■ 咳 기침 해	1급 [3口6 총9획] 영 cough 중 ké, haī 일 ガイ(せき)	咳嗽(해수)
□ 垓 지경 해	[3土6 총9획] 영 frontier 중 gāi 일 ガイ(はて)	垓心(해심) 垓字(해자)
□ 陔 층층대 해	[8阜6 총9획] 영 step 중 gāi 일 ガイ(きざはし)	陔餘叢考 (해여총고)
■ 奚 하인 해	高3급 [3大7 총10획] 영 slave 중 xī 일 ケイ(なんぞ)	奚琴(해금) 奚奴(해노)
■ 害 해칠 해	中5급 [3宀7 총10획] 영 harm 중 hài 일 ガイ(そこなう)	害毒(해독) 害惡(해악)
■ 海 바다 해	中7급 [4水7 총10획] 영 sea 중 haī 일 カイ(うみ)	海鷗(해구) 海洋(해양)
□ 欬 기침할 해	[4欠6 총10획] 영 cough 중 ké 일 ガイ(せき)	欬嗽(해수)
□ 荄 풀뿌리 해	[6艸6 총10획] 영 root of grass 중 gāi 일 カイ(ね)	荄兹(해자)
■ 偕 함께할 해	1급 [2人9 총11획] 영 together 중 xié 일 カイ(ともに)	偕樂(해락) 偕老(해로)
■ 楷 본보기 해	1급 [4木9 총13획] 영 model 중 kaī, jiè 일 カイ(てほん)	楷書(해서) 楷字(해자)
□ 賅 갖출 해	[7貝6 총13획] 영 possess 중 賅 gāi 일 カイ(そなえる)	賅備(해비)
■ 該 갖출 해	高3급 [7言6 총13획] 영 equip 중 该 gāi 일 カイ(そなえる)	該當(해당) 該博(해박)

■ 解 풀 해	中4급 [7角6 총13획] 영 solve 중 jiě 일 カイ(とく)	解禁(해금) 解得(해득)
■ 骸 뼈 해	1급 [10骨6 총16획] 영 skeleton 중 hái 일 ガイ(ほね)	骸骨(해골) 骸炭(해탄)
■ 駭 놀랄 해	1급 [10馬6 총16획] 영 startled 중 hài 일 ガイ(おどろく)	駭怪罔測(해괴망측) 駭人耳目(해인이목)
□ 廨 공해 해	[3广13 총16획] 영 government office 중 xiè 일 カイ(やくば)	廨舍(해사) 廨署(해서)
■ 懈 게으를 해	1급 [4心13 총16획] 영 lazy 중 xiè 일 カイ(おこたる)	懈慢(해만) 懈弛(해이)
□ 蠏 털매미 해	[6虫10 총16획] 영 kaempferi 중 qī 일 ケイ(ばった)	蠏蚸(해력)
■ 諧 화할 해	1급 [7言9 총16획] 영 harmonize 중 xié 일 カイ(かなう)	諧謔(해학) 諧和(해화)
□ 奚 좁을 해	[9韭7 총16획] 영 narrow 중 xiè 일 カイ(せまい)	奚悷(해과) 奚倮(해라)
□ 薢 마름 해	[6艸13 총17획] 영 caltrop 중 jiě 일 カイ	草薢(비해)
□ 醢 젓 담글 해	[7酉10 총17획] 영 meat preserved in soy 중 hǎi 일 カイ	醢屬(해속) 醢汁水卵(해즙수란)
■ 邂 만날 해	1급 [7辶13 총17획] 영 meet 중 xiè 일 カイ(であう)	邂逅(해후) 駭妄(해망)
□ 瀣 이슬 해	[4水16 총19획] 영 dew 중 xiè 일 カイ(つゆ)	沆瀣(항해)
□ 蟹 게 해	[6虫13 총19획] 영 crab 중 xiè 일 カイ(かに)	蟹甲(해갑) 蟹行文字(해행문자)
■ 核 씨 핵	高4급 [4木6 총10획] 영 nucleus 중 hé 일 カク(さね)	核果(핵과) 結核(결핵)

□ 翮 깃촉 **핵**	[6羽10 총16획] 영 quill 중 翮 hé 일 はねのもと	
□ 覈 핵실할 **핵**	[6襾13 총19획] 영 verification 중 覈 hé 일 カク(かんがえる)	覈物(핵물) 覈辨(핵변)
■ 行 다닐 **행**	中6급 [6行0 총6획] 영 go 중 xíng 일 ギョウ(ゆく)	行樂(행락) 行進(행진)
■ 杏 살구나무 **행**	2급 [4木3 총7획] 영 apricot 중 xìng 일 キョウ(あんず)	杏林(행림) 杏花(행화)
■ 幸 다행 **행**	中6급 [3干5 총8획] 영 luck happy 중 xìng 일 コウ(さいわい)	幸福(행복) 幸運(행운)
□ 倖 요행 **행**	[2人8 총10획] 영 good luck 중 xìng 일 コウ(さいわい)	倖曲(행곡) 倖濫(행람)
□ 荇 마름풀 **행**	[6艸6 총10획] 영 water caltrop 중 xìng 일 コウ(あさざ)	荇菜(행채)
□ 悻 성낼 **행**	[4心8 총11획] 영 rage 중 xìng 일 コウ(いかる)	悻逆(행역) 悻直(행직)
■ 向 향할 **향**	中6급 [3口3 총6획] 영 face 중 xiàng 일 キョウ(むかう)	向方(향방) 向背(향배)
■ 享 누릴 **향**	高3급 [2亠6 총8획] 영 enjoy 중 xiǎng 일 キョウ(もてなす)	享年(향년) 享樂(향락)
■ 香 향내 **향**	中4급 [9香0 총9획] 영 fragrance 중 xiāng 일 キョウ(かおり)	香氣(향기) 香囊(향낭)
■ 鄕 시골 **향**	中4급 [7邑10 총13획] 영 country 중 乡 xiāng 일 キョウ(ふるさと)	鄕歌(향가) 鄕貫(향관)
□ 餉 건량 **향**	[9食6 총15획] 영 dry food 중 餉 xiǎng 일 ショウ	餉穀(향곡) 餉遺(향유)
□ 曏 향할 **향**	[4日13 총17획] 영 head 중 xiǎng 일 キョウ(さきに)	曏者(향자)

薌 곡식향내 향	[6艸13 총17획] 영 fragrant 중 蒶 xiāng 일 キョウ(におい)		薌萁(향기)
■ 嚮 향할 향	1급 [3口16 총19획] 영 face toward 중 嚮 xiàng 일 キョウ(むかう)		嚮導(향도) 嚮導兵(향도병)
蠁 번데기 향	[6虫13 총19획] 영 pupa 중 xiǎng 일 キョウ(さなぎ)		蠁習(향흡)
■ 饗 잔치할 향	1급 [9食13 총22획] 영 entertain 중 飨 xiǎng 일 キョウ(もてなす)		饗宴(향연) 饗應(향응)
■ 響 울릴 향	高3급 [9音13 총22획] 영 echo 중 响 xiǎng 일 キョウ(ひびき)		響動(향동) 響應(향응)
栩 상수리나무 허	[4木6 총10획] 영 acorn tree 중 栩 xǔ 일 ク(くぬぎ)		栩栩(허허)
■ 許 허락할 허	中5급 [7言4 총11획] 영 permit 중 许 xǔ 일 キョ(ゆるす)		許久(허구) 許多(허다)
■ 虛 빌 허	中4I급 [6虍6 총12획] 영 empty 중 虚 xū 일 キョ(むなしい)		虛病(허병) 虛報(허보)
詡 자랑할 허	[7言6 총13획] 영 brag 중 诩 xǔ 일 ク(ほこる)		詡詡(허허)
■ 噓 불 허	1급 [3口11 총14획] 영 blow 중 xū 일 キョ(ふく)		噓呵(허가) 噓風扇(허풍선)
■ 墟 터 허	1급 [3土12 총15획] 영 ruins of a castle 중 xū 일 キョ(しろあと)		墟落(허락) 墟墓(허묘)
■ 軒 처마 헌	高3급 [7車3 총10획] 영 eaves 중 轩 xuān 일 ケン(のき)		軒擧(헌거) 東軒(동헌)
■ 憲 법 헌	高4급 [4心12 총16획] 영 law, charter 중 宪 xiàn 일 ケン(のり)		憲度(헌도) 憲兵(헌병)
■ 獻 바칠 헌	高3I급 [4犬16 총20획] 영 dedicate 중 献 xiàn 일 献ケン(たてまつる)		獻供(헌공) 獻金(헌금)

歇	쉴 헐	1급 [4欠9 총13획] 영 rest, stop 중 xiē 일 ケツ(つきる)	歇價(헐가) 歇邊(헐변)
蠍	전갈 헐	[6虫13 총19획] 영 scorpion 중 蠍 iē 일 ケツ(さそり)	蠍虎(헐호)
嶮	험할 험	[3山13 총16획] 영 steep 중 岭 xiǎn 일 ケン(けわしい)	嶮路(험로) 嶮惡(험악)
險	험할 험	高4급 [8阜13 총16획] 영 danger 중 险 xiǎn 일 ケン(けわしい)	險口(험구) 險難(험난)
驗	시험 험	高4급 [10馬13 총23획] 영 try 중 验 yàn 일 ケン(こころみる)	驗問(험문) 驗算(험산)
奕	클 혁	[3大6 총9획] 영 large 중 yì 일 エキ(うつくしい)	奕棊(혁기) 奕世(혁세)
弈	바둑 혁	[3廾6 총9획] 영 chess 중 yì 일 エキ(いご)	弈具(혁구) 弈棋(혁기)
革	가죽 혁	高4급 [9革0 총9획] 영 leather 중 gé 일 カク(かわ)	革命(혁명) 革新(혁신)
赫	붉을 혁	2급 [7赤7 총14획] 영 red 중 hè 일 カク(かがやく)	赫怒(혁노) 赫赫(혁혁)
鬩	다툴 혁	[10鬥8 총18획] 영 quarrel 중 鬩 xì 일 ゲキ(あらそう)	□牆(혁장)
爀	불빛 혁	2급 [4火14 총18획] 영 flame 중 hè 일 カク(ひのいろ)	權爀(권혁)
衋	애통해할 혁	[6血18 총24획] 영 grieve 중 hé 일 キョク(いたむ)	衋傷(혁상)
玄	검을 현	高3급 [5玄0 총5획] 영 black, heaven 중 xuán 일 ゲン(くらい)	玄關(현관) 玄琴(현금)
弦	활시위 현	3급 [3弓5 총8획] 영 bow string 중 xuán 일 ゲン(いと)	弦管(현관) 弦琴(현금)

한자	훈음	정보	용례
泫	물 깊을 현	[4水5 총8획] 영 deep 중 xuàn 일 ゲン(ふかい)	泫然(현연)
俔	염탐할 현	[2人7 총9획] 영 spy 중 qiàn 일 ケン(たとえる)	俔俔(현현)
炫	빛날 현	2급 [4火5 총9획] 영 bright 중 xuàn 일 ゲン(かがやく)	炫惑(현혹) 炫煌(현황)
昡	햇빛 현	[4日5 총9획] 영 sunlight 중 xuàn 일 ゲン(ひかり)	昡曜(현요)
峴	고개 현	2급 [3山7 총10획] 영 ridge 중 岘 xiàn 일 ケン(とうげ)	雄峴(웅현) 葛峴(갈현)
眩	어지러울 현	1급 [5目5 총10획] 영 giddiness 중 xuàn 일 ゲン(めまい)	眩氣(현기) 眩亂(현란)
晛	햇살 현	[4日7 총11획] 영 daylight 중 晛 xiàn 일 ケン(ひかり)	
現	나타날 현	中6급 [5玉7 총11획] 영 appear 중 现 xiàn 일 ゲン(あらわれる)	現價(현가) 現今(현금)
衒	자랑할 현	1급 [6行5 총11획] 영 self-praise 중 衒 xuàn 일 ゲン(てらう)	衒張(현장) 衒學(현학)
絃	악기줄 현	高3급 [6糸5 총11획] 영 string 중 弦 xián 일 ゲン(いと)	絃琴(현금) 絃樂(현악)
莧	비름 현	[6艸7 총11획] 영 pigweed 중 莧 xiàn 일 ケン(ひゆ)	莧陸(현륙)
舷	뱃전 현	[6舟5 총11획] 영 gunwale 중 xián 일 ゲン(ふなばた)	舷燈(현등) 舷窓(현창)
睍	불거진 눈 현	[5目7 총12획] 영 bugged out eyes 중 xiàn 일 ケン(みる)	睍睍(현현)
絢	무늬 현	1급 [6糸6 총12획] 영 pattern 중 绚 xuàn 일 ケン(うつくしい)	絢爛(현란) 絢飾(현식)

□ 蜆 가막조개 **현**	[6虫7 총13획] 영 corbicula 중 蚬 xiǎn 일 ケン(みのむし)	蜆蛤(현합)
■ 鉉 솥귀 **현**	2급 [8金5 총13획] 영 ear of a kettle 중 铉 xuàn 일 ゲン(みみづる)	鉉席(현석) 三鉉(삼현)
■ 賢 어질 **현**	中4급 [7貝8 총15획] 영 benign 중 贤 xián 일 ケン(かしこい)	賢君(현군) 賢明(현명)
■ 縣 고을 **현**	高3급 [6糸10 총16획] 영 county 중 县 xiàn 일 県ケン(おがな)	縣監(현감) 縣鼓(현고)
□ 蠉 장구벌레 **현**	[6虫13 총19획] 영 wriggler 중 xuān 일 ケン(ぼうふり)	蜎蠉(연현)
■ 懸 매달 **현**	高3급 [4心16 총20획] 영 hang 중 悬 xuán 일 ケン(かける)	懸隔(현격) 懸橋(현교)
■ 顯 나타날 **현**	高4급 [9頁14 총23획] 영 appear 중 显 xiǎn 일 ケン(あらわれる)	顯考(현고) 顯微鏡(현미경)
□ 孑 외로울 **혈**	[3子0 총3획] 영 solitary 중 jié 일 ケツ(ひとり)	孑孑(혈궐) 孑遺(혈유)
■ 穴 구멍 **혈**	高3급 [5穴0 총5획] 영 cave, hole 중 xué 일 ケツ(あな)	穴居(혈거) 穴竅(혈규)
■ 血 피 **혈**	中4급 [6血0 총6획] 영 blood 중 xiě 일 ケツ(ち)	血怨骨讎(혈원골수) 血肉(혈육)
□ 泬 내뿜을 **혈**	[4水5 총8획] 영 puff 중 xuè 일 ケツ(むなしい)	泬寥天(혈요천)
□ 頁 머리 **혈**	[9頁0 총9획] 영 head 중 页 yè 일 ケツ(こうべ)	頁巖(혈암) 頁巖油(혈암유)
■ 嫌 싫어할 **혐**	高2급 [3女10 총13획] 영 hate 중 嫌 xián 일 ケン(きらう)	嫌忌(혐기) 嫌猜(혐시)
□ 夾 곁 **협**	[3大4 총7획] 영 side 중 jiā, gā 일 キ(はさむ)	夾攻(협공) 夾路(협로)

■ 協 합할 **협**	中4급 [2+6 총8획] 영 harmony 중 协 xié 일 キョウ(あわせる)	協同(협동) 協力(협력)
■ 俠 호협할 **협**	1급 [2人7 총9획] 영 chivalry 중 侠 xiá 일 キョウ(おとこだて)	俠客(협객) 俠骨(협골)
■ 峽 골짜기 **협**	2급 [3山7 총10획] 영 gorge 중 峡 xiá 일 キョウ(はさま)	峽谷(협곡) 峽路(협로)
□ 浹 두루미칠 **협**	[4水7 총10획] 영 reach 중 浃 jiā 일 キョウ(あまねく)	浹渫(협설)
■ 狹 좁을 **협**	1급 [4犬7 총10획] 영 narrow 중 狭 xiá 일 キョウ(せまい)	狹軌(협궤) 狹量(협량)
■ 挾 낄 **협**	1급 [4手7 총10획] 영 insert 중 挟 jiá, xiá 일 キョウ(はさむ)	挾擊(협격) 挾攻(협공)
■ 脅 겨드랑이 **협**	高3급 [6肉6 총10획] 영 armpit 중 胁 xié 일 キョウ(わき)	脅喝(협갈) 脅肩(협견)
■ 陝 좁을 **협**	2급 [8阜7 총10획] 영 narrow 중 陕 jiá 일 コウ(せまい)	陝坐(협좌) 陝室(협실)
□ 祫 합사할 **협**	[5示6 총11획] 영 enshrine together 중 xià 일 コウ(まつり)	禘祫(체협)
□ 莢 꼬투리 **협**	[6艸7 총11획] 영 pod 중 荚 jiá 일 キョウ(さや)	莢果(협과) 莢錢(협전)
□ 愜 쾌할 **협**	[4心9 총12획] 영 pleasant 중 惬 qiè 일 こころよい	愜意(협의) 愜志(협지)
□ 篋 상자 **협**	[6竹9 총15획] 영 basket, box 중 箧 qiè 일 キョウ(はこ)	篋籠(협롱) 篋笥(협사)
□ 鋏 집게 **협**	[8金7 총15획] 영 pincers 중 铗 jiá 일 キョウ(はさみ)	鋏刀(협도)
■ 頰 뺨 **협**	1급 [9頁7 총16획] 영 cheek 중 颊 jiá 일 キョウ(ほお)	頰骨(협골) 頰筋(협근)

한자	급수/부수/획수	영/중/일	예시
兄 맏 형	中8급 [2儿3 총5획]	영 elder brother 중 xiōng 일 ケイ(あに)	兄公(형공) 兄亡弟及(형망제급)
刑 형벌 형	中4급 [2刀4 총6획]	영 punishment 중 xíng 일 ケイ(しおき)	刑具(형구) 刑期(형기)
亨 형통할 형	眞3급 [2亠5 총7획]	영 go well 중 hēng 일 キョウ(とおる)	亨嘉(형가) 亨途(형도)
形 형상 형	中6급 [3彡4 총7획]	영 form 중 xíng 일 ケイ(かたち)	形鋼(형강) 形貌(형모)
邢 성씨 형	2급 [7邑0 총7획]	영 surname 중 邢 xíng 일 セイ	邢臺(형대)
泂 멀 형	[4水5 총8획]	영 distant 중 泂 jiǒng 일 ケイ(とおい)	尹泂(윤형) 조선 중기의 문신
型 모형 형	2급 [3土6 총9획]	영 model 중 xíng 일 ケイ(かた)	模型(모형) 型式(형식)
炯 빛날 형	2급 [4火5 총9획]	영 bright 중 jiǒng 일 ケイ(あきらか)	炯心(형심) 炯眼(형안)
迥 멀 형	[7辵5 총9획]	영 far 중 迥 일 ケイ(とおい)	迥別(형별)
珩 노리개 형	[5玉6 총10획]	영 jewels 중 héng, háng 일 コウ(おびたま)	珩紞(형담)
荊 가시 형	1급 [4艸6 총10획]	영 thorn 중 jīng 일 ケイ(いばら)	荊棘(형극) 荊妻(형처)
陘 지레목 형	[8阜7 총10획]	영 defile 중 陘 xíng 일 ケイ(さか)	陘阻(형조) 陘峴(형현)
滎 실개천 형	[4水10 총14획]	영 brook 중 滎 xíng, yíng 일 ケイ(にわか)	滎濘(형녕) 滎澤(형택)
熒 등불 형	[4火10 총14획]	영 lamp 중 熒 yíng 일 ケイ(ともしび)	熒光(형광)

□ 鉶 국그릇 형	[8金6 총14획] 명 soup dish 중 xíng 일 ケイ(あつものもり)	邊豆鉶羹 (변두형갱)	
□ 衡 저울대 형	[6行10 총16획] 명 scale-beam 중 héng 일 コウ(はかり)	衡鑑(형감) 衡度(형도)	
■ 螢 개똥벌레 형	高3급 [6虫10 총16획] 명 firefly 중 萤 yíng 일 ケイ(ほたる)	螢光(형광) 螢石(형석)	
■ 瀅 맑을 형	2급 [4水15 총18획] 명 clear 중 滢 yíng 일 エイ(すむ)	瀅注(형주) 洪河左瀅縈(홍하좌형형)	
□ 鎣 줄 형	[8金10 총18획] 명 file 중 鎣 yíng 일 エイ(やすり)		
■ 馨 향기 형	2급 [9香11 총20획] 명 fine scent 중 xīn 일 ケイ(かおる)	馨氣(형기) 馨香(형향)	
■ 兮 어조사 혜	高3급 [2八2 총4획] 명 particle 중 xī 일 ケイ(か)	兮也(혜야)	
■ 彗 살별 혜	1급 [3彐8 총11획] 명 comet 중 彗 huì 일 スイ	彗星(혜성) 彗星歌(혜성가)	
□ 傒 가둘 혜	[2人10 총12획] 명 shut in 중 xī, xì 일 ケイ(まつ)	傒囊(혜낭) 傒音(혜음)	
■ 惠 은혜 혜	高4급 [4心8 총12획] 명 favor 중 hui 일 ケイ(めぐむ)	惠念(혜념) 惠書(혜서)	
□ 徯 기다릴 혜	[3彳10 총13획] 명 wait 중 xī 일 ケイ(まつ)	徯徑(혜경)	
□ 嘒 작은 소리 혜	[3口11 총14획] 명 weak sound 중 huì 일 ケイ(やわらぐ)	嘒唳(혜려) 嘒彼小星(혜피소성)	
□ 槥 나무 이름 혜	[4木10 총14획] 명 name of trees 중 ī, xì 일 ケイ(たばねる)	槥櫝先殫 (혜혜선탄)	
□ 憓 사랑할 혜	[4心12 총15획] 명 love 중 huì 일 ケイ(いつくしむ)	義征不憓 (의정불혜)	

慧 슬기로울 혜	[4心11 총15획] 영 sagacity 중 huì 일 ケイ(かしこい)	慧眼(혜안) 慧智(혜지)
鞋 신 혜	[9革6 총15획] 영 shoes 중 xié 일 アイ(くつ)	鞋襪(혜말) 鞋底(혜저)
蕙 난초 혜	[6艸12 총16획] 영 orchid 중 huì 일 ケイ(かおりぐさ)	蕙氣(혜기) 蕙蘭(혜란)
嵆 말다툼할 혜	[7谷10 총17획] 영 quarrel 중 xī 일 ケイ(もとる)	婦姑勃嵆 (부고발혜)
蹊 지름길 혜	[7足10 총17획] 영 shorter road 중 蹊 xī 일 ケイ(にみち)	蹊徑(혜경) 蹊路(혜로)
螇 쓰르라미 혜	[6虫12 총18획] 영 cicada 중 huì 일 ケイ(なつぜみ)	
醯 식혜 혜	1급 [7酉12 총19획] 영 vinegar 중 xī 일 ケイ(す)	食醯(식혜) 魚醯(어혜)
鼷 새앙쥐 혜	[13鼠10 총23획] 영 mouse 중 鼷 xī 일 ケイ(はつかねずみ)	鼷鼠(혜서)
互 서로 호	高3급 [2二2 총4획] 영 mutually 중 hù 일 コ(たがいに)	互流(호류) 互相(호상)
戶 지게 호	中4급 [4戶0 총4획] 영 door 중 戶 hù 일 コ(いえ)	戶口(호구) 戶別(호별)
乎 어조사 호	3급 [1丿4 총5획] 영 particle 중 乎 hū 일 コ(か)	斷乎(단호) 嗟乎 (차호)
好 좋을 호	中4급 [3女3 총6획] 영 like, love 중 hǎo 일 コウ(このむ)	好感(호감) 好機(호기)
弧 활 호	1급 [3弓5 총8획] 영 wooden bow 중 hú 일 コ(きゆみ)	括弧(괄호) 弧燈(호등)
呼 부를 호	中4급 [3口5 총8획] 영 call 중 hū 일 コ(よぶ)	呼價(호가) 呼名(호명)

昊 하늘 호	2급 [4日4 총8획] 영 sky 중 hào 일 コウ(なつぞら)	昊蒼(호창) 昊天(호천)
怙 믿을 호	[4心5 총8획] 영 believe 중 hù 일 コ(たのむ)	怙亂(호란) 怙勢(호세)
狐 여우 호	1급 [4犬5 총8획] 영 fox 중 hú 일 コ(きつね)	狐假虎威(호가호위) 狐死首丘(호사수구)
芦 지황 호	[6艸4 총8획] 영 foxglove 중 芦 일 コ(がま)	
虎 범 호	中3급 [6虍2 총8획] 영 tiger 중 hǔ 일 コ(とら)	虎皮(호피) 虎口(호구)
胡 오랑캐 호	高3급 [6肉5 총9획] 영 savage 중 hú 일 コ(えびす)	胡蒜(호산) 胡人(호인)
浩 넓을 호	高3급 [4水7 총10획] 영 vast 중 hào 일 コウ(ひろい)	浩渺(호묘) 浩瀚(호한)
恄 놀랄 호	[4心7 총10획] 영 surprise 중 hào 일 コク(おどろく)	恄恄(교교)
祜 복 호	2급 [5示5 총10획] 영 happiness 중 祜 hù 일 コ(さいわい)	祜休(호휴) 受天之祜(수천지호)
毫 가는 호	高3급 [4毛7 총11획] 영 fine hair 중 háo 일 ゴウ(ほそげ)	毫釐(호리) 毫髮(호발)
扈 따를 호	2급 [4尸7 총11획] 영 follow 중 扈 hù 일 コ(したがう)	扈駕(호가) 扈從(호종)
晧 밝을 호	2급 [4日7 총11획] 영 shine 중 hào 일 コウ(あきらか)	晧旰(호간) 晧首(호수)
瓠 표주박 호	[5瓜6 총11획] 영 gourd 중 hù 일 コ(ひさご)	瓠尊(호준)
壺 병 호	[3士9 총12획] 영 bottle 중 壶 hú 일 壷コ(つぼ)	壺裏乾坤(호리건곤) 壺狀(호상)

湖 호수 호	중5급 [4水9 총12획] 영 lake 중 hú 일 コ(みずうみ)	湖畔(호반) 湖沼(호소)
琥 호박 호	1급 [5玉8 총12획] 영 amber 중 hǔ 일 コ(こはく)	琥珀(호박) 琥珀緞(호박단)
皓 흴 호	2급 [5白7 총12획] 영 white 중 hào 일 コウ(しろい)	皓然(호연) 皓月(호월)
楛 싸리나무 호	[4木9 총13획] 영 bush clover 중 hù 일 コ(わるい)	楛矢(호시) 광대 싸리로 만든 화살
瑚 산호 호	1급 [5玉9 총13획] 영 coral 중 hú 일 コ(もりものだい)	珊瑚(산호) 蕪瑚(무호)
號 부르짖을 호	중6급 [6虍7 총13획] 영 shout 중 号 hào 일 号ゴウ(さけぶ)	號角(호각) 號哭(호곡)
葫 마늘 호	[6艸9 총13획] 영 garlic 중 hú 일 コ(にんにく)	葫蘆(호로) 葫蘆瓶(호로병)
滬 통발 호	[4水11 총14획] 영 fishtrap 중 滬 hù 일 コ(あじろ)	滬江(호강)
滸 물가 호	[4水11 총14획] 영 riverside 중 滸 xǔ, hǔ 일 コ(きし)	滸滸(호호)
犒 호궤할 호	[4牛10 총14획] 영 cheer up 중 ào 일 コウ(ねぎらう)	犒軍(호군) 犒饋(호궤)
糊 풀칠할 호	1급 [6米9 총15획] 영 paste 중 hú, hū, hù 일 コ(のり)	糊口之策(호구지책) 糊塗(호도)
蒿 다북쑥 호	[6艸10 총14획] 영 mug wort 중 hāo 일 コウ(よもぎ)	蒿萊(호래) 蒿廬(호려)
豪 호걸 호	3I급 [7豕7 총14획] 영 hero 중 háo 일 ゴウ(すぐれる)	豪家(호가) 豪傑(호걸)
扈 파랑새 호	[11鳥4 총15획] 영 blue bird 중 hù 일 コ(ふなしうずら)	桑扈(상호)

□ 鮔 준치 호	[11魚4 총15획] 영 herring 중 hú 일 コ(ひら)	鮔鮥(호락)
■ 滸 넓을 호	2급 [4水12 총15획] 영 large 중 滸 hào 일 コウ(ひろい)	呼和滸特 (호화호특)
□ 皞 밝을 호	[5白10 총15획] 영 bright 중 hào 일 コウ(あきらか)	皞天(호천) 皞皞(호호)
□ 蝴 나비 호	[6虫9 총15획] 영 butterfly 중 hú 일 コ(こちょう)	蝴蝶(호접) 蝴蝶夢(호접몽)
□ 縞 명주 호	[6糸10 총16획] 영 silk 중 縞 gǎo 일 コウ(しろぎぬ)	縞素(호소) 縞衣(호의)
■ 壕 해자 호	2급 [3土14 총17획] 영 trench 중 háo 일 ゴウ(ほり)	壕塹(호참) 防空壕(방공호)
■ 濠 호수 호	2급 [4水14 총17획] 영 moat 중 háo 일 ゴウ(ほり)	濠洲(호주) 塹濠(참호)
□ 濩 퍼질 호	[4水14 총17획] 영 spread 중 huò 일 ゴ(ちる)	
□ 謼 부를 호	[7言11 총18획] 영 call 중 hù 일 コ(よぶ)	一夫大謼 (일부대호)
■ 鎬 호경 호	2급 [8金10 총18획] 영 bright 중 鎬 gǎo 일 コウ(かがやく)	鎬京(호경) 金殷鎬(김은호)
□ 餬 죽 호	[9食9 총18획] 영 ricegruel 중 hú 일 コ(かゆ)	餬口(호구) 餬饘(호전)
□ 鬍 수염 호	[10髟9 총19획] 영 beard 중 鬍 hú 일 コ(ひげ)	鬍髥(호염) 鬍子(호자)
□ 鶘 사다새 호	[11鳥9 총20획] 영 pelican 중 鶘 hú 일 コ(がらんちょう)	鵜鶘(제호) 犁鶘(이호)
□ 護 보호할 호	高4Ⅱ [7言14 총21획] 영 guard 중 护 hù 일 ゴ(まもる)	護國(호국) 護身(호신)

顥 클 호	[9頁12 총21획] 영 immense 중 顥 hào 일 コウ(おおきい)	顥天(호천) 顥顥(호호)
護 구할 호	[9言14 총23획] 영 rescue 중 護 hù 일 ゴ(すくう)	大護(대호)
灝 넓을 호	[4水21 총24획] 영 boundless 중 hào 일 コウ(ひろい)	灝灝(호호)
■ 或 혹 혹	中4급 [4戈4 총8획] 영 maybe 중 huò 일 ワク(あるいは)	或時(혹시) 或者(혹자)
■ 惑 미혹할 혹	高3급 [4心8 총12획] 영 bewitch 중 huò 일 ワク(まどう)	惑星(혹성) 惑世誣民(혹세무민)
■ 酷 독할 혹	2급 [7酉7 총14획] 영 severe 중 kù 일 コク(むごい)	酷毒(혹독) 酷烈(혹렬)
熇 뜨거울 혹	[4火10 총14획] 영 hot 중 xiāo 일 コク(あつい)	熇暑(혹서)
翯 흰깃 혹	[6羽10 총16획] 영 lustrous wing 중 hè 일 コク(つややか)	翯乎(혹호) 翯翯(혹혹)
■ 鵠 클 혹	1급 [11鳥7 총18획] 영 vast 중 鵠 hú 일 コク(はくちょう)	鵠立(곡립) 鵠髮(곡발)
■ 昏 어두울 혼	高3급 [4日4 총8획] 영 dark 중 hūn 일 コン(くらい)	昏倒(혼도) 昏亂(혼란)
■ 婚 혼인할 혼	中4급 [3女8 총11획] 영 marry 중 hūn 일 コン(えんぐみ)	婚談(혼담) 婚禮(혼례)
■ 混 섞을 혼	中4급 [4水8 총11획] 영 mix 중 hùn 일 コン(まじる)	混居(혼거) 混合(혼합)
惛 흐릴 혼	[4心8 총11획] 영 bewildering 중 hūn 일 コン(ぼける)	惛耄(혼모) 惛眊(혼모)
■ 棍 묶을 혼	1급 [4木8 총12획] 영 bundle 중 gùn 일 コン(たばねる)	混成(혼성)

■ 渾 흐릴 혼	1급 [4水 9 총12획] 영 dim 중 渾 hún 일 コン(にごる)		渾沌(혼돈) 渾身(혼신)
□ 琿 옥 혼	[5玉 9 총13획] 영 jade 중 琿 hún, huī 일 コン(たま)		琿春(혼춘)
■ 魂 넋 혼	高3급 [10鬼 4 총14획] 영 soul 중 hún 일 コン(たましい)		魂怯(혼겁) 魂氣(혼기)
□ 縡 깃다발 혼	[6糸 9 총15획] 영 tuft 중 jùn 일 コン(おおたば)		縡絻(혼면)
□ 閽 문지기 혼	[8門 8 총16획] 영 gate-keeper 중 閽 hūn 일 コン(もんばん)		閽禁(혼금) 閽寺(혼시)
■ 忽 문득 홀	高3급 [4心 4 총8획] 영 suddenly 중 hū 일 コツ(たちまち)		忽待(홀대) 忽然(홀연)
■ 惚 황홀할 홀	1급 [4心 8 총11획] 영 ecstasy 중 hū 일 コツ(うっとりする)		惚恍(홀황) 自惚(자홀)
■ 笏 홀 홀	1급 [6竹 4 총10획] 영 tablet 중 hū, wù 일 コツ(しゃく)		笏記(홀기) 笏室(홀실)
■ 弘 넓을 홍	高3급 [3弓 2 총5획] 영 vast 중 hóng 일 コウ(ひろい)		弘教(홍교) 弘道(홍도)
□ 汞 수은 홍	[4水 3 총7획] 영 mercury 중 gǒng 일 コウ		汞粉(홍분)
■ 泓 깊을 홍	2급 [4水 5 총8획] 영 deep 중 hóng 일 コウ(ふかい)		泓宏(홍굉) 深泓(심홍)
■ 哄 지껄일 홍	1급 [3口 6 총9획] 영 clamor 중 hǒng 일 コウ(どよめく)		哄堂(홍당) 哄動(홍동)
■ 洪 넓을 홍	高3급 [4水 6 총9획] 영 broad 중 hóng 일 コウ(おおきい)		洪大(홍대) 洪水(홍수)
■ 紅 붉을 홍	中4급 [6糸 3 총9획] 영 red 중 紅 hóng 일 コウ(くれない)		紅茶(홍다) 紅爐點雪(홍로점설)

虹 무지개 홍	1급 [6虫3 총9획] 영 rainbow 중 hóng 일 コウ(にじ)	虹橋(홍교) 虹霓(홍예)
烘 횃불 홍	[4火6 총10획] 영 torch 중 hōng 일 コウ(あぶる)	烘箱(홍상)
訌 어지러울 홍	1급 [7言3 총10획] 영 disturbed 중 讧 hòng 일 コウ(みだれる)	內訌(내홍) 訌爭(홍쟁)
葒 개여뀌 홍	[6艸9 총13획] 영 Blumei 중 葒 hóng 일 コウ(たて)	
鬨 싸울 홍	[10鬥6 총16획] 영 fight 중 鬨 hòng 일 コウ(たたかう)	鬨然(홍연)
鴻 큰기러기 홍	高3급 [11鳥6 총17획] 영 big goose 중 鸿 hóng 일 コウ(おおきい)	鴻鵠(홍곡) 鴻鵠之志(홍곡지지)
化 화할 화	中5급 [2匕2 총4획] 영 change 중 huǎ 일 カ(かわる·ばける)	化石(화석) 强化(강화)
火 불 화	中8급 [4火0 총4획] 영 fire, flame 중 huǒ 일 カ(ひ)	火攻(화공) 火急(화급)
禾 벼 화	高3급 [5禾0 총5획] 영 rice plant 중 hé 일 カ(いね)	禾稼(화가) 禾穗(화수)
和 고를 화	中6급 [3口5 총8획] 영 even 중 huò 일 ワ(やわらぐ)	和平(화평) 和氣(화기)
花 꽃 화	高7급 [6艸4 총8획] 영 flower 중 huā 일 カ(はな)	花客(화객) 花崗岩(화강암)
貨 재화 화	中4급 [7貝4 총11획] 영 goods 중 货 huò 일 カ(たから)	貨物(화물) 貨主(화주)
畫 그림 화	中6급 [5田7 총12획] 영 picture 중 画 huà 일 ガ(えがく)	畫期的(획기적) 畫數(획수)
華 빛날 화	中4급 [6艸8 총12획] 영 brilliant 중 华 huá 일 カ(はなやか)	華簡(화간) 華麗(화려)

■ 話 이야기 화	중7급 [7言6 총13획] 영 speak 중 话 huà 일 ワ(はなす)	話頭(화두) 話術(화술)
■ 靴 신 화	2급 [9革4 총13획] 영 footgear 중 xuē 일 カ(くつ)	靴工(화공) 靴篦(화비)
■ 禍 재난 화	중3급 [5示9 총14획] 영 calamity 중 祸 huò 일 カ(わざわい)	禍根(화근) 禍難(화난)
■ 嬅 탐스러울 화	2급 [3女12 총15획] 영 attractive 중 嬅 huà 일 カ(すばらしい)	
■ 樺 자작나무 화	2급 [4木12 총16획] 영 a kind of birch 중 桦 huà 일 カ(かげ)	樺巾(화건) 樺木(화목)
□ 搳 덫 화	[4手14 총17획] 영 snare 중 hú 일 カク(わな)	
□ 譁 시끄러울 화	[7言12 총19획] 영 noisy 중 哗 huá 일 カ(かまびすしい)	譁笑(화소) 譁然(화연)
□ 龢 조화될 화	[17龠5 총22획] 영 harmonious 중 龢 huā 일 カ(やわらぐ)	聲應相係曰龢 (성응상계왈화)
■ 廓 클 확	1급 [3广11 총14획] 영 big 중 廓 kuò 일 カク(おおきい)	廓大(확대) 廓正(확정)
■ 確 굳을 확	준4급 [5石10 총15획] 영 certainly 중 确 què 일 カク(たしか)	確據(확거) 確固不動(확고부동)
■ 穫 거둘 확	3급 [5禾14 총19획] 영 harvest 중 获 huò 일 カク(かる)	穫稻(확도) 刈穫(예확)
■ 擴 넓힐 확	준3급 [4手15 총18획] 영 expand 중 扩 kuò 일 カク(ひろめる)	擴大鏡(확대경) 擴散(확산)
□ 蠖 자벌레 확	[6虫14 총20획] 영 looper 중 蠖 huò 일 カク(しゃくとりむし)	蠖屈(확굴)
□ 鑊 가마 확	[8金14 총22획] 영 cauldron 중 鑊 huò 일 カク(かなえ)	鑊湯(확탕)

攫 움킬 **확**	[4 手20 총23획] 영 snatch 중 jué 일 カク(つかむ)	攫金(확금) 攫搏(확박)
■ 丸 둥글 **환**	高3급 [1 丶2 총3획] 영 grain, ball 중 wǎn 일 ガン(まるい)	丸鋼(환강) 丸都城(환도성)
■ 幻 변할 **환**	2급 [3 幺 총4획] 영 witchcraft 중 huàn 일 ゲン(まどわす)	幻覺(환각) 幻滅(환멸)
奐 빛날 **환**	[3 大6 총9획] 영 shine 중 huàn 일 奐カン(あきらか)	美哉奐焉 (미재환언)
■ 宦 벼슬 **환**	1급 [3 宀6 총9획] 영 government post 중 huàn 일 カン(つかさ)	宦官(환관) 宦路(환로)
紈 흰 비단 **환**	[6 糸3 총9획] 영 white silk 중 紈 wán 일 ガン(しろぎぬ)	紈縑(환겸) 紈袴子弟(환고자제)
■ 桓 굳셀 **환**	2급 [4 木6 총10획] 영 strong 중 huán 일 カン(しるしのき)	桓桓(환환) 桓雄(환웅)
■ 患 근심 **환**	中5급 [4 心7 총11획] 영 anxiety 중 huàn 일 カン(うれえる)	患苦(환고) 患忌(환기)
■ 喚 부를 **환**	1급 [3 口9 총12획] 영 call 중 喚 huàn 일 カン(よぶ)	喚起(환기) 喚醒(환성)
渙 흩어질 **환**	[4 水9 총12획] 영 scatter 중 渙 huàn 일 カン(つややか)	渙散(환산)
■ 換 바꿀 **환**	高3급 [4 手9 총12획] 영 exchange 중 換 huàn 일 カン(かえる)	換價(환가) 換穀(환곡)
睆 가득찰 **환**	[5 目7 총12획] 영 be chock-full 중 huàn, huǎn 일 カン(うつくしい)	睆睆(환환)
逭 도망할 **환**	[7 辵8 총12획] 영 flee 중 逭 huàn 일 カン(のがれる)	逭免(환면) 逭暑(환서)
■ 煥 불꽃 **환**	2급 [4 火9 총13획] 영 flaming 중 煥 huàn 일 カン(あきらか)	煥爛(환란) 才氣煥發(재기환발)

豢	기를 환	[7豕6 총13획] 영 feed 중 豢 huàn 일 カン(やしなう)	豢養(환양) 豢圉(환어)
寰	경기 고을 환	[3宀13 총16획] 영 region 중 寰 huán 일 カン(あがた)	寰區(환구) 寰內(환내)
環	고리 환	高4급 [5玉13 총17획] 영 ring 중 环 huán 일 カン(たまき)	環境(환경) 環攻(환공)
還	돌아올 환	高3급 [7辵13 총17획] 영 return 중 还 huán 일 セン(かえる)	還甲(환갑) 還穀(환곡)
鍰	엿냥중 환	[8金9 총17획] 영 weight 중 鍰 huán 일 カン(おもさ)	銅鍰(동환)
鯇	잉어 환	[11魚7 총18획] 영 carp 중 鯇 huán 일 コン(こい)	
鰥	홀아비 환	[11魚10 총21획] 영 widower 중 鰥 guān 일 カン(やまお)	鰥居(환거) 鰥寡孤獨(환과고독)
懽	기꺼울 환	[4心18 총21획] 영 glad 중 huān 일 カン(よろこぶ)	懽場舞(환장무)
鐶	고리 환	[8金13 총21획] 영 metal ring 중 镮 huán 일 カン(わ)	鐶鈕(환뉴)
歡	기쁠 환	中4급 [4欠18 총22획] 영 joyful 중 欢 huān 일 歓カン(よろこぶ)	歡談(환담) 歡迎(환영)
譁	시끄러울 환	[7言18 총25획] 영 clamour 중 huā 일 カン(かまびすしい)	
驩	기뻐할 환	1급 [10馬18 총28획] 영 be glad 중 huān 일 カン(よろこぶ)	驩然(환연) 驩迎(환영)
活	살 활	中7급 [4水6 총9획] 영 live 중 huó 일 カツ(いきる)	活力(활력) 活劇(활극)
猾	교활할 활	1급 [4犬10 총13획] 영 sly 중 huá 일 カツ(わるがしこい)	猾吏(활리) 猾民(활민)

■ 濊 그물소리 **활**	2급 [4水13 총16획] 영 sound of net 중 huì 일 ワイ(ふかい)	
□ 蛞 방게 **활**	[6虫10 총16획] 영 small crab 중 gŭ 일 カツ(やどかり)	蛞子(활자) 蛞蟒(활택)
□ 豁 뚫린골 **활**	[7谷10 총17획] 영 valley 중 huō 일 カツ(とおる)	豁達(활달) 豁達大度(활달대도)
■ 闊 넓을 **활**	1급 [8門9 총17획] 영 spacious 중 kuò 일 カツ(ひろい)	闊達(활달) 闊略(활략)
□ 肓 명치끝 **황**	[6肉3 총7획] 영 solar plexus 중 huāng 일 コウ(むなもと)	膏肓(고황)
■ 況 하물며 **황**	高4급 [4水5 총8획] 영 much more 중 kuàng 일 キョウ(いわんや)	況味(황미) 景況(경황)
□ 怳 명할 **황**	[4心5 총8획] 영 vacant 중 huǎng 일 コウ(くるう)	怳忽(황홀)
■ 恍 황홀할 **황**	1급 [4心6 총9획] 영 vague, dim 중 huǎng 일 コウ(ほのか)	恍惚(황홀) 昏恍(혼황)
■ 皇 임금 **황**	中3급 [5白4 총9획] 영 emperor 중 huáng 일 コウ(きみ)	皇家(황가) 皇國(황국)
■ 晃 밝을 **황**	2급 [4日6 총10획] 영 bright 중 huǎng 일 コウ(あきらか)	晃朗(황랑) 晃然大覺(황연대각)
■ 荒 거칠 **황**	高3급 [6艹6 총10획] 영 coarse 중 huāng 일 コウ(あれる)	荒唐(황당) 荒廢(황폐)
□ 偟 노닐 **황**	[2人9 총11획] 영 spare time 중 huáng 일 コウ(いとま)	仿偟不能去 (방황불능거)
■ 凰 봉황 **황**	1급 [2几9 총11획] 영 phoenix 중 huáng 일 オウ(おおとり)	鳳凰(봉황) 水金凰(수금황)
□ 黃 누를 **황**	[12黃0 총12획] 영 yellow 중 huáng 일 コウ(きいろ)	黃褐色(황갈색) 黃巾(황건)

한자	훈음	정보	예시
■ 徨	헤맬 황	1급 [3彳9 총12획] 영 wander 중 huáng 일 コウ(さまよう)	徨徨(황황) 迷徨(미황)
□ 湟	성지 황	[4水9 총12획] 영 moat 중 huáng 일 コウ(ひやみず)	湟水(황수)
■ 惶	두려울 황	1급 [4心9 총12획] 영 fear 중 huáng 일 コウ(おそれる)	惶怯(황겁) 惶恐(황공)
□ 貺	줄 황	[7貝5 총12획] 영 give 중 貺 kuàng 일 キョウ(あたえる)	貺祐(황우)
□ 隍	해자 황	[8阜9 총12획] 영 moat 중 huáng 일 コウ(ほり)	隍塹(황참)
□ 幌	휘장 황	[3巾10 총13획] 영 curtain 중 huǎng 일 コウ(とばり)	幌馬車(황마차)
■ 煌	빛날 황	1급 [4火9 총13획] 영 luminous 중 huáng 일 コウ(かがやく)	煌斑巖(황반암) 炫煌(현황)
■ 慌	다급할 황	1급 [4心10 총13획] 영 flurried 중 huāng 일 (うっとりする)	慌忙(황망) 大恐慌(대공황)
■ 滉	깊을 황	2급 [4水10 총13획] 영 deep and wide 중 huàng 일 コウ	滉瀁(황양) 李滉(이황)
■ 愰	밝을 황	1급 [4心10 총13획] 영 bright 중 huǎng 일 コウ(あきらか)	愰懩(황양) 裵是愰傳(배시황전)
■ 遑	급할 황	1급 [7辵9 총13획] 영 hurry 중 遑 huáng 일 コウ(いそぐ)	遑急(황급) 遑汲(황급)
□ 潢	웅덩이 황	[4水12 총15획] 영 pond 중 huáng 일 コウ(ためいけ)	潢潦(황로)
□ 篁	대숲 황	[6竹9 총15획] 영 bamboo grove 중 huáng 일 コウ(たかむら)	篁竹(황죽)
□ 蝗	메뚜기 황	[6虫9 총15획] 영 locust 중 huáng 일 コウ(いなご)	蝗蟲(황충) 蝗旱(황한)

璜 패옥 황	[5玉12 총16획]	영 jade 중 huáng 일 コウ(おびたま)	璜珩(황형) 璜璜(황황)
礦 유황 황	[5石12 총17획]	영 sulfur 중 gǒng 일 コウ(あらがね)	自起礦(자기황)
謊 잠꼬대할 황	[7言10 총17획]	영 sleep talking 중 tāo 일 ユウ(うたがう)	謊說(황설)
蟥 풍뎅이 황	[6虫12 총18획]	영 beetle 중 huáng 일 コウ(こがねむし)	馬蟥(마황)
簧 생황 황	[6竹12 총18획]	영 reed instrument 중 huáng 일 コウ(ふえのした)	簧鼓(황고) 簧葉(황엽)
回 돌 회	中4급 [3囗3 총6획] 영 turn, return 중 huí 일 カイ(めぐる)		回甲(회갑) 回顧(회고)
灰 재 회	中4급 [4火2 총6획] 영 ashes 중 huī 일 カイ(はい)		灰滅(회멸) 灰燼(회신)
佪 혼란할 회	[2人6 총8획] 영 chaos 중 huí 일 カイ(さまよう)		佪翔(회상) 佪佪(회회)
徊 머뭇거릴 회	1급 [3彳6 총9획] 영 loitering 중 huái, huí 일 カイ(さまよう)		徊翔(회상) 徊徨(회황)
廻 돌 회	2급 [3廴6 총9획] 영 come back 중 huí 일 カイ(めぐる)		廻顧(회고) 廻廊(회랑)
恢 넓을 회	1급 [4心6 총9획] 영 wide 중 huī 일 カイ(ひろい)		恢復(회복) 恢弘(회홍)
洄 거슬러 올라갈 회	[4水6 총9획] 영 flow backward 중 huí 일 カイ(さかのぼる)		洄洑(회복)
悔 뉘우칠 회	高3급 [4心7 총10획] 영 regret 중 huǐ 일 カイ(くいる)		悔改(회개) 悔過自責(회과자책)
茴 회향풀 회	[6艸6 총10획] 영 fennel 중 huí 일 カイ(ういきょう)		茴香(회향)

■ 晦 그믐 회	1급 [4 日7 총11획]	last day of the month 중huì 일みそか	晦間(회간), 晦匿(회닉)
■ 淮 강이름 회	2급 [4 水8 총11획]	river 중huái 일カイ(かわ)	淮水(회수), 淮烏(회오)
■ 蛔 회충 회	1급 [6 虫6 총12획]	roundworm 중huí 일カイ(はらのむし)	蛔蟲(회충), 蛔痛(회통)
□ 匯 돌아 나갈 회	[2 匚11 총13획]	turn round 중huì 일カイ(めぐる)	匯兌(회태), 匯票(회표)
■ 會 모일 회	중6급 [4 曰9 총13획]	meet 중会huì 일会カイ(あつまり)	會堂(회당), 會同(회동)
■ 賄 뇌물 회	1급 [7 貝6 총13획]	bribe 중贿huì 일カイ(まいなう)	賄賂(회뢰), 賄交(회교)
□ 詼 조롱할 회	[7 言6 총13획]	mockery 중诙huī 일カイ(からかう)	詼謔(회학), 詼諧(회해)
■ 誨 가르칠 회	1급 [7 言7 총14획]	teach 중诲huì 일カイ(おしえる)	誨言(회언), 誨誘(회유)
□ 澮 밭고랑 회	[4 水13 총16획]	irrigation ditch 중浍kuài 일カイ(みぞ)	韓明澮(한명회), 溝澮(구회)
□ 獪 교활할 회	[4 犬13 총16획]	sly 중狯kuài 일カイ(わるがしこい)	獪猾(회활)
□ 蛔 번데기 회	[6 虫10 총16획]	pupa 중huì 일カイ(さなぎ)	蛔蛹(회용)
□ 頮 세수할 회	[9 頁7 총16획]	wash one's face 중huì 일カイ(あらう)	頮面(회면), 頮濯(회탁)
■ 檜 전나무 회	2급 [4 木13 총17획]	fir 중桧guì 일カイ(ひのき)	檜木(회목), 檜皮(회피)
■ 膾 회 회	1급 [6 肉13 총17획]	slice raw fish 중(脍)huì 일カイ(なます)	膾炙(회자), 膾截(회절)

薈 무성할 회	[6艸13 총17획] 영 grow thick 중 薈 huì 일 カイ(しげる)	薈翳(회예) 薈蔚(회위)
禬 푸닥거리 회	[5示13 총18획] 영 exorcism 중 禬 huì 일 カイ(はらい)	禬禜(회영)
■ 懷 품을 회	高3급 [4心16 총19획] 영 cherish 중 怀 huái 일 懷 カイ(おもう)	懷古(회고) 懷顧(회고)
■ 繪 그림 회	1급 [6糸13 총19획] 영 draw, picture 중 繪 huì 일 カイ(えがく)	繪具(회구) 繪圖(회도)
鱠 회 회	[11魚13 총24획] 영 slices of raw fish 중 kuài 일 カイ(なます)	熟鱠(숙회)
■ 劃 그을 획	高3급 [2刀12 총14획] 영 draw 중 划 huà 일 カク(かぎる)	劃期的(획기적) 劃然(획연)
獲 얻을 획	[4犬14 총17획] 영 acquire 중 获 huò 일 カク(うる)	獲利(획리) 捕獲(포획)
■ 橫 가로 횡	高3급 [4木12 총16획] 영 width 중 héng 일 コウ(よこ)	橫擊(횡격) 橫領(횡령)
薨 훙서 횡	[6艸13 총17획] 영 decease 중 薨 hōng 일 コウ(しぬ)	薨去(훙거) 薨逝(훙서)
鐄 종 횡	[8金12 총20획] 영 large bell 중 huáng 일 コウ(かね)	錚鐄營嚆 (쟁횡영효)
■ 爻 엇갈릴 효	1급 [4爻0 총4획] 영 complicate 중 yáo 일 コウ(まじわる)	爻象(효상) 爻周(효주)
■ 孝 효도 효	中급 [3子4 총7획] 영 filial piety 중 xiào 일 コウ(こうこう)	孝敬(효경) 孝女(효녀)
肴 안주 효	[6肉4 총8획] 영 relish 중 肴 yáo 일 コウ(さかな)	肴味(효미) 肴蔬(효소)
枵 빌 효	[4木5 총9획] 영 empty 중 xiāo 일 キョウ(むなしい)	枵空(효공)

한자	훈음	급수/획수	영/중/일	용례
■ 哮	성낼 효	1급 [3口7 총10획]	영 get angry 중 xiāo 일 コウ(ほえる)	哮噬(효서) 哮闞(효함)
■ 效	본받을 효	中5급 [4攴6 총10획]	영 imitate 중 xiào 일 ヨウ(ならう)	效果(효과) 效能(효능)
■ 烋	아름다울 효	2급 [4火6 총10획]	영 beautiful 중 xiū 일 コウ(うつくしい)	烋烋(휴휴)
□ 淆	뒤섞일 효	[4水8 총11획]	영 confused 중 xiáo 일 コウ(みだれる)	淆亂(효란)
□ 梟	올빼미 효	[4木7 총11획]	영 owl 중 梟 xiāo 일 キョウ(ふくろう)	梟猛(효맹)
□ 殽	섞일 효	[4殳8 총12획]	영 mixed 중 xiáo, xiào 일 コウ(まじる)	殽亂(효란)
□ 筊	단소 효	[6竹6 총12획]	영 bamboo flute 중 jiǎo 일 コウ(たけなわ)	筊簫(교소)
■ 酵	삭힐 효	1급 [7酉7 총14획]	영 ferment 중 xiào 일 コウ(わく)	酵母(효모) 酵素(효소)
□ 憢	두려울 효	[4心12 총15획]	영 fearful 중 xiāo 일 キョウ(おそれる)	憢憢(효효)
■ 曉	새벽 효	高3급 [4日12 총16획]	영 dawn 중 晓 xiǎo 일 ギョウ(あかつき)	曉起(효기) 曉得(효득)
■ 嚆	울릴 효	1급 [3口14 총17획]	영 sound 중 hāo 일 コウ(さけぶ)	嚆矢(효시)
□ 斅	가르칠 효	[4攴16 총20획]	영 teach 중 斅 xiào 일 コウ(おしえる)	斅學半(효학반)
□ 驍	날랠 효	[10馬12 총22획]	영 quick 중 骁 xiāo 일 ギョウ(たけしい)	驍名(효명) 驍武(효무)
■ 后	임금 후	2급 [3口3 총6획]	영 empress 중 hòu 일 コウ(きさき)	后宮(후궁) 后蜂(후봉)

초간편 실용한자 7000 | 461

朽 썩을 후	1급 [4木 2 총6획] 영 rot 중 xiǔ 일 キュウ(くちる)	朽壞(후괴) 朽葉(후엽)
吼 울부짖을 후	1급 [3口 4 총7획] 영 roar 중 hǒu 일 コウ(ほえる)	吼怒(후노) 吼號(후호)
侯 제후 후	高3급 [2人 7 총9획] 영 feudal lord 중 hóu 일 コウ(きみ)	侯爵(후작) 侯伯(후백)
厚 두터울 후	中4급 [2厂 7 총9획] 영 thick 중 hòu 일 コウ(あつい)	厚價(후가) 厚待(후대)
後 뒤 후	中7급 [3彳 6 총9획] 영 rear 중 后 hòu 일 コウ(のち)	後見(후견) 後進(후진)
候 철 후	中4급 [2人 8 총10획] 영 season 중 hòu 일 コウ(うかがう)	候兵(후병) 候補(후보)
逅 만날 후	1급 [7辶 6 총10획] 영 meet 중 逅 hòu 일 コウ(であう)	邂逅(해후) 邂逅相逢(해후상봉)
酗 주정할 후	[7酉 4 총11획] 영 crazy with drink 중 xù 일 ク(くるう)	酗訟(후송)
喉 목구멍 후	3급 [3口 9 총12획] 영 throat 중 hóu 일 コウ(のど)	喉衿(후금) 喉頭(후두)
嗅 냄새 맡을 후	1급 [3口 10 총13획] 영 smell 중 xiù 일 キュウ(かぐ)	嗅覺(후각) 嗅感(후감)
煦 따뜻하게할 후	[4火 9 총13획] 영 warm, hot 중 xù 일 ク(あたためる)	煦嫗(후구)
鍭 화살 후	[8金 9 총17획] 영 arrowhead 중 hóu 일 コウ(やじり)	殺矢鍭矢 (살시후시)
餱 건량 후	[9食 9 총18획] 영 dried food 중 hóu 일 コウ(たべもの)	餱糧(후량)
訓 가르칠 훈	中6급 [7言 3 총10획] 영 instruct 중 训 xùn 일 クン(おしえ)	訓戒(훈계) 訓導(훈도)

君	김쓸 훈	[4火7 총11획] 영 fumigate 중 xūn 일 クン(ふすべる)	以焄大豪 (이훈대호)
塤	질나발 훈	[3土10 총13획] 영 trumpet 중 塤 xūn 일 ケン(つちぶえ)	塤篪雅奏 (훈지아주)
暈	무리 훈	[4日9 총13획] 영 halo 중 暈 yūn 일 ウン(かさ)	暈輪(훈륜) 暈輪(훈륜)
葷	훈채 훈	[6艸9 총13획] 영 rocambole 중 葷 hūn 일 クン(にんにく)	葷菜(훈채)
熏	불길 훈	2급 [4火10 총14획] 영 roast 중 xūn, xùn 일 クン(ふすぶる)	熏爐(훈로) 熏轑(훈료)
勳	공 훈	2급 [2力14 총16획] 영 services, merit 중 xūn 일 クン(いさお)	勳功(훈공) 勳臣(훈신)
壎	질나발 훈	2급 [3土14 총17획] 영 trumpet 중 xūn 일 ケン(つちぶえ)	壎篪(훈지) 朱宗壎(주종훈)
燻	연기낄 훈	[4火14 총18획] 영 fumes 중 燻 hūi 일 クン(ふすぶる)	燻肉(훈육)
薰	향풀 훈	2급 [6艸14 총18획] 영 fragrant grass 중 xūn 일 クン(かおりぐさ)	薰氣(훈기) 薰然(훈연)
纁	분홍빛 훈	[6糸14 총20획] 영 pink 중 xūn 일 クン(うすあか)	纁裳(훈상) 纁襦(훈유)
醺	취할 훈	[7酉14 총21획] 영 drunk 중 xūn 일 クン(よう)	醺醺(훈훈)
喧	설게울 훤	[3口6 총9획] 영 cry 중 xuán 일 ケン(きわだつ)	赫兮咺兮 (혁혜훤혜)
烜	빛날 훤	[4火6 총10획] 영 bright 중 xuǎn 일 ケン(あきらか)	烜赫(훤혁)
喧	지껄일 훤	1급 [3口9 총12획] 영 chatter 중 xuān 일 ケン(やかましい)	喧鬧(훤뇨) 喧譁(훤화)

■ **暄** 따뜻할 **훤**	1급 [4日9 총13획] 영 warm 중 暄 xuān 일 ケン(あたたか)	暄暖(훤난) 暄日(훤일)
■ **萱** 원추리 **훤**	1급 [6艸9 총13획] 영 day lily 중 萱 xuān 일 ケン(わすれぐさ)	萱堂(훤당) 萱菜(훤채)
□ **貆** 담비 새끼 **훤**	[7豸6 총13획] 영 sable 중 huán 일 カン(むじな)	
□ **諼** 속일 **훤**	[7言9 총16획] 영 deceive 중 谖 xuān 일 ケン(いつわる)	諼草(훤초)
□ **卉** 풀 **훼**	[2十3 총5획] 영 grass 중 huì 일 キ(くさ)	卉木(훼목) 卉衣(훼의)
□ **虺** 살무사 **훼**	[6虫3 총9획] 영 viper 중 huǐ 일 キ(まむし)	虺蜴(훼역) 虺隤(훼퇴)
□ **烜** 불 **훼**	[4火6 총10획] 영 ablaze 중 xuǎn 일 キ(はげしいひ)	尙烜(상훼)
■ **喙** 부리 **훼**	1급 [3口9 총12획] 영 bill 중 huì 일 カイ(くちばし)	喙息(훼식) 烏喙(오훼)
■ **毁** 헐 **훼**	高3급 [4殳9 총13획] 영 ruin, destroy 중 huǐ 일 キ(こわれる)	毁謗(훼방) 毁傷(훼상)
□ **燬** 불 **훼**	[4火13 총17획] 영 flame 중 燬 huǐ 일 キ(やく)	燬焚(훼분)
■ **揮** 휘두를 **휘**	高4급 [4手9 총12획] 영 brandish 중 挥 huī 일 キ(ふるう)	揮發(휘발) 揮帳(휘장)
□ **彙** 무리 **휘**	1급 [3彐10 총13획] 영 gather 중 彙 huì 일 イ(あつめる)	彙類(휘류) 彙報(휘보)
□ **暉** 빛 **휘**	[4日9 총13획] 영 light 중 暉 huī 일 キ(ひかり)	暉映(휘영)
□ **楎** 옷걸이 **휘**	[4木9 총13획] 영 clothes rack 중 huī 일 キ(いこう)	楎椸(휘이)

煒 빛 휘	[4火 9 총13획] 영 bright 중 煒 wěi, huī 일 キ(あきらか)	
煇 빛날 휘	[4火 9 총13획] 영 bright 중 煇 huī 일 キ(かがやく)	聖煇(성휘)
麾 지휘할 휘	1급 [11麻 4 총15획] 영 command 중 huī 일 キ(さしずばた)	麾軍(휘군) 麾旗(휘기)
翬 훨훨 날 휘	[6羽 9 총15획] 영 flutter about 중 huí 일 キ(とぶ)	翬飛(휘비)
輝 빛날 휘	준3급 [7車 8 총15획] 영 brightness 중 辉 huī 일 キ(かがやき)	輝光(휘광) 輝線(휘선)
諱 꺼릴 휘	1급 [7言 9 총16획] 영 shun 중 讳 huì 일 キ(いみきらう)	諱日(휘일) 諱談(휘담)
徽 표기 휘	2급 [3彳 14 총17획] 영 banner 중 huī 일 キ(はたじるし)	徽章(휘장) 徽旨(휘지)
鰴 힘센 고기 휘	[11魚 11 총22획] 영 strong fish 중 huī 일 キ(さかな)	鰴鯨(휘경)
休 쉴 휴	중7급 [2人 4 총6획] 영 rest 중 xiū 일 キュウ(やすむ)	休暇(휴가) 休刊(휴간)
畦 밭두둑 휴	[5田 6 총11획] 영 ridge 중 qí 일 ケイ(うね)	畦徑(휴경) 畦道(휴도)
携 이끌 휴	3급 [4手 10 총13획] 영 carry 중 携 xié 일 ケイ(たずさえる)	携引(휴인) 提携(제휴)
虧 이지러질 휴	[6虍 11 총17획] 영 break 중 亏 kuī 일 キ(かける)	虧欠(휴흠) 虧損(휴손)
鵂 제비 휴	[8隹 10 총18획] 영 cuckoo 중 鵂 xī 일 ケイ(ほととぎす)	鵂周(휴주)
恤 불쌍할 휼	1급 [4心 6 총9획] 영 compassion 중 xù 일 ジュツ(あわれむ)	恤貧(휼빈) 恤恤(휼휼)

- 遹 좇을 **휼** [7辵12 총16획] 영 obey 중 yù 일 イツ(したがう)   遹追來孝(휼추내효)

- 譎 속일 **휼** [7言12 총19획] 영 deceive 중 谲 jué 일 ケツ(いつわる)   譎諫(휼간) / 譎計(휼계)

- 鷸 도요새 **휼** [11鳥12 총23획] 영 snipe 중 鹬 yù 일 イツ(しぎ)   鷸蚌相持(휼방상지)

- 凶 흉할 **흉** [2凵2 총4획] 영 bad, evil 중 xiōng 일 キョウ(わるい)   凶家(흉가) / 凶計(흉계)

- 匈 오랑캐 **흉** [2勹4 총6획] 영 barbarian 중 gài 일 キョウ(さわぐ)   匈奴(흉노) / 匈詈腹詛(흉리복조)

- 兇 흉악할 **흉** [2儿4 총6획] 영 evil 중 凶 xiōng 일 キョウ(わるい)   兇懼(흉구) / 兇器(흉기)

- 洶 용솟음칠 **흉** [4水6 총9획] 영 rush of water 중 xiōng 일 キョウ(わく)   洶湧(흉용) / 洶急(흉급)

- 恟 두려워할 **흉** [4心6 총9획] 영 fear 중 xiōng 일 キョウ(おそれる)   恟恟(흉흉)

- 胸 가슴 **흉** [6肉6 총10획] 영 breast 중 胸 xiōng 일 キョウ(むね)   胸甲(흉갑) / 胸腔(흉강)

- 訩 송사할 **흉** [7言4 총11획] 영 sue 중 xiōng 일 キョウ(みだれる)   訩訩(흉흉)

- 黑 검을 **흑** [12黑0 총12획] 영 black 중 hēi 일 コク(くらい)   黑褐色(흑갈색) / 黑氣(흑기)

- 忻 기쁠 **흔** [4心4 총7획] 영 glad 중 xīn 일 キン(よろこぶ)   忻賴(흔뢰) / 忻慕(흔모)

- 炘 화끈거릴 **흔** [4火4 총8획] 영 feel hot 중 xīn 일 キン(かがやく)   炘炘(흔흔)

- 欣 기쁠 **흔** [4欠4 총8획] 영 joy, delight 중 xīn 일 キン(よろこぶ)   欣感(흔감) / 欣快(흔쾌)

한자	훈음	정보	예시
昕	아침 흔	[4日4 총8획] 영 morning 중 xīn 일 キン(ひので)	昕夕(흔석)
很	패려궂을 흔	[3彳6 총9획] 영 violate 중 hěn 일 コン(もとる)	很心(흔심) 很忤(흔오)
掀	번쩍 들 흔	[4手8 총11획] 영 raise 중 xiān 일 ケン(あげる)	掀動一世(흔동일세) 掀天動地(흔천동지)
痕	흔적 흔	1급 [5疒6 총11획] 영 scar, traces 중 hén 일 コン(あと)	痕跡(흔적) 痕蹟(흔적)
屹	우뚝솟을 흘	[3山3 총6획] 영 aloft 중 yì, gē 일 キツ(そばだつ)	屹立(흘립) 屹然(흘연)
吃	말더듬을 흘	[3口3 총6획] 영 stammer 중 chī 일 キツ(どもる)	吃驚(흘경) 吃水(흘수)
肐	몸 흔들릴 흘	[6肉3 총7획] 영 body shake 중 gǎ 일 ヨク(むなぼね)	肐膊(흘박)
迄	이를 흘	[7辵3 총7획] 영 reach 중 qì 일 キツ(いたる)	迄可休矣(흘가휴의) 迄今(흘금)
紇	묶을 흘	[6糸3 총9획] 영 bind up 중 紇 gē, hé 일 コツ(つかねる)	紇字不識(흘자불식)
訖	이를 흘	[7言3 총10획] 영 reach 중 讫 qì 일 キツ(とめる)	訖息(글식) 訖今(흘금)
齕	깨물 흘	[15齒3 총18획] 영 chew 중 hé 일 コツ(かじる)	齮齕(기흘)
欠	하품할 흠	1급 [4欠0 총4획] 영 yawn 중 qiàn 일 ケン(あくび)	欠缺(흠결) 欠節(흠절)
欽	공경할 흠	2급 [4欠8 총12획] 영 respect 중 钦 qīn 일 キン(つつしむ)	欽慕(흠모) 欽奉(흠봉)
歆	흠향할 흠	1급 [4欠9 총13획] 영 feed, desire 중 xīn 일 キン(うける)	歆格(흠격) 歆饗(흠향)

초간편 실용한자 7000 | **467**

廞 진열할 흠	[3广12 총15획] 영 display 중 xīn, xǐn 일 キン(おこす)	廞塞(흠색)
■ 吸 숨들이쉴 흡	[특4급] [3口4 총7획] 영 breath 중 xī 일 キュウ(すう)	吸收(흡수) 吸煙(흡연)
■ 恰 흡사할 흡	[1급] [4心6 총9획] 영 similar 중 qià 일 コウ(あたかも)	恰似(흡사) 恰克圖條約(흡극도 조약)
■ 洽 흡족 흡	[1급] [4水6 총9획] 영 enought 중 qià 일 コウ(あう)	洽足(흡족) 洽足(흡족)
翕 합할 흡	[6羽6 총12획] 영 unite 중 翕 xī 일 キュウ(あわせる)	翕受(흡수) 翕然(흡연)
歙 들이쉴 흡	[4欠12 총16획] 영 breathe in 중 xī 일 キュウ(すう)	則呼張歙之 (칙호장흡지)
■ 興 일 흥	[中4급] [6臼9 총16획] 영 flourish 중 兴 xīng 일 コウ(おこる)	興壞(흥괴) 興起(흥기)
■ 希 바랄 희	[中4급] [3巾4 총7획] 영 rare, hope 중 xī 일 キ(ねがう)	希求(희구) 希代(희대)
俙 비슷할 희	[2人7 총9획] 영 similar 중 xī 일 キ(ほのか)	俙然(희연)
■ 姬 아씨 희	[2급] [3女6 총9획] 영 young lady 중 jī 일 キ(ひめ)	舞姬(무희) 姬妾(희첩)
■ 喜 기쁠 희	[中4급] [3口9 총12획] 영 glad 중 xǐ 일 キ(よろこぶ)	喜劇(희극) 喜捨(희사)
■ 稀 드물 희	[3급] [5禾7 총12획] 영 rare 중 xī 일 キ(まれ)	稀貴(희귀) 稀金屬(희금속)
■ 熙 빛날 희	[3급] [4火10 총14획] 영 shine 중 熙 xī 일 キ(ひかる)	熙文(희문) 熙熙(희희)
噫 한숨 쉴 희	[4心13 총16획] 영 sigh 중 噫 kài, xì 일 カイ(ためいき)	噫氣(애기)

■ 嬉 즐길 희	2급 [3女12 총15획] 영 merry 중 xī 일 キ(たのしむ)	嬉翔(희상) 嬉笑(희소)	
□ 嘻 화락할 희	[3口12 총15획] 영 live in harmony 중 xī 일 キ(たのしむ)	嘻笑(희소) 嘻嘻(희희)	
■ 噫 탄식할 희	3급 [3口13 총16획] 영 sigh 중 yī 일 イ(ああ)	噫嗚(희오) 噫氣(애기)	
■ 憙 기뻐할 희	2급 [4心12 총16획] 영 please 중 xǐ, xī 일 キ(よろこぶ)	喜獵(희렵) 朱憙(주희)	
■ 羲 숨 희	2급 [6羊10 총16획] 영 breathing 중 xī 일 キ(いき)	羲農(희농) 羲皇(희황)	
■ 戲 놀 희	3급 [4戈13 총17획] 영 play 중 戏 xì 일 戯ギ(たわむれる)	戲曲(희곡) 戲劇(희극)	
■ 禧 복 희	2급 [5示12 총17획] 영 good, fortune 중 禧 xǐ 일 キ(さいわい)	禧年(희년) 禧陵(희릉)	
□ 蟢 갈거미 희	[6虫12 총18획] 영 spider 중 xǐ 일 キ(くも)	蟢子(희자)	
□ 譆 감탄할 희	[7言12 총19획] 영 wonder 중 xī 일 キ(なげきさけぶ)	譆譆(희희)	
□ 饎 보낼 희	[9食10 총19획] 영 send food 중 饎 xì 일 キ(こめ)	饎羊(희양)	
□ 曦 햇빛 희	[4日16 총20획] 영 sun light 중 xī 일 ギ(ひかり)	曦月(희월)	
■ 犧 희생 희	1급 [4牛16 총20획] 영 sacrifice 중 牺 xī 일 ギ(いけにえ)	犧牲(희생) 犧打(희타)	
□ 呬 쉴 히	[3口5 총8획] 영 rest 중 ling 일 キ(いこう)	呬度(히도)	
■ 詰 꾸짖을 힐	1급 [7言6 총13획] 영 reproach 중 诘 jié 일 キツ(なじる)	詰問(힐문) 詰責(힐책)	

초간편 실용한자 7000 | **469**

□ **頡** 곧은목 **힐** [9頁6 총15획]
영 neck 중 頡 xié 일 ケツ(とびあがる)

頡滑(힐골)
頡頏(힐항)

부록

초간편 실용한자 7000

- 한자(漢字)에 대하여
- 부수(部首) 일람표
- 두음법칙(頭音法則) 한자
- 동자이음(同字異音) 한자
- 약자(略字)·속자(俗字)
- 고사성어(故事成語)(ㄱ, ㄴ, ㄷ 순)

한자(漢字)에 대하여

1. 한자(漢字)의 필요성

지구상에서 한자가 통용되는 인구는 줄잡아 14억을 넘고 있다. 최근 글로벌 시대를 맞이하여 한자를 사용하고 있는 한국·중국·일본을 중심으로 한 동아시아의 경제와 문화가 급격히 부상하면서 한자 학습의 중요성이 더욱 강조되고 있다.

2. 한자(漢字)의 생성 원리

한글은 말소리를 나타내는 소리글자 즉, 표음문자(表音文字)이지만, 한자는 그림이나 사물의 형상을 본떠서 시각적으로 의미를 전달하는 뜻 글자로 표의문자(表意文字)이다. 대부분의 사람들은 한자를 공부하는 데 우선 어렵다고 느껴지겠지만 한자의 기본 원칙인 육서(六書)를 익혀두고, 기본 부수풀이를 익힌다면 한자를 이해하는 데 많은 도움이 될 것이다.

(가) 한자(漢字)의 세 가지 요소

모든 한자는 고유한 모양 '형(形)'과 소리 '음(音)'과 뜻 '의(義)'의 세 가지 요소로 이루어져 있으며, 일반적으로 뜻을 먼저 읽고 나중에 음을 읽는다.

모양	天	地	日	月	山	川
소리	천	지	일	월	산	천
뜻	하늘	땅	해·날	달	메	내

(나) 한자(漢字)를 만든 원리

❶ 상형문자(象形文字) : 구체적인 사물의 모양을 본떠 만든 것.
  (예 : ☉ → 日 , → 山 , → 川)
  日 : 해의 모양을 본뜬 글자로 '해'를 뜻한다.

❷ 지사문자(指事文字) : 그 추상적인 뜻을 점이나 선으로 표시하여 발전한 글자.
  (예 : 上, 下, 一, 二, 三)

❸ 회의 문자(會意文字) : 상형이나 지사의 원리에 의하여 두 글자의 뜻을 합쳐 결합하여 새로운 뜻을 나타내는 글자.
  (예 : 日 + 月 → 明, 田 + 力 → 男)

❹ 형성문자(形聲文字) : 상형이나 지사문자들을 서로 결합하여 뜻 부분과 음 부분 나타내도록 만든 글자.
  (예 : 工 + 力 → 功)

❺ 전주문자(轉注文字) : 이미 만들어진 글자를 최대한으로 다른 뜻으로 유추하여 늘여서 쓰는 것.
  (예 : 樂 → 풍류 악, 즐거울 락, 좋아할 요 惡 → 악할 악, 미워할 오)

❻ 가차문자(假借文字) : 이미 있는 글자의 뜻에 관계 없이 음이나 형태를 빌어다 쓰는 글자.
  (예 : 自 → 처음에는 코(鼻 : 코 비)라는 글자였으나 그 음을 빌려서 '자기'라는 뜻으로 사용.

(다) 부수(部首)의 위치와 명칭

❶ 머리(冠)·두(頭)

부수가 글자의 위에 있는 것.

대표부수: 宀, 宀, 竹, 艸(艹)

宀 갓머리(집면) : 官(벼슬 관)

艹(艸) 초두머리(풀초) : 花(꽃 화), 苦(쓸 고)

❷ 변(邊)

부수가 글자의 왼쪽에 있는 것.

대표부수: 人(亻), 彳, 心(忄), 手(扌), 木, 水(氵), 石

亻(人) 사람인변 : 仁(어질 인), 代(대신 대)

禾 벼화변 : 科(과목 과), 秋(가을 추)

❸ 발·다리(脚)

부수가 글자의 아래에 있는 것.

대표부수: 儿, 火(灬), 皿

儿 어진사람인 : 兄(형 형), 光(빛 광)

灬(火) 연화발(불화) : 烈(매울 열), 無(없을 무)

❹ 방(傍)

부수가 글자의 오른쪽에 있는 것.

대표부수: 刀(刂), 攴(攵), 欠, 見, 邑(阝)

刂(刀) 선칼도방 : 刻(새길 각), 刑(형벌 형)

阝(邑) 우부방 : 郡(고을 군), 邦(나라 방)

❺ 엄(广)

부수가 글자의 위에서 왼쪽으로 덮여 있는 것.

대표부수: 厂, 广, 疒, 虍

广 엄호(집엄) : 序(차례 서), 度(법도 도)
尸 주검시 : 居(살 거), 局(판 국)

❻ 받침
부수가 왼쪽에서 밑으로 있는 것.
대표부수: 廴, 走, 辵(辶)

廴 민책받침(길게걸을인) : 廷(조정 정), 建(세울 건)
辶(辵) 책받침(쉬엄쉬엄갈착) : 近(가까울 근), 追(따를 추)

❼ 몸
부수가 글자를 에워싸고 있는 것.
대표부수: ㄴ, ㅁ, 門

凵 위튼입구몸(입벌릴감) : 凶(흉할 흉), 出(날 출)

匸 감출혜 : 匹(짝 필), 區(구분할 구)
匚 튼입구몸(상자방) : 匠(장인 장), 匣(갑 갑)

門 문문 : 開(열 개), 間(사이 간)

囗 큰입구몸(에운담) :
四(넉 사), 困(곤할 곤), 國(나라 국)

❽ 제부수
부수가 그대로 한 글자를 구성한다.

木(나무목) : 本(근본 본), 末(끝 말)
車(수레거) : 軍(군사 군), 較(비교할 교)
馬(말마) : 驛(역마 역), 騎(말탈 기)

부수(部首)일람표

부수	설명
一 [한 일]	가로의 한 획으로 수(數)의 '하나'의 뜻을 나타냄 (지사자)
ㅣ [뚫을 곤]	세로의 한 획으로, 상하(上下)로 통하는 뜻을 지님 (지사자)
丶 [점 주(점)]	불타고 있어 움직이지 않는 불꽃을 본뜬 모양 (지사자)
丿 [삐칠 별(삐침)]	오른쪽에서 왼쪽으로 삐쳐 나간 모습을 그린 글자 (상형자)
乙(乚) [새 을]	갈지자형을 본떠, 사물이 원활히 나아가지 않는 상태를 나타냄 (상형자)
亅 [갈고리 궐]	거꾸로 휘어진 갈고리 모양을 본뜬 글자 (상형자)
二 [두 이]	두 개의 가로획으로 수사(數詞)의 '둘'의 뜻을 나타냄 (상형자)
亠 [머리 두(돼지해머리)]	亥에서 亠를 따 왔기 때문에 돼지해밑이라고 함 (상형자)
人(亻) [사람 인(인변)]	사람, 백성 등이 팔을 뻗쳐 서있는 것을 옆에서 본 모양 (상형자)
儿 [어진사람 인]	사람 두 다리를 뻗치고 서있는 모습 (상형자)
入 [들 입]	하나의 줄기가 갈라져 땅속으로 들어가는 모양 (상형자)
八 [여덟 팔]	사물이 둘로 나뉘어 등지고 있는 모습 (지사자)
冂 [멀 경(멀경몸)]	세로의 두 줄에 가로 줄을 그어, 멀리 떨어진 막다른 곳을 뜻함 (상형자)
冖 [덮을 멱(민갓머리)]	집 또는 지붕을 본떠 그린 글자 (상형자)
冫 [얼음 빙(이수변)]	얼음이 언 모양을 그린 글자 (상형자)
几 [안석 궤(책상궤)]	발이 붙어 있는 대의 모양 (상형자)
凵 [입벌릴 감(위터진입구)]	땅이 움푹 들어간 모양 (상형자)
刀(刂) [칼 도]	날이 구부정하게 굽은 칼 모양 (상형자)

力 [힘 력]	팔이 힘을 주었을 때 근육이 불거진 모습 (상형자)
勹 [쌀 포]	사람이 몸을 구부리고 보따리를 싸서 안고 있는 모양 (상형자)
匕 [비수 비]	끝이 뾰쪽한 숟가락 모양 (상형자)
匚 [상자 방(터진입구)]	네모난 상자의 모양을 본뜸 (상형자)
匸 [감출 혜(터진에운담)]	물건을 넣고 뚜껑을 덮어 가린다는 뜻 (회의자)
十 [열 십]	동서남북이 모두 추어진 모양
卜 [점 복]	점을 치기 위하여 소뼈나 거북의 등딱지를 태워서 갈라진 모양
卩(㔾) [병부 절]	사람이 무릎을 꿇은 모양을 본떠, '무릎 관절'의 뜻을 나타냄 (상형자)
厂 [굴바위 엄(민엄호)]	언덕의 위부분이 튀어나와 그 밑에서 사람이 살 수 있는 곳 (상형자)
厶 [사사로울 사(마늘모)]	자신의 소유품을 묶어 싸놓고 있음을 본뜸 (지사자)
又 [또 우]	오른손의 옆모습을 본뜬 글자 (상형자)
口 [입 구]	사람의 입모양을 나타냄 (상형자)
囗 [에울 위(큰입구)]	둘레를 에워싼 선에서, '에워싸다', '두루다'의 뜻을 나타냄 (지사자)
土 [흙 토]	초목의 새싹이 땅 위로 솟아오르며 자라는 모양을 본뜬 글자 (상형자)
士 [선비 사]	一에서 十까지의 기수(基數)로 선비가 학업에 입문하는 것 (상형자)
夂 [뒤져올 치]	아래를 향한 발의 상형으로, '내려가다'의 뜻을 나타냄 (상형자)
夊 [천천히걸을 쇠]	아래를 향한 발자국의 모양으로, 가파른 언덕을 머뭇거리며 내려간다는 뜻을 나타냄 (상형자)

夕 [저녁 석]	달이 반쯤 보이기 시작할 때 즉 황혼 무렵의 저녁을 말함 (상형자)
大 [큰 대]	정면에서 바라 본 사람의 머리, 팔, 머리를 본뜸 (상형자)
女 [계집 녀]	여자가 무릎을 굽히고 얌전히 앉아 있는 모습 (상형자)
子 [아들 자]	사람의 머리와 수족을 본뜸 (상형자)
宀 [집 면(갓머리)]	지붕이 사방으로 둘러싸인 집 (상형자)
寸 [마디 촌]	손가락 하나 굵기의 폭 (지사자)
小 [작을 소]	작은 점의 상형으로 '작다'의 뜻 (상형자)
尢(兀) [절름발이 왕]	한쪽 정강이뼈가 굽은 모양을 본뜸 (상형자)
尸 [주검 시]	사람이 배를 깔고 드러누운 모양 (상형자)
屮(屮) [싹날 철]	풀의 싹이 튼 모양을 본뜸 (상형자)
山 [메 산]	산모양을 본떠, '산'의 뜻을 나타냄 (상형자)
巛(川) [개미허리(내 천)]	물이 굽이쳐 흐르는 모양 (상형자)
工 [장인 공]	천지 사이에 대목이 먹줄로 줄을 튕기고 있는 모습 (상형자)
己 [몸 기]	사람이 자기 몸을 굽히고 있는 모양을 본뜬 글자 (상형자)
巾 [수건 건]	허리띠에 천을 드리우고 있는 모양 (상형자)
干 [방패 간]	끝이 쌍갈래진 무기의 상형으로, '범하다', '막다'의 뜻을 나타냄 (상형자)
幺 [작을 요]	갓 태어난 아이를 본뜸 (상형자)
广 [집 엄(엄호)]	가옥의 덮개에 상당하는 지붕의 모습을 본뜸 (상형자)
廴 [길게 걸을 인(민책받침)]	길게 뻗은 길을 간다는 뜻 (지사자)

廾 [손맞잡을 공(밑스물입)]	두 손으로 받들 공 왼손과 오른손을 모아 떠받들고 있는 모습 (회의자)
弋 [주살 익]	작은 가지에 지주(支柱)를 바친 모양 (상형자)
弓 [활 궁]	화살을 먹이지 않은 활의 모양을 본뜸 (상형자)
彐(彑) [돼지머리 계(터진가로왈)]	돼지머리의 모양을 본뜬 모양 (상형자)
彡 [터럭 삼(삐친석삼)]	터럭을 빗질하여 놓은 모양 (상형자)
彳 [조금걸을 척(중인변)]	넓적다리, 정강이, 발의 세 부분을 그려서 처음 걷기 시작함을 나타냄 (상형자)
心(忄·㣺) [마음 심(심방변)]	사람의 심장의 모양을 본뜬 모양 (상형자)
戈 [창 과]	주살 익(弋)에 一을 덧붙인 날이 옆에 있는 주살 (상형자)
戶 [지게 호]	지게문의 상형으로, '문', '가옥'의 뜻을 지님 (상형자)
手(扌) [손 수(재방변)]	다섯 손가락을 펼치고 있는 손의 모양 (상형자)
支 [지탱할 지]	대나무의 한 쪽 가지를 나누어 손으로 쥐고 있는 모양 (상형자)
攴(攵) [칠 복(등글월문)]	손으로 북소리가 나게 두드린다는 뜻
文 [글월 문]	사람의 가슴을 열어, 거기에 먹으로 표시한 모양 (상형자)
斗 [말 두]	자루가 달린 용량을 계측하는 말을 본뜸 (상형자)
斤 [도끼 근(날근)]	날이 선, 자루가 달린 도끼로 그 밑에 놓인 물건을 자르려는 모양 (상형자)
方 [모 방]	두 척의 조각배를 나란히 하여 놓고 그 이름을 붙여 놓은 모양 (상형자)

无(无) [없을 무(이미기방)]	사람의 머리 위에 一의 부호를 더하여 머리를 보이지 않게 한 것 (지사자)
日 [날 일]	태양의 모양을 본뜸 (상형자)
曰 [가로 왈]	입과 날숨을 본뜸 (상형자)
月 [달 월]	달의 모양을 본뜸 (상형자)
木 [나무 목]	나무의 줄기와 가지와 뿌리가 있는 서 있는 나무를 본뜸 (상형자)
欠 [하품 흠]	사람의 입에서 입김이 나오는 모양 (상형자)
止 [그칠 지]	초목에서 싹이 돋아날 무렵의 뿌리 부분의 모양 (상형자)
歹(歺) [뼈앙상할 알(죽을 사변)]	살이 깎여 없어진 사람의 백골 시체의 모양 (상형자)
殳 [칠 수(갖은등글월문)]	오른손에 들고 있는 긴 막대기의 무기 모양 (상형자)
毋 [말 무]	毋말무 여자를 함부로 범하지 못하도록 막아 지킨다는 뜻 (상형자)
比 [견줄 비]	人을 반대 방향으로 나란히 세워 놓은 모양 (상형자)
毛 [터럭 모]	사람이나 짐승의 머리털을 본뜸 (상형자)
氏 [각시 씨]	산기슭에 튀어나와 있는 허물어져가는 언덕의 모양 (상형자)
气 [기운 기]	구름이 피어오르는 모양. 또는 김이 곡선을 그으면서 솟아오르는 모양 (상형자)
水(氵) [물 수(삼수변)]	물이 끊임없이 흐르는 모양 (상형자)
火(灬) [불 화]	불이 활활 타오르는 모양 (상형자)
爪(爫) [손톱 조]	손으로 아래쪽의 물건을 집으려는 모양 (상형자)

父 [아비 부]	손으로 채찍을 들고 가족을 거느리며 가르친다는 뜻 (상형자)
爻 [점괘 효]	육효(六爻)의 머리가 엇갈린 모양을 본뜸 (상형자)
爿 [조각널 장(장수장변)]	나무의 한 가운데를 세로로 자른 그 왼쪽 반의 모양 (상형자)
片 [조각 편]	나무의 한 가운데를 세로로 자른 그 오른 쪽 반의 모양 (상형 · 지사자)
牙 [어금니 아]	입을 다물었을 때 아래 위의 어금니가 맞닿은 모양 (상형자)
牛(牜) [소 우]	머리와 두 뿔이 솟고, 꼬리를 늘어뜨리고 있는 소의 모양 (상형자)
犬(犭) [개 견]	개가 옆으로 보고 있는 모양 (상형자)
老(耂) [늙을 로]	늙어서 머리털이 변한 모양 (상형자)
玉(王) [구슬 옥]	가로 획은 세 개의 옥돌, 세로 획은 옥 줄을 꿴 끈을 뜻함 (상형자)
艸(艹) [풀 초(초두)]	초목이 처음 돋아나오는 모양 (상형자)
辵(辶) [쉬엄쉬엄갈 착(책받침)]	가다가는 쉬고 쉬다가는 간다는 뜻 (회의자)
玄 [검을 현]	'亠'과 '幺'이 합하여 그윽하고 멀다는 의미를 지님 (상형자)
瓜 [오이 과]	'八'는 오이의 덩굴을 , 'ㅿ'는 오이의 열매를 본뜸 (상형자)
瓦 [기와 와]	진흙으로 구운 질그릇의 모양 (상형자)
甘 [달 감]	'口'와 '一'을 합한 것으로 입 안에 맛있는 것이 들어있음을 뜻함 (지사자)
生 [날 생]	초목이 나고 차츰 자라서 땅 위에 나온 모양 (상형자)
田 [밭 전]	'口'은 사방의 경계선을 '十'은 동서남북으로 통하는 길을 본뜸 (상형자)

疋 [필 필]	무릎 아래의 다리 모양 (상형자)
疒 [병들 녁(병질엄)]	사람이 병들어 침대에 기댄 모양 (회의자)
癶 [걸을 발(필발머리)]	두 다리를 뻗친 모양 (상형자)
白 [흰 백]	저녁의 어스레한 물색을 희다고 본데서 '희다'의 뜻을 나타냄 (상형자)
皮 [가죽 피]	손으로 가죽을 벗기는 모습 (상형자)
皿 [그릇 명]	그릇의 모양 (상형자)
目(罒) [눈 목]	사람의 눈의 모양 (상형자)
矛 [창 모]	병거(兵車)에 세우는 장식이 달리고 자루가 긴 창의 모양 (상형자)
矢 [화살 시]	화살의 모양 (상형자)
石 [돌 석]	언덕 아래 굴러있는 돌멩이 모양 (상형자)
示(礻) [보일 시]	인간에게 길흉을 보여 알림을 뜻함 (상형자)
禸 [짐승발자국 유]	짐승의 뒷발이 땅을 밟고 있는 모양 (상형자)
禾 [벼 화]	줄기와 이삭이 드리워진 모양 (상형자)
穴 [구멍 혈]	움을 파서 그 속에서 살 혈거주택을 본 뜬 모양 (상형자)
立 [설 립]	사람이 땅 위에 서 있는 모양 (상형자)
衣(衤) [옷 의]	사람의 윗도리를 가리는 옷이라는 뜻 (상형자)
竹 [대 죽]	대나무의 줄기와 대나무의 잎이 아래로 드리워진 모양 (상형자)
米 [쌀 미]	네 개의 점은 낟알을 뜻하고 十은 낟알이 따로따로 있음을 뜻함 (상형자)

糸 [실 사]	실타래를 본뜬 모양 (상형자)
缶 [장군 부]	장군을 본뜬 모양 (상형자)
网(罓·罒) [그물 망]	그물을 본뜬 모양 (상형자)
羊 [양 양]	양의 뿔과 네 다리를 나타낸 모양 (상형자)
羽 [깃 우]	새의 날개를 본뜬 모양 (상형자)
而 [말이을 이]	코 밑 수염을 본뜬 모양 (상형자)
耒 [쟁기 뢰]	우거진 풀을 나무로 만든 연장으로 갈아 넘긴다는 뜻으로 쟁기를 의미함 (상형자)
耳 [귀 이]	귀를 본뜬 모양 (상형자)
聿 [붓 율]	대쪽에 재빠르게 쓰는 물건 곧 붓을 뜻함 (상형자)
肉(月) [고기 육(육달월변)]	잘라낸 고기 덩어리를 본뜬 모양 (상형자)
臣 [신하 신]	임금 앞에 굴복하고 있는 모양 (상형자)
自 [스스로 자]	코를 본뜬 모양 (상형자)
至 [이를 지]	새가 날아 내려 땅에 닿음을 나타냄 (지사자)
臼 [절구 구(확구)]	확을 본뜬 모양 (상형자)
舌 [혀 설]	口와 干을 합하여 혀를 나타냄 (상형자)
舛(牟) [어그러질 천]	사람과 사람이 서로 등지고 반대 된다는 뜻 (상형·회의자)
舟 [배 주]	배의 모양을 본뜬 모양 (상형자)
艮 [그칠 간]	눈이 나란하여 서로 물러섬이 없다는 뜻 (회의자)
色 [빛 색]	사람의 심정이 얼굴빛에 나타난 모양 (회의자)

虍 [범의문채 호(범호)]	호피의 무늬를 본뜬 모양 (상형자)
虫 [벌레 충(훼)]	살무사가 몸을 도사리고 있는 모양 (상형자)
血 [피 혈]	제기에 담아서 신에게 바치는 희생의 피를 나타냄 (상형자)
行 [다닐 행]	좌우의 발을 차례로 옮겨 걸어감을 의미함 (상형자)
襾 [덮을 아]	그릇의 뚜껑을 본뜬 모양 (지사자)
見 [볼 견]	사람이 눈으로 보는 것을 뜻함 (회의자)
角 [뿔 각]	짐승의 뿔을 본뜬 모양 (상형자)
言 [말씀 언]	불신(不信)이 있을 대는 죄를 받을 것을 맹세한다는 뜻
谷 [골 곡]	샘물이 솟아 산 사이를 지나 바다에 흘러들어 가기까지의 사이를 뜻함 (회의자)
豆 [콩 두]	굽이 높은 제기를 본뜬 모양 (상형자)
豕 [돼지 시]	돼지가 꼬리를 흔드는 모양 (상형자)
豸 [발없는벌레 치(갖은돼지시변)]	짐승이 먹이를 노려 몸을 낮추어 이제 곧 덮치려 하고 있는 모양 (상형자)
貝 [조개 패]	조개를 본뜬 모양 (상형자)
赤 [붉을 적]	불타 밝은데서 밝게 드러낸다는 뜻 (회의자)
走 [달아날 주]	사람이 다리를 굽혔다 폈다 하면서 달리는 모양 (회의자)
足 [발 족]	무릎부터 다리까지를 본뜬 모양 (상형자)
身 [몸 신]	아이가 뱃속에서 움직이는 모양 (상형자)
車 [수레 거]	외바퀴차를 본뜬 모양 (상형자)
辛 [매울 신]	문신을 하기 위한 바늘을 본뜬 모양 (상형자)

辰 [별 진]	조개가 조가비를 벌리고 살을 내놓은 모양 (상형자)
邑(阝) [고을 읍(우부방)]	사람이 모여 사는 마을을 뜻함 (회의자)
酉 [닭 유]	술두루미를 본뜬 모양 (상형자)
釆 [분별할 변]	짐승의 발톱이 갈려져 있는 모양 (상형자)
里 [마을 리]	밭도 있고 흙도 있어서 사람이 살만한 곳을 뜻함 (회의자)
金 [쇠 금]	땅 속에 묻혔으면서 빛을 가진 광석에서 가장 귀한 것을 뜻함 (상형·형성자)
長(镸) [길 장]	사람의 긴 머리를 본뜬 모양 (상형자)
門 [문 문]	두 개의 문짝을 달아놓은 모양 (상형자)
阜(阝) [언덕 부(좌부방)]	층이 진 흙산을 본뜬 모양 (상형자)
隶 [미칠 이]	손으로 꼬리를 붙잡기 위해 뒤에서 미친다는 뜻 (회의자)
隹 [새 추]	꽁지가 짧은 새를 본뜬 모양 (상형자)
雨 [비 우]	하늘의 구름에서 물방울이 뚝뚝 떨어지는 모양 (상형자)
靑 [푸를 청]	싹도 우물물도 맑은 푸른빛을 뜻함 (형성자)
非 [아닐 비]	새가 날아 내릴 때 날개를 좌우로 날아 드리운 모양 (상형자)
面 [낯 면]	사람의 머리에 얼굴의 윤곽을 본뜬 모양 (지사자)
革 [가죽 혁]	두 손으로 짐승의 털을 뽑는 모양 (상형자)
韋 [다룸가죽 위]	어떤 장소에서 다른 방향으로 발걸음을 내디디는 모양 (회의자)
韭 [부추 구]	땅 위에 무리지어 나있는 부추의 모양 (상형자)
音 [소리 음]	말이 입 밖에 나올 때 성대를 울려 가락이 있는 소리를 내는 모양 (지사자)

頁 [머리 혈]	사람의 머리를 강조한 모양 (상형자)
風 [바람 풍]	공기가 널리 퍼져 움직임을 따라 동물이 깨어나 움직인다는 뜻 (상형·형성자)
飛 [날 비]	새가 하늘을 날 때 양쪽 날개를 쭉 펴고 있는 모양 (상형자)
食 [밥 식(변)]	식기에 음식을 담고 뚜껑을 덮은 모양 (상형자)
首 [머리 수]	머리털이 나있는 머리를 본뜬 모양 (상형자)
香 [향기 향]	기장을 잘 익혔을 때 나는 냄새를 뜻함 (회의자)
馬 [말 마]	말을 본뜬 모양 (상형자)
骨 [뼈 골]	고기에서 살을 발라내고 남은 뼈를 뜻함 (회의자)
高 [높을 고]	출입문 보다 누대는 엄청 높다는 뜻 (상형자)
髟 [머리털늘어질 표(터럭발)]	긴 머리털을 뜻함 (회의자)
鬥 [싸울 투]	두 사람이 손에 병장기를 들고 서로 대항하는 모양 (상형자)
鬯 [술 창]	곡식의 낟알이 그릇에 담겨 괴어 액체가 된 것을 숟가락으로 뜬다는 뜻 (회의자)
鬲 [솥 력]	솥과 비슷한 다리 굽은 솥의 모양 (상형자)
鬼 [귀신 귀]	사람을 해치는 망령 곧 귀신을 뜻함 (회의자)
魚 [물고기 어]	물고기를 본뜬 모양 (상형자)
鳥 [새 조]	새를 본뜬 모양 (상형자)
鹵 [소금밭 로]	서쪽의 소금밭을 가리킴 (상형자)
鹿 [사슴 록]	사슴의 머리, 뿔, 네 발을 본뜬 모양 (상형자)

麥 [보리 맥]	겨울에 뿌리가 땅속에 깊이 박힌 모양 (회의자)
麻 [삼 마]	삼의 껍질을 가늘게 삼은 것을 뜻함 (회의자)
黃 [누를 황]	밭의 색은 황토색이기 때문에 '노랗다'는 것을 뜻함 (상형자)
黍 [기장 서]	술의 재료로 알맞은 기장을 뜻함 (상형·회의자)
黑 [검을 흑]	불이 활활 타올라 나가는 창인 검은 굴뚝을 뜻함 (상형자)
黹 [바느질할 치]	바늘에 펜 실로서 수를 놓는 옷감을 그린 모양 (상형자)
黽 [맹꽁이 맹]	맹꽁이를 본뜬 모양 (상형자)
鼎 [솥 정]	발이 세 개, 귀가 두개인 솥의 모양 (상형자)
鼓 [북 고]	장식이 달린 아기를 오른손으로 친다는 뜻 (회의자)
鼠 [쥐 서]	쥐의 이와 배, 발톱과 꼬리의 모양 (상형자)
鼻 [코 비]	공기를 통하는 '코'를 뜻함 (회의·형성자)
齊 [가지런할 제]	곡식의 이삭이 피어 끝이 가지런한 모양 (상형자)
齒 [이 치]	이가 나란히 서 있는 모양
龍 [용 룡]	끝이 뾰쪽한 뿔과 입을 벌린 기다란 몸뚱이를 가진 용의 모양 (상형자)
龜 [거북 귀(구)]	거북이를 본뜬 모양 (상형자)
龠 [피리 약]	부는 구멍이 있는 관(管)을 나란히 엮은 모양 (상형자)

두음법칙(頭音法則) 한자

한자음에서 첫머리나 음절의 첫소리에서 발음되는 것을 피하기 위해 다른 소리로 바꾸어 발음하는 것으로 즉, 'ㅣ, ㅑ, ㅕ, ㅛ, ㅠ' 앞에서 'ㄹ과 ㄴ'이 'ㅇ'이 되고, 'ㅏ, ㅓ, ㅗ, ㅜ, ㅡ, ㅐ, ㅔ, ㅚ' 앞의 'ㄹ'은 'ㄴ'으로 변하는 것을 말한다.

ㄴ→ㅇ로 발음

尿(뇨)	뇨-糖尿病(당뇨병) 요-尿素肥料(요소비료)	尼(니)	니-比丘尼(비구니) 이-尼僧(이승)	泥(니)	니-雲泥(운니) 이-泥土(이토)
溺(닉)	닉-眈溺(탐닉) 익-溺死(익사)	女(녀)	여-女子(여자) 녀-小女(소녀)	匿(닉)	닉-隱匿(은닉) 익-匿名(익명)
紐(뉴)	뉴-結紐(결뉴) 유-紐帶(유대)	念(념)	념-理念(이념) 염-念佛(염불)	年(년)	년-數十年(수십년) 연-年代(연대)

ㄹ→ㄴ,ㅇ로 발음

洛(락)	락-京洛(경락) 낙-洛東江(낙동강)	蘭(란)	란-香蘭(향란) 난-蘭草(난초)	欄(란)	란-空欄(공란) 난-欄干(난간)
藍(람)	람-甘藍(감람) 남-藍色(남색)	濫(람)	람-氾濫(범람) 남-濫發(남발)	拉(랍)	랍-被拉(피랍) 납-拉致(납치)
浪(랑)	랑-放浪(방랑) 낭-浪說(낭설)	廊(랑)	랑-舍廊(사랑) 낭-廊下(낭하)	涼(량)	량-淸凉里(청량리) 양-凉秋(양추)
諒(량)	량-海諒(해량) 양-諒解(양해)	慮(려)	려-憂慮(우려) 여-慮外(여외)	勵(려)	려-獎勵(장려) 여-勵行(여행)
曆(력)	력-陽曆(양력) 역-曆書(역서)	蓮(련)	련-水蓮(수련) 연-蓮根(연근)	戀(련)	련-悲戀(비련) 연-戀情(연정)
劣(렬)	렬-拙劣(졸렬) 열-劣等(열등)	廉(렴)	렴-淸廉(청렴) 염-廉恥(염치)	嶺(령)	령-大關嶺(대관령) 영-嶺東(영동)

露(로)	로-白露(백로) 노-露出(노출)	爐(로)	로-火爐(화로) 노-爐邊(노변)	祿(록)	록-國祿(국록) 녹-祿俸(녹봉)
弄(롱)	롱-戲弄(희롱) 농-弄談(농담)	雷(뢰)	뢰-地雷(지뢰) 뇌-雷聲(뇌성)	陵(릉)	릉-丘陵(구릉) 능-陵墓(능묘)
療(료)	료-治療(치료) 요-療養(요양)	龍(룡)	룡-靑龍(청룡) 용-龍床(용상)	倫(륜)	륜-人倫(인륜) 윤-倫理(윤리)
隆(륭)	륭-興隆(흥륭) 융-隆盛(융성)	梨(리)	리-山梨(산리) 이-梨花(이화)	裏(리)	리-表裏(표리) 이-裏面(이면)
吏(리)	리-官吏(관리) 이-吏讀(이두)	理(리)	리-倫理(윤리) 이-理解(이해)	臨(림)	림-君臨(군림) 임-臨席(임석)

동자이음(同字異音) 한자

降	내릴 항복할	강 항	降雨(강우) 降伏(항복)	更	다시 고칠	갱 경	更生(갱생) 更張(경장)
車	수레 수레	거 차	車馬(거마) 車票(차표)	乾	하늘, 마를 마를	건 간	乾燥(건조) 乾物(간물)
見	볼 나타날, 뵐	견 현	見聞(견문) 謁見(알현)	串	버릇 땅이름	관 곶	串童(관동) 甲串(갑곶)
告	알릴 뵙고청할	고 곡	告示(고시) 告寧(곡녕)	奈	나락 어찌	나 내	奈落(나락) 奈何(내하)
帑	처자 나라곳집	노 탕	妻帑(처노) 帑庫(탕고)	茶	차 차	다 차	茶菓(다과) 茶禮(차례)
宅	댁 집	댁 택	宅內(댁내) 宅地(택지)	度	법도 헤아릴	도 탁	度數(도수) 忖度(촌탁)
讀	읽을 구절	독 두	讀書(독서) 吏讀(이두)	洞	마을 통할	동 통	洞里(동리) 洞察(통찰)
屯	모일 어려울	둔 준	屯田(둔전) 屯困(준곤)	反	돌이킬 뒤집을	반 번	反亂(반란) 反田(번전)
魄	넋 넋잃을	백 탁/박	魂魄(혼백) 落魄(낙탁)	便	똥오줌 편할	변 편	便所(변소) 便利(편리)
復	회복할 다시	복 부	復歸(복귀) 復活(부활)	父	아비 남자미칭	부 보	父母(부모) 尙父(상보)
否	아닐 막힐	부 비	否決(부결) 否塞(비색)	北	북녘 달아날	북 패	北進(북진) 敗北(패배)
分	나눌 단위	분 푼	分裂(분열) 分錢(푼전)	不	아니 아닐	불 부	不能(불능) 不在(부재)

沸	끓을 물용솟음칠	비 불	沸騰(비등) 沸水(불수)	寺	절 내시, 관청	사 시	寺刹(사찰) 寺人(시인)
殺	죽일 감할	살 쇄	殺生(살생) 殺到(쇄도)	狀	모양 문서	상 장	狀況(상황) 狀啓(장계)
索	찾을 쓸쓸할	색 삭	索引(색인) 索莫(삭막)	塞	막을 변방	색 새	塞源(색원) 要塞(요새)
說	말씀 달랠 기뻐할	설 세 열	說得(설득) 說客(세객) 說喜(열희)	省	살필 덜	성 생	省墓(성묘) 省略(생략)
率	거느릴 비율	솔 률/율	率先(솔선) 率身(율신)	衰	쇠할 상복	쇠 최	衰退(쇠퇴) 衰服(최복)
數	셀 자주 촘촘할	수 삭 촉	數學(수학) 數窮(삭궁) 數罟(촉고)	宿	잘 별	숙 수	宿泊(숙박) 宿曜(수요)
拾	주울 열	습 십	拾得(습득) 拾萬(십만)	瑟	악기이름 악기이름	슬 실	瑟居(슬거) 琴瑟(금실)
食	밥 먹일	식 사	食堂(식당) 簞食(단사)	識	알 기록할	식 지	識見(식견) 標識(표지)
什	열사람 세간	십 집	什長(십장) 什器(집기)	十	열	십 시	十干(십간) 十月(시월)
惡	악할 미워할	악 오	惡漢(악한) 惡寒(오한)	樂	풍류 즐길 좋아할	악 낙/락 요	樂聖(악성) 樂園(낙원)
若	만약 반야	약 야	若干(약간) 般若(반야)	於	어조사 탄식할	어 오	於是乎(어시호) 於兎(오토)

厭	싫어할	염	厭世(염세)	葉	잎	엽	葉書(엽서)
	누를	엽	厭然(엽연)		성씨	섭	葉氏(섭씨)
六	여섯	육/륙	六年(육년)	易	쉬울	이	易慢(이만)
	여섯	유/뉴	六月(유월)		바꿀, 주역	역	易學(역학)
咽	목구멍	인	咽喉(인후)	刺	찌를	자	刺戟(자극)
	목멜	열	嗚咽(오열)		수라	라	水刺(수라)
					찌를	척	刺殺(척살)
炙	구울	자	炙背(자배)	著	지을	저	著述(저술)
	고기구이	적	炙鐵(적철)		붙을	착	著近(착근)
抵	막을	저	抵抗(저항)	切	끊을	절	切迫(절박)
	칠	지	抵掌(지장)		모두	체	一切(일체)
提	끌	제	提携(제휴)	辰	지지	진	辰時(진시)
	보리수	리	菩提樹(보리수)		일월성	신	生辰(생신)
	떼지어날	시	提提(시시)				
斟	술따를	짐	斟酌(짐작)	徵	부를	징	徵兵(징병)
	짐작할	침	斟量(침량)		음률이름	치	
差	어긋날	차	差別(차별)	帖	문서	첩	帖着(첩착)
	층질	치	參差(참치)		체지	체	帖文(체문)
諦	살필	체	諦念(체념)	丑	소	축	丑時(축시)
	울	제	眞諦(진제)		추		公孫丑(공손추)
則	법	칙	則效(칙효)	沈	가라앉을	침	沈沒(침몰)
	곧	즉	然則(연즉)		성씨	심	沈氏(심씨)
拓	박을	탁	拓本(탁본)	罷	그만둘	파	罷業(파업)
	넓힐	척	拓殖(척식)		고달플	피	罷勞(피로)

編	엮을	편	編輯(편집)	布	베	포	布木(포목)
	땋을	변	編髮(변발)		베풀	보	布施(보시)
暴	사나울	폭	暴動(폭동)	曝	볕쬘	폭	曝衣(폭의)
	사나울	포	暴惡(포악)		볕쬘	포	曝白(포백)
皮	가죽	피	皮革(피혁)	行	다닐	행	行樂(행락)
	가죽	비	鹿皮(녹비)		항렬·줄	항	行列(항렬)
陝	좁을	협	陝隘(협애)	滑	미끄러울	활	滑降(활강)
	땅이름	합	陝川(합천)		어지러울	골	滑稽(골계)

약자(略字)·속자(俗字)

假=仮 (거짓 가)
價=価 (값 가)
覺=覚 (깨달을 각)
擧=挙 (들 거)
據=拠 (의지할 거)
輕=軽 (가벼울 경)
經=経 (경서 경)
徑=径 (지름길 경)
鷄=鶏 (닭 계)
繼=継 (이를 계)
館=舘 (집 관)
關=関 (빗장 관)
廣=広 (넓을 광)
敎=教 (가르칠 교)
區=区 (구역 구)
舊=旧 (예 구)
驅=駆 (몰 구)
國=国 (나라 국)
權=権 (권세 권)
勸=勧 (권할 권)
龜=亀 (거북 귀)
氣=気 (기운 기)
旣=既 (이미 기)
內=内 (안 내)
單=単 (홑 단)
團=団 (둥글 단)
斷=断 (끊을 단)
擔=担 (멜 담)
當=当 (당할 당)
黨=党 (무리 당)

對=対 (대할 대)
德=徳 (큰 덕)
圖=図 (그림 도)
讀=読 (읽을 독)
獨=独 (홀로 독)
樂=楽 (즐길 락)
亂=乱 (어지러울 란)
覽=覧 (볼 람)
來=来 (올 래)
兩=両 (두 량)
涼=凉 (서늘할 량)
勵=励 (힘쓸 려)
歷=歴 (지날 력)
練=練 (익힐 련)
戀=恋 (사모할 련)
靈=灵 (신령 령)
禮=礼 (예도 례)
勞=労 (수고로울 로)
爐=炉 (화로 로)
綠=緑 (푸를 록)
賴=頼 (의지할 뢰)
龍=竜 (용 룡)
樓=楼 (다락 루)
稟=稟 (삼갈·사릴 품)
萬=万 (일만 만)
滿=満 (찰 만)
蠻=蛮 (오랑캐 만)
賣=売 (팔 매)
麥=麦 (보리 맥)
半=半 (반 반)

發=発 (필 발)
拜=拝 (절 배)
變=変 (변할 변)
辯=弁 (말잘할 변)
邊=辺 (가 변)
竝=並 (아우를 병)
寶=宝 (보배 보)
拂=払 (떨칠 불)
佛=仏 (부처 불)
冰=氷 (어름 빙)
絲=糸 (실 사)
寫=写 (베낄 사)
辭=辞 (말씀 사)
雙=双 (짝 쌍)
敍=叙 (펼 서)
潟=舄 (개펄 석)
釋=釈 (풀 석)
聲=声 (소리 성)
續=続 (이을 속)
屬=属 (붙을 속)
收=収 (거둘 수)
數=数 (수 수)
輸=輸 (보낼 수)
肅=粛 (삼갈 숙)
濕=湿 (젖을 습)
乘=乗 (탈 승)
實=実 (열매 실)
兒=児 (아이 아)
亞=亜 (버금 아)
惡=悪 (악할 악)

嚴=岩 (바위 암)
壓=圧 (누를 압)
藥=薬 (약 약)
讓=讓 (사양할 양)
嚴=厳 (엄할 엄)
餘=余 (남을 여)
與=与 (줄 여)
驛=駅 (정거장 역)
譯=訳 (통역할 역)
鹽=塩 (소금 염)
榮=栄 (영화 영)
豫=予 (미리 예)
藝=芸 (재주 예)
溫=温 (따뜻할 온)
圓=円 (둥글 원)
圍=囲 (둘레 위)
爲=為 (하 위)
陰=陰 (그늘 음)
應=応 (응할 응)
醫=医 (의원 의)
貳=弐 (두 이)
壹=壱 (하나 일)
姊=姉 (누이 자)
殘=残 (남을 잔)
潛=潜 (잠길 잠)
雜=雑 (섞일 잡)
壯=壮 (씩씩할 장)
莊=庄 (별장 장)
爭=争 (다툴 쟁)
戰=戦 (싸움 전)

錢=銭 (돈 전)
傳=伝 (전할 전)
轉=転 (구를 전)
點=点 (점 점)
靜=静 (고요 정)
淨=浄 (깨끗할 정)
濟=済 (건널 제)
齊=斉 (다스릴 제)
條=条 (가지 조)
弔=吊 (조상할 조)
從=従 (쫓을 종)
晝=昼 (낮 주)
卽=即 (곧 즉)
增=増 (더할 증)
證=証 (증거 증)
眞=真 (참 진)
盡=尽 (다할 진)
晉=晋 (나라 진)
贊=賛 (찬성할 찬)
讚=讃 (칭찬할 찬)
參=参 (참여할 참)
册=冊 (책 책)
處=処 (곳 처)
淺=浅 (얕을 천)
鐵=鉄 (쇠 철)
廳=庁 (관청 청)
體=体 (몸 체)
觸=触 (닿을 촉)
總=総 (다 총)
蟲=虫 (벌레 충)

齒=歯 (이 치)
恥=耻 (부끄러울 치)
稱=称 (일컬을 칭)
彈=弾 (탄할 탄)
澤=沢 (못 택)
擇=択 (가릴 택)
廢=廃 (폐할 폐)
豐=豊 (풍성할 풍)
學=学 (배울 학)
解=觧 (풀 해)
鄕=郷 (고을 향)
虛=虚 (빌 허)
獻=献 (드릴 헌)
驗=験 (증험할 험)
顯=顕 (나타날 현)
螢=蛍 (반딧불 형)
號=号 (부르짖을 호)
畵=画 (그림 화)
擴=拡 (늘릴 확)
歡=歓 (기쁠 환)
黃=黄 (누를 황)
會=会 (모을 회)
回=回 (돌아올 회)
效=効 (본받을 효)
黑=黒 (검을 흑)
戲=戯 (희롱할 희)

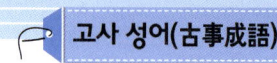

고사 성어(古事成語)

家家戶戶(가가호호)	각 집, 각각의 집마다
刻舟求劍(각주구검)	배에 새겨 칼을 구함
肝膽相照(간담상조)	간과 쓸개가 서로 본다(격의 없이 지내는 사이)
甘言利說(감언이설)	남의 비위에 맞도록 꾸민 달콤한 말
乾坤一擲(건곤일척)	주사위를 한 번 던져 승패를 겸
建陽多慶(건양다경)	새해가 시작됨에 경사스런 일이 많기를 바람
見利思義(견리사의)	눈앞의 이익을 보면 먼저 의리를 생각함
犬馬之誠(견마지성)	개와 말의 주인을 위한 충성
見善從之(견선종지)	선한 것을 보면 그것을 좇음
結者解之(결자해지)	맺은 사람이 풀어야 함
結草報恩(결초보은)	풀을 묶어서 은혜에 보답(죽은 뒤에라도 은혜를 갚음)
鷄卵有骨(계란유골)	계란이 곯았다(좋은 기회를 만나도 일이 잘 안 됨)
鷄肋(계륵)	닭갈비(버리기에는 아깝고 먹자니 별거 없음)
苦盡甘來(고진감래)	고생 끝에 즐거움이 옴
公平無私(공평무사)	공평하여 사사로움이 없음
過猶不及(과유불급)	지나침은 미치지 못함과 같음
管鮑之交(관포지교)	아주 친한 친구 사이의 사귐
矯角殺牛(교각살우)	소의 뿔을 바로 잡으려다가 소를 죽임
交友以信(교우이신)	벗을 믿음으로써 사귀어야 함
敎學相長(교학상장)	가르치고 배우면서 서로 성장함

句句節節(구구절절)	하나하나의 모든 구절(매우 상세하고 간곡함)
九死一生(구사일생)	아홉 번죽을 뻔하다가 겨우 살아남
群鷄一鶴(군계일학)	닭의 무리 가운데 한 마리의 학(무리 중 뛰어난 인물)
君臣有義(군신유의)	임금과 신하 사이에는 의리가 있어야 함
君爲臣綱(군위신강)	임금과 신하 사이에 마땅히 지켜야 할 도리
勸善懲惡(권선징악)	착한 것을 권하고 악을 응징함
捲土重來(권토중래)	어떤 일에 실패한 뒤 힘을 길러 다시 그 일을 시작함
金蘭之契(금란지계)	친구 사이의 매우 두터운 정
金蘭之交(금란지교)	친구 사이의 매우 두터운 정
今昔之感(금석지감)	지금과 옛날의 감정이 크게 달라짐
金石之交(금석지교)	쇠붙이와 돌처럼 굳고 변함없는 우정
金枝玉葉(금지옥엽)	금으로 된 가지와 옥으로 된 잎(임금의 일족을 높임)
起死回生(기사회생)	거의 죽을 뻔하다가 도로 살아남
杞人之憂(기인지우)	기나라 사람의 걱정 근심
奇貨可居(기화가거)	진기한 물건은 잘 간직하여 나중에 이익을 남기고 팖
難兄難弟(난형난제)	서로 비슷비슷하여 우열이나 정도를 가리기 어려움
男女老少(남녀노소)	남자와 여자와 늙은이와 젊은이
老馬之智(노마지지)	늙은 말의 지혜
多多益善(다다익선)	많으면 많을수록 좋음
斷機戒(단기지계)	학문을 하다가 중도에 그만두면 아무 쓸모가 없음

單刀直入(단도직입)	단칼로 쳐들어감(요점이나 문제의 핵심을 곧바로 말함)
大器晚成(대기만성)	큰 그릇을 만드는 데는 시간이 오래 걸림
獨不將軍(독불장군)	무슨 일이든지 제 생각대로 혼자 처리하는 사람
讀書亡羊(독서망양)	글을 읽는 데 정신이 팔려 먹이고 있던 양을 잃음
讀書尙友(독서상우)	책을 읽음으로써 옛 현인들과 벗이 될 수 있음
冬去春來(동거춘래)	겨울이 가고 봄이 옴
東問西答(동문서답)	질문과는 전혀 상관없는 엉뚱한 대답
登龍門(등용문)	입신출세를 위한 어려운 관문이나 시험
燈下不明(등하불명)	등잔 밑이 어둡다(가까이에서 일어난 일을 잘 모름)
燈火可親(등화가친)	서늘한 가을밤은 등불을 가까이 하여 글 읽기에 좋음
馬耳東風(마이동풍)	말의 귀에 동풍이 불어도 아랑곳하지 않음
莫逆之交(막역지교)	서로 뜻이 잘 맞고 허물없는 아주 친한 사귐
望雲之情(망운지정)	자식이 객지에서 고향에 계신 어버이를 그리는 마음
亡子計齒(망자계치)	죽은 자식 나이 세기
梅蘭菊竹(매난국죽)	매화와 난초와 국화와 대나무
麥秀之嘆(맥수지탄)	보리가 팬 것을 보고 하는탄식(조국이 망한 것을 한탄)
明明白白(명명백백)	아주 뚜렷함
名山大川(명산대천)	이름난 산과 큰 내
明若觀火(명약관화)	불을 보는 것처럼 분명하고 뻔함
毛遂自薦(모수자천)	자기가 자기를 추천하는 것

目不識丁(목불식정)	한자 중 쉬운 글자인 'ㅜ'자도 모를 정도로 무식함
武陵桃源(무릉도원)	무릉에 있는 선경(중국 후난성 복숭아꽃이 만발한 낙원)
墨守(묵수)	자기의 의견이나 주장을 굽히지 않고 굳게 지킴
文房四友(문방사우)	글방의 네 가지 친구
聞一知十(문일지십)	한 가지를 듣고 열 가지를 미루어 안다(지극히 총명함)
尾生之信(미생지신)	융통성이 없이 약속만을 굳게 지키는 것
反哺之孝(반포지효)	까마귀 새끼가 자라서 늙은 어미에게 먹이를 물어다 주는 효
拔本塞源(발본색원)	좋지 않은 일의 근본 원인 요소를 완전히 없애 버림
蚌鷸之爭(방휼지쟁)	조개와 도요새의 싸움(둘이 싸우면 엉뚱한 제삼자가 이익)
背水之陣(배수지진)	물을 등지고 진을 침(싸움에 임한 비장한 각오)
百年大計(백년대계)	먼 장래까지 내다보고 세우는 큰 계획
百年河淸(백년하청)	어떤 일이 아무리 오랜 시간이 흘러도 이루어지기 어려움
伯牙絶絃(백아절현)	참다운 벗의 죽음을 슬퍼함
百折不屈(백절불굴)	수없이 많이 꺾여도 굴하지 않고 이겨 나감
步武堂堂(보무당당)	걸음걸이가 씩씩하고 활기참
夫婦有別(부부유별)	남편과 아내 사이에는 분별이 있어야 함
夫爲婦綱(부위부강)	남편과 아내 사이에 마땅히 지켜야 할 도리
父爲子綱(부위자강)	부모와 자식 사이에 마땅히 지켜야 할 도리
父子有親(부자유친)	아버지와 자식간에는 친함이 있어야 함
朋友有信(붕우유신)	친구 사이에는 믿음이 있어야 함

非一非再(비일비재)	한두 번이나 한둘이 아니고 많음
氷山一角(빙산일각)	빙산의 한 모서리(어떤 일이 숨겨져 극히 일부분만 드러남)
舍己從人(사기종인)	자신을 버리고 남을 따름
四面楚歌(사면초가)	적에게 완전히 포로가 되어 있는 상태
砂上樓閣(사상누각)	모래 위에 세운 누각(기초가 튼튼하지 못함)
師弟同行(사제동행)	스승과 제자가 함께 길을 감
蛇足(사족)	뱀의 다리를 그림(쓸데없는 군짓을 하여 도리어 잘못되게 함)
事親以孝(사친이효)	부모님을 효로써 섬겨야 함
四通八達(사통팔달)	도로망, 교통망, 통신망 따위가 이리저리 사방으로 통함
事必歸正(사필귀정)	모든 일은 반드시 바른길로 돌아가게 마련임
山高水長(산고수장)	덕행이나 지조의 깨끗함을 산과 강물에 비유
山戰水戰(산전수전)	세상일의 어려운 고비를 다 겪어 봄
殺身成仁(살신성인)	자기 몸을 희생하여 인을 이룸
三馬太守(삼마태수)	세 마리의 말만 거느린 태수(청빈한 관리)
三三五五(삼삼오오)	서너 사람이나 대여섯 사람씩 떼지어 다님
三人成虎(삼인성호)	근거 없는 말도 여럿이 하면 곧이듣게 됨
三日天下(삼일천하)	사흘 동안 천하를 얻음(짧은 기간 동안 정권을 잡음)
三尺童子(삼척동자)	키가 석자밖에 되지 않는 어린아이
三遷之敎(삼천지교)	맹자의 교육을 위해 그 어머니가 집을 세 번 옮김
塞翁之馬(새옹지마)	인간의 길흉화복은 변화가 무쌍하여 도무지 예측할 수 없음

先見之明(선견지명)	다가올 일을 미리 짐작하는 밝은 지혜
先公後私(선공후사)	공적인 일을 먼저 하고 사사로운 일은 나중에 함
雪膚花容(설부화용)	눈처럼 흰 살갗과 꽃처럼 고운 얼굴(아름다운 여자의 모습)
雪上加霜(설상가상)	눈이 내리는 위에 서리까지 더함(불행이 겹침)
小貪大失(소탐대실)	작은 것을 탐하다가 큰 것을 잃음
束手無策(속수무책)	어찌할 도리나 방책이 없어 꼼짝 못함
送舊迎新(송구영신)	묵은 해를 보내고 새해를 맞음
松茂栢悅(송무백열)	소나무가 무성하면 잣나무가 기뻐함(벗이 잘됨을 기뻐함)
首尾一貫(수미일관)	어떤 일을 처음부터 끝까지 한결같이 함
手不釋卷(수불석권)	손에서 책을 놓지 않음
水魚之交(수어지교)	물과 물고기의 관계(매우 친밀한 사이)
守株待兎(수주대토)	그루터기를 지키면서 토끼를 기다림
宿虎衝鼻(숙호충비)	자는 호랑이의 코를 찌름(공연히 건드려서 일을 그르침)
脣亡齒寒(순망치한)	입술이 없으면 이가 시림
是是非非(시시비비)	옳은 것을 옳다 하고 그른 것을 그르다 함
始終如一(시종여일)	처음과 끝이 한결 같음
身言書判(신언서판)	예전 인물을 골랐던 네 가지 조건(신수, 말씨, 문필, 판단력)
十中八九(십중팔구)	열 가운데 여덟이나 아홉이 그렇다(대개가 그러함)
我田引水(아전인수)	자기 논에 물 댄다(자기에게 이롭게 되도록 행동함)
安貧樂道(안빈낙도)	가난한 생활을 하면서도 편안한 마음으로 도를 지킴

眼下無人(안하무인)	눈아래 보이는 사람이 없다(방자하고 교만함)
愛人如己(애인여기)	남을 자기 몸처럼 사랑함
愛之重之(애지중지)	매우 사랑하고 소중히 여김
藥房甘草(약방감초)	한약에는 감초를 넣는 일이 많아 한약방에는 항상 감초가 있음
羊頭狗肉(양두구육)	양 머리를 걸어놓고 개고기를 팜
良藥苦口(양약고구)	좋은 약은 입에 씀
魚頭肉尾(어두육미)	물고기는 머리 쪽이, 짐승은 꼬리 쪽이 맛이 있음
漁父之利(어부지리)	도요새와 조개가 서로 다투다가 어부에게 둘다 잡힘
於異阿異(어이아이)	'어'다르고 '아'다름
億兆蒼生(억조창생)	수많은 백성
言中有骨(언중유골)	말 속에 뼈가 있음
與民同樂(여민동락)	임금이 백성과 더불어 즐김
易地思之(역지사지)	남과 처지를 바꾸어 생각함(남의 입장에서 생각함)
年年歲歲(연년세세)	해마다 이어져 무궁토록
緣木求魚(연목구어)	나무에 올라가서 물고기를 구함(불가능한 일을 하려 함)
榮枯盛衰(영고성쇠)	세월이 흐름에 따라 변전하는 번영과 쇠락
五里霧中(오리무중)	오리 사방이 안개속(어디에 있는지 찾을 길이 없음)
吾鼻三尺(오비삼척)	내 코가 석 자
烏飛梨落(오비이락)	까마귀 날자 배 떨어짐(일이 공교롭게 때가 같아 의심을 받음)
五十步百(오십보백보)	오십보를 간 자나 백보를 간 자나 본질적으로 같음

烏合之卒(오합지졸)	임시로 모여들어 규율이 없고 무질서한 병졸 또는 군중
溫故知新(온고지신)	옛것을 익히고 그것을 통하여 새것을 앎
溫柔敦厚(온유돈후)	온화하고 부드럽고 돈독하고 두터움
臥薪嘗膽(와신상담)	섶에 누워 쓸개를 맛봄(복수를 해 고난을 참고 견딤)
王兄佛兄(왕형불형)	살아서는 왕의 형이 되고 죽어서는 부처의 형이 됨
外柔內剛(외유내강)	겉으로는 부드럽고 순하나 속은 곧고 꿋꿋함
外華內貧(외화내빈)	겉으로는 화려하게 보이나 속으로는 빈곤하고 부실함
樂山樂水(요산요수)	산을 좋아하고 물을 좋아함
欲速不達(욕속부달)	일을 너무 빨리 하고자 서두르면 도리어 이루지 못함
龍頭蛇尾(용두사미)	머리는 용이나 꼬리는 뱀(처음은 좋으나 끝이 좋지 않음을)
愚公移山(우공이산)	어리석은 영감이 산을 옮김
牛耳讀經(우이독경)	소귀에 경 읽기
衛正斥邪(위정척사)	바른 것은 보호하고 간사한 것은 내침
韋編三絶(위편삼절)	책을 열심히 읽음
有口無言(유구무언)	입은 있으나 할 말이 없음
有名無實(유명무실)	이름만 그럴듯하고 실속은 없음
有備無患(유비무환)	미리 준비해 두면 근심할 것이 없음
流水不腐(유수불부)	흐르는 물은 썩지 않음
柳暗花明(유암화명)	버들은 무성하고 꽃은 활짝 피어 밝음
唯一無二(유일무이)	오직 하나만 있고 둘은 없음

有害無益(유해무익)	해롭기만 하고 이로움은 없음
隱忍自重(은인자중)	밖으로 드러내지 않고 속으로 참고 견디며 몸가짐을 신중히 함
陰德陽報(음덕양보)	남모르게 덕행을 쌓은 사람은 뒤에 그 보답을 받게 됨
泣兒授乳(읍아수유)	우는 아이에게 젖을 줌
意氣揚揚(의기양양)	기세가 등등하고 뽐내는 모양이 가득함
以德服人(이덕복인)	덕으로써 다른 사람을 복종시킴
以文會友(이문회우)	글로써 벗을 만남
以心傳心(이심전심)	마음과 마음으로 서로 뜻이 통함
以熱治熱(이열치열)	열을 열로 다스림
利害得失(이해득실)	이로움과 해로움 및 얻음과 잃음
人之常情(인지상정)	사람이면 누구나 가질 수 있는 보통의 마음이나 감정
一擧兩得(일거양득)	한 가지 일로 두 가지 이익을 얻음
一石二鳥(일석이조)	한 개의 돌로 두 마리 새를 잡음
一進一退(일진일퇴)	한 번 나아갔다 한 번 물러섰다 함
日就月將(일취월장)	날로 달로 발전하거나 성장함
一片丹心(일편단심)	한 조각의 붉은 마음(오직 한 가지에 변함없는 마음)
立身揚名(입신양명)	출세하여 세상에 이름을 떨침
自强不息(자강불식)	스스로 힘써 몸과 마음을 가다듬고 쉬지 않음
子子孫孫(자자손손)	대대로 이어지는 여러 대의 자손
作心三日(작심삼일)	마음 먹은 것이 사흘 감

長幼有序(장유유서)	어른과 아이 사이에는 차례가 있어야 함
前途有望(전도유망)	앞으로 발전하고 성공할 가능성과 희망이 있음
轉禍爲福(전화위복)	화를 바꾸어 복이 되게 함
絕世佳人(절세가인)	당대에는 견줄 만한 상대가 없는 뛰어난 미인
絕長補短(절장보단)	긴 것을 잘라서 짧은 것을 보충함
切磋琢磨(절차탁마)	옥이나 뿔 따위를 갈고 닦아서 빛을 냄
頂門一針(정문일침)	정수리에 침 하나를 꽂음(따끔하고 매서운 충고)
正正堂堂(정정당당)	바르고 떳떳함
朝令暮改(조령모개)	아침에 내린 명령을 저녁에 다시 고침
朝變夕改(조변석개)	아침저녁으로 뜯어고침
朝三暮四(조삼모사)	자기의 이익을 위해 교활한 꾀를 써서 남을 속임
助長(조장)	억지로 힘을 무리하게 써 일을 그르침
坐不安席(좌불안석)	마음이 불안해서 자리에 가만히 앉아 있지를 못함
坐井觀天(좌정관천)	우물 속에 앉아 하늘을 봄
左衝右突(좌충우돌)	이리저리 마구 치고받고 부딪침
晝耕夜讀(주경야독)	낮에는 농사를 짓고 밤에는 글을 읽음
走馬看山(주마간산)	달리는 말위에서 산천을 구경함
酒池肉林(주지육림)	술이 연못을 이루고 고기가 숲을 이룸(사치하고 음란한 행동)
竹馬故友(죽마고우)	어릴 때에 대나무로 만든 말을 타고 놀던 친구
衆口難防(중구난방)	여러 사람의 입은 막기가 어렵다

知己之友(지기지우)	자기의 가치나 속마음을 잘 알아주는 참다운 벗
之東之西(지동지서)	줏대가 없이 이리저리 갈팡질팡함
芝蘭之交(지란지교)	지초와 난초의 사귐(벗 사이의 높고 맑은 사귐)
指鹿爲馬(지록위마)	사슴을 가리켜 말이라고 함
志在千里(지재천리)	뜻이 천리에 있음
知彼知己(지피지기)	적의 형편과 나의 형편을 다 자세히 앎
紙筆硯墨(지필연묵)	종이와 붓과 벼루와 먹
知行合一(지행합일)	지식과 행동이 하나로 합치됨
集小成多(집소성다)	작은 것을 모아서 많은 것을 이룸
借廳借閨(차청차규)	대청을 빌려 사는 사람이 점점 안방까지 들어감
天長地久(천장지구)	하늘과 땅처럼 오래가고 변함이 없음
千篇一律(천편일률)	여러 사물이 개성이 없이 모두 비슷비슷함
徹頭徹尾(철두철미)	처음부터 끝까지 빈틈없고 철저하게 함
晴耕雨讀(청경우독)	맑은 날은 논밭을 갈고 비오는 날은 책을 읽음
靑松綠竹(청송녹죽)	푸른 소나무와 푸른 대나무
靑雲之志(청운지지)	천자가 될 사람이 있는 곳에는 푸른구름이 깃들임
靑出於藍(청출어람)	푸른색은 쪽빛에서 나옴(스승보다 제자의 실력이 뛰어남)
淸風明月(청풍명월)	맑은 바람과 밝은 달
草綠同色(초록동색)	풀과 초록색은 같은 색
初志不變(초지불변)	처음의 뜻이 변하지 않음

推己及人(추기급인)	자신을 미루어 다른 사람에게 미침
追遠報本(추원보본)	조상의 덕을 추모하여 제사를 지내며 은혜를 갚음
秋風落葉(추풍낙엽)	가을바람에 흩어져 떨어지는 나뭇잎
出告反面(출고반면)	나갈 때는 아뢰고 돌아오면 뵘
親仁善隣(친인선린)	어진 사람을 가까이 하고 이웃과 사이좋게 지냄
他山之石(타산지석)	남의 산에 있는 돌이라도 나의 옥을 다듬는 데에 소용이 됨
泰山北斗(태산북두)	태산과 북두칠성처럼 모든 사람들이 우러러보는 존재
兎死狗烹(토사구팽)	토끼가 죽고 나면 사냥개를 삶아먹음
破邪顯正(파사현정)	사견이나 사도를 깨어 버리고 정도를 나타냄
破竹之勢(파죽지세)	대나무의 한끝을 쪼개듯 거침없이 적에게 진군하는 기세
風樹之嘆(풍수지탄)	어버이가 돌아가시어 효도하고 싶어도 할 수 없음
風前燈火(풍전등화)	바람 앞의 등불(사물이나 인생의 덧없음)
匹夫匹婦(필부필부)	평범한 남녀
學如不及(학여불급)	필요하지도 않고 급하지도 않음
學如逆水(학여역수)	배움은 물을 거슬러올라가는 것과 같음
漢江投石(한강투석)	한강에 돌던지기
咸興差使(함흥차사)	함흥으로 사신을 보냄
螢雪之功(형설지공)	고생 속에서도 꾸준히 공부하여 얻은 보람
兄弟投金(형제투금)	형제가 금을 강에 던짐
形形色色(형형색색)	모양이나 빛깔이 서로 다른 여러 가지

狐假虎威(호가호위)	여우가 호랑이의 힘을 빌려 잘난체하며 경솔하게 행동함
浩然之氣(호연지기)	사람의 마음에 차 있는 너르고 크고 올바른 기운
胡蝶夢(호접몽)	나비의 꿈(자아와 외물은 본디 하나라는 이치)
昏定晨省(혼정신성)	저녁에 자리를 펴드리고 새벽에 문안 인사를드림
畵龍點睛(화룡점정)	가장 중요한 부분을 마무리 지음
和而不同(화이부동)	남과 사이좋게 지내기는 하나 무턱대고 한데 어울리지 않는 일
會者定離(회자정리)	만난 사람은 반드시 헤어지게 됨
後生可畏(후생가외)	뒤에 난 사람은 두려워할 만하다
厚顔無恥(후안무치)	낯가죽이 두꺼워 뻔뻔하고 부끄러움을 모름
興亡盛衰(흥망성쇠)	흥하고 망함과 성하고 쇠함
興盡悲來(흥진비래)	즐거운 일이 다하면 슬픈 일이 옴
喜怒哀樂(희로애락)	기쁨과 성냄과 슬픔과 즐거움

Index

찾아보기
(총획 색인)

초간편
실용한자
7000

漢字

총획 색인

1획
乙(을) 299
一(일) 309

2획
九(구) 52
几(궤) 61
乃(내) 78
刀(도) 91
力(력) 110
了(료) 120
卜(복) 170
匕(비) 182
十(십) 240
乂(예) 266
又(우) 282
二(이) 303
人(인) 307
入(입) 310
丁(정) 335
丂(조) 342
七(칠) 403
八(팔) 417

3획
干(간) 10
巾(건) 22
乞(걸) 23
工(공) 40
久(구) 52
口(구) 52
弓(궁) 59
己(기) 69
女(녀) 78
大(대) 89
亡(망) 135
凡(범) 165
巳(사) 191
士(사) 191
山(산) 197
三(삼) 199
上(상) 200
夕(석) 206
小(소) 214
尸(시) 233
丫(아) 241
也(야) 250
广(엄) 256
兀(올) 273
幺(요) 277
于(우) 283
己(이) 303
弋(익) 306
刃(인) 307
子(자) 312
勺(작) 315
丈(장) 318
叉(차) 369
川(천) 379
千(천) 379
寸(촌) 390
土(토) 412
下(하) 429
孑(혈) 442
丸(환) 454

4획
丐(개) 18
介(개) 18
犬(견) 25
孔(공) 40
公(공) 40
戈(과) 42
仇(구) 64
勻(균) 64
斤(근) 66
今(금) 67
及(급) 68
內(내) 78
丹(단) 83
斗(두) 99
屯(둔) 100
六(륙) 125
毛(모) 142
木(목) 144
毋(무) 147
文(문) 149
勿(물) 150
反(반) 155
方(방) 159
卞(변) 167
丰(봉) 173
不(부) 174
仆(부) 174
夫(부) 174
父(부) 174
分(분) 179
比(비) 182
少(소) 214
手(수) 221
殳(수) 221
水(수) 221
升(승) 232
心(심) 239
什(십) 240
氏(씨) 240
牙(아) 241
卬(앙) 247
厄(액) 249
予(여) 257
剤(예) 266
五(오) 268
午(오) 268
日(왈) 276
王(왕) 276
夭(요) 277
牛(우) 283
友(우) 283
尤(우) 283
云(운) 286
元(원) 287
月(월) 290
允(윤) 298
尹(윤) 298
仁(인) 307
引(인) 307
日(일) 309
壬(임) 310
仍(잉) 310
才(재) 321
切(절) 333
井(정) 335
爪(조) 342
弔(조) 342
中(중) 357
支(지) 359
止(지) 360
之(지) 359
尺(척) 378
天(천) 379
丑(축) 395
仄(측) 399
夬(쾌) 405
太(태) 410

巴(파) 415
片(편) 419
匹(필) 427
亢(항) 434
兮(혜) 445
互(호) 446
戶(호) 446
火(화) 452
化(화) 452
幻(환) 454
爻(효) 460
凶(흉) 466
欠(흠) 467

5획
可(가) 8
加(가) 8
刊(간) 11
甘(감) 13
甲(갑) 15
匄(개) 18
巨(거) 20
去(거) 20
古(고) 33
叩(고) 33
尻(고) 34
功(공) 40
瓜(과) 49
巧(교) 49
丘(구) 52
句(구) 52
氿(궤) 62
叫(규) 63
奴(노) 79
尼(니) 82
旦(단) 83

代(대) 89	仙(선) 207	汁(즙) 358	价(개) 18	牟(모) 142
叨(도) 91	世(세) 213	只(지) 360	件(건) 22	氂(모) 142
忉(도) 91	召(소) 214	叱(질) 366	系(계) 31	刎(문) 149
冬(동) 97	疋(소) 214	且(차) 369	攷(고) 34	米(미) 152
仝(동) 97	囚(수) 221	札(찰) 372	考(고) 34	朴(박) 154
令(령) 113	丞(승) 232	冊(책) 377	曲(곡) 38	仿(방) 159
另(령) 114	示(시) 233	斥(척) 378	邛(공) 40	百(백) 163
立(립) 131	市(시) 233	仟(천) 379	共(공) 40	伐(벌) 165
末(말) 135	矢(시) 233	凸(철) 381	夸(과) 42	汎(범) 165
皿(명) 140	申(신) 237	匆(총) 390	匡(광) 46	帆(범) 165
母(모) 142	失(실) 239	朮(출) 397	光(광) 46	伏(복) 171
矛(모) 142	央(앙) 247	出(출) 397	交(교) 49	缶(부) 174
目(목) 144	戹(액) 249	充(충) 397	扣(구) 52	仳(비) 182
卯(묘) 145	冉(염) 262	打(타) 405	臼(구) 52	圮(비) 182
戊(무) 147	永(영) 264	他(타) 405	机(궤) 62	妃(비) 183
未(미) 150	玉(옥) 272	它(타) 405	圭(규) 63	牝(빈) 188
民(민) 152	瓦(와) 274	台(태) 411	伋(급) 68	寺(사) 191
弁(반) 155	外(외) 277	叵(파) 415	亙(공) 69	汜(사) 191
半(반) 155	凹(요) 278	叭(팔) 417	企(기) 69	死(사) 191
犮(발) 158	用(용) 281	平(평) 420	伎(기) 69	糸(사) 191
白(백) 163	右(우) 283	包(포) 422	肌(기) 69	汕(산) 197
氾(범) 165	幼(유) 293	布(포) 422	吉(길) 75	色(색) 203
犯(범) 165	由(유) 293	皮(피) 427	年(년) 78	西(서) 203
丙(병) 168	以(이) 303	必(필) 427	多(다) 83	汐(석) 206
扑(복) 171	仞(인) 307	乏(핍) 428	汏(대) 89	先(선) 207
本(본) 172	孕(잉) 310	玄(현) 440	乭(돌) 97	舌(설) 210
付(부) 174	扔(잉) 310	穴(혈) 442	同(동) 97	成(성) 212
北(북) 179	仔(자) 312	兄(형) 444	列(렬) 112	守(수) 221
弗(불) 181	卡(잡) 317	乎(호) 446	劣(렬) 112	收(수) 222
圠(비) 182	仗(장) 318	弘(홍) 451	老(로) 117	戍(수) 222
庀(비) 182	宁(저) 323	禾(화) 452	耒(뢰) 126	夙(숙) 227
氷(빙) 189	氐(저) 323	卉(훼) 464	肋(륵) 126	旬(순) 228
司(사) 191	田(전) 328		吏(리) 127	戌(술) 230
乍(사) 191	占(점) 333	**6획**	卍(만) 133	式(식) 236
四(사) 191	叮(정) 335	各(각) 9	邙(망) 135	臣(신) 237
仕(사) 191	正(정) 335	奸(간) 11	汒(망) 135	犴(안) 244
史(사) 191	汀(정) 335	艮(간) 11	忙(망) 135	安(안) 244
生(생) 203	左(좌) 350	扛(강) 16	妄(망) 135	仰(앙) 247
石(석) 206	主(주) 351	江(강) 16	名(명) 141	艾(애) 247

羊(양) 253	在(재) 321	回(회) 458	攻(공) 40	抖(두) 99
汝(여) 257	再(재) 321	灰(회) 458	串(관) 43	卵(란) 104
如(여) 257	玎(쟁) 322	后(후) 461	狂(광) 46	冷(랭) 107
亦(역) 258	全(전) 328	朽(후) 462	宏(굉) 48	良(량) 107
曳(예) 266	玎(정) 335	休(휴) 465	灸(구) 52	呂(려) 108
汚(오) 269	早(조) 342	兇(흉) 466	求(구) 53	伶(령) 114
伍(오) 268	兆(조) 342	匈(흉) 466	究(구) 53	弄(롱) 118
圬(오) 268	存(존) 348	吃(흘) 467	劬(구) 52	牢(뢰) 119
翁(옹) 273	舟(주) 351	屹(흘) 467	玖(구) 53	利(리) 127
刓(완) 274	朱(주) 351		局(국) 58	里(리) 127
宇(우) 283	州(주) 351	**7획**	君(군) 58	李(리) 127
吁(우) 283	竹(죽) 355	伽(가) 8	芎(궁) 60	吝(린) 130
羽(우) 283	仲(중) 358	角(각) 9	均(균) 65	忘(망) 136
旭(욱) 285	至(지) 360	却(각) 9	克(극) 65	芒(망) 136
刖(월) 290	地(지) 360	扦(간) 11	汲(급) 69	每(매) 136
危(위) 290	池(지) 360	肝(간) 11	圾(급) 68	免(면) 139
有(유) 293	旨(지) 360	杆(간) 11	扱(급) 68	沔(면) 139
肉(육) 297	此(차) 369	旰(간) 11	岌(급) 68	牡(모) 142
聿(율) 298	次(차) 369	坎(감) 13	岐(기) 69	沐(목) 144
戎(융) 298	舛(천) 379	匣(갑) 15	汽(기) 70	沒(몰) 144
衣(의) 301	阡(천) 380	杠(강) 16	杞(기) 70	妙(묘) 145
圯(이) 303	尖(첨) 382	忼(강) 16	忌(기) 70	巫(무) 147
弛(이) 303	艸(초) 386	改(개) 18	沂(기) 70	汶(문) 149
异(이) 303	忖(촌) 390	坑(갱) 20	技(기) 70	吻(문) 149
伊(이) 303	冲(충) 397	更(갱) 20	妓(기) 70	汨(물) 150
夷(이) 304	朶(타) 405	阬(갱) 20	那(나) 76	尾(미) 150
頤(이) 304	托(탁) 407	車(거) 20	男(남) 77	伴(반) 155
而(이) 305	宅(택) 412	車(거/차) 22	佞(녕) 79	扳(반) 156
耳(이) 306	吐(토) 412	劫(겁) 24	努(노) 79	邦(방) 159
因(인) 307	扞(한) 431	見(견) 25	尿(뇨) 80	彷(방) 159
印(인) 307	汗(한) 431	抉(결) 26	狃(뉴) 81	妨(방) 159
任(임) 310	合(합) 433	決(결) 27	忸(뉴) 81	龙(방) 159
秄(자) 312	伉(항) 434	冏(경) 28	但(단) 83	坊(방) 159
自(자) 312	亥(해) 435	戒(계) 31	禿(독) 95	防(방) 159
字(자) 312	行(행) 438	估(고) 34	沌(돈) 96	坏(배) 162
汋(작) 315	向(향) 438	告(고) 34	彤(동) 97	伯(백) 163
沟(작) 315	血(혈) 442	谷(곡) 38	肚(두) 99	忭(변) 167
庄(장) 318	刑(형) 444	困(곤) 38	杜(두) 99	釆(변) 167
匠(장) 318	好(호) 446	汨(골) 40	豆(두) 99	抃(변) 167

別(별)	167	迅(신)	237	迤(이)	304	址(지)	360	罕(한)	431
粤(병)	168	身(신)	237	忍(인)	307	坻(지)	360	含(함)	432
兵(병)	168	我(아)	241	佚(일)	309	辰(진)	363	肛(항)	434
甫(보)	169	扼(액)	249	妊(임)	310	佽(차)	369	沆(항)	434
步(보)	169	阨(액)	249	孜(자)	312	抄(초)	386	抗(항)	434
否(부)	174	冶(야)	250	灼(작)	315	初(초)	386	妎(해)	435
扶(부)	174	抑(억)	255	作(작)	315	村(촌)	390	杏(행)	438
孚(부)	174	言(언)	255	芍(작)	315	忡(충)	397	夾(협)	443
吩(분)	179	余(여)	258	岑(잠)	317	冲(충)	397	邢(형)	444
汾(분)	179	役(역)	258	杖(장)	318	吹(취)	398	形(형)	444
扮(분)	179	延(연)	259	壯(장)	318	杝(치)	400	亨(형)	444
体(분)	179	沇(연)	259	妝(장)	318	豸(치)	400	汞(홍)	451
佛(불)	181	汭(예)	266	災(재)	321	忱(침)	403	肓(황)	456
庇(비)	183	吳(오)	269	材(재)	322	沈(침)	403	孝(효)	460
屁(비)	183	忤(오)	269	低(저)	323	快(쾌)	405	吼(후)	462
批(비)	183	杇(오)	269	佇(저)	323	佗(타)	405	忻(흔)	466
妣(비)	183	吾(오)	269	狄(적)	326	妥(타)	405	迄(흘)	467
伾(비)	183	沃(옥)	272	赤(적)	326	吞(탄)	408	肐(흘)	467
似(사)	191	杌(올)	273	佃(전)	328	兌(태)	411	吸(흡)	468
伺(사)	191	完(완)	274	佺(전)	328	汰(태)	411	希(희)	468
邪(사)	192	阮(완)	274	吮(전)	328	投(투)	414		
些(사)	192	忨(완)	275	折(절)	333	妒(투)	414	**8획**	
私(사)	192	汪(왕)	276	佔(점)	334	忒(특)	414	佳(가)	8
沙(사)	192	妖(요)	278	町(정)	335	把(파)	415	呵(가)	8
刪(산)	197	甬(용)	281	廷(정)	335	坂(판)	416	刻(각)	9
杉(삼)	199	佑(우)	283	阱(정)	335	判(판)	416	侃(간)	11
床(상)	200	芋(우)	283	呈(정)	335	阪(판)	417	岬(갑)	15
序(서)	203	迂(우)	283	弟(제)	339	孛(패)	417	羌(강)	16
抒(서)	203	沄(운)	286	找(조)	342	貝(패)	417	岡(강)	16
佋(소)	215	沅(원)	287	皁(조)	342	沛(패)	417	芥(개)	18
肖(소)	215	位(위)	290	助(조)	342	伻(팽)	418	拒(거)	20
劭(소)	215	酉(유)	293	足(족)	348	吠(폐)	421	居(거)	20
束(속)	219	攸(유)	293	佐(좌)	350	佈(포)	422	杰(걸)	23
宋(송)	220	狁(윤)	298	坐(좌)	351	抛(포)	422	芡(검)	24
秀(수)	222	肜(융)	298	肘(주)	351	杓(표)	425	怯(겁)	24
巡(순)	228	听(은)	299	住(주)	351	芐(하)	429	肩(견)	25
豕(시)	233	吟(음)	300	走(주)	352	何(하)	429	玦(결)	27
伸(신)	237	邑(읍)	300	扯(지)	360	呀(하)	429	炅(경)	28
辛(신)	237	矣(의)	301	志(지)	360	旱(한)	431	京(경)	28

513

庚(경)	28	金(금)	67	冷(령)	114	頒(반)	156	朋(붕)	182
屆(계)	32	芩(금)	67	囹(령)	114	返(반)	156	枇(비)	183
季(계)	32	芨(급)	69	怜(령)	114	泮(반)	156	肥(비)	183
沽(고)	34	肯(긍)	69	例(례)	115	拌(반)	156	畀(비)	183
呱(고)	34	肵(기)	70	彔(록)	117	拔(발)	158	泌(비)	183
固(고)	34	歧(기)	70	侖(륜)	125	芳(방)	160	沸(비)	183
姑(고)	34	祁(기)	70	林(림)	131	肪(방)	160	狒(비)	183
刳(고)	34	紀(기)	70	沫(말)	135	昉(방)	160	卑(비)	183
股(고)	34	奇(기)	70	抹(말)	135	放(방)	159	泌(비)	183
孤(고)	34	其(기)	70	玫(매)	137	枋(방)	160	肶(비)	184
坤(곤)	38	芪(기)	70	枚(매)	136	房(방)	160	非(비)	184
昆(곤)	39	佶(길)	75	妹(매)	136	杯(배)	162	沸(비)	187
供(공)	40	奈(나)	76	盲(맹)	138	佰(백)	163	凭(빙)	189
空(공)	41	枏(남)	77	甿(맹)	138	帛(백)	163	事(사)	192
果(과)	42	柰(내)	78	孟(맹)	138	泛(범)	165	祀(사)	192
官(관)	43	拈(념)	79	氓(맹)	138	法(법)	166	舍(사)	192
刮(괄)	45	念(념)	79	命(명)	141	佝(병)	168	社(사)	192
卦(괘)	47	弩(노)	79	明(명)	141	怲(병)	168	使(사)	192
怪(괴)	47	孥(노)	79	芼(모)	142	幷(병)	168	姒(사)	192
拐(괴)	47	忸(뉴)	82	姆(모)	142	秉(병)	168	泗(사)	192
乖(괴)	47	呢(니)	82	牧(목)	144	並(병)	168	卸(사)	192
肱(굉)	48	泥(니)	82	歿(몰)	145	服(복)	171	疝(산)	197
佼(교)	49	怛(달)	85	杳(묘)	145	宓(복)	171	姍(산)	197
呴(구)	53	沓(답)	87	拇(무)	147	奉(봉)	173	芟(삼)	199
拘(구)	53	岱(대)	89	武(무)	147	附(부)	175	尙(상)	200
疚(구)	53	坮(대)	89	門(문)	149	阜(부)	175	牀(상)	200
具(구)	53	舠(도)	91	物(물)	150	咐(부)	175	咋(색)	203
咎(구)	53	到(도)	91	芴(물)	150	拊(부)	175	芧(서)	203
狗(구)	53	毒(독)	95	美(미)	150	芙(부)	175	矽(석)	206
邱(구)	53	旽(돈)	96	味(미)	150	府(부)	175	析(석)	206
屈(굴)	59	咄(돌)	97	昏(민)	152	斧(부)	175	昔(석)	206
穹(궁)	60	東(동)	97	泯(민)	152	芣(부)	175	泄(설)	210
卷(권)	60	屯(둔)	100	忞(민)	152	氛(분)	179	姓(성)	212
券(권)	60	拉(랍)	106	旼(민)	152	芬(분)	179	性(성)	212
佹(궤)	62	來(래)	107	旻(민)	152	忿(분)	179	沼(소)	215
刲(규)	63	兩(량)	107	玟(민)	152	粉(분)	179	邵(소)	215
糾(규)	63	戾(려)	109	拍(박)	154	拂(불)	181	所(소)	215
近(근)	66	冽(렬)	112	泊(박)	154	佛(불)	181	泝(소)	215
芹(근)	66	岭(령)	114	拚(반)	156	岪(불)	181	松(송)	220

刷(쇄) 221	迎(영) 264	長(장) 318	芝(지) 361	陀(타) 405
泅(수) 222	例(예) 266	狀(장) 318	芷(지) 361	坼(탁) 407
受(수) 222	芮(예) 266	爭(쟁) 322	直(직) 362	卓(탁) 407
岫(수) 222	臥(와) 274	咀(저) 323	抮(진) 363	拆(탁) 407
垂(수) 222	宛(완) 275	底(저) 323	帙(질) 366	坦(탄) 408
叔(숙) 227	玩(완) 275	姐(저) 323	侄(질) 366	帑(탕) 410
肫(순) 228	往(왕) 276	杵(저) 324	侘(차) 369	宕(탕) 410
卹(술) 230	枉(왕) 276	邸(저) 324	刹(찰) 372	侗(통) 412
承(승) 232	旺(왕) 276	狙(저) 324	昌(창) 373	妬(투) 414
昇(승) 232	殀(요) 278	沮(저) 324	刱(창) 373	杷(파) 415
兕(시) 233	拗(요) 278	杵(저) 324	采(채) 376	爬(파) 415
始(시) 233	旴(우) 283	抵(저) 324	妻(처) 377	爸(파) 415
侍(시) 233	雨(우) 283	炙(적) 326	拓(척) 378	坡(파) 415
呻(신) 237	盂(우) 283	的(적) 326	忝(첨) 382	陂(파) 415
侁(신) 237	芸(운) 286	典(전) 328	沾(첨) 382	怕(파) 415
阿(아) 241	芫(원) 287	店(점) 334	妾(첩) 383	帕(파) 415
亞(아) 241	委(위) 290	征(정) 335	帖(첩) 383	芭(파) 415
芽(아) 241	侑(유) 293	定(정) 336	靑(청) 384	波(파) 415
兒(아) 241	乳(유) 293	怔(정) 336	招(초) 386	版(판) 417
枒(아) 241	呦(유) 293	政(정) 336	炒(초) 387	板(판) 417
岳(악) 242	油(유) 293	制(제) 339	怊(초) 387	佩(패) 417
岸(안) 244	育(육) 297	俎(조) 343	杪(초) 387	坪(평) 420
軋(알) 245	泣(읍) 300	阼(조) 343	帚(추) 392	抨(평) 420
狎(압) 246	宜(의) 301	阻(조) 343	抽(추) 392	肺(폐) 421
押(압) 246	依(의) 301	佻(조) 343	隹(추) 392	怖(포) 422
昻(앙) 247	咿(이) 304	拙(졸) 348	妯(추) 392	泡(포) 422
怏(앙) 247	易(이) 304	卒(졸) 348	竺(축) 395	抱(포) 422
决(앙) 247	佴(이) 304	宗(종) 349	杶(춘) 396	拋(포) 422
厓(애) 247	怡(이) 304	侏(주) 352	怵(출) 397	咆(포) 422
夜(야) 250	眲(이) 304	拄(주) 352	忠(충) 397	庖(포) 422
籿(약) 251	佾(일) 309	枓(주) 352	取(취) 398	表(표) 425
佯(양) 252	泆(일) 309	周(주) 352	炊(취) 398	披(피) 427
於(어) 254	芿(잉) 311	呪(주) 352	昃(측) 399	彼(피) 427
奄(엄) 256	姊(자) 312	注(주) 352	侈(치) 400	邲(필) 427
兗(연) 259	泚(자) 312	宙(주) 352	治(치) 400	河(하) 429
沿(연) 259	刺(자) 312	肢(지) 360	枕(침) 403	虐(학) 430
炎(염) 262	呰(자) 312	坻(지) 360	秅(타) 405	邯(한) 431
泳(영) 264	咋(작) 316	枝(지) 360	拖(타) 405	函(함) 432
咏(영) 264	戕(장) 318	知(지) 360	陀(타) 405	杭(항) 434

迒(항) 434	卻(각) 10	枴(괘) 47	耑(단) 83	茅(모) 142
劾(해) 435	恪(각) 10	挂(괘) 47	段(단) 83	苜(목) 144
侅(해) 435	竿(간) 11	訇(굉) 48	胆(단) 83	茆(묘) 145
幸(행) 438	衎(간) 11	姣(교) 49	畓(답) 87	昴(묘) 146
享(향) 438	看(간) 11	郊(교) 49	玳(대) 90	眇(묘) 146
泫(현) 441	柬(간) 11	狡(교) 49	待(대) 90	秒(묘) 146
弦(현) 440	姦(간) 11	咬(교) 49	挑(도) 91	苗(묘) 146
泬(혈) 442	曷(갈) 13	垢(구) 53	度(도) 91	茂(무) 147
協(협) 443	柑(감) 14	柩(구) 53	突(돌) 97	紊(문) 149
泂(형) 444	胛(갑) 15	俅(구) 53	洞(동) 97	眉(미) 150
弧(호) 446	舡(강) 16	柩(구) 53	垌(동) 97	弭(미) 150
昊(호) 447	姜(강) 16	苟(구) 54	洛(락) 103	苠(민) 152
虎(호) 447	疥(개) 18	韭(구) 54	剌(랄) 104	珉(민) 152
呼(호) 447	皆(개) 18	胊(구) 54	亮(량) 107	胉(박) 154
芦(호) 447	客(객) 20	軍(군) 58	侶(려) 109	迫(박) 154
怙(호) 447	炬(거) 20	宮(궁) 60	冽(렬) 112	珀(박) 154
狐(호) 447	苣(거) 21	軌(궤) 62	苓(령) 114	叛(반) 156
或(혹) 450	建(건) 22	垝(궤) 62	玲(령) 114	胖(반) 156
昏(혼) 450	畎(견) 26	赳(규) 63	朧(롱) 118	盼(반) 156
忽(홀) 451	缺(결) 27	奎(규) 63	陋(루) 121	勃(발) 158
泓(홍) 451	俓(경) 28	昀(균) 65	柳(류) 123	茇(발) 158
和(화) 452	扃(경) 28	剋(극) 65	流(류) 123	厖(방) 160
花(화) 452	勁(경) 28	亟(극) 65	律(률) 125	背(배) 162
況(황) 456	契(계) 32	矜(근) 66	厘(리) 127	胚(배) 162
怳(황) 456	界(계) 32	衿(금) 67	俚(리) 127	拜(배) 162
個(개) 458	係(계) 32	急(급) 69	俐(리) 127	柏(백) 163
肴(효) 460	計(계) 32	矜(긍) 69	茉(말) 135	范(범) 165
炘(흔) 466	洎(계) 32	祇(기) 70	昧(매) 137	柄(병) 169
欣(흔) 466	癸(계) 32	祈(기) 70	陌(맥) 138	昺(병) 168
昕(흔) 467	苦(고) 35	拮(길) 75	虻(맹) 138	炳(병) 169
咥(히) 470	拷(고) 35	拏(나) 76	俛(면) 139	昞(병) 169
	故(고) 34	南(남) 77	眄(면) 139	保(보) 170
9획	枯(고) 34	衲(납) 77	勉(면) 139	洑(보) 171
柯(가) 8	苽(고) 35	耐(내) 78	面(면) 139	封(봉) 173
架(가) 8	拱(공) 41	奈(내) 78	袂(몌) 141	枹(부) 175
苛(가) 8	科(과) 42	恬(념) 79	某(모) 142	柎(부) 175
迦(가) 8	冠(관) 43	怒(노) 80	牦(모) 142	苻(부) 175
玨(각) 10	括(괄) 45	苨(니) 82	冒(모) 142	俘(부) 175
咯(각) 10	洸(광) 46	昵(닐) 82	侮(모) 142	負(부) 175

罘(부)	175	洵(순)	228	映(영)	264	苡(이)	304	侏(주)	352
赴(부)	176	徇(순)	228	英(영)	264	洟(이)	304	姝(주)	352
訃(부)	176	盾(순)	229	曳(예)	266	杉(이)	304	胄(주)	352
奔(분)	179	恂(순)	229	浯(오)	269	苢(이)	304	洲(주)	352
盆(분)	179	述(술)	230	屋(옥)	272	媐(이)	304	奏(주)	352
芇(불)	181	拾(습)	231	瓮(옹)	273	陑(이)	305	洀(주)	352
毗(비)	184	柴(시)	234	畏(외)	277	紉(인)	308	炷(주)	353
秕(비)	184	枾(시)	233	歪(외)	277	咽(인)	308	柱(주)	353
悲(비)	184	恃(시)	233	要(요)	278	姻(인)	308	冑(주)	353
胇(비)	184	是(시)	233	姚(요)	278	衽(임)	310	紂(주)	353
秕(비)	184	枾(시)	233	約(요)	278	柘(자)	312	俊(준)	355
柲(비)	184	屍(시)	233	勇(용)	281	姿(자)	312	茁(줄)	357
毘(비)	184	枲(시)	234	俑(용)	281	咨(자)	312	重(중)	358
砒(비)	184	屎(시)	234	禹(우)	284	玭(자)	313	卽(즉)	358
飛(비)	184	施(시)	234	芋(우)	284	茈(자)	313	拯(증)	359
俜(빙)	190	食(식)	236	紆(우)	284	者(자)	313	枳(지)	361
俟(사)	192	拭(식)	236	禺(우)	284	柞(작)	316	指(지)	361
査(사)	192	矧(신)	237	疣(우)	284	昨(작)	316	咫(지)	361
砂(사)	193	信(신)	237	斫(작)	316	祉(지)	361
思(사)	193	室(실)	239	昱(욱)	286	炸(작)	316	持(지)	361
削(삭)	196	甚(심)	239	郁(욱)	286	哉(재)	322	抵(진)	363
珊(산)	197	俄(아)	241	怨(원)	287	苴(저)	324	珍(진)	363
庠(상)	200	咢(악)	242	垣(원)	287	柢(저)	324	殄(진)	363
相(상)	200	按(안)	244	爰(원)	288	柢(저)	324	津(진)	363
牲(생)	203	殃(앙)	247	苑(원)	288	苧(저)	324	姪(질)	366
胥(서)	204	怏(앙)	247	洹(원)	288	迪(적)	326	挃(질)	366
宣(선)	207	哀(애)	248	胃(위)	290	前(전)	329	迭(질)	366
洩(설)	210	耶(야)	250	韋(위)	290	畋(전)	329	差(차)	369
省(성)	212	若(약)	252	威(위)	290	玷(점)	334	昶(창)	374
星(성)	212	洋(양)	252	斿(유)	293	苫(점)	334	柵(책)	377
洒(세)	213	彥(언)	255	柔(유)	293	酊(정)	335	泉(천)	380
洗(세)	214	弇(엄)	256	柚(유)	293	貞(정)	336	穿(천)	380
昭(소)	215	疫(역)	258	兪(유)	293	穽(정)	336	剃(체)	385
炤(소)	215	姸(연)	259	宥(유)	293	訂(정)	336	苕(초)	387
俗(속)	219	奭(연)	260	幽(유)	293	帝(제)	339	迢(초)	387
洙(수)	222	衍(연)	260	羑(유)	294	胙(조)	343	促(촉)	389
狩(수)	222	染(염)	262	胤(윤)	298	俎(조)	343	酋(추)	392
帥(수)	222	苒(염)	262	垠(은)	299	洮(조)	343	秋(추)	392
首(수)	222	盈(영)	264	音(음)	300	殂(조)	343	柷(축)	395
						沶(이)	304		

春(춘) 396	巷(항) 435	恤(휼) 465	庫(고) 35	耆(기) 71
哆(치) 400	姮(항) 435	恟(흉) 466	膏(고) 35	氣(기) 71
峙(치) 400	垓(해) 436	洶(흉) 466	羔(고) 35	旂(기) 71
則(칙) 403	孩(해) 436	很(흔) 467	罟(고) 35	桔(길) 75
勅(칙) 403	咳(해) 436	紇(흘) 467	哭(곡) 38	娜(나) 76
侵(침) 403	陔(해) 436	洽(흡) 468	悃(곤) 39	挪(나) 76
咤(타) 405	香(향) 438	恰(흡) 468	袞(곤) 39	拿(나) 76
柁(타) 406	革(혁) 440	姬(희) 468	骨(골) 40	捏(날) 77
迤(타) 406	弈(혁) 440	俙(희) 468	蚣(공) 41	納(납) 77
柝(탁) 407	奕(혁) 440		栱(공) 41	娘(낭) 77
炭(탄) 408	倪(현) 441	**10획**	恐(공) 41	迺(내) 78
耽(탐) 409	炫(현) 441	家(가) 8	恭(공) 41	挐(녀) 78
眈(탐) 409	眩(현) 441	哥(가) 8	貢(공) 41	涅(녈) 79
怠(태) 411	頁(혈) 442	閣(각) 10	适(괄) 45	砮(노) 80
殆(태) 411	俠(협) 443	疳(감) 14	胱(광) 48	紐(뉴) 82
苔(태) 411	型(형) 444	剛(강) 16	紘(굉) 48	能(능) 82
胎(태) 411	炯(형) 444	個(개) 18	敎(교) 49	爹(다) 83
迨(태) 411	逈(형) 444	恝(개) 18	校(교) 49	茶(다) 83
恫(통) 412	胡(호) 447	倨(거) 21	狡(교) 49	袒(단) 83
派(파) 415	紅(홍) 451	祛(거) 21	莢(교) 49	疸(달) 85
疤(파) 416	哄(홍) 451	秬(거) 21	俱(구) 54	紞(담) 86
扁(편) 419	洪(홍) 451	袪(거) 21	矩(구) 54	唐(당) 88
便(편) 419	虹(홍) 452	虔(건) 22	涒(군) 59	倘(당) 88
枰(평) 420	紈(환) 454	桀(걸) 23	郡(군) 59	涂(도) 91
萍(평) 420	奐(환) 454	格(격) 25	倔(굴) 59	倒(도) 91
苞(포) 423	宦(환) 454	鬲(격) 25	躬(궁) 60	徒(도) 91
匍(포) 422	活(활) 455	狷(견) 26	倦(권) 60	島(도) 91
胞(포) 423	恍(황) 456	兼(겸) 27	拳(권) 60	桃(도) 91
品(품) 426	皇(황) 456	涇(경) 28	鬼(귀) 63	逃(도) 92
風(풍) 426	廻(회) 458	徑(경) 28	珪(규) 64	胴(동) 98
芯(필) 427	徊(회) 458	勍(경) 29	展(극) 65	桐(동) 98
狠(한) 431	恢(회) 458	耿(경) 29	根(근) 66	凍(동) 98
恨(한) 431	洄(회) 458	耕(경) 29	衾(금) 67	茼(동) 98
限(한) 431	栒(효) 460	紒(계) 32	衿(금) 68	疼(동) 98
咸(함) 432	厚(후) 462	桂(계) 32	級(급) 69	蚪(두) 99
哈(합) 434	侯(후) 462	高(고) 35	起(기) 71	陡(두) 99
缸(항) 434	後(후) 462	栲(고) 35	豈(기) 71	倮(라) 102
恒(항) 435	㖕(훤) 463	殺(고) 35	記(기) 71	珞(락) 103
降(항) 435	虺(훼) 464	罟(고) 35	豈(기) 71	烙(락) 103

垃(랄) 104	旄(모) 143	祓(불) 181	涗(세) 214	哦(아) 241
捋(랄) 105	畝(묘) 146	匪(비) 184	素(소) 215	案(안) 244
浪(랑) 106	紋(문) 149	剕(비) 184	消(소) 215	晏(안) 244
浪(랑) 106	悗(문) 149	俾(비) 184	宵(소) 215	訐(알) 245
狼(랑) 106	們(문) 149	祕(비) 185	釗(소) 215	盎(앙) 247
郎(랑) 106	蚊(문) 149	蚍(비) 185	捎(소) 215	秧(앙) 247
凉(량) 107	迷(미) 151	紕(비) 185	笑(소) 216	埃(애) 248
悢(량) 107	娓(미) 150	浜(빈) 188	孫(손) 219	挨(애) 248
倆(량) 107	剝(박) 154	娉(빙) 190	悚(송) 220	唉(애) 248
旅(려) 109	班(반) 156	建(사) 193	送(송) 220	罃(앵) 250
烈(렬) 113	般(반) 156	娑(사) 193	衰(쇠) 221	弱(약) 251
聆(령) 114	畔(반) 156	唆(사) 193	叟(수) 222	恙(양) 252
瓴(령) 114	淳(발) 158	紗(사) 193	修(수) 222	烊(양) 252
羚(령) 114	旁(방) 160	祠(사) 193	殊(수) 222	圄(어) 254
料(료) 120	倣(방) 160	射(사) 193	涑(수) 223	臬(얼) 256
留(류) 123	紡(방) 160	衺(사) 193	袖(수) 223	俺(엄) 256
琉(류) 123	舫(방) 160	師(사) 193	祟(수) 223	恚(에) 257
倫(륜) 125	蚌(방) 160	紗(사) 193	茱(수) 223	茹(여) 258
栗(률) 125	蚍(배) 162	朔(삭) 196	倏(숙) 227	逆(역) 258
凌(릉) 126	配(배) 162	索(삭) 197	俶(숙) 227	悁(연) 260
浬(리) 127	倍(배) 162	訕(산) 197	栒(순) 229	涓(연) 260
浰(리) 127	俳(배) 162	狻(산) 197	純(순) 229	涎(연) 260
悧(리) 127	袢(번) 164	晌(상) 200	荀(순) 229	捐(연) 260
哩(리) 127	竝(병) 169	桑(상) 200	殉(순) 229	宴(연) 260
狸(리) 128	病(병) 169	索(색) 203	珣(순) 229	娟(연) 260
悋(린) 130	倂(병) 169	眚(생) 203	倅(쉬) 231	悅(열) 262
粒(립) 131	茯(복) 171	恕(서) 204	乘(승) 232	剡(염) 262
馬(마) 132	俸(봉) 173	徐(서) 204	脀(승) 232	倪(예) 266
挽(만) 133	峯(봉) 173	書(서) 204	陞(승) 232	唔(오) 269
娩(만) 133	俯(부) 176	栖(서) 204	豺(시) 234	悟(오) 269
秣(말) 135	剖(부) 176	席(석) 206	時(시) 234	捂(오) 269
茫(망) 136	袝(부) 176	扇(선) 208	翅(시) 234	娛(오) 269
忙(망) 136	鄁(부) 176	挈(설) 210	息(식) 236	烏(오) 269
埋(매) 137	釜(부) 176	屑(설) 210	神(신) 237	邕(옹) 273
脈(맥) 138	浮(부) 176	閃(섬) 211	娠(신) 237	浣(완) 275
眠(면) 140	罜(부) 176	陝(섬) 211	宸(신) 237	垸(완) 275
冥(명) 141	畚(분) 180	涉(섭) 212	訊(신) 238	倭(왜) 276
茗(명) 141	粉(분) 180	城(성) 213	娥(아) 241	窈(요) 278
耗(모) 143	紛(분) 180	帨(세) 214	峨(아) 241	舀(요) 278

窯(요) 278	荏(임) 310	祚(조) 344	捉(착) 370	浸(침) 404
辱(욕) 280	秭(자) 313	倧(종) 349	窄(착) 370	針(침) 404
浴(욕) 280	茨(자) 313	座(좌) 351	泟(착) 370	砧(침) 404
茸(용) 281	眥(자) 313	挫(좌) 351	站(참) 372	秤(칭) 404
容(용) 281	玆(자) 313	珠(주) 353	倡(창) 374	託(탁) 407
涌(용) 281	疵(자) 313	酎(주) 353	倉(창) 374	侻(탁) 407
祐(우) 284	恣(자) 313	酒(주) 353	凼(창) 374	泰(태) 411
訏(우) 284	酌(작) 316	株(주) 353	茝(채) 376	討(토) 412
彧(욱) 286	涔(잠) 317	峻(준) 356	凄(처) 377	退(퇴) 413
紜(운) 286	貶(잡) 318	埈(준) 356	偶(척) 378	套(투) 413
耘(운) 286	牂(장) 318	准(준) 355	隻(척) 378	特(특) 414
冤(원) 288	奘(장) 318	陖(준) 356	剔(척) 378	耙(파) 416
袁(원) 288	財(재) 322	隼(준) 356	陟(척) 378	破(파) 416
原(원) 288	栽(재) 322	浚(준) 356	陟(척) 378	捌(팔) 417
員(원) 288	宰(재) 322	症(증) 359	育(천) 378	唄(패) 418
蚖(원) 288	疽(저) 324	烝(증) 359	倩(천) 380	浿(패) 418
院(원) 288	罝(저) 324	脂(지) 361	倩(천) 380	狽(패) 418
浟(유) 294	迹(적) 326	砥(지) 361	荐(천) 380	悖(패) 418
殷(은) 299	旃(전) 329	祗(지) 361	哲(철) 381	珮(패) 418
恩(은) 299	栓(전) 329	紙(지) 361	偼(첩) 383	窆(폄) 420
狺(은) 299	牷(전) 329	舐(지) 361	涕(체) 385	砭(폄) 420
誾(은) 299	展(전) 329	振(진) 363	悄(초) 387	陛(폐) 421
浥(읍) 300	荃(전) 329	晉(진) 363	草(초) 387	袍(포) 423
悒(읍) 300	浙(절) 333	疹(진) 364	峭(초) 387	匏(포) 423
挹(읍) 300	淨(정) 336	紖(진) 364	哨(초) 387	圃(포) 423
倚(의) 301	釘(정) 336	眹(진) 364	冢(총) 391	砲(포) 423
扆(의) 301	庭(정) 336	晋(진) 364	芻(추) 392	捕(포) 423
栮(이) 305	挺(정) 336	眞(진) 364	追(추) 393	疱(포) 423
栭(이) 305	悌(제) 340	陣(진) 364	祝(축) 395	哺(포) 423
袘(이) 305	娣(제) 340	秦(진) 364	畜(축) 395	浦(포) 423
羡(이) 305	除(제) 340	袗(진) 364	秫(출) 397	俵(표) 425
珥(이) 305	厝(조) 343	眕(진) 364	衷(충) 397	豹(표) 425
酏(이) 305	曹(조) 343	桎(질) 366	臭(취) 398	疲(피) 427
益(익) 306	租(조) 343	疾(질) 366	脆(취) 398	被(피) 427
靭(인) 308	晁(조) 343	庉(질) 366	恥(치) 400	夏(하) 429
氤(인) 308	祖(조) 343	秩(질) 367	茌(치) 400	悍(한) 431
蚓(인) 308	凋(조) 343	朕(짐) 367	致(치) 400	浛(함) 433
茵(인) 308	蚤(조) 344	借(차) 369	値(치) 400	盍(합) 434
恁(임) 310	笊(조) 344	差(차) 369	蚩(치) 400	桁(항) 435

航(항) 435	烜(훤) 463	袴(고) 35	硅(규) 64	婪(람) 105
荄(해) 436	烠(훼) 464	皐(고) 35	規(규) 64	琅(랑) 106
害(해) 436	胸(흉) 466	梏(곡) 38	逵(규) 64	朗(랑) 106
奚(해) 436	訖(흘) 467	梧(곡) 38	埼(기) 71	徠(래) 107
欬(해) 436		斛(곡) 38	崎(기) 71	略(략) 107
海(해) 436	**11획**	梱(곤) 39	跂(기) 71	凉(량) 108
核(핵) 437	假(가) 8	髡(곤) 39	淇(기) 71	梁(량) 108
倖(행) 438	袈(가) 8	崑(곤) 39	寄(기) 71	梁(량) 108
荇(행) 438	桷(각) 10	袞(곤) 39	基(기) 71	掠(량) 108
栩(허) 439	脚(각) 10	崆(공) 41	旣(기) 71	唳(려) 109
軒(헌) 439	桿(간) 11	控(공) 41	飢(기) 72	蚸(력) 111
峴(현) 441	秸(갈) 13	郭(곽) 43	捺(날) 77	連(련) 111
眩(현) 441	勘(감) 14	莞(관) 44	捻(념) 79	捩(렬) 113
脅(협) 443	紺(감) 14	貫(관) 44	淖(뇨) 81	翎(령) 114
峽(협) 443	蚶(감) 14	眶(광) 45	訥(눌) 81	笭(령) 114
浹(협) 443	堈(강) 16	掛(괘) 47	旎(니) 82	羚(령) 114
挾(협) 443	强(강) 16	敎(교) 49	匿(닉) 82	蛉(령) 115
狹(협) 443	崗(강) 16	晈(교) 50	蛋(단) 83	逞(령) 115
陜(협) 443	掆(강) 16	毬(구) 54	啖(담) 86	鹵(로) 116
陘(형) 444	康(강) 16	耉(구) 54	淡(담) 86	鹿(록) 117
荊(형) 444	据(거) 21	區(구) 54	堂(당) 88	聊(료) 120
珩(형) 444	莒(거) 21	釦(구) 55	帶(대) 90	淚(루) 122
惚(호) 447	健(건) 23	寇(구) 54	袋(대) 90	婁(루) 122
浩(호) 447	乾(건) 23	救(구) 54	途(도) 92	累(루) 122
祜(호) 447	偈(게) 24	絇(구) 54	悼(도) 92	陸(륙) 125
笏(홀) 451	牽(견) 26	蚯(구) 54	陶(도) 92	掄(륜) 125
訌(홍) 452	堅(견) 26	球(구) 54	淘(도) 92	崙(륜) 125
烘(홍) 452	訣(결) 27	逑(구) 54	掏(도) 92	淪(륜) 125
桓(환) 454	結(결) 27	國(국) 58	掉(도) 92	勒(륵) 126
荒(황) 456	脛(경) 29	掬(국) 58	茶(도) 92	陵(릉) 126
晃(황) 456	竟(경) 29	莙(군) 59	惇(돈) 96	淩(릉) 126
茴(회) 458	逕(경) 29	堀(굴) 59	豚(돈) 96	苙(리) 128
悔(회) 458	梗(경) 29	淈(굴) 59	動(동) 98	梨(리) 128
休(효) 461	頃(경) 29	掘(굴) 59	凍(동) 98	莉(리) 128
效(효) 461	莖(경) 29	崛(굴) 59	兜(두) 99	理(리) 128
哮(효) 461	絅(경) 29	圈(권) 60	荳(두) 100	离(리) 128
逅(후) 462	械(계) 32	捲(권) 60	脰(두) 100	淋(림) 131
候(후) 462	悸(계) 32	眷(권) 60	逗(두) 100	笠(립) 131
訓(훈) 462	啓(계) 32	匭(궤) 62	得(득) 100	麻(마) 132

찾아보기 | 521

莫(막)	133	埠(부)	176	捿(서)	204	崧(숭)	231	淵(연)	260
晩(만)	133	桴(부)	176	淅(석)	206	習(습)	231	硏(연)	260
望(망)	136	副(부)	176	奭(석)	206	偲(시)	234	蚺(염)	262
惘(망)	136	烰(부)	176	惜(석)	206	猜(시)	234	猊(예)	266
苺(매)	137	莩(부)	177	旋(선)	208	匙(시)	234	晤(오)	269
梅(매)	137	符(부)	177	船(선)	210	埴(식)	236	梧(오)	269
麥(맥)	138	趺(부)	177	高(설)	210	紳(신)	238	敖(오)	269
猛(맹)	139	部(부)	177	設(설)	210	莘(신)	238	訛(와)	274
萌(맹)	139	芣(부)	177	雪(설)	210	晨(신)	238	梡(완)	275
覓(멱)	139	蚨(부)	177	紲(설)	210	悉(실)	239	脘(완)	275
冕(면)	140	婦(부)	176	晟(성)	213	深(심)	239	婉(완)	275
眸(모)	143	笨(분)	180	細(세)	214	啞(아)	241	偎(외)	277
務(무)	147	紼(불)	181	掃(소)	216	莪(아)	242	訞(요)	278
珷(무)	147	崩(붕)	182	笤(소)	216	訝(아)	242	欲(욕)	280
捫(문)	149	悱(비)	185	梢(소)	216	堊(악)	242	春(용)	281
脗(문)	149	埤(비)	185	逍(소)	216	眼(안)	244	庸(용)	281
問(문)	149	婢(비)	185	紹(소)	216	庵(암)	245	釪(우)	284
敏(민)	153	彬(빈)	188	巢(소)	216	欸(애)	248	雩(우)	284
密(밀)	153	貧(빈)	188	疏(소)	216	涯(애)	248	偶(우)	284
舶(박)	154	蛇(사)	194	梳(소)	216	崖(애)	248	郵(우)	284
粕(박)	154	梭(사)	193	埽(소)	216	挼(애)	248	寃(원)	288
絆(반)	156	捨(사)	193	速(속)	219	軛(액)	249	尉(위)	290
烌(발)	158	徙(사)	193	粟(속)	219	掖(액)	249	偉(위)	291
脖(발)	158	莎(사)	194	率(솔)	220	液(액)	249	悠(유)	294
訪(방)	160	耜(사)	194	凇(송)	220	倻(야)	250	蚰(유)	294
梆(방)	160	赦(사)	194	訟(송)	220	椰(야)	250	唯(유)	294
培(배)	162	斜(사)	194	授(수)	223	野(야)	251	荽(유)	294
徘(배)	162	笥(사)	194	售(수)	223	痒(양)	252	惟(유)	294
啡(배)	162	産(산)	198	脩(수)	223	敔(어)	254	帷(유)	294
排(배)	162	殺(살)	198	陲(수)	223	圉(어)	254	陰(음)	300
陪(배)	162	參(삼)	199	琇(수)	223	魚(어)	254	淫(음)	300
梵(범)	165	常(상)	200	羞(수)	223	淤(어)	254	猗(의)	301
笵(범)	165	商(상)	200	宿(숙)	227	御(어)	254	移(이)	305
甁(병)	169	爽(상)	200	淑(숙)	227	偃(언)	255	痍(이)	305
屛(병)	169	祥(상)	200	孰(숙)	227	焉(언)	255	翊(익)	307
匐(복)	171	笙(생)	203	淳(순)	229	淹(엄)	256	翌(익)	307
逢(봉)	173	庶(서)	204	脣(순)	229	掩(엄)	257	忍(인)	308
捧(봉)	173	逝(서)	204	術(술)	230	域(역)	259	寅(인)	308
烽(봉)	173	敍(서)	204	崇(숭)	231	軟(연)	260	做(자)	313

第(자)	313	第(제)	340	笮(착)	370	痔(치)	401	衒(현)	441
瓷(자)	313	梯(제)	340	紮(찰)	372	勅(칙)	403	舷(현)	441
紫(자)	313	祭(제)	340	斬(참)	372	舵(타)	406	睍(현)	441
觜(자)	313	租(조)	344	唱(창)	374	唾(타)	406	覓(현)	441
雀(작)	316	窕(조)	344	悵(창)	374	啄(탁)	407	袷(협)	443
啐(잘)	317	曹(조)	344	娼(창)	374	涿(탁)	407	莢(협)	443
章(장)	319	眺(조)	344	窓(창)	374	脫(탈)	409	彗(혜)	445
莊(장)	319	措(조)	344	猖(창)	374	貪(탐)	409	晧(호)	447
帳(장)	319	桃(조)	344	悄(창)	374	探(탐)	409	扈(호)	447
張(장)	319	條(조)	344	淌(창)	374	笞(태)	411	瓠(호)	447
將(장)	319	組(조)	344	埰(채)	376	啍(톤)	412	毫(호)	447
梓(재)	322	鳥(조)	344	釵(채)	376	桶(통)	413	混(혼)	450
猙(쟁)	323	彫(조)	344	採(채)	376	通(통)	413	婚(혼)	450
崢(쟁)	323	粗(조)	344	彩(채)	376	堆(퇴)	413	惛(혼)	450
掙(쟁)	323	釣(조)	345	責(책)	377	透(투)	414	惚(홀)	451
苴(저)	324	造(조)	345	悽(처)	378	偸(투)	414	貨(화)	452
紵(저)	324	族(족)	348	處(처)	378	婆(파)	416	患(환)	454
這(저)	325	猝(졸)	348	凄(처)	378	販(판)	417	凰(황)	456
逖(적)	327	終(종)	349	戚(척)	378	敗(패)	418	偟(황)	456
荻(적)	327	悰(종)	349	淺(천)	380	烹(팽)	418	淮(회)	459
商(적)	327	淙(종)	349	釧(천)	380	偏(편)	419	晦(회)	459
笛(적)	327	從(종)	349	啜(철)	381	閉(폐)	421	淆(효)	461
寂(적)	327	脞(좌)	351	眡(첨)	382	晡(포)	423	梟(효)	461
剪(전)	329	紬(주)	353	添(첨)	382	脯(포)	423	酗(후)	462
專(전)	329	蛀(주)	353	捷(첩)	383	匏(포)	423	焄(훈)	463
痊(전)	329	晝(주)	353	淸(청)	384	逋(포)	423	畦(휴)	465
梲(절)	333	畫(주)	353	恖(총)	391	彪(표)	425	訢(흔)	466
啑(절)	333	砫(주)	353	崔(최)	392	票(표)	425	痕(흔)	467
粘(점)	334	晙(준)	356	犆(추)	392	畢(필)	427	掀(흔)	467
接(접)	334	焌(준)	356	隊(추)	393	荷(하)	429		
停(정)	336	逡(준)	356	推(추)	393	涸(학)	430	**12획**	
偵(정)	336	崒(줄)	357	舳(축)	395	涵(함)	433	軻(가)	9
桯(정)	336	眔(중)	358	逐(축)	396	陷(함)	433	訶(가)	9
珵(정)	337	趾(지)	361	絀(출)	397	盒(합)	434	街(가)	9
頂(정)	337	陳(진)	364	惴(췌)	398	偕(해)	436	殼(각)	10
情(정)	337	振(진)	364	聚(취)	398	悻(행)	438	稈(간)	12
旌(정)	337	紾(진)	364	側(측)	399	許(허)	439	間(간)	12
珽(정)	337	窒(질)	367	淄(치)	401	絃(현)	441	揀(간)	12
淨(정)	337	執(집)	368	梔(치)	401	現(현)	441	喝(갈)	13

渴(갈) 13	菅(관) 44	喫(끽) 75	嵐(람) 105	閔(민) 153
堪(감) 14	棺(관) 44	赦(난) 76	粮(량) 106	湣(민) 153
減(감) 14	琯(관) 44	捏(날) 77	萊(래) 107	博(박) 154
嵌(감) 14	款(관) 44	喃(남) 77	粮(량) 108	斑(반) 156
敢(감) 14	聒(괄) 45	鈉(납) 77	椋(량) 108	發(발) 158
酣(감) 14	筐(광) 46	杙(녁) 78	量(량) 108	渤(발) 158
絳(강) 17	傀(괴) 47	猱(노) 80	喨(량) 108	跋(발) 158
腔(강) 17	閎(굉) 48	惱(뇌) 80	湅(련) 111	鈸(발) 158
祴(개) 19	喬(교) 50	鈕(뉴) 82	裂(렬) 113	傍(방) 160
開(개) 19	蛟(교) 50	單(단) 83	輪(령) 115	幇(방) 161
揩(개) 19	窖(교) 50	湍(단) 83	虜(로) 116	焙(배) 163
凱(개) 18	菊(국) 58	短(단) 84	勞(로) 116	湃(배) 163
喈(개) 18	窘(군) 59	湛(담) 86	菉(록) 117	番(번) 164
湝(개) 19	裙(군) 59	毯(담) 86	硫(류) 123	筏(벌) 165
喀(객) 20	厥(궐) 61	菼(담) 86	隆(륭) 126	琺(법) 166
渠(거) 21	晷(귀) 63	覃(담) 86	菱(릉) 126	普(보) 170
腒(거) 21	貴(귀) 63	答(답) 87	犁(리) 128	補(보) 170
距(거) 21	揆(규) 64	棠(당) 88	痢(리) 128	堡(보) 170
傑(걸) 23	逵(규) 64	隊(대) 90	裡(리) 128	菩(보) 170
鈐(검) 24	鈞(균) 65	貸(대) 90	曾(리) 128	報(보) 170
揭(게) 24	菌(균) 65	悳(덕) 91	琳(림) 131	復(복) 171
絹(견) 26	棘(극) 65	堵(도) 92	莽(망) 136	葡(복) 171
悸(경) 29	戟(극) 65	渡(도) 92	寐(매) 137	復(복) 172
痙(경) 29	董(동) 66	棹(도) 92	媒(매) 137	琫(봉) 173
景(경) 29	筋(근) 66	盜(도) 92	買(매) 137	棒(봉) 173
硬(경) 29	琴(금) 68	屠(도) 92	萌(맹) 139	菶(봉) 173
卿(경) 29	給(급) 69	萄(도) 93	湎(면) 140	跗(부) 177
棨(계) 32	絚(긍) 69	都(도) 93	棉(면) 140	富(부) 177
階(계) 33	琪(기) 72	焞(돈) 96	帽(모) 143	鈇(부) 177
雇(고) 36	幾(기) 72	敦(돈) 96	蛑(모) 143	腑(부) 177
雇(고) 35	萁(기) 72	堗(돌) 97	渺(묘) 146	傅(부) 177
詁(고) 36	悳(기) 72	棟(동) 98	描(묘) 146	痛(부) 177
辜(고) 36	棋(기) 72	童(동) 98	猫(묘) 146	雰(분) 180
觚(고) 36	朞(기) 72	痘(두) 100	無(무) 147	湓(분) 180
祜(고) 36	棄(기) 72	鈍(둔) 100	貿(무) 147	焚(분) 180
菰(고) 36	欺(기) 72	等(등) 100	雯(문) 150	棼(분) 180
琨(곤) 39	琦(기) 72	登(등) 100	媚(미) 151	棚(붕) 182
蛩(공) 41	期(기) 72	喇(라) 102	渼(미) 151	備(비) 185
菓(과) 42	蛣(길) 75	絡(락) 103	悶(민) 153	悲(비) 185

琵(비) 185	舃(석) 207	幄(악) 243	寓(우) 284	靭(인) 308
棐(비) 185	善(선) 208	愕(악) 243	隅(우) 284	陻(인) 308
斐(비) 185	渲(선) 208	握(악) 243	雲(운) 286	逸(일) 309
棑(비) 185	渫(설) 210	惡(악) 243	雄(웅) 287	壹(일) 309
痞(비) 185	媟(설) 210	雁(안) 244	援(원) 288	剩(잉) 311
扉(비) 185	盛(성) 213	戛(알) 245	菀(원) 288	貲(자) 314
費(비) 186	猩(성) 213	擖(알) 245	湲(원) 288	觜(자) 314
蒐(비) 186	貰(세) 214	喦(암) 245	媛(원) 288	粢(자) 314
脾(비) 186	稅(세) 214	菴(암) 246	越(월) 290	鮓(자) 314
腓(비) 186	疎(소) 216	腋(액) 250	喟(위) 290	裁(자) 314
菲(비) 186	甦(소) 216	挪(야) 251	爲(위) 291	棧(잔) 316
斌(빈) 188	痟(소) 216	陽(양) 252	萎(위) 291	殘(잔) 316
馮(빙) 190	酥(소) 216	揚(양) 252	渭(위) 291	孱(잔) 316
絲(사) 194	訴(소) 217	馭(어) 254	圍(위) 291	掌(장) 319
渣(사) 194	巽(손) 219	菸(어) 254	游(유) 294	萇(장) 319
斯(사) 194	飧(손) 219	堰(언) 256	揄(유) 294	場(장) 319
詐(사) 194	竦(송) 220	掩(엄) 257	愉(유) 294	粧(장) 319
詞(사) 194	隋(수) 223	淹(엄) 257	猶(유) 294	裁(재) 322
奢(사) 194	須(수) 223	絮(여) 258	庾(유) 294	琤(쟁) 323
跚(산) 198	菽(숙) 228	畬(여) 258	喩(유) 294	猪(저) 325
傘(산) 198	筍(순) 229	硯(연) 260	釉(유) 295	觝(저) 325
散(산) 198	舜(순) 229	堧(연) 260	隃(유) 295	陼(저) 325
森(삼) 199	順(순) 229	然(연) 260	裕(유) 295	趄(저) 325
鈒(삽) 199	循(순) 229	琰(염) 262	閏(윤) 298	貯(저) 325
插(삽) 199	菘(숭) 231	焰(염) 262	鈗(윤) 298	詆(저) 325
廂(상) 201	晬(쉬) 231	詠(영) 264	絨(융) 298	渚(저) 325
翔(상) 201	勝(승) 232	蛙(와) 274	釔(을) 300	翟(적) 327
象(상) 201	弒(시) 234	渦(와) 274	揖(읍) 300	湔(전) 329
湘(상) 201	媤(시) 234	琬(완) 275	欹(의) 301	筌(전) 330
喪(상) 201	視(시) 234	棩(완) 275	椅(의) 301	帴(전) 329
甥(생) 203	湜(식) 236	椀(완) 275	異(이) 305	腆(전) 329
湑(서) 204	植(식) 236	掔(완) 275	蛜(이) 305	奠(전) 329
棲(서) 204	殖(식) 236	腕(완) 275	詒(이) 305	絶(절) 333
舒(서) 204	寔(식) 236	媧(왜) 276	頉(이) 306	棯(접) 334
犀(서) 204	腎(신) 238	猥(외) 277	貽(이) 305	棖(정) 337
壻(서) 204	尋(심) 239	隈(외) 277	貳(이) 306	幀(정) 337
黍(서) 205	雅(아) 242	堯(요) 278	靭(인) 308	程(정) 337
晳(석) 206	喔(악) 242	湧(용) 281	湮(인) 308	晶(정) 337
腊(석) 207	渥(악) 243	嵎(우) 284	絪(인) 308	湞(정) 337

菁(정)	337	跌(질)	367	最(최)	392	評(평)	421	惶(황)	457
証(정)	338	蛭(질)	367	椎(추)	393	廢(폐)	421	徨(황)	457
渟(정)	337	軼(질)	367	萩(추)	393	幅(폭)	424	湟(황)	457
程(정)	337	絰(질)	367	湫(추)	393	猋(표)	425	隍(황)	457
媞(제)	340	耋(질)	367	啾(추)	393	筆(필)	428	蛔(회)	459
隄(제)	340	集(집)	368	崔(추)	393	弼(필)	428	筊(효)	461
堤(제)	340	着(착)	370	軸(축)	396	賀(하)	429	殽(효)	461
提(제)	340	參(참)	372	筑(축)	396	寒(한)	431	喉(후)	462
啼(제)	342	創(창)	374	萃(췌)	398	閈(한)	431	喧(훤)	463
詛(조)	345	敞(창)	374	毳(취)	398	閑(한)	431	喙(훼)	464
棗(조)	345	淐(창)	374	揣(취)	399	割(할)	432	揮(휘)	464
條(조)	345	菖(창)	375	就(취)	398	猲(할)	439	黑(흑)	466
棗(조)	345	脹(창)	375	測(측)	399	喊(함)	433	欽(흠)	467
絩(조)	345	菜(채)	376	惻(측)	400	菡(함)	433	翕(흡)	468
詔(조)	345	採(채)	376	菑(치)	401	蛤(합)	434	稀(희)	468
朝(조)	345	策(책)	377	淄(치)	401	港(항)	435	喜(희)	468
尊(존)	348	妻(처)	378	祲(침)	404	項(항)	435		
琮(종)	349	喘(천)	380	琛(침)	404	虛(허)	439	**13획**	
淙(종)	349	喆(철)	381	惰(타)	406	絢(현)	441	嫁(가)	9
痤(좌)	351	諂(첨)	382	隋(타)	406	睍(현)	441	暇(가)	9
罪(죄)	351	添(첨)	382	琢(탁)	407	愜(협)	443	幹(간)	12
湊(주)	353	貼(첩)	384	椓(탁)	407	惠(혜)	445	楬(갈)	13
註(주)	354	喋(첩)	384	湯(탕)	410	傒(혜)	445	葛(갈)	13
週(주)	354	堞(첩)	384	跆(태)	411	湖(호)	448	感(감)	14
蛛(주)	354	晴(청)	384	菟(토)	412	琥(호)	448	戡(감)	14
粥(죽)	355	逮(체)	385	筒(통)	413	皓(호)	448	閘(갑)	15
竣(준)	356	掣(체)	385	痛(통)	413	壺(호)	447	鉀(갑)	15
晙(준)	356	替(체)	385	統(통)	413	惑(혹)	450	慨(개)	19
皴(준)	356	彘(체)	385	渝(투)	414	渾(혼)	451	愷(개)	19
衆(중)	358	稍(초)	387	跛(파)	416	棍(혼)	451	塏(개)	19
喞(즉)	358	焦(초)	387	琶(파)	416	華(화)	452	粳(갱)	20
曾(증)	359	硝(초)	387	鈑(판)	417	畫(화)	452	鉅(거)	21
智(지)	361	椒(초)	387	牌(패)	418	睆(환)	454	筥(거)	21
軹(지)	362	愀(초)	387	彭(팽)	418	渙(환)	454	裾(거)	21
植(직)	363	超(초)	388	愎(퍅)	419	逭(환)	454	腱(건)	23
進(진)	364	鈔(초)	388	惼(편)	419	換(환)	454	愆(건)	23
診(진)	364	貂(초)	388	徧(편)	419	喚(환)	454	隔(격)	25
軫(진)	365	軺(초)	388	貶(폄)	420	黃(황)	456	絡(격)	25
趁(진)	365	酢(초)	388	萍(평)	421	脫(황)	457	嗛(겸)	27

鉗(겸) 27	幗(국) 58	滔(도) 93	稜(릉) 127	溥(부) 177
慊(겸) 27	群(군) 59	茶(도) 93	裏(리) 128	裒(부) 177
敬(경) 30	窟(굴) 59	悩(도) 93	莉(리) 128	郛(부) 178
綆(경) 30	跪(궤) 62	跳(도) 93	痳(림) 131	蜉(부) 178
敬(경) 30	詭(궤) 62	塗(도) 93	痲(마) 132	髣(부) 178
煢(경) 30	葵(규) 64	搗(도) 93	嗎(마) 132	蕡(분) 180
經(경) 30	筠(균) 65	督(독) 95	媽(마) 132	硼(붕) 182
傾(경) 30	隙(극) 66	遁(돈) 96	萬(만) 133	匪(비) 186
溪(계) 33	極(극) 66	頓(돈) 96	煤(매) 137	閟(비) 186
賈(고) 36	殛(극) 66	腯(돌) 97	貊(맥) 138	痺(비) 186
痼(고) 36	僅(근) 66	葖(돌) 97	盟(맹) 139	痱(비) 186
鼓(고) 36	勤(근) 66	働(동) 98	幎(멱) 139	碑(비) 186
鈷(고) 36	跟(근) 66	董(동) 98	滅(멸) 140	裨(비) 186
髡(곤) 39	靳(근) 67	裸(라) 102	酩(명) 141	痹(비) 186
滑(골) 40	禁(금) 68	落(락) 103	溟(명) 141	聘(빙) 190
輂(공) 41	禽(금) 68	酪(락) 103	募(모) 143	獅(사) 195
跨(과) 42	碁(기) 72	亂(란) 104	睦(목) 144	裟(사) 195
誇(과) 42	崎(기) 72	娘(랑) 106	楙(무) 147	肆(사) 195
過(과) 42	嗜(기) 72	筤(랑) 106	微(미) 151	嗣(사) 194
窠(과) 42	頎(기) 73	廊(랑) 106	楣(미) 151	楂(사) 194
裸(관) 44	祺(기) 73	睞(래) 107	愍(민) 153	搠(삭) 197
罫(괘) 47	暖(난) 76	梁(량) 108	黽(민) 153	剷(산) 198
塊(괴) 47	煖(난) 76	煉(련) 111	雹(박) 154	煞(살) 198
媿(괴) 47	瑙(노) 80	廉(렴) 113	搏(박) 154	傷(상) 201
愧(괴) 47	農(농) 80	鈴(령) 115	鉑(박) 154	想(상) 201
觥(굉) 48	腦(뇌) 80	零(령) 115	頒(반) 157	詳(상) 201
絞(교) 50	嫋(뇨) 81	路(로) 116	飯(반) 157	塞(새) 202
較(교) 50	裊(뇨) 81	碌(록) 118	搬(반) 157	嗇(색) 203
裘(구) 55	溺(뇨) 81	祿(록) 117	鉢(발) 158	瑞(서) 205
鉤(구) 55	煅(단) 84	盝(록) 118	傍(방) 161	筮(서) 205
媾(구) 55	亶(단) 84	絵(뢰) 119	滂(방) 161	暑(서) 205
舅(구) 55	達(달) 85	賂(뢰) 119	煩(번) 164	鉏(서) 205
詬(구) 55	痰(담) 86	雷(뢰) 119	罰(벌) 165	鼠(서) 205
傴(구) 55	當(당) 88	誄(뢰) 119	辟(벽) 166	跣(선) 208
搆(구) 55	溏(당) 88	僂(루) 122	薦(변) 167	瑄(선) 208
鷇(구) 55	塘(당) 88	旒(류) 123	福(복) 171	羡(선) 208
雊(구) 55	搪(당) 88	溜(류) 123	腹(복) 171	詵(선) 208
鳩(구) 55	道(도) 93	慄(률) 125	葍(복) 171	腺(선) 208
溝(구) 55	祹(도) 93	楞(릉) 126	蜂(봉) 173	僊(선) 208

楔(설) 211	媳(식) 236	睨(예) 267	圓(원) 289	筯(저) 325
囁(섭) 212	新(신) 238	裔(예) 267	源(원) 289	楮(저) 325
聖(성) 213	蜃(신) 238	蜈(오) 270	鉞(월) 290	賊(적) 327
筬(성) 213	愼(신) 238	嗚(오) 270	葳(위) 291	跡(적) 327
腥(성) 213	蜄(신) 238	傲(오) 270	瑋(위) 291	殿(전) 330
蛻(세) 214	衙(아) 242	慍(오) 270	痿(위) 291	鈿(전) 330
勢(세) 214	瘂(아) 242	奧(오) 270	違(위) 291	詮(전) 330
歲(세) 214	蛾(아) 242	塢(오) 270	葦(위) 291	煎(전) 330
塑(소) 217	萼(악) 243	鈺(옥) 272	暐(위) 291	電(전) 330
嗉(소) 217	遏(알) 245	溫(온) 272	逾(유) 295	塡(전) 330
搔(소) 217	暗(암) 246	慍(온) 272	楡(유) 295	雋(전) 330
溯(소) 217	馣(암) 246	雍(옹) 273	瑜(유) 295	傳(전) 330
蛸(소) 217	隘(애) 248	萵(와) 274	遊(유) 295	楪(접) 335
損(손) 219	碍(애) 248	碗(완) 275	愈(유) 295	睜(정) 338
頌(송) 220	愛(애) 248	頑(완) 276	楢(유) 295	鉦(정) 338
碎(쇄) 221	惹(야) 251	矮(왜) 277	飮(음) 300	筳(정) 338
嫂(수) 223	爺(야) 251	楃(외) 277	意(의) 302	楨(정) 338
廋(수) 223	椰(야) 251	隗(외) 277	義(의) 302	睛(정) 338
粹(수) 224	葯(약) 251	嵬(외) 277	椸(이) 306	碇(정) 338
溲(수) 224	煬(양) 252	徭(요) 278	肄(이) 306	崢(정) 338
遂(수) 224	敭(양) 252	搖(요) 278	靷(인) 309	鼎(정) 338
竪(수) 224	暘(양) 252	腰(요) 279	溢(일) 309	艇(정) 338
睟(수) 224	楊(양) 252	蓼(요) 279	賃(임) 310	靖(정) 338
搜(수) 224	瘀(어) 254	溽(욕) 280	稔(임) 310	照(조) 345
愁(수) 224	飫(어) 254	溶(용) 281	飪(임) 310	稠(조) 345
睡(수) 224	業(업) 257	蛹(용) 281	媵(잉) 311	椶(종) 349
酬(수) 224	椽(연) 261	傭(용) 281	煮(자) 314	綜(종) 349
綏(수) 224	煙(연) 261	遇(우) 285	滋(자) 314	腫(종) 349
肅(숙) 228	鉛(연) 261	瑀(우) 285	資(자) 314	鉒(주) 354
詢(순) 230	鈆(연) 261	虞(우) 285	赼(자) 314	輈(주) 354
馴(순) 230	筵(연) 261	麀(우) 285	雌(자) 314	誅(주) 354
楯(순) 229	蜎(연) 261	愚(우) 285	孶(자) 314	遒(주) 354
鉥(술) 231	葉(엽) 263	煜(욱) 286	盞(잔) 317	準(준) 356
嵩(숭) 231	暎(영) 264	項(욱) 286	腸(장) 319	惷(준) 356
瑟(슬) 231	塋(영) 264	運(운) 286	裝(장) 319	楫(즙) 358
塒(시) 234	楹(영) 264	隕(운) 286	葬(장) 319	葺(즙) 358
詩(시) 235	瑛(영) 265	瑗(원) 289	載(재) 322	輊(지) 362
試(시) 235	預(예) 267	猿(원) 289	滓(재) 322	稙(직) 363
軾(식) 236	詣(예) 267	園(원) 289	著(저) 325	嗔(진) 365

溱(진)	365	馳(치)	401	鄕(향)	438	揮(휘)	464	誥(고)	37
搢(진)	365	嗤(치)	401	許(허)	439	煒(휘)	465	膏(고)	37
嫉(질)	367	緇(치)	401	歇(헐)	440	輝(휘)	465	褌(곤)	39
斟(짐)	367	跱(치)	401	鉉(현)	442	携(휴)	465	滾(곤)	39
戢(집)	368	雉(치)	401	蜆(현)	442	歆(흠)	468	槓(공)	41
嗟(차)	369	稚(치)	401	嫌(혐)	442	詰(힐)	470	箜(공)	41
嵯(차)	369	置(치)	401	徯(혜)	445			裹(과)	42
搾(착)	370	飭(칙)	403	號(호)	448	**14획**		寡(과)	42
粲(찬)	371	椹(침)	404	楛(호)	448	嘉(가)	9	漷(곽)	43
滄(창)	375	葴(침)	404	葫(호)	448	歌(가)	9	管(관)	43
搶(창)	375	瑚(호)	448	閣(각)	10	慣(관)	44
愴(창)	375	馱(타)	406	琿(혼)	451	榷(각)	10	綰(관)	44
債(채)	376	詑(타)	406	葒(홍)	452	癎(간)	12	刮(괄)	45
睬(채)	376	楕(타)	406	話(화)	453	褐(갈)	13	誑(광)	46
策(책)	377	飥(탁)	407	靴(화)	453	竭(갈)	13	瑰(괴)	47
諂(첨)	380	搭(탑)	409	豢(환)	455	碣(갈)	13	槐(괴)	47
袾(첨)	382	塔(탑)	409	煥(환)	454	監(감)	14	蒯(괴)	48
僉(첨)	382	撖(탕)	410	猾(활)	455	綱(강)	17	魁(괴)	48
詹(첨)	383	逿(탕)	410	遑(황)	457	慷(강)	17	幗(귁)	48
睫(첩)	384	筒(통)	413	滉(황)	457	蜣(강)	17	跼(교)	50
牒(첩)	384	葩(파)	416	幌(황)	457	箇(개)	19	僑(교)	50
褅(체)	385	稗(패)	418	煌(황)	457	摡(개)	19	鉸(교)	50
髢(체)	385	遍(편)	419	愰(황)	457	愾(개)	19	嘔(구)	55
勦(초)	388	蜌(폐)	421	慌(황)	457	蓋(개)	19	嘖(구)	56
綃(초)	388	葡(포)	424	愰(황)	457	漑(개)	19	遘(구)	56
剿(초)	388	剽(표)	425	賄(회)	459	覡(격)	25	構(구)	56
楚(초)	388	稟(품)	426	詼(회)	459	膈(격)	25	嫗(구)	55
蜀(촉)	389	稟(품)	426	會(회)	459	甄(견)	26	漚(구)	56
蔥(총)	391	楓(풍)	426	匯(회)	459	遣(견)	26	蒟(구)	56
塚(총)	391	對(풍)	426	嗅(후)	459	歉(겸)	27	摳(구)	56
催(최)	392	鉍(필)	428	煦(후)	462	箝(겸)	27	廐(구)	56
萩(추)	393	逼(핍)	428	塤(훈)	463	蒹(겸)	27	蜷(권)	60
鄒(추)	393	瑕(하)	429	熏(훈)	463	輕(경)	30	閨(규)	64
楸(추)	393	遐(하)	429	暈(훈)	463	境(경)	30	睽(규)	64
碪(추)	393	廈(하)	429	狷(훤)	464	誡(계)	33	箘(균)	65
椿(춘)	396	豻(한)	431	萱(훤)	464	暠(고)	36	墐(근)	67
瘁(췌)	398	賅(해)	436	喧(훤)	464	敲(고)	36	兢(긍)	69
誃(치)	401	該(해)	436	毀(훼)	464	槁(고)	36	旗(기)	73
寘(치)	401	楷(해)	436	彙(휘)	464	皋(고)	36	箕(기)	73

綦(기) 73	屢(루) 122	聞(문) 150	飼(사) 195	銖(수) 225
綺(기) 73	摟(루) 122	蜜(밀) 153	羨(사) 195	腿(수) 225
緊(긴) 75	嘍(루) 122	駁(박) 155	蒴(삭) 197	蒐(수) 225
寗(녕) 79	榴(류) 123	膊(박) 155	槊(삭) 197	塾(숙) 228
嫩(눈) 81	綸(륜) 125	箔(박) 155	酸(산) 198	僧(승) 232
摶(단) 84	綾(릉) 127	頒(반) 157	蒜(산) 198	蒔(시) 235
端(단) 84	漓(리) 128	槃(반) 157	算(산) 198	蓍(시) 235
慱(단) 84	狸(리) 129	膀(방) 161	滲(삼) 199	鳲(시) 235
漙(단) 84	褵(리) 128	榜(방) 161	翜(삽) 199	熄(식) 236
團(단) 84	粼(린) 130	芳(방) 161	颯(삽) 199	飾(식) 236
靼(달) 85	麽(마) 132	滂(방) 161	像(상) 201	實(실) 239
遝(답) 87	瑪(마) 132	褙(배) 163	裳(상) 201	斡(알) 245
對(대) 90	寞(막) 133	蓓(배) 163	塽(상) 201	嘠(알) 245
臺(대) 90	漠(막) 133	裵(배) 163	嘗(상) 201	鞅(앙) 247
韜(도) 94	幕(막) 133	閥(벌) 165	署(서) 205	閡(애) 248
圖(도) 93	嫚(만) 133	碧(벽) 166	誓(서) 205	蒻(약) 251
瘏(도) 93	幔(만) 133	摒(병) 169	緖(서) 205	瘍(양) 253
綯(도) 93	慢(만) 134	褓(보) 170	席(석) 207	漾(양) 253
睹(도) 93	滿(만) 134	輔(보) 170	碩(석) 207	漁(어) 255
棟(동) 98	漫(만) 134	僕(복) 171	蜥(석) 207	語(어) 255
銅(동) 98	輓(만) 134	福(복) 171	煽(선) 208	嫣(언) 256
僮(동) 98	靺(말) 135	箙(복) 172	銑(선) 208	與(여) 258
凳(등) 101	網(망) 136	鳳(봉) 173	說(설) 211	緎(역) 259
蒜(라) 102	罵(매) 137	複(복) 178	誠(성) 213	演(연) 261
雒(락) 103	禡(매) 137	孵(부) 178	愬(소) 217	鳶(연) 261
鉻(락) 103	禖(매) 137	腐(부) 178	遡(소) 217	厭(염) 263
辣(랄) 105	綿(면) 140	漰(붕) 182	韶(소) 217	髥(염) 263
摺(랍) 106	蔑(명) 141	蜚(비) 186	蓀(손) 220	榮(영) 265
漗(랑) 107	暝(명) 141	榧(비) 186	遜(손) 220	蜹(예) 267
榔(랑) 107	銘(명) 141	蜱(비) 187	蜙(송) 220	睿(예) 267
膂(려) 109	鳴(명) 141	鄙(비) 187	誦(송) 221	婗(예) 267
連(련) 111	貌(모) 143	菲(비) 187	瑣(쇄) 221	窩(오) 270
領(령) 115	髦(모) 143	鼻(비) 187	嗽(수) 224	慠(오) 270
滷(로) 116	摸(모) 143	翡(비) 187	壽(수) 224	誤(오) 270
綠(록) 118	蒙(몽) 145	緋(비) 187	嗾(수) 224	獒(오) 270
漉(록) 118	夢(몽) 145	賓(빈) 188	漱(수) 224	獄(옥) 272
僚(료) 120	墓(묘) 146	槎(사) 195	綬(수) 225	氳(온) 272
寥(료) 120	誣(무) 147	榭(사) 195	銖(수) 225	熅(온) 272
漏(루) 122	舞(무) 147	蜡(사) 195	需(수) 225	窪(와) 274

窩(와)	274	綽(작)	316	祗(지)	362	悤(총)	391	瘧(학)	430
瑤(요)	279	孱(잔)	317	誌(지)	362	摠(총)	391	僩(한)	431
遙(요)	279	獐(장)	319	蜘(지)	362	摧(최)	392	漢(한)	432
僥(요)	279	粻(장)	319	漬(지)	362	榱(최)	392	銜(함)	433
蓐(욕)	280	臧(장)	320	榛(진)	365	僦(추)	393	嫦(항)	435
蓉(용)	282	障(장)	320	賑(진)	365	槌(추)	393	魧(항)	435
踊(용)	282	箏(쟁)	323	塵(진)	365	箠(추)	394	噓(허)	439
榕(용)	282	褚(저)	325	盡(진)	365	蓄(축)	396	赫(혁)	440
慂(용)	282	𦂕(저)	325	蒺(질)	367	聚(취)	399	熒(형)	444
慵(용)	282	嫡(적)	327	銍(질)	367	翠(취)	399	熒(형)	445
墉(용)	282	滴(적)	327	瑳(차)	369	緇(치)	402	銒(형)	445
熔(용)	282	摘(적)	327	劄(차)	369	寘(치)	402	嘒(혜)	445
瑢(용)	282	銓(전)	330	斲(착)	370	漆(칠)	403	槥(혜)	445
殞(운)	287	塼(전)	330	察(찰)	372	寢(침)	404	犒(호)	448
熊(웅)	287	箋(전)	330	僣(참)	372	稱(칭)	404	滸(호)	448
踠(원)	289	瑱(전)	330	塹(참)	372	僤(탄)	408	滬(호)	448
愿(원)	289	截(절)	333	慚(참)	373	誕(탄)	408	蒿(호)	448
遠(원)	289	墊(점)	334	嶄(참)	373	綻(탄)	408	豪(호)	448
褘(위)	291	漸(점)	334	槍(창)	375	嘆(탄)	408	熇(혹)	450
僞(위)	291	慴(접)	335	暢(창)	375	奪(탈)	409	酷(혹)	450
維(유)	295	禎(정)	338	蒼(창)	375	榻(탑)	410	魂(혼)	451
綏(유)	295	精(정)	338	彰(창)	375	態(태)	411	禍(화)	453
瘐(유)	295	齊(제)	339	漲(창)	375	駘(태)	411	廓(확)	453
誘(유)	295	際(제)	340	寨(채)	376	慟(통)	413	誨(회)	459
毓(육)	297	製(제)	340	綵(채)	377	腿(퇴)	413	劃(획)	460
奫(윤)	298	漕(조)	345	幘(책)	377	骰(투)	414	酵(효)	461
銀(은)	299	嘈(조)	345	滌(척)	379	頗(파)	416	熏(훈)	463
慇(은)	299	蜩(조)	346	摭(척)	379	誖(패)	418	熙(희)	468
廕(음)	300	稠(조)	346	綪(천)	380	褊(편)	419		
疑(의)	302	趙(조)	346	𣘗(첨)	383	酺(포)	424	**15획**	
漪(의)	302	銚(조)	346	輒(첩)	384	飽(포)	424	駕(가)	9
旖(의)	302	肇(조)	346	蜻(청)	384	蒲(포)	424	價(가)	9
飴(이)	306	慥(조)	346	滯(체)	385	漂(표)	425	稼(가)	9
爾(이)	306	種(종)	349	褅(체)	385	摽(표)	425	澗(간)	12
酳(인)	309	稷(종)	349	綴(체)	386	嫖(표)	425	墾(간)	12
禋(인)	309	蓌(좌)	351	遞(체)	386	慓(표)	425	蝎(갈)	13
認(인)	309	綢(주)	354	僬(초)	388	瘋(풍)	426	羯(갈)	13
馹(일)	310	蒸(증)	359	誚(초)	388	翸(필)	428	瞌(갑)	15
慈(자)	314	榰(지)	362	銃(총)	391	瑕(하)	429	䩞(갑)	15

僵(강) 17	窮(궁) 60	諒(량) 108	輞(망) 136	賠(배) 163
概(개) 19	拳(권) 60	輛(량) 108	勱(매) 137	輩(배) 163
磕(개) 19	獗(궐) 61	慮(려) 109	賣(매) 137	魄(백) 163
踞(거) 21	憒(궤) 62	鋁(려) 109	魅(매) 138	樊(번) 164
罥(건) 23	潰(궤) 62	厲(려) 109	霉(매) 138	幡(번) 164
儉(검) 24	劇(귀) 63	黎(려) 109	瞑(면) 140	範(범) 165
劍(검) 24	槻(규) 64	閭(려) 109	麪(면) 140	僻(벽) 166
潔(결) 27	劇(극) 66	璉(련) 111	緜(면) 140	劈(벽) 166
潁(경) 30	槿(근) 67	練(련) 112	緬(면) 140	軿(병) 169
憬(경) 30	瑾(근) 67	輦(련) 112	蔑(멸) 140	潛(보) 170
慶(경) 30	畿(기) 73	憐(련) 111	摹(모) 143	葡(복) 172
儆(경) 30	錡(기) 73	蓮(련) 112	犛(모) 143	蝠(복) 172
磎(계) 33	踦(기) 73	撈(로) 116	慕(모) 143	幞(복) 172
暠(고) 37	畿(기) 73	潦(로) 116	模(모) 143	蝮(복) 172
骺(고) 37	撚(년) 78	魯(로) 116	暮(모) 143	熢(봉) 173
靠(고) 37	碾(년) 78	磊(뢰) 119	蝥(모) 144	蓬(봉) 174
稿(고) 37	駑(노) 80	撩(료) 121	瞀(무) 144	鋒(봉) 174
槲(곡) 38	儂(농) 80	寮(료) 121	緲(묘) 146	賦(부) 178
穀(곡) 38	撓(뇨) 81	蓼(료) 121	廟(묘) 146	敷(부) 178
鞏(공) 41	鬧(뇨) 81	獠(료) 121	憮(무) 148	踣(부) 178
蝌(과) 42	緞(단) 84	蔞(루) 122	撫(무) 148	麩(부) 178
課(과) 43	鄲(단) 84	樓(루) 122	嫵(무) 148	頫(부) 178
踝(과) 43	潭(담) 86	樏(루) 122	廡(무) 148	駙(부) 178
槨(곽) 43	談(담) 86	瘤(류) 124	墨(묵) 148	膚(부) 178
寬(관) 44	踏(답) 87	劉(류) 124	瞇(미) 151	憤(분) 180
髺(괄) 45	幢(당) 88	戮(륙) 125	憫(민) 153	墳(분) 180
廣(광) 46	撞(당) 88	論(륜) 125	緡(민) 153	髴(불) 181
槨(곽) 48	德(덕) 91	輪(륜) 125	蔤(밀) 153	誹(비) 187
膠(교) 50	稻(도) 94	凜(름) 126	撲(박) 155	駛(사) 195
撟(교) 50	墩(돈) 96	蔆(릉) 127	瘢(반) 157	寫(사) 195
嬌(교) 50	憧(동) 99	璃(리) 129	磐(반) 157	樝(사) 195
嶠(교) 50	潼(동) 99	氂(리) 129	盤(반) 157	駟(사) 195
憍(교) 50	鄧(등) 101	履(리) 129	潘(반) 157	蓑(사) 195
鉸(교) 51	膝(슬) 101	隣(린) 130	髮(발) 159	賜(사) 195
璆(구) 56	嶝(등) 101	摩(마) 132	魃(발) 159	撒(살) 198
毆(구) 56	騍(라) 102	碼(마) 132	潑(발) 158	蔘(삼) 199
駒(구) 56	瘰(라) 102	禡(마) 132	撥(발) 159	澁(삽) 199
緱(구) 56	樂(락) 103	膜(막) 133	魴(방) 161	箱(상) 201
歐(구) 56	樑(량) 108	蔓(만) 134	磅(방) 161	殤(상) 201

賞(상) 202	諗(심) 239	憂(우) 285	獎(장) 320	賙(주) 354
蝑(서) 205	審(심) 239	耦(우) 285	賬(장) 320	蔟(주) 354
鋤(서) 205	鴉(아) 242	澐(운) 287	樟(장) 320	儁(준) 356
潟(석) 207	樂(악) 243	蝯(원) 289	漿(장) 320	撙(준) 357
奭(석) 207	鞍(안) 244	熨(위) 291	蔣(장) 320	蝍(즉) 358
嬋(선) 208	鴈(안) 244	慰(위) 291	諍(쟁) 323	增(증) 359
煽(선) 208	磑(애) 248	蔚(위) 292	樗(저) 325	憎(증) 359
琁(선) 209	皚(애) 249	頠(위) 292	箸(저) 326	摯(지) 362
線(선) 209	僾(애) 248	緯(위) 292	敵(적) 327	稷(직) 363
嘯(소) 217	樣(양) 253	諉(위) 292	踖(적) 327	震(진) 365
瘙(소) 217	養(양) 253	蝟(위) 292	適(적) 327	瞋(진) 365
霄(소) 217	億(억) 255	牏(유) 296	廛(전) 330	稹(진) 365
艘(소) 217	孼(얼) 256	楰(유) 296	篆(전) 331	質(질) 367
蔬(소) 217	醃(엄) 257	牏(유) 296	箭(전) 331	膣(질) 367
銷(소) 218	緣(연) 84	蝤(유) 296	翦(전) 331	鴆(짐) 368
樕(속) 219	熱(열) 262	牖(유) 295	膞(전) 331	緝(집) 368
蔌(속) 219	閱(열) 262	踰(유) 296	節(절) 333	潗(집) 368
噀(손) 220	噎(열) 262	潤(윤) 298	蕲(점) 334	徵(징) 368
羞(수) 225	穎(영) 265	潏(율) 298	蝶(접) 335	澄(징) 368
睡(수) 225	影(영) 265	誾(은) 299	霆(정) 339	遮(차) 370
瘦(수) 225	瑩(영) 265	蔭(음) 300	靚(정) 339	磋(차) 370
數(수) 225	榮(영) 265	毅(의) 302	鄭(정) 338	撰(찬) 371
銹(수) 225	瘱(예) 267	儀(의) 302	鋌(정) 339	慙(참) 373
誰(수) 225	褻(예) 267	誼(의) 302	緹(제) 340	憯(참) 373
豎(수) 225	銳(예) 267	餌(이) 306	遭(조) 346	廠(창) 375
熟(숙) 228	熬(오) 270	頤(이) 306	嘲(조) 346	瘡(창) 375
醇(순) 230	遨(오) 270	髭(자) 314	蓧(조) 346	瘥(채) 377
諄(순) 230	墺(오) 270	蔗(자) 315	蓨(조) 346	蔡(채) 377
蓴(순) 230	瘟(온) 272	磁(자) 315	潮(조) 346	磔(책) 377
膝(슬) 231	蝸(와) 274	齇(자) 315	調(조) 346	槭(척) 379
蝨(슬) 231	豌(완) 276	潺(잔) 317	槽(조) 346	慼(척) 379
廝(시) 235	婉(완) 276	輚(잔) 317	慫(종) 349	瘠(척) 379
漦(시) 235	緩(완) 276	暫(잠) 317	綜(종) 350	踐(천) 380
緦(시) 235	盌(완) 276	潛(잠) 317	踪(종) 350	賤(천) 380
嘶(시) 235	瘣(외) 277	箴(잠) 317	樅(종) 350	撤(철) 381
撕(시) 235	澆(요) 279	樟(장) 320	銼(좌) 351	徹(철) 381
翼(시) 235	窯(요) 279	獎(장) 320	廚(주) 354	澈(철) 381
蝕(식) 236	慾(욕) 280	駔(장) 320	澍(주) 354	輟(철) 382
頣(신) 238	褥(욕) 280	璋(장) 320	駐(주) 354	諂(첨) 383

請(청) 384	霈(패) 418	憢(효) 461	鮫(교) 51	曇(담) 87
髢(체) 386	澎(팽) 419	輝(휘) 465	蕎(교) 51	藫(담) 87
締(체) 386	編(편) 419	麾(휘) 465	橋(교) 51	錟(담) 87
醋(초) 388	翩(편) 419	翬(휘) 465	噭(교) 51	擋(당) 88
憔(초) 388	蝙(편) 420	歆(흠) 468	篝(구) 57	瞠(당) 88
磬(초) 388	篇(편) 420	憶(희) 469	糗(구) 57	糖(당) 88
憔(초) 389	泙(평) 421	嘻(희) 469	甌(구) 56	憝(대) 90
葱(총) 391	幣(폐) 421	嬉(희) 469	寠(구) 57	導(도) 94
總(총) 391	弊(폐) 421	頡(힐) 470	訄(구) 57	覩(도) 94
蔥(총) 391	廢(폐) 421		橛(궐) 61	賭(도) 94
撮(촬) 392	褒(포) 424	**16획**	蕨(궐) 61	獨(독) 95
噀(최) 392	鋪(포) 424	諫(간) 12	龜(귀) 63	篤(독) 95
皺(추) 394	暴(포) 424	憾(감) 14	窺(규) 64	暾(돈) 96
諈(추) 394	麃(표) 425	橄(감) 15	麇(균) 65	噸(돈) 96
樞(추) 394	標(표) 426	鋼(강) 17	橘(귤) 65	燉(돈) 96
墜(추) 394	蝦(하) 429	彊(강) 17	菫(근) 66	曈(동) 99
諏(추) 394	嫺(한) 432	襁(강) 17	錦(금) 68	憧(동) 99
潚(축) 396	憪(한) 432	穅(강) 17	擒(금) 68	頭(두) 100
蓫(축) 396	緘(함) 433	鋸(거) 22	機(기) 73	縢(등) 101
衝(충) 397	餉(향) 438	據(거) 22	曁(기) 73	燈(등) 101
嘴(취) 399	墟(허) 439	褰(건) 23	器(기) 73	橙(등) 101
醉(취) 399	賢(현) 442	黔(검) 24	冀(기) 73	駱(락) 103
趣(취) 399	鋏(협) 443	撿(검) 24	譏(기) 74	曆(력) 111
層(층) 400	篋(협) 443	憇(게) 24	璣(기) 74	歷(력) 111
輜(치) 402	鞋(혜) 446	骼(격) 25	錡(기) 74	濂(렴) 113
幟(치) 402	憓(혜) 446	激(격) 25	諾(낙) 76	獫(렴) 113
齒(치) 402	慧(혜) 446	縑(겸) 28	濃(농) 80	鴒(령) 115
緻(치) 402	糊(호) 448	頸(경) 31	餒(뇌) 80	隷(례) 115
駝(타) 406	蝴(호) 449	璟(경) 30	裹(뇨) 81	擄(로) 116
墮(타) 406	鮙(호) 449	磬(경) 30	耨(누) 81	盧(로) 116
憚(탄) 409	扈(호) 448	關(계) 33	膩(니) 82	錄(록) 118
歎(탄) 408	嚆(호) 449	穄(계) 33	踹(단) 84	擂(뢰) 119
彈(탄) 408	澔(호) 449	糕(고) 37	壇(단) 84	賴(뢰) 119
撢(담) 409	繪(혼) 451	篙(고) 37	澶(단) 84	遼(료) 121
駘(태) 411	嬅(화) 453	錮(고) 37	澾(달) 85	燎(료) 121
撐(탱) 412	確(확) 453	錕(곤) 39	撻(달) 85	龍(룡) 121
褪(퇴) 413	潢(황) 457	霍(곽) 43	澹(담) 86	樓(루) 122
慝(특) 414	篁(황) 457	盥(관) 44	擔(담) 86	瘻(루) 122
播(파) 416	蝗(황) 457	錧(관) 44	憺(담) 86	廩(름) 126

534 | 초간편 실용한자 7000

懍(름)	126	頻(빈)	188	閼(알)	245	僥(요)	279	戩(전)	331
罹(리)	129	儐(빈)	188	譜(암)	246	縟(욕)	281	磚(전)	331
璘(린)	130	憑(빙)	190	頷(암)	246	髦(용)	282	靦(전)	331
燐(린)	130	簁(사)	196	鴨(압)	246	踊(용)	282	鮎(점)	334
遴(린)	130	蹉(사)	196	鴦(앙)	247	薀(운)	287	霑(점)	334
霖(림)	131	蜥(사)	196	縊(액)	250	鴛(원)	289	錠(정)	339
螞(마)	132	霎(삽)	200	禦(어)	255	圜(원)	289	禎(정)	339
磨(마)	132	橡(상)	202	憶(억)	255	謂(위)	292	靜(정)	339
瘼(막)	133	噬(서)	205	諺(언)	256	尉(위)	292	整(정)	339
瞞(만)	134	諝(서)	205	業(업)	257	衛(위)	292	靯(정)	339
冪(멱)	139	錫(석)	207	瞖(예)	257	衞(위)	292	第(제)	340
螟(명)	141	選(선)	209	殪(예)	257	蔿(위)	292	醍(제)	341
謀(모)	144	膳(선)	209	餘(여)	258	諛(유)	296	劑(제)	341
穆(목)	144	暹(섬)	211	嶧(역)	259	遺(유)	296	蹄(제)	341
瞢(몽)	145	憸(섬)	211	閾(역)	259	諭(유)	296	諸(제)	341
貓(묘)	146	醒(성)	213	懌(역)	259	輶(유)	296	鷹(조)	346
蕪(무)	148	醒(성)	213	燕(연)	261	蹂(유)	296	操(조)	347
膴(무)	148	穌(소)	218	燃(연)	261	親(유)	296	懆(조)	347
默(묵)	148	篠(소)	218	閻(염)	263	踩(유)	296	糶(조)	347
糜(미)	151	蕭(소)	218	燅(염)	263	儒(유)	296	澡(조)	347
縛(박)	155	燒(소)	218	燁(엽)	263	融(융)	298	噪(조)	347
駁(박)	155	樹(수)	225	曄(엽)	264	凝(응)	301	雕(조)	347
璞(박)	155	隨(수)	226	嬴(영)	265	螠(의)	302	踵(종)	350
螃(방)	161	鮨(수)	226	頴(영)	265	剴(의)	302	噣(주)	355
燔(번)	164	隧(수)	226	豫(예)	267	儗(의)	302	塵(주)	354
蕃(번)	164	輸(수)	226	叡(예)	267	螠(의)	302	輳(주)	355
壁(벽)	166	燧(숙)	228	翳(예)	267	赭(자)	315	遵(준)	357
擗(벽)	166	輴(순)	230	蕊(예)	267	諮(자)	315	餕(준)	357
辨(변)	167	錞(순)	230	霓(예)	268	墻(장)	320	寯(준)	357
輻(복)	172	蕣(순)	230	懊(오)	270	瘴(장)	320	樽(준)	357
樸(복)	172	褶(습)	231	隩(오)	271	錚(쟁)	323	篪(지)	362
賵(분)	174	諡(시)	235	磝(오)	271	豬(저)	326	遲(지)	362
噴(분)	180	諟(시)	235	澳(오)	271	鴡(저)	326	膱(직)	363
憤(분)	180	蕈(심)	239	遨(오)	271	篨(저)	326	儘(진)	365
奮(분)	180	諶(심)	239	縕(온)	272	積(적)	328	縝(진)	365
黺(분)	181	餓(아)	242	壅(옹)	273	殿(전)	331	臻(진)	366
篦(비)	187	噩(악)	243	擁(옹)	273	錢(전)	331	縉(진)	366
憊(비)	187	諤(악)	243	橈(요)	279	線(전)	331	輯(집)	368
霏(비)	187	謁(알)	245	徼(요)	279	澱(전)	331	錯(착)	370

餐(찬) 371	辦(판) 417	璜(황) 458	縛(견) 26	餤(담) 87
槧(찬) 371	膨(팽) 419	獪(회) 459	関(결) 27	踏(답) 88
氅(창) 375	諞(편) 420	魄(회) 459	謙(겸) 28	瞠(당) 89
艙(창) 375	嬖(폐) 421	澮(회) 459	檠(경) 31	檔(당) 89
瘵(채) 377	蔽(폐) 421	頮(회) 459	擎(경) 31	黛(대) 90
擅(천) 380	舗(포) 424	橫(횡) 460	磬(경) 31	擡(대) 90
蕆(천) 381	鮑(포) 424	曉(효) 461	谿(계) 33	戴(대) 90
遷(천) 381	瓢(표) 426	勳(훈) 463	鍥(계) 33	蹈(도) 94
燀(천) 381	諷(풍) 427	諼(훤) 464	穀(곡) 38	駼(도) 94
幨(첨) 383	鮅(필) 428	諱(휘) 465	轂(곡) 38	鍍(도) 94
諜(첩) 384	縪(필) 428	遖(흠) 466	鍋(과) 43	闍(도) 94
諦(체) 386	學(학) 430	歆(흠) 468	顆(과) 43	擣(도) 94
樵(초) 389	翰(한) 432	興(흥) 468	館(관) 44	濤(도) 94
燋(초) 389	澣(한) 432	憙(희) 469	鴰(괄) 45	童(동) 99
蕉(초) 389	諴(함) 433	噫(희) 469	馘(괵) 48	銅(동) 99
瘳(추) 394	廨(해) 437	凞(희) 469	鍠(굉) 48	瞳(동) 99
錐(추) 394	諧(해) 437	熹(희) 469	蟈(귁) 48	臀(둔) 100
錘(추) 394	骸(해) 437		鮫(교) 51	謄(등) 101
築(축) 396	駭(해) 437	**17획**	矯(교) 51	磴(등) 101
膵(췌) 398	墾(해) 437	擱(각) 10	磽(교) 51	螺(라) 102
恥(치) 402	懈(해) 437	艱(간) 12	鵁(교) 51	濼(락) 103
熾(치) 402	螃(해) 437	懇(간) 12	麘(구) 57	闌(란) 104
錙(치) 402	翮(핵) 438	癎(간) 12	購(구) 57	濫(람) 105
鴟(치) 402	憲(헌) 439	磵(간) 12	鞫(국) 58	濾(려) 109
親(친) 403	險(험) 440	歛(감) 15	簋(궤) 62	勴(려) 109
鮀(타) 406	嶮(험) 440	瞰(감) 15	勲(근) 67	聯(련) 112
鴕(타) 406	縣(현) 442	糠(강) 17	檎(금) 68	鍊(련) 112
橢(타) 406	頰(협) 444	講(강) 17	覬(기) 74	裂(렬) 113
濁(탁) 408	螢(형) 445	薑(강) 17	磯(기) 74	殮(렴) 113
橐(탁) 407	衡(형) 445	橿(강) 17	懦(나) 76	斂(렴) 113
殫(탄) 409	蕙(혜) 446	遽(거) 22	檸(녕) 79	嶺(령) 115
燙(탕) 410	縞(호) 449	蹇(건) 23	獰(녕) 79	癆(로) 116
踢(탕) 410	鴼(혹) 450	謇(건) 23	膿(농) 80	儡(뢰) 120
蕩(탕) 410	闇(혼) 451	鍵(건) 23	禪(단) 85	檑(뢰) 120
鮐(태) 412	鬨(홍) 452	脥(검) 24	癉(단) 85	蕾(뢰) 120
擇(택) 412	樺(화) 453	檢(검) 24	鍛(단) 85	療(료) 121
澤(택) 412	還(환) 455	閣(격) 25	檀(단) 85	蟟(료) 121
檉(탱) 412	蟠(활) 456	擊(격) 25	膽(담) 87	瞭(료) 121
頹(퇴) 413	濊(활) 456	檄(격) 25	禫(담) 87	簍(루) 122

縷(루) 123	賻(부) 178	陲(수) 226	鷂(요) 279	檉(정) 339
耬(루) 123	諨(부) 179	燧(수) 226	謠(요) 279	濟(제) 341
綾(릉) 126	豶(분) 181	檖(수) 226	聳(용) 282	隮(제) 341
蔆(릉) 126	糞(분) 181	鯄(숙) 228	優(우) 285	擠(제) 341
螭(리) 129	黻(불) 182	瞬(순) 230	燠(욱) 286	磾(제) 341
縭(리) 129	繃(붕) 182	濕(습) 231	黿(원) 289	糙(조) 347
磷(린) 130	豼(비) 187	隰(습) 232	轅(원) 289	糟(조) 347
臨(림) 131	臂(비) 187	贋(승) 232	餧(위) 292	燿(조) 347
縵(만) 134	嬪(빈) 188	薪(신) 238	聞(위) 292	螬(조) 347
邁(매) 138	豳(빈) 189	蟋(실) 239	孺(유) 296	燥(조) 347
覭(명) 141	擯(빈) 188	鍔(악) 243	鮪(유) 297	簇(족) 348
孟(모) 144	濱(빈) 189	嶽(악) 243	孺(유) 297	縱(종) 350
麰(모) 144	騁(빙) 190	鴳(안) 244	鍮(유) 297	螽(종) 350
懞(몽) 145	縰(사) 196	鮟(안) 244	濰(유) 297	鍾(종) 350
濛(몽) 145	縰(사) 196	鶷(알) 245	勵(유) 297	幬(주) 355
錨(묘) 146	謝(사) 199	癌(암) 246	濡(유) 297	紂(주) 355
懋(무) 148	糁(삼) 199	闇(암) 246	儥(육) 297	濬(준) 357
繆(무) 148	鎝(삽) 200	壓(압) 246	隱(은) 299	駿(준) 357
謎(미) 151	償(상) 202	藹(애) 249	膺(응) 301	甑(증) 359
彌(미) 151	霜(상) 202	曖(애) 249	應(응) 301	增(증) 359
麋(미) 151	賽(새) 202	龠(약) 251	薏(의) 302	鮨(지) 362
糜(미) 151	嶼(서) 205	瀁(양) 253	擬(의) 302	蹸(진) 366
薇(미) 151	螫(석) 207	襄(양) 253	彛(이) 306	繄(집) 368
謐(밀) 153	鮮(선) 209	檍(억) 255	謚(익) 307	瞪(증) 368
薄(박) 155	禪(선) 209	臆(억) 255	螾(인) 309	遳(차) 370
磻(반) 157	獮(선) 209	轝(여) 258	闉(인) 309	錯(착) 370
謗(방) 161	薛(설) 211	縯(연) 261	鵀(임) 310	璨(찬) 371
幫(방) 161	褻(설) 211	嚶(영) 265	賺(잠) 317	燦(찬) 371
駹(방) 161	燮(섭) 212	嬰(영) 265	牆(장) 320	擦(찰) 372
繁(번) 164	聲(성) 213	營(영) 265	檣(장) 321	鎗(창) 376
擘(벽) 166	騂(성) 213	鍈(영) 265	薔(장) 321	簀(책) 377
檗(벽) 166	繐(세) 214	薉(예) 268	齋(재) 322	薦(천) 381
薜(벽) 167	魈(소) 218	螯(오) 271	績(적) 328	檐(첨) 383
瞥(별) 168	臀(소) 218	鵭(오) 271	輾(전) 331	螮(체) 386
鞞(병) 169	繅(소) 218	鰲(오) 271	餞(전) 331	髢(체) 386
餠(병) 169	謖(속) 219	醞(온) 272	氈(전) 331	瞧(초) 389
濮(복) 172	蟀(솔) 220	臃(옹) 273	點(점) 334	礁(초) 389
縫(봉) 174	穗(수) 226	薍(완) 276	黏(점) 334	燭(촉) 390
蓬(봉) 174	簰(수) 226	邀(요) 279	顁(정) 339	聰(총) 391

總(총) 391	鴻(홍) 452	藿(관) 45	糧(량) 108	檳(빈) 189
趨(추) 394	擭(화) 453	獷(광) 46	癘(려) 109	贇(빈) 189
醜(추) 394	還(환) 455	壙(광) 46	獵(렵) 113	殯(빈) 189
縮(축) 396	緩(환) 455	翹(교) 51	禮(례) 115	鯊(사) 196
黜(출) 397	環(환) 455	嬌(교) 51	繚(료) 121	瀉(사) 196
贅(췌) 398	闊(활) 456	謳(구) 57	壘(루) 123	繖(산) 198
毳(취) 399	豁(활) 456	舊(구) 57	嚠(류) 124	薩(살) 199
薙(치) 402	磺(황) 458	朐(구) 57	瀏(류) 124	觴(상) 202
齔(친) 403	謊(황) 458	軀(구) 57	霤(류) 124	穡(색) 203
鍼(침) 404	膾(회) 459	瞿(구) 57	謬(류) 124	薯(서) 206
蟄(칩) 404	檜(회) 459	鞠(국) 58	釐(리) 129	曙(서) 206
擢(탁) 408	會(회) 460	闕(궐) 61	釐(리) 129	癙(서) 206
濯(탁) 408	獲(획) 460	闕(궐) 61	鯉(리) 129	鼫(석) 207
盪(탕) 410	薨(훙) 460	蠍(궐) 61	邈(막) 133	蟬(선) 209
嶓(파) 416	嚆(효) 461	繢(궤) 62	謾(만) 134	繕(선) 209
癈(폐) 422	鍭(후) 462	簀(궤) 62	襪(말) 135	蟬(선) 209
曓(포) 424	壎(훈) 463	櫃(궤) 62	蟒(망) 136	璿(선) 209
避(피) 427	燬(훼) 464	歸(귀) 63	貘(맥) 138	聶(섭) 212
霞(하) 430	徽(휘) 465	竅(규) 64	謨(모) 144	簫(소) 218
罅(하) 430	虧(휴) 465	謹(근) 67	朦(몽) 145	鬆(송) 221
謔(학) 430	戲(희) 469	覲(근) 67	朦(몽) 145	鎖(쇄) 221
謞(학) 430	禧(희) 469	襟(금) 68	藐(묘) 146	襚(수) 226
壑(학) 430		騎(기) 74	鵡(무) 148	擻(수) 226
皫(학) 430	**18획**	藄(기) 74	嚜(묵) 149	穟(수) 226
骭(한) 432	嚳(각) 10	蟣(기) 74	懣(문) 150	繡(수) 226
韓(한) 432	簡(간) 12	騏(기) 74	縛(박) 155	遂(수) 226
轄(할) 432	鞨(갈) 13	臑(노) 80	蹣(반) 157	璹(숙) 228
餡(함) 433	鎧(개) 20	嬈(뇨) 81	蟠(반) 157	繩(승) 232
鴿(합) 434	蟣(거) 22	簞(단) 85	鞶(반) 159	藎(신) 238
薤(해) 437	擧(거) 22	斷(단) 85	翻(번) 164	燼(신) 238
邂(해) 437	瞼(검) 24	蟫(담) 87	繙(번) 164	爁(심) 239
醢(해) 437	鵑(견) 26	懟(대) 90	擗(벽) 166	瀋(심) 240
薌(향) 438	鎌(겸) 28	櫂(도) 94	璧(벽) 166	鷥(심) 240
曏(향) 438	鯁(경) 31	燾(도) 94	甓(벽) 166	雙(쌍) 240
蹊(혜) 446	雞(계) 33	檮(도) 94	螢(별) 168	鵝(아) 242
谿(혜) 446	藁(고) 37	瀆(독) 95	簠(보) 170	顎(악) 243
壕(호) 449	瞽(고) 37	藍(람) 105	覆(복) 172	顔(안) 245
濩(호) 449	緄(곤) 39	藍(람) 105	馥(복) 172	餲(애) 249
濠(호) 449	闗(관) 45	檻(람) 105	髀(비) 187	礙(애) 249

額(액)	250	蹟(적)	328	鎚(추)	395	巂(휴)	465	牘(독)	95
颺(양)	253	顚(전)	332	雛(추)	395	齕(흘)	467	櫝(독)	95
歟(여)	258	闐(전)	332	鞦(추)	395	蟢(희)	469	藤(등)	101
饜(염)	263	氊(전)	332	麁(축)	396			羅(라)	102
魘(염)	263	轉(전)	332	蟲(충)	397	**19획**		贏(라)	102
穢(예)	268	廛(전)	332	贅(췌)	398	疆(강)	18	懶(란)	104
鋊(오)	271	鞮(제)	341	膵(췌)	399	羹(갱)	20	擥(람)	105
襖(오)	271	題(제)	341	觤(츤)	400	鶋(거)	22	臘(랍)	106
甕(옹)	273	鵜(제)	341	饎(치)	402	繭(견)	26	廬(려)	109
醞(옹)	273	齊(제)	341	蕩(탕)	410	瓊(경)	31	櫚(려)	110
顒(옹)	273	臍(제)	341	攄(터)	412	鏡(경)	31	璩(려)	110
瑰(외)	277	蓳(조)	347	闖(틈)	414	鯨(경)	31	藜(려)	110
燿(요)	279	懆(조)	347	擺(파)	416	繫(계)	33	麗(려)	110
曜(요)	280	鼂(조)	347	蟛(팽)	419	櫜(고)	37	鵹(려)	110
繞(요)	280	蹤(종)	350	鞭(편)	420	餻(고)	37	壢(력)	111
嶢(요)	280	猔(종)	350	斃(폐)	422	鯤(곤)	39	鏈(련)	112
耀(요)	280	鬃(종)	350	瀑(폭)	424	曠(광)	46	簾(렴)	113
擾(요)	280	燽(준)	357	豐(풍)	427	壞(괴)	48	櫓(로)	116
鎔(용)	282	潏(즐)	358	蹕(필)	428	蹺(교)	51	壚(로)	116
慢(우)	285	繪(증)	359	點(할)	432	轎(교)	51	瀘(로)	117
麌(우)	285	職(직)	363	檻(함)	433	蹻(교)	51	麓(록)	118
鄆(운)	287	織(직)	363	閤(합)	434	麴(국)	58	壟(롱)	118
貫(운)	287	鎭(진)	366	嚇(혁)	440	鶌(굴)	59	隴(롱)	118
魏(위)	292	竄(찬)	371	閱(혁)	440	蹶(궐)	61	攏(롱)	118
瘉(유)	297	蹢(척)	379	澄(형)	445	餽(궤)	63	瀧(롱)	118
貐(유)	297	蹠(척)	379	螢(형)	445	譏(기)	74	瀨(뢰)	120
罵(은)	299	擲(척)	379	蟪(혜)	446	麒(기)	74	鏤(루)	123
醫(의)	303	濺(천)	381	餬(호)	449	麂(기)	74	鏐(류)	124
彝(이)	306	餮(철)	382	譁(호)	449	難(난)	77	類(류)	124
邇(이)	306	瞻(첨)	383	鎬(호)	449	禰(니)	82	留(류)	124
翼(익)	307	鯫(첩)	384	鵠(혹)	450	獺(달)	85	離(리)	129
藉(자)	315	嚔(체)	386	擴(확)	453	譚(담)	87	贏(리)	129
爵(작)	316	鬄(체)	386	鈧(환)	455	膽(담)	87	鏝(만)	134
簪(잠)	317	礎(초)	389	蟥(황)	458	鐺(당)	89	冪(멱)	139
雜(잡)	318	蟭(초)	389	簧(황)	458	鐺(당)	89	矇(몽)	145
藏(장)	321	叢(총)	391	檜(회)	460	蟷(당)	89	懞(몽)	145
醬(장)	321	貙(추)	394	餱(후)	462	禱(도)	95	霧(무)	148
儲(저)	326	魋(추)	394	燻(훈)	463	韜(도)	95	鶩(무)	148
謫(적)	328	雖(추)	394	薰(훈)	463	犢(독)	95	靡(미)	151

礬(반) 157	嚥(연) 261	歠(철) 382	**20획**	鐐(료) 121
攀(반) 157	艶(염) 263	轍(철) 382	覺(각) 10	犛(리) 129
醱(발) 159	饁(엽) 264	簽(첨) 383	醵(거) 22	藺(린) 130
龐(방) 161	瀛(영) 265	籤(첨) 383	騫(건) 23	饅(만) 134
蹯(번) 164	麑(예) 268	鯖(청) 385	黥(경) 31	鶩(목) 144
藩(번) 164	鯢(예) 268	醮(초) 389	競(경) 31	蠓(몽) 145
邊(변) 167	藝(예) 268	髑(촉) 390	警(경) 31	獼(미) 151
辮(변) 167	鏖(오) 271	鏃(촉) 390	繼(계) 33	麛(미) 152
黼(보) 170	穩(온) 272	寵(총) 391	鯤(곤) 40	瀰(미) 152
譜(보) 170	譌(와) 274	鶖(추) 395	藿(곽) 43	欂(박) 155
簿(부) 179	鏞(용) 282	蹴(축) 396	勸(권) 61	礬(반) 158
鵬(붕) 182	藕(우) 285	癡(치) 402	巋(규) 64	寶(보) 170
龐(비) 188	韻(운) 287	鰤(치) 402	饉(근) 67	鵩(복) 172
瀕(빈) 189	願(원) 289	隤(퇴) 413	蘄(기) 74	鰒(복) 172
嚬(빈) 189	齗(은) 299	瓣(판) 417	糯(나) 76	漬(분) 181
辭(사) 196	蟻(의) 303	騙(편) 420	孃(낭) 76	譬(비) 188
爍(삭) 197	顗(의) 303	曝(폭) 424	鐃(뇨) 81	繽(빈) 189
鏟(산) 198	齎(자) 315	爆(폭) 425	黨(당) 89	薲(빈) 189
儴(상) 202	鵲(작) 316	鏢(표) 426	鐓(대) 90	蠙(빈) 189
顙(상) 202	牂(장) 321	鵯(필) 428	臺(돈) 97	霰(산) 198
璽(새) 202	艢(장) 321	瀚(한) 432	竇(두) 100	孀(상) 202
蟾(섬) 211	鏑(적) 328	蟹(해) 437	騰(등) 101	鰓(새) 202
瀟(소) 218	顚(전) 332	瀣(해) 437	鐙(등) 101	釋(석) 207
繰(소) 218	靛(전) 332	翮(핵) 438	瀾(란) 104	孅(섬) 211
贖(속) 219	廬(전) 332	嚮(향) 439	欄(란) 104	贍(섬) 211
藪(수) 227	纏(전) 332	蠁(향) 439	籃(람) 105	蘇(소) 218
颼(수) 227	瀞(정) 339	蠍(헐) 440	臚(려) 110	騷(소) 218
獸(수) 227	穧(제) 341	蜆(현) 442	礪(려) 110	續(속) 219
儵(숙) 228	譏(종) 350	譓(혜) 446	櫪(력) 111	鶚(악) 243
鶉(순) 230	疇(주) 355	鬍(호) 449	礫(력) 111	鰐(악) 243
蠅(승) 232	蹲(준) 357	譁(화) 453	齡(령) 115	諳(암) 246
識(식) 237	櫛(즐) 358	穫(확) 453	醴(례) 115	藹(애) 249
鰤(아) 242	證(증) 359	懷(회) 460	露(로) 117	淪(양) 251
罌(앵) 250	贈(증) 359	繪(회) 460	蘆(로) 117	壤(양) 253
藥(약) 251	懲(징) 368	譎(휼) 466	爐(로) 117	攘(양) 253
繶(억) 255	贊(찬) 371	饋(회) 469	艫(로) 117	穰(양) 253
孼(얼) 256	儳(참) 373	譆(희) 469	瓏(롱) 118	癢(양) 253
繹(역) 259	譖(참) 373		龍(롱) 119	鼴(언) 256
錫(역) 259	錩(창) 376		賴(뢰) 120	嚴(엄) 257

旟(여) 258	騶(추) 395	彀(구) 57	鬺(상) 202	鮭(차) 370
譯(역) 259	鰍(추) 395	勸(권) 61	藓(선) 209	饌(찬) 371
臙(연) 261	鰌(추) 395	饋(궤) 63	鏅(선) 209	驂(참) 373
瀯(영) 265	櫬(친) 403	羇(기) 74	䩞(설) 211	鶬(창) 376
赢(영) 266	鰈(탑) 410	饑(기) 75	殲(섬) 211	鐵(철) 382
嬴(영) 266	鬪(투) 414	鵸(기) 75	福(섭) 212	屬(촉) 390
藝(예) 268	編(편) 420	儺(나) 76	攝(섭) 212	襯(촉) 403
鼯(오) 271	飄(표) 426	囊(낭) 77	懾(섭) 212	鐲(탁) 408
蘊(온) 272	鞸(필) 428	闥(달) 85	籔(수) 227	鐸(탁) 408
騵(원) 290	鰕(하) 430	鐺(당) 89	鰣(시) 235	鰨(탑) 410
蠕(유) 297	闞(함) 433	㽀(등) 101	贐(신) 238	霸(패) 418
轙(의) 303	鹹(함) 433	癩(라) 102	黯(암) 246	驃(표) 426
議(의) 303	艦(함) 433	贏(라) 102	櫻(앵) 250	飆(표) 426
瀷(익) 307	獻(헌) 439	騾(라) 102	鶯(앵) 250	灃(풍) 427
齟(저) 326	懸(현) 442	蘭(란) 104	躍(약) 255	蘥(학) 430
藷(저) 326	馨(형) 445	欄(란) 104	蘖(얼) 256	鶴(학) 430
躇(저) 326	鰝(호) 449	爛(란) 104	纓(영) 266	護(호) 450
籍(적) 328	蠖(확) 453	覽(람) 105	瓔(영) 266	顥(호) 450
癤(절) 333	鐄(횡) 460	蠟(랍) 106	譽(예) 268	餬(호) 449
蠐(제) 342	斅(효) 461	蠡(려) 110	鰲(오) 271	懽(환) 455
鯷(제) 342	纁(훈) 463	蠣(려) 110	廱(옹) 273	鰥(환) 455
趮(조) 348	曦(희) 469	儷(려) 110	巍(외) 277	鐶(환) 455
躁(조) 348	犧(희) 469	曩(롱) 111	饒(요) 280	醺(훈) 463
藻(조) 348		鐳(뢰) 120	鷂(요) 280	
鐘(종) 350	**21획**	罍(뢰) 120	饐(의) 303	**22획**
籌(주) 355	齦(간) 12	髏(루) 123	鷁(익) 307	鑑(감) 15
鲫(즉) 358	蘧(거) 22	纍(류) 124	鶿(자) 315	龕(감) 15
騭(즐) 358	譴(견) 26	鶹(류) 124	嚼(작) 316	疆(강) 18
甄(진) 366	鶼(겸) 28	魔(마) 132	臟(장) 321	鰹(견) 26
癥(징) 368	鷄(계) 33	蠛(멸) 140	齋(재) 322	鶤(곤) 40
纂(찬) 371	顧(고) 37	蘇(번) 164	纏(전) 322	冀(관) 42
懺(참) 373	鶻(골) 40	蟺(번) 164	躋(제) 342	爟(관) 45
攙(참) 373	癨(곽) 43	藥(벽) 166	鱂(제) 342	灌(관) 45
闡(천) 381	灌(관) 45	闢(벽) 167	漕(조) 348	驕(교) 52
瀸(첨) 383	纊(광) 46	霹(벽) 167	竈(조) 348	懼(구) 57
譙(초) 389	轟(굉) 49	辯(변) 167	躊(주) 355	鷗(구) 58
鮹(초) 389	皦(교) 52	蘗(비) 188	讀(주) 355	權(권) 61
觸(촉) 390	懼(구) 57	霰(사) 196	籒(주) 355	囊(낭) 78
躅(촉) 390	驅(구) 57	鰤(사) 196	蠢(준) 357	韃(달) 86

찾아보기 | **541**

儻(당) 89	饔(옹) 273	鑛(광) 46	縡(재) 322	讓(양) 253
韇(독) 95	癮(은) 299	鷸(교) 52	齋(제) 342	釀(양) 254
讀(독) 95	懿(의) 303	攪(교) 52	糶(조) 348	鹽(염) 263
轢(력) 111	檣(장) 321	鱖(궐) 61	鐫(준) 357	厴(염) 263
鏈(련) 112	贓(장) 321	懶(난) 77	欑(찬) 371	鼇(오) 271
攣(련) 112	糴(적) 328	邏(라) 103	巑(찬) 372	齲(우) 285
戀(련) 112	覿(적) 328	蘿(라) 102	瓚(찬) 371	麟(우) 285
躐(렵) 113	饘(전) 332	欒(란) 104	籤(첨) 383	鷹(응) 301
簏(록) 118	囀(전) 332	欐(려) 110	體(체) 386	蠶(잠) 317
蘢(롱) 119	驙(전) 332	攣(련) 112	鷦(초) 389	癲(전) 333
籠(롱) 119	顫(전) 332	鷺(로) 117	鷲(취) 399	䪴(전) 333
蠬(롱) 119	竊(절) 333	鷯(료) 121	鏢(표) 426	鱣(전) 333
轠(뢰) 120	霽(제) 342	邏(리) 130	驗(험) 440	讒(참) 373
籟(뢰) 120	鑄(주) 355	蘿(리) 129	顯(현) 442	讖(참) 373
鷚(류) 124	鷙(지) 362	麟(린) 102	譿(혜) 449	鷩(철) 381
勒(륵) 126	贄(지) 362	鱗(린) 131	護(호) 450	囑(촉) 390
巒(만) 134	齪(착) 370	徽(미) 152	攫(확) 454	矗(촉) 390
彎(만) 134	鄭(찬) 371	變(변) 167	齕(흘) 466	驟(취) 399
灣(만) 134	躑(척) 379	鱉(별) 168		癱(탄) 409
鰻(만) 134	疊(첩) 384	鷥(사) 196	**24획**	壩(파) 416
霾(매) 138	聽(청) 385	鑠(삭) 197	鹹(감) 15	鸖(학) 430
亹(미) 152	驖(축) 396	蠰(상) 202	衢(구) 58	嚇(혁) 440
鑌(빈) 181	灘(탄) 409	鱓(선) 210	羈(기) 75	灝(호) 450
彎(비) 188	攤(탄) 409	纖(섬) 212	贕(독) 96	繪(회) 460
癣(선) 209	響(향) 439	曬(쇄) 221	蠹(두) 100	
穌(소) 218	饗(향) 439	髓(수) 227	攬(람) 105	**25획**
贖(속) 219	絋(화) 453	讎(수) 227	靂(력) 111	觀(관) 45
灑(쇄) 221	鑊(확) 453	鸋(숙) 228	靈(령) 115	鸋(녕) 79
鬚(수) 227	歡(환) 455	巖(암) 246	鱧(례) 116	纛(도) 95
襲(습) 232	驍(효) 461	籥(약) 252	鑪(로) 117	蘿(라) 103
贅(승) 233	徽(휘) 465	驛(역) 261	穮(류) 124	欖(람) 105
贋(안) 245		讌(연) 261	彎(만) 135	鬣(렵) 113
禴(약) 251	**23획**	蘸(연) 262	罔(망) 136	顱(로) 117
禳(양) 253	籧(거) 22	爇(열) 262	鬢(빈) 189	虆(류) 124
齬(어) 255	蠲(견) 26	饜(염) 263	矉(빈) 189	纚(리) 130
齴(언) 256	鬮(겸) 28	饁(엽) 264	囓(설) 211	籬(리) 130
儼(엄) 257	驚(경) 31	齯(예) 268	䱜(악) 244	蠻(만) 135
鷖(예) 268	蠱(고) 38	癰(옹) 274	鸖(악) 244	邊(변) 167
鰲(오) 271	鵠(고) 38	髒(장) 321	靄(애) 249	鱉(별) 168

躡(섭) 212
鑰(약) 252
鑲(양) 254
轝(여) 258
籯(영) 266
廳(청) 385
爥(촉) 390
鼉(타) 407
讙(환) 455

26획
蠼(곽) 43
驥(기) 75
驢(려) 110
鑖(멸) 140
豔(염) 263
籲(유) 297
讃(찬) 372
饞(참) 373
囑(촉) 390

27획
顴(권) 61
讜(당) 89
黷(독) 96
鑼(라) 103
鑾(란) 104
纜(람) 105
鸕(로) 117
鑪(로) 117
躪(린) 131
驤(양) 254
鑽(찬) 372

28획
鸚(앵) 250
豓(염) 263
鑿(착) 371
驩(환) 455

29획
鸛(관) 45
鸜(구) 58
驪(리) 130
虌(별) 168
鬱(울) 287
爨(찬) 372

30획
鸞(란) 104

33획
麤(추) 395

38획
䰳(선) 210

MEMO

부수명칭(部首名稱)

	1획				
一	한 일	大	큰 대	木	나무 목
丨	뚫을 곤	女	계집 녀	欠	하품 흠
丶	점 주(점)	子	아들 자	止	그칠 지
丿	삐칠 별(빼침)	宀	집 면(갓머리)	歹(歺)	뼈앙상할 알(죽을사변)
乙(乚)	새 을	寸	마디 촌	殳	칠 수 (갓은등글월문)
亅	갈고리 궐	小	작을 소	毋	말 무
	2획	尢(兀)	절름발이 왕	比	견줄 비
二	두 이	尸	주검 시	毛	터럭 모
亠	머리 두(돼지해머리)	屮(屮)	싹날 철	氏	각시 씨
人(亻)	사람 인(인변)	山	메 산	气	기운 기
儿	어진사람 인	巛(川)	개미허리(내 천)	水(氵)	물 수(삼수변)
入	들 입	工	장인 공	火(灬)	불 화
八	여덟 팔	己	몸 기	爪(爫)	손톱 조
冂	멀 경(멀경몸)	巾	수건 건	父	아비 부
冖	덮을 멱(민갓머리)	干	방패 간	爻	점괘 효
冫	얼음 빙(이수변)	幺	작을 요	爿	조각널 장(장수장변)
几	안석 궤(책상궤)	广	집 엄(엄호)	片	조각 편
凵	입벌릴 감 (위터진입구)	廴	길게걸을 인 (민책받침)	牙	어금니 아
刀(刂)	칼 도	廾	손맞잡을 공(밑스물입)	牛(牜)	소 우
力	힘 력	弋	주살 익	犬(犭)	개 견
勹	쌀 포	弓	활 궁		5획
匕	비수 비	彐(彑)	돼지머리 계(터진가로왈)	玄	검을 현
匚	상자 방(터진입구)	彡	터럭 삼(빼친석삼)	玉(王)	구슬 옥
匸	감출 혜(터진에운담)	彳	조금걸을 척(중인변)	瓜	오이 과
十	열 십		4획	瓦	기와 와
卜	점 복	心(忄㣺)	마음 심(심방변)	甘	달 감
卩(㔾)	병부 절	戈	창 과	生	날 생
厂	굴바위 엄(민엄호)	戶	지게 호	用	쓸 용
厶	사사로울 사(마늘모)	手(扌)	손 수(재방변)	田	밭 전
又	또 우	支	지탱할 지	疋	필 필
	3획	攴(攵)	칠 복(등글월문)	疒	병들 녁(병질엄)
口	입 구	文	글월 문	癶	걸을 발(필발머리)
囗	에울 위(큰입구)	斗	말 두	白	흰 백
土	흙 토	斤	도끼 근(날근)	皮	가죽 피
士	선비 사	方	모 방	皿	그릇 명
夂	뒤져올 치	无(旡)	없을 무(이미기방)	目(罒)	눈 목
夊	천천히걸을 쇠	日	날 일	矛	창 모
夕	저녁 석	曰	가로 왈	矢	화살 시
		月	달 월	石	돌 석

示(礻)	보일 시	谷	골 곡		10 획
禸	짐승발자국 유	豆	콩 두	馬	말 마
禾	벼 화	豕	돼지 시	骨	뼈 골
穴	구멍 혈	豸	발없는벌레 치(갖은돼지시변)	高	높을 고
立	설 립	貝	조개 패	髟	머리털늘어질 표(터럭발)
	6 획	赤	붉을 적	鬥	싸울 투
竹	대 죽	走	달아날 주	鬯	술 창
米	쌀 미	足(⻊)	발 족	鬲	솥 력
糸	실 사	身	몸 신	鬼	귀신 귀
缶	장군 부	車	수레 거		11 획
网(罒·⺲)	그물 망	辛	매울 신	魚	물고기 어
羊	양 양	辰	별 진	鳥	새 조
羽	깃 우	辵(⻌)	쉬엄쉬엄갈 착(책받침)	鹵	소금밭 로
老(耂)	늙을 로	邑(阝)	고을 읍(우부방)	鹿	사슴 록
而	말이을 이	酉	닭 유	麥	보리 맥
耒	쟁기 뢰	釆	분별할 변	麻	삼 마
耳	귀 이	里	마을 리		12 획
聿	붓 율		8 획	黃	누를 황
肉(月)	고기 육(육달월변)	金	쇠 금	黍	기장 서
臣	신하 신	長(镸)	길 장	黑	검을 흑
自	스스로 자	門	문 문	黹	바느질할 치
至	이를 지	阜(阝)	언덕 부(좌부방)		13 획
臼	절구 구(확구)	隶	미칠 이	黽	맹꽁이 맹
舌	혀 설	隹	새 추	鼎	솥 정
舛(桀)	어그러질 천	雨	비 우	鼓	북 고
舟	배 주	青	푸를 청	鼠	쥐 서
艮	그칠 간	非	아닐 비		14 획
色	빛 색		9 획	鼻	코 비
艸(艹)	풀 초(초두)	面	낯 면	齊	가지런할 제
虍	범의문채 호(범호)	革	가죽 혁		15 획
虫	벌레 충(훼)	韋	다룸가죽 위	齒	이 치
血	피 혈	韭	부추 구		16 획
行	다닐 행	音	소리 음	龍	용 룡
衣(衤)	옷 의	頁	머리 혈	龜	거북 귀(구)
襾	덮을 아	風	바람 풍		17 획
	7 획	飛	날 비	龠	피리 약변
見	볼 견	食(飠)	밥 식(변)	*는 부수의 변형글자	•忄 심방(변) •衤 재방(변) •氵삼수(변) •犭 개사슴록(변) •阝(邑)우부(방) •阝(阜)좌부(변)
角	뿔 각	首	머리 수		
言	말씀 언	香	향기 향		